CPA

Focus and Application Analysis of the China CPA Practice Standards

中国注册会计师执业准则

重点难点解析与应用分析

第二版

王生根　编著

东北财经大学出版社 Dongbei University of Finance & Economics Press　大连

图书在版编目（CIP）数据

中国注册会计师执业准则重点难点解析与应用分析 / 王生根编著．—2版．—大连：东北财经大学出版社，2020.4
ISBN 978-7-5654-3772-4

Ⅰ．中…　Ⅱ．王…　Ⅲ．注册会计师-会计准则-中国-自学参考资料　Ⅳ．F233.2

中国版本图书馆CIP数据核字（2020）第017017号

东北财经大学出版社出版
(大连市黑石礁尖山街217号　邮政编码　116025)
网　址：http：//www.dufep.cn
读者信箱：dufep@dufe.edu.cn
大连图腾彩色印刷有限公司印刷　东北财经大学出版社发行

幅面尺寸：185mm×260mm　字数：976千字　印张：41　插页：1
2020年4月第2版　2020年4月第1次印刷
责任编辑：王天华　周　慧　责任校对：慧　心　尚玉影
封面设计：冀贵收　版式设计：钟福建

定价：89.00元

教学支持　售后服务　联系电话：（0411）84710309

如有印装质量问题，请联系营销部：（0411）84710711

第二版前言

中国注册会计师执业准则的制定和修订经历了四次质的飞跃：一是2006年开始实现审计准则国际趋同；二是2010年开展审计准则明晰化项目，实现了与明晰化后的国际审计准则的持续趋同；三是2016年与国际审计准则持续全面趋同的审计报告改革；四是2019年保持中国审计准则与国际准则的持续全面趋同。

我国审计准则自2006年发布以来，总体运行情况良好。2016年12月23日，财政部印发《中国注册会计师审计准则第1504号——在审计报告中沟通关键审计事项》等12项审计准则（财会〔2016〕24号，以下统称新审计报告准则），已于2018年1月1日起全面实施。新审计报告准则有效地提高了审计质量和审计报告的信息含量，有助于维护公众利益。

2019年1月23日，中国注册会计师协会（以下简称中注协）发布《中国注册会计师审计准则第1601号——对按照特殊目的编制基础编制的财务报表审计的特殊考虑》《中国注册会计师审计准则第1603号——对单一财务报表和财务报表特定要素审计的特殊考虑》《中国注册会计师审计准则第1604号——对简要财务报表出具报告的业务》等3项审计准则及其应用指南修订文本的征求意见稿，公开征求意见。

2019年2月20日，财政部发出《关于印发〈中国注册会计师审计准则第1101号——注册会计师的总体目标和审计工作的基本要求〉等18项准则的通知》（财会〔2019〕5号）；3月29日，中注协针对上述修订的审计准则发布24项应用指南。该批准则和应用指南于2019年7月1日起施行。本批发布的18项审计准则和24项应用指南均为修订，涉及利用内部审计人员的工作、应对违反法律法规行为、财务报表披露审计等三方面。

鉴于此，为了帮助大家更快、更好地理解和运用最新的审计准则，保持中国审计准则与国际准则的持续全面趋同，并尽早应用到注册会计师的审计实践和新兴的审计实务领域中，编者结合多年审计实务操作与审计理论教学研究经验，按照理论性、科学性、全面性、实践性和可读性等要求，修订出版了本书。本次修订，旨在满足资本市场改革与发展对高质量会计信息的需求，规范和指导注册会计师应对审计环境变化和利用内部审计人员的工作、应对违反法律法规行为、财务报表披露审计等三个方面审计实务的新发展，并保持中国审计准则与国际准则的持续全面趋同。另外，新审计报告准则主要适用于整套通用目的财务报表审计业务。而对于其他一些审计业务，如对特殊目的财务报表进行审计的业务、对单一财务报表和财务报表特定要素进行审计的业务、对简要财务报表进行审计的业务，也需要按照审计报告改革的理念对相关审计准则作出修订，以提高此类业务审计报告的信息含量和决策相关性。本书尽可能体现中国注册会计师协会关于印发《中国注册会计师审计准则第1601号——对按照特殊目的编制基础编制的财务报表审计的特殊考虑》等3项审计准则及其应用指南征求意见稿的通知精神来修订相关内容。

本书既和审计准则和应用指南及其相关准则问题解答紧密联系，又不完全等同，秉承“深入浅出、联系实际”的编写思想，在对2019年版审计准则及相关准则指南研究的基础上，将财会〔2019〕5号、财会〔2016〕24号、财会〔2010〕21号和财会〔2006〕4号文发布和修订的52项执业准则按准则体系编号顺序排列，对其中一些概括性较强、较难以实务操作和理解的概念及规范进行重点难点解析；联系实战运用介绍审计准则修订的主要内容，让读者不仅知其然，更能知其所以然；对新旧准则修订作简明扼要的对比，让读者把握新准则修订的核心内容，更好、更快地完成知识体系的更新。

本书既可以作为各级注册会计师协会及会计师事务所后续教育培训教材，也可以作为注册会计师和其他从业人员的参考业务手册，还可以作为大专院校学生、非执业会员和注册会计师考生的自学参考用书。

为了指导注册会计师更好地运用审计准则，解决审计实务问题，防范审计风险，中国注册会计师协会继2013年10月发布《关于印发〈中国注册会计师审计准则问题解答第1号——职业怀疑〉等六项审计准则问题解答的通知》（会协〔2013〕77号）后，又针对财务报表舞弊风险高发领域以及实务中亟待解决的问题，于2014年12月31日发布了《关于印发〈中国注册会计师审计准则问题解答第7号——会计分录测试〉等七项审计准则问题解答的通知》（会协〔2014〕76号），另外，于2018年4月15日发布了《中国注册会计师审计准则问题解答第14号——关键审计事项》和《中国注册会计师审计准则问题解答第15号——其他信息》。

需要说明的是，执业准则是对注册会计师执行审计业务的目标和核心要求作出规范；应用指南是对执业准则条款的进一步解释和说明；问题解答是依据执业准则，为注册会计师正确理解执业准则、应用指南、解决实务问题提供实务指导和提示。所以，执业准则重点难点解析不能替代执业准则、应用指南和问题解答的相关要求，仅供注册会计师参照执业。它们之间的关系如下图所示：

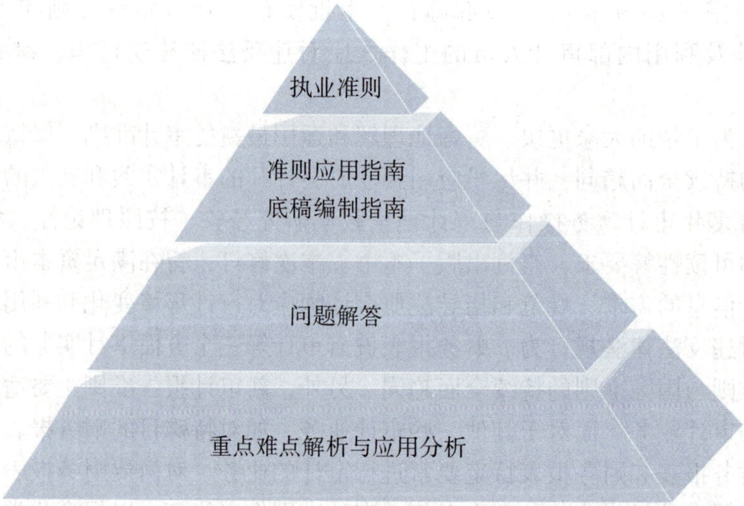

由于被审计单位的情况不同，执业准则重点难点解析也并非是对所有可能出现的重点难点进行全面解析，其解析亦可能会因具体情况而有所不同，注册会计师在使用时应当合理运用职业判断。

王生根

2020年1月 于如山湖城

目 录

第一篇 执业准则体系

第二篇 鉴证业务准则

第一篇　执业准则体系

第一章

中国注册会计师执业准则体系

第一节　中国注册会计师执业准则体系概述

一、我国注册会计师执业准则制定历程

执业准则是规范注册会计师执行业务的权威性标准，对提高注册会计师执业质量、降低审计风险、维护社会公众利益具有重要的作用，其建设经历了三个阶段。

（一）起步恢复阶段（1980—1993年）

1980年，我国注册会计师行业恢复重建，针对当时的审计验资业务，启动了执业标准的制定工作，并陆续出台了相关执业规定。1988年11月，中国注册会计师协会成立，专业标准建设工作得到了高度重视，专门设立了专业标准部，负责专业标准的研究制定工作，专业标准建设进入快速发展时期。从1991年至1993年，财政部先后发布了《注册会计师检查验证会计报表规则（试行）》等7个执业规则。这些执业规则对我国注册会计师行业走向正规化、法制化和专业化起到了积极作用。

（二）制定准则阶段（1994—2004年）

1993年10月31日，第八届全国人民代表大会常务委员会第四次会议通过《中华人民共和国注册会计师法》，赋予中国注册会计师协会依法拟定执业准则、规则的职能。经财政部批准同意，中国注册会计师协会自1994年5月开始起草独立审计准则。1995年12月25日，财政部发布《财政部关于印发第一批〈中国注册会计师独立审计准则〉的通知》（财会协字〔1995〕48号），自1996年1月1日起执行。到2004年，中国注册会计师协会先后分6批制定了41项审计准则，基本建立了我国审计准则体系框架。

（三）持续全面趋同阶段（2005年至今）

随着国内外重大审计失败事件的不断发生，风险导向审计作为一种重要的审计理念和方法，受到审计职业界和学者的关注。

2006年2月25日，财政部发布《财政部关于印发中国注册会计师执业准则的通知》（财会〔2006〕4号），自2007年1月1日起执行，拟定了22项准则，修订了26项准则，并重新编号，建立新的独立准则体系框架。

2006年11月1日，中国注册会计师协会发布《中国注册会计师协会关于印发〈中国注册会计师执业准则指南〉的通知》（会协〔2006〕72号），制定48项中国注册会计师执业准则指南，自2007年1月1日起执行，实现了与当时国际审计准则的实质性趋同。

2007年11月29日，中国注册会计师协会发布《关于印发〈中国注册会计师执业准则指南（2007年修订）〉的通知》（会协〔2007〕89号），对相关准则指南进行修订，自2007年12月1日起执行。

为了保持与国际审计准则的持续全面趋同，进一步规范注册会计师执业行为，提高执业质量，维护社会公众利益，针对国际审计准则的新变化及我国审计实务需要解决的新问题，在国际审计与鉴证准则理事会（IAASB）2008年年底完成准则明晰化项目（Clarity Project）之后，中国注册会计师协会对执业准则进行了全面修订。中国注册会计师协会于2009年年初启动了执业准则修订项目，以进一步完善执业准则，实现与国际审计准则的持续趋同。2010年我国开展审计准则明晰化项目，实现了与明晰化后的国际审计准则的持续趋同。修订后的执业准则，除了形式上与国际审计准则略有不同之外，其他方面与国际审计准则完全一致，可以视为国际审计准则的中文版本。

2010年11月10日，财政部发布《财政部关于印发〈中国注册会计师审计准则第1101号——注册会计师的总体目标和审计工作的基本要求〉等38项准则的通知》（财会〔2010〕21号），修订了38项准则，自2012年1月1日起执行。财会〔2006〕4号文中《中国注册会计师审计准则第1101号——财务报表审计的目标和一般原则》等35项准则同时废止。同日，中国注册会计师协会发布《关于印发〈中国注册会计师审计准则第1101号——注册会计师的总体目标和审计工作的基本要求〉应用指南》等38项应用指南的通知》（会协〔2010〕94号），自2012年1月1日起执行。

2016年12月23日，财政部发布《关于印发〈中国注册会计师审计准则第1504号——在审计报告中沟通关键审计事项〉等12项准则的通知》（财会〔2016〕24号），A+H股自2017年1月1日起执行，其他企业自2018年1月1日起执行。本批准则生效实施后，《财政部关于印发〈中国注册会计师审计准则第1101号——注册会计师的总体目标和审计工作的基本要求〉等38项准则的通知》（财会〔2010〕21号）中的《中国注册会计师审计准则第1111号——就审计业务约定条款达成一致意见》等11项准则同时废止。

2017年2月28日，《中国注册会计师协会关于印发〈《中国注册会计师审计准则第1504号——在审计报告中沟通关键审计事项》应用指南〉等16项应用指南的通知》（会协〔2017〕11号）发布，与对应的审计准则同步执行。

2019年2月20日，财政部发出《关于印发〈中国注册会计师审计准则第1101号——注册会计师的总体目标和审计工作的基本要求〉等18项准则的通知》（财会〔2019〕5号）；3月29日，中注协针对上述修订的审计准则发布24项应用指南。该批准则和应用指南于2019年7月1日起施行。本批发布的18项审计准则和24项应用指南均为修订，涉及利用内部审计人员的工作、应对违反法律法规行为、财务报表披露审计等三方面。本次修订，旨在满足资本市场改革与发展对高质量会计信息的需求，规范和指导注册会计师应对审计环境变化和利用内部审计人员的工作、应对违反法律法规行为、财务报表披露审计等三个方面审计实务的新发展，并保持中国审计准则与国际准则的持续全面趋同。

此外，新审计报告准则主要适用于整套通用目的财务报表审计业务。而对于其他一些审计业务，如对特殊目的财务报表进行审计的业务、对单一财务报表和财务报表特定要素进行审计的业务、对简要财务报表进行审计的业务，也需要按照审计报告改革的理念对相关审计准则作出修订，以提高此类业务审计报告的信息含量和决策相关性。因此，2019年1月23日，中国注册会计师协会发布《中国注册会计师审计准则第1601号——对按照特殊目的编制基础编制的财务报表审计的特殊考虑》《中国注册会计师审计准则第1603号——对单一财务报表和财务报表特定要素审计的特殊考虑》《中国注册会计师审计准则第1604号——对简要财务报表出具报告的业务》等三项审计准则及其应用指南修订文本的征求意见稿，公开征求意见。

二、中国注册会计师执业准则取得的成就

（一）明确提出审计准则国际趋同的主张，为我国专业标准建设及国际趋同实践提供了有力指导

在我国经济日益融入全球经济和审计准则国际趋同的背景下，我国形成了审计准则国际趋同的原则主张：（1）趋同是进步，是方向；（2）趋同不等同于相同；（3）趋同需要一个过程；（4）趋同是一种互动。这四点主张得到了包括国际审计与鉴证准则理事会（IAASB）在内的国际会计职业界的高度认可，并成功指导了我国审计准则建设和国际趋同实践，成为我国注册会计师行业专业标准建设和国际趋同的有力指导。

（二）建立了体系完备、内容丰富的中国注册会计师执业准则体系，实现了与国际准则的实质性趋同

中国注册会计师执业准则体系包括审计准则、审阅准则、其他鉴证业务准则、相关服务准则及会计师事务所质量控制准则。同时，为了帮助注册会计师正确理解和运用新准则，中国注册会计师协会针对每项准则都配套制定了指南，为准则的实施提供了更具操作性的指导意见。

中国注册会计师执业准则体系在实现国际趋同的同时，也在诸多方面实现了对原有准则的突破和创新。（1）全面引入风险导向审计的先进理念和技术，重塑审计流程，提高了审计的效率与效果；（2）明确注册会计师发现舞弊的责任，为注册会计师发现舞弊提供全面指导；（3）建立了注册会计师与公司治理层信息互通机制，强化了治理层对管理层实施监督的能力，增强了注册会计师的独立性；（4）严格了审计证据要求，加大审计证据对审计意见的支撑力度；（5）明确了工作记录要求，重视对执业原始信息的记录、强调对原始记录的保存；（6）丰富了会计师事务所质量控制的内涵，指导会计师事务所加强内部质量控制。

中国注册会计师执业准则体系实现与国际审计准则的实质性趋同，使我国注册会计师与国外同行处于同一技术平台，有利于进一步优化我国投资环境，有利于服务我国企业更好、更多地“走出去”目标的实现，有利于稳步推进我国会计审计国际化发展的战略，全面提高我国对外开放水平。

（三）树立了衡量注册会计师专业素质、监管注册会计师执业质量的新基准

注册会计师执业准则体系施行已有近两年的时间，从中国注册会计师协会的执业质量检查结果及各方面的反映看，实施平稳，有效地推动了会计师事务所质量控制体系和内部操作规程的全面升级，增强了会计师事务所和注册会计师防范执业风险的能力，提升了审计质量和注册会计师行业的核心价值，对于会计师事务所落实“做大做强”和“走出去”战略发挥了重要的技术支撑作用。与此同时，注册会计师执业准则体系的建立，为行业管

理提供了新的基准，为行业执业质量检查程序和标准的制定，以及注册会计师考试和培训的设计和实施等，提供了技术依据和标准支持。

三、中国注册会计师执业准则体系

（一）执业准则体系框架结构

中国注册会计师执业准则体系受注册会计师职业道德守则统驭，包括注册会计师业务准则和会计师事务所质量控制准则，如图1–1所示。

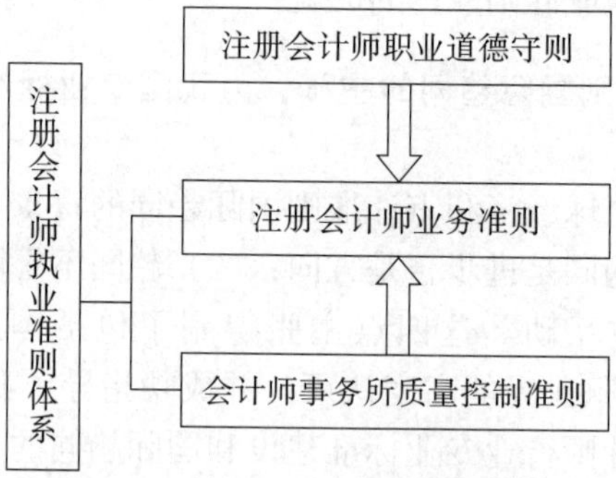

图1–1　注册会计师执业准则体系

1.注册会计师业务准则

注册会计师业务准则包括鉴证业务准则和相关服务准则，如图1–2所示。

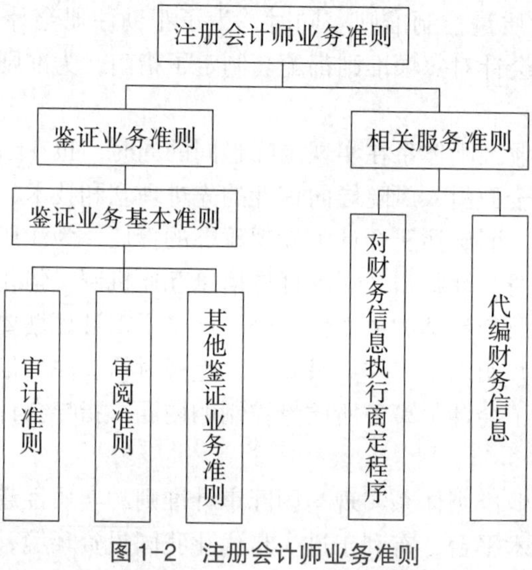

图1–2　注册会计师业务准则

（1）鉴证业务准则。鉴证业务准则由鉴证业务基本准则统领，按照鉴证业务提供的保证程度和鉴证对象的不同，分为审计准则、审阅准则和其他鉴证业务准则。其中，审计准则是整个执业准则体系的核心。

审计准则用以规范注册会计师执行历史财务信息的审计业务。在提供审计服务时，注册会计师对所审计信息是否不存在重大错报提供合理保证，并以积极方式提出结论。

审阅准则用以规范注册会计师执行历史财务信息的审阅业务。在提供审阅服务时，注册会计师对所审阅信息是否不存在重大错报提供有限保证，并以消极方式提出结论。

其他鉴证业务准则用以规范注册会计师执行历史财务信息审计或审阅以外的其他鉴证业务，根据鉴证业务的性质和业务约定的要求，提供有限保证或合理保证。

（2）相关服务准则。相关服务准则用以规范注册会计师代编财务信息、执行商定程序、提供管理咨询等其他服务。在提供相关服务时，注册会计师不提供任何程度的保证。

2. 会计师事务所质量控制准则

会计师事务所质量控制准则用以规范会计师事务所在执行各类业务时应当遵守的质量控制政策和程序，是对会计师事务所质量控制提出的制度要求。

3. 执业准则框架结构（2016年版）

在执业准则框架体系中，审计准则无疑是其核心内容和重点所在。因此，按照审计过程、业务性质和规范的内容，又将审计准则划分为一般原则与责任、风险评估与风险应对、审计证据、利用其他主体的工作、审计结论与报告，以及特殊领域等六小类。执业准则框架结构（2016年版）如图1-3所示。

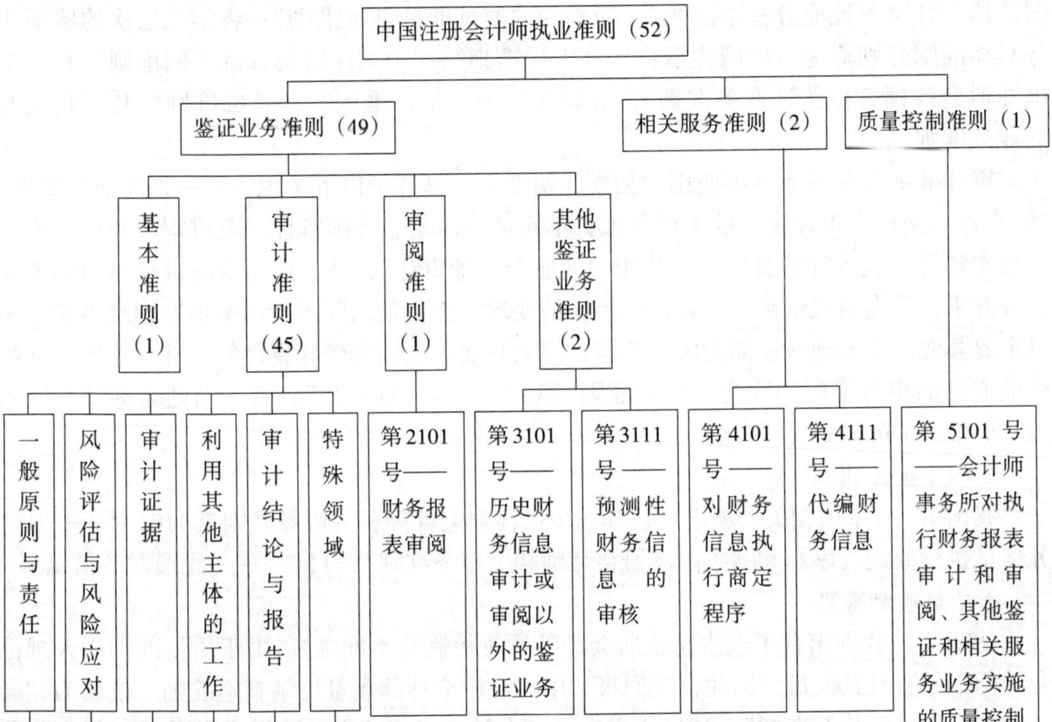

图1-3　执业准则框架结构（2016年版）

执业准则框架体系层次分明、内容全面，既规范了审计等具有鉴证职能的业务，又规范了代编财务信息、对财务信息执行商定程序等不具有鉴证职能的业务，涵盖了注册会计师业务领域的各个主要环节和主要方面，能够满足注册会计师业务多元化的需求，满足社会公众和相关监管部门的基本需求。

（二）执业准则名称

1.审计准则

由于审计准则体系包含了部分非审计业务准则，如《独立审计实务公告第4号——盈利预测审核》《独立审计实务公告第9号——对财务信息执行商定程序》《独立审计实务公告第10号——会计报表审阅》等，导致以审计准则的名义规范其他业务类型。因此，有必要借鉴国际通行做法，将非审计业务准则从独立审计准则体系中分离出来，按照其业务特性冠以适当的名称。将"中国注册会计师独立审计准则"改为"中国注册会计师执业准则"。

由于鉴证业务准则区分为两个层次，我们将第一层次的鉴证业务基本准则称为"中国注册会计师鉴证业务基本准则"，简称为"鉴证业务基本准则"；将第二层次的鉴证业务具体准则分别称为"中国注册会计师审计准则"、"中国注册会计师审阅准则"和"中国注册会计师其他鉴证业务准则"，分别简称为"审计准则"、"审阅准则"和"其他鉴证业务准则"。

审计准则名称前面不再使用"独立"两个字，是基于以下考虑的：一是简洁的要求。"独立性"是所有审计业务的本质要求，不是区分注册会计师审计、政府审计和内部审计的根本特征。就审计业务而言，使用"注册会计师审计"，就足以与政府审计和内部审计区分开来，不会造成误解。二是国际趋同的要求。无论是国际审计与鉴证准则理事会，还是世界其他国家和地区，如美国、英国、澳大利亚、我国台湾和香港等，针对注册会计师行业制定的审计准则均称为"审计准则（Auditing Standards）"，审计准则名称没有使用"独立（Independent）"一词。

2.相关服务准则

我国出台了2项相关服务准则，即《中国注册会计师相关服务准则第4101号——对财务信息执行商定程序》和《中国注册会计师相关服务准则第4111号——代编财务信息》。

3.质量控制准则

1996年，我国出台了《中国注册会计师质量控制基本准则》。由于质量准则用来规范会计师事务所及其人员，因此，我们将"中国注册会计师质量控制基本准则"改名为"会计师事务所质量控制准则"。2010年发布了《会计师事务所质量控制准则第5101号——业务质量控制》和《中国注册会计师审计准则第1121号——对财务报表审计实施的质量控制》。

（三）执业准则编号

按照审计过程、业务性质和规范的内容划分，审计准则分为三个层次。第一层次包括六大类：（1）一般原则与责任；（2）风险评估与风险应对；（3）审计证据；（4）利用其他主体的工作；（5）审计结论与报告；（6）特殊领域。第二层次是在六大类下，将审计准则分成小类。第三层次是在各小类下，将审计准则分为细类。执业准则编号为四位数，第一位数代表大类，第二位数代表小类，第三、四位数代表细类。

新的审计准则的编号借鉴了会计科目的编号方式，编号含义如下：

千位数“1”代表审计准则，其中：百位数“1”代表一般原则与责任准则，“2”代表风险评估与风险应对准则，“3”代表审计证据准则，“4”代表利用其他主体的工作准则，“5”代表审计结论与报告准则，“6”代表特殊领域准则。

千位数“2”代表审阅准则。

千位数“3”代表其他鉴证业务准则。

千位数“4”代表相关服务准则。

千位数“5”代表质量控制准则。

第二节　中国注册会计师执业准则体系的特点

2006年2月，财政部发布执业准则体系，标志着我国已经建立起一套既适应市场经济发展要求，又顺应国际趋同大势的执业准则体系。这套准则体系实施10多年来，总体运行良好，在提高审计工作质量、降低市场风险、维护资本市场秩序、保护公众利益等方面，发挥了重要作用。世界银行、国际会计师联合会等国际组织对我国审计准则建设的成就和国际趋同给予了高度评价。近年来，国际审计与鉴证准则理事会（IAASB）开展国际审计准则明晰化项目，对国际审计准则作出了重大修订；企业经营环境的变化也导致审计实务风险日益增加；行业发展形势和服务经济社会发展大局也要求拓展审计准则的适用范围，为我国注册会计师的新兴审计实务提供便利和指引。中国注册会计师协会密切关注国内外审计业务发展形势，及时修订完善执业准则体系，以保持技术标准的先进性，为建立健全经济运行风险防范机制提供强有力的专业支持，进一步提高行业服务经济社会发展的能力。

一、执业准则修订概述

2008年全球金融危机发生后，国际上对提高审计质量的呼声日渐高涨。2014年8月31日，习近平主席签署了第十四号主席令，公布了《全国人民代表大会常务委员会关于修改〈中华人民共和国保险法〉等五部法律的决定》，《中华人民共和国注册会计师法》（以下简称《注册会计师法》）是这五部法律之一。《注册会计师法》自1993年10月31日颁布、1994年1月1日施行以来，为确立注册会计师行业在经济社会发展中的重要地位，维护社会公共利益和投资者的合法权益，促进市场经济健康规范发展发挥了重要作用。同时，经济改革的日益深化、对外开放的日益扩大和注册会计师行业的日益发展，也迫切需要对《注册会计师法》进行修改完善。本次修改是针对注册会计师行业行政审批事项的“专项修改”，对完善注册会计师行业管理体制，不断提高注册会计师行业的法治化、规范化、市场化水平必将产生积极影响。

在我国，随着资本市场的改革与发展，政府部门、监管机构和投资者对注册会计师执业质量提出了更高的要求，期望注册会计师出具的审计报告具有更高的信息含量和决策相关性，以降低资本市场的不确定性和信息不对称带来的风险。实际上，在审计过程中，注册会计师能够掌握被审计单位的大量信息。但除了引言段和意见段之外，其他内容几乎都是审计报告通用的“模板”。从现行审计报告中，投资者很难探知审计师在审计过程中作出了什么决策、是否对较高风险的领域投入了更多的审计资源等。

因此，现行的审计报告模板更多的是从审计专业角度出发，与社会公众的沟通不够，这在一定程度上无法满足社会公众的需求。标准无保留意见的审计报告，基本上是一字不差的，审计报告阅读者无法从中获取更多有价值的信息。

2015年，国际审计与鉴证准则理事会修订发布了新的国际审计报告准则，在完善审计报告模板、增加审计报告要素、丰富审计报告内容等方面作出了重大改进。

为顺应市场各方的需求，体现审计准则持续国际趋同要求，中国注册会计师协会借鉴国际审计报告改革的成果，结合我国实际情况，启动了审计报告准则的改革修订工作。经过近两年的研究、起草、论证和广泛征求意见，2016年中国注册会计师协会审计准则委员会审议通过了12项审计准则，并经财政部批准发布。

2016年发布的12项审计准则，最核心的是新制定的《中国注册会计师审计准则第1504号——在审计报告中沟通关键审计事项》。该准则仅适用于上市公司的审计业务，要求在上市公司的审计报告中增设关键审计事项部分，披露审计工作中的重点难点等审计项目的个性化信息。其余11项审计准则中，有6项准则属于作出实质性修订的准则，如《中国注册会计师审计准则第1501号——对财务报表形成审计意见和出具审计报告》，有5项准则属于为保持审计准则体系的内在一致性而作出相应文字调整的准则。这11项审计准则中，有的条款是仅对上市实体审计业务的规定，有的条款是对所有被审计单位（包括上市实体和非上市实体）审计业务的规定。

为确保新审计报告准则能够平稳、顺利实施，财政部拟采取分批、分步骤实施的方案，即自2017年1月1日起，首先在A+H股公司和纯H股公司按照审计准则执行的审计业务中实施；自2018年1月1日起扩大到所有被审计单位，其中：A股主板、中小板、创业板上市公司，IPO公司，新三板公司中的创新层挂牌公司，以及面向公众投资者公开发行债券的公司执行新审计报告准则的所有规定，其他企业暂不执行仅对上市实体审计业务的规定。同时，监管层允许和鼓励提前执行新审计报告准则。

2016年制定和作出实质性修订的相关审计报告准则共有7项，主要内容如下：

（1）《中国注册会计师审计准则第1501号——对财务报表形成审计意见和出具审计报告》（修订）的变化主要体现在以下方面：优化审计报告要素的排列顺序、改进管理层对财务报表责任的表述、改进注册会计师对财务报表审计责任的表述、增加披露项目合伙人姓名的要求。

（2）《中国注册会计师审计准则第1502号——在审计报告中发表非无保留意见》（修订）的变化主要体现在以下方面：增加对财务报表发表无法表示意见时与关键审计事项相关的规定。当对财务报表发表无法表示意见时，除非法律法规另有规定，否则注册会计师不得在审计报告中包含关键审计事项部分。

（3）《中国注册会计师审计准则第1503号——在审计报告中增加强调事项段和其他事项段》（修订）的变化主要体现在以下方面：增加与强调事项段和关键审计事项部分之间关系的相关规定、增加与其他事项段和关键审计事项部分之间关系的规定。

（4）《中国注册会计师审计准则第1504号——在审计报告中沟通关键审计事项》（新制定）的内容主要体现在以下方面：在上市实体审计报告中沟通关键审计事项、明确关键审计事项的决策框架、对在审计报告中描述关键审计事项作出规范、就关键审计事项与治理层沟通、在审计工作底稿中记录关键审计事项。

（5）《中国注册会计师审计准则第1151号——与治理层的沟通》（修订）的变化主要体现在以下方面：修订与治理层沟通的事项（注册会计师与财务报表审计相关的责任、计划详细的审计范围和时间安排、审计中发现的重大问题）、对沟通的过程提供更多的指引。

（6）《中国注册会计师审计准则第1324号——持续经营》（修订）的变化主要体现在以下方面：在审计报告中增加与持续经营相关的重大不确定性部分、强化注册会计师对评价管理层披露持续经营事项的责任。

（7）《中国注册会计师审计准则第1521号——注册会计师对其他信息的责任》（修订）的变化主要体现在以下方面：修订其他信息的范围和准则名称、增强注册会计师对其他信息的工作力度、增加在审计报告中报告其他信息的要求。

二、本次准则修订内容

2019年2月20日，财政部发出《关于印发〈中国注册会计师审计准则第1101号——注册会计师的总体目标和审计工作的基本要求〉等18项准则的通知》（财会〔2019〕5号）；3月29日，中注协针对上述修订的审计准则发布24项应用指南。该批准则和应用指南于2019年7月1日起施行。

本批发布的18项审计准则和24项应用指南均为修订，涉及利用内部审计人员的工作、应对违反法律法规行为、财务报表披露审计等三方面。本次修订，旨在满足资本市场改革与发展对高质量会计信息的需求，规范和指导注册会计师应对审计环境变化和利用内部审计人员的工作、应对违反法律法规行为、财务报表披露审计等三个方面审计实务的新发展，并保持中国审计准则与国际准则的持续全面趋同。

本次修订的主要内容概括如下：

（一）关于利用内部审计人员的工作相关准则及应用指南

一是增加了注册会计师利用内部审计人员提供直接协助的情形；二是就注册会计师能否利用内部审计人员的工作，以及在什么领域、以何种程度利用内部审计人员的工作作出具体规定，为注册会计师提供职业判断框架，防止对内部审计人员工作的过度利用或不当利用。

（二）关于应对违反法律法规行为相关准则及应用指南

主要是增加了注册会计师根据法律法规或相关职业道德守则，确定是否对外报告审计中发现的违反法律法规行为的要求，具体包括评价被审计单位应对违反法律法规行为的恰当性、注册会计师确定是否应采取进一步措施、与其他注册会计师沟通、对相关事项形成审计工作底稿等。

（三）关于财务报表披露审计相关准则及应用指南

主要是对财务报表披露的范围进行界定，指导注册会计师在审计工作的各个环节，如何对财务报表披露进行专门考虑，以促进财务报表信息披露质量的提升。

2016年12月23日，财政部印发《中国注册会计师审计准则第1504号——在审计报告中沟通关键审计事项》等12项审计准则（财会〔2016〕24号，以下统称新审计报告准则），已于2018年1月1日起全面实施。新审计报告准则有效提高了审计质量和审计报告的信息含量，有助于维护公众利益。新审计报告准则主要适用于整套通用目的财务报表审计业务。而对于其他一些审计业务，如对特殊目的财务报表进行审计的业务、对单一财务报表和财务报表特定要素进行审计的业务、对简要财务报表进行审计的业务，也需要按照审计报告改革的理念对相关审计准则作出修订，以提高此类业务审计报告的信息含量和决策相关性。2019年1月23日，中国注册会计师协会发布《中国注册会计师审计准则第1601号——对按照特殊目的编制基础编制的财务报表审计的特殊考虑》《中国注册会计师审计准则第1603号——对单一财务报表和财务报表特定要素审计的特殊考虑》《中国注册会计师审计准则第1604号——对简要财务报表出具报告的业务》等三项审计准则及其应用指南修订文本的征求意见稿，公开征求意见。

中国注册会计师执业准则修订后情况一览表见表1-1。

表1-1　　中国注册会计师执业准则修订情况一览表

分类			编号	中国注册会计师执业准则名称	修订情况
一、鉴证业务准则				中国注册会计师鉴证业务基本准则	未修订
	（一）审计准则	1.一般原则与责任	第1101号	注册会计师的总体目标和审计工作的基本要求	实质性修订
			第1111号	就审计业务约定条款达成一致意见	未修订
			第1121号	对财务报表审计实施的质量控制	相关性修订
			第1131号	审计工作底稿	未修订
			第1141号	财务报表审计中与舞弊相关的责任	实质性修订
			第1142号	财务报表审计中对法律法规的考虑	实质性修订
			第1151号	与治理层的沟通	相关性修订
			第1152号	向治理层和管理层通报内部控制缺陷	未修订
			第1153号	前任注册会计师和后任注册会计师的沟通	未修订
		2.风险评估与风险应对	第1201号	计划审计工作	未修订
			第1211号	通过了解被审计单位及其环境识别和评估重大错报风险	实质性修订
			第1221号	计划和执行审计工作时的重要性	相关性修订
			第1231号	针对评估的重大错报风险采取的应对措施	相关性修订
			第1241号	对被审计单位使用服务机构的考虑	未修订
			第1251号	评价审计过程中识别出的错报	相关性修订

续表

分类			编号	中国注册会计师执业准则名称	修订情况
一、鉴证业务准则	(一)审计准则	3. 审计证据	第1301号	审计证据	未修订
			第1311号	对存货、诉讼和索赔、分部信息等特定项目获取审计证据的具体考虑	相关性修订
			第1312号	函证	未修订
			第1313号	分析程序	未修订
			第1314号	审计抽样	未修订
			第1321号	审计会计估计（包括公允价值会计估计）和相关披露	未修订
			第1323号	关联方	未修订
			第1324号	**持续经营**	**未修订**
			第1331号	首次审计业务涉及的期初余额	相关性修订
			第1332号	期后事项	未修订
			第1341号	书面声明	未修订
		4. 利用其他主体的工作	第1401号	对集团财务报表审计的特殊考虑	相关性修订
			第1411号	利用内部审计人员的工作	实质性修订
			第1421号	利用专家的工作	未修订
		5. 审计结论与报告	**第1501号**	**对财务报表形成审计意见和出具审计报告**	**相关性修订**
			第1502号	**在审计报告中发表非无保留意见**	**相关性修订**
			第1503号	**在审计报告中增加强调事项段和其他事项段**	**相关性修订**
			第1504号	**在审计报告中沟通关键审计事项**	**未修订**
			第1511号	比较信息：对应数据和比较财务报表	相关性修订
			第1521号	**注册会计师对其他信息的责任**	**未修订**

续表

分类			编号	中国注册会计师执业准则名称	修订情况
一、鉴证业务准则	（一）审计准则	6.特殊领域	第1601号	对按照特殊目的编制基础编制的财务报表审计的特殊考虑	实质性修订
			第1602号	验资	未修订
			第1603号	对单一财务报表和财务报表特定要素审计的特殊考虑	实质性修订
			第1604号	对简要财务报表出具报告的业务	实质性修订
			第1611号	商业银行财务报表审计	未修订
			第1612号	银行间函证程序	未修订
			第1613号	与银行监管机构的关系	未修订
			第1631号	财务报表审计中对环境事项的考虑	未修订
			第1632号	衍生金融工具的审计	未修订
			第1633号	电子商务对财务报表审计的影响	未修订
	（二）审阅准则		第2101号	财务报表审阅	未修订
	（三）其他鉴证业务准则		第3101号	历史财务信息审计或审阅以外的鉴证业务	未修订
			第3111号	预测性财务信息的审核	未修订
二、相关服务准则			第4101号	对财务信息执行商定程序	未修订
			第4111号	代编财务信息	未修订
三、质量控制准则			第5101号	会计师事务所对执行财务报表审计和审阅、其他鉴证和相关服务业务实施的质量控制	相关性修订

第二篇　鉴证业务准则

第二章

中国注册会计师鉴证业务基本准则

第一节 概述

一、本准则制定与修订背景

“鉴证业务”是对英文“Assurance Service”的翻译，我国会计师职业界和学术界亦有将其译为“保证服务”、“认证业务”和“可信性保证业务”的。它是20世纪90年代中后期国际会计师行业对注册会计师专业鉴证性服务的一个新的概括和提法，既是注册会计师专业服务产品向纵深开发的结果，也是注册会计师专业服务从“审计”向“鉴证”的一次重大跨越。

目前我国注册会计师承办业务类型较多，其中既有财务报表审计和审阅、内部控制审计等具有鉴证职能的业务，又有代编财务信息、执行商定程序、管理咨询和税务咨询等不具有鉴证职能的业务，还有司法诉讼中涉及会计、审计、税务或其他事项的鉴证业务。因此，有必要将鉴证业务的定义、目标、特征和要素进行归纳和明确，指导注册会计师将鉴证业务与非鉴证业务区分开来，将鉴证业务中具有不同保证程度的业务区分开来，以保证执业质量，满足信息使用者的需要。

《中国注册会计师鉴证业务基本准则》是注册会计师鉴证业务的纲领性准则，在整个鉴证业务准则体系中具有重要地位。鉴于此，中国注册会计师协会2006年颁布了《中国注册会计师鉴证业务基本准则》。

二、本准则2010年修订内容

本次未修订。

三、本准则2016年修订内容

本次未修订。

四、本准则2019年修订内容

本次未修订。

五、本准则在学习时的注意事项

本准则在学习时的注意事项如下：

（1）要能明确鉴证业务的目标和要素，并能将鉴证业务与非鉴证业务区分开来，也能将鉴证业务中不同类型的业务区分开来。

（2）能确定中国注册会计师审计准则、中国注册会计师审阅准则、中国注册会计师其他鉴证业务准则（以下分别简称为审计准则、审阅准则和其他鉴证业务准则）适用的鉴证业务类型。特别是要注意本准则的适用范围：

①应当遵照执行本准则的鉴证业务。鉴证业务包括历史财务信息审计业务、历史财务信息审阅业务和其他鉴证业务，注册会计师在执行这些业务时，应当遵守本准则以及依据本准则制定的审计准则、审阅准则和其他鉴证业务准则。

②可参照执行本准则的司法鉴定业务。注册会计师在执行司法诉讼的过程中可能会涉及会计、审计、税务或其他事项的鉴定业务。司法诉讼虽然具有一定的特殊性，但本准则规定的一些基本原则对注册会计师开展具体工作具有原则性的指导意义。注册会计师在执行司法诉讼中涉及会计、审计、税务或其他事项的鉴定业务时，除有特定要求者外，应当参照本准则办理。

③部分适用本准则的情况。一项鉴证业务可能是某项大型业务的构成部分，如企业并购咨询业务可能包括对历史财务信息或预测性财务信息发表鉴证意见的要求。在此种情况下，本准则仅适用于该业务中与鉴证业务相关的部分。

④不必遵守本准则的情况。某些业务可能符合本准则第五条对鉴证业务的定义，使用者可能从业务报告的意见、观点或措辞中推测出某种程度的保证。但如果满足下列所有条件，注册会计师执行这些业务不必遵守本准则：a.注册会计师的意见、观点或措辞对整个业务而言仅是附带性的；b.注册会计师出具的书面报告被明确限定为仅供报告中所提及的使用者使用；c.在与特定预期使用者达成的书面协议中，该业务未被确认为鉴证业务；d.在注册会计师出具的报告中，该业务未被称为鉴证业务。

⑤不存在除责任方之外的其他预期使用者的情况。如果某项业务不存在除责任方之外的其他预期使用者，但在其他所有方面符合审计准则、审阅准则或其他鉴证业务准则的要求，注册会计师和责任方可以协商运用本准则的原则。在这种情况下，注册会计师的报告中应注明该报告仅供责任方使用。

（3）要与新修订的其他准则结合学习，如注册会计师的概念、财务报表的审计目标等。

（4）要结合2013年10月31日中国注册会计师协会发布的《关于印发〈中国注册会计师审计准则问题解答第1号——职业怀疑〉等六项审计准则问题解答的通知》（会协〔2013〕77号）来学习。由于目前财务报表复杂程度越来越高，涉及的主观判断和估计事项越来越多，保持职业怀疑对于有效执行审计工作尤为重要。

第二节 框架结构简介

鉴证业务基本准则主要包括鉴证业务的定义和目标、业务承接及鉴证业务要素三部分内容。

一、鉴证业务的定义和目标

规范鉴证业务的内涵，将鉴证业务分为基于认定的业务和直接报告业务，并区分了合理保证和有限保证鉴证业务的目标。

二、业务承接

注册会计师在接受委托前，应当初步了解业务环境，只有在认为能够遵守独立性和专业胜任能力等相关职业道德要求，并且拟承接的鉴证业务具备规定的所有特征时，才能接受该项鉴证业务。

三、鉴证业务要素

规范了鉴证业务涉及的三方关系（包括注册会计师、责任方和预期使用者）、鉴证对象、评价和计量的标准、鉴证证据和鉴证报告。

本准则共9章60条，其框架结构见表2-1。

表2-1　框架结构

框架结构	主要内容
总则	明确了制定本准则的目的、鉴证业务范围、鉴证业务要素，以及注册会计师执行鉴证业务的总体要求
鉴证业务的定义和目标	明确了鉴证业务和鉴证对象信息的定义、鉴证业务的分类及鉴证业务的目标
业务承接	规范了注册会计师承接业务的行为；要求注册会计师在接受委托前应当初步了解业务环境；明确了可以作为鉴证业务承接的业务应当具备的特征；对于不能完全满足鉴证业务要求的业务，注册会计师应当如何应对；已承接鉴证业务的变更等问题
鉴证业务的三方关系	明确了鉴证业务涉及注册会计师、责任方和预期使用者三方关系，以及责任方声明和业务条款的确定
鉴证对象	明确了鉴证对象和鉴证对象信息具有多种形式、鉴证对象的多种特征、适当的鉴证对象应当具备的条件
标准	明确了标准的定义、适当的标准应当具备的特征，要求注册会计师应当对标准的适当性进行评价，以及标准应当能够为预期使用者获取
证据	规范了注册会计师对于证据的获取和记录，要求注册会计师在决定证据收集程序的性质、时间安排和范围时，应当考虑重要性、鉴证业务风险及可获取证据的数量和质量，并分节阐述了下列内容：（1）总体要求；（2）职业怀疑态度；（3）证据的充分性和适当性；（4）重要性；（5）鉴证业务风险；（6）证据收集程序的性质、时间安排和范围；（7）可获取证据的数量和质量；（8）记录
鉴证报告	明确了鉴证报告应当以书面形式出具并载明鉴证结论，规范了不同鉴证业务结论的表达方式，提出不同鉴证结论或解除业务约定的条件
附则	明确了本准则的适用范围和施行日期

第三节 重点难点解析

一、鉴证业务概述、要素和分类

（一）鉴证业务概述

1.鉴证业务基本准则的作用

（1）鉴证业务基本准则是鉴证业务准则概念框架。

（2）旨在规范注册会计师执行鉴证业务，明确鉴证业务的目标和要素，指导注册会计师将鉴证业务与非鉴证业务区分开来，将鉴证业务中不同类型的业务区分开来。

（3）确定注册会计师审计准则、审阅准则和其他鉴证业务准则适用的鉴证业务类型。

2.鉴证业务的定义

鉴证业务是指注册会计师对鉴证对象信息提出结论，以增强除责任方之外的预期使用者对鉴证对象信息信任程度的业务。

上述定义可从以下几个方面加以理解：

（1）鉴证业务的用户是“预期使用者”，即鉴证业务可以用来有效地满足预期使用者的需求。

（2）鉴证业务的目的是改善信息的质量或内涵，增强除责任方之外的预期使用者对鉴证对象信息的信任程度。也就是说，鉴证业务以适当保证或提高鉴证对象信息的质量为目的，而不涉及为如何利用信息提供建议。

（3）鉴证业务的基础是独立性和专业性，通常由具备专业胜任能力和独立性的注册会计师来执行，注册会计师应当独立于责任方。

（4）鉴证业务的“产品”是鉴证结论，注册会计师应当对鉴证对象信息提出结论，该结论应当以书面报告的方式予以传达。

3.鉴证对象信息的含义

鉴证对象信息是指按照标准对鉴证对象进行评价和计量的结果。如责任方按照会计准则和相关会计制度（标准）对其财务状况、经营成果和现金流量（鉴证对象）进行确认、计量和列报（包括披露，下同）而形成的财务报表（鉴证对象信息）。

鉴证对象信息应当恰当反映既定标准运用于鉴证对象的情况。如果没有按照既定标准恰当反映鉴证对象的情况，鉴证对象信息可能存在错报，而且可能存在重大错报。

4.应当遵照执行鉴证业务基本准则的鉴证业务

鉴证业务包括历史财务信息审计业务、历史财务信息审阅业务和其他鉴证业务。注册会计师执行历史财务信息审计业务、历史财务信息审阅业务和其他鉴证业务时，应当遵守本准则以及依据本准则制定的审计准则、审阅准则和其他鉴证业务准则。

（二）鉴证业务要素

鉴证业务五要素见表2-2。

表2-2　　鉴证业务五要素

要素	含义
（1）三方关系	三方关系人分别是注册会计师、责任方和预期使用者。注册会计师对由责任方负责的鉴证对象或鉴证对象信息提出结论，以增强除责任方之外的预期使用者对鉴证对象信息的信任程度
（2）鉴证对象及鉴证对象信息	鉴证对象具有多种不同的表现形式，可能是财务或非财务的信息，包括业绩或状况、系统与过程、物理特征、行为等，不同的鉴证对象具有不同特征
（3）标准	标准是指用来评价或计量鉴证对象的基准，当涉及列报时，还包括列报的基准
（4）证据	获取充分、适当的证据是注册会计师提出鉴证结论的基础
（5）鉴证报告	注册会计师应当针对鉴证对象信息（或鉴证对象）在所有重大方面是否符合适当的标准，以书面报告的形式发表能够提供一定保证程度的结论

（三）鉴证业务分类

鉴证业务可以按照以下不同的标准进行分类：

1.按鉴证方式分类

按鉴证方式的不同，鉴证业务可以分为历史财务信息审计业务、历史财务信息审阅业务和其他鉴证业务。

2.按鉴证业务的保证程度分类

按鉴证业务的保证程度不同，鉴证业务可以分为合理保证鉴证业务和有限保证鉴证业务。合理保证鉴证业务的保证程度要高于有限保证鉴证业务的保证程度。

合理保证鉴证业务的目标，是注册会计师将鉴证业务风险降至该业务环境下可接受的低水平，以此作为以积极方式提出结论的基础。有限保证鉴证业务的目标，是注册会计师将鉴证业务风险降至该业务环境下可接受的水平，以此作为以消极方式提出结论的基础。

3.按鉴证的基础不同分类

按鉴证的基础不同，鉴证业务可以分为基于责任方认定的业务（有可以获取的鉴证对象信息）和直接报告业务（无鉴证对象信息或有信息但不对外公布）。

鉴证业务的三个维度如图2-1所示。

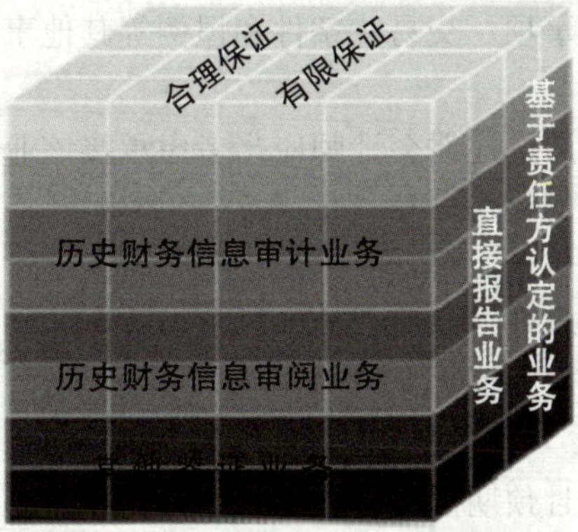

图2-1　鉴证业务的三个维度

【应用分析2-1】以预测性财务信息审核作为基于责任方认定的业务，以IT系统鉴证作为直接报告业务，对两类业务进行比较，基于责任方认定的业务和直接报告业务的区别主要表现为四个方面，见表2-3。

表2-3 基于责任方认定的业务与直接报告业务的区别

业务类型 区别	基于责任方认定的业务 （预测性财务信息的审核）	直接报告业务 （IT系统鉴证）
（1）责任方认定	预期使用者不通过预测性财务信息的审核报告便可获取责任方认定，即企业的预测性财务信息	可能不存在责任方认定（公司管理层关于金融服务系统可应用性、安全性、完整性和可维护性等方面控制有效性进行评价的信息），或虽然存在，但该认定无法为预期使用者获取；预期使用者只能通过系统鉴证报告获取上述信息
（2）提出结论的对象	鉴证对象信息，即对所审核的预测性财务信息进行评价	鉴证对象，即对金融服务系统可应用性、安全性、完整性和可维护性等方面控制有效性进行评价
（3）责任方的责任	责任方对鉴证对象信息负责，即对预测性财务信息负责	责任方对鉴证对象负责，即对金融服务系统可应用性、安全性、完整性和可维护性等方面控制的有效性负责
（4）鉴证报告	以书面形式提供预测性财务信息的审核报告，明确提及责任方认定。如“我们审核了后附的ABC股份有限公司编制的预测（列明预测涵盖的期间和预测的名称）”	以书面形式提供系统鉴证报告。直接提及鉴证对象和标准，无须提及责任方认定。如“我们对ABC公司20××年××月至20××年××月金融服务系统可应用性、安全性、完整性和可维护性等方面控制有效性进行了审查”

二、鉴证业务的承接

（一）承接鉴证业务的条件

1.初步了解业务环境

在接受委托前，注册会计师应当初步了解业务环境。业务环境包括业务约定事项、鉴证对象特征、使用的标准、预期使用者的需求、责任方及其环境的相关特征，以及可能对鉴证业务产生重大影响的事项、交易、条件和惯例等其他事项。

2.考虑职业道德规范

在初步了解业务环境后，注册会计师应当考虑承接该业务是否符合独立性和专业胜任能力等相关职业道德规范的要求。

3.判断业务特征

除职业道德规范的要求外，注册会计师要将一项业务作为鉴证业务予以承接，拟承接的业务还必须同时具备以下特征：

（1）鉴证对象适当。

（2）使用的标准适当且预期使用者能够获取该标准。

（3）注册会计师能够获取充分、适当的证据以支持其结论。

（4）注册会计师的结论以书面报告形式表述，且表述形式与所提供的保证程度相适应。

（5）该业务具有合理的目的。如果鉴证业务的工作范围受到重大限制，或者委托人试图将注册会计师的名字和鉴证对象不适当地联系在一起，则该项业务可能不具有合理的目的。

如果拟承接的业务不具备上述鉴证业务的所有特征，不能将其作为鉴证业务予以承接时，注册会计师可以提请委托人将其作为非鉴证业务（如商定程序、代编财务信息、管理咨询、税务服务等相关服务业务），以满足预期使用者的需要。

（二）标准不适当时的处理方式

如果拟承接的鉴证业务采用的标准不适当，注册会计师一般应当拒绝承接该项业务。但这并不是绝对的，在以下两种情况下，注册会计师可以考虑将其作为一项新的鉴证业务予以承接：

（1）委托人能够确认鉴证对象的某个方面适用于所采用的标准，注册会计师可以针对该方面执行鉴证业务，但应当在鉴证报告中说明该报告的内容并非针对鉴证对象整体。

（2）能够选择或设计适用于鉴证对象的其他标准。

（三）已承接鉴证业务的变更

对于已承接的鉴证业务，如果没有合理理由，注册会计师不应将该项业务变更为非鉴证业务，或将合理保证的鉴证业务变更为有限保证的鉴证业务。注册会计师的业务范围如图2-2所示。

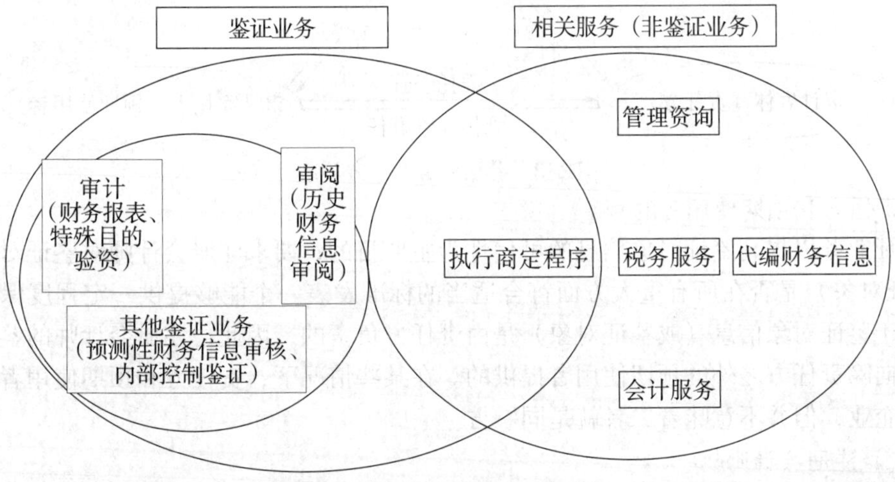

图2-2　注册会计师的业务范围

在实务中，注册会计师一般是应委托人的要求来变更业务类型的。委托人要求变更业务类型主要有以下三个方面的原因：

（1）业务环境变化影响到预期使用者的需求；

（2）预期使用者对该项业务的性质存在误解；

（3）业务范围存在限制。

上述第（1）项和第（2）项原因通常被认为是变更业务的合理理由。但如果有迹象表明该变更要求与错误的、不完整的或者不能令人满意的信息有关，注册会计师不应当认为该变更是合理的。

如果没有合理的理由，注册会计师不应当同意变更业务。如果不同意变更业务，委托人又不同意继续执行原鉴证业务，注册会计师应当考虑解除业务约定，并考虑是否有义务向有关方面（如委托单位董事会或股东会）说明解除业务约定的理由。如果有合理的理由，同意变更业务，注册会计师不应忽视变更前获取的证据。此外，注册会计师还需考虑变更业务对法律责任或业务约定条款的影响。如果变更业务引起业务约定条款的变更，注册会计师应当与委托人就新条款达成一致意见。

三、鉴证业务的三方关系

（一）三方关系概述

1.三方关系图示

鉴证业务涉及的三方关系人包括注册会计师、责任方和预期使用者。三方之间的关系如下：注册会计师对由责任方负责的鉴证对象或鉴证对象信息提出结论，以增强除责任方之外的预期使用者对鉴证对象信息的信任程度。责任方与预期使用者可能是同一方，也可能不是同一方。鉴证业务的三方关系如图2-3所示。

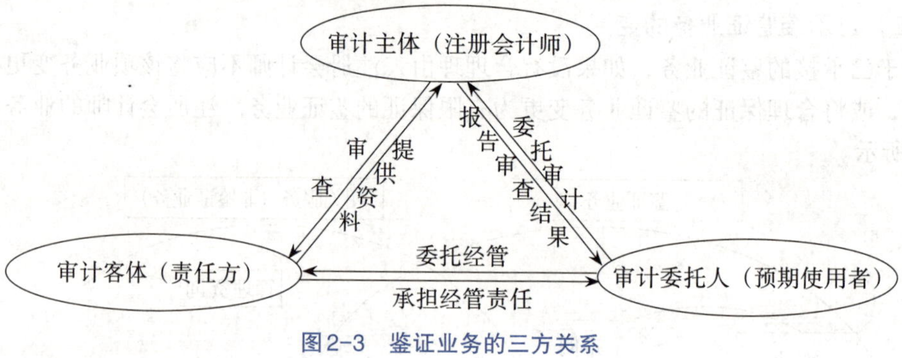

图2-3　鉴证业务的三方关系

2.责任方和预期使用者的判断

鉴证业务以提高鉴证对象信息的可信性为主要目的，要求注册会计师对鉴证对象信息（或鉴证对象）是否在所有重大方面符合适当的标准发表一个能够提供一定程度保证的结论。由于鉴证对象信息（或鉴证对象）是由责任方负责的，因此，注册会计师的鉴证结论主要是向除责任方之外的预期使用者提供的。在某些情况下，责任方和预期使用者可能来自同一企业，但并不意味着二者就是同一方。

（二）注册会计师

1.注册会计师的概念

《中国注册会计师审计准则第1101号——注册会计师的总体目标和审计工作的基本要求》第三条指出，“注册会计师，是指取得注册会计师证书并在会计师事务所执业的人员，通常是指项目合伙人或项目组其他成员，有时也指其所在的会计师事务所”。

当审计准则明确指出应由项目合伙人遵守规定或承担责任时，使用“项目合伙人”而非“注册会计师”的称谓。

2.个人与组织的关系

在实务中，注册会计师个人和事务所有时很难明确区分。《注册会计师法》第三条规定，“注册会计师执行业务，应当加入事务所”，也就是说，业务承接是以事务所的名义来进行的；中国注册会计师执业准则要求，鉴证报告要由注册会计师签名、盖章，并载明事务所的名称和地址，加盖事务所公章。也就是说，鉴证报告由注册会计师“签署”，由事务所“签发”（出具）。

（三）责任方

1.责任方的界定

责任方的界定与鉴证业务的类型有关。

（1）在直接报告业务中，责任方是指对鉴证对象负责的组织或人员。

（2）在基于责任方认定的业务中，责任方是指对鉴证对象信息负责的组织或人员，该组织或人员可能同时也对鉴证对象负责。

2.责任方声明

责任方可能是鉴证业务的委托人，也可能不是委托人。注册会计师通常提请责任方提供书面声明，表明责任方已按照既定标准对鉴证对象进行评价或计量，无论该声明是否能为预期使用者获取。

（1）在基于责任方认定的业务中，注册会计师对责任方认定出具鉴证报告，责任方通常会提供有关该认定的书面声明。

（2）在直接报告业务中，当委托人与责任方不是同一方时，注册会计师可能无法获取此类书面声明。

（四）预期使用者

预期使用者是指预期使用鉴证报告的组织或人员。责任方可能是预期使用者，但不是唯一的预期使用者。通常，注册会计师可以通过不同的方式确认预期使用者（如图2-4所示）。

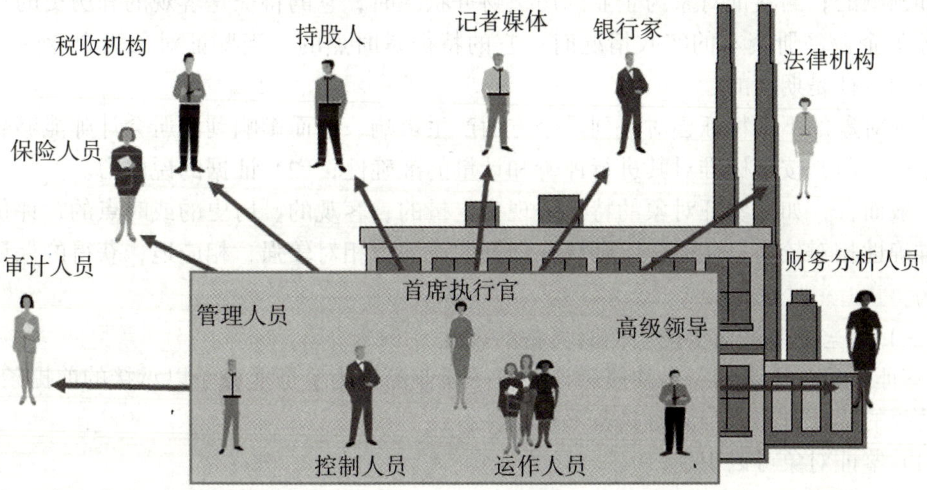

图2-4　预期使用者

四、鉴证对象

（一）鉴证对象与鉴证对象信息的形式

在注册会计师提供的鉴证业务中，存在多种不同类型的鉴证对象，相应地，鉴证对象信息也具有多种不同的形式。以财务业绩或状况为对象执行鉴证业务是注册会计师的传统业务领域。注册会计师在此类业务中塑造的良好职业形象和养成的专业能力，有力地推动了注册会计师职业向其他鉴证业务领域的拓展，以增强信息使用者对所鉴证信息的信任程度。这些以非财务信息形式体现出来的鉴证对象，对注册会计师的专业胜任能力也提出了更高的要求。

鉴证对象与鉴证对象信息的形式见表2-4。

表2-4 鉴证对象与鉴证对象信息的形式

鉴证对象	案例	鉴证对象信息形式
（1）财务业绩或状况	历史或预测的财务状况、经营成果和现金流量	财务报表
（2）非财务业绩或状况	企业的运营情况	可能是反映效率或效果的关键指标
（3）物理特征	设备的生产能力	可能是有关鉴证对象物理特征的说明文件
（4）某种系统和过程	企业的内部控制或信息技术系统	可能是关于其有效性的认定
（5）一种行为	遵守法律法规的情况	可能是对法律法规遵守情况或执行效果的声明

（二）鉴证对象特征

鉴证对象具有不同的特征，可能表现为定性或定量、客观或主观、历史或预测、时点或期间。当鉴证对象为遵守法规的情况时，它的特征是定性的；当鉴证对象为企业的财务业绩或状况时，它的特征是定量的。当鉴证对象为企业未来的盈利能力时，它的特征是主观的和预测的；当鉴证对象为企业的历史财务状况时，它的特征是客观的和历史的。当鉴证对象为企业注册资本的实收情况时，它的特征是时点的；当鉴证对象为企业内部控制时，它的特征是期间的。

鉴证对象的不同特征会对下列两个方面产生影响，进而影响到注册会计师能够获得的保证水平。（1）按照标准对其进行评价和计量的准确性；（2）证据的说服力。

一般而言，如果鉴证对象的特征表现为定量的、客观的、历史的或时点的，评价和计量的准确性相对较高，注册会计师获取证据的说服力相对较强，相应地，获得的保证水平也较高。

（三）适当的鉴证对象应当同时具备的条件

“鉴证对象是适当的”是注册会计师将一项业务作为鉴证业务予以承接的前提条件。

适当的鉴证对象应当同时具备下列条件：

（1）鉴证对象可以识别；

（2）不同的组织或人员对鉴证对象按照既定标准进行评价或计量的结果合理一致；

（3）注册会计师能够收集与鉴证对象有关的信息，获取充分、适当的证据，以支持其提出适当的鉴证结论。

不适当的鉴证对象可能会误导预期使用者。如果注册会计师在承接业务后发现鉴证对象不适当，应当视其影响的重大与广泛程度，出具保留结论或否定结论的报告。不适当的鉴证对象还可能造成工作范围受到限制。如果注册会计师在承接业务后发现鉴证对象不适当，应当视受到限制的重大与广泛程度，出具保留结论或无法提出结论的报告。在适当的情况下，注册会计师可以考虑解除业务约定。

五、标准

（一）标准的含义

标准是指用于评价或计量鉴证对象的基准，当涉及列报时，还包括列报的基准，列报包括披露。标准是鉴证业务中不可或缺的一项要素。注册会计师为了运用职业判断对鉴证对象作出评价或计量，离不开适当的标准。如果没有适当的标准提供指引，任何个人的解释甚至误解都可能对结论产生影响，这样一来，结论必然缺乏可信性。也就是说，标准是对所要发表意见的鉴证对象进行“度量”的一把“尺子”，责任方和注册会计师可以根据这把“尺子”对鉴证对象进行“度量”。

需要指出的是，对同一鉴证对象进行评价或计量，并不一定要选择同一个标准。对于消费者满意度这一鉴证对象，某些责任方或注册会计师可能会以消费者投诉的次数来衡量消费者满意度；而另外一些责任方或注册会计师可能会选择消费者在初始购买后的三个月内重复购买的数量这一指标作为衡量消费者满意度的标准。

（二）标准的类型及评价

标准大致可以分为两类：一类是正式的规定；另一类是非正式的规定。正式的规定通常是一些“既定的”标准，是由法律法规规定的，或由政府主管部门或国家认可的专业团体依照公开、适当的程序发布的。非正式的规定通常是一些“专门制定的”标准，是针对具体的业务项目“量身定做”的。标准的类型不同，注册会计师在评价标准是否适合于具体的鉴证业务时，所关注的重点也不同。标准的类型及评价见表2-5。

表2-5　标准的类型及评价

类型	评价或计量对象	标准	适当性评价
正式的规定	编制财务报表	会计准则和相关会计制度	通常不需要对标准的“适当性”进行评价，而只需评价该标准对具体业务的“适用性”
	编制内部控制报告	可能是已确立的内部控制规范或指引	
	编制遵循性报告	可能是适用的法律法规	
非正式的规定	行为、绩效	企业内部制定的行为准则、确定的绩效水平或商定的行为要求等	首先要对这些标准本身的“适当性”加以评价，否则，注册会计师连自己所用的“尺子”是否适当均无法判断，自然无法用这把“尺子”去“度量”要发表意见的鉴证对象

（三）适当的标准应当具备的特征

注册会计师在运用职业判断对鉴证对象作出合理一致的评价或计量时，需要有适当的标准。而标准是否适当、是否适用于具体的鉴证业务同样离不开注册会计师的职业判断。如果使用的标准不适当或不适用于具体业务，发表的鉴证结论便毫无意义。适当的标准应当具备的特征见表2-6。

表2-6　适当的标准应当具备的特征

特征	性质
（1）相关性	相关的标准有助于得出结论，便于预期使用者作出决策
（2）完整性	完整的标准不应忽略业务环境中可能影响得出结论的相关因素，当涉及列报时，还包括列报的基准
（3）可靠性	可靠的标准能够使能力相近的注册会计师在相似的业务环境中，对鉴证对象作出合理一致的评价或计量
（4）中立性	中立的标准有助于得出无偏向的结论
（5）可理解性	可理解的标准有助于得出清晰、易于理解、不会产生重大歧义的结论

（四）预期使用者获取标准的方式

标准应当能够为预期使用者获取，以使预期使用者了解鉴证对象的评价或计量过程。标准可以通过下列方式供预期使用者获取：

（1）公开发布；

（2）在陈述鉴证对象信息时以明确的方式表述；

（3）在鉴证报告中以明确的方式表述；

（4）常识理解，如计量时间的标准是小时或分钟。

如果确定的标准仅能为特定的预期使用者获取，或仅与特定目的相关，鉴证报告的使用也应限于这些特定的预期使用者或特定目的。行业协会发布标准可能仅能为本行业内部的预期使用者获取；合同条款仅能为合同双方获取，且仅适用于合同约定事项。

需要指出的是，如果鉴证报告仅限于特定使用者使用或仅服务于特定目的，但报告中未对鉴证报告的使用人和使用目的进行限制，这一事项本身并不表明注册会计师要对该特定使用者或特定目的承担法律责任。注册会计师是否承担法律责任取决于鉴证业务的具体环境以及法院的裁决。

六、证据

（一）总体要求

（1）注册会计师应当以职业怀疑态度计划和执行鉴证业务，获取有关鉴证对象信息是否不存在重大错报的充分、适当的证据。

（2）注册会计师应当及时对制订的计划、实施的程序、获取的相关证据以及得出的结论作记录。

（3）注册会计师在计划和执行鉴证业务，尤其在确定证据收集程序的性质、时间安排和范围时，应当考虑重要性、鉴证业务风险以及可获取证据的数量和质量。

（二）职业怀疑态度

1.职业怀疑的概念

《中国注册会计师审计准则第1101号——注册会计师的总体目标和审计工作的基本要求》第十七条指出，职业怀疑是指注册会计师执行审计业务的一种态度，包括采取质疑的思维方式，对可能表明由于错误或舞弊导致错报的迹象保持警觉，以及对审计证据进行审慎评价。可以从以下四个方面理解职业怀疑。

（1）职业怀疑在本质上要求秉持一种质疑的理念。这种理念促使注册会计师在考虑相关信息和得出结论时采取质疑的思维方式。在这种理念下，注册会计师具有批判和质疑的精神，摒弃“存在即合理”的逻辑思维，寻求事物的真实情况。注册会计师不应不假思索全盘接受被审计单位提供的证据和解释，也不应轻易相信过分理想的结果或太多巧合的情况。

（2）职业怀疑要求对引起疑虑的情形保持警觉。这些情形包括但不限于：相互矛盾的审计证据；引起对文件记录或对询问答复的可靠性产生怀疑的信息；明显不合商业情理的交易或安排；其他表明可能存在舞弊的情况；表明需要实施除审计准则规定外的其他审计程序的情形。

（3）职业怀疑要求审慎评价审计证据。审计证据包括支持和印证管理层认定的信息，也包括与管理层认定相互矛盾的信息。审慎评价审计证据包括质疑相互矛盾的审计证据、文件记录和对询问的答复以及从管理层和治理层获得的其他信息的可靠性，而非机械完成审计准则要求实施的审计程序。在怀疑信息的可靠性或发现舞弊迹象时（如在审计过程中识别出的情况使注册会计师认为文件可能是伪造的或文件中的某些信息已被篡改），注册会计师需要作出进一步调查，并确定需要修改哪些审计程序或实施哪些追加的审计程序。需要强调的是，虽然注册会计师需要在审计成本与信息的可靠性之间进行权衡，但是审计中的困难、时间或成本等事项本身，不能作为省略不可替代的审计程序或满足于说服力不足的审计证据的理由。

（4）职业怀疑要求客观评价管理层和治理层。由于审计环境发生变化，或者管理层和治理层为实现预期利润或结果而承受内部或外部压力，即使以前正直、诚信的管理层和治理层也可能发生变化。因此，注册会计师不应依赖以往对管理层和治理层诚信形成的判断。即使注册会计师认为管理层和治理层是正直、诚实的，也不能降低保持职业怀疑的要求，不允许在获取合理保证的过程中满足于说服力不足的审计证据。职业怀疑与客观和公正、独立性两项职业道德基本原则密切相关。保持独立性可以增强注册会计师在审计中保持客观和公正、职业怀疑的能力。

2.性质

职业怀疑态度代表的是注册会计师执业时的一种精神状态，它有助于降低注册会计师在执业过程中可能遇到的风险。这些风险通常包括：忽略了可疑的情况；在决定证据收集程序的性质、时间安排和范围时使用了不恰当的假设；对证据进行了不恰当的评价等。

如果在执行业务过程中识别出的情况使其认为文件记录可能是伪造的或文件记录中的某些条款已发生变动，注册会计师应当作出进一步调查，包括直接向第三方询证，或考虑利用专家的工作，以评价文件记录的真伪。目前，财务报表复杂程度越来越高，涉及的主观判断和估计事项越来越多，在此情况下，注册会计师保持职业怀疑对于有效执行审计工作尤为重要。《中国注册会计师审计准则第1101号——注册会计师的总体目标和审计工作的基本要求》指出，注册会计师在计划和实施审计工作时要保持职业怀疑，认识到可能存在导致财务报表发生重大错报的情形。

（1）在审计过程中保持职业怀疑。职业怀疑是注册会计师综合素质不可或缺的一部分，是保证审计质量的关键要素。保持职业怀疑有助于注册会计师恰当运用职业判断，提高审计程序设计及执行的有效性，降低审计风险。在审计过程中，保持职业怀疑的作用包括：

①在识别和评估重大错报风险时，保持职业怀疑有助于注册会计师设计恰当的风险评估程序，有针对性地了解被审计单位及其环境；有助于使注册会计师对引起疑虑的情形保持警觉，充分考虑错报发生的可能性和重大程度，有效识别和评估财务报表层次和认定层次的重大错报风险。

②在设计和实施进一步审计程序应对重大错报风险时，保持职业怀疑有助于注册会计师针对评估出的重大错报风险，恰当设计进一步审计程序的性质、时间安排和范围，降低选取不适当的审计程序的可能性；有助于注册会计师对已获取的审计证据表明可能存在未识别的重大错报风险的情形保持警觉，并作出进一步调查。

③在评价审计证据时，保持职业怀疑有助于注册会计师评价是否已获取充分、适当的审计证据以及是否还需执行更多的工作；有助于注册会计师审慎评价审计证据，纠正仅获取最容易获取的审计证据、忽视存在相互矛盾的审计证据的偏向。

保持职业怀疑对于注册会计师发现舞弊、防止审计失败至关重要。舞弊可能是精心策划、蓄意实施并予以隐瞒的，只有保持充分的职业怀疑，注册会计师才能对舞弊风险因素保持警觉，进而有效地评估舞弊导致的重大错报风险。保持职业怀疑，有助于使注册会计师认识到存在由于舞弊导致的重大错报的可能性，不会受到以前对管理层、治理层正直和诚信形成的判断的影响；使注册会计师对获取的信息和审计证据是否表明可能存在由于舞弊导致的重大错报风险始终保持警惕；使注册会计师在认为文件可能是伪造的或文件中的某些条款可能已被篡改时，作出进一步调查。

（2）阻碍注册会计师保持职业怀疑的情形。审计准则要求注册会计师在审计过程中保持职业怀疑，然而某些情形可能导致注册会计师在获取、评价和解释信息时过分盲目相信客户或倾向于迎合客户的偏好，而不是考虑财务报表使用者的需求。在审计实务中，可能阻碍注册会计师保持职业怀疑的情形包括：

①审计环境中的某些情况可能会引发动机或压力，使注册会计师产生偏见，从而阻碍注册会计师恰当保持职业怀疑。例如，建立或保持长期审计业务关系，避免与管理层产生重大冲突，在被审计单位发布财务报表期限之前出具审计报告，应被审计单位的要求出具无保留意见的审计报告，达到被审计单位的高满意度，降低审计成本，或搭售其他服务等。

②随着审计业务关系的延续，注册会计师可能对管理层产生不恰当的信任，导致其轻易认可被审计单位作出的不恰当会计处理。在某些情况下，注册会计师可能会迫于压力，避免与管理层产生分歧或对管理层造成不良后果，而未能保持恰当的职业怀疑。

③其他情况也可能阻碍注册会计师恰当保持职业怀疑。例如，审计的时间安排和工作量要求可能对项目合伙人和其他项目组成员造成压力，促使他们过快完成审计业务，导致他们仅获取容易取得的审计证据而非相关、可靠的审计证据，获取并不充分的审计证据，或过分倚重能够证实财务报表认定的证据而没有充分考虑反面证据。

（3）会计师事务所层面和项目组层面强化保持职业怀疑。注册会计师保持职业怀疑，不仅受到个人的职业道德、知识水平和执业经验的影响，而且还受到所在会计师事务所的文化和机制，以及所在项目组的影响。

（4）在项目组层面强调保持职业怀疑的必要性。项目合伙人对审计业务的总体质量负责，因此需要在审计业务的所有阶段通过行动示范和相关信息的传达，向项目组强调质量至上和保持职业怀疑的重要性。

（5）在审计业务的各个阶段保持职业怀疑。职业怀疑与整个审计过程紧密相关，贯穿于整个审计业务的始终。注册会计师在以下审计业务的所有阶段都需要保持职业怀疑：

①接受或保持业务。例如，注册会计师需要考虑被审计单位的主要股东、实际控制人、治理层和管理层是否诚信。

②识别和评估重大错报风险。

③设计和实施审计程序应对重大错报风险。

（6）特别需要保持职业怀疑的重要审计领域。在以下较复杂、需要高度判断的重要审计领域，注册会计师保持职业怀疑尤为重要：

①舞弊风险。在针对由于舞弊导致的重大错报风险确定总体应对措施时，注册会计师可能需要在检查支持重大交易的文件时保持敏感性，有意识地对管理层有关重大事项的解释或声明进行印证。

②管理层凌驾于内部控制之上的风险。注册会计师应当将管理层凌驾于内部控制之上的风险作为舞弊风险（因而是一种特别风险）予以应对。在评价管理层对询问作出的答复时，需要通过其他信息予以印证，如果出现不一致，需要跟进调查；如果识别出的错报涉及管理层（特别是涉及较高层级的管理层），或者如果相关情形表明可能存在涉及员工、管理层或第三方的串通舞弊，注册会计师应当重新评价对由于舞弊导致的重大错报风险的评估结果，该结果对审计程序的性质、时间安排和范围的影响，以及重新考虑此前获取的审计证据的可靠性。

③收入确认。在识别和评估由于舞弊导致的重大错报风险时，注册会计师应当基于收入确认存在舞弊风险的假定，评价哪些类型的收入、收入交易或认定导致舞弊风险。

④会计估计（包括公允价值会计估计及相关披露）。例如，对于导致特别风险的会计估计，注册会计师应当评价管理层使用的重大假设是否合理；注册会计师应当确定会计估计或作出会计估计的方法不同于上期的变化是否适合于具体情况；注册会计师应当复核管理层在作出会计估计时的判断和决策，以识别是否可能存在管理层偏向的迹象。

⑤关联方关系及其交易。例如，注册会计师应当在审计过程中对可能显示以前未识别或未披露的关联方关系或关联方交易的信息保持警觉。

⑥重大非常规交易。例如，注册会计师应当评价重大非常规交易的商业理由（或缺乏商业理由）是否表明被审计单位从事交易的目的是对财务信息作出虚假报告或掩盖侵占资产的行为。此外，注册会计师在评价被审计单位的财务报表是否在所有重大方面按照适用的财务报告编制基础编制时，需要考虑重大非常规交易的披露是否充分。

⑦金融工具等高度复杂的交易。例如，注册会计师需要复核金融工具的分类和确认是否符合适用的财务报告编制基础的规定，与金融工具相关的会计估计所依据的假设和数据的相关性和合理性，金融工具是否按照适用的财务报告编制基础规定的计量属性列报期末金额。

⑧对法律法规的遵守。例如，在审计过程中实施其他程序时，需要对违反或怀疑违反

下列法律法规的行为保持警觉：一是可能对财务报表产生重大影响的法律法规；二是对被审计单位的经营活动具有至关重要的影响，将导致被审计单位终止业务活动或对其持续经营能力产生重大影响的法律法规。

⑨持续经营。例如，如果识别出可能导致对持续经营能力产生重大疑虑的事项或情况，注册会计师应当评价管理层与持续经营能力评估相关的未来应对计划，这些计划的结果是否可能改善目前的状况，以及管理层的计划对于具体情况是否可行。

⑩函证。例如，注册会计师需要对函证过程中出现的异常情况保持警觉，判断是否存在对回函可靠性的疑虑，并追加审计程序予以调查。

⑪存货监盘。例如，注册会计师应对存货实际盘点结果与期末存货记录不一致的情况保持警觉，并追加审计程序予以调查。

⑫期后事项。注册会计师应当设计和实施审计程序，适当关注期后事项，如期后重大会计记录调整、期后收入冲回等事项，对舞弊风险保持警觉。

（7）在审计工作底稿中体现注册会计师保持职业怀疑。职业怀疑通常在注册会计师审计过程中进行的讨论以及指导、监督、复核中得以体现，然而，在审计工作底稿中体现注册会计师保持职业怀疑是非常重要的，因为审计工作底稿可以证明注册会计师按照审计准则和相关法律法规的规定计划和执行了审计工作。因此，审计准则要求注册会计师记录遇到的重大事项、作出的重大判断、得出的结论等，记录与管理层、治理层和其他人员对重大事项的讨论，包括讨论的重大事项的性质以及讨论的时间和参加人员。这些工作底稿有助于注册会计师证明其如何作出重大判断、如何处理关键问题，以及如何评价是否获取充分、适当的审计证据，同时也可以证明注册会计师如何保持了职业怀疑。

（三）证据的充分性和适当性

注册会计师对鉴证对象信息提供可信性保证是建立在获取充分、适当证据的基础上的。证据的充分性和适当性分别是对证据数量和证据质量的衡量。

1.证据的充分性

证据的充分性是对证据数量的衡量，主要与注册会计师确定的样本量有关。在具体业务中，所需证据的数量受以下两个方面因素的影响：

（1）鉴证对象信息的重大错报风险。风险越大，可能需要的证据数量越多。

（2）证据质量。证据质量越高，可能需要的证据数量越少。但是，如果证据的质量存在缺陷，注册会计师仅靠获取更多的证据可能无法弥补其质量上的缺陷。

2.证据的适当性

证据的适当性是对证据质量的衡量，即证据的相关性和可靠性。在考虑证据的相关性时，注册会计师通常应当认识到：

（1）特定的程序可能只为某些认定提供相关的证据，而与其他认定无关。

（2）针对同一项认定，可以从不同来源获取证据或获取不同性质的证据。

（3）只与特定认定相关的证据并不能替代与其他认定相关的证据。

3.证据的可靠性的影响因素

证据的可靠性受其来源和性质的影响，并取决于获取证据的具体环境。注册会计师通常按照下列原则考虑证据的可靠性（见表2-7）。

表2-7 证据的可靠性的影响因素

可靠性的影响因素	可靠性
来源	（1）从外部独立来源获取的证据比从其他来源获取的证据更可靠
	（2）内部控制有效时内部生成的证据比内部控制薄弱时内部生成的证据更可靠
	（3）直接获取的证据（如观察控制活动的实施）比间接获取或推论（如询问控制活动的实施）得出的证据更可靠
	（4）以文件记录形式（无论是纸质、电子或其他介质）存在的证据比口头形式的证据更可靠
	（5）从原件获取的证据比从传真或复印件获取的证据更可靠
性质（重大例外情况）	当证据是从某个独立的外部资料提供者那里获取的时候，如果该资料提供者学识有限（如刚介入某一行业，缺乏相关的经验），那么证据也不一定可靠
获取证据的具体环境	如果针对某项认定从不同来源获取的证据或获取的不同性质的证据能够相互印证，与该项认定相关的证据通常更有说服力。例如，从企业外部独立来源获取的信息可以增强注册会计师对责任方认定的信任程度。相反，如果从不同来源获取的证据或获取的不同性质的证据不一致，则表明一项或某项证据不可靠，注册会计师应当追加必要的程序予以解决

4.鉴证对象特征对证据的充分性和适当性的影响

证据的充分性和适当性还会受到鉴证对象特征的影响。

（1）针对一个期间的鉴证对象信息获取充分、适当的证据，通常要比针对一个时点的鉴证对象信息获取充分、适当的证据更困难。

（2）针对过程提出的结论通常限于鉴证业务涵盖的期间，注册会计师不应对该过程是否在未来以特定方式继续发挥作用提出结论。

5.判断证据充分性和适当性时的决策

注册会计师在判断证据充分性和适当性的时候，常常还会面临这样一种决策：增加成本能否给证据数量和质量带来相当的效益。

（1）由于不同来源或不同性质的证据可以证明同一项认定，因此，注册会计师可以考虑获取证据的成本与所获取信息有用性之间的关系，选择有效率的程序来收集高质量的、足够的证据。但是，注册会计师不应仅以获取证据的困难和成本为由减少不可替代的程序。

（2）在评价证据的充分性和适当性以支持鉴证报告时，注册会计师应当运用职业判断，并保持职业怀疑态度。

（四）重要性

所谓重要性，是指鉴证对象信息中存在错报的严重程度，这一错报程度在特定环境下可能影响预期使用者的判断和决策水平。这一概念是基于成本效益原则的要求而产生的。由于现代社会日趋复杂，注册会计师执行鉴证业务所面对的信息量日益庞大，在这种情况下，要求注册会计师去审查有关鉴证对象的全部信息，既无必要也无可能，只能采取选择性测试的办法。为此，注册会计师需要抓住鉴证对象信息的重要方面和重要事项加以审查，并收集证据予以证实。

在确定证据收集程序的性质、时间安排和范围，评估鉴证对象信息是否不存在错报时，注册会计师应当考虑重要性。注册会计师应当综合**数量**和**性质**因素考虑重要性。在具体业务中评估重要性以及数量和性质因素的相对重要程度，需要注册会计师运用职业判断。**数额**大小毫无疑问是判断重要性的一个重要因素，同样类型的错报，数额大的显然比数额小的要严重。

在考虑性质因素时，注册会计师需要重点关注以下几个方面：

（1）错报属于错误还是舞弊，后者通常被认为更为严重。

（2）错报是否涉及履行合同义务。例如，某项错报使企业营运资金虚增几百元，从数量上看并不重要，但该错报可能使得企业营运资金从低于贷款合同的要求变为高于贷款合同的要求。

（3）错报是否影响收益趋势。例如，错报使经营成果由亏损变为盈利，利润变动趋势由下降变为增长。

重要性与鉴证业务风险之间存在直接的关系，这种关系是一种反向的关系。重要性水平越高，鉴证业务风险越低；重要性水平越低，鉴证业务风险越高。注册会计师在确定证据收集程序的性质、时间安排和范围，评估鉴证对象信息是否不存在错报时，应当考虑这种反向关系。

在考虑重要性时，注册会计师应当了解并评估哪些因素可能会影响预期使用者的决策。例如，如果特定标准允许鉴证对象信息的列报方式存在差异，那么注册会计师就应当考虑采用的列报方式会对预期使用者产生多大的影响。

（五）审计风险

审计风险是指在鉴证对象信息存在重大错报的情况下，注册会计师提出不恰当结论的可能性。在直接报告业务中，鉴证对象信息仅体现在注册会计师的结论中，审计风险包括注册会计师不恰当地提出鉴证对象在所有重大方面遵守标准的结论的可能性。

一般来说，审计风险包括以下几个组成部分，虽然这些组成部分并非对于所有的鉴证业务来说都是必须或重要的：

1.重大错报风险（RMM）

重大错报风险是指鉴证对象信息在鉴证前存在重大错报的可能性。

2.检查风险（DR）

检查风险是指某一鉴证对象信息存在错报，该错报单独或连同其他错报是重大的，但注册会计师未能发现这种错报的可能性。

注册会计师对重大错报风险和检查风险的考虑受具体业务环境的影响，特别是受鉴证对象性质，以及所执行的是合理保证鉴证业务还是有限保证鉴证业务的影响。不同保证程度的鉴证业务，要求注册会计师将审计风险降至不同的水平。注册会计师在合理保证鉴证业务中可接受的风险水平要低于有限保证鉴证业务中可接受的风险水平。

（六）证据收集程序的性质、时间安排和范围

证据收集程序的性质、时间安排和范围因业务的不同而不同。从理论上说，即便是针对同一项业务或同一项认定，也可能存在多种不同的证据收集程序。在实务工作中，尽管对证据收集程序进行明确而清晰的沟通非常困难，但注册会计师仍应尽量清楚表达证据收

集程序，并以适当的形式运用于合理保证的鉴证业务和有限保证的鉴证业务中。

在合理保证的鉴证业务中，为了能够以积极方式提出结论，注册会计师应当通过下列不断修正的、系统化的执业过程，获取充分、适当的证据：

（1）了解鉴证对象及其他的业务环境事项，包括了解内部控制；

（2）在了解鉴证对象及其他的业务环境事项的基础上，评估鉴证对象信息可能存在的重大错报风险；

（3）应对评估的风险，包括制定总体应对措施以及确定进一步程序的性质、时间安排和范围；

（4）针对已识别的风险实施进一步程序，包括实施实质性程序，以及在必要时测试控制运行的有效性；

（5）评价证据的充分性和适当性。

与合理保证的鉴证业务相比，有限保证的鉴证业务在证据收集程序的性质、时间安排、范围等方面是有意识地加以限制的。例如，财务报表审阅业务是一项有限保证的鉴证业务，在该业务中，注册会计师主要通过询问和分析程序来获取充分、适当的证据。无论是合理保证还是有限保证的鉴证业务，如果注意到某事项可能导致对鉴证对象信息是否需要作出重大修改产生疑问，注册会计师应当执行其他足够的程序，追踪这一事项，以支持鉴证结论。

（七）合理保证不等于绝对保证

正确理解鉴证业务准则中的保证概念，将合理保证、有限保证与绝对保证的概念进行区分。绝对保证是指注册会计师对鉴证对象信息整体不存在重大错报提供100%的保证。合理保证是一个与积累必要的证据相关的概念，要求注册会计师通过不断修正的、系统的执业过程，获取充分、适当的证据，对鉴证对象信息整体提出结论，它提供的是一种高水平但非100%的保证。与合理保证相比，有限保证在证据收集程序的性质、时间安排、范围等方面受到有意地限制，它提供的是一种适度水平的保证。可以看出，三者提供的保证水平逐次递减。前文已经区分合理保证与有限保证，因此，这里区分的关键是绝对保证与合理保证。正确理解合理保证与绝对保证的关系，有助于减轻注册会计师承担不必要的责任。

由于下列因素的存在，将鉴证业务风险降至零几乎不可能，也不符合成本效益原则：

（1）选择性测试方法的运用。选择性测试方法包括选取全部项目、选取特定项目和抽样。选取特定项目实施鉴证程序的结果不能推断至总体，抽样也可能产生误差，在采用这两种方法的情况下，都不能100%地保证鉴证对象信息不存在重大错报。

（2）内部控制的固有局限性。例如，在决策时人为判断可能出现错误和由于人为失误而导致内部控制失效；可能由于两个或更多的人员进行串通或管理层凌驾于内部控制之上而被规避。小型企业拥有的员工通常较少，限制了其职责分离的程度，业主凌驾于内部控制之上的可能性更大。

（3）大多数证据是说服性的而非结论性的。

（4）在获取和评价证据以及由此得出结论时涉及大量判断。在获取证据时，注册会计师可以选择获取何种类型和何种来源的证据；获取证据之后，注册会计师要依据职业判断，对其充分性和适当性进行评价；最后依据证据得出结论时，更是离不开注册会计师的职业判断。

（5）在某些情况下鉴证对象具有特殊性。例如，鉴证对象是设备的生产能力、矿产资源的储量等。

（八）可获取证据的数量和质量

可获取证据的数量和质量受下列因素影响：

（1）鉴证对象和鉴证对象信息的特征。例如，鉴证对象信息是预测性的而非历史性的，预计可获取证据的客观性就比较弱。

（2）业务环境中除鉴证对象特征以外的其他事项。例如，注册会计师接受委托的时间与要求出具鉴证报告的时间相距较近，预计可获取的证据相对就较少；被鉴证单位内部资料的保管政策、责任方对鉴证业务施加的限制等也可能会使注册会计师无法获取原本认为可以获取的证据。通常，可获取的证据都是说服性的而非结论性的。

（九）注册会计师工作范围受到重大限制时的处理

对任何类型的鉴证业务，如果注册会计师的工作范围受到重大限制，阻碍注册会计师获取所需要的证据，注册会计师提出无保留结论是不恰当的。注册会计师应当视受到限制的重大与广泛程度，出具保留结论或无法提出结论的报告。在适当的情况下，注册会计师还可以考虑退出该业务。

对注册会计师工作范围构成重大限制的情形一般包括：

（1）客观环境阻碍注册会计师获取所需要的证据，无法将鉴证业务风险降至适当水平；

（2）责任方或委托人施加限制，阻碍注册会计师获取所需要的证据，无法将鉴证业务风险降至适当水平。

（十）记录

注册会计师应当记录重大事项，以提供证据支持鉴证报告，并证明其已按照鉴证业务准则的规定执行业务。至于某一事项是否属于重大事项，需要注册会计师根据具体情况进行判断。重大事项通常包括：

（1）引起特别风险的事项；

（2）实施鉴证程序的结果，该结果表明鉴证对象信息可能存在重大错报，或需要修正以前对重大错报风险的评估和针对这些风险拟采取的应对措施；

（3）导致注册会计师难以实施必要程序的情形；

（4）导致出具非标准鉴证报告的事项。

对需要运用职业判断的所有重大事项，注册会计师应当记录推理过程和相关结论。如果对某些事项难以进行判断，注册会计师还应当记录得出结论时已知悉的有关事实。

（十一）编制和保存工作底稿

注册会计师应当将鉴证过程中考虑的所有重大事项记录于工作底稿。在运用职业判断确定工作底稿的编制和保存范围时，注册会计师应当考虑，使未曾接触该项鉴证业务的有经验的专业人士了解实施的鉴证程序，以及作出重大决策的依据。

有经验的专业人士，是指对下列内容有合理了解的人士：

（1）鉴证过程；

（2）相关法律法规和鉴证业务准则的规定；

（3）被鉴证单位所处的经营环境；

(4)与被鉴证单位所处行业相关的会计、审计或其他问题。

七、鉴证报告

(一)出具鉴证报告的总体要求

注册会计师应当出具含有鉴证结论的书面报告,该鉴证结论应当说明注册会计师就鉴证对象信息获取的保证。注册会计师应当考虑其他报告责任,包括在适当时与治理层沟通。

(二)鉴证结论的两种表述形式

鉴证结论的表述形式有两种:

(1)明确提及责任方认定,如“我们认为,责任方作出的‘根据×标准,内部控制在所有重大方面是有效的’这一认定是公允的”。

(2)直接提及鉴证对象和标准,如“我们认为,根据×标准,内部控制在所有重大方面是有效的”。

在基于责任方认定的业务中,由于可以获取责任方认定,注册会计师是针对鉴证对象信息进行评价并出具报告的,鉴证对象信息可以以责任方认定的形式为预期使用者所获取,注册会计师在鉴证报告中显然可以明确提及责任方认定。另外,直接提及鉴证对象和标准,也不会给预期使用者带来误解。因此,注册会计师的鉴证结论采用上述两种表述形式均可。如果决定采用第(1)种表述形式,即在鉴证结论中提及责任方认定,注册会计师可以将该认定附于鉴证报告后、在鉴证报告中引述该认定或指明预期使用者能够从何处获取该认定。

在直接报告业务中,注册会计师可能无法从责任方获取其对鉴证对象评价或计量的认定。即使可以获取这种认定,该认定也无法被预期使用者获取,预期使用者只能通过阅读鉴证报告获取鉴证对象信息。很显然,在直接报告业务中,提及责任方认定没有意义。因此,注册会计师应当直接对鉴证对象进行评价并出具鉴证报告,明确提及鉴证对象和标准,鉴证结论只能采用上述第(2)种表述形式。

(三)提出鉴证结论的积极方式和消极方式

提出鉴证结论的方式有两种:积极方式和消极方式,分别适用于合理保证的鉴证业务和有限保证的鉴证业务。区分两种鉴证结论提出方式,有助于向预期使用者传达不同业务的保证程度存在差异这一事实,以积极方式提出结论提供的保证水平高于以消极方式提出结论提供的保证水平。

1.积极方式

在合理保证的鉴证业务中,注册会计师应当以积极方式提出结论,如“我们认为,根据×标准,内部控制在所有重大方面是有效的”或“我们认为,责任方作出的‘根据×标准,内部控制在所有重大方面是有效的’这一认定是公允的”。这种表达方式传达的是合理保证,表明注册会计师在实施了适合于鉴证对象特征以及其他相关业务环境的证据收集程序后,获取了充分、适当的证据,从而将鉴证业务风险降至可接受的低水平。

2.消极方式

在有限保证的鉴证业务中,注册会计师应当以消极方式提出结论,如“基于本报告所述的工作,我们没有注意到任何事项使我们相信,根据×标准,×系统在任何重大方面是无效的”或“基于本报告所述的工作，我们没有注意到任何事项使我们相信，责任方作出的‘根据×标准，×系统在所有重大方面是有效的’这一认定是不公允的”。这种形式的表述，传达的是一种有限保证。它与依据鉴证对象及相关业务环境特征实施的证据收集程序相适应。

（四）注册会计师不能出具无保留结论报告的情形

对于任何类型的鉴证业务，如果存在下列情形，且注册会计师根据职业判断认为其影响是重大的或可能是重大的，注册会计师不能出具无保留结论的报告。这些情形见表2-8。

表2-8 不能出具无保留结论报告的情形

原因	不能出具无保留结论报告的情形	结论
（1）工作范围受到限制	可能导致注册会计师无法获取必要的证据以便将鉴证业务风险降至适当水平	①应当视受到限制的重大与广泛程度，出具保留或无法提出结论的报告 ②在某些情况下应当考虑解除业务约定
（2）责任方认定未在所有重大方面作出公允表达	如果注册会计师的结论提及责任方的认定，且该认定未在所有重大方面作出公允表达	注册会计师应当视其影响的重大与广泛程度，出具保留结论或否定结论的报告
（3）鉴证对象信息存在重大错报	如果注册会计师的结论直接提及鉴证对象和标准，且鉴证对象信息存在重大错报	注册会计师应当视其影响的重大与广泛程度，出具保留结论或否定结论的报告
（4）标准或鉴证对象不适当	①在承接业务后，如果发现标准或鉴证对象不适当，可能会误导预期使用者	注册会计师应当视其影响的重大与广泛程度，出具保留结论或否定结论的报告
	②在承接业务后，如果发现标准或鉴证对象不适当，造成工作范围受到限制	注册会计师应当视受到限制的重大与广泛程度，出具保留结论或无法提出结论的报告

（五）注册会计师姓名的使用

当注册会计师针对鉴证对象信息出具报告，或同意将其姓名与鉴证对象联系在一起时，则注册会计师与该鉴证对象发生了关联。如果获知他人不恰当地将其姓名与鉴证对象相关联，注册会计师应当要求其停止这种行为，并考虑采取其他必要的措施，包括将不恰当使用注册会计师姓名这一情况告知所有已知的使用者或征询法律意见。

第三章

审计准则——一般原则与责任

第一节　注册会计师的总体目标和审计工作的基本要求（第1101号）

一、概述

（一）本准则制定与修订背景

财务报表审计属于鉴证业务。注册会计师作为独立第三方，运用专业知识、技能和经验对财务报表进行审计并发表审计意见，旨在提高财务报表的可信赖程度。

审计目标是在一定历史环境下，人们通过审计实践活动所期望达到的境地或最终结果，它包括财务报表审计目标以及与各类交易、账户余额、列报相关的审计目标两个层次。

经济全球化的纵深发展使审计准则国际趋同的进展非常迅速。最近几年，审计环境发生了很大变化。随着我国经济对外开放程度的提高，注册会计师除审计按照中国企业会计准则编制的财务报表外，还可能接受委托审计按照其他国家或地区的会计准则编制的财务报表。此外，随着注册会计师审计业务范围的日益扩大，注册会计师不仅执行企业财务报表审计业务，还越来越多地执行医院、高校等非营利组织的财务报表审计业务以及特殊目的审计业务。因此，需要对审计准则的适用范围予以适当拓宽，为注册会计师审计按照我国企业会计准则以外的财务报告框架编制的财务信息提供指导。

财务报表审计的目标对注册会计师的审计工作发挥着导向作用，它界定了注册会计师的责任范围，直接影响注册会计师计划和实施审计程序的性质、时间安排和范围，决定了注册会计师如何发表审计意见。例如，既然财务报表审计目标是对财务报表整体发表审计意见，注册会计师就可以只关注与财务报表编制和审计有关的内部控制，而不对内部控制本身发表鉴证意见。同样，注册会计师关注被审计单位的违反法律法规行为，是因为这些行为影响到财务报表，而不是对被审计单位是否存在违反法律法规行为提供鉴证。

《中国注册会计师审计准则第1101号——注册会计师的总体目标和审计工作的基本要求》是审计准则体系中的统御性准则。

本准则的制定是为了规范注册会计师按照审计准则执行财务报表审计工作，确立注册会计师的总体目标，明确注册会计师为实现总体目标而需要执行审计工作的性质和范围，以及在执行财务报表审计业务时承担的责任。

为了更好地满足资本市场改革发展对高质量会计信息的需求，规范和指导注册会计师应对审计实务的新发展，并保持我国审计准则与国际准则的持续全面趋同，财务报告披露相关要求和实践在不断演变发展，提供的决策有用信息更为详细、广泛，涉及假设、模型、估计不确定性等主观事项，对注册会计师审计披露中的定量信息和非定量信息提出新挑战，需要改进对披露审计的指导，以有效应对财务报表披露日趋复杂的新局面。

（二）本准则2010年修订内容

本准则本次是在借鉴《国际审计准则第200号——独立审计师的总体目标和按照国际审计准则执行审计工作》的基础上，对《独立审计具体准则第1号——会计报表审计》进行的修订；而《中国注册会计师审计准则第1101号——注册会计师的总体目标和按照审计准则执行审计工作的要求》，则是在对2006年版《中国注册会计师审计准则第1101号——财务报表审计的目标和一般原则》按照新体例进行改写的基础上，作出的实质性修订。

与2006年版准则相比，本准则在结构和具体规定方面有以下三个方面的重大变化：

（1）引入“财务报告编制基础”的概念；

（2）引入注册会计师执行审计工作的“总体目标”；

（3）强调“执行审计工作的前提”。

（三）本准则2016年修订内容

本准则本次未修订。

（四）本准则2019年修订内容

本准则和相关指南本次进行了实质性修订，主要是对财务报表披露的范围进行界定，并指导注册会计师在计划审计工作，识别、评估和应对重大错报风险，以及评价审计过程中识别出的错报时，如何对财务报表披露进行专门考虑，强化对披露审计的关注，以促进财务报表信息披露质量的提升。

（五）本准则学习中注意事项

（1）注册会计师的总体目标是统御各项审计准则规定的目标。各项审计准则规定的目标是联系总体目标和准则要求之间的桥梁。为了实现总体目标，注册会计师在计划和实施审计工作时应当使用相关审计准则规定的目标。在使用规定的目标时，注册会计师应当认真考虑各项审计准则之间的相互关系，确定是否有必要实施除审计准则规定以外的其他审计程序，以实现审计准则规定的目标，并评价是否已获取充分、适当的审计证据。

（2）由于审计存在固有限制，审计工作不能对财务报表整体不存在重大错报提供绝对保证。虽然财务报表使用者可以根据财务报表和审计意见对被审计单位未来生存能力或管理层的经营效率、经营效果作出某种判断，但审计意见本身并不是对被审计单位未来生存能力或管理层经营效率、经营效果提供的保证。

（3）虽然现在的注册会计师的总体目标表述未直接提出公允性的概念，但并不意味着否定了报表审计的公允性目标。

（4）审计准则适用于注册会计师执行财务报表审计业务。当执行其他历史财务信息审计业务时，注册会计师可以根据具体情况遵守适用的相关审计准则，以满足此类业务的要求。

二、框架结构简介

本准则共6章38条，其框架结构见表1101-1。

表1101-1 框架结构

章	名称	节	条	主要内容
第一章	总则	—	1、2	本准则制定的目的和适用范围
第二章	定义	—	3~17	解释本准则中包含的术语
第三章	财务报表审计	—	18~24	阐明了财务报表审计的目的和性质，对重要性概念的运用和运用职业判断
第四章	总体目标	—	25、26	界定执行本准则应实现的目标
第五章	要求	1~5	27~37	规定为实现准则目标应遵守的要求，即注册会计师在相关业务环境下应当实施的所有必要程序；包括应当遵守与审计工作相关的所有审计准则，掌握每项审计准则的全部内容，还规定了注册会计师偏离某项审计准则的相关要求的限定条件，以及不能实现准则规定的目标对审计业务的影响
第六章	附则	—	38	本准则施行时间

三、重点难点解析

（一）审计目的与审计目标

审计目的是指审计所要达到的目标和要求。审计目的与审计目标有一定的区别：（1）审计目的是大概念，审计目标是小概念；（2）审计目标是在一定历史环境下，人们通过审计实践活动所期望达到的境地或最终结果，它包含财务报表审计目标以及与各类交易、账户余额、列报相关的审计目标两个层次，包括了注册会计师的职业判断（是指在审计准则、会计准则和职业道德要求的框架下，注册会计师作出适合审计业务具体情况的、有根据的行动决策时，对相关知识、技能和经验的综合运用）。为了实现总体目标和各项准则规定的目标，注册会计师需要更多地运用职业判断。

一般说来，两个概念可以相互借用。审计目标进一步分为总体审计目标和具体审计目标两种。审计目的包括通用目的和特殊目的两种。

（二）审计目的的确定

主要受审计对象的制约：（1）与审计的本质属性密切相关；（2）与审计职能密切相关；（3）与委托人的具体要求密切相关。

（三）注册会计师的总体目标

1.对财务报表发表审计意见

按照编制目的，财务报表可分为通用目的和特殊目的两种。前者是为了满足范围广泛的使用者的共同信息需要，如为公布目的而编制的财务报表；后者是为了满足特定信息使用者的信息需要。相应地，编制和列报财务报表适用的财务报告编制基础也不同。

在执行财务报表审计工作时，注册会计师的总体目标如图1101-1所示。

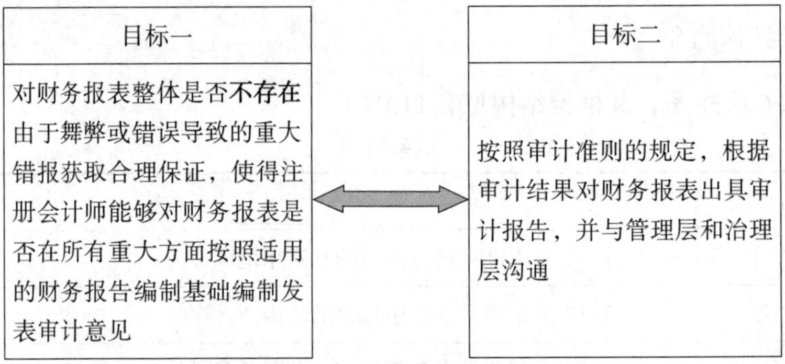

图1101-1　注册会计师的总体目标

审计的目的是提高财务报表预期使用者对财务报表的信赖程度，可以通过注册会计师对财务报表是否在所有重大方面按照适用的财务报告编制基础编制发表审计意见得以实现。就大多数通用目的财务报告编制基础而言，注册会计师针对财务报表是否在所有重大方面按照财务报告编制基础编制并实现公允反映发表审计意见。注册会计师按照审计准则和相关职业道德要求执行审计工作，能够形成这样的意见。

2.评价财务报表的合法性

在评价财务报表是否按照适用的财务报告编制基础的规定编制时，注册会计师应当考虑财务报表的合法性（如图1101-2所示）。

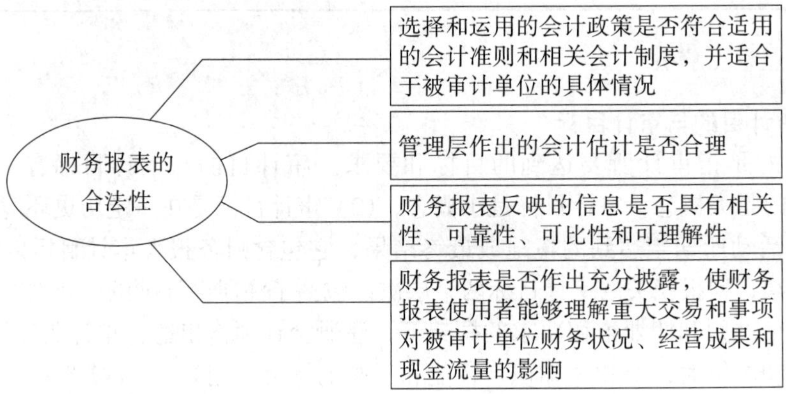

图1101-2　财务报表的合法性

3.评价财务报表的公允性

在评价财务报表是否作出公允反映时，注册会计师应当考虑财务报表的公允性（如图1101-3所示）。

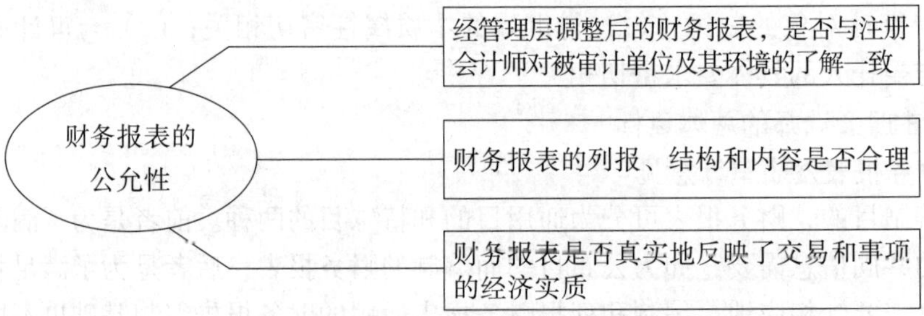

图1101-3　财务报表的公允性

4.财务报表审计的作用和局限性

财务报表审计属于鉴证业务。注册会计师作为独立第三方，运用专业知识、技能和经验对财务报表进行审计并发表审计意见，旨在提高财务报表的可信赖程度。由于审计存在固有限制，审计工作不能对财务报表整体不存在重大错报提供绝对保证。虽然财务报表使用者可以根据财务报表和审计意见对被审计单位未来生存能力或管理层的经营效率、经营效果作出某种判断，但审计意见本身并不是对被审计单位未来生存能力或管理层经营效率、经营效果提供的保证。

注册会计师按照审计准则的规定执行审计工作，能够对财务报表整体不存在重大错报（无论该错报是由错误引起的，还是由舞弊引起的）获取合理保证。合理保证与整个审计过程相关。

错报，是指某一财务报表项目的金额、分类或列报，与按照适用的财务报告编制基础应当列示的金额、分类或列报之间存在的差异。错报可能是由于错误或舞弊导致的。

当注册会计师对财务报表是否在所有重大方面按照适用的财务报告编制基础编制并实现公允反映发表审计意见时，错报还包括根据注册会计师的判断，为使财务报表在所有重大方面实现公允反映，需要对金额、分类或列报作出的必要调整。

由于审计存在固有限制，注册会计师据以得出结论和形成审计意见的大多数审计证据是说服性的而非结论性的，因此，审计只能提供合理保证，不能提供绝对保证。

5.目标的导向作用

财务报表审计的总体目标对注册会计师的审计工作发挥着导向作用，它界定了注册会计师的责任范围，直接影响注册会计师计划和实施审计程序的性质、时间安排和范围，决定了注册会计师如何发表审计意见。例如，既然财务报表审计目标是对财务报表整体发表审计意见，注册会计师就可以只关注与财务报表编制和审计有关的内部控制，而不对内部控制本身发表鉴证意见。同样，注册会计师关注被审计单位的违反法律法规，是因为这些行为影响到财务报表，而不是对被审计单位是否存在违反法律法规提供鉴证。

（四）被审计单位管理层和治理层的责任与注册会计师的责任

企业的所有权与经营权分离后，经营者负责企业的日常经营管理并承担受托责任。管理层通过编制财务报表反映受托责任的履行情况。为了借助公司内部之间的权力平衡和制约关系，保证财务信息的质量，现代公司治理结构往往要求治理层对管理层编制财务报表的过程实施有效的监督。

在治理层的监督下，管理层作为会计工作的行为人，对编制财务报表负有直接责任。《中华人民共和国会计法》第二十一条规定，财务会计报告应当由单位负责人和主管会计工作的负责人、会计机构负责人（会计主管人员）签名并盖章；设置总会计师的单位，还须由总会计师签名并盖章。单位负责人应当保证财务会计报告真实、完整。《中华人民共和国公司法》第一百七十条规定，公司应当向聘用的会计师事务所提供真实、完整的会计凭证、会计账簿、财务会计报告及其他会计资料，不得拒绝、隐匿、谎报。

财务报表，是指依据某一财务报告编制基础对被审计单位历史财务信息作出的结构性表述，旨在反映某一时点的经济资源或义务，或者某一时期经济资源或义务的变化。财务报表通常是指整套财务报表，有时也指单一财务报表。披露包括适用的财务报告编制基础所要求的、明确允许的或通过其他形式允许作出的解释性或描述性信息。披露是财务报表不可分割的组成部分，主要在财务报表附注中反映，也可能在财务报表表内反映，或通过财务报表中的交叉索引予以提及。

历史财务信息，是指以财务术语表述的某一特定实体的信息。这些信息主要来自特定实体的会计系统，反映了过去一段时间内发生的经济事项，或者过去某一时点的经济状况或情况。

财务报表编制和财务报表审计是财务信息生成链条上的不同环节，两者各司其职。法律法规要求管理层和治理层对编制财务报表承担责任，有利于从源头上保证财务信息质量。同时，在某些方面，注册会计师与管理层和治理层之间可能存在信息不对称。管理层和治理层作为内部人员，对企业的情况更为了解，更能作出适合企业特点的会计处理决策和判断，因此管理层和治理层理应对编制财务报表承担完全责任。尽管在审计过程中，注册会计师可能向管理层和治理层提出调整建议，甚至在不违反独立性的前提下为管理层编制财务报表提供一些协助，但管理层仍然对编制财务报表承担责任，并通过签署财务报表确认这一责任。

注册会计师作为独立的第三方，对财务报表发表审计意见，有利于提高财务报表的可信赖程度。管理层和治理层的责任与注册会计师的责任的关系见表1101-2。

表1101-2　管理层和治理层的责任与注册会计师的责任的关系

责任	含义	具体内容	关系	不当行为
被审计单位管理层和治理层的责任	财务报表是由被审计单位管理层在治理层的监督下编制的。审计准则不对管理层或治理层设定责任，也不超越法律法规对管理层或治理层的责任作出规定	(1) 按照适用的财务报告编制基础编制财务报表，包括使其实现公允反映（如适用）。 (2) 设计、执行和维护必要的内部控制，使得编制的财务报表不存在由于舞弊或错误导致的重大错报。 (3) 向注册会计师提供必要的工作条件。这些必要的工作条件包括允许注册会计师接触与编制财务报表相关的所有信息（如记录、文件和其他事项），向注册会计师提供审计所需要的其他信息，允许注册会计师在获取审计证据时不受限制地接触其认为必要的内部人员和其他相关人员	财务报表审计并不减轻管理层或治理层的责任	错误、舞弊和违反法律法规
注册会计师的责任	注册会计师应当按照审计准则的规定，对财务报表整体是否不存在由于舞弊或错误导致的重大错报获取合理保证，以作为发表审计意见的基础	注册会计师应当遵守职业道德规范，按照审计准则的规定计划和实施审计工作，收集充分、适当的审计证据，并根据收集的审计证据得出合理的审计结论，发表恰当的审计意见。注册会计师通过签署审计报告确认其责任	(1) 财务报表审计不能减轻被审计单位管理层和治理层的责任； (2) 如果财务报表存在重大错报，而注册会计师通过审计没有能够发现，也不能因为财务报表已经注册会计师审计这一事实而减轻管理层和治理层对财务报表的责任	违约、过失和欺诈

（五）财务报告编制基础

“财务报告编制基础”在审计准则中是一个基础性概念。不同的财务报告编制基础对编制财务报表的要求不同。《企业会计准则讲解2010》规定，财务报表列报中应披露“财务报表的编制基础”。相应地，审计准则对注册会计师审计时需要考虑的事项、实施的程序以及发表审计意见的形式等方面的要求也存在一些差异。财务报告编制基础分为通用目的编制基础和特殊目的编制基础。

1.通用目的编制基础

通用目的编制基础，是指用以满足广大财务报表使用者共同的财务信息需求的财务报告编制基础，主要是指会计准则和会计制度。

2.特殊目的编制基础

特殊目的编制基础，是指用以满足财务报表特定使用者对财务信息需求的财务报告编制基础，包括计税核算基础、监管机构的报告要求和合同的约定等。特殊目的编制基础包括公允列报编制基础和遵循性编制基础。

（1）公允列报编制基础，是指要求管理层和治理层（如适用）遵循其规定并包含下列内容之一的财务报告编制基础：

①明确或隐含地认可，为了实现财务报表的公允列报，管理层和治理层（如适用）可能有必要提供除编制基础具体要求之外的其他披露；

②明确地认可，为了实现财务报表的公允列报，在极其特殊的情况下，管理层和治理层（如适用）可能有必要偏离编制基础的某项要求。

（2）遵循性编制基础，是指要求管理层和治理层（如适用）遵循其规定的财务报告编制基础，但不包含前述第①项或第②项中的任何一项内容。

3.适用的财务报告编制基础

适用的财务报告编制基础是指法律法规要求采用的财务报告编制基础；或者管理层和治理层（如适用）在编制财务报表时，就被审计单位性质和财务报表目标而言，采用的可接受的财务报告编制基础。

适用的财务报告编制基础通常指会计准则（财务报告准则）和法律法规的规定。此外，其他文件可能对如何应用适用的财务报告编制基础提供指引。在这种情况下，适用的财务报告编制基础可能还包括下列文件：

（1）与会计事项相关的法律法规、司法判决和职业道德要求；

（2）准则制定机构发布的具有不同权威性的会计解释；

（3）准则制定机构针对新出现的会计问题发布的具有不同权威性的意见；

（4）得到广泛认可和普遍使用的一般惯例或行业惯例。

如果会计准则与提供指引的文件存在冲突，或者构成财务报告编制基础的文件之间存在冲突，以具有最高权威性的文件为准。适用的财务报告编制基础的规定决定了财务报表的格式和内容。尽管财务报告编制基础可能并没有对所有交易或事项的处理或披露作出具体规定，但通常包含具有普遍适用性的一般原则，这些原则可作为制定和运用会计政策的基础，从而使制定的会计政策与财务报告编制基础中的规定所依据的概念相一致。

适用的财务报告编制基础要求包含于财务报表中的解释性或描述性信息也可能通过交叉索引包含于另一文件，如管理层报告或风险报告。“通过交叉索引包含于”是指从财务报表交叉索引至其他文件，而不是从其他文件交叉索引至财务报表。如果适用的财务报告编制基础没有明确禁止通过交叉索引提及解释性或描述性信息且交叉索引适当，这些信息将构成财务报表的组成部分。

《中国注册会计师鉴证业务基本准则》第五条中已提及财务报表的列报包括披露。适用的财务报告编制基础就财务报表列报可能有具体解释，例如，《企业会计准则第30号——财务报表列报》应用指南指出，列报是指交易和事项在报表中的列示和在附注中的披露。其中，“列示”通常反映资产负债表、利润表、现金流量表和所有者权益（或股东权益）变动表等报表中的信息，“披露”通常反映附注中的信息。

4.整套财务报表的构成

适用的财务报告编制基础的规定决定了整套财务报表的构成。就许多财务报告编制基础而言，财务报表旨在提供有关被审计单位财务状况、经营成果和现金流量的信息。对这些财务报告编制基础，整套财务报表通常包括资产负债表、利润表、现金流量表、所有者权益（或股东权益）变动表和相关附注。对另外一些财务报告编制基础，单一财务报表和相关附注也可能构成整套财务报表。例如，国际公共部门会计准则理事会发布的《国际公共部门会计准则——基于现金基础会计的财务报告》指出，如果一个公共部门实体依据该准则编制财务报表，则主要的财务报表是现金收支情况表。再如，下列单一财务报表和相关附注也可能构成整套财务报表：（1）资产负债表；（2）利润表或经营状况表；（3）留存收益表；（4）现金流量表；（5）不包括所有者权益的资产和负债表；（6）所有者权益变动表；（7）收入和费用表；（8）产品线经营状况表。

5.财务报告编制基础对审计准则的影响

“财务报告编制基础”在审计准则中是一个基础性概念。不同的财务报告编制基础对编制财务报表的要求不同，相应地，审计准则对注册会计师审计时需要考虑的事项、实施的程序以及发表审计意见的形式等方面的要求也存在一些差异。

某些财务报告编制基础可能用其他术语表述经济资源或义务。例如，经济资源或义务可能被表述为被审计单位的资产或负债，这二者的差额被表述为所有者权益。

通用目的编制基础和特殊目的编制基础，都需要对财务报表是否按照适用的财务报告编制基础编制发表审计意见。但是对于特殊目的审计，注册会计师还需要作出许多特殊考虑。例如，需要在审计报告中增加强调事项段，说明财务报表的编制目的和适用范围。

引入适用的财务报告编制基础这一基础性概念，并对与之相关的内容进行修改，使审计准则能够广泛适用于审计不同会计主体、在不同国家或地区、用以满足不同财务信息需求编制的财务报表，大大拓展了适用范围。

（六）审计范围

审计范围是指审计对象涉及的领域及内容。由于审计对象是被审计单位全部或部分的经济活动，而经济活动的载体主要是会计资料，因此，反映经济活动的会计资料应是审计的大致范围。

财务报表审计的目标是注册会计师通过执行审计工作，对财务报表发表审计意见。为了实现这一目标，注册会计师必须计划和实施审计程序，收集充分、适当的审计证据，以便为发表审计意见提供合理的基础。财务报表的审计范围是指为实现财务报表审计目标，注册会计师根据审计准则和职业判断实施的恰当的审计程序的总和。恰当的审计程序则是指审计程序的性质、时间安排和范围是恰当的。

（1）审计程序的性质是指审计程序的目的和类型。审计程序的目的包括：①通过了解被审计单位及其环境，识别、评估重大错报风险；②通过实施控制测试，确定内部控制运行的有效性；③通过实施实质性程序，发现认定层次的重大错报。审计程序的类型包括检查、观察、询问、函证、重新计算、重新执行和分析程序。

（2）审计程序的时间安排是指注册会计师实施审计程序的时间，或指审计证据适用的期间或时点。

（3）审计程序的范围是指实施审计程序的数量，包括抽取的样本量，对某项控制活动的观察次数等。审计范围受到限制是指由于客观原因或者被审计单位施加的限制，注册会计师未能实施其根据审计准则和职业判断应当实施的审计程序，从而未能获取充分、适当的审计证据。

请注意 审计准则中的"审计范围"并不是指注册会计师审计的哪一年（年度）的财务报表，也不是指注册会计师审计的哪一张财务报表。

（4）确定审计范围的依据。注册会计师应当根据审计准则和职业判断确定审计范围。审计准则在规定注册会计师承担的责任和所要实现的目标的同时，还规定了为履行责任和实现目标所须实施的审计程序。比如，《中国注册会计师审计准则第1141号——财务报表审计中与舞弊相关的责任》规定，注册会计师有责任按照审计准则的规定实施审计工作，获取财务报表在整体上不存在重大错报的合理保证，无论该错报是由于舞弊还是错误导致的。同时，该准则还对注册会计师如何履行这一职责规定了必要的审计程序，如第三十条要求注册会计师通过询问、考虑舞弊风险因素、分析程序、考虑其他信息等获取用于识别舞弊导致的财务报表重大错报风险所需的信息。

审计中的职业判断是指注册会计师在审计准则的框架下，运用专业知识和经验在备选方案中作出决策。被审计单位的具体情况千差万别，在审计准则中不可能针对所有可能遇到的情况规定对应的审计程序。因此，在审计过程中，注册会计师运用职业判断至关重要。注册会计师在确定审计程序的性质、时间安排和范围，评价审计证据，得出审计结论和形成审计意见时，都离不开职业判断。离开了职业判断，审计就成了一个简单机械地执行审计程序的过程。注册会计师在确定拟实施的审计程序时，除需要考虑审计准则中规定的审计程序外，还需要根据职业判断实施为实现审计目标而需要执行的其他审计程序。

因此，在确定拟实施的审计程序时，注册会计师应当遵守与财务报表审计相关的各项审计准则。换言之，注册会计师不能只遵守部分审计准则，而应当遵守与财务报表审计相关的所有审计准则。

（5）审计范围的内容。凡与被审计单位财务报表有关、与注册会计师审计意见有关的资料，均属于财务报表的审计范围。具体来说，包括以下三个方面的内容：

①确定基础性会计记录和其他资料中所包含的信息是否可靠，是否能够成为编制财务报表的基础。注册会计师的判断可采用以下两种方法：

a. 控制测试。对被审计单位与生成会计信息有关的内部控制设计和执行的有效性进行了解，并对该内部控制是否得到一贯遵循加以测试。通过对内部控制的了解和测试，注册会计师一方面可以初步评价被审计单位提供的基础性会计记录等资料的可靠性和充分性；另一方面可以据此确定其他审计程序的性质、范围和实施时间。

b.实质性程序。在控制测试的基础上，运用检查、观察、查询及函证、计算、分析程序等方法，对被审计单位财务报表项目余额进行实质性程序。实质性程序通常按照财务报表项目或业务循环（如图1101–4所示），采用抽样方法进行。

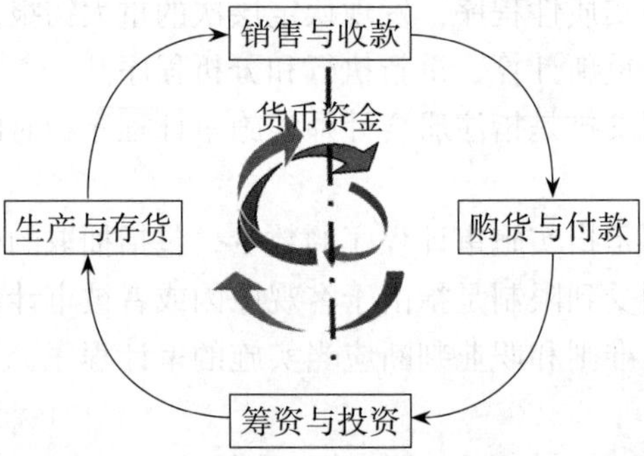

图1101–4　业务循环

②确定有关信息、资料是否在财务报表中得到恰当的反映。可以通过以下两种方法来衡量：

a.将财务报表与其他来源的资料相比较，以了解其中记载的事项和业务是否在财务报表中得到恰当反映。

b.参考被审计单位管理人员在编制财务报表时所作的判断，评价会计政策的选择和应用是否符合一贯性原则，评价信息资料的分类方式、表达方式是否恰当。

③考虑以下影响注册会计师形成审计结论的因素：

a.专业判断的特征。由于判断贯穿于注册会计师工作的全过程，而且注册会计师可能得到的证据有很多是说服性的而非结论性的，因此，绝对肯定的审计意见是难以形成的。注册会计师应当合理保证财务报表整体不存在重大错报。

b.由于审计工作的测试性质和其固有的局限性，以及内部控制固有的局限性等因素的影响，在注册会计师形成审计意见时，仍然存在某些重要的错报、漏报未被发现的可能性，亦即存在审计风险。因此，当发现可能存在错误和舞弊的迹象，并可能会因此导致反映严重失实时，注册会计师必须扩大审计程序，以证实问题或排除疑点。

c.当审计范围受限时，注册会计师应考虑出具保留意见或无法表示意见的审计报告。

（6）小结（见表1101–3）。

表1101–3　小结

原　则	内　容	方法或因素
凡是与被审计单位财务报表有关的资料	（1）确定基础性会计记录和其他资料中所包含的信息是否可靠，是否能够成为编制财务报表的基础	①控制测试 ②实质性程序
	（2）确定有关信息、资料是否在财务报表中得到恰当的反映	①比较法 ②评价法
凡是与注册会计师审计意见有关的资料	考虑影响注册会计师形成审计结论的因素	①不存在绝对肯定的审计意见 ②存在审计风险 ③审计范围受限的影响

（七）审计工作基本要求

审计工作基本要求如图1101-5所示。

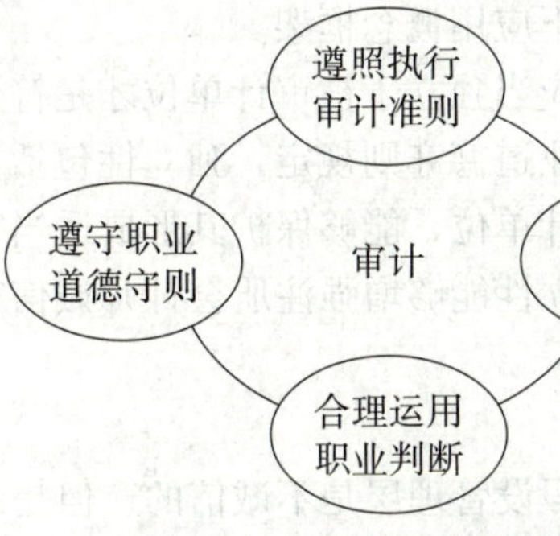

图1101-5　审计工作基本要求

1.遵照执行审计准则

审计准则是衡量注册会计师执行财务报表审计业务的权威性标准，涵盖从接受业务委托到出具审计报告的整个过程，注册会计师在执业过程中应当遵守审计准则的要求。《注册会计师法》第二十一条规定，注册会计师执行审计业务，必须按照执业准则、规则确定的工作程序出具报告。第三十五条规定，中国注册会计师协会依法拟定注册会计师执业准则、规则，报国务院财政部门批准后施行。

2.遵守职业道德守则

注册会计师受到与财务报表审计相关的职业道德要求（包括与独立性相关的要求）的约束。相关的职业道德要求通常是指中国注册会计师职业道德守则（以下简称职业道德守则）中与财务报表审计相关的规定。

《中国注册会计师职业道德守则第1号——职业道德基本原则》和《中国注册会计师职业道德守则第2号——职业道德概念框架》规定了与注册会计师执行财务报表审计相关的职业道德基本原则，并提供了应用这些原则的概念框架。根据职业道德守则，注册会计师应当遵循的基本原则包括：（1）诚信；（2）独立性；（3）客观和公正；（4）专业胜任能力和应有的关注；（5）保密；（6）良好职业行为。职业道德基本原则如图1101-6所示。

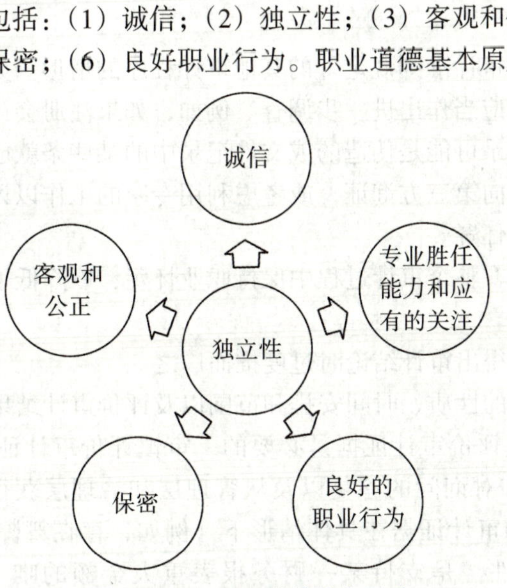

图1101-6　职业道德基本原则

《中国注册会计师职业道德守则第3号——提供专业服务的具体要求》和《中国注册会计师职业道德守则第4号——审计和审阅业务对独立性的要求》说明了注册会计师执行审计和审阅业务时如何在具体情形下应用概念框架。

就审计业务而言，注册会计师应当独立于被审计单位才是符合公众利益的，因此，职业道德守则对独立性作出要求。职业道德守则规定，独立性包括实质上的独立性和形式上的独立性。注册会计师独立于被审计单位，能够保护其形成适当审计意见的能力，使其在发表审计意见时免受不当影响。独立性能够增强注册会计师诚信行事、保持客观和公正以及职业怀疑的能力。

3.保持职业怀疑

职业怀疑并不要求注册会计师假设管理层是不诚信的，但是注册会计师也不能假设管理层的诚信就毫无疑问。职业怀疑态度要求注册会计师凭证据“说话”。

职业怀疑意味着，在进行询问和实施其他审计程序时，注册会计师不能因轻信管理层和治理层的诚信而满足于说服力不够的审计证据。相应地，为得出审计结论，注册会计师不应使用管理层声明替代应当获取的充分、适当的审计证据。例如，注册会计师不能仅凭管理层声明，而不对重要的应收账款进行函证就得出应收账款余额存在的结论。

（1）职业怀疑要求。

①表明可能存在舞弊的情况。注册会计师不应将审计中发现的舞弊视为孤立发生的事项。注册会计师还应当考虑，发现的错报是否表明在某一特定领域存在舞弊导致的更高的重大错报风险。

②引起对作为审计证据的文件记录和对询问的答复的可靠性产生怀疑的信息。如果从不同来源获取的审计证据或获取的不同性质的审计证据不一致，可能表明某项审计证据不可靠，因此注册会计师应当追加必要的审计程序。

③存在相互矛盾的审计证据。如果管理层的某项声明与其他审计证据相矛盾，注册会计师应当调查这种情况。必要时，注册会计师应重新考虑管理层作出的其他声明的可靠性。

④表明需要实施除审计准则规定外的其他审计程序的情形。如果在审计过程中识别出异常情况，注册会计师应当作出进一步调查。例如，如果注册会计师在审计过程中识别出的情况使其认为文件记录可能是伪造的或文件记录中的某些条款已发生变动，则应当作出进一步调查，包括直接向第三方询证，或考虑利用专家的工作以评价文件记录的真伪。

（2）如何保持职业怀疑。

注册会计师有必要在整个审计过程中保持职业怀疑，以降低下列风险：

①忽视异常的情形。

②当从审计观察中得出审计结论时过度推而广之。

③在确定审计程序的性质、时间安排和范围以及评价审计结果时使用不恰当的假设。

职业怀疑对于审慎评价审计证据是必要的。审慎评价审计证据包括质疑相互矛盾的审计证据、文件记录和对询问的答复以及从管理层和治理层获得的其他信息的可靠性。同时包括考虑已获取的审计证据在具体情形下（例如，存在舞弊风险因素的情况下，易于发生舞弊的某一文件，是支持某一财务报表重大金额的唯一证据）的充分性和适当性。

除非存在相反的理由，否则注册会计师可以认为文件和记录是真实的。尽管如此，注册会计师仍需要考虑用作审计证据的信息的可靠性。在怀疑信息的可靠性或存在舞弊迹象时（例如，在审计过程中识别出的情况使注册会计师认为文件可能是伪造的或文件中的某些条款可能已被篡改），审计准则要求注册会计师作出进一步调查，并确定需要修改哪些审计程序或实施哪些追加的审计程序以解决疑问。

注册会计师可以考虑过去对管理层和治理层诚实、正直形成的看法。然而，即使注册会计师认为管理层和治理层是诚实、正直的，也不能降低保持职业怀疑的要求，不允许在获取合理保证的过程中满足于说服力不足的审计证据。注册会计师保持职业怀疑流程如图1101-7所示。

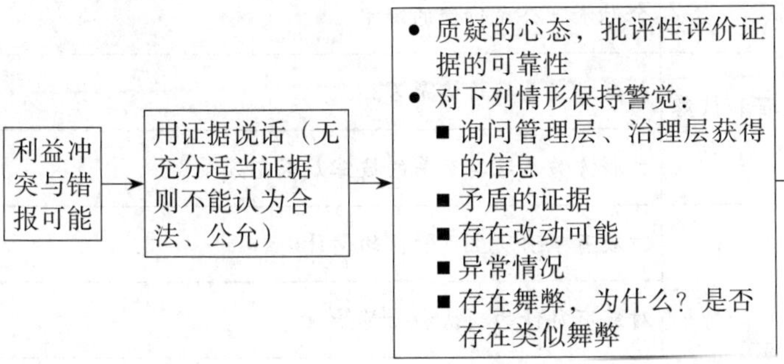

图1101-7　保持职业怀疑流程

4.合理运用职业判断

社会公众期望的职业判断是由具有胜任能力的注册会计师作出的。注册会计师具有的技能、知识和经验有助于形成必要的胜任能力以作出合理的判断。注册会计师在各种特定情况下作出的职业判断都是基于其知悉的事实和情况。在审计过程中，按照《中国注册会计师审计准则第1121号——对财务报表审计实施的质量控制》的规定，在项目组内部，或者项目组与会计师事务所内部或外部的其他适当人员之间就疑难问题或争议事项进行的咨询，有助于注册会计师作出有依据和合理的判断。

（1）职业判断的定义。职业判断，是指在审计准则、会计准则和职业道德要求的框架下，注册会计师运用相关专业训练、知识和经验，作出适合审计业务具体情况、有根据的行动决策。财务报告编制者在编制财务信息时，需要根据适用的财务报告编制基础，对实体的会计事项作出其自身的职业判断，而注册会计师则需要根据审计准则和财务报告编制基础的规定，对财务报告编制者的职业判断作出再判断。

【应用分析1101-1】与具体会计事项相关的职业判断的典型事项见表1101-4。

表1101-4　与具体会计事项相关的职业判断的典型事项

职业判断领域	举例
与资产减值相关的职业判断	资产是否发生减值
	资产减值准备的计提金额
	资产减值准备能否转回
	是否需要作出披露以及披露的内容等

续表

职业判断领域	举例
与收入确认相关的职业判断	根据经济业务的实质判断某项业务是否符合收入确认条件
	收入确认的时点和金额等
与公允价值计量相关的职业判断	投资性房地产公允价值的确定
	金融资产公允价值的确定
与关联方关系及其交易的会计处理和披露相关的职业判断	关联方交易的价格是否公允
	关联方关系及其交易的披露是否充分等
与或有事项相关的职业判断	对或有事项发生可能性的估计
	对或有负债的确认和计量等
与期后事项相关的职业判断	调整事项与非调整事项的区分等
与合并报表相关的职业判断	合并范围的确定等
其他与会计政策和会计估计相关的职业判断	固定资产折旧年限的确定
	发出存货核算方法的选择等

（2）职业判断的运用。注册会计师为满足审计准则的要求和收集审计证据的需要，在确定所需实施的审计程序的性质、时间安排和范围时，需要运用职业判断。

【应用分析1101–2】与审计过程相关的职业判断的典型事项包括（但不限于）以下内容：

①确定重要性，识别和评估重大错报风险。

②在实施实质性分析程序时确定预期值，并确定已记录金额与预期值之间的可接受差异额。

③评价内部控制的有效性。

④评价审计过程中识别出的错报。

⑤对被审计单位持续经营能力的评估。

⑥为实现审计准则规定的目标和注册会计师的总体目标，评价是否已获取充分、适当的审计证据以及是否还需执行更多的工作。

⑦根据已获取的审计证据得出结论，选择恰当的审计意见类型。

⑧确定是否利用以及在多大程度上利用内部审计人员或专家的工作。

（3）职业判断的决策过程。注册会计师合理运用职业判断的决策过程，如图1101–8所示。

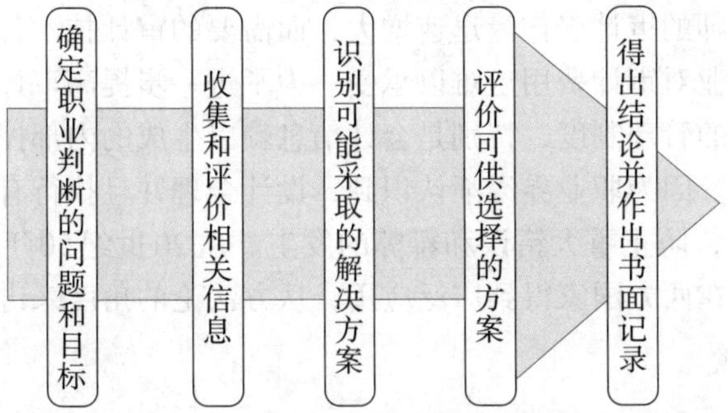

图1101-8　注册会计师合理运用职业判断的决策过程

在计划和实施审计工作时，注册会计师应当运用职业判断。职业判断对于适当地执行审计工作是必不可少的。其理由是，如果没有将相关的知识和经验运用于具体的事实和情况，就不可能理解相关职业道德要求和审计准则的规定，并在整个审计过程中作出有依据的决策。职业判断对于作出下列决策尤为必要：

①确定重要性和评估审计风险；

②为满足审计准则的要求和收集审计证据的需要，确定所需实施的审计程序的性质、时间安排和范围；

③为实现审计准则规定的目标和注册会计师的总体目标，评价是否已获取充分、适当的审计证据以及是否还需执行更多的工作；

④评价管理层在应用适用的财务报告编制基础时作出的判断；

⑤根据已获取的审计证据得出结论，如评估管理层在编制财务报表时作出的估计的合理性。

（八）审计风险

一百多年来，虽然审计的根本目标没有发生重大变化，但审计环境却发生了很大的变化。注册会计师为了实现审计目标，一直随着审计环境的变化调整着审计方法。审计方法从账项基础审计、制度基础审计，发展到风险导向审计，都是注册会计师为了适应审计环境的变化而作出的调整。

1.账项基础审计

在审计发展的早期（19世纪以前），由于企业组织结构简单，业务性质单一，注册会计师的审计主要是为了满足财产所有者对会计核算进行独立检查，促使受托责任人（通常为经理或下属）在授权经营过程中作出诚实、可靠的行为。注册会计师审计的重心在资产负债表，旨在发现和防止错误与舞弊，审计方法是详细审计，即账项基础审计。由于早期获取审计证据的方法比较简单，注册会计师将大部分精力投向对会计凭证和账簿的详细检查。根据有关文献记载，当时的注册会计师在整个审计过程中，约四分之三的时间花费在合计和过账上。从方法论的角度来讲，这种审计方法被称作账项基础审计方法。

2.制度基础审计

19世纪即将结束时，会计和审计步入了快速发展时期。注册会计师的审计重点从检查受托责任人对资产有效使用转向检查企业的资产负债表和利润表，判断企业的财务状况和经营成果是否真实和公允。由于企业规模日益扩大，经济活动和交易事项内容不断丰富、复杂，注册会计师的审计工作量迅速增大，而需要的审计技术日益复杂，使得账项基础审计难以实施，企业对审计费用也难以承受。为了进一步提高审计效率，注册会计师将审计的视角转向企业的管理制度，特别是会计信息赖以生成的内部控制，从而将内部控制与抽样审计结合起来。因为职业界逐渐认识到，设计合理并且执行有效的内部控制可以保证会计报表的可靠性，防止重大错误和舞弊的发生。从20世纪50年代起，以内部控制测试为基础的抽样审计在西方国家得到广泛应用，从方法论的角度来讲，这种审计方法被称作制度基础审计方法。

3.风险导向审计

由于审计风险既受到企业固有风险因素的影响（如管理人员的品行和能力、行业所处环境、业务性质、容易产生错报的会计报表项目、容易受到损失或被挪用的资产等导致的风险），又受到内部控制风险因素的影响，即账户余额或各类交易存在错报，内部控制未能防止、发现或纠正的风险，此外，还受到注册会计师实施审计程序未能发现账户余额或各类交易存在错报风险的影响，所以职业界很快发展了审计风险模型。审计风险模型的出现，既从理论上解决了注册会计师以制度为基础采用抽样审计的随意性，又解决了审计资源的分配问题，要求注册会计师将审计资源分配到最容易导致财务报表出现重大错报的领域。从方法论的角度来讲，注册会计师以审计风险模型为基础进行的审计，被称作风险导向审计方法。风险导向审计流程如图1101-9所示。

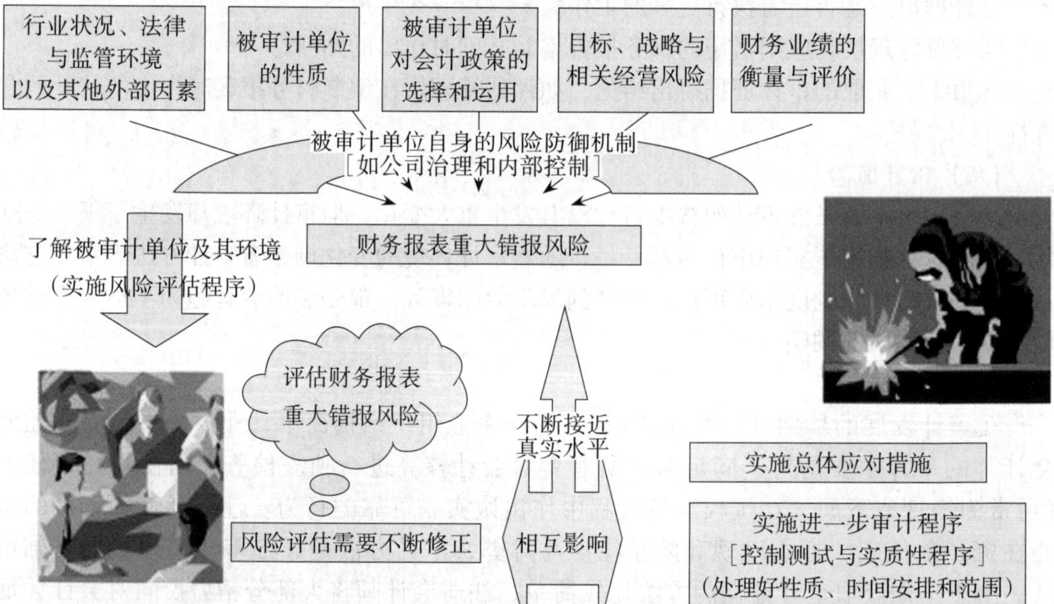

图1101-9 风险导向审计流程

4.经营风险对审计风险的影响

被审计单位在实施战略以实现其目标的过程中可能面临各种经营风险，注册会计师应当重点关注可能影响财务报表的经营风险。

经营风险源于对被审计单位实现目标和战略产生不利影响的重大情况、事项、环境和行动，或源于不恰当的目标和战略。不同的企业可能面临不同的经营风险，这取决于企业经营的性质、所处行业、外部监管环境、企业的规模和复杂程度。管理层有责任识别和应对这些风险。

在审计准则中之所以强调经营风险，是因为经营风险与财务报表发生重大错报的风险密切相关。许多经营风险最终都会有财务后果，因而影响到财务报表，进而对财务报表审计产生影响。例如，宏观经济形势不景气可能对商业银行贷款损失准备产生重大影响；化工企业面临的环境风险可能意味着需要确认预计负债；技术升级风险可能导致企业原有的生产设备和存货发生减值，甚至影响持续经营假设的适当性。更为严重的是，在经营风险引起经营失败时，可能促使被审计单位管理层通过财务报表舞弊对此加以掩盖。

5. 审计风险模型

合理保证意味着审计风险始终存在。审计风险取决于重大错报风险和检查风险。审计风险并不包含下面这种情况，即财务报表不含有重大错报，而注册会计师错误地发表了财务报表含有重大错报的审计意见的风险。可见，合理保证与审计风险互为补数，即合理保证与审计风险之和等于100%。如果注册会计师将审计风险降至可接受的低水平，则对财务报表不存在重大错报获取了合理保证。

（1）模型1。审计风险取决于重大错报风险和检查风险。审计风险、重大错报风险和检查风险之间的关系用模型表示为：

$$审计风险=重大错报风险\times检查风险$$

审计风险模型1如图1101-10所示。

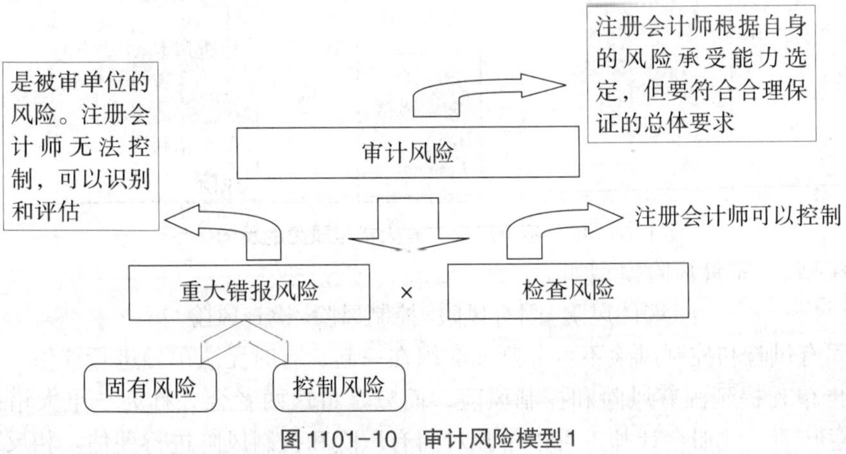

图1101-10　审计风险模型1

①重大错报风险。重大错报风险，是指财务报表在审计前存在重大错报的风险。重大错报风险分为财务报表层次的重大错报风险和认定层次的重大错报风险。认定层次的重大错报风险由固有风险和控制风险两部分组成，如图1101-11所示。如何评估财务报表层次的重大错报风险和认定层次的重大错报风险，参见《中国注册会计师审计准则第1211号——通过了解被审计单位及其环境识别和评估重大错报风险》。

a. 固有风险。固有风险是指在考虑相关的内部控制之前，某类交易、账户余额或披露的某一认定易发生错报（该错报单独或连同其他错报可能是重大的）的可能性。

b. 控制风险。控制风险是指某类交易、账户余额或披露的某一认定发生错报，该错报单独或连同其他错报是重大的，但没有被内部控制及时防止或发现并纠正的可能性。

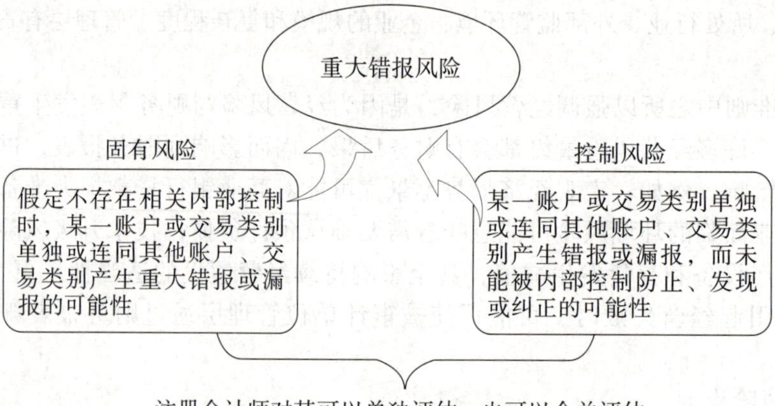

图1101-11　认定层次的重大错报风险

②检查风险。检查风险是指如果存在某一错报，该错报单独或连同其他错报可能是重大的，注册会计师为将审计风险降至可接受的低水平而实施程序后没有发现这种错报的风险。

③检查风险与重大错报风险的反向关系（如图1101-12所示）。在既定的审计风险水平下，可接受的检查风险水平与认定层次的重大错报风险的评估结果呈反向关系。评估的重大错报风险越高，可接受的检查风险越低；评估的重大错报风险越低，可接受的检查风险越高。

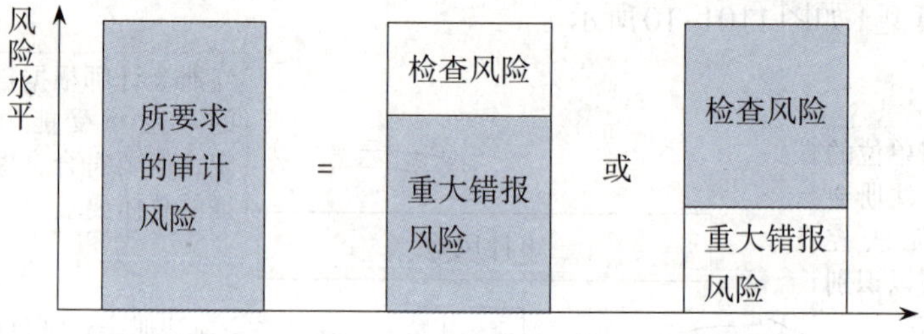

图1101-12　检查风险与重大错报风险的反向关系

（2）模型2。审计风险模型如下：

审计风险=固有风险×控制风险×检查风险

由于固有风险和控制风险不可分割地交织在一起，有时无法单独进行评估，注册会计师通常不再单独提到固有风险和控制风险，而只是将这两者合并称为“重大错报风险”。但这并不意味着，注册会计师不可以单独对固有风险和控制风险进行评估。相反，注册会计师既可以对两者进行单独评估，也可以对两者进行合并评估。

6.审计风险的控制

注册会计师应当通过计划和实施审计工作，获取充分、适当的审计证据，将审计风险降至可接受的低水平。

在审计风险模型中，重大错报风险是企业的风险，不受注册会计师的控制。注册会计师只能通过实施风险评估程序来正确评估重大错报风险，并根据评估的两个层次的重大错报风险分别采取应对措施。需要明确的是，该风险评估只是一个判断，而不是对风险的精确计量。

审计风险的控制见表1101-5。

表1101-5　　审计风险的控制

类别	固有风险	控制风险	检查风险
特性	注册会计师无法控制，但可以评估	注册会计师无法控制，但可以评估	注册会计师可以控制
证据数量	评估的固有风险越高，则所需的审计证据就越多，反之就越少	评估的控制风险越高，则所需的审计证据就越多，反之就越少	可接受的检查风险越高，则所需的审计证据就越少，反之就越多

注册会计师应当评估财务报表层次的重大错报风险，并根据评估结果确定下列总体应对措施：(1) 向项目组强调在收集和评价审计证据过程中保持职业怀疑态度的必要性；(2) 分派更有经验或具有特殊技能的审计人员，或利用专家的工作；(3) 提供更多的督导；(4) 在选择进一步审计程序时，应当注意使某些程序不被管理层预见或事先了解；(5) 对拟实施审计程序的性质、时间安排和范围作出总体修改。

注册会计师应当获取认定层次充分、适当的审计证据，以便能够在审计工作完成时，以可接受的低审计风险对财务报表整体发表审计意见。对于各类交易、账户余额、列报认定层次的重大错报风险，注册会计师可以通过控制检查风险将审计风险降至可接受的低水平。

检查风险取决于审计程序设计的合理性和执行的有效性。注册会计师通常无法将检查风险降低为零，原因如下：一是注册会计师通常并不对所有的交易、账户余额和列报进行检查；二是注册会计师可能选择了不恰当的审计程序，或是审计程序执行不当，或是错误解读了审计结论。第二个原因可以通过适当计划、在项目组成员之间进行恰当的职责分配、保持职业怀疑态度，以及监督、指导和复核助理人员所执行的审计工作得以解决。

注册会计师应当合理设计审计程序的性质、时间安排和范围，并有效执行审计程序，以控制检查风险。针对评估的认定层次重大错报风险如何设计和执行进一步的审计程序，参见《中国注册会计师审计准则第1231号——针对评估的重大错报风险采取的应对措施》。

（九）审计过程与审计目标的实现

审计方法从早期的账项基础审计，演变到今天的风险导向审计。风险导向审计模式要求注册会计师在审计过程中，以重大错报风险的识别、评估和应对作为工作主线。审计目标的实现与审计过程密切相关。审计过程，是指审计工作从开始到结束的整个过程，基于风险导向的整个过程，即审计流程。审计过程的5个主要阶段见表1101-6。

表1101-6　　审计过程的5个主要阶段

审计过程	主要工作
(1) 接受业务委托	①初步了解审计业务环境。在接受委托前，注册会计师应当初步了解审计业务环境 ②业务承接。只有在了解后认为符合专业胜任能力、独立性和应有的关注等职业道德要求，并且拟承接的业务具备准则要求的所有5个特征时，注册会计师才能将其作为审计业务予以承接 ③主要工作。包括了解和评价审计对象的可审性；决策是否考虑接受委托；商定业务约定条款；签订审计业务约定书等

续表

审计过程	主要工作
(2) 计划审计工作	①在本期审计业务开始时开展的初步业务活动 ②制定总体审计策略 ③制订具体审计计划等
(3) 实施风险评估程序	①了解被审计单位及其环境 ②识别和评估财务报表层次以及各类交易、账户余额、列报认定层次的重大错报风险，包括确定需要特别考虑的重大错报风险以及仅通过实质性程序无法应对的重大错报风险等
(4) 实施控制测试和实质性程序	注册会计师应当实施进一步审计程序，包括： ①控制测试（必要时或决定测试时）。只有存在下列情形之一，控制测试才是必要的：a.在评估认定层次重大错报风险时，预期控制的运行是有效的，注册会计师应当实施控制测试以支持评估结果；b.仅实施实质性程序不足以提供认定层次充分、适当的审计证据，注册会计师应当实施控制测试，以获取内部控制运行有效性的审计证据。 ②实质性程序。实质性程序包括实质性分析程序和交易、账户余额、列报的细节测试
(5) 完成审计工作和编制审计报告	①审计期初余额、比较数据、期后事项和或有事项 ②考虑持续经营问题和获取管理层声明 ③汇总审计差异，并提请被审计单位调整或披露 ④复核审计工作底稿和财务报表 ⑤与管理层和治理层沟通 ⑥评价所有审计证据，形成审计意见，编制审计报告等

风险导向审计流程如图1101-13所示。

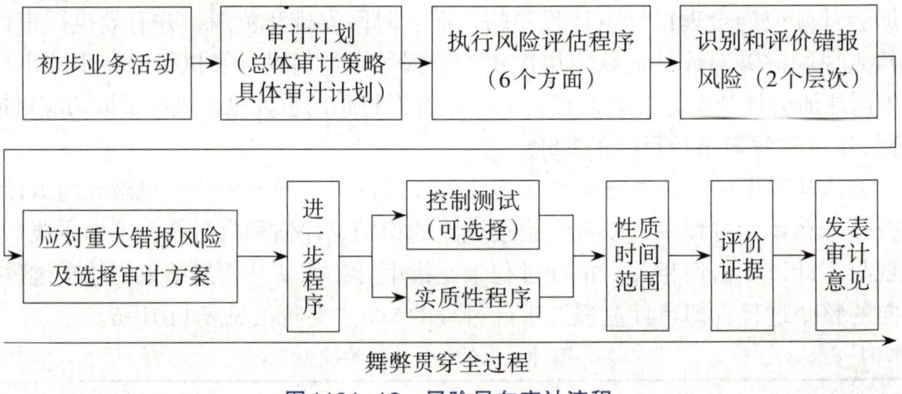

图1101-13　风险导向审计流程

第二节　就审计业务约定条款达成一致意见（第1111号）

一、概述

（一）本准则制定与修订背景

企业经营环境变化带来巨大审计风险，需要通过完善审计准则加以应对。随着企业组织机构及其经营活动的方式日益复杂，全球化和科学技术的影响日益加深，会计判断和估计日益复杂，一些企业进行财务舞弊的动机和压力日益增大，注册会计师面临的审计风险越来越大。本准则为规范注册会计师识别、评估和应对财务报表重大错报风险，并在签订业务约定书等方面提供更加明确和具体的指导。

本准则的制定目的是规范审计业务约定书的内容和审计业务的变更。本准则要求注册会计师应当在审计业务开始前，与被审计单位就审计业务约定条款达成一致意见，并签订审计业务约定书，以避免双方对审计业务的理解产生分歧。

（二）本准则2010年修订内容

本准则本次修订主要是对2006年版《中国注册会计师审计准则第1111号——审计业务约定书》按照新体例进行的改写，并未作出实质性修订。与2006年版准则相比，除采用新体例对原有准则进行改写、提高明晰度外，在准则结构和具体规定方面还有以下8个方面的变化：

（1）采用新体例对原有准则进行改写；

（2）规范重点、侧重点发生转移；

（3）详细规定了如何确定审计的前提条件是否存在；

（4）详细讨论了财务报告编制基础的可接受性；

（5）明确了管理层应当认可并理解的责任；

（6）增加了法律法规涉及审计业务约定条款时的规定；

（7）增加了业务承接时的其他考虑；

（8）修改完善了审计业务约定书的参考格式。

（三）本准则2016年修订内容

本准则本次未作出实质性修订，只是为保持审计准则体系的内在一致性而进行的相应文字调整。

（四）本准则2019年修订内容

本准则本次未作出实质性修订，只是对其应用指南进行了相应文字调整。

（五）本准则学习中注意事项

对任何业务而言，在业务开始之前明确约定业务的范围、相关各方的责任等事项，对于避免不必要的误解、维护签约各方的利益，都是十分必要的。对于审计这样一种专业性很强的业务，业务约定书的作用更显重要。注册会计师通过业务约定书可以明确财务报表审计业务的目标、范围等相关内容，并将签约各方对业务约定条款的理解和接受以书面形式确认下来。

二、框架结构简介

本准则共5章22条，其框架结构见表1111-1。

三、重点难点解析

（一）审计业务约定书的概念

审计业务约定书是指会计师事务所与被审计单位签订的，用以记录和确认审计业务的委托与受托关系、审计目标和范围、双方的责任，以及报告的格式等事项的书面协议。

表1111-1　　　　框架结构

章	名称	节	条	主要内容
第一章	总则	—	1、2	本准则制定的目的和与第1121号准则的关系
第二章	定义	—	3、4	解释本准则中包含的术语
第三章	目标	—	5	界定执行本准则应实现的目标
第四章	要求	1~5	6~21	规定注册会计师为实现准则目标应遵守的要求，即注册会计师在相关业务环境下应当实施的所有必要程序
第五章	附则	—	22	本准则施行时间

审计业务约定书的含义可从以下几个方面加以理解：

（1）签约主体通常是会计师事务所和被审计单位，但也存在委托人与被审计单位不是同一方的情形，在这种情形下，签约主体通常还包括委托人；

（2）约定内容主要涉及审计业务的委托与受托关系、审计目标和范围、双方责任以及报告的格式；

（3）文件性质属于书面协议，具有委托合同的性质，一经有关签约主体签字或盖章，在各签约主体之间即具有法律约束力。

（二）审计业务约定书的作用

审计业务约定书具有经济合同的性质，一经双方签字认可，即成为会计师事务所与委托人之间的契约，具有法律约束力。签署审计业务约定书是为了明确约定双方的责任与义务，促使双方遵守约定事项并加强合作，以维护会计师事务所与被审计单位的利益，减少因责任区分不明确而引起的纠纷或诉讼。审计业务约定书有以下几个方面的作用：

（1）使被审计单位了解注册会计师的审计责任及需要提供的信息。[相互合作]

（2）反映被审计单位鉴定审计业务完成情况及会计师事务所检查被审计单位约定义务的履行情况。[相互督促]

（3）如果出现法律诉讼，审计业务约定书是确定会计师和委托人双方应负责任的重要证据。[相互指责]

需要注意的是，审计业务约定书的签约双方是被审计单位和会计师事务所，千万不能误认为是被审计单位和注册会计师。注册会计师应当在审计业务开始前，与被审计单位就审计业务约定条款达成一致意见，并签订审计业务约定书，以避免双方对审计业务的理解产生分歧。如果被审计单位不是委托人，在签订审计业务约定书前，注册会计师应当与委托人、被审计单位就审计业务约定相关条款进行充分沟通，并达成一致意见。会计师事务所承接和执行审计业务，应当具备专业胜任能力，恪守独立、客观、公正的原则，遵守审计准则和职业道德规范，不得通过降低执业质量缓解价格竞争压力。

(三) 审计的前提条件

1.两个“前提”概念的比较（见表1111-2）

表1111-2　两个“前提”概念的比较

两个“前提”	准则	内容
执行审计工作的前提	《中国注册会计师审计准则第1101号——注册会计师的总体目标和审计工作的基本要求》第九条	与管理层和治理层责任相关的执行审计工作的前提（以下简称执行审计工作的前提），是指管理层和治理层（如适用）认可并理解其应当承担下列责任，这些责任构成注册会计师按照审计准则的规定执行审计工作的基础： (1) 按照适用的财务报告编制基础编制财务报表，并使其实现公允反映（如适用）； (2) 设计、执行和维护必要的内部控制，以使财务报表不存在由于舞弊或错误导致的重大错报； (3) 向注册会计师提供必要的工作条件，包括允许注册会计师接触与编制财务报表相关的所有信息（如记录、文件和其他事项），向注册会计师提供审计所需的其他信息，允许注册会计师在获取审计证据时不受限制地接触其认为必要的内部人员和其他相关人员
审计的前提条件	《中国注册会计师审计准则第1111号——就审计业务约定条款达成一致意见》第六条	为了确定审计的前提条件是否存在，注册会计师应当：(1) 确定管理层在编制财务报表时采用的财务报告编制基础是否是可接受的；(2) 就管理层认可并理解其责任与管理层达成一致意见。 管理层的责任包括：(1) 按照适用的财务报告编制基础编制财务报表，并使其实现公允反映（如适用）；(2) 设计、执行和维护必要的内部控制，以使财务报表不存在由于舞弊或错误导致的重大错报；(3) 向注册会计师提供必要的工作条件，包括允许注册会计师接触与编制财务报表相关的所有信息（如记录、文件和其他事项），向注册会计师提供审计所需的其他信息，允许注册会计师在获取审计证据时不受限制地接触其认为必要的内部人员和其他相关人员

审计的前提条件如图1111-1所示。

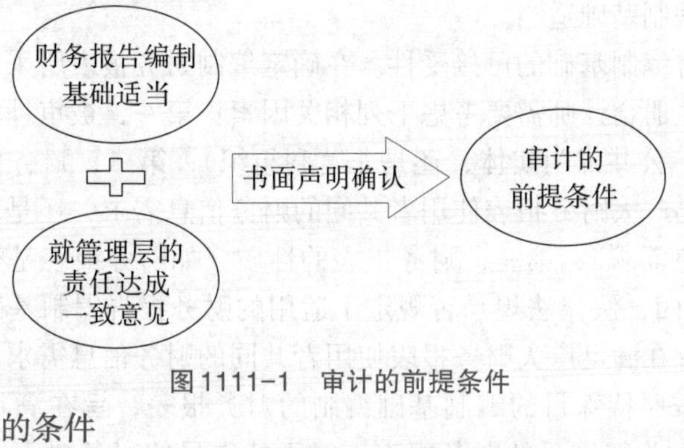

图1111-1　审计的前提条件

2.承接鉴证业务的条件

承接鉴证业务的条件之一是《中国注册会计师鉴证业务基本准则》中提及的标准适当，且能够为预期使用者获取。标准是指用于评价或计量鉴证对象的基准，当涉及列报时，还包括列报与披露的基准。适当的标准使注册会计师能够运用职业判断对鉴证对象作出合理一致的评价或计量。就审计准则而言，适用的财务报告编制基础为注册会计师提供了用以审计财务报表（包括公允反映，如相关）的标准。如果不存在可接受的财务报告编制基础，管理层就不具有编制财务报表的恰当基础，注册会计师也不具有对财务报表进行审计的适当标准。

在接受委托前，注册会计师应当初步了解业务环境，确定审计的前提条件是否存在，以及与管理层就审计业务约定条款达成一致意见，这样就体现了风险导向审计的要求。

业务环境包括业务约定事项、鉴证对象特征、使用的标准、预期使用者的需求、责任方及其环境的相关特征，以及可能对鉴证业务产生重大影响的事项、交易、条件和惯例等其他事项。

在初步了解业务环境后，只有认为符合独立性和专业胜任能力等相关职业道德规范的要求，并且拟承接的业务具备下列所有特征，注册会计师才能将其作为鉴证业务予以承接：

（1）鉴证对象适当。

（2）使用的标准适当且预期使用者能够获取该标准。

（3）注册会计师能够获取充分、适当的证据以支持其结论。

（4）注册会计师的结论以书面报告形式表述，且表述形式与所提供的保证程度相适应。

（5）该业务具有合理的目的。如果鉴证业务的工作范围受到重大限制，或委托人试图将注册会计师的名字和鉴证对象不适当地联系在一起，则该业务可能不具有合理的目的。

需要指出的是，注册会计师并非是所有方面的专家，如果鉴证业务涉及的特殊知识和技能超出了注册会计师的能力，注册会计师可以利用专家协助执行鉴证业务。例如，当鉴证对象是设备的生产能力或信息技术系统的运营情况时，注册会计师可以利用技术专家的协助；当鉴证对象是法律法规的遵循情况时，注册会计师可以利用法律专家的协助。在这种情况下，注册会计师应当确信包括专家在内的项目组整体已具备执行该项鉴证业务所需的知识和技能，并充分参与该项鉴证业务和了解专家所承担的工作。

3.审计的前提条件的内容

（1）财务报告编制基础适当。

①确定财务报告编制基础的可接受性。在确定编制财务报表所采用的财务报告编制基础的可接受性时，注册会计师需要考虑下列相关因素：第一，被审计单位的性质（如被审计单位是商业企业、公共部门实体，还是非营利组织）；第二，财务报表的目的（如编制财务报表是用于满足广大财务报表使用者共同的财务信息需求，还是用于满足财务报表特定使用者的财务信息需求）；第三，财务报表的性质（如财务报表是整套财务报表，还是单一财务报表）；第四，法律法规是否规定了适用的财务报告编制基础。按照某一财务报告编制基础编制，旨在满足广大财务报表使用者共同的财务信息需求的财务报表，称为通用目的财务报表。按照特殊日的编制基础编制的财务报表，旨在满足财务报表特定使用者的财务信息需求称为特殊目的财务报表。对于特殊目的财务报表，预期财务报表使用者对财务信息的需求，决定适用的财务报告编制基础。《中国注册会计师审计准则第1601号——对按照特殊目的编制基础编制的财务报表审计的特殊考虑》规范了如何确定旨在满

足财务报表特定使用者财务信息需求的财务报告编制基础的可接受性。

②通用目的编制基础。如果财务报告准则由经授权或获得认可的准则制定机构制定和发布，供某类实体使用，只要这些机构遵循一套既定和透明的程序（包括认真研究和仔细考虑广大利益相关者的观点），则认为财务报告准则对于这类实体编制通用目的财务报表是可接受的。这些财务报告准则主要有：国际会计准则理事会发布的国际财务报告准则、国际公共部门会计准则理事会发布的国际公共部门会计准则和某一国家或地区经授权或获得认可的准则制定机构，在遵循一套既定和透明的程序（包括认真研究和仔细考虑广大利益相关者的观点）的基础上发布的会计准则。在规范通用目的财务报表编制的法律法规中，这些财务报告准则通常被界定为适用的财务报告编制基础。

（2）就管理层的责任达成一致意见（见表1111-3）。

表1111-3 就管理层的责任达成一致意见

<table>
<tr><td colspan="2">就管理层的责任达成一致意见</td><td rowspan="2">（1）按照适用的财务报告编制基础编制财务报表，包括使其实现公允反映（如适用）；
（2）设计、执行和维护必要的内部控制，以使财务报表不存在由于舞弊或错误导致的重大错报；
（3）向注册会计师提供必要的工作条件（获得与报表相关信息、接触人员）</td></tr>
<tr><td>管理层已认可并理解其承担的责任——书面声明</td><td>管理层不认可其责任——不应承接</td></tr>
</table>

（3）确认的形式。按照《中国注册会计师审计准则第1341号——书面声明》的规定，注册会计师应当要求管理层就其已履行的某些责任提供书面声明。因此，注册会计师需要获取针对管理层责任的书面声明、其他审计准则要求的书面声明，以及在必要时需要获取用于支持其他审计证据（用以支持财务报表或者一项或多项具体认定）的书面声明。注册会计师需要使管理层意识到这一点。如果管理层不认可其责任，或不同意提供书面声明，注册会计师将不能获取充分、适当的审计证据。在这种情况下，注册会计师承接此类审计业务是不恰当的，除非法律法规另有规定。如果法律法规要求承接此类审计业务，注册会计师可能需要向管理层解释这种情况的重要性及其对审计报告的影响。

（四）审计业务约定书的基本内容

审计业务约定书的内容可能因被审计单位的不同而存在差异，但应当包括下列基本内容（见表1111-4）。

表1111-4 审计业务约定书的基本内容

序号	基本内容
1	财务报表审计的目标与范围
2	管理层的责任
3	注册会计师的责任
4	用于编制财务报表所适用的财务报告编制基础
5	提及注册会计师拟出具的审计报告的预期形式和内容，以及对在特定情况下出具的审计报告可能不同于预期形式和内容的说明

将这些条款作为审计业务约定书的必备条款，主要是由于审计工作专业性强，而委托人可能混淆被审计单位管理层与注册会计师的责任，或不了解审计的固有限制而对审计有不恰当的预期。在这种情况下，在审计业务约定书中明确上述条款，有助于避免委托人对审计业务的目标和作用等产生误解。

如果法律法规足够详细地规定了审计业务约定条款，注册会计师除了记录该法律法规的规定以及管理层已经认可并理解其责任的事实外，不必将其他事项记录于书面协议中。如果法律法规规定了管理层的责任，对于在效果上等同的责任，注册会计师可以使用法律法规的措辞，在书面协议中描述管理层的责任；对于在效果上不等同的责任，注册会计师应当使用本准则中的措辞。

如果情况需要，审计业务约定书也可列明下列内容：

（1）在某些方面对利用其他注册会计师和专家工作的安排。

（2）对审计涉及的内部审计人员和被审计单位其他员工工作的安排。

（3）在首次审计的情况下，与前任注册会计师（如存在）沟通的安排。

（4）提及或描述在法律法规或相关职业道德要求下注册会计师向被审计单位之外的适当机构报告识别出的或怀疑存在的违反法律法规行为的责任。

（5）说明对注册会计师责任可能存在的限制。

（6）注册会计师与被审计单位之间需要达成进一步协议的事项。

（7）向其他机构或人员提供审计工作底稿的义务。

（五）审计业务约定书的特殊考虑

1.考虑特定需要

如果情况需要，注册会计师还应当考虑在审计业务约定书中列明下列内容：

（1）详细说明审计工作的范围，包括提及适用的法律法规、审计准则，以及中国注册会计师协会发布的职业道德守则和其他公告。

（2）对审计业务结果的其他沟通形式。

（3）说明由于审计和内部控制的固有限制，即使审计工作按照审计准则的规定得到恰当的计划和执行，仍不可避免地存在某些重大错报未被发现的风险。

（4）计划和执行审计工作的安排，包括审计项目组的构成。

（5）管理层确认将提供书面声明。

（6）预期管理层将允许注册会计师接触管理层知悉的与财务报表编制相关的所有信息（包括与披露相关的所有信息）；管理层同意向注册会计师及时提供财务报表草稿（包括与财务报表及披露的编制相关的所有信息，无论该信息是从总账和明细账中获取，还是从总账和明细账之外的其他途径获取）和其他信息（如有），以使注册会计师能够按照预定的时间表完成审计工作。

（7）管理层同意告知注册会计师在审计报告日至财务报表报出日之间注意到的可能影响财务报表的事实。

（8）收费的计算基础和收费安排。

（9）管理层确认收到审计业务约定书并同意其中的条款。

（10）在某些方面对利用其他注册会计师和专家工作的安排。

（11）对审计涉及的内部审计人员和被审计单位其他员工工作的安排。

（12）在首次审计的情况下，与前任注册会计师（如存在）沟通的安排。

（13）说明对注册会计师责任可能存在的限制。

（14）注册会计师与被审计单位之间需要达成进一步协议的事项。

（15）向其他机构或人员提供审计工作底稿的义务。

2.考虑组成部分的审计

如果母公司的注册会计师同时也是组成部分的注册会计师，需要考虑下列因素，决定是否向组成部分单独致送审计业务约定书：

（1）组成部分注册会计师的委托人。

（2）是否对组成部分单独出具审计报告。

（3）与审计委托相关的法律法规的规定。

（4）母公司占组成部分的所有权份额。

（5）组成部分管理层相对于母公司的独立程度。

3.考虑连续审计

对于连续审计，注册会计师应当考虑是否需要根据具体情况修改业务约定的条款，以及是否需要提醒被审计单位注意现有的业务约定条款。会计师事务所或被审计单位（或委托人）如需修改、补充审计业务的约定内容，应当以适当的方式获得对方的确认。

注册会计师可以与被审计单位签订长期审计业务约定书。但如果出现下列情况，应当考虑重新签订审计业务约定书：

（1）有迹象表明被审计单位误解审计目标和范围。

（2）需要修改约定条款或增加特别条款。在这种情况下，注册会计师也可以与被审计单位签订补充协议，原审计业务约定书继续有效。

（3）高级管理人员、董事会或所有权结构近期发生变动。

（4）被审计单位业务的性质或规模发生重大变化。

（5）法律法规的规定。

（6）管理层编制财务报表采用的会计准则和相关会计制度发生变化。

4.考虑审计业务约定条款的变更

（1）变更审计业务约定条款的要求。在完成审计业务前，如果被审计单位或委托人要求将审计业务变更为保证程度较低的业务，注册会计师应当确定是否存在合理理由予以变更。审计业务约定条款能否变更决策见表1111-5。

表1111-5 审计业务约定条款能否变更决策

审计业务变更原因	理由是否合理	是否同意变更
环境变化对审计服务的需求产生影响	是	同意
对原来要求的审计业务的性质存在误解	是	同意
审计范围存在限制	否	不同意
		解约，向治理层、所有者或监管机构报告

（2）变更为审阅业务或相关服务业务的要求。在同意将审计业务变更为审阅业务或相关服务业务前，接受委托按照审计准则执行审计工作的注册会计师，除考虑上述（1）中提及的事项外，还需要评估变更业务对法律责任或业务约定的影响。如果注册会计师认为将审计业务变更为审阅业务或相关服务业务具有合理理由，截至变更日已执行的审计工作可能与变更后的业务相关，相应地，注册会计师需要执行的工作和出具的报告会适用于变更后的业务。为避免引起报告使用者的误解，对相关服务业务出具的报告不应提及原审计业务和在原审计业务中已执行的程序。只有将审计业务变更为执行商定程序业务，注册会计师才可以在报告中提及已执行的程序。

（六）业务承接时的其他考虑

（1）如果相关部门对涉及财务会计的事项作出补充规定，则注册会计师在承接审计业务时应当确定该补充规定是否与财务报告编制基础存在冲突。①确定补充规定是否与企业会计准则存在冲突。②如果存在冲突，则采取下列措施：a.与管理层沟通补充规定的性质；b.考虑在财务报表中作出额外披露能否满足补充规定的要求，或者对财务报表中关于适用的财务报告编制基础的描述是否可以作出相应修改。如果无法采取任一措施，注册会计师就要考虑是否有必要发表非无保留意见。

（2）相关部门要求采用的财务报告编制基础不适用于被审计单位的具体情况，必须同时满足下列两个条件，注册会计师才能承接审计业务：①管理层同意在财务报表中额外披露，以避免使用者被财务报表误导；②注册会计师要在审计报告中增加强调事项段提醒管理层的额外披露，并且在审计意见段中不能声称财务报表在所有重大方面按照这个适用的财务报告编制基础编制。此外，必须注意的是，相关部门规定的审计报告的结构或措辞与审计准则要求的明显不一致，注册会计师应当考虑使用者是否可能误解从财务报表审计中获取的保证。

（3）除下列情况外，乙方应当对执行业务过程中知悉的甲方信息予以保密：

①法律法规允许披露，并取得甲方的授权；

②根据法律法规的要求，为法律诉讼、仲裁准备文件或提供证据，以及向监管机构报告发现的违法行为；

③在法律法规允许的情况下，在法律诉讼、仲裁中维护自己的合法权益；

④接受注册会计师协会或监管机构的执业质量检查，答复其询问和调查；

⑤向注册会计师协会或监管机构进行报备；

⑥法律法规、执业准则和职业道德规范规定的其他情形。

【应用分析1111-1】申根注册会计师负责对甲公司编制的下属子公司——K公司2017年度财务报表进行审阅。在承接和执行业务的过程中，申根注册会计师遇到下列4种情况：

（1）甲公司计划将K公司改制上市，要求将财务报表审阅业务变更为财务报表审计业务；

（2）甲公司对财务报表审阅业务的性质存在误解，要求将该项业务变更为代编简要财务报表业务就可以了；

（3）申根注册会计师在审阅过程中发现K公司的2017年度财务报表收入业务存在重

大错报，K公司要求将该项业务变更为对财务信息执行商定程序的业务；

（4）申根注册会计师审阅发现K公司财务报表存在因贪污舞弊导致的重大错报，甲公司要求将该项业务变更为财务报表审计业务，以查清可能存在的其他舞弊行为。

请问：申根注册会计师对上述4种情形能否同意被审阅单位的意见及变更业务约定的内容？为什么？

解析：除了第（3）种情况不能变更业务约定内容外，其他3种情况均可变更。因为鉴证业务的变更有3种原因：业务环境变化影响到预期使用者的需求；预期使用者对该项业务的性质存在误解；业务范围存在限制。第（3）种情况属于不合理的理由，是不恰当的变更理由，申根注册会计师不能够同意变更。注册会计师在年报审阅中发现财务报表存在重大错报时应当实施追加的或者更为广泛的程序，而不能因此作为变更业务的理由，因为这样由审阅业务变更为对财务信息执行商定程序业务不能满足预期使用者对财务报表的信息需求。

第三节 对财务报表审计实施的质量控制（第1121号）

一、概述

（一）本准则制定与修订背景

在经历了美国安然、世界通信等系列财务丑闻的冲击，特别是国内经历“银广夏”“蓝田股份”等财务风暴的强烈震撼后，注册会计师行业受到了前所未有的广泛关注。不论政府部门，还是广大社会公众，对注册会计师这一曾经被视为神圣的职业产生了质疑。以美国颁布实施《萨班斯-奥克斯利法案》及我国政府相关主管部门颁布实施一系列部门规章为标志，开始了对注册会计师行业监管体系的全方位改革。在这样一个对注册会计师行业产生重大历史影响的特殊时期，许多希望注册会计师行业健康发展的有识之士，把关注的重点放在了行业质量控制体系的建立与完善上。

2005年2月，国际审计与鉴证准则理事会（IAASB）颁布了国际质量控制准则（ISQC）第1号《会计师事务所对历史财务信息实施审计、审核和其他鉴证及相关服务业务的质量控制》。该准则要求会计师事务所建立质量控制制度，以便合理确保事务所及其员工遵守执业准则和有关的监管法规要求。国际质量控制准则的最终目标是建立适用于各种专业服务的质量控制标准。该准则自2005年6月15日起生效。

为了规范会计师事务所及其人员遵守各类业务准则和职业道德规范，要求会计师事务所和项目负责人根据业务具体情况出具适当的报告，2006年中国注册会计师协会在国际质量控制准则第1号的基础上起草和修订了《会计师事务所质量控制准则第5101号——业务质量控制》和《中国注册会计师审计准则第1121号——历史财务信息审计的质量控制》。

本准则的制定是为了规范注册会计师对财务报表审计实施质量控制程序的具体责任，以及项目质量控制复核（亦称“独立复核”，下同）人员的责任。

（二）本准则2010年修订内容

《中国注册会计师审计准则第1121号——对财务报表审计实施的质量控制》主要是对2006年版《中国注册会计师审计准则第1121号——历史财务信息审计的质量控制》按照新体例进行改写，并未作出实质性修订。

本准则系统地总结了近些年审计失败的经验教训，要求会计师事务所制定全面的质量控制制度，包括落实对业务质量的领导责任、确保职业道德规范得以遵守、客户关系和具体业务的接受与保持、人力资源、业务执行、业务工作底稿和监控等七个方面。与2006年版准则相比，本准则本次主要有以下三个方面的变化：

（1）强调对财务报表审计实施质量控制时需要结合相关职业道德要求；

（2）增加了项目组的质量控制责任，除实施质量控制程序外，还有责任向事务所提供相关信息，以使质量控制制度中有关独立性的部分发挥作用；

（3）增加了项目质量控制复核、人员、合伙人、员工、项目合伙人、项目组、网络事务所、网络、执业准则、相关职业道德要求、监控、检查等定义，以“项目合伙人”替换“项目负责人”，更新了“项目质量控制复核”和“项目组”的定义。

（三）本准则2016年修订内容

本准则本次未修订。

（四）本准则2019年修订内容

为顺应第1411号准则的实质性变化，本准则本次修订第十四条增加了：也不包括按照《中国注册会计师审计准则第1411号——利用内部审计人员的工作》的规定为审计项目组提供直接协助的被审计单位内部审计人员。另外，其准则指南也增加了：法律法规或相关职业道德要求可能规定注册会计师在接受业务前提请前任注册会计师提供已知悉的关于事实或环境的信息（前任注册会计师判断认为后任注册会计师在决定是否接受业务前需要获知）。在某些情形下，前任注册会计师可能需要应拟任的后任注册会计师的要求提供关于被审计单位违反法律法规行为的信息。

（五）本准则学习中注意事项

（1）要认识到审计质量是会计师事务所的生命，审计质量的好坏不仅关系到会计师事务所的生存和发展，还关系到注册会计师整个职业的前途和命运。低质量的审计服务亦有损于社会公众利益。因此，每个会计师事务所及全体人员必须重视业务质量问题。为了保证所执行的审计业务的质量，项目组成员除了必须遵守法律法规、职业道德规范和审计准则的规定外，还必须实施会计师事务所的质量控制程序。

（2）应结合《质量控制准则第5101号——会计师事务所对执行财务报表审计和审阅、其他鉴证和相关服务业务实施的质量控制》和《中国注册会计师审计准则问题解答第9号——项目质量控制复核》来进行学习。

二、框架结构简介

本准则共5章40条，其框架结构见表1121-1。

表1121-1 框架结构

章	名称	节	条	主要内容
第一章	总则	—	1~5	本准则制定的目的、质量控制责任，以及与第5101号准则的关系
第二章	定义	—	6~19	解释本准则中包含的术语
第三章	目标	—	20	界定执行本准则应实现的目标
第四章	要求	1~7	21~39	规定注册会计师为实现准则目标应遵守的要求，即注册会计师在业务层面应当实施的质量控制程序
第五章	附则	—	40	本准则施行时间

三、重点难点解析

（一）项目组的质量控制责任

本准则是根据《质量控制准则第5101号——会计师事务所对执行财务报表审计和审阅、其他鉴证和相关服务业务实施的质量控制》制定的。《质量控制准则第5101号——会计师事务所对执行财务报表审计和审阅、其他鉴证和相关服务业务实施的质量控制》规范的是会计师事务所建立并保持有关财务报表审计和审阅、其他鉴证和相关服务业务的质量控制制度，而本准则规范的则是财务报表审计的质量控制程序，也就是规定了注册会计师对财务报表审计实施质量控制程序的具体责任，以及项目质量控制复核人员的责任。在会计师事务所质量控制制度框架下，项目组有责任实施适用于审计业务的质量控制程序，并向会计师事务所提供相关信息，以使质量控制制度中有关独立性的部分发挥作用。项目组依赖会计师事务所质量控制制度对审计业务实施质量控制，除非会计师事务所或者其他机构、人员提供的信息表明其不可信赖。因此，建立和保持质量控制制度（包括政策和程序），是会计师事务所的责任。按照《质量控制准则第5101号——会计师事务所对执行财务报表审计和审阅、其他鉴证和相关服务业务实施的质量控制》的规定，会计师事务所有义务建立和保持质量控制制度，以合理保证：（1）会计师事务所及其人员遵守执业准则和适用的法律法规的规定；（2）会计师事务所和项目合伙人出具适合具体情况的审计报告。

本准则的实施前提是会计师事务所遵守《质量控制准则第5101号——会计师事务所对执行财务报表审计和审阅、其他鉴证和相关服务业务实施的质量控制》的规定。

（二）相关概念

本准则增加的相关概念见表1121-2。

表 1121-2　　相关概念

名称	定义
项目质量控制复核	是指在审计报告日或审计报告日之前，项目质量控制复核人员对项目组作出的重大判断和在编制审计报告时得出的结论进行客观评价的过程。 项目质量控制复核人员，是指项目组成员以外的，具有足够、适当的经验和权限，对项目组作出的重大判断和在编制审计报告时得出的结论进行客观评价的合伙人、会计师事务所其他人员、具有适当资格的外部人员或由这类人员组成的小组
人员	是指会计师事务所的合伙人和员工。具有适当资格的外部人员，是指会计师事务所以外的具有担任项目合伙人的胜任能力和必要素质的个人，如其他会计师事务所的合伙人，中国注册会计师协会或提供相关质量控制服务的组织中具有适当经验的人员
合伙人	是指在执行专业服务业务方面有权代表会计师事务所的个人
员工	是指合伙人以外的专业人员，包括会计师事务所的内部专家
项目合伙人	是指会计师事务所中负责某项审计业务及其执行，并代表会计师事务所在出具的审计报告上签字的合伙人。 如果项目合伙人以外的其他注册会计师在审计报告上签字，本准则对项目合伙人作出的规定也适用于该签字注册会计师
项目组	是指执行某项审计业务的所有合伙人和员工，以及会计师事务所或网络事务所聘请的为该项业务实施审计程序的所有人员，但不包括会计师事务所或网络事务所聘请的外部专家，也不包括按照《中国注册会计师审计准则第 1411 号——利用内部审计人员的工作》的规定为审计项目组提供直接协助的被审计单位内部审计人员
网络事务所	是指属于某一网络的会计师事务所或实体（网络事务所的判断如图 1121-1 所示）。如果某一会计师事务所被视为网络事务所，应当与网络中其他会计师事务所的审计客户保持独立
网络	是指由多个实体组成，旨在通过合作实现下列一个或多个目的的联合体：（1）共享收益或分担成本；（2）共享所有权、控制权或管理权；（3）共享统一的质量控制政策和程序；（4）共享同一经营战略；（5）使用同一品牌；（6）共享重要的专业资源
执业准则	是指中国注册会计师鉴证业务基本准则、中国注册会计师审计准则、中国注册会计师审阅准则、中国注册会计师其他鉴证业务准则、中国注册会计师相关服务准则、质量控制准则和相关职业道德要求
相关职业道德要求	是指项目组和项目质量控制复核人员应当遵守的职业道德规范，通常包括中国注册会计师职业道德守则中与财务报表审计相关的规定
监控	是指对会计师事务所质量控制制度进行持续考虑和评价的过程，包括定期选取已完成的业务进行检查，以使会计师事务所能够合理保证其质量控制制度正在有效运行
检查	是指实施程序以获取证据，确定项目组在已完成的业务中是否遵守会计师事务所质量控制政策和程序

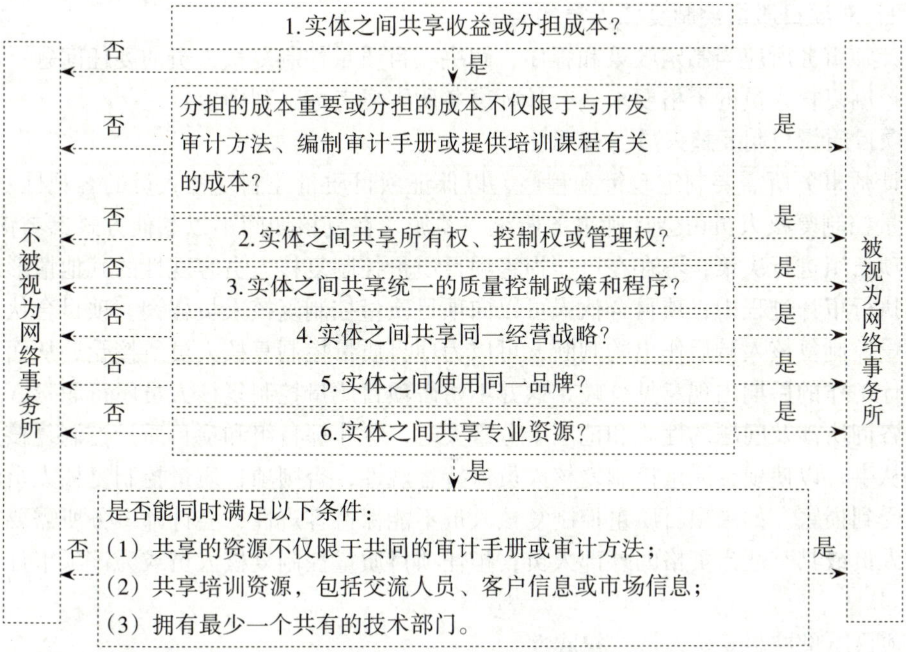

图 1121-1　网络事务所的判断

（三）分层次责任制度

项目合伙人对审计业务的总体质量负责是会计师事务所质量控制制度的第一个构成要素。项目合伙人负责项目的计划、组织实施和最终出具审计报告，并对出具的审计报告负责。作为一个优秀的项目合伙人，应该具有良好的职业道德，较高的专业水平与工作能力。

提示　合伙企业的特点：(1) 有两个以上合伙人（有限合伙企业合伙人不超过50个），至少应当有一个普通合伙人（依法承担无限责任者）；(2) 有书面合伙协议；(3) 有各合伙人实际缴付的出资；(4) 有合伙企业的名称；(5) 有经营场所和从事合伙经营的必要条件。

第一层次，项目合伙人应当对会计师事务所分派的每项审计业务的总体质量负责。项目合伙人在项目组中应处于核心地位，是带领项目组实施审计项目质量控制程序的关键人物，并对该审计项目的总体质量负责。明确项目合伙人的领导责任有助于落实会计师事务所质量控制制度。会计师事务所承接审计业务后，需要组建项目组，并选派适当人员担任项目合伙人。项目组是指执行某项审计业务的所有人员，包括会计师事务所为执行该项业务聘请的专家。明确项目合伙人的领导地位和质量责任后，使其能够站在更高层次，对项目组其他成员的工作进行指导、监督和复核，将质量控制要素更好地运用到具体审计业务之中；明确项目合伙人的领导责任还有助于实行会计师事务所分层次的责任追究制度。

第二层次，结合我国《质量控制准则第5101号——会计师事务所对执行财务报表审计和审阅、其他鉴证和相关服务业务实施的质量控制》的规定可知，会计师事务所主任会计师对本所的质量控制制度承担最终责任，而项目合伙人则对分派的每项审计业务的总体质量承担责任，这两个方面共同构成会计师事务所分层次的责任制度。

（四）对项目质量控制复核人员的委任

会计师事务所应当制定政策和程序，解决项目质量控制复核人员的委任问题，明确项目质量控制复核人员的资格要求。会计师事务所需要考虑下列内容：

1.项目质量控制复核人员的客观性

会计师事务所需要制定政策和程序，以保证项目质量控制复核人员的客观性。例如，项目质量控制复核人员由会计师事务所统一委派，在复核期间不以其他方式参与该项目、不代替项目组进行决策，不存在可能损害项目质量控制复核人员客观性的其他情形。

在执行审计过程中，项目合伙人可以向项目质量控制复核人员咨询。项目合伙人咨询项目质量控制复核人员后作出的判断，可以为项目质量控制复核人员所接受，从而可以避免在审计工作的后期出现意见分歧，这并不妨碍项目质量控制复核人员履行职责。

当咨询所涉及问题的性质和范围十分重大时，除非项目组和项目质量控制复核人员都能谨慎从事，以使项目质量控制复核人员保持客观性，否则项目质量控制复核人员的客观性可能受到损害。如果项目质量控制复核人员不能保持客观性，会计师事务所需要委派内部其他人员或具有适当资格的外部人员，担任项目质量控制复核人员或为该项审计业务提供咨询。

2.项目质量控制复核人员的权威性

项目质量控制复核人员需要具备履行职责所需的充分、适当的技术专长、经验和权限。特别是项目质量控制复核人员履行职责，不应受到项目合伙人职级的影响。对于项目合伙人在会计师事务所中担任高级领导职务的，要注意避免项目质量控制复核人员的客观性受到损害。项目质量控制复核人员需要具备质疑项目合伙人所需的适当资历（经验、能力），以便能够切实履行复核职责。

3.项目质量控制复核人员所能承担的总体复核工作量

当一名复核人员在一定时间内承担过多的项目质量控制复核任务时，可能对实现项目质量控制复核目标产生不利影响，会计师事务所相关政策和程序需要对此予以考虑。

4.对属于公众利益实体的被审计单位的特别要求

《中国注册会计师职业道德守则第4号——审计和审阅业务对独立性的要求》规定，如果被审计单位属于公众利益实体，相关关键审计合伙人任职时间不得超过五年，在任期结束后的两年内，不得为该被审计单位的审计业务实施质量控制复核。

（五）相关职业道德要求

在整个审计过程中，项目合伙人应当通过观察和必要的询问，对项目组成员违反相关职业道德要求的迹象保持警觉。

《中国注册会计师职业道德守则第4号——审计和审阅业务对独立性的要求》规定，审计项目组的其他合伙人与属于公众利益实体的被审计单位之间长期存在业务关系，将因密切关系和自身利益产生不利影响。会计师事务所应当评价不利影响的严重程度，并在必要时实施独立的质量控制复核等防范措施，消除不利影响或将其降低至可接受的水平。

《中国注册会计师职业道德守则第4号——审计和审阅业务对独立性的要求》还规定，如果会计师事务所连续两年从某一属于公众利益实体的被审计单位及其关联实体收取的全部费用，占其从所有客户收取的全部费用的比重超过15%，会计师事务所应当向被审计单位治理层披露这一事实，并讨论选择下列何种防范措施，以将不利影响降低至可接受的水平：

（1）在对第二年度财务报表发表审计意见之前，由其他会计师事务所对该业务再次实施项目质量控制复核（简称发表审计意见前复核）；

（2）在对第二年度财务报表发表审计意见之后、对第三年度财务报表发表审计意见之前，由其他会计师事务所对第二年度的审计工作再次实施项目质量控制复核（简称发表审计意见后复核）。

在上述收费比例明显超过15%的情况下，如果采用发表审计意见后复核无法将不利影响降低至可接受的水平，会计师事务所应当采用发表审计意见前复核。

相关职业道德具体要求见表1121-3。

表1121-3　相关职业道德具体要求

项目	具体要求
保密	项目合伙人应当考虑项目组成员是否已遵守职业道德规范。职业道德规范要求项目组成员恪守诚信、独立、客观、公正的原则，保持专业胜任能力和应有的关注，并对审计过程中获知的信息保密
关注违反职业道德规范行为	在整个审计过程中，项目合伙人应当对项目组成员违反职业道德规范的迹象保持警惕。如果发现项目组成员违反职业道德规范，项目合伙人应当与会计师事务所的相关人员商讨，以便采取适当的措施。项目合伙人应当记录识别出的违反职业道德规范的问题，以及这些问题是如何得到解决的。在适当情况下，项目组其他成员也应当记录上述内容。项目合伙人在关注违反职业道德规范行为时，应注意下列三个方面： （1）对违反职业道德规范的关注应贯穿于整个审计过程。在审计业务执行过程中，可能发生项目组成员违反职业道德规范的情况，项目合伙人应当对此予以关注。 （2）对违反职业道德规范的情况要进行适当处理。项目合伙人应与会计师事务所相关人员（如人力资源部门负责人、培训部门负责人、专门提供技术支持的专家等）商讨，确定解决方案。 （3）应当进行必要的记录。项目合伙人应当记录识别出的违反职业道德规范的问题及其解决方案。在适当情况下，也可委托项目组其他成员记录，以便进行项目组内部的复核和项目质量控制复核
特别关注独立性	独立性是项目组成员应当遵守的首要的道德原则。项目合伙人应当就审计业务的独立性要求是否得到遵守形成结论。因此，项目合伙人应特别关注，确保项目组全体成员在执行审计业务时严格遵守独立性要求。项目合伙人应当就适用于审计业务的独立性要求的遵守情况形成结论。在形成结论时，项目合伙人应当： （1）从会计师事务所或网络事务所获取相关信息，以识别、评价对独立性产生不利影响的情形。 （2）评价识别出的有关违反会计师事务所独立性政策和程序的信息，以确定其是否对审计业务的独立性产生不利影响。 （3）采取适当的行动，运用防范措施以消除对独立性的不利影响或将其降至可接受的水平，或在必要时解除审计业务约定（除非法律法规禁止）；项目合伙人应当立即向会计师事务所报告未能解决的事项，以便采取适当的行动

（六）客户关系管理

客户关系管理的内容见表1121-4。

表1121-4 客户关系管理的内容

项目	内容
总体要求	项目合伙人应当确信，有关客户关系和审计业务的接受与保持的质量控制程序已得到遵守，并确定得出的有关结论是恰当的
业务接受与保持决策	项目合伙人在确定客户关系和具体审计业务的接受与保持是否适当时，应当考虑的主要事项包括： （1）被审计单位的主要股东、关键管理人员和治理层是否诚信。选择诚信的客户是有效控制审计风险和避免法律后果的重要措施。会计师事务所不应和不诚信的客户签约。如果缺乏诚信，财务报表容易出现舞弊导致的重大错报的可能。 （2）项目组是否具有执行审计业务的专业胜任能力及必要的时间和资源。即使会计师事务所已接受委托，如果项目合伙人在承办业务时发现项目组不具备适当的专业胜任能力以及必要的时间和资源，则应认为该决策不适当，并立即告知会计师事务所。 （3）会计师事务所和项目组能否遵守职业道德规范。项目合伙人在整个审计过程中，都应关注项目组成员是否违反职业道德规范。此外，如果在业务执行过程中，发现会计师事务所出现损害职业道德的行为，对上述事项存在疑虑的，项目组应当根据本准则的规定进行适当的咨询，并记录问题是如何解决的。 （4）在决定是否保持与某一客户的关系时，项目合伙人应当考虑本期或上期审计中发现的重大事项，及其对保持该客户关系的影响。如果上期审计中发现财务报表存在重大舞弊，管理层严重缺乏诚信，项目合伙人应考虑本期是否能够连续审计。如认为必要，可终止该客户关系
接受审计业务后获知重大信息时的处理	如果项目合伙人在接受审计业务后获知了某项信息，而该信息若在接受业务前获知，可能导致会计师事务所拒绝该项业务，项目合伙人应当立即将该信息告知会计师事务所，以使会计师事务所和项目合伙人能够采取必要的行动

（七）项目组的工作委派

项目组的工作委派具体要求见表1121-5。

（八）业务执行

业务执行是计划和实施审计工作，收集审计证据，形成审计结论的过程，对审计业务质量有直接重大的影响。因此，项目合伙人应当按照本准则的规定，加强对审计业务的指导、监督。项目合伙人既要保证业务执行过程的合规性，也要保证业务执行结果的恰当性。

项目合伙人应当对下列事项负责：

（1）按照执业准则和适用的法律法规的规定指导、监督与执行审计业务；

（2）出具适合具体情况的审计报告。

表 1121-5 项目组的工作委派具体要求

项目	具体要求
总体要求	项目合伙人应当确信，项目组和项目组以外的专家整体上具有适当的专业胜任能力和必要素质，以便能够： （1）按照执业准则和适用的法律法规的规定执行审计业务； （2）出具适合具体情况的审计报告
整体应具备的素质和专业胜任能力	项目合伙人应当关注并确保项目组整体具备上述的素质和专业胜任能力。如果认为项目组整体不具备下列的素质和专业胜任能力，则应当采取必要的行动。 （1）通过适当的培训和参与审计业务，获得执行类似性质和复杂程度审计业务的知识和实务经验； （2）掌握法律法规、职业道德规范和审计准则的规定； （3）具有相关技术知识，包括信息技术知识； （4）熟悉客户所处的行业； （5）具有职业判断能力； （6）掌握会计师事务所质量控制政策和程序

业务执行的具体要求见表 1121-6。

表 1121-6 业务执行的具体要求

项目	具体要求
指导	项目合伙人在指导审计业务时应当告知项目组成员的事项。通过指导，项目合伙人可以帮助项目组成员（特别是缺乏审计经验的成员）明确各自承担工作的目标和责任，了解审计业务环境，为审计业务的顺利开展提供支持。具体包括： （1）项目组成员各自的责任； （2）被审计单位的业务性质； （3）与风险相关的事项； （4）可能出现的问题； （5）执行审计业务的方案
监督	项目合伙人对审计业务进行监督应当包括下列几个主要方面： （1）追踪审计业务的进程。项目合伙人可通过亲临外勤现场、定期召开全体成员会议、复核工作底稿等方式，了解审计业务的进展情况，及时发现问题并予以解决。 （2）考虑项目组各成员的素质和专业胜任能力，以及是否有足够的时间执行审计工作，是否理解工作指令，是否按照计划的方案执行审计工作。对项目组成员素质、专业胜任能力和时间予以必要的考虑，有助于项目合伙人根据具体情况及时调整人员安排和工作委派，确保项目组整体具备执行审计业务所必需的能力和时间。此外，项目合伙人还要关注项目组成员是否正确理解工作指令，是否按照既定的时间、成本和方法执行审计业务。如有偏差，应及时查明原因，采取补救性措施。 （3）解决在审计过程中发现的重大问题，考虑其重要程度并适当修改原计划的方案。 （4）识别在审计过程中需要咨询的事项，或需要由经验较丰富的项目组成员考虑的事项。如果发现这些事项，则应当启动咨询程序或交由经验较丰富的项目组成员考虑，使上述事项最终得到妥善解决

续表

项目	具体要求
复核	(1) 复核内容。在复核已实施的审计工作时，复核人员应当考虑下列事项：①审计工作是否已按照法律法规、职业道德规范和审计准则的规定执行；②重大事项是否已提请进一步考虑；③相关事项是否已进行适当咨询，由此形成的结论是否得到记录和执行；④是否需要修改已执行审计工作的性质、时间安排和范围；⑤已执行的审计工作是否支持形成的结论，并已得到适当记录；⑥获取的审计证据是否充分、适当；⑦审计程序的目标是否实现。 (2) 复核人员与责任。项目组内部的复核并非全都由项目合伙人执行，项目合伙人可以委派项目组内经验较丰富的人员复核经验较少的人员执行的工作，但是项目合伙人应当对项目组按照会计师事务所复核政策和程序实施的复核负责。在审计报告日或审计报告日之前，项目合伙人应当通过复核审计工作底稿和与项目组讨论，确信已获取充分、适当的审计证据，支持得出的结论和拟出具的审计报告。项目合伙人应当在审计过程的适当阶段及时实施复核，以使重大事项在出具审计报告前能够得到满意解决。项目合伙人复核的内容包括对关键领域所作的判断，尤其是执行业务过程中识别出的疑难问题或争议事项、特别风险以及项目合伙人认为重要的其他领域。检查这些内容是为了通过过程控制，以最终确保审计报告的恰当性。项目合伙人应当对复核的范围和时间予以适当记录
指导、监督与复核注意事项	(1) 更换项目合伙人时的考虑。审计过程中可能因特殊情况需要更换项目合伙人。如果在审计过程中更换项目合伙人，新任项目合伙人应当对截至变更日已完成的工作实施足够的复核程序，以确信此前计划和实施的工作符合法律法规、职业道德规范和审计准则的规定。也就是说，新任项目合伙人首先应当检查之前项目组已完成工作的质量，确保整个审计业务得到适当执行。 (2) 多位高级管理人员参与某项审计业务。如果会计师事务所多位高级管理人员参与某项审计业务，各级管理人员的职责应当予以明确界定，并使项目组成员能够了解。这样规定有助于避免出现责任不清、相互推诿、出了问题不知该由谁负责的情况
咨询	(1) 咨询的总体要求。在审计业务执行过程中，可能会经常遇到疑难或者有争议的问题，有的可以在项目组内部解决，有的则超出了项目组的能力范围。在涉及咨询时，项目合伙人应当：①对项目组就疑难问题或争议事项进行适当咨询承担责任；②确信项目组成员在审计过程中已就相关事项进行了适当咨询，咨询可能在项目组内部进行，或者在项目组与会计师事务所内部或外部的其他适当人员之间进行；③确信这些咨询的性质、范围以及形成的结论已得到被咨询者的认可；④确定这些咨询形成的结论已得到执行。 (2) 咨询的具体要求。项目组在向会计师事务所内部或外部的其他专业人士咨询时，应当提供所有相关事实，以使其能够对咨询的技术、职业道德或其他问题提出有见地的意见。只有向被咨询者提供了所咨询问题的全部相关事实，被咨询者才可能对咨询的问题提出有价值的意见。项目组就疑难问题或争议事项向其他专业人士咨询所形成的记录，应当经被咨询者认可。项目组应当完整、详细地记录咨询情况，包括寻求咨询的事项和咨询的结果。咨询的结果包括作出的决策、决策依据和决策的执行情况
意见分歧	(1) 会计师事务所需要建立处理意见分歧的政策和程序，以应对项目质量控制复核人员与项目组之间可能出现的意见分歧。在项目组与项目质量控制复核人员的意见分歧得以解决前，不得出具审计报告。 (2) 解决意见分歧的有效程序，能够有利于在审计工作的较早阶段识别出意见分歧，为拟采取的后续步骤提供明确指导，并要求对意见分歧的解决情况和形成结论的执行情况进行记录。 (3) 在通过内部咨询解决意见分歧时，按照内部咨询体系规定的流程和级次进行咨询。解决意见分歧的程序还可能包括向其他会计师事务所、职业团体或监管机构咨询

续表

项目	具体要求
项目质量控制复核	(1) 总体要求。对于上市实体财务报表审计以及会计师事务所确定需要实施项目质量控制复核的其他审计业务，项目合伙人应当：①确定会计师事务所已委派项目质量控制复核人员；②与项目质量控制复核人员讨论在审计过程中遇到的重大事项，包括在项目质量控制复核过程中识别出的重大事项；③只有完成了项目质量控制复核，才能签署审计报告。 (2) 项目质量控制复核人员的评价。项目质量控制复核人员应当客观地评价项目组作出的重大判断以及在编制审计报告时得出的结论。评价工作应当涉及下列内容：①与项目合伙人讨论重大事项；②复核财务报表和拟出具的审计报告；③复核选取的与项目组作出的重大判断和得出的结论相关的审计工作底稿；④评价在编制审计报告时得出的结论，并考虑拟出具审计报告的恰当性。 (3) 上市公司财务报表审计项目质量控制复核要求。对于上市实体财务报表审计，项目质量控制复核人员在实施项目质量控制复核时，还应当考虑：①项目组就具体审计业务对会计师事务所独立性作出的评价；②项目组是否已就涉及意见分歧的事项，或者其他疑难问题或争议事项进行适当咨询，以及咨询得出的结论；③选取的用于复核的审计工作底稿，是否反映了项目组针对重大判断执行的工作，以及是否支持得出的结论。 (4) 由于被审计单位情况不同，会计师事务所确定的需要实施项目质量控制复核的其他审计业务也不同。会计师事务所需要建立评价标准，以评价上市实体财务报表审计之外的哪些其他审计业务需要实施项目质量控制复核。评价标准可能包括法律法规的特别要求、项目的性质、识别出的异常情况及风险程度等。会计师事务所在设计指标、帮助注册会计师运用职业判断识别高风险审计项目时，通常考虑的因素举例如下：①被审计单位首次公开发行股票或债券；②被审计单位是提供金融服务的实体，如银行、证券公司、保险公司；③被审计单位因其规模、复杂性或涉及公众利益的程度而显得十分重要，拥有广泛的利益相关者。 《〈中国注册会计师审计准则第1121号——对财务报表审计实施的质量控制〉应用指南》指出，即使在业务开始时认为不需要实施项目质量控制复核，项目合伙人也要关注情况的变化，以识别有必要实施项目质量控制复核的情形

（九）监控

有效的质量控制制度应当包括监控过程，以合理保证质量控制制度中的政策和程序具有相关性和适当性，并正在有效运行。项目合伙人应当根据会计师事务所和网络事务所通报的最新监控信息考虑实施监控过程的结果，并考虑监控信息提及的缺陷是否会对审计业务产生影响。监控是指对会计师事务所质量控制制度持续考虑和评价的过程，包括定期选取已完成的审计业务进行检查，以使会计师事务所能够合理保证其质量控制制度正在有效运行。监控包括以下两个层次：

1.会计师事务所有关监控的责任

会计师事务所应当按照《质量控制准则第5101号——会计师事务所对执行财务报表审计和审阅、其他鉴证和相关服务业务实施的质量控制》的规定，建立监控政策和程序，以合理保证质量控制制度是相关和充分的，并正在有效运行。

2.项目合伙人对监控信息的考虑

项目合伙人对监控信息的考虑在定期对已完成的审计业务进行检查的过程中，会计师事务所可能会发现某些业务项目在执行中存在的不足和缺陷。项目合伙人应当根据会计师事务所通报的最新监控信息考虑下列事项：（1）该监控信息提及的缺陷是否会对项目合伙人负责的审计业务产生影响；（2）会计师事务所的整改措施对该审计业务是否足够。

如果监控信息提及的缺陷就是项目合伙人本人执行业务中存在的问题或是其现时负责的项目存在的问题，项目合伙人应当考虑采取必要的补救措施。如果提及的缺陷与其他项目合伙人负责的项目有关，项目合伙人应当考虑该缺陷是否会对自己负责的项目产生影响。如有影响，项目合伙人则应当考虑会计师事务所提出的整改措施是否足以处理和解决该审计业务中存在的问题。如认为这些整改措施不足以解决问题，项目合伙人则应当建议采取更进一步的措施。

【应用分析1121-1】审计程序执行不到位，××会计师事务所遭警示。

中国证券监督管理委员会天津监管局（以下简称天津证监局）通告，北京××会计师事务所在对天津枫盛阳医疗器械技术股份有限公司（以下简称枫盛阳）2015年年报审计项目中存在货币资金、诉讼事项、期后事项审计程序执行不到位，以及审计底稿不完整的问题。违反了《非上市公众公司监督管理办法》第五十五条的规定，决定对××会计师事务所及注册会计师吴××、张××采取出具警示函的监督管理措施。

天津证监局对××会计师事务所执行的枫盛阳2015年年报审计项目（报告文号：（2016）京会兴审字第02010119号）进行了检查，发现其在执业中存在的四个问题，原文如下：

一、货币资金审计程序执行不到位，审计证据不恰当

（一）函证程序执行不到位

枫盛阳在同一银行网点同时开立活期存款和定期存款账户。你们未对定期存款账户进行函证。在银行针对活期存款账户函证回复信息不符，并补充定期存款基本信息的情况下，你们未就定期存款是否存在被质押或其他限制使用的情况，向银行进行核实，函证程序执行不到位。上述行为不符合《中国注册会计师审计准则第1312号——函证》第十二条、《中国注册会计师审计准则第1301号——审计证据》第十条的规定。

（二）未查验定期存单原件，所附审计证据不恰当

你们在审计中未实际查验公司定期存单原件，与工作底稿中记录的已实施的审计程序不符。此外，底稿中留存的是公司存入定期存单时的会计记账凭证及附件的复印件，不能证明定期存单在财务报表日存在且使用不受限，审计证据不恰当。上述行为不符合《中国注册会计师审计准则第1301号——审计证据》第十条、第十一条，《中国注册会计师审计准则第1131号——审计工作底稿》第十条的规定。

（三）未见对相关披露恰当性实施审计程序的记录

公司在报告附注中披露“其他货币资金为1年期定期存款，至报告日已收回”，审计底稿中未见核实定期存款是否收回的审计程序记录。上述行为不符合《中国注册会计师

审计准则第1301号——审计证据》第十条和《中国注册会计师审计准则第1131号——审计工作底稿》第十条的规定。

（四）审计底稿表述与实际情况明显不符

你们在审计总结中表述，“其他货币资金期末均为银行的票据保证金，审计人员已对该笔保证金进行了函证，银行回复的询证函结果已邮寄至本所”。该表述与实际情况明显不符。上述行为不符合《中国注册会计师审计准则第1131号——审计工作底稿》第十条的规定。

二、诉讼事项审计程序执行不到位

在识别涉及公司的可能导致重大错报风险的诉讼事项方面，底稿中仅包括公司部分公告及起诉书、民事裁定书的复印件，未见对公司管理层和其他内部人员的询问记录，未见查阅公司治理层会议纪要的记录。同时，底稿中未见公司管理层和治理层提供的相关书面声明，以确认已向注册会计师披露所有知悉的、已经或可能发生的、在编制财务报表时应当考虑其影响的诉讼和索赔事项，并确认已按照适用的财务报告编制基础进行了会计处理和披露。上述行为不符合《中国注册会计师审计准则第1311号——对存货、诉讼和索赔、分部信息等特定项目获取审计证据的具体考虑》第九条、第十二条，《中国注册会计师审计准则第1301号——审计证据》第十条和《中国注册会计师审计准则第1131号——审计工作底稿》第十条的规定。

三、期后事项审计程序执行不到位

对于财务报表日至审计报告日之间发生的公司及实际控制人涉诉及公司实际控制人股权被司法冻结等事项，底稿中仅见公司部分公告及起诉书、民事裁定书的复印件，未见对公司管理层的询问记录，未见查阅公司管理层、治理层财务报表日后会议纪要的记录，未见查阅公司最近中期财务报表的记录，未见对公司期后事项是否在财务报表中得到恰当反映进行判断的记录。同时，底稿中未见公司管理层和治理层提供的书面声明，以确认所有在财务报表日后发生的、应予调整或披露的事项均已得到调整或披露。上述行为不符合《中国注册会计师审计准则第1332号——期后事项》第九条、第十条、第十一条、第十二条，《中国注册会计师审计准则第1301号——审计证据》第十条和《中国注册会计师审计准则第1131号——审计工作底稿》第十条的规定。

四、审计底稿不完整

底稿中未见公司管理层提供的书面声明，以确认其根据审计业务约定条款，履行了管理层责任。上述行为不符合《中国注册会计师审计准则第1341号——书面声明》第八条、第九条、第十条，《中国注册会计师审计准则第1301号——审计证据》第十条和《中国注册会计师审计准则第1131号——审计工作底稿》第十条的规定。

××会计师事务所此次审计失误的例子，还是给审计师们提了个醒，审计程序一定要执行到位，该有的审计程序和证据一个都不能少。

资料来源：http：//cicpa.wkinfo.com.cn.2016-12-16.

第四节 审计工作底稿（第1131号）

一、概述

（一）本准则制定与修订背景

当前注册会计师行业中审计工作底稿仍然或多或少存在下列问题：

（1）审计工作底稿设计不规范。

（2）审计工作底稿编制不完善、所附的资料不能相互印证、逻辑钩稽关系不明、法律法规引用不规范。

（3）审计取证不充分。

（4）复核制度不健全或流于形式。

（5）审计工作底稿归档分类混乱。

最高人民法院《关于审理涉及会计师事务所在审计业务活动中民事侵权赔偿案件的若干规定》第四条规定，“会计师事务所因在审计业务活动中对外出具不实报告给利害关系人造成损失的，应当承担侵权赔偿责任，但其能够证明自己没有过错的除外。会计师事务所在证明自己没有过错时，可以向人民法院提交与该案件相关的执业准则、规则以及审计工作底稿等”。

如果会计师事务所在审计业务活动中因出具不实报告，并给利害人造成损失的，人民法院根据其过失大小确定其赔偿责任。在确定时，注册会计师是否在审计过程中保持了必要的职业谨慎是重要的标准，而能够证明会计师事务所是否尽到必要的职业谨慎的证据就是审计工作底稿。因此，如果没有编制审计工作底稿，会计师事务所将承担巨大的法律诉讼风险。

（二）本准则2010年修订内容

本准则本次修订主要是对2006年版《中国注册会计师审计准则第1131号——审计工作底稿》按照新体例进行了改写，并未作出实质性修订。除将2006年版准则的解释性内容移入应用指南外，仅对部分措辞进行了修改。

（三）本准则2016年修订内容

本准则本次修订主要是为保持审计准则体系的内在一致性而作出的相应文字调整（如删除了附则），并未作出实质性修订。

（四）本准则2019年修订内容

本准则本次未修订。

（五）本准则学习中注意事项

在学习本准则时，应当特别注意以下事项：

（1）本准则不替代注册会计师的职业判断。会计师事务所和注册会计师应当充分运用职业判断，根据被审计单位的实际情况和具体执业需要，设计相应的工作底稿。对小型企业财务报表的审计，可以按本准则中包括的工作底稿要求作适当简化。

（2）本准则附录中列示的其他审计准则，对在特定情况下就相关事项编制审计工作底稿提出具体要求，但并不构成对本准则普遍适用性的限制。相关法律法规也可能对编制审计工作底稿提出额外要求，应能结合其他准则进行学习。

（3）注意各类审计工作底稿之间的钩稽关系（如图1131-1所示）。

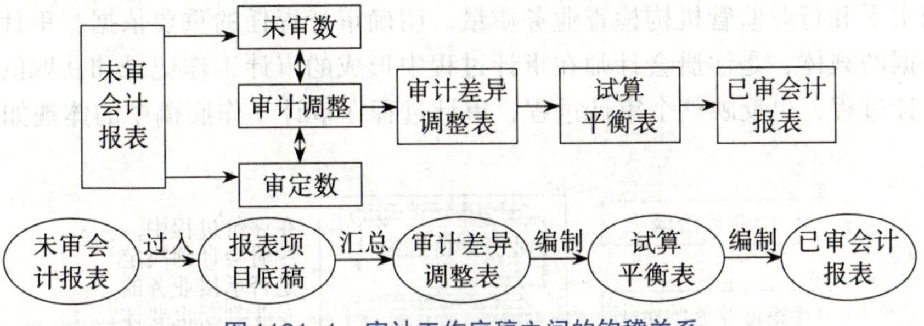

图1131-1　审计工作底稿之间的钩稽关系

在整个审计过程中，风险评估底稿影响着控制测试底稿的范围和繁简程度，控制测试底稿影响着实质性程序底稿的范围和繁简程度。一般来讲，风险评估底稿详细记录的重大错报风险，都应当有对应控制测试和实质性程序底稿来揭示被审计单位和注册会计师如何控制该风险的措施。实质性程序形成的不同层次的审计工作底稿关系如下：实质性程序审计程序表，为该项实质性测试如何执行作出详细规划；××科目的审定表或导引表，统领和汇总××科目所有明细检查以及细节测试的情况；××科目的明细检查表，详细记录××科目所有明细检查情况，支持“××科目的审定表或导引表”；××科目细节测试的支持性底稿，如某函证汇总表、监盘备忘录、分析程序表等，支持“××科目的明细检查表”。基于交易的关联性和复式记账原则，不同交易或账户的审计工作底稿之间也存在一定的钩稽关系，这为复核人员高效复核提供了思路。

二、框架结构简介

本准则共5章21条，其框架结构见表1131-1。

表1131-1　框架结构

章	名称	节	条	主要内容
第一章	总则	—	1~4	本准则制定的目的和与其他准则的关系及目的
第二章	定义	—	5~7	解释本准则中包含的术语
第三章	目标	—	8	界定执行本准则应实现的目标
第四章	要求	1~3	9~20	规定注册会计师为实现准则目标应遵守的要求
第五章	附则	—	21	本准则施行时间
附录	—	—	14	14项其他审计准则对编制工作底稿的具体要求

三、重点难点解析

（一）审计风险与审计工作底稿的关系

审计工作底稿，是指注册会计师对制订的审计计划、实施的审计程序、获取的相关审计证据，以及得出的审计结论作出的记录。它是审计证据的载体和形成审计结论、发表审计意见、出具审计报告的直接依据，也是评价考核执业注册会计师专业能力、工作业绩、知识水平和行业监管机构检查业务质量、明确审计责任的重要依据。审计工作底稿是审计证据的载体，是注册会计师在审计过程中形成的审计工作记录和获取的资料。它形成于审计过程，也反映整个审计过程，审计过程在审计工作底稿中的体现如图1131-2所示。

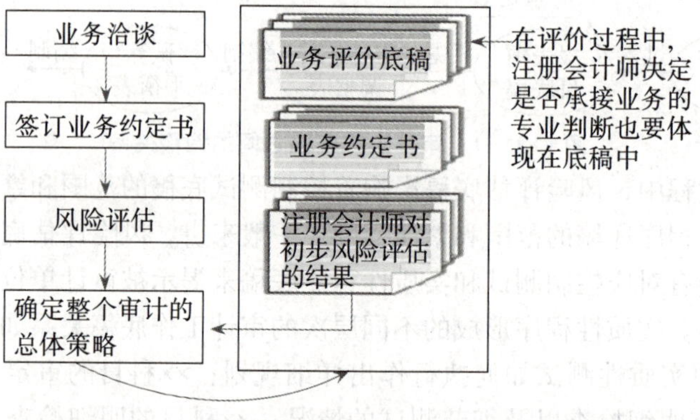

图1131-2 审计过程在审计工作底稿中的体现

注册会计师的审计过程实际上是收集审计证据，编制审计工作底稿，进而得出审计结论的过程。注册会计师和助理人员在执行审计业务过程中通过编制审计工作底稿，把已收集到的数量众多但不系统、没有重点的各种审计证据资料，系统地加以归类整理，从而使审计结论建立在充分和适当的审计证据基础之上。因此，审计工作底稿不仅是形成审计结论、发表审计意见的直接依据，也是证明注册会计师按照审计准则要求完成审计工作、履行应尽职责的依据。

遭受审计风险的原因很多，但最可能的是注册会计师在执业过程中违反法律法规、未能保持谨慎的执业态度、在重大问题上的职业判断失误、重要审计证据的缺失，甚至与委托单位串通、合谋出具虚假的、不恰当的审计报告，而这些无一不与执业过程中形成的审计工作底稿有关。

（二）审计工作底稿的质量特征

审计工作底稿的编制是否完整、规范，审计过程中所搜集的审计证据是否足以支持注册会计师发表的审计意见，这些能反映出审计质量的高低。而审计质量的高低恰恰与审计风险呈负相关的关系。审计质量越高，审计风险越低。

值得注意的是，与过去相比，现在的审计质量的内涵已发生了很大的变化。过去，注册会计师出于行业主管部门的要求和应付检查的想法，更多关注审计工作底稿“形式”上的完备与好看。但随着“安然”“银广厦”等一大批财务丑闻被揭露和惩处，审计工作的质量要求已向风险控制上倾斜和过渡。要控制审计质量，防范和化解审计风险，审计工作底稿至少应具备三个质量特征，即内容的真实性、形式的规范性和措辞的恰当性。

1.内容的真实性

内容的真实性是指审计工作底稿所反映的经济事项和行为应该是真实的，应有充足的客观事实做保证。在内容上做到"资料翔实、重点突出、繁简得当、结论明确"。这是最起码、也是最重要的质量属性。如果没有客观事实做支持，我们的工作底稿哪怕再好看，也是无济于事的。比如在实际工作中，可能由于外勤时间短，注册会计师（或助理人员）并未参与委托单位的存货监盘，而为了粉饰审计程序的合法性，将空白的抽查表让委托单位签字，外勤结束后再补填所谓的"抽查记录"。这样的做法无疑是在欺骗自己，也无法保证审计质量。真实性是核心，内容真实的审计工作底稿才能真正起到化解审计风险的作用。

2.形式的规范性

形式的规范性是指所编制的工作底稿要符合审计准则的规定，根据风险及其业务繁简程度决定业务底稿的内容，在形式上做到"要素齐全、内容完整、格式规范、标识一致、记录清晰、结论明确"。形式上的规范能保证我们是严格按照独立审计准则的要求进行审计的，这在一定程度上能减少注册会计师的执业风险。具体包括：

（1）合理、恰当运用审计标识。

（2）先编制索引号，后编制底稿页次。大部分执业人员在外勤工作开始时（或开始前）由项目负责人按照未审会计报表的一级科目顺序先编制程序表或审定表的索引号（如A1、A2……），在外勤工作结束时再分别填制底稿页次，这样既能保证索引号的唯一性和相互索引，又可防止页次编制时的缺号、重号。

（3）借助计算机编制工作底稿。可以借助计算机编制诸如分析性复核表、银行存款余额调节表、审计调整和重分类表、试算平衡表等审计工作底稿，可以自行设计或从网上下载相关的功能模块，借助Excel、VFP等工具代为编制，以提高工作效率。

3.措辞的恰当性

措辞的恰当性是指记录在工作底稿中的语言、符号、公式等能恰如其分地反映我们的工作轨迹，能保证任何一个注册会计师在同样的执业环境下得出完全相同的结论和意见。《中国注册会计师审计准则第1501号——对财务报表形成审计意见和出具审计报告》为我们提供了标准的审计报告的措辞以及适用的条件，但对于审计工作底稿中相关事项的描述无详细的规定。不同的审计项目、不同的审计目的、不同的注册会计师都会针对同一份工作底稿作出不同的描述，但我们要保证措辞的恰当性，禁止使用模棱两可甚至让人产生歧义的词句。

（三）审计工作底稿的编制目的及作用

审计工作底稿是审计证据的载体，是注册会计师在执行审计业务的过程中形成的全部审计工作记录和获取的资料，是注册会计师形成审计结论、发表审计意见的直接依据。

形成审计工作底稿有三种方式：（1）注册会计师直接编制的；（2）从被审计单位、有关部门取得的原始资料；（3）注册会计师接受并审阅他人代为编制的审计记录。其中第（2）（3）两种是取得的。

1.审计工作底稿的编制目的

在符合本准则和其他相关审计准则要求的情况下，审计工作底稿能够实现下列目的：

（1）提供证据，作为注册会计师得出实现总体目标结论的基础；

（2）提供证据，证明注册会计师按照审计准则和相关法律法规的规定计划和执行了审计工作；

（3）提供充分、适当的记录，作为出具审计报告的基础。

2.编制审计工作底稿使用的文字

编制审计工作底稿使用的文字应当是中文。少数民族自治地区可以同时使用少数民族文字。中国境内的中外合作会计师事务所、国际会计公司成员所可以同时使用某种外国文字。会计师事务所执行涉外业务时可以同时使用某种外国文字。

3.审计工作底稿的作用

审计工作底稿具有非常重要的作用，主要包括：

（1）有助于项目组计划和执行审计工作；

（2）有助于负责督导的项目组成员按照《中国注册会计师审计准则第1121号——对财务报表审计实施的质量控制》的规定，履行指导、监督与复核审计工作的责任；

（3）便于项目组说明其执行审计工作的情况；

（4）保留对未来审计工作持续产生重大影响的事项的记录；

（5）便于会计师事务所按照《质量控制准则第5101号——会计师事务所对执行财务报表审计和审阅、其他鉴证和相关服务业务实施的质量控制》的规定，实施质量控制复核与检查；

（6）便于监管机构和中国注册会计师协会根据相关法律法规或其他相关要求，对会计师事务所实施执业质量检查。

（四）审计工作底稿的内容和分类

1.审计工作底稿的存在形式

审计工作底稿可以以纸质、电子或其他介质形式存在。在实务中，为便于相关复核人员复核，注册会计师通常将以电子或其他介质形式存在的审计工作底稿通过打印等方式，转换成纸质形式的审计工作底稿，并与其他纸质形式的审计工作底稿一并归档，同时，单独保存这些以电子或其他介质形式存在的审计工作底稿。

（1）如果原纸质记录经电子扫描后存入业务档案，会计师事务所应当保留已扫描的原纸质记录。会计师事务所应当实施适当的控制程序，以保证：

①生成与原纸质记录的形式和内容完全相同的扫描复制件，包括人工签名、交叉索引和有关注释；

②将扫描复制件，包括必要时对扫描复制件的索引和签字，归整到业务档案中；

③能够检索和打印扫描复制件。

（2）无论审计工作底稿存在于纸质、电子还是其他介质形式，会计师事务所都应当针对审计工作底稿设计和实施适当的控制，以实现下列目的：

①使审计工作底稿清晰地显示其生成、修改及复核的时间和人员；

②在业务的所有阶段，尤其是在项目组成员共享信息或通过互联网将信息传递给其他人员时，保护信息的完整性；

③防止未经授权改动审计工作底稿；

④允许项目组和其他经授权的人员为适当履行职责而接触审计工作底稿。

2.审计工作底稿的内容

审计工作底稿的内容通常包括总体审计策略、具体审计计划、分析表、问题备忘录、重大事项概要、询证函回函、管理层书面声明、核对表、有关重大事项的往来信件（包括电子邮件），以及对被审计单位文件记录的摘要或复印件等。

请注意 审计工作底稿通常不包括已被取代的审计工作底稿的草稿或财务报表的草稿、对不全面或初步思考的记录、存在印刷错误或其他错误而作废的文本，以及重复的文件记录等。由于这些草稿、错误的文本或重复的文件记录等不构成审计结论、审计报告的支持性证据，因此，注册会计师通常无须保留这些记录。

（1）分析表，主要是指对被审计单位财务信息执行分析程序的记录。根据相关审计准则的规定，在实施分析程序时，注册会计师应当考虑将被审计单位的财务信息与以前期间的可比信息、被审计单位的预期结果等信息进行比较。

（2）问题备忘录，一般是一份针对某一事项或问题的概括性的汇总记录。在问题备忘录中，注册会计师通常记录该事项或问题的基本情况，执行的审计程序或进行的具体审计步骤，以及得出的审计结论。例如，有关存货监盘审计程序或在审计过程中发现问题的备忘录。

（3）核对表，一般是指会计师事务所内部使用的、为便于核对对于某些特定审计工作或程序的完成情况的表格，如审计工作完成核对表等。它通常以列举的方式列出审计过程中注册会计师应当进行的审计工作或程序以及特别需要提醒注意的问题，并在适当情况下索引至其他审计工作底稿，便于注册会计师核对是否已按照审计准则体系的规定进行审计。

3.审计工作底稿的分类

根据其性质和作用，审计工作底稿可分为综合类工作底稿、业务类工作底稿和备查类工作底稿三类。

（1）综合类工作底稿。综合类工作底稿是指注册会计师在审计计划阶段和审计报告阶段，为规划、控制和总结整个审计工作并发表审计意见所形成的审计工作底稿。它主要包括审计业务约定书、审计计划、审计总结、未审会计报表、试算平衡表、审计差异调整汇总表、审计报告、管理建议书、被审计单位管理层书面声明，以及注册会计师对整个审计工作进行组织管理的所有记录和资料。

（2）业务类工作底稿。业务类工作底稿是指注册会计师在审计实施阶段为执行具体审计程序所形成的审计工作底稿。它主要包括控制测试中形成的内部控制问题调查表和流程图，实质性程序中形成的项目明细表、资产监盘表或调节表、询证函、分析程序表、计价测试记录、截止测试记录等等。

（3）备查类工作底稿。备查类工作底稿是指注册会计师在审计过程中形成的、对审计工作仅具有备查作用的审计工作底稿。它主要包括被审计单位的设立批准证书、营业执照、合营合同、协议、章程、组织机构及管理人员结构图、董事会会议纪要、重要经济合同、相关内部控制制度、验资报告的复印件或摘录。

4.审计工作底稿的归整

对每项具体审计业务，注册会计师应当将审计工作底稿归整为审计档案。审计档案，是指一个或多个文件夹或其他存储介质，以实物或电子形式存储构成某项具体业务的审计工作底稿的记录。在实务中，审计档案可以分为永久性档案和当期档案。永久性档案是指记录内容相对稳定，具有长期使用价值，并对以后审计工作具有重要影响和直接作用的审计档案，如被审计单位的组织结构、设立的批准证书、土地使用权证等。当期档案是指记录内容经常变化，主要供当期和下期审计使用的审计档案，如总体审计策略和具体审计计划。永久性档案和当期档案清单见表1131-2。

表1131-2　　永久性档案和当期档案清单

种类		清单内容
永久性档案	（1）审计项目管理	①被审计单位的地址、主要联系人、职位、电话； ②参与项目的其他注册会计师或专家的姓名和地址； ③审计业务约定书原件； ④各期审计档案清单（如对各期财务报表审计业务，记录共有几本审计档案、存放地点等）； ⑤其他
	（2）被审计单位背景资料	①组织结构； ②各投资方简介； ③管理层和财务人员（名单、职责）； ④董事会成员清单； ⑤历史发展资料； ⑥业务介绍； ⑦关联方资料； ⑧会计手册； ⑨员工福利政策； ⑩其他
	（3）法律事项资料	①有关设立、经营的文件的复印件（如公司章程、批准证书、营业执照、税务登记证等）； ②验资报告； ③历次董事会会议纪要； ④影响财务报表的重要合同、协议等文件的复印件（如所得税减免批准证明、银行借款合同和担保协议等）； ⑤有关土地、建筑物、厂房和设备等资产文件的复印件（如资产评估报告、土地使用权证、房产证等）； ⑥分支机构的资料； ⑦所投资企业的资料； ⑧其他

续表

种类	清单内容	
当期档案	(1) 沟通和报告相关工作底稿	①审计报告和经审计的财务报表； ②与主审注册会计师的沟通和报告； ③与治理层的沟通和报告； ④与管理层的沟通和报告； ⑤管理建议书； ⑥其他
	(2) 审计计划阶段工作底稿	①总体审计策略和具体审计计划； ②对内部审计职能的评价； ③对外部专家的评价； ④对服务机构的评价； ⑤被审计单位提交的资料清单； ⑥主审注册会计师的指示； ⑦前期审计报告和经审计的财务报表； ⑧预备会的会议纪要； ⑨其他
	(3) 审计完成阶段工作底稿	①审计工作完成核对表； ②管理层书面声明原件； ③重大事项概要； ④错报汇总； ⑤被审计单位的财务报表和试算平衡表； ⑥有关列报的工作底稿（如现金流量表、关联方和关联方交易的披露等）； ⑦财务报表所属期间的董事会会议纪要； ⑧总结会的会议纪要； ⑨其他
	(4) 特定项目审计程序表	①舞弊； ②持续经营； ③对法律法规的考虑； ④关联方； ⑤其他
	(5) 进一步审计程序工作底稿（可以按会计科目、某类交易或列报划分）	①进一步审计程序表； ②有关控制测试工作底稿； ③有关实质性程序工作底稿（包括实质性分析程序和细节测试）
	(6) 合并财务报表的工作底稿（如适用）	
	(7) 其他	

（五）审计工作底稿的基本要素和基本结构

1.编制要求与考虑因素

（1）编制要求。注册会计师应当及时编制审计工作底稿。注册会计师编制的审计工作底稿，应当使得未曾接触该项审计工作的有经验的专业人士清楚了解下列内容：①按照审计准则和相关法律法规的规定实施的审计程序的性质、时间安排和范围；②实施审计程序的结果和获取的审计证据；③审计中遇到的重大事项和由此得出的结论，以及在得出结论时作出的重大职业判断。

有经验的专业人士，是指会计师事务所内部或外部的具有审计实务经验，并且对下列方面有合理了解的人士：①审计过程；②审计准则和相关法律法规的规定；③被审计单位所处的经营环境；④与被审计单位所处行业相关的会计和审计问题。

（2）考虑因素。在确定审计工作底稿的格式、内容和范围时，注册会计师应当考虑的因素见表1131-3。

表1131-3　　确定审计工作底稿的格式、内容和范围的考虑因素

因素	内容
（1）被审计单位的规模和复杂程度	大型企业比小型企业底稿多；业务复杂的企业比业务简单的企业底稿多
（2）实施审计程序的性质	不同审计程序会使得注册会计师获取不同性质的证据，由此注册会计师可能会编制不同格式、内容和范围的底稿
（3）识别出的重大错报风险	识别和评估的重大错报风险水平的不同可能导致注册会计师执行的程序和获取的证据不尽相同
（4）已获取证据的重要程度	注册会计师通过执行多项审计程序可能会获取不同的证据，有些证据相关性和可靠性较高，有些质量则较差，因此注册会计师可能区分不同的证据进行有选择性的记录，因此证据的重要程度也会影响底稿的格式、内容和范围
（5）识别出的例外事项的性质和范围	有时注册会计师在执行审计程序时会发现例外事项，由此可能导致底稿在格式、内容和范围方面的不同
（6）当从已执行审计工作或获取证据的记录中不易确定结论或结论的基础时，记录结论或结论的基础的必要性	在某些情况下，特别在涉及复杂的事项时，注册会计师仅将已执行的审计工作或获取的证据记录下来，并不容易使其他有经验的注册会计师通过合理的分析，得出审计结论或结论的基础。此时注册会计师应考虑是否需要进一步阐述并记录得出结论的基础（即得出结论的过程）及该事项的结论
（7）审计方法和使用的工具	审计方法和使用的工具可能影响底稿的格式、内容和范围

考虑以上因素有助于注册会计师确定审计工作底稿的格式、内容和范围是否恰当。注册会计师在考虑以上因素时需注意，根据不同情况确定审计工作底稿的格式、内容和范围均是为达到本准则第四条所述的编制审计工作底稿的日的，特别是提供证据的目的。例如，细节测试和实质性分析程序的审计工作底稿所记录的审计程序有所不同，但两份审计工作底稿都应当充分、适当地反映注册会计师执行的审计程序。

2. 审计工作底稿的基本要素

审计工作底稿应包括下列10项基本要素，其要素功能见表1131-4。

表1131-4　　审计工作底稿的10项基本要素及功能

序号	要素名称	功 能
1	被审计单位名称	明确审计客体
2	审计项目的名称	明确审计内容
3	审计项目时点或期间	明确审计范围
4	审计过程记录	记载审计人员所实施的审计测试的性质、范围、样本选择等重要内容
5	审计标识及其说明	方便工作底稿的检查和审阅
6	审计结论	记录注册会计师的专业判断，为支持审计意见提供依据
7	索引号及页次	方便存取以及交叉索引使用，便于日后参考及计算机处理
8	编制者及编制日期	明确审计主体及工作职责，便于追查审计步骤及顺序
9	复核者及复核日期	明确复核责任
10	其他应说明事项	揭示影响注册会计师专业判断的其他重大事项，提供更详尽的补充信息

上述主要要素说明如下：

（1）审计标识及其说明（含审计用色，如编制底稿时用的各种颜色的笔记）。审计标识是注册会计师用以表达各种审计含义的书面符号。适当运用审计标识可以缩短工作时间，提高工作效率，但也应防止过度使用。审计工作底稿中可使用各种审计标识，但应说明其含义，并保持前后一致和不同标识的唯一性。在实务中，注册会计师可以依据实际情况运用审计标识。审计标识及功能举例见表1131-5。

表1131-5　　审计标识及功能举例

序号	符号	功能
1	∧	纵向相加核对相符
2	<	横向相加核对相符
3	G	与总分类账核对相符
4	S	与明细分类账核对相符
5	T/B	与试算平衡表核对相符
6	C	已发询证函
7	¢	已收回询证函
8	*	备注

续表

序号	符号	功能
9	Note	注释
10	N/A	不适用或无相关业务发生
11	O/S	未了事项或尚需进一步审计
12	√	已查核或已核对相符
13	△	说明事项
14	Adj	调整事项
15	¥	人民币
16	AR	审计风险（Audit Risk）
17	RMM	重大错报风险（Risk of Material Misstatement）
18	IR	固有风险（Inherent Risk）
19	CR	控制风险（Control Risk）
20	DR	检查风险（Detection Risk）
21	No	编号
22	→	顺查（正向检查）
23	←	逆查（反向检查）
24	↓	低或下降方向
25	↑	高或上升方向
26	☆	数据或事项重要
27	※	对某笔数字或文字另附说明
28	Σ	多笔数目的合计或汇总
29	@	单价
30	#	编号的号码
31	&	逻辑上表示两者属于缺一不可的关系，与and同义

（2）审计结论。审计结论是注册会计师总结所执行的相关审计程序后得出的结论，是进一步形成审计意见的基础。注册会计师恰当地记录审计结论是非常重要的。注册会计师记录审计结论时需要注意，在审计工作底稿中记录的审计程序和审计证据是否足以支持所

得出并记录的审计结论。审计工作的每一部分都应包括相关结论，审计结论是注册会计师对财务报表发表审计意见的基础。常见的审计结论表述方式如下：①经审计，余额（金额）未见异常；②经审计，余额（金额）、原编报××可以确认（经调整××可以确认）；③××内部控制有效（××内部控制存在重大缺陷）等。

（3）编制者、复核者及执行日期。为了明确责任，在各自完成与特定工作底稿相关的任务之后，编制者和复核者都应在工作底稿上签名并注明编制日期和复核日期。在记录已实施审计程序的性质、时间安排和范围时，注册会计师应当记录下列内容：①测试的具体项目或事项的识别特征；②审计工作的执行人员及完成审计工作的日期；③审计工作的复核人员及复核的日期和范围。在需要项目质量控制复核的情况下，还需要注明项目质量控制复核人员及复核的日期。通常，需要在每一张审计工作底稿上注明执行审计工作的人员和复核人员、完成该项审计工作的日期和完成复核的日期。

（4）索引号及页次。审计工作底稿索引号可以由会计师事务所自己规定，按审计的各类工作底稿分类编码，方便日后查找。索引号是注册会计师为整理利用审计工作底稿，将具有同一性质或反映同一具体审计对象的工作底稿分别归类，形成相互联系、相互控制的特定编号；页次是同一索引号下不同审计工作底稿的顺序编号。两者结合构成审计工作底稿唯一的标识符号，因此，索引号应准确表达对应审计工作底稿的类型和性质，相互之间既有紧密的关联作用和钩稽关系，又有明显的排他性和唯一性，不允许重复。页次一般依次编号，并以分数形式（如2/3）表示。页次编排时应连续，防止跳号、缺号或重号。

审计工作底稿的交叉索引用于指明信息的来源或去向。在通常情况下，审计工作底稿需要注明索引编号及顺序编号，相关审计工作底稿之间需要保持清晰的钩稽关系。在相互引用时，需要在审计工作底稿中交叉注明索引编号。为了汇总及便于交叉索引和复核，每个事务所都会制定特定的审计工作底稿归档流程。每张表或记录都应有一个索引号，如A1、D6等，以说明其在审计工作底稿中的放置位置。工作底稿中包含的信息通常需要与其他相关工作底稿中的相关信息进行交叉索引，如现金盘点表与列示所有现金余额的导引表进行交叉索引。利用计算机编制工作底稿时，可以采用电子索引和链接。随着审计工作的推进，链接表还可以自动更新。例如，审计调整表可以链接到试算平衡表，当新的调整分录编制完后，计算机会自动更新试算平衡表，为相关调整分录插入索引号。同样，评估的固有风险或控制风险可以与针对特定风险领域设计的相关审计程序进行交叉索引。

在实务中，注册会计师可以按照所记录的审计工作的内容层次进行编号。如果若干页的审计工作底稿记录同一性质的具体审计程序或事项，并且编制在同一个索引号中，此时可以仅在审计工作底稿的第一页上记录审计工作的执行人员和复核人员并注明日期。例如，应收账款函证核对表的索引号为L3-1-1/21，相对应的询证函回函共有20份，每一份应收账款询证函回函索引号以L3-1-2/21、L3-1-3/21……L3-1-21/21表示，对于这种情况，就可以仅在应收账款函证核对表上记录审计工作的执行人员和复核人员并注明日期。

【应用分析1131-1】审计工作底稿主要要素如图1131-3所示。

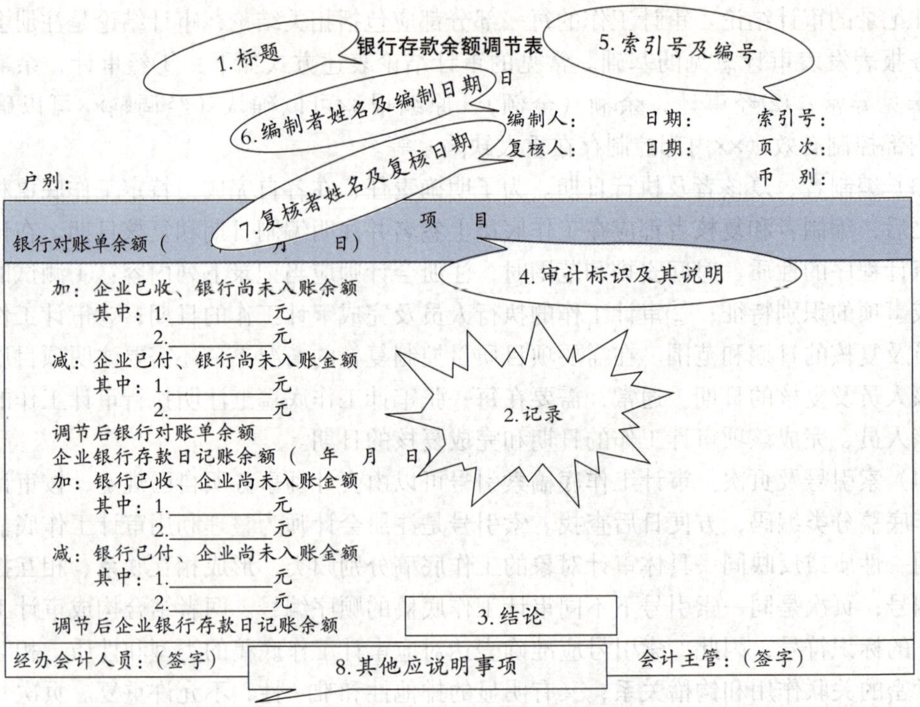

图1131-3 审计工作底稿主要要素

3.审计工作底稿的基本结构

（1）审计工作底稿标题（包括被审计单位名称，审计项目名称及财务报表日或其覆盖的会计期间）、编制者姓名及编制日期、复核者姓名及复核日期（明确责任）、索引号及编号（形成逻辑性的工作分类）。

（2）未审情况（报表数）。

（3）审计过程的记录。

（4）审定情况（已审数）。

4.形成审计工作底稿的基本要求

（1）编制底稿要求。要素齐全、内容完整、标识一致、记录清晰、结论明确。

（2）获取底稿的要求（含被审计单位有关人员代为编制；提供声明等）。注册会计师要做到：①注明资料来源；②实施必要的审计程序；③形成相应的审计记录。

（3）底稿繁简程度的考虑因素。①审计约定事项的性质、目的和要求；②被审计单位的经营规模及审计约定事项的复杂程度；③被审计单位的内部控制制度是否健全、有效；④被审计单位的会计记录是否真实、合法、完整；⑤是否有必要对业务助理人员进行特别指导、监督和检查；⑥审计意见类型。

（4）审计工作底稿形成的有关事项。①审计工作底稿应有索引编号及顺序编号。同时，相关的审计工作底稿之间，应保持清晰的钩稽关系。在相互引用时，应注明交叉索引编号。②在实际工作中有通用审计工作底稿。

（六）审计过程的记录

审计过程的记录主要在审计说明中体现，其繁简程度受制于审计项目的性质、目的和要求，被审计单位的经营规模等诸多因素。注册会计师用简练的语言陈述查证事实，如有调整事项，一定记录调整分录。

1.记录测试的特定项目或事项的识别特征

在记录已实施审计程序的性质、时间安排和范围时，注册会计师应当记录：

（1）测试的具体项目或事项的识别特征；

（2）审计工作的执行人员及完成审计工作的日期；

（3）审计工作的复核人员及复核的日期和范围。

识别特征是指被测试的项目或事项表现出的征象或标志。如在对被审计单位生成的订购单进行细节测试时，注册会计师可能以订购单的日期或编号作为测试订购单的识别特征。识别特征因审计程序的性质和所测试的项目或事项的不同而不同。但对具体项目或事项而言，其识别特征通常具有唯一性，这种特性可以使其他人员在总体中识别该项目或事项并重新执行该测试。表1131-6中列举了部分审计程序测试样本的识别特征。

表1131-6　测试样本的识别特征

测试的特定项目或事项	识别特征
对被审计单位生成的订购单进行细节测试	订购单的编号；同时考虑被审计单位编号方式
对于一项需要选取或复核既定总体内一定金额以上的所有项目的审计程序	实施审计程序的范围，如总账中一定金额以上的所有会计分录
对于一项需要系统化抽样的审计程序	通过记录样本的来源、抽样的起点及抽样间隔来识别已选取的样本
对于一项需要询问被审计单位中特定人员的审计程序	记录询问的时间，被询问人的姓名、职位
对于观察这一审计程序	观察的对象或观察过程、观察的地点和时间

2.重大事项及相关重大职业判断

（1）重大事项的判断。注册会计师应根据具体情况判断某一事项是否属于重大事项。重大事项通常包括：①引起特别风险的事项；②实施审计程序的结果，该结果表明财务信息可能存在重大错报，或需要修正以前对重大错报风险的评估和针对这些风险拟采取的应对措施；③导致注册会计师难以实施必要审计程序的情形；④导致出具非标准审计报告的事项。

（2）重大事项的记录。注册会计师应当记录与管理层、治理层和其他人员对重大事项的讨论，包括所讨论的重大事项的性质以及讨论的时间、地点和参加人员。

（3）重大事项概要。有关重大事项的记录可能分散于审计工作底稿的不同部分。将这些分散在审计工作底稿中的有关重大事项的记录汇总在重大事项概要中，不仅可以帮助注册会计师集中考虑重大事项对审计工作的影响，还便于审计工作的复核人员全面、快速地了解重大事项，从而提高复核工作的效率。对于大型、复杂的审计项目，重大事项概要的作用尤为重要。因此，注册会计师应当考虑编制重大事项概要，将其作为审计工作底稿的组成部分，以有效地复核和检查审计工作底稿，并评价重大事项的影响。重大事项概要包括审计过程中识别的重大事项及其如何得到解决，或对其他支持性审计工作底稿的交叉索引。

（4）相关重大职业判断。注册会计师在执行审计工作和评价审计结果时运用职业判断的程度，是决定记录重大事项的审计工作底稿的格式、内容和范围的一项重要因素。在审计工作底稿中对重大职业判断进行记录，能够解释注册会计师得出的结论并提高职业判断的质量。这些记录对审计工作底稿的复核人员非常有帮助，同样也有助于以后期间执行审计的人员查阅具有持续重要性的事项（如根据实际结果对以前作出的会计估计进行复核）。

（5）重大事项和重大职业判断的记录。当涉及重大事项和重大职业判断时，注册会计师需要编制与运用职业判断相关的审计工作底稿。例如：①如果审计准则要求注册会计师“应当考虑”某些信息或因素，并且这种考虑在特定业务情况下是重要的，记录注册会计师得出结论的理由；②记录注册会计师对某些方面主观判断的合理性（如某些重大会计估计的合理性）得出结论的基础；③如果注册会计师针对审计过程中识别出的导致其对某些文件记录的真实性产生怀疑的情况实施了进一步调查（如适当利用专家的工作或实施函证程序），记录注册会计师对这些文件记录真实性得出结论的基础。

3.针对某重大事项得出的最终结论相矛盾或不一致的情况

如果识别出的信息与针对某重大事项得出的最终结论不一致，注册会计师应当将处理该不一致的情况记录下来。

上述情况包括但不限于注册会计师针对该信息执行的审计程序，项目组成员针对不同职业判断的咨询情况（如因项目组对某事项的职业判断不同而向职业技术部门咨询），以及项目组成员和被咨询人员不同意见（如项目组与职业技术部门的不同意见）的解决情况。

注册会计师将处理识别出的信息与针对重大事项得出的结论矛盾或不一致的情况记录下来是非常必要的，有助于注册会计师关注这些矛盾或不一致，并对此执行必要的审计程序以得出恰当的审计证据。例如，在某些情况下，不同的注册会计师针对同一信息会产生不同的判断，并且可能会出现针对某重大事项得出的最终结论相矛盾或不一致的情况。此时，注册会计师应当记录如何处理这些职业判断的差异。如果注册会计师已经执行必要的审计程序，认为被审计单位的收入确认是恰当的，但是在出具报告前，被审计单位与客户针对某项重大销售在确认方面发生纠纷。此时，注册会计师应当执行进一步的审计程序并获取审计证据，以分析该信息与此前得出的结论不一致的原因，并恰当地处理该不一致。

本准则对如何解决这些矛盾或不一致的记录要求并不意味着注册会计师需要保留不正确的或被取代的资料。例如，某些信息初步显示与针对某重大事项得出的最终结论相矛盾或不一致，但注册会计师发现这些信息是错误的或不完整的，并且初步显示的矛盾或不一致可以通过获取正确或完整的信息得以满意的解决，则注册会计师无须保留这些错误的或不完整的信息。

对于职业判断的差异，若初步的判断意见是基于不完整的资料或数据，则注册会计师也无须保留这些初步的判断意见。

在极其特殊的情况下，如果注册会计师认为有必要偏离某项审计准则的相关要求，则应当记录实施的替代审计程序如何实现相关要求的目的以及偏离的原因。

在某些例外情况下，如果在审计报告日后实施了新的或追加的审计程序，或者得出新的结论，则注册会计师应当记录下列内容：①遇到的例外情况；②实施的新的或追加的审计程序，获取的审计证据，得出的结论，以及对审计报告的影响；③对审计工作底稿作出相应变动的时间和人员，以及复核的时间和人员。

（七）审计工作底稿的复核

1.项目合伙人复核

《中国注册会计师审计准则第1121号——对财务报表审计实施的质量控制》规定，在审计报告日或审计报告日之前，项目合伙人应当通过复核审计工作底稿和与项目组讨论，确信已获取充分、适当的审计证据，支持得出的结论和拟出具的审计报告。项目合伙人有责任采取以下措施：

（1）确定会计师事务所已委派项目质量控制复核人员；

（2）与项目质量控制复核人员讨论在审计过程中遇到的重大事项，包括项目质量控制复核中识别的重大事项；

（3）在项目质量控制复核完成后，才能出具审计报告。

2.项目质量控制复核

《中国注册会计师审计准则第1121号——对财务报表审计实施的质量控制》规定，在审计报告日或审计报告日之前，项目质量控制复核人员对项目组作出的重大判断和在编制审计报告时得出的结论进行客观评价的过程。

项目质量控制复核应当包括客观评价下列事项：

（1）项目组作出的重大判断；

（2）在准备审计报告时得出的结论。

会计师事务所采用制衡制度，以确保委派独立的、有经验的审计人员作为其所熟悉行业的项目质量控制复核人员。复核范围取决于审计项目的复杂程度以及未能根据具体情况出具审计报告的风险。许多会计师事务所不仅对上市公司审计进行项目质量控制复核，而且也会联系审计客户的组合，对那些高风险或涉及公众利益的审计项目实施项目质量控制复核。

在实务中，会计师事务所通常采取以下方法从整体上提高工作（包括复核工作）效率及工作质量，并进行统一质量管理：

（1）会计师事务所基于审计准则及在实务中的经验等，统一制定某些格式、索引及涵盖内容等相对固定的审计工作底稿模板和范例，如核对表、审计计划及业务约定书范例等，某些重要的或不可删减的工作会在这些模板或范例中予以特别标识。

（2）在此基础上，注册会计师再根据各具体业务的特点加以必要的修改，制定适用于具体项目的审计工作底稿。

（八）审计工作底稿的归档

1.需要变动审计工作底稿的情形

注册会计师发现有必要修改现有或增加新的审计工作底稿的情形主要有以下两种：

（1）注册会计师已实施了必要的审计程序，取得了充分、适当的审计证据并得出了恰当的审计结论，但审计工作底稿的记录不够充分。

（2）审计报告日后，发现例外情况要求注册会计师实施新的或追加审计程序，或导致注册会计师得出新的结论。例外情况主要是指审计报告日后发现的与已审计财务信息相关且在审计报告日已经存在的事实，该事实如果被注册会计师在审计报告日前获知，可能影响审计报告。例如，注册会计师在审计报告日后才获知法院在审计报告日前已对被审计单位的诉讼、索赔事项作出最终判决。例外情况可能在审计报告日后发现，也可能在财务报表报出日后发现，若为后者，注册会计师应当按照《中国注册会计师审计准则第1332号——期后事项》有关“财务报表报出日后发现的事实”的相关规定，对例外事项实施新的或追加的审计程序。

2.变动审计工作底稿时的记录要求

在完成最终审计档案归整工作后，如果注册会计师发现有必要修改现有审计工作底稿或增加新的审计工作底稿，无论修改或增加的性质如何，注册会计师均应当记录下列内容：

（1）修改或增加审计工作底稿的具体理由；

（2）修改或增加审计工作底稿的时间和人员，以及复核的时间和人员。

（九）审计档案的所有权与保管

1.审计档案的所有权

审计档案是注册会计师对其所做审计工作的完整记录。

（1）审计档案的所有权属于承接该项业务的会计师事务所；

（2）从一般意义上讲，审计档案的所有权属于执行该项业务的注册会计师。

2.审计档案的保管

审计档案的保管期限随类别的不同而不同。

（1）永久性审计档案应长期保存，但不是永久保存；

（2）当期审计档案应自审计报告签发之日起，至少保存10年；

（3）永久性审计档案，如事务所中止了后续审计服务，其保管年限与最近1年当期审计档案的保管期限相同；

（4）当期审计档案的保存年限不得任意缩减。

（十）审计档案的保密与调阅

1.审计档案的保密

会计师事务所应建立严格的保密制度，并落实专人管理。这是因为档案中不仅记录了被审计单位的商业秘密，而且记录了会计师事务所的审计技术和方法。因此，除下列情况之外，会计师事务所不得对外泄露档案内容：

（1）法院、检察院及其他部门在办理了有关手续后，可依法查阅。

（2）中国注册会计师协会对执业情况进行检查时可查阅审计档案。

（3）不同会计师事务所的注册会计师，经委托人书面同意，在下列情况下，办理了有关手续后，可以要求查阅：①被审计单位更换了会计师事务所，后任注册会计师可以调阅前任注册会计师的审计档案；②基于合并财务报表审计业务的需要，母公司所聘注册会计师可以调阅子公司所聘注册会计师的审计档案，子公司不可调阅母公司的；③联合审计；④会计师事务所认为合理的其他情况。

2.审计档案的调阅

拥有审计工作底稿的会计师事务所应对查阅者提供适当的协助，并根据审计工作底稿的性质和内容，决定是否允许查阅者阅览、复印或摘录。审计工作底稿中的内容被查阅者引用后，因查阅者的误用而造成的损失，注册会计师及拥有审计工作底稿的会计师事务所不承担责任。

【应用分析1131-2】固定资产汇总表的编号为C1，按类别列示的固定资产明细表的编号为C1-1，以及列示单个固定资产原值及累计折旧的明细表编号，包括房屋建筑物（编号为C1-1-1）、机器设备（编号为C1-1-2）、运输工具（编号为C1-1-3）及其他设备（编号为C1-1-4）。相互引用时，需要在审计工作底稿中交叉注明索引号。按审计工作底稿之间相互索引的要求，编制相应的审计工作底稿。

固定资产的原值、累计折旧及净值的总额应分别与固定资产明细表的数字互相钩稽。以固定资产汇总表（工作底稿索引号：C1）（见表1131-7）和固定资产明细表（工作底稿索引号：C1-1）（见表1131-8）节选部分为例，作相互索引的示范。

表1131-7 固定资产汇总表（工作底稿索引号：C1）

工作底稿索引号	固定资产	2017年12月31日	2016年12月31日
C1-1	原值	××× G	×××
C1-1	累计折旧	××× G	×××
	净值	××× T/B ∧	×××B ∧∧∧

表1131-8 固定资产明细表（工作底稿索引号：C1-1）

工作底稿索引号	固定资产	期初余额	本期增加	本期减少	期末余额
	原　值				
C1-1-1	1.房屋建筑物	×××		×××	××× S
C1-1-2	2.机器设备	×××	×××		××× S
C1-1-3	3.运输工具	×××			××× S
C1-1-4	4.其他设备	×××			××× S
	小　计	×××B∧	×××∧	×××∧	××× <C1∧××∧
	累计折旧				
C1-1-1	1.房屋建筑物	×××		×××	××× S
C1-1-2	2.机器设备	×××	×××		××× S
C1-1-3	3.运输工具	×××			××× S
C1-1-4	4.其他设备	×××			××× S
	小　计	×××B∧	×××∧	×××∧	××× <C1∧××∧
	净　值	×××B∧			××× <C1∧

第五节 财务报表审计中与舞弊相关的责任（第1141号）

一、概述

（一）本准则制定与修订背景

美国安然公司会计造假丑闻发生后，国际审计与鉴证准则理事会（IAASB）针对企业经营环境变化带来的巨大审计风险，于2003年年底及时出台了审计风险准则，以指导注册会计师有效地识别、评估和应对审计风险。2006年，中国注册会计师协会借鉴当时的国际审计准则，修订了中国审计准则，实现了与国际审计准则的趋同。

当前，准则国际趋同面临着新的形势。面对国际金融危机的影响，国际会计师联合会（IFAC）采取了非常积极的态度和行动，先后向二十国集团（G20）伦敦金融峰会、匹兹堡峰会提出应对金融危机的建议，特别是倡议各国政府采用和实施统一的全球标准，包括会计、审计和独立性准则，以提高资本市场在全球的运作能力，使资本能够有效地跨国流动，减少资本市场的风险和不确定性。

随着审计实践的发展，注册会计师行业面临着一些新兴的实务问题，迫切需要出台审计准则加以解决。例如，在关联方关系及其交易、会计估计（包括公允价值会计估计）、集团财务报表等高舞弊风险领域，经常出现审计失败案例。在这些方面，原有审计准则和审计实务不能满足执业需求，特别需要通过修订审计准则提高注册会计师识别、评估和应对舞弊风险的能力。

在注册会计师发现舞弊的责任方面，注册会计师职业界与社会公众之间存在期望差。在重大的财务报告舞弊案件发生后，社会公众总是会问“注册会计师干什么去了?”注册会计师职业界往往会辩解“财务报表审计不是专门的舞弊调查，在发现舞弊方面有很大的局限性”。期望差的存在影响社会公众对注册会计师行业的信心，也是准则制定机构不断修订这方面准则的主要动力。从总的趋势来看，注册会计师行业应当更积极地承担发现舞弊的责任。

财务报表使用者**期望**注册会计师评价被审计单位管理层的会计确认、计量与披露，判断财务报表是否不存在**重大错报**（而无论这种错报是否出于故意）。

注册会计师职业界认可的责任，是通过审计发现财务报表中存在的**重大非故意错报**。

审计准则应当立足于维护公众利益的宗旨，积极应对新形势下资本市场发展和注册会计师执业实践面临的挑战与现实，强化注册会计师的执业责任，细化对注册会计师揭示和防范市场风险的指导，切实发挥维护社会公平与正义的作用。

近年来，企业经营环境不断发生变化，导致审计风险日益增大，主要体现在：经济全球化将各个独立实体更加紧密地联系在一起，美国金融危机爆发波及各个国家，企业组织结构及经营活动的方式日益复杂，科学技术的影响日益加深，企业会计准则要求的判断和估计日益复杂，一些企业管理层进行财务舞弊的动机和压力日益增大。

在这种情况下，注册会计师审计作为财务信息生成链条上的重要一环，应当提供更加相关和可靠的财务信息，降低由于信息不充分或不可信赖导致的资本转移成本和投资风险，维护社会公众利益。因此，根据变化的情况修订、完善审计准则，突出维护社会公众利益的宗旨，强化注册会计师的执业责任，针对实务中暴露出的不足，严格执业程序，要求注册会计师切实承担起保护公众利益的社会责任。

本准则制定的目的是规范注册会计师在财务报表审计中与舞弊相关的责任。

（二）本准则2010年修订内容

《中国注册会计师审计准则第1141号——财务报表审计中与舞弊相关的责任》主要是对2006年版《中国注册会计师审计准则第1141号——财务报表审计中对舞弊的考虑》按照新体例进行改写，并未作出实质性修订。除将2006年版准则的解释性内容移入应用指南外，仅对部分措辞进行了修改。

2010年审计准则对注册会计师发现和报告舞弊的责任作出了明确的规定，注册会计师有责任按照审计准则的规定实施审计工作，获取财务报表在整体上不存在重大错报的合理保证，无论该错报是由于舞弊还是错误导致。新审计准则以积极的姿态，设定了注册会计师发现舞弊的责任，明确指出舞弊与财务报表错报的固有联系。审计的目标是对财务报表是否存在影响信息使用者决策的重大错报发表审计意见，既然舞弊通常会导致财务报表重大错报，合理保证发现导致财务报表重大错报的舞弊就不是注册会计师的分外之事，而是应尽的职责。

此外，2010年审计准则还对注册会计师如何履行这一职责提供了更详细的指导和要求，包括要求注册会计师积极主动地识别、评估和应对舞弊发生的风险，包括保持职业怀疑态度、增加审计程序的不可预见性、项目组就舞弊风险进行专题讨论、考虑舞弊产生的条件（动机、机会和将舞弊行为合理化）、考虑管理层凌驾于内部控制之上的风险、假定收入确认存在舞弊风险等。

特别是对关联方、会计估计和公允价值、集团会计等舞弊高发领域，新审计准则既进一步明确了工作要求，又细化了对注册会计师的指导，要求注册会计师合理运用职业判断，按照风险导向审计的要求，识别、评估和应对这些领域的舞弊风险。

本准则2010年的修订体现了先进的审计实务经验，增强了注册会计师发现舞弊的能力，提高了审计的有效性。

（三）本准则2016年修订内容

本准则本次未修订。

（四）本准则2019年修订内容

本准则和相关指南本次修订主要是增加了注册会计师根据法律法规或相关职业道德守则，确定是否对外报告审计中发现的违反法律法规行为的要求、注册会计师承担的额外责任及举例。

（五）本准则学习中注意事项

本准则2016年虽未修订，但要结合《中国注册会计师审计准则问题解答第4号——收入确认》的新内容来学习，在财务报表舞弊案件中，涉及收入确认的舞弊占有很大比例，收入确认已成为注册会计师审计的高风险领域。注册会计师应当基于收入确认存在舞弊风险的假定，选择并实施恰当的审计程序，将与收入确认相关的审计风险降至可接受的低水平。同时还要结合《中国注册会计师审计准则问题解答第7号——会计分录测试》的新内容来学习，要求注册会计师按照审计准则的要求，设计和实施相关审计程序，对会计分录进行测试，以有效应对管理层凌驾于内部控制之上的风险。

二、框架结构简介

本准则共5章52条，其框架结构见表1141-1。

表1141-1　框架结构

章	名称	节	条	主要内容
第一章	总则	—	1~9	本准则制定的目的、与第1211号和第1231号准则的关系
第二章	定义	—	10、11	解释本准则中包含的术语
第三章	目标	—	12	界定执行本准则应实现的目标
第四章	要求	1~11	13~51	规定注册会计师为实现准则目标应遵守的要求，即注册会计师在相关业务环境下应当实施的所有必要程序
第五章	附则	—	52	本准则施行时间

三、重点难点解析

（一）错误、舞弊与违反法律法规的关系

财务报表的错报可能由于舞弊或错误所致。舞弊和错误的区别在于，导致财务报表发生错报的行为是故意行为还是非故意行为。舞弊与错误是两个相对应的概念，这两个概念针对的都是被审计单位相关方面（如管理层、员工）的行为，这些行为最终都可能导致财务报表出现错报。换言之，舞弊、错误都是原因，错报是结果。

1.错误

错误，是指导致财务报表错报的非故意行为。错误的主要情形包括：（1）在为编制财务报表收集和处理相关数据时失误；（2）在作出会计估计或判断时，由于疏忽了某些事实，或没有充分理解有关事实，导致作出的会计估计或判断不恰当；（3）在运用与确认、计量、分类或列报（包括披露，下同）相关的会计政策时发生失误。

2.舞弊

与错误相对应，舞弊被界定为故意的行为。舞弊，是指被审计单位的管理层、治理层、员工或第三方使用欺骗手段牟取不当或非法利益的故意行为。舞弊行为主体的范围很广，可能是被审计单位的管理层、治理层、员工或第三方。涉及管理层或治理层一个或多个成员的舞弊通常被称为“管理层舞弊”，只涉及被审计单位员工的舞弊通常被称为“员工舞弊”。无论何种舞弊，都有可能涉及被审计单位内部或与外部第三方的串谋，而舞弊行为的目的则是为特定个人或利益集团牟取不当或非法利益。

需要强调的是舞弊是一个非常宽泛的法律概念，也正是由于这种特点，使得社会公众对有关舞弊的法律责任在认识上存在较大差异。审计准则要求注册会计师关注导致财务报表发生重大错报的舞弊。尽管注册会计师可能怀疑被审计单位存在舞弊，甚至在极少数情况下识别出发生的舞弊，但注册会计师并不对舞弊是否已实际发生作出法律意义上的判定。注册会计师对潜在的舞弊行为的着眼点在于，这种故意行为是否可能导致财务报表出

现重大错报，一旦可能影响到财务报表，这种行为就和财务报表审计目标发生了关联。由于判断舞弊是否在法律意义上明确发生或在技术意义上明确发生，具有很大的困难或在身份上不合适，因此注册会计师在实务工作中并非只在先明确判定舞弊是否发生之后，才实施随后的审计程序。只要注册会计师根据职业判断产生怀疑或顾虑，就值得引起其关注和重视并考虑采取相应措施。

3.与财务报表审计相关的两类舞弊行为

与财务报表审计相关的两类舞弊行为：一是对财务信息作出虚假报告；二是侵占资产。舞弊风险因素，是指表明实施舞弊的动机或压力，或者为实施舞弊提供机会的事项或情况。舞弊行为的发生可以分解为三项因素，即动机或压力、表现形式和实施手段，见表1141-2。

表1141-2　与财务报表审计相关的两类舞弊行为的舞弊风险因素

舞弊行为	动机或压力	表现形式	实施手段
对财务信息作出虚假报告	管理层希望误导财务报表使用者对被审计单位业绩或盈利能力的判断： （1）迎合市场预期或特定监管要求； （2）牟取以财务业绩为基础的私人报酬最大化； （3）偷逃或骗取税款； （4）骗取外部资金； （5）掩盖侵占资产的事实。 在上述五项重要动机中，前四项可能会影响财务报表使用者对被审计单位业绩或盈利能力的判断	（1）对会计记录或相关文件记录的操纵、伪造或篡改； （2）对交易、事项或其他重要信息在财务报表中的不真实表达或故意遗漏； （3）对会计政策和会计估计的故意误用	对财务信息作出虚假报告的行为往往是受到被审计单位管理层的授意和掌控的，因此通常与管理层凌驾于内部控制之上有关。管理层通过凌驾于内部控制之上实施舞弊的重要手段包括： （1）编制虚假的会计分录，特别是在临近会计期末时； （2）滥用或随意变更会计政策； （3）不恰当地调整会计估计所依据的假设及改变原先作出的判断； （4）故意漏记、提前确认或推迟确认报告期内发生的交易或事项； （5）隐瞒可能影响财务报表金额的事实； （6）构造复杂的交易以歪曲财务状况或经营成果； （7）篡改与重大或异常交易相关的会计记录和交易条款
侵占资产	可能是因为个人生活的入不敷出，或是为了满足对奢华物质生活的贪欲	被审计单位的管理层或员工非法占用被审计单位的资产	侵占资产的常用手段包括： （1）贪污收入款项； （2）盗取货币资金、实物资产或无形资产； （3）使被审计单位对虚构的商品或劳务付款； （4）将被审计单位资产挪为私用。 对财务信息作出虚假报告的动机可能是掩盖侵占资产的事实。实际上，侵占资产通常伴随着虚假或误导性的文件记录，其目的是隐瞒资产缺失或未经适当授权使用资产的事实

4.错误、舞弊与违反法律法规的区别（见表1141-3）

表1141-3　　错误、舞弊与违反法律法规的区别

不同点	错误	舞弊	违反法律法规
（1）原因不同	无意	故意	同舞弊
（2）手段不同	未实施掩盖手法	实施掩盖手法	同舞弊
（3）形式不同	原理性、技术性的差错明显	隐蔽，难以查证	同舞弊
（4）目的不同	不以实现结果为目的	以实现结果为目的	同舞弊
（5）结果不同	可能影响他人、自己收益	肯定影响他人、自己收益	同舞弊
（6）性质不同	过失	不法行为	同舞弊

（二）治理层、管理层的责任与注册会计师的责任

1.治理层、管理层的责任

被审计单位治理层、管理层对防止或发现舞弊负有主要责任。

管理层在治理层的监督下，高度重视对舞弊的防范和遏制是非常重要的。对舞弊的防范可以减少舞弊发生的机会。由于舞弊存在被发现和被惩罚的可能性，管理层对舞弊的遏制能够警示被审计单位人员不要实施舞弊。舞弊的防范和遏制需要管理层营造诚实守信和合乎道德的文化，并且这一文化能够在治理层的有效监督下得到强化。

治理层的监督包括考虑管理层凌驾于内部控制之上或对财务报告过程施加其他不当影响的可能性。例如，管理层为了影响分析师对企业业绩和盈利能力的看法而操纵利润。

内部控制是防止或发现舞弊的第一道防线，治理层有责任监督管理层建立和维护这方面的内部控制。管理层有责任在治理层的监督下建立良好的控制环境，维护有关政策和程序，以保证有序和有效地开展业务活动，包括制定和维护与财务报告可靠性相关的控制，并对可能导致财务报表发生重大错报的风险实施管理。

治理层和管理层对防止或发现舞弊负有主要责任，如图1141-1所示。

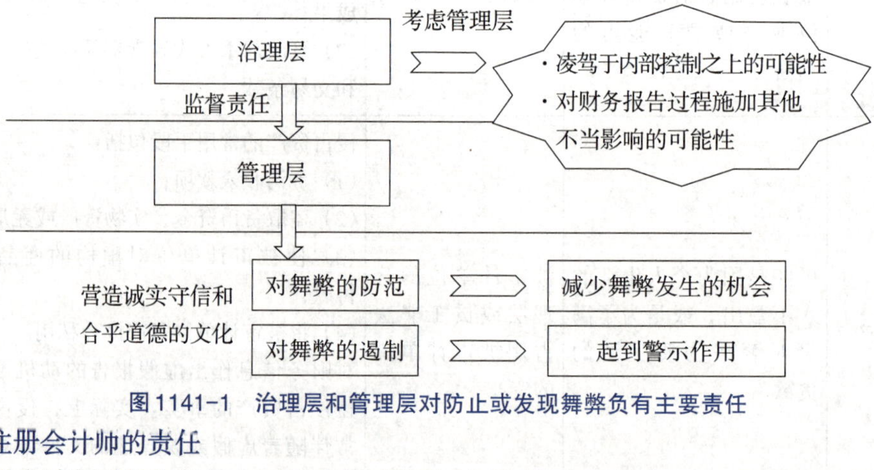

图1141-1　治理层和管理层对防止或发现舞弊负有主要责任

2.注册会计师的责任

注册会计师对发现舞弊方面的责任可以从正反两个方面界定：

（1）注册会计师有责任按照审计准则的规定实施审计工作，获取财务报表在整体上不

存在重大错报的合理保证。对财务报告作出虚假陈述直接导致财务报表产生错报，侵占资产通常伴随着虚假或误导性的文件记录。因此，对能够导致财务报告产生重大错报的舞弊，注册会计师应当合理保证能够予以发现，这是实现财务报表审计目标的内在要求，也是财务报表审计的价值所在。审计准则还规定，注册会计师应当在整个过程中保持职业怀疑，考虑管理层凌驾于内部控制之上的可能性，并应意识到可以有效发现错误的审计过程未必适用于发现舞弊导致的重大错报。

（2）由于审计的固有限制，及时按照审计准则的规定恰当地计划和实施审计工作，注册会计师也不能对财务报表整体不存在重大错报获取绝对保证。由于舞弊者可能通过精心策划掩盖其舞弊行为，舞弊导致的重大错报未被发现的风险，通常大于错误导致的重大错报未被发现的风险。由于管理层往往能够直接或间接地操纵会计记录并编报虚假财务信息，管理层舞弊导致的重大错报未被发现的风险，通常大于员工舞弊导致的重大错报未被发现的风险。

因此，如果在完成审计工作后发现舞弊导致的财务报表重大错报，特别是串通舞弊或伪造文件记录导致的重大错报，并不必然表明注册会计师没有遵守审计准则。要判断注册会计师是否按照审计准则的规定实施了审计工作，应当取决于其是否根据具体情况实施了审计程序，是否获取了充分、适当的审计证据，以及是否根据证据评价结果出具了恰当的审计报告。

（3）根据法律法规或相关职业道德要求，对于被审计单位的违反法律法规行为（包括舞弊），注册会计师可能承担额外责任。这些责任可能与本准则和其他审计准则不同，或超出了本准则和其他审计准则的规定，例如：①应对识别出的或怀疑存在的违反法律法规行为，包括要求与管理层和治理层进行专门沟通，评价其对违反法律法规行为所作应对的适当性，并确定是否需要采取进一步行动；②向其他注册会计师（沟通识别出的或怀疑存在的违反法律法规行为如在集团财务报表审计中）；③对识别出的或怀疑存在的违反法律法规行为的记录要求。对额外责任的履行，可能提供与注册会计师按照本准则和其他审计准则执行工作相关的进一步信息（如与管理层和治理层诚信相关的信息）。

（三）审计的固有限制

由于审计的固有限制，即使注册会计师按照审计准则的规定恰当计划和执行了审计工作，也不可避免地存在财务报表中的某些重大错报未被发现的风险。

不应期望注册会计师将审计风险降至零，事实上注册会计师也不可能将审计风险降至零，因此不能对财务报表不存在由于舞弊或错误导致的重大错报获取绝对保证。这是由于审计存在固有限制，导致注册会计师据以得出结论和形成审计意见的大多数审计证据是说服性的而非结论性的。审计的固有限制源于财务报告的性质、审计程序的性质和在合理的时间内以合理的成本完成审计的需要。

1.财务报告的性质

管理层编制财务报表，需要根据被审计单位的事实和情况运用适用的财务报告编制基础的规定，在这一过程中需要作出判断。此外，许多财务报表项目涉及主观决策、评估或一定程度的不确定性，并且可能存在一系列可接受的解释或判断。因此，某些财务报表项目的金额本身就存在一定的变动幅度，这种变动幅度不能通过实施追加的审计程序来消除。例如，审计准则要求注册会计师特别考虑在适用的财务报告编制基础下会计估计是否合理，相关披露是否充分，会计实务的质量是否良好（包括管理层判断是否可能存在偏向）。

2.审计程序的性质

注册会计师获取审计证据的能力受到实务和法律的限制。例如：

（1）管理层或其他人员可能有意或无意地不提供与财务报表编制相关的或注册会计师要求的全部信息。因此，即使实施了旨在保证获取所有相关信息的审计程序，注册会计师也不能保证信息的完整性。

（2）舞弊可能经过精心策划和蓄意实施以隐瞒真相。因此，用以收集审计证据的审计程序可能对于发现舞弊是无效的。如当舞弊导致的错报涉及串通伪造文件时，注册会计师误以为有效的证据实际上是无效的。注册会计师没有接受文件真伪鉴定方面的培训，不应被期望成为鉴定文件真伪的专家。

（3）审计不是对涉嫌违法行为的官方调查。因此，注册会计师没有被授予特定的法律权力（如搜查权），而这种权力对调查是必要的。

3.在合理的时间内以合理的成本完成审计的需要

审计中的困难、时间或成本等事项本身，不能作为注册会计师省略不可替代的审计程序或满足于说服力不足的审计证据的正当理由。制订适当的审计计划有助于保证执行审计工作需要的充分的时间和资源。尽管如此，信息的相关性及价值会随着时间的推移而降低，所以需要在信息的可靠性和成本之间进行权衡。这在某些财务报告编制基础中得到认可。要求注册会计师处理所有可能存在的信息是不切实际的，基于信息存在错误或舞弊除非能够提供反证的假设而竭尽可能地追查每一个事项也是不切实际的。正是因为认识到这一点，财务报表使用者的期望是，注册会计师在合理的时间内以合理的成本对财务报表形成审计意见。

为了在合理的时间内以合理的成本对财务报表形成审计意见，注册会计师有必要执行下列工作：①计划审计工作，使审计工作以有效的方式得到执行；②将审计资源投向最可能存在重大错报风险的领域，并相应地在其他领域减少审计资源；③运用测试和其他方法检查总体中存在的错报。

审计准则对计划和实施审计工作作出了规定，并要求注册会计师执行下列工作（包括但不限于）：①实施风险评估程序和开展相关活动，以作为识别和评估财务报表层次及认定层次的重大错报风险的基础；②运用测试和其他方法检查总体，从而为注册会计师针对总体得出结论提供合理的基础。

4.影响审计固有限制的其他事项

对某些认定或审计事项而言，固有限制对注册会计师发现重大错报能力的潜在影响尤为重要。这些认定或审计事项包括：

（1）舞弊，特别是涉及高级管理人员的舞弊或串通舞弊（参见《中国注册会计师审计准则第1141号——财务报表审计中与舞弊相关的责任》）；

（2）关联方关系和交易的存在和完整性（参见《中国注册会计师审计准则第1323号——关联方》）；

（3）违反法律法规的行为（参见《中国注册会计师审计准则第1142号——财务报表审计中对法律法规的考虑》）；

（4）可能导致被审计单位无法持续经营的未来事项或情况（参见《中国注册会计师审计准则第1324号——持续经营》）。

相关审计准则规定了具体审计程序，这些程序有助于减轻固有限制的影响。

由于审计的固有限制，即使按照审计准则的规定适当地计划和执行了审计工作，也不可避免地存在财务报表的某些重大错报可能未被发现的风险。相应地，完成审计工作后发现由于舞弊或错误导致的财务报表重大错报，其本身并不表明注册会计师没有按照审计准则的规定执行审计工作。尽管如此，审计的固有限制并不能作为注册会计师满足于说服力不足的审计证据的理由。

注册会计师对审计的固有限制的责任见表1141-4。

表1141-4　注册会计师对审计的固有限制的责任

项目	具体内容
注册会计师不能获取绝对保证	（1）选择性测试方法的运用； （2）内部控制的固有局限性； （3）大多数审计证据是说服性的而非结论性的； （4）为形成审计意见而实施的审计工作涉及大量判断； （5）某些特殊性质的交易和事项可能影响审计证据的说服力
舞弊导致的重大错报未被发现的风险	（1）重大错报可分为舞弊导致的重大错报和错误导致的重大错报，这两者在性质上是不同的。舞弊是精心策划和蓄意实施的，因此，舞弊导致的重大错报未被发现的风险，通常大于错误导致的重大错报未被发现的风险。 （2）舞弊导致的重大错报可分为管理层舞弊导致的重大错报和员工舞弊导致的重大错报，前者被发现的难度往往高于后者。其原因是管理层往往可以利用职位之便，直接或间接操纵会计记录，提供虚假的财务信息，或凌驾于为防止其他员工实施类似舞弊而建立的控制之上。 （3）在获取合理保证时，注册会计师有责任在整个审计过程中保持职业怀疑，考虑管理层凌驾于内部控制之上的可能性，并认识到对发现错误有效的审计程序未必对发现舞弊有效
影响注册会计师发现舞弊导致的重大错报的因素	注册会计师发现舞弊的能力取决于以下因素（包括但不限于）： （1）实施舞弊的技巧； （2）操纵会计记录的频率和范围； （3）串通舞弊的程度； （4）操纵的每笔金额的大小； （5）舞弊者的职位级别
审计的固有限制对注册会计师责任的影响	（1）由于审计存在固有限制，以及舞弊导致的重大错报进一步受到不同类型、不同特征的舞弊行为的影响，注册会计师按照审计准则的规定所实施的审计程序并不能发现舞弊导致的所有重大错报； （2）如果在完成审计工作后发现舞弊导致的财务报表重大错报，特别是串通舞弊或伪造文件记录导致的重大错报，并不必然表明注册会计师没有遵循审计准则； （3）要判断注册会计师是否按照审计准则的规定实施了审计工作，应当取决于其是否根据具体情况实施了审计程序，是否获取了充分、适当的审计证据，以及是否根据证据评价结果出具了恰当的审计报告

（四）职业怀疑

1.保持职业怀疑的总体要求

按照《中国注册会计师审计准则第1101号——注册会计师的总体目标和审计工作的基本要求》的规定，注册会计师应当在整个审计过程中保持职业怀疑，包括：①考虑管理层凌驾于内部控制之上的可能性；②认识到对发现错误有效的审计程序未必对发现舞弊有效；③考虑信息的可靠性及与信息生成和维护相关的控制；④不应受到以前对管理层、治理层正直和诚信形成的判断的影响。

本准则的规定旨在帮助注册会计师识别和评估舞弊导致的重大错报风险，以及设计用以发现这类错报的审计程序。

2.鉴定文件记录真伪的责任

审计工作不可避免地要接触大量的文件记录。在这些文件记录中，不排除有的文件记录是由管理层或其他人员出于不当目的而伪造或篡改的。

审计工作通常不涉及鉴定文件记录的真伪，注册会计师也不是鉴定文件记录真伪的专家，而且可能无法发现文件记录中某些条款已发生变动。除非存在相反的理由，注册会计师通常认为文件记录是真品。当然，上述说明并不意味着注册会计师就可以毫无顾忌地、盲目地将任何文件记录作为有说服力的审计证据。注册会计师仍然应当在审计工作中考虑作为审计证据的信息的可靠性，并考虑与生成和维护这些信息相关的控制的有效性。

如果注册会计师在审计过程中识别出的情况使其认为文件记录可能是伪造的，或文件记录中的某些条款已发生变动，注册会计师应当作出进一步调查，包括直接向第三方询证，或考虑利用专家的工作以评价文件记录的真伪。

必须指出，尽管注册会计师可能怀疑被审计单位存在舞弊，甚至在极少数情况下识别出发生的舞弊，但注册会计师并不对舞弊是否已实际发生作出法律意义上的判定。

（五）审计目标

注册会计师的目标是：

（1）识别和评估由于舞弊导致的财务报表重大错报风险；

（2）通过设计和实施恰当的应对措施，针对评估的由于舞弊导致的重大错报风险，获取充分、适当的审计证据；

（3）恰当应对审计过程中识别出的舞弊或舞弊嫌疑。

（六）识别和评估舞弊导致的重大错报风险

在风险导向审计中，识别和评估由于舞弊导致的重大错报风险的归纳如图1141-2所示。

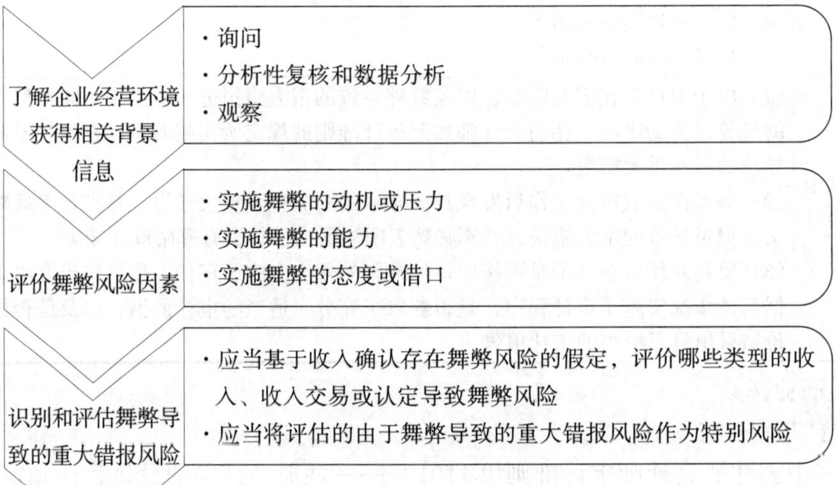

图1141-2 识别和评估舞弊导致的重大错报风险

识别和评估舞弊导致的重大错报风险的具体流程如图1141-3所示。

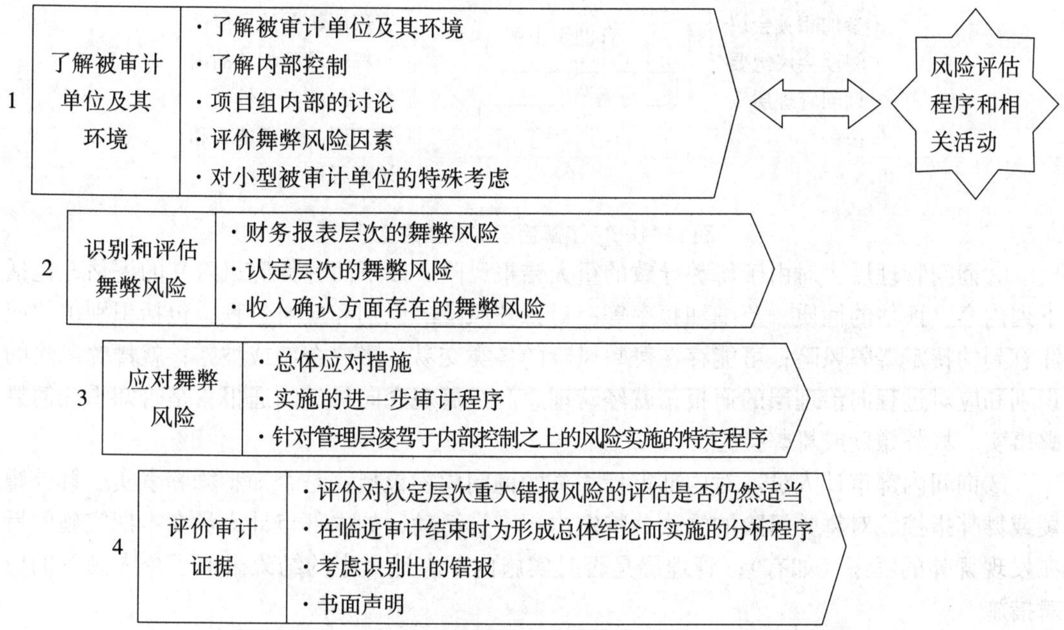

图1141-3　识别和评估舞弊导致的重大错报风险的具体流程

1.了解被审计单位及其环境（含内部控制）——风险评估程序和相关活动

注册会计师应按照《中国注册会计师审计准则第1211号——通过了解被审计单位及其环境识别和评估重大错报风险》的相关规定执行审计工作。风险评估程序如图1141-4所示。

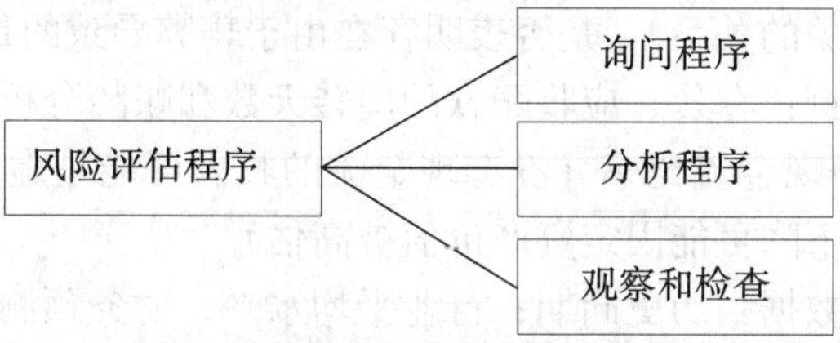

图1141-4　风险评估程序

（1）询问程序（如图1141-5所示）。

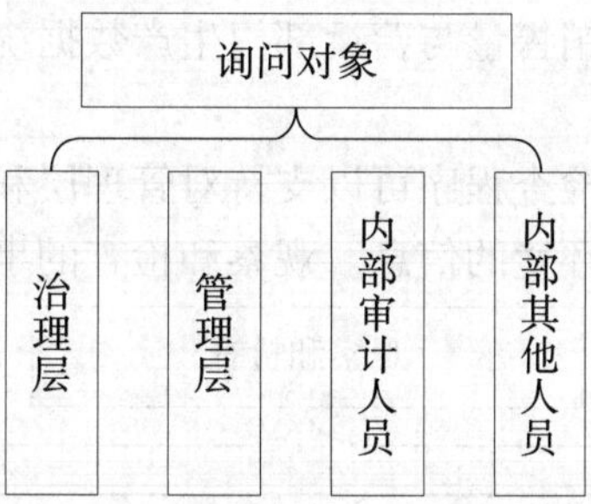

注：如对询问作出的答复不一致，应对这种不一致进行调查。

图1141-5　询问程序

①询问治理层及了解治理层实施的监督，如图1141 6所示。

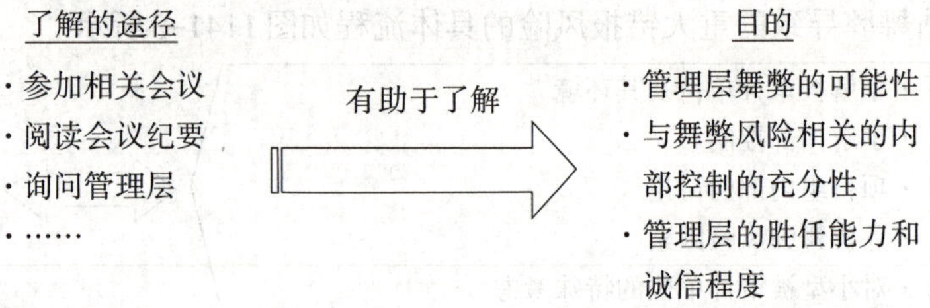

图 1141-6　了解治理层实施的监督

②询问管理层。对由于舞弊导致的重大错报风险（以下简称舞弊风险）的评估，包括下列内容：评估的性质、范围和频率等；对舞弊风险的识别和应对过程，包括识别出的或注意到的特定舞弊风险；可能存在舞弊风险的各类交易、账户余额或披露；就舞弊风险的识别和应对过程向治理层的通报；就经营理念和道德观念向员工的通报；是否知悉任何舞弊事实、舞弊嫌疑或舞弊指控。

③询问内部审计人员。对内部审计人员的询问内容包括：是否知悉舞弊事实、舞弊嫌疑或舞弊指控；对舞弊风险的看法；特定内部审计活动，如内部审计人员在本期实施的旨在发现舞弊的程序（如有）；管理层是否对实施内部审计程序的结果采取了令人满意的应对措施。

④询问内部其他人员。对内部其他人员的询问内容包括：是否知悉任何舞弊事实、舞弊嫌疑或舞弊指控。内部其他人员可能包括不直接参与财务报告编制过程的业务人员；拥有不同级别权限的人员；参与生成、处理或记录复杂、异常交易的人员及对其进行监督的人员；内部法律顾问；负责道德事务的主管人员或承担类似职责的人员；负责处理舞弊指控的人员。

（2）分析程序。注册会计师应当评价在实施分析程序时识别出的异常或偏离预期的关系（包括与收入账户有关的关系），是否表明存在由于舞弊导致的重大错报风险。

①财务比率分析举例：存货、应收账款的周转天数和账龄分析；固定资产周转率；毛利率和净利率；收入/净现金流比率（没有现金流的收入可能是虚构的）；净资产利润率；固定资产利润率（比值下降可能固定资产价值被高估）。

②用于比较的参考数据：历史同期；行业平均水平；财务预测和规划。

③异常或偏离预期的关系举例：临近会计期末发生异常交易，并产生大额非常收入；收入与经营活动产生的现金流量的趋势不一致；被审计单位的盈利能力与行业趋势不一致或偏离预期；会计部门记录的销售量与营运部门生产数据统计相比较，存在偏离预期或无法解释的关系。

（3）观察和检查。观察和检查程序可以支持对管理层和其他相关人员的询问结果，并可以提供有关被审计单位及其环境的信息。观察和检查的事项举例如图 1141-7 所示。

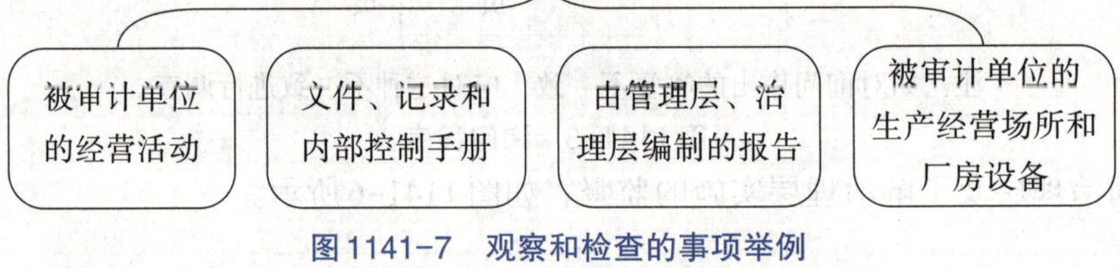

图 1141-7　观察和检查的事项举例

（4）相关活动。

①考虑其他信息。注册会计师应当考虑获取的其他信息是否表明存在由于舞弊导致的重大错报风险，如图1141-8所示。

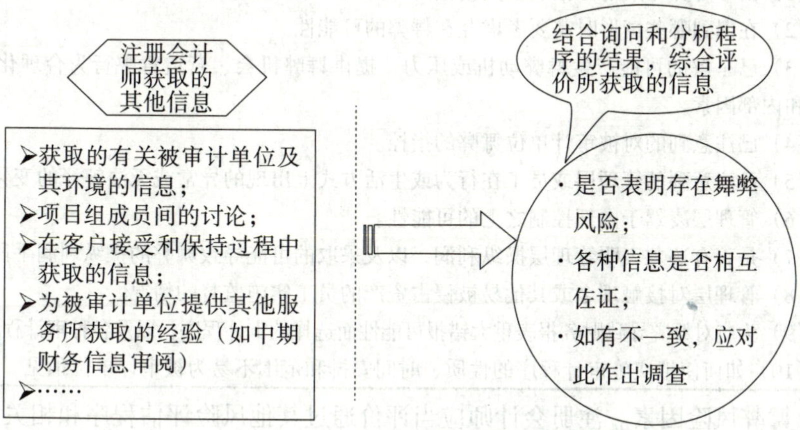

图1141-8　考虑其他信息

②项目组内部讨论。按照《中国注册会计师审计准则第1211号——通过了解被审计单位及其环境识别和评估重大错报风险》的规定，项目组成员之间应当进行讨论，项目组内部讨论的具体内容见表1141-5。

表1141-5　项目组内部讨论的具体内容

项目	具体内容
参与讨论的人员	（1）项目合伙人应当参与项目组内部的讨论，并根据职业判断、以往的审计经验以及对被审计单位本期变化情况的了解，确定参与讨论的项目组成员。 （2）项目组的关键成员应当参与讨论。 （3）如果项目组需要拥有信息技术或其他特殊技能的专家，这些专家也应当参与讨论。 （4）如果并不是全体项目组成员都参与了讨论，项目合伙人应当考虑需要将哪些事项向未参与讨论的项目组成员传达。此时需要考虑的因素主要包括相关事项的性质和影响范围，以及项目组成员的分工
讨论时的强调事项	（1）项目合伙人应当在讨论时强调在整个审计过程中对舞弊导致的重大错报风险保持警惕的重要性。这种强调有利于促使项目组保持应有的职业怀疑，在审计过程中充分考虑舞弊导致的重大错报风险。 （2）在讨论过程中，项目组成员不应假定管理层和治理层是正直和诚信的。 （3）讨论的重点应当包括财务报表易于发生由于舞弊导致的重大错报的方式和领域，包括舞弊可能如何发生。 （4）项目组应当考虑持续交换可能影响舞弊风险评估及其应对程序的信息
讨论的时间	在整个审计过程中，项目组成员应当持续交换可能影响舞弊导致的重大错报的风险评估及其应对程序的信息。这里强调的是全过程的持续信息交换。唯有如此，才能达到项目组内部充分沟通、共享信息的目的

续表

项目	具体内容
项目组讨论的内容	（1）由于舞弊导致财务报表重大错报的可能性，重大错报可能发生的领域及方式。 （2）在遇到哪些情形时需要考虑存在舞弊的可能性。 （3）已了解的可能产生舞弊动机或压力、提供舞弊机会、营造舞弊行为合理化环境的外部和内部因素。 （4）已注意到的对被审计单位舞弊的指控。 （5）已注意到的管理层或员工在行为或生活方式上出现的异常或无法解释的变化。 （6）管理层凌驾于内部控制之上的可能性。 （7）是否有迹象表明管理层操纵利润，以及采取的可能导致舞弊的操纵利润手段。 （8）管理层对接触现金或其他易被侵占资产的员工实施监督的情况。 （9）为应对舞弊导致财务报表重大错报可能性而选择的审计程序，以及各种审计程序的有效性。 （10）如何使拟实施审计程序的性质、时间安排和范围不易为被审计单位预见

③评价舞弊风险因素。注册会计师应当评价通过其他风险评估程序和相关活动获取的信息，是否表明存在舞弊风险因素。存在舞弊风险因素并不必然表明发生了舞弊，但在舞弊发生时通常存在舞弊风险因素。因此，舞弊风险因素可能表明存在由于舞弊导致的重大错报风险。舞弊风险因素——“舞弊三角”如图1141-9所示。

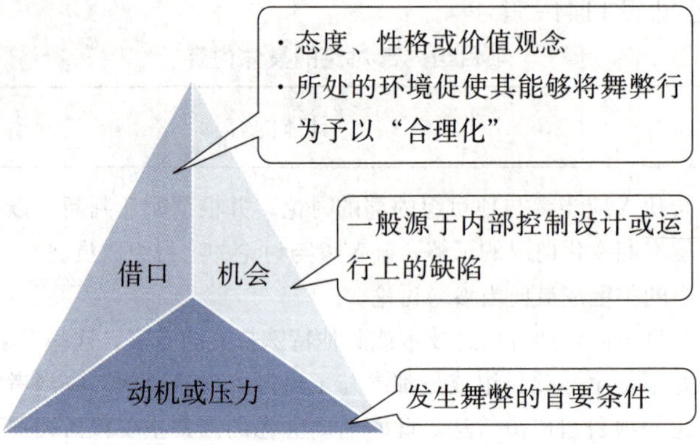

图1141-9　舞弊风险因素——“舞弊三角”

注册会计师应结合被审计单位的规模、复杂程度和所有权特征来考虑舞弊风险因素。注册会计师需要考虑两种舞弊类型——编制虚假财务报告和侵占资产。每种舞弊类型的风险因素被进一步分为动机或压力、机会和借口三类。

评价舞弊风险因素需要运用职业判断。舞弊风险因素可能表明存在由于舞弊导致的重大错报风险，有的舞弊风险因素虽然存在于被审计单位，但特定条件没有表明存在重大错报风险。

④对小型被审计单位的特殊考虑。小型被审计单位的特点举例如下：管理层对舞弊风险评估的重点可能是员工舞弊或侵占资产的风险；通常采用非正式和简单的内部控制；注册会计师可能无法获取以文件形式存在的有关控制环境要素的审计证据；通常难以实施适当的职责分离；通常没有正式的持续监督活动；治理层可能全部参与管理，不存在独立监督；可能没有书面的行为守则，而是通过口头交流或管理者示范作用建立重视诚信和道德行为的文化氛围；对管理层授权的要求可以弥补内部控制其他方面的缺陷并能降低员工舞弊的风险；由

个人掌控的管理层可能存在管理层凌驾于内部控制之上的机会。注册会计师应当根据对小型被审计单位及其环境的了解，识别和评估财务报表层次以及认定层次的舞弊风险。

2.识别和评估舞弊风险

在识别和评估财务报表层次以及各类交易、账户余额、列报认定层次的重大错报风险时，注册会计师应当识别和评估舞弊导致的重大错报风险。舞弊导致的重大错报风险属于《中国注册会计师审计准则第1211号——通过了解被审计单位及其环境识别和评估重大错报风险》提出的特别风险（即需要注册会计师特别考虑的重大错报风险）的范畴，因此注册会计师还应当遵循与特别风险相关的审计考虑和程序。针对这类风险，注册会计师应当评价被审计单位相关控制的设计情况，并确定这些控制是否已经得到执行。

（1）识别和评估舞弊风险的具体内容见表1141-6。

表1141-6　识别和评估舞弊风险

程序	具体内容
评估舞弊导致的重大错报风险时的考虑因素	(1) 实施风险评估程序获取的信息，并考虑各类交易、账户余额、列报，以识别舞弊风险。 (2) 将识别的风险与认定层次可能发生错报的领域相联系。评估舞弊导致的重大错报风险不仅要着眼于财务报表层次，而且要与认定层次相联系，以设计和实施进一步审计程序。 (3) 识别的风险是否重大。识别的舞弊风险的重大程度，直接关系到注册会计师对舞弊导致的重大错报风险的评估。 (4) 识别的风险导致财务报表发生重大错报的可能性
了解相关的内部控制	注册会计师应当了解管理层为防止或发现舞弊而设计、实施的内部控制，以便进一步了解舞弊风险因素及管理层对舞弊风险的态度。对相关内部控制的了解，注册会计师可以参照《中国注册会计师审计准则第1211号——通过了解被审计单位及其环境识别和评估重大错报风险》第四章的规定进行
对收入确认方面的舞弊风险的考虑	(1) 收入舞弊假定。根据《中国注册会计师审计准则问题解答第4号——收入确认》，在财务报表舞弊案件中，涉及收入确认的舞弊占有很大比例，收入确认已成为注册会计师审计的高风险领域。在识别和评估由于舞弊导致的重大错报风险时，注册会计师应当基于收入确认存在舞弊风险的假定，选择并实施恰当的审计程序，以将与收入确认相关的审计风险降至可接受的低水平。当假定被审计单位在收入确认方面存在舞弊风险，并应当考虑哪些收入类别以及哪些与收入有关的交易或认定可能导致舞弊风险。需要说明的是，该假定并不是要求注册会计师无端地得出被审计单位在收入确认方面存在舞弊导致的重大错报的结论，而是要求注册会计师在重大错报风险评估阶段必须将收入确认领域设定为高风险领域，并引起其足够重视和采取相应措施。该假定的内在含义如下：在重大错报的风险评估阶段，通常情况下注册会计师可以根据其了解的情况和获取的信息有选择地确定哪些财务报表领域（如存货）或认定（如完整性）属于高风险领域，于是也有可能确定某些财务报表领域或认定不属于高风险领域，从而可能就会相应减少应对措施；鉴于收入确认具有格外的重要性，审计准则没有在该领域留给注册会计师在重大错报风险评估方面的选择权，而是要求注册会计师（在绝大多数情况下）无条件地将收入确认评估为存在舞弊导致的重大错报风险，从而在应对程序方面对其的要求也就非常严格。 (2) 这项要求作为一项基本原则和关键审计程序，其目的并不在于排除舞弊导致重大错报的其他可能途径（如高估存货或低估费用），而在于指导注册会计师高度重视收入项目的舞弊风险并强化相应的审计资源配置和审计风险防范效果

（2）识别和评估舞弊风险（如图1141-10所示）。

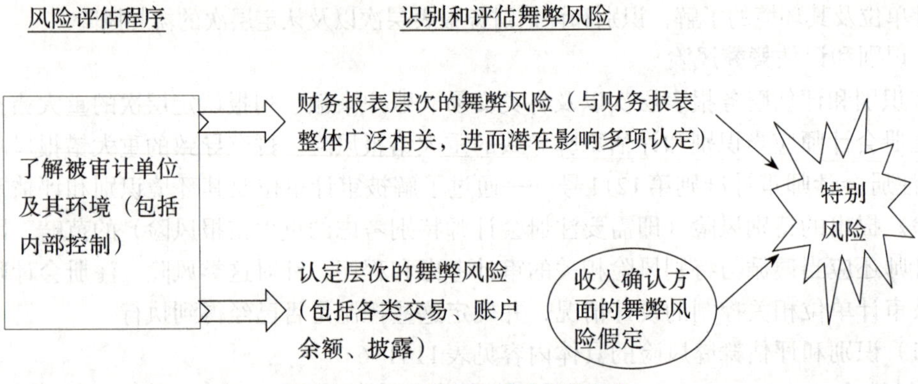

图1141-10　识别和评估舞弊风险

（3）在识别和评估重大错报风险（包括舞弊风险）时应当实施的审计程序。在了解被审计单位及其环境（包括与风险相关的控制）的整个过程中，结合对各类交易、账户余额和披露的考虑，识别风险；评估识别出的风险，并评价其是否更广泛地与财务报表整体相关，进而潜在地影响多项认定；结合对拟测试的相关控制的考虑，将识别出的风险与认定层次可能发生错报的领域相联系；考虑发生错报的可能性，以及潜在错报的重大程度是否足以导致重大错报。

【应用分析1141-1】评估的财务报表层次的舞弊风险举例。

被审计单位为上市公司，在过去的两个年度均出现亏损，本年度如果不能盈利，将面临暂停上市的处理。被审计单位所处行业为纺织行业，行业整体处于不景气状态，管理层报表显示本年度为盈利，但净利润较小。被审计单位存在编制虚假财务报告的风险。

评估的认定层次的舞弊风险举例（见表1141-7）。

表1141-7　评估的认定层次的舞弊风险举例

风险的性质（不考虑内部控制）	相关控制	识别的重大错报风险		是否为特别风险及原因	重大错报风险水平
		交易类别	相关账户及列报		
尽管企业所在行业总体上呈萎缩趋势，但企业仍预测收入在本期增长15%。管理层报表显示收入增长预测已实现，但现金并没有同步增长，而应收账款余额大幅增加。管理层可能会为了满足股东和银行的预期而虚增收入	索引至有关“了解内部控制”的工作底稿	销售交易	销售收入 应收账款	是，属于舞弊风险	高

（4）特别风险——舞弊风险。注册会计师应当将评估的由于舞弊导致的重大错报风险作为特别风险。如果此前未了解与此类风险相关的控制，则注册会计师应当了解相关控制，包括了解控制活动。注册会计师应当关注收入确认方面存在的舞弊风险。

3.应对舞弊风险

按照《中国注册会计师审计准则第1231号——针对评估的重大错报风险采取的应对

措施》的规定，注册会计师应当设计和实施进一步审计程序，审计程序的性质、时间安排和范围应当能够应对评估的由于舞弊导致的认定层次重大错报风险。例如，针对由于舞弊导致的认定层次重大错报风险，注册会计师应当考虑设计询证函以获取更多的相互印证的信息。应对舞弊风险如图1141-11所示。

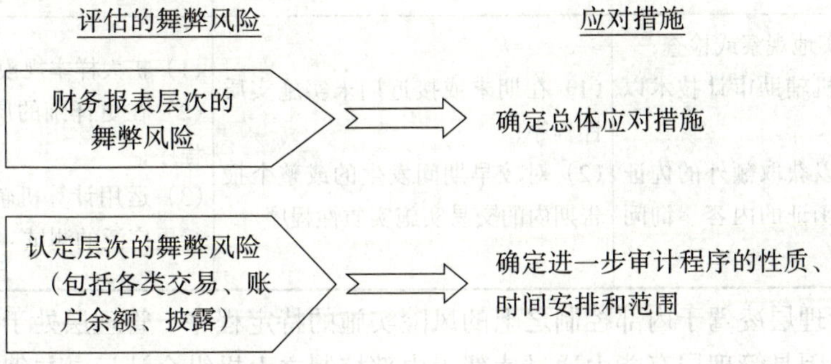

图1141-11　应对舞弊风险

（1）确定总体应对措施，如图1141-12所示。

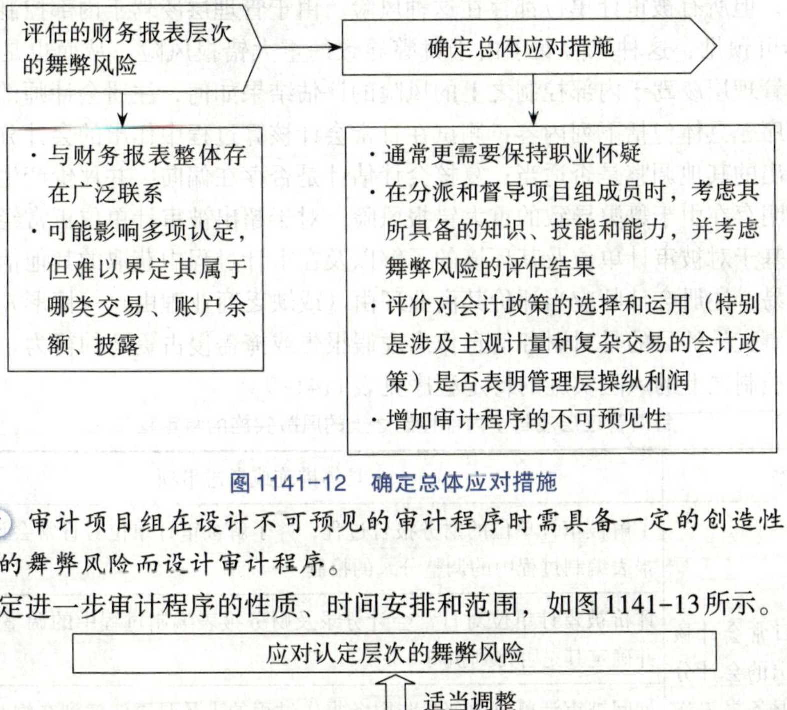

图1141-12　确定总体应对措施

请注意　审计项目组在设计不可预见的审计程序时需具备一定的创造性，且应特别针对所识别的舞弊风险而设计审计程序。

（2）确定进一步审计程序的性质、时间安排和范围，如图1141-13所示。

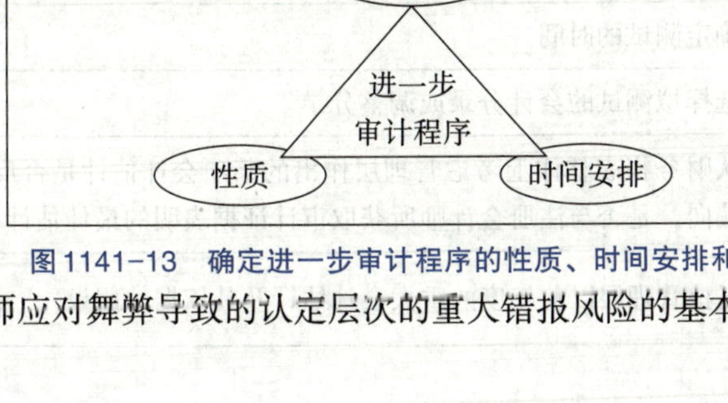

图1141-13　确定进一步审计程序的性质、时间安排和范围

①注册会计师应对舞弊导致的认定层次的重大错报风险的基本思路，应是通过适当调

整或改变拟实施审计程序的性质、时间安排和范围，增强审计程序的效果和审计证据的说服力。调整或改变拟实施审计程序的性质、时间安排和范围见表1141-8。

表1141-8　调整或改变拟实施审计程序的性质、时间安排和范围

改变审计程序的性质	调整审计程序的时间安排	改变审计程序的范围
（1）更加注重实地观察或检查； （2）使用计算机辅助审计技术以收集更多证据； （3）设计程序以获取额外的佐证信息，如增加函证的内容、询问非财务人员	（1）在期末或接近期末实施实质性程序； （2）对较早期间发生的或整个报告期内的交易实施实质性程序	（1）扩大样本规模； （2）在更详细的层次上实施分析程序； （3）运用计算机辅助审计技术进行更广泛的测试

②针对管理层凌驾于内部控制之上的风险实施的特定程序。管理层处于实施舞弊的独特地位，其原因是管理层有能力通过凌驾于内部控制之上操纵会计记录并编制虚假财务报表，而这些内部控制却看似有效运行。尽管管理层凌驾于内部控制之上的风险水平因被审计单位而异，但所有被审计单位都存在这种风险。由于管理层凌驾于内部控制之上的行为发生方式不可预见，这种风险属于由于舞弊导致的重大错报风险，从而也是一种特别风险。无论对管理层凌驾于内部控制之上的风险的评估结果如何，注册会计师都应当设计和实施审计程序，具体包括下列内容：测试在日常会计核算过程中作出的会计分录和为编制财务报表作出的其他调整是否适当；复核会计估计是否存在偏向，并评价产生这种偏向的环境是否表明存在由于舞弊导致的重大错报风险；对于超出被审计单位正常经营过程的重大交易，或基于对被审计单位及其环境的了解以及在审计过程中获取的其他信息而显得异常的重大交易，注册会计师应当评价其商业理由（或缺乏商业理由这一情形）是否表明被审计单位从事交易的目的是对财务信息作出虚假报告或掩盖侵占资产的行为。针对管理层凌驾于内部控制之上的风险实施的特定程序见表1141-9。

表1141-9　针对管理层凌驾于内部控制之上的风险实施的特定程序

程序	具体措施或考虑事项
（1）测试在日常会计核算过程中作出的会计分录和为编制财务报表作出的调整分录是否适当	了解被审计单位的财务报告过程，并了解被审计单位对日常会计分录及财务报表编制过程中的调整分录的控制
	评价被审计单位对日常会计分录及财务报表编制过程中的调整分录的控制，并确定其是否得到执行
	询问被审计单位内部参与财务报告过程的人员是否注意到在编制会计分录或调整分录时存在不恰当或异常活动
	确定测试的时间
	选择拟测试的会计分录或调整分录
（2）复核会计估计是否有失公允，从而可能产生的舞弊导致的重大错报	从财务报表整体上考虑管理层作出的某项会计估计是否反映出管理层的某种偏向，是否与注册会计师所获取审计证据表明的最佳估计存在重大差异
	复核管理层以前年度的重大会计估计及其依据的假设

续表

程序	具体措施或考虑事项
(3) 对于注意到的、超出正常经营过程或基于对被审计单位及其环境的了解显得异常的重大交易，了解其商业理由的合理性	交易的形式是否过于复杂
	管理层是否已与治理层就此类交易的性质和会计处理进行讨论并作出适当记录
	管理层是否更强调需要采用某种特定的会计处理方式，而不强调交易的经济实质
	对于涉及不纳入合并范围的关联方的交易，是否已得到治理层的适当审核与批准
	交易是否涉及以往未识别的关联方，或不具备实质性交易基础或独立财务能力的第三方

4.会计分录测试

所有被审计单位都存在管理层凌驾丁内部控制之上的风险，因此，在所有财务报表审计业务中，注册会计师都需要专门针对管理层凌驾于内部控制之上的风险设计和实施会计分录测试。

（1）会计分录和其他调整的类型。会计分录测试的对象是与被审计财务报表相关的所有会计分录和其他调整，包括编制合并报表时作出的调整分录和抵销分录。会计分录和其他调整的类型不同，其固有风险和受被审计单位内部控制影响的程度不同，因而具有不同程度的重大错报风险。注册会计师可将被审计单位的会计分录和其他调整分为下列三种类型（见表1141-10）：

表1141-10 会计分录和其他调整的类型

类型	内涵
（1）标准会计分录	①记录内容：记录日常经营活动或经常性的会计估计； ②记录人员：通常由会计人员作出或会计系统自动生成； ③影响因素：受信息系统一般控制和其他系统性控制的影响
（2）非标准会计分录	①记录内容：记录日常经营活动之外的事项或异常交易，可能包括特殊资产减值准备的计提、期末调整分录等； ②特征：此类分录通常容易被管理层用来操纵利润，并且可能涉及任何报表项目，非标准会计分录可能具有较高的重大错报风险
（3）其他调整	①记录内容：包括为编制合并报表作出的调整分录和抵销分录、重分类调整等； ②特征：其他调整可能不受内部控制的影响

（2）会计分录测试的步骤（见表1141-11）。

表1141-11　会计分录测试的步骤

步骤	内容
（1）考虑控制	了解被审计单位的财务报告流程以及针对分录和其他调整的控制，必要时测试相关控制的运行有效性
（2）确定总体	确定待测试分录和其他调整的总体，并测试总体的完整性
（3）选取项目	从总体中选取待测试的会计分录及其他调整
（4）执行测试	测试选取的分录及调整，并记录测试结果。在实施测试时，采用计算机辅助审计技术或电子表格，可以显著提高会计分录测试的效率和效果

（3）针对会计分录和其他调整的控制（见表1141-12）。

表1141-12　针对会计分录和其他调整的控制

要点	内容
（1）职责分离	针对分录和其他调整的授权、过账、审核、核对等方面设置职责分离
（2）访问权限	在会计系统中设置系统访问权限，用以控制会计分录的记录权和审批权
（3）控制措施	用以防止并发现虚假分录或未经授权的更改的控制措施
（4）持续监督	由管理层、治理层或其他适当人员对分录记录和过入总账以及在编制财务报表过程中作出其他调整的过程进行监督
（5）定期测试	由内部审计人员定期测试控制运行的有效性

5.评价审计证据

（1）评价对认定层次重大错报风险的评估。①评价对认定层次重大错报风险的评估是否仍然适当：注册会计师根据判断作出的定性评价；进一步加深对舞弊风险的了解；判断是否有必要实施追加的审计程序。②关注可能显示存在舞弊的情况（舞弊风险信号）。

（2）在临近审计结束时为形成总体结论而实施分析程序。①实施分析程序有助于识别此前尚未识别的舞弊风险。②需运用职业判断确定可能表明存在舞弊风险的趋势和关系。③值得关注的趋势和关系举例：涉及期末收入和利润的异常关系，如报告期的最后几周记录了不寻常的大额收入或异常交易；收入与经营活动产生的现金流量趋势不一致。

（3）考虑识别出的错报。具体内容如图1141-14所示。①如存在舞弊迹象，在重新考虑此前获取的审计证据的可靠性时，注册会计师还应当考虑是否表明可能存在涉及员工、管理层或第三方的串通舞弊。②识别出的舞弊产生的影响取决于被审计单位的具体情况。

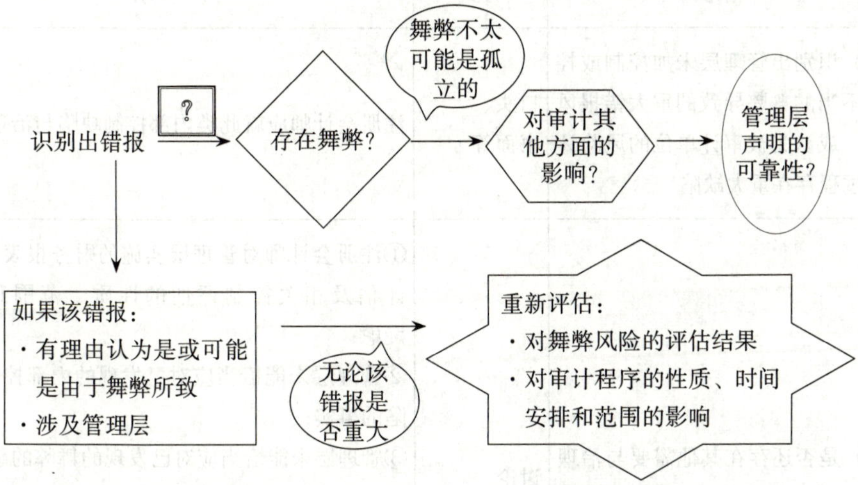

图1141-14 考虑识别出的错报

（4）书面声明（参见《中国注册会计师审计准则第1341号——书面声明》）。

（七）与管理层、治理层沟通和向被审计单位之外的适当机构报告舞弊

注册会计师就有关舞弊的事项与管理层、治理层沟通和向被审计单位之外的适当机构报告归纳见表1141-13。

表1141-13 与管理层、治理层沟通和向被审计单位之外的适当机构报告

对象	情形	方式	要求
管理层	发现舞弊或可能存在舞弊	口头、书面等	①注册会计师应尽早将此类事项与适当层次的管理层沟通； ②运用职业判断确定拟沟通的适当层次的管理层，并考虑串通舞弊的可能性、舞弊嫌疑的性质和重大程度等因素的影响； ③通常情况下，拟沟通的管理层应比涉嫌舞弊人员至少高出一个级别
治理层	（1）发现舞弊涉及管理层、在内部控制中承担重要职责的员工以及其舞弊行为可能对财务报表产生重大影响的其他人员	口头、书面等	注册会计师应尽早将此类事项与治理层沟通
	（2）注意到旨在防止或发现舞弊的内部控制在设计或执行方面存在重大缺陷	口头、书面等	除尽早告知适当层次的管理层外，注册会计师还应尽早告知适当层次的治理层

续表

对象	情形	方式	要求
治理层	(3) 识别出管理层未加控制或控制不当的舞弊导致的重大错报风险，或认为被审计单位的风险评估过程存在重大缺陷	口头、书面等	注册会计师应就此类内部控制缺陷与治理层沟通
	(4) 是否还存在其他需要与治理层讨论的有关舞弊的事项	讨论	①注册会计师对管理层实施的财务报表错报风险评估及相关控制评估的性质、范围和频率的疑虑； ②管理层未能恰当应对已发现的内部控制重大缺陷的事实； ③管理层未能恰当应对已发现的舞弊的事实； ④注册会计师对被审计单位控制环境的评价，包括对管理层胜任能力和诚信的疑虑； ⑤注册会计师注意到的可能表明管理层对财务信息作出虚假报告的行为； ⑥注册会计师对超出正常经营过程的交易的授权适当性的疑虑
被审计单位之外的适当机构	如果识别出或怀疑存在舞弊，注册会计师应当确定法律法规或相关职业道德的要求	(1) 报告	要求注册会计师向被审计单位之外的适当机构作出报告
		(2) 规定了相关责任	基于该责任，注册会计师向被审计单位之外的适当机构报告在具体情形下可能是适当的

（八）无法继续执行审计业务

(1) 如果由于舞弊或舞弊嫌疑导致出现错报，致使注册会计师遇到对其继续执行审计业务的能力产生怀疑的异常情形，注册会计师则应当采取以下措施：①确定职业责任和法律责任，包括是否需要向审计业务委托人报告，或向监管机构报告；②在相关法律法规允许的情况下，考虑是否需要解除业务约定。

(2) 如果决定解除业务约定，注册会计师则应当采取下列措施：①与适当层次的管理层和治理层讨论解除业务约定的决定和理由；②考虑是否存在职业责任或法律责任，需要向审计业务委托人或监管机构报告解除业务约定的决定和理由。

（九）收入舞弊审计举例

注册会计师要充分关注与收入确认相关的舞弊风险。

在实务中，编制虚假财务报告导致的重大错报较多源于高估收入（如提前确认收入或记录虚假收入）或低估收入（如推迟确认收入）。因此，《中国注册会计师审计准则第1141号——在财务报表审计中与舞弊相关的责任》要求注册会计师在识别和评估由于舞弊导致的重大错报风险时，应当基于收入确认存在舞弊风险的假定，评价哪些类型的收入、收入交易或认定可能产生此类风险。

【应用分析1141-2】表1141-14中列举了不同情形下与收入确认相关的风险因素，帮助注册会计师评价收入舞弊风险的总体可能性。

表1141-14　　不同情形下与收入确认相关的风险因素变化

较小型被审计单位	**被审计单位的规模**	大型被审计单位
结构较简单的被审计单位	**被审计单位的复杂程度**	结构较复杂的被审计单位
直接面向公众的小型销售	**客户的类型**	面向其他机构的大型销售
并不重大	**关联方交易**	重大关联方交易
标准商品销售	**收入确认政策的复杂程度**	商品与服务销售的复杂结合
基本不涉及判断	**收入确认所涉及的判断**	涉及大量判断——按完工百分比法确认服务收入（如网站开发）
无公允价值计量事项	**涉及公允价值计量的交易**	收入主要取决于公允价值计量
困难——系统化处理销售	**管理层凌驾于与收入相关的控制之上的难易程度**	容易——需要对销售明细账进行大量调整
该行业未出现过收入确认问题	**行业因素**	该行业的其他公司出现过收入确认问题
以往无任何与收入确认相关的舞弊或错误	**被审计单位发生舞弊或错误的历史**	以往识别出与收入确认相关的舞弊或错误
规避风险	**注册会计师对管理层的评估**	愿意承受风险
由所有者经营管理的小型被审计单位——不存在高估或低估收入的动机	**操纵收入的动机**	首次公开募股（IPO）——募集的资金量取决于被审计单位的业绩是否稳定
高度监管——监管机构的有力监督	**监管**	无监管

风险减少 ⟷ 风险增加

第六节　财务报表审计中对法律法规的考虑（第1142号）

一、概述

（一）本准则制定与修订背景

从注册会计师的角度来说，如果在审计过程中严格按照审计准则，执行了必要的审计程序，获取了充分适当的审计证据，即使出具了“存有一般过失”的审计报告，也不应视为“审计失败”。但从社会公众的角度来说，“只要公司存在问题，签字注册会计师就应拒签报告”，审计报告如未恰当反映公司财务报告的真实性和合法性，只要报告的结论与实际不符，就应定性为虚假报告，就应视为审计失败，应承担审计责任。

本准则的制定是为了规范注册会计师在财务报表审计中对法律法规的考虑。

为了更好地满足资本市场改革发展对高质量会计信息的需求，规范和指导注册会计师应对审计实务的新发展，并保持我国审计准则与国际准则的持续全面趋同，对执业中获知的客户信息履行保密义务，是注册会计师应遵守的职业道德基本原则之一。但从维护公众利益的角度看，当识别出或怀疑被审计单位存在会计核算以外的其他违反法律法规行为时，注册会计师面临是否应向被审计单位之外的机构作出报告的问题。为此，需要向注册会计师提供更具针对性的框架指导，以帮助其遵守法律法规及相关职业道德要求，维护公众利益。

（二）本准则2010年修订内容

2010年本准则修订主要是对2006年版《中国注册会计师审计准则第1142号——财务报表审计中对法律法规的考虑》按照新体例进行的改写，并未作出实质性修订。

与2006年版准则相比，本准则在具体规定上有以下两个方面的变化：

（1）将被审计单位需要遵守的法律法规分为两类：一类是对决定财务报表中的重大金额和披露有直接影响的法律法规；另一类是没有直接影响，但对被审计单位的经营活动、持续经营能力或避免大额罚款至关重要，如果违反可能对财务报表产生重大影响的其他法律法规。针对这两类法律法规，分别界定了注册会计师的责任以及相应的审计程序。

（2）具体说明了审计的固有限制对注册会计师发现被审计单位与违反法律法规相关的重大错报风险的影响。

（三）本准则2016年修订内容

本准则本次未修订。

（四）本准则2019年修订内容

本准则及应用指南本次进行了实质性修订，本次修订的主要内容是，要求注册会计师按照法律法规或相关职业道德准则，确定是否应对外报告违反法律法规行为，特别要关注法律法规或相关职业道德准则是否作出注册会计师对被审计单位的违反法律法规行为承担额外责任的规定，具体包括评价被审计单位对违反法律法规行为应对的恰当性、决定是否采取进一步行动、向其他注册会计师沟通以及对特定事项形成审计工作底稿等要求。相关规定旨在更好地维护公众利益。

（五）本准则学习中注意事项

（1）被审计单位的违反法律法规行为可能与财务报表相关，有些违反法律法规行为还可能产生重大财务后果，进而不能对财务报表整体是否不存在由于舞弊或错误导致的重大错报获取合理保证，使得注册会计师不能够对财务报表是否在所有重大方面按照适用的财务报告编制基础编制发表审计意见。如果不实施必要的审计程序，则可能导致注册会计师出具不恰当的审计报告。因此，在设计和实施审计程序以及评价和报告审计结果时，注册会计师应当充分关注被审计单位违反法律法规行为可能对财务报表产生的重大影响。

（2）在考虑被审计单位的一项行为是否违反法律法规时，注册会计师应当征询法律意见。因为判断某行为是否违法需要法律裁决，这通常超出了注册会计师的专业胜任能力。值得注意的是，某项行为是否违反法律法规最终只能由法院作出判决。

（3）注册会计师在关注违反法律法规行为时还应注意，不同法律法规与财务报表的关联程度可能不同，甚至差别很大。一些法律法规决定财务报表的形式或内容，或财务报表所应记录的金额或应作出的披露；而有些法律法规是要求管理层遵守的，或设定准许被审计单位开展经营活动的条件。某些企业所处行业受到严格的法律约束，如银行业；而有些企业只受一些与企业经营方面相关的法律法规的约束，如《中华人民共和国劳动法》《中华人民共和国安全生产法》等。违反法律法规行为可能会给被审计单位带来诸如罚款、诉讼等财务后果。违反法律法规行为与通常反映在财务报表中的交易和事项相关度越小，注册会计师越不可能注意到或识别出可能存在的违反法律法规行为。

二、框架结构简介

本准则共5章31条，其框架结构见表1142-1。

表1142-1　框架结构

章	名称	节	条	主要内容
第一章	总则	—	1~10	本准则制定的目的、适用范围、界定了注册会计师的责任和审计的固有限制对注册会计师发现被审计单位与违反法律法规相关的重大错报风险的影响；明确了根据法律法规或相关职业道德要求，对于被审计单位的违反法律法规行为，注册会计师可能承担额外责任
第二章	定义	—	11	解释本准则中包含的术语
第三章	目标	—	12	界定执行本准则应实现的目标
第四章	要求	1 ~ 4	13 ~ 30	规定注册会计师为实现准则目标应遵守的要求及相应的审计程序，以及注册会计师应当在审计工作底稿中记录识别出的或怀疑存在的违反法律法规行为
第五章	附则	—	31	本准则施行时间

三、重点难点解析

（一）注册会计师的目标

不同的法律法规对财务报表的影响差异很大。被审计单位需要遵守的所有法律法规，构成注册会计师在财务报表审计中需要考虑的法律法规框架。某些法律法规的规定对财务报表有直接影响，决定财务报表中报告的金额和披露。而有些法律法规需要管理层遵守，或规定了允许被审计单位开展经营活动的条件，但不会对财务报表产生直接影响。某些被审计单位处于高度管制的行业，如银行业或化工企业等。而有些被审计单位仅受到通常与经营活动相关的法律法规的制约，如安全生产和公平就业等。违反法律法规可能导致被审计单位面临罚款、诉讼或其他对财务报表产生重大影响的后果。

注册会计师的目标包括以下三个方面：

（1）针对通常对决定财务报表中的重大金额和披露有直接影响的法律法规的规定，获取被审计单位遵守这些规定的充分、适当的审计证据；

（2）针对其他法律法规，实施特定的审计程序，以有助于识别可能对财务报表产生重大影响的违反这些法律法规的行为；

（3）恰当应对在审计过程中识别出的或怀疑存在的违反法律法规行为。

本准则不适用于注册会计师接受专项委托，对被审计单位遵守特定法律法规进行单独测试并出具报告的鉴证业务。

（二）违反法律法规

1.违反法律法规的定义

违反法律法规，是指被审计单位、治理层、管理层，或者为被审计单位工作或受其指使的其他人，有意或无意违背除适用的财务报告编制基础以外的现行法律法规的行为。违反法律法规不包括与被审计单位经营活动无关的个人不当行为。

2.法律法规分类

被审计单位需要遵守的两类不同的法律法规见表1142-2。

表1142-2　　被审计单位需要遵守的两类不同的法律法规

类型	说明	举例
第一类	对决定财务报表中的重大金额和披露有直接影响的法律法规	（1）税法； （2）与企业年金相关的法律法规等
第二类	（1）对决定财务报表中的金额和披露没有直接影响的其他法律法规； （2）遵守这些法律法规对被审计单位的经营活动、持续经营能力或避免大额罚款至关重要； （3）违反这些法律法规，可能对财务报表产生重大影响	（1）环境保护法； （2）经营许可法规； （3）知识产权法等

违反法律法规可能导致被审计单位面临罚款、诉讼或其他对财务报表产生重大影响的后果。理解违反法律法规的含义应注意把握以下三点：

（1）正确区分会计准则和相关会计制度与其他法律法规。对财务报表审计而言，适用的会计准则和相关会计制度是注册会计师评价财务报表的合法性和公允性时直接使用的判断依据。也就是说，被审计单位违反会计准则和相关会计制度，将直接影响财务报表的合法性和公允性。而被审计单位如违反其他法律法规，则不一定与财务报表相关。在我国，适用的会计准则和相关会计制度也属于法律法规的范畴，但是本准则的规定并不适用于此类法规。

（2）正确理解违反法律法规的内涵。具体涉及以下三个方面：①被审计单位参与的交易；②以被审计单位名义参与的交易；③管理层或员工以被审计单位名义参与的交易。

请注意　不包括管理层和员工个人从事的与被审计单位经营活动无关的不当行为。

（3）正确认识错误、舞弊与违反法律法规的关系（如图1142-1所示）。

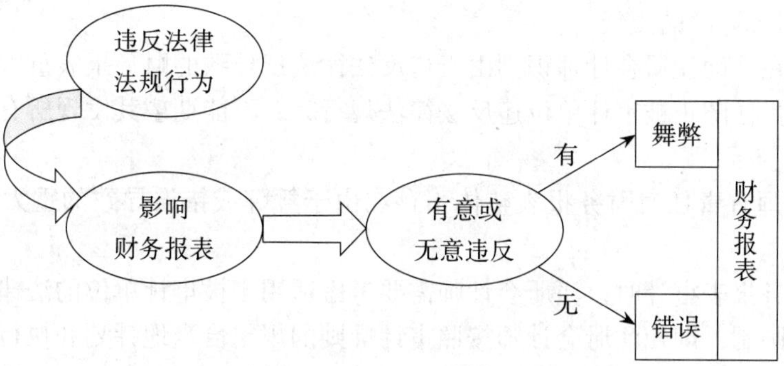

图1142-1　错误、舞弊与违反法律法规的关系

（三）管理层遵守法律法规的责任

在治理层的监督下，保证被审计单位按照法律法规的规定开展经营活动（包括遵守那些决定财务报表金额和报告披露的法律法规的规定），是管理层的责任。管理层承担的与违反法律法规有关的责任，具体内容见表1142-3。

表1142-3　管理层承担的与违反法律法规有关的责任

责任	要求
承担防止和发现违反法律法规的责任	管理层有责任通过建立健全和有效实施内部控制，确保其遵守适用于被审计单位的所有法律法规。管理层通常建立政策和程序，以防止和发现违反法律法规的行为
被审计单位违反法律法规可能导致的后果	由于这些后果（包括处罚、诉讼、赔偿等）是因被审计单位违反法律法规造成的，所以管理层理应承担相应责任。注册会计师执行财务报表审计业务的目标和责任在于对财务报表发表审计意见。注册会计师的责任不能与被审计单位管理层依法应当承担的保证经营活动符合法律法规的规定、防止和发现违反法律法规的责任相混淆，更不能以注册会计师对财务报表的审计代替管理层应承担的遵守法律法规的责任
执行防止和发现违反法律法规的政策和程序	管理层为履行遵守法律法规的责任而通常采取措施，帮助注册会计师了解管理层如何更好地履行其责任。管理层通常通过执行下列政策和程序，以防止和发现违反法律法规的行为： （1）了解相关法律法规，确保设计的经营程序符合法律法规的规定。管理层应当建立有效的制度，通过各种途径和形式，确保及时、全面地了解适用于本企业及所在行业的相关法律法规及其变化，并根据法律法规的要求，制定和修改经营程序，使之符合法律法规的规定。 （2）建立和实施适当的内部控制。管理层应当按照国家有关规定和企业实际情况，建立和实施适当的内部控制，以合理保证经营活动符合现行法律法规的要求。 （3）制定、公布并遵守行为规范。管理层应当在了解相关法律法规要求的基础上，制定符合法律法规要求的行为规范，并予以公布，使每个员工和各项活动都遵守行为规范，确保整体经营管理活动的合法性。 （4）确保员工经过适当的培训，了解各项行为规范。培训可以使所有员工了解行为规范，明确自己的日常行为哪些是正确的，哪些可能违反法律法规。 （5）监控行为规范的遵守情况，对违反行为规范的员工给予适当的处罚。员工可能故意或无意地违反行为规范。因此，有必要采取措施监控行为规范的遵守情况，并适当处罚违反行为规范的员工，这样有利于促使全体员工自觉遵守行为规范。 （6）聘请法律顾问，帮助管理层了解法律法规要求。 （7）汇集必须遵守的法律法规，保存被投诉的记录。 （8）将适当的职责分派给内部审计和审计委员会，帮助管理层履行防止和发现违反法律法规的责任

（四）注册会计师的责任

本准则旨在帮助注册会计师识别由于违反法律法规导致的财务报表重大错报。然而注册会计师没有责任防止被审计单位违反法律法规行为，不能期望其发现所有的违反法律法规行为。

注册会计师有责任对财务报表整体不存在由于舞弊或错误导致的重大错报获取合理保证。

在执行财务报表审计时，注册会计师需要考虑适用于被审计单位的法律法规框架。由于审计的固有限制，即使注册会计师按照审计准则的规定恰当地计划和执行审计工作，也不可避免地存在财务报表中的某些重大错报未被发现的风险。

就法律法规而言，由于下列原因，审计的固有限制对注册会计师发现重大错报的能力的潜在影响会加大：①许多法律法规主要与被审计单位经营活动相关，通常不影响财务报表，且不能被与财务报告相关的信息系统所获取；②违反法律法规可能涉及故意隐瞒的行为，如共谋、伪造、故意漏记交易、管理层凌驾于控制之上或故意向注册会计师提供虚假陈述；③某行为是否构成违反法律法规，最终只能由法院认定。

根据法律法规或相关职业道德的要求，对于被审计单位的违反法律法规行为，注册会计师可能承担额外责任，这些责任可能与本准则不同，或超出了本准则的规定，例如：

（1）应对识别出的或怀疑存在的违反法律法规行为，包括要求与管理层和治理层进行专门沟通，评价其对违反法律法规行为所作应对的适当性，并确定是否需要采取进一步行动；

（2）向其他注册会计师沟通识别出的或怀疑存在的违反法律法规行为（如在集团财务报表审计中）；

（3）对识别出的或怀疑存在的违反法律法规行为的记录要求。

对额外责任的履行，可能提供与注册会计师按照本准则和其他审计准则执行工作相关的进一步信息（如与管理层和治理层诚信相关的信息）。

通常情况下，违反法律法规与财务报表反映的交易和事项越不相关，就越难以被注册会计师关注或识别。

为了对财务报表形成审计意见所实施的其他审计程序，可能使注册会计师识别出或怀疑存在违反法律法规行为，本准则要求注册会计师对此保持警觉。

考虑到法律法规对被审计单位产生影响的范围，按照《中国注册会计师审计准则第1101号——注册会计师的总体目标和审计工作的基本要求》的规定，注册会计师在整个审计过程中保持职业怀疑尤为重要。

1.对法律法规框架的了解

在了解被审计单位及其环境时，注册会计师应当总体了解：

（1）适用于被审计单位及其所处行业或领域的法律法规框架；

（2）被审计单位如何遵守这些法律法规框架。

2.对注册会计师的要求

注册会计师应当评价识别出的或怀疑存在的违反法律法规行为对审计的其他方面可能产生的影响，包括对注册会计师风险评估和被审计单位书面声明可靠性的影响，并采取适当措施。

注册会计师对被审计单位遵守法律法规的考虑责任见表1142-4。对注册会计师的责任的界定，是根据被审计单位需要遵守的下列两类不同的法律法规而作出的。

表1142-4　　注册会计师对被审计单位遵守法律法规的考虑责任

程序		要求
主要程序	第一类	获取被审计单位遵守这些规定的充分、适当的审计证据
	第二类	（1）向管理层和治理层询问是否遵守了这些法律法规； （2）检查与许可证颁发机构或监管机构的往来函件
其他程序		（1）阅读会议纪要； （2）向被审计单位管理层、内部或外部法律顾问询问诉讼、索赔及评估情况； （3）对某类交易、账户余额和披露实施细节测试
书面声明		（1）对于管理层识别出的或怀疑存在的、可能对财务报表产生重大影响的违反法律法规行为，书面声明可以提供必要的审计证据； （2）不能提供充分、适当的审计证据，不影响注册会计师拟获取的其他审计证据的性质和范围

（五）识别出或怀疑存在违反法律法规行为时实施的审计程序

如果注册会计师发现下列事项或相关信息，可能表明被审计单位存在违反法律法规行为：①受到监管机构、政府部门的调查，或者支付罚金或受到处罚；②向未指明的服务付款，或向顾问、关联方、员工或政府雇员提供贷款；③与被审计单位或所处行业正常支付水平或实际收到的服务相比，支付过多的销售佣金或代理费用；④采购价格显著高于或低于市场价格；⑤异常的现金支付，以银行本票向持票人付款的方式采购；⑥与在“避税天堂”注册的公司存在异常交易；⑦向货物或服务原产地以外的国家或地区付款；⑧在没有适当的交易控制记录的情况下付款；⑨现有的信息系统不能（因系统设计存在问题或因突发性故障）提供适当的审计轨迹或充分的证据；⑩交易未经授权或记录不当；⑪负面的媒体评论。具体内容见表1142-5。

表1142-5　　识别出或怀疑存在违反法律法规行为时实施的审计程序

职业判断	审计程序
（1）注意到与识别出的或怀疑存在的违反法律法规行为相关的信息	①了解违反法律法规行为的性质及发生的环境； ②获取进一步的信息，了解潜在财务后果，以评价对财务报表可能产生的影响。包括：a.违反法律法规行为对财务报表产生的潜在财务后果，如受到罚款、处分、赔偿、封存财产、强制停业和诉讼等；b.潜在财务后果是否需要列报；c.潜在财务后果是否非常严重，以致对财务报表的公允反映产生怀疑或导致财务报表产生误导
（2）怀疑存在违反法律法规行为	①如果治理层能够提供额外的审计证据，注册会计师可以与治理层讨论其发现； ②如果管理层或治理层不能提供充分的信息，可以考虑向被审计单位内部或外部的法律顾问咨询； ③如上述咨询不适当或不满意，可考虑向会计师事务所的法律顾问咨询

续表

职业判断	审计程序
（3）评价违反法律法规行为的影响	①评价对风险评估结果和书面声明可靠性的影响； ②在例外情况下，如管理层或治理层没有采取适合具体情况的补救措施，即使违反法律法规行为对财务报表不重要，如果法律法规允许，也可能考虑是否有必要解除业务约定； ③如果不能解除业务约定，可考虑替代方案，包括在审计报告的其他事项段中描述违反法律法规行为

（六）对识别出的或怀疑存在的违反法律法规行为的报告

如果识别出或怀疑存在违反法律法规行为，注册会计师应当确定法律法规或相关职业道德守则是否：

（1）要求注册会计师向被审计单位以外的适当机构作出报告。

（2）规定了相关责任，基于该责任注册会计师向被审计单位以外的适当机构报告在具体情形下可能是适当的。

1. 对识别出的或怀疑存在的违反法律法规行为的报告（如图1142-2所示）

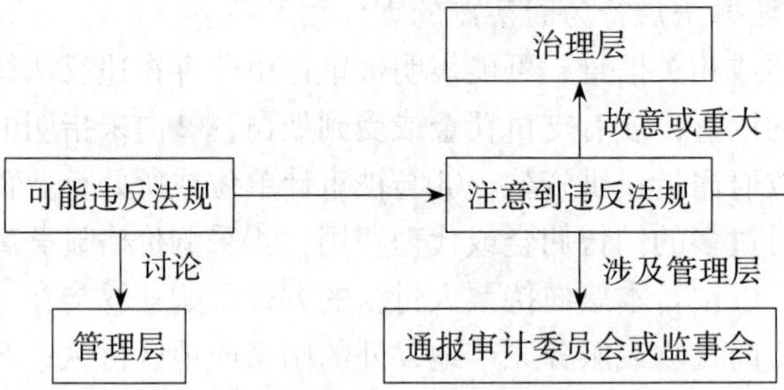

图1142-2 对识别出的或怀疑存在的违反法律法规行为的报告

2. 与管理层、治理层和监管机构沟通违反法律法规的行为

如果认为可能存在违反法律法规行为时，一般应先与管理层讨论。

应将“注意到”的违反法律法规行为与治理层沟通，但不必沟通“明显不重要”的事项；如果根据判断认为需要沟通的违反法律法规行为是“故意”或“重大”的，应当就此“尽快”向治理层通报。与管理层、治理层和监管机构的沟通要求见表1142-6。

表1142-6 与管理层、治理层和监管机构的沟通要求

沟通对象	情形	沟通要求
管理层	可能存在违反法律法规行为	先行沟通
治理层	故意和重大的违反法律法规行为	立即沟通
	管理层或治理层违反法律法规行为	与审计委员会或监事会沟通
监管机构	严重违反法律法规行为	了解相关法律法规或征询法律意见

如果怀疑违反法律法规行为涉及管理层或治理层，应当向被审计单位审计委员会或监事会等更高层级的机构通报。

如果注册会计师发现和确定了“严重”违反法律法规的行为，应当考虑是否有责任向被审计单位以外的监管机构和执法机构等相关机构或人员报告。必要时，征询法律意见。

（1）与管理层的沟通。如果注册会计师认为可能存在违反法律法规行为时，一般应先与管理层讨论。

（2）与治理层的沟通。①与治理层沟通的总体要求。注册会计师应当与治理层沟通审计过程中注意到的有关违反法律法规的事项，但**不必沟通明显不重要的事项**。责任：这有利于注册会计师尽到职业责任，为治理层履行对管理层的监督责任提供有用信息。例外：除非治理层全部成员参与管理被审计单位，知悉注册会计师已沟通的、涉及识别出的或怀疑存在的违反法律法规行为的事项。②沟通形式。沟通通常采用书面形式，注册会计师将沟通文件副本作为审计工作底稿。如果采用口头沟通形式，应形成沟通记录并作为审计工作底稿保存。③违反法律法规行为情节严重时的沟通要求（具体要求）。a.对故意和重大的违反法律法规行为的沟通要求。如果根据判断认为需要沟通的违反法律法规行为是**故意和重大**的，注册会计师应当就此**尽快向治理层通报**。b.怀疑违反法律法规行为涉及管理层或治理层时的沟通要求。如果怀疑违反法律法规行为涉及管理层或治理层，注册会计师应当向被审计单位审计委员会或监事会等更高层级的机构通报。如果不存在更高层级的机构，或者注册会计师认为被审计单位可能不会对通报作出反应，或者注册会计师不能确定向谁报告，注册会计师应当考虑是否需要征询法律意见。

3.出具审计报告

出具审计报告决策如图1142-3所示。

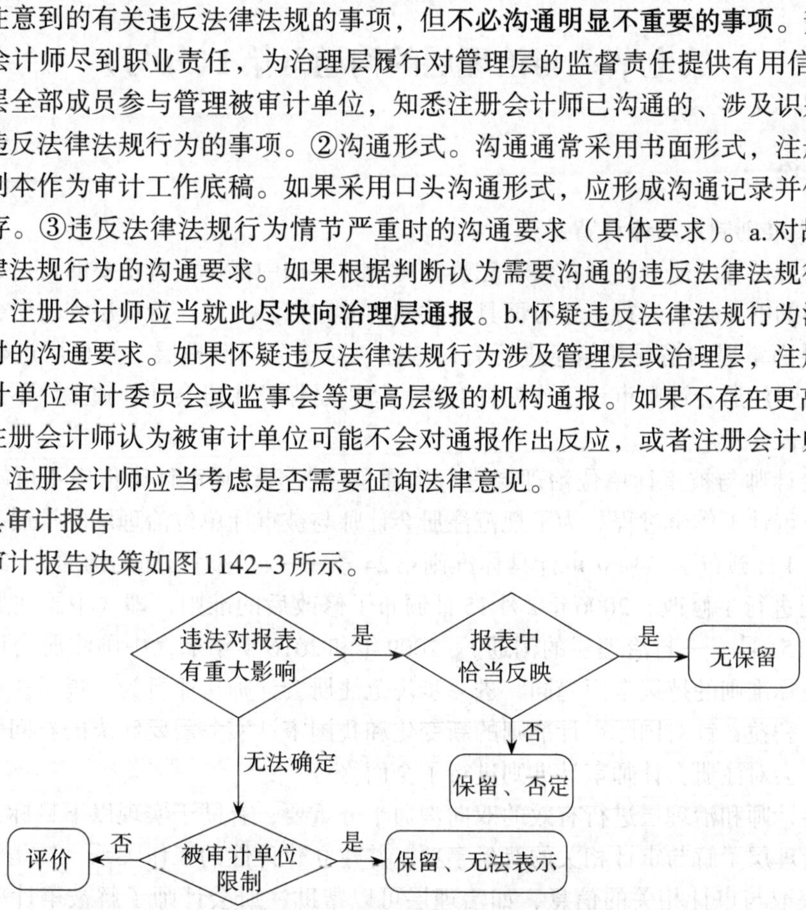

图1142-3 出具审计报告决策

4.向监管机构和执法机构报告违反法律法规行为

如果识别出或怀疑存在违反法律法规行为，注册会计师应当考虑是否有责任向被审计单位以外的监管机构和执法机构等相关机构或人员报告。

注册会计师考虑是否报告的是经注册会计师发现和确定的**严重违反**法律法规的行为。“严重”主要是指有重大法律后果或涉及社会公众利益。

（1）注册会计师应当了解相关法律法规是否要求报告违反法律法规行为；

（2）注册会计师应考虑采取何种方式、何时以及向谁进行报告。

如果无法确定是否有相关法律法规要求向监管机构报告发现的被审计单位的违反法律法规行为，或者无法确定某项违反法律法规行为是否应该向监管机构报告，注册会计师通常需要征询相关的法律意见，然后再确定如何处理。

5.在审计工作底稿中记录违反法律法规行为

注册会计师应当在审计工作底稿中记录识别出的或怀疑存在的违反法律法规行为，以及：

（1）已实施的审计程序、作出的重大职业判断和形成的结论；

（2）与管理层、治理层和其他人员就违反法律法规行为相关的重大事项所作的讨论，包括管理层和治理层（如适用）如何应对这些事项。

第七节 与治理层的沟通（第1151号）

一、概述

（一）本准则制定与修订背景

公司治理层和注册会计师在健全完善公司治理结构中都扮演着重要的角色，两者在对管理层编制的财务报表进行监督方面具有共同的关注点。为此，治理层和注册会计师对各自从不同层面掌握的情况和信息进行有效沟通，对于公司治理层对管理层进行监督和制衡，以及增强注册会计师审计工作的针对性，特别是保护注册会计师独立性不受管理层干扰，有着积极作用。

注册会计师与被审计单位治理层进行沟通是注册会计师审计工作中不可缺少的一部分，贯穿于审计工作全过程。为了规范注册会计师与被审计单位治理层的沟通，财政部于1999年2月4日颁布了《独立审计具体准则第24号——与管理当局的沟通》。2005年财政部对该准则进行了修改，2006年2月15日颁布了修改后的准则，即《中国注册会计师审计准则第1151号——与治理层的沟通》。2009年和2016年年末，中国注册会计师协会为了保持与国际准则的持续全面趋同，进一步规范注册会计师执业行为，提高执业质量，维护社会公众利益，针对国际审计准则的新变化和我国审计实务需要解决的新问题，中国注册会计师协会对注册会计师审计准则进行了全面修订。

注册会计师和治理层进行有效的双向沟通十分重要，有助于实现以下目标：一是注册会计师和治理层了解与审计相关的背景事项，并建立建设性的工作关系；二是注册会计师向治理层获取与审计相关的信息，如治理层可以帮助注册会计师了解被审计单位及其环境，确定审计证据的适当来源，以及提供有关具体交易或事项的信息；三是治理层履行其对财务报告过程的监督责任，从而降低财务报表重大错报风险。

2006年版审计准则一方面规范了治理层在监督财务报告方面的职责和作用，对管理层与治理层在财务报告方面的职责作出明确区分；另一方面要求注册会计师就审计工作中遇到的重大困难、对被审计单位会计处理质量的看法、审计过程中发现的错报、违反法律法规行为、舞弊等及时与治理层沟通。同时要求注册会计师向治理层和管理层恰当通报注册会计师在审计过程中识别出的、根据职业判断认为足够重要从而值得治理层和管理层关注的内部控制缺陷。

制定本准则的目的在于明确注册会计师在财务报表审计中与治理层沟通的责任。具体说来，除了明确相关的概念和提出总体要求之外，通过本准则需要进行规范和提供指引的主要问题包括：如何确定与被审计单位治理结构中的哪些适当人员进行沟通（即沟通的对象），应当与治理层沟通哪些内容（即沟通的事项），如何合理地确定沟通过程，以及如何对与治理层的沟通进行记录。

（二）本准则2010年修订内容

2010年本准则修订主要是对2006年版《中国注册会计师审计准则第1151号——与治理层的沟通》按照新体例进行的改写，并未作出实质性修订。

与2006年版准则相比，在具体规定方面有以下四个方面的变化：

（1）更加突出强调注册会计师与被审计单位治理层之间双向沟通的重要性，明确将"推动注册会计师和治理层之间有效的双向沟通"作为注册会计师的目标之一。

（2）准则正文中不再就注册会计师与管理层的沟通进行规范，相关内容体现在指南中。

（3）在沟通事项中，将其他事项和补充事项的相关内容放在附录和指南之中，不在准则正文中作具体规定。

（4）由于新制定了《中国注册会计师审计准则第1152号——向治理层和管理层通报内部控制缺陷》，在本准则中相应提及了该准则。

（三）本准则2016年修订内容

（1）修订与治理层沟通的事项（注册会计师与财务报表审计相关的责任、计划详细的审计范围和时间安排、审计中发现的重大问题）。基于《中国注册会计师审计准则第1504号——在审计报告中沟通关键审计事项》的相关规定，拓展了与治理层的沟通事项，主要包括明确注册会计师在与治理层沟通计划的审计范围和时间安排的总体情况时，应当包括识别出的特别风险。按照《中国注册会计师审计准则第1151号——与治理层的沟通》的规定，注册会计师可以在与治理层讨论计划的审计范围和时间安排时沟通这一看法。注册会计师在沟通重大审计发现时也可以与治理层进行更加频繁的沟通，以进一步讨论此类事项。

（2）增加了注册会计师在与治理层沟通审计中发现的事项时，应当包括影响审计报告形式和内容的情形（如有）。

（3）对沟通的对象和过程（沟通的形式、内容、时间安排等）提供了更详尽的指引。注册会计师可以在讨论计划的审计范围和时间安排时沟通有关关键审计事项的初步看法，也可以在沟通审计发现时进一步讨论这些事项。这样做可能有助于减轻实务中在财务报表即将完成并对外公布时才试图就关键审计事项进行充分的双向沟通所带来的挑战。

（四）本准则2019年修订内容

本准则本次修订第八条：增加对在某些国家和地区，法律法规可能限制注册会计师就某些事项与治理层沟通的具体内容加以明确。

（五）本准则学习中注意事项

（1）本准则适用于各种治理结构和规模的被审计单位的财务报表审计，并针对治理层全部成员参与管理的情形以及上市实体提出了特殊考虑。本准则并不规范注册会计师与管理层或所有者的沟通，除非他们同时履行治理职责。

（2）本准则是针对财务报表审计制定的，但对于其他历史财务信息审计，如果治理层对其他历史财务信息的编制负有监督责任，注册会计师可以根据具体情况遵守本准则的相关规定。考虑到有效的双向沟通在财务报表审计中的重要性，本准则为注册会计师与治理层的沟通提供了一个基础框架，并明确了应当与其沟通的一些具体事项。

（3）作为对本准则沟通要求的补充，附录列示的其他审计准则对需要沟通的补充事项作出了规定。此外，《中国注册会计师审计准则第1152号——向治理层和管理层通报内部控制缺陷》针对注册会计师向治理层通报在审计过程中识别出的值得关注的内部控制缺陷，提出了具体要求。

（4）法律法规、业务约定或其他规定可能要求沟通本准则或其他审计准则没有规定的其他事项，本准则并不禁止注册会计师就此与治理层沟通。

（5）特别强调要结合《中国注册会计师审计准则第1504号——在审计报告中沟通关键审计事项》第十七条理解本准则。

二、框架结构简介

本准则共4章24条，还有附录。其框架结构见表1151-1。

表1151-1 框架结构

章	名称	节	条	主要内容
第一章	总则	—	1～8	本准则制定的目的、适用范围和与第1152号准则的关系
第二章	定义	—	9、10	解释本准则中包含的术语
第三章	目标	—	11	界定执行本准则应实现的目标
第四章	要求	1～4	12～24	规定注册会计师为实现准则目标应遵守的要求，即注册会计师在相关业务环境下应当实施的所有必要程序
附录	质量控制准则和其他审计准则对与治理层沟通的具体要求	—	16	列示16项其他审计准则对需要沟通的补充事项作出的规定

三、重点难点解析

（一）双向沟通

董事会的主要职责是制定战略、进行重大决策、聘任经理并对经营管理活动进行监督；监事会的主要职责是对公司财务以及公司董事、经理的行为进行监督。因此，一般认为，董事会和监事会属于治理层。但是，往往不同程度地存在着董事兼任高级管理人员的情形，即治理层参与管理的情形。股东大会（或股东会）一般具有选举董事和监事、进行重大决策以及审议批准公司财务预算、决算方案和利润分配（亏损弥补）方案等法定职责，因而显然属于重要的治理机构。但是，由于它属于以会议形式存在的公司权力机关，并非常设机构，所以一般不把它列为注册会计师应予沟通的治理层。但是，在有必要与治理层整体进行沟通的情况下，尤其是在公司章程中规定对注册会计师的聘任、解聘由股东大会（或股东会）决定时，注册会计师可能也需要与股东大会（或股东会）进行沟通。

1.治理结构概述

现代企业普遍存在由于所有权和经营权的分离而引发的代理问题，部分公司还可能存在处于控制地位的大股东与中小股东之间的代理问题，因此，为了合理保证企业（或公司）目标，包括中小股东在内的所有者（或股东）价值最大化的实现，需要引入一系列的结构和机制，即公司治理。一般认为，公司治理主要解决的是股东、董事会和经理之间的关系（有时也包括控股股东与中小股东之间的关系）。

2.治理层监督财务报告过程的职责

对于财务报告的编制和披露过程，治理层负有监督职责。这种监督职责主要有：审核或监督企业的重大会计政策；审核或监督企业财务报告和披露程序；审核或监督与财务报告相关的企业内部控制；组织和领导企业内部审计；审核和批准企业的财务报告和相关信息披露；聘任和解聘负责企业外部审计的注册会计师并与其进行沟通等；审核或监督与财务报告过程有关的其他重大事项（与第十七条第（五）项相关）。

《中国注册会计师审计准则第1201号——计划审计工作》指出，由于未预期事项的存在、条件的变化或通过实施审计程序获取的审计证据等原因，注册会计师可能需要基于修正后的风险评估结果，对总体审计策略、具体审计计划以及原来计划的进一步审计程序的性质、时间安排和范围作出修改。注册会计师可以就此类事项与治理层进行沟通，如作为对审计工作的计划范围及时间安排所作的初步讨论的更新。

除本准则第十七条第（一）至（四）项及相关应用指南规定的事项之外，根据《中国注册会计师审计准则第1121号——对财务报表审计实施的质量控制》的规定，注册会计师可能和项目质量控制复核人员讨论过其他事项，项目质量控制复核人员也可能考虑过其他事项。对于这些事项，注册会计师可以考虑与治理层进行沟通。

3.不同组织形式主体的治理层

在不同组织形式的主体中，治理层可能意味着不同的人员或组织。对于有限责任公司而言，其治理层一般是指董事会（不设董事会时为执行董事）、监事会（不设监事会时为监事），在特殊情形下，可能还涉及股东会；对于一人有限责任公司而言，其治理层一般为自然人股东本人，或法人股东的代表；对于国有独资公司而言，其治理层一般为董事会、监事会；对于股份有限公司而言，其治理层一般为董事会、监事会。上市公司董事会一般设有若干专门委员会，其中审计委员会的职责中通常包括与注册会计师的沟通。

4.治理层、管理层与注册会计师之间的关系

治理层的责任包括对财务报告过程的监督；管理层负责编制财务报表，并受到治理层的监督。被审计单位的治理层与注册会计师在财务报告编制过程中监督和财务报表审计职责方面存在着共同的关注点，在履行职责方面存在着很强的互补性，这也正是注册会计师需要与治理层保持有效的双向沟通的根本原因。

治理层、管理层与注册会计师之间的关系如图1151-1所示。

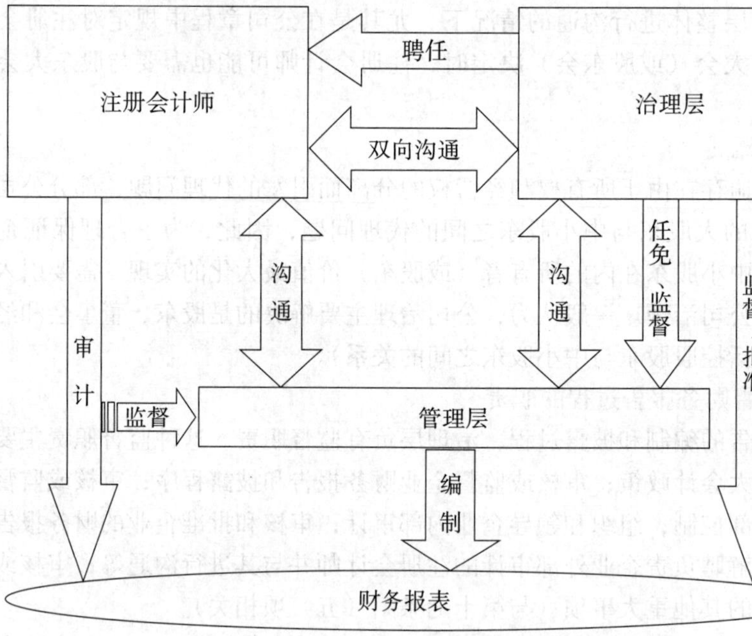

图1151-1 治理层、管理层与注册会计师之间的关系

5.双向沟通的重要意义

（1）注册会计师和治理层了解与审计相关的背景事项，并建立建设性的工作关系，在建立这种关系时，注册会计师需要保持独立性和客观性。

（2）注册会计师向治理层获取与审计相关的信息。例如，治理层可以帮助注册会计师了解被审计单位及其环境，确定审计证据的适当来源，以及提供有关具体交易或事项的信息。

（3）治理层履行其对财务报告过程的监督责任，从而降低财务报表重大错报风险。

6.双向沟通的适用范围

（1）本准则适用于各种治理结构和规模的被审计单位的财务报表审计，并针对治理层全部成员参与管理的情形以及上市实体提出了特殊考虑。

（2）本准则并不规范注册会计师与管理层或所有者的沟通，除非他们同时履行治理职责。

（3）本准则是针对财务报表审计制定的，但对于其他历史财务信息审计，如果治理层对其他历史财务信息的编制负有监督责任，注册会计师可以根据具体情况遵守本准则的相关规定。

7.沟通的对象

（1）确定沟通对象的一般要求。包括：

①确定适当的沟通人员。注册会计师应当确定与被审计单位治理结构中的哪些适当人员沟通，适当人员可能因沟通事项的不同而不同。不同的被审计单位，适当的沟通对象可能不同。即使是同一家被审计单位，由于组织形式的变化、章程的修改或其他方面的变动，也可能使适当的沟通对象发生变动。另外，由于沟通事项的不同，适当的沟通对象也会有所不同。尽管一般情况下适当的沟通对象可能是相对固定的，但是，针对一

些特殊事项，注册会计师应当运用职业判断考虑是否应当与被审计单位治理结构中的其他适当对象进行沟通。例如，在上市公司审计中，有关注册会计师独立性问题的沟通，其沟通对象最好是被审计单位治理结构中有权决定聘任、解聘注册会计师的组织或人员。再如，有关管理层的胜任能力和诚信问题方面的事项，就不宜与兼任高级管理职务的治理层成员沟通。

②确定适当的沟通人员时应当利用的信息。在确定与哪些适当人员沟通特定事项时，注册会计师应当利用在了解被审计单位及其环境时获取的有关治理结构和治理过程的信息。通常，了解被审计单位的法律结构、组织形式，查阅被审计单位的章程、组织结构图，询问被审计单位的相关人员等，都有助于获取有关被审计单位治理结构和治理过程的信息，能够帮助注册会计师清楚地识别出适当的沟通对象。

（2）需要商定沟通对象的特殊情形。一般而言，注册会计师通过上述了解，并运用职业判断，可以确定适当的沟通对象。通常，被审计单位也会指定其治理结构中相对固定的人员或组织（如审计委员会）负责与注册会计师进行沟通。如果由于被审计单位的治理结构没有被清楚地界定，导致注册会计师无法清楚地识别适当的沟通对象，被审计单位也没有指定适当的沟通对象，注册会计师就应当尽早与审计委托人商定沟通对象，并就商定的结果形成备忘录或其他形式的书面记录。

（二）与治理层的下设组织或人员沟通

1.决定与治理层的下设组织或人员沟通时应当考虑的主要因素

通常，注册会计师没有必要（实际上也不可能）就全部沟通事项与治理层整体进行沟通。适当的沟通对象往往是治理层的下设组织和人员，如董事会下设的审计委员会、独立董事、监事会或者被审计单位特别指定的组织和人员等。注册会计师在决定与治理层某下设组织或人员沟通时，需要考虑下列事项：

（1）治理层的下设组织与治理层各自的责任。这种责任划分是确定适当沟通对象的直接依据。

（2）拟沟通事项的性质。不同性质的沟通事项，其适当的沟通对象可能并不相同。这就意味着，尽管合适的沟通对象可能是治理层下设的某个组织、某些人员，但是如果出现涉及内容和对象、重要程度等方面比较特殊的事项，可能需要适当改变沟通对象。

（3）相关法律法规的要求。法律法规可能会就治理结构、治理层下设组织和人员的职责作出规定，如有这方面的规定，注册会计师在确定适当的沟通对象时，应当从其规定。

（4）下设组织是否有权就沟通的信息采取行动，以及是否能够提供注册会计师可能需要的进一步信息和解释。对于需要通过与治理层沟通以寻求配合或解决问题的事项，注册会计师应当在合理考虑治理层的职责分工的基础上，选择有利于得到配合、有利于解决问题的适当的沟通对象。在决定是否需要与治理层沟通信息时，注册会计师可能受到其对下设组织与治理层沟通相关信息的有效性和适当性的评估的影响。注册会计师可以在就审计业务约定条款达成一致意见时明确指出，除非法律法规禁止，注册会计师保留与治理层直接沟通的权利。

2.被审计单位设有审计委员会的情形

在许多国家或地区，被审计单位设有审计委员会（或名称不同的类似下设组织）。尽管审计委员会的具体权力和职责可能不同，但与其沟通已成为注册会计师与治理层沟通的一个关键要素。良好的治理原则建议如下：

（1）邀请注册会计师定期参加审计委员会会议；

（2）审计委员会主席和其他相关成员定期与注册会计师联系；

（3）审计委员会每年至少一次在管理层不在场的情况下会见注册会计师。

3.需要与治理层整体沟通的特殊情形

在某些情况下，治理层全部成员参与管理被审计单位。例如，在一家小企业中，仅有的一名业主管理该企业，并且没有其他人负有治理责任。此时，如果就审计准则要求沟通的事项已与负有管理责任的人员沟通，且这些人员同时负有治理责任，注册会计师无须就这些事项再次与负有治理责任的相同人员沟通。这是因为，有时与负有管理责任的人员的沟通，可能不能向所有负有治理责任的人员充分传递应予沟通的内容。例如，在一家所有董事都参与管理的公司中，某一董事（如负责市场营销的董事）可能并不知道注册会计师与另一董事（如负责财务报表编制的董事）讨论的重大事项。在这种情况下，注册会计师需要对如何运用沟通的要求进行调整。

4.可能限制与治理层沟通的情形

在某些国家和地区，法律法规可能限制注册会计师就某些事项与治理层沟通。法律法规可能明确禁止那些可能不利于适当机构对识别出的或怀疑存在的违法行为进行调查的沟通或其他行动（包括引起被审计单位的警觉），例如，当依据反洗钱法令，注册会计师被要求向适当机构报告识别出的或怀疑存在的违反法律法规行为时。在这些情形下，注册会计师考虑的问题可能是复杂的，并可能认为征询法律意见是适当的。

（三）沟通的目的与形式

1.沟通的目的

注册会计师与治理层沟通的主要目的如下：

（1）了解审计范围和时间，以及注册会计师、治理层、管理层各方在财务报表审计和沟通中的责任。

（2）及时向治理层告知审计中发现的与治理层责任相关的事项。

（3）共享有助于注册会计师获取审计证据和治理层履行责任的其他信息。明确与治理层沟通的目的，有助于注册会计师全面理解与治理层进行沟通的必要性，意识到自己向治理层告知审计中发现的与治理层责任相关的事项的义务，以期与治理层就履行各自职责达成共识并共享信息。

2.沟通的形式

有效的沟通可能包括结构化的陈述、书面报告以及不太正式的沟通（包括讨论）。对于审计中发现的重大问题，如果根据职业判断认为采用口头形式沟通不适当，注册会计师应当以书面形式与治理层沟通。当然，书面沟通不必包括审计过程中的所有事项。对于审计准则要求的注册会计师的独立性，注册会计师也应当以书面形式与治理层沟通。注册会计师还应当以书面形式向治理层通报值得关注的内部控制缺陷。除上述事项外，对于其他事项，注册会计师可以采取口头或书面的形式沟通。书面沟通可能包括向治理层提供审计业务约定书。

注册会计师与治理层沟通事项的形式要求如图1151-2所示。

在审计实务中，对于审计准则规定的应当以书面形式沟通的事项，注册会计师一般采用向治理层致沟通函件的方式进行书面沟通。

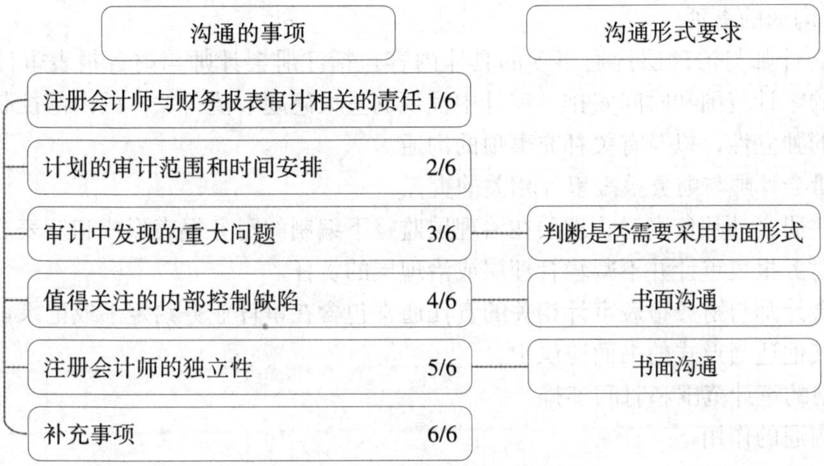

图1151-2　沟通事项的形式要求

【应用分析1151-1】沟通函件的形式。

××公司董事会（审计委员会）：

根据《中国注册会计师审计准则第1151号——与治理层的沟通》的规定，注册会计师应当就与财务报表审计相关且根据职业判断认为与治理层责任相关的重大事项，以适当的方式及时与治理层沟通。保持有效的双向沟通关系，有利于注册会计师与治理层履行各自的职责。

必须特别强调的是，除法律法规和审计准则另有规定的情形之外，这份书面沟通文件仅供贵公司治理层使用，我们对第三方不承担任何责任，未经我们事先书面同意，沟通文件不得被引用、提及或向其他人披露。以下内容是与我们对贵公司20×7年度财务报表进行的审计相关的、按规定应予沟通的重大事项：

（一）对贵公司所采用的会计政策、会计估计和财务报表披露的看法

……

（二）审计工作中遇到的重大困难

……

（三）尚未更正的重大错报

……

我们发现，贵公司将20×7年××月××日向××银行支付的银行借款利息××元计入了××在建工程成本。我们认为，根据适用的会计准则和相关会计制度的规定，该笔利息支出不符合借款费用资本化的条件，应当确认为本年度的财务费用。我们已于20×8年××月××日与贵公司管理层沟通并提请更正，但至今尚未得到更正。如不更正，将会导致少计费用从而虚增年度利润的后果，根据该笔业务的性质和重要程度，我们对贵公司20×7年度的财务报表将不能出具无保留意见的审计报告。现再次提请贵公司予以更正。

……

（四）其他事项

……

××会计师事务所（盖章）

中国注册会计师：（签名并盖章）

20×8年××月××日

（四）沟通的事项

注册会计师与治理层沟通事项的具体内容包括注册会计师与财务报表审计相关的责任、计划的审计范围和时间安排、审计中发现的重大问题、值得关注的内部控制缺陷、注册会计师的独立性，以及有关补充事项的沟通。

1.注册会计师与财务报表审计相关的责任

（1）注册会计师负责对管理层在治理层监督下编制的财务报表形成和发表意见；

（2）财务报表审计并不减轻管理层或治理层的责任。

注册会计师与财务报表审计相关的责任通常包含在审计业务约定书或记录审计业务约定条款的其他适当形式的书面协议中。

2.计划的审计范围和时间安排

（1）沟通的作用

就计划的审计范围和时间安排进行沟通可以：

①帮助治理层更好地了解注册会计师工作的结果，与注册会计师讨论风险问题和重要性的概念，以及识别可能需要注册会计师追加审计程序的领域；

②帮助注册会计师更好地了解被审计单位及其环境。

就注册会计师识别出的特别风险进行沟通，可以帮助治理层了解存在特别风险的事项以及需要注册会计师予以特别考虑的原因。

就特别风险进行沟通有助于治理层履行其对财务报告过程的监督责任。

（2）沟通的事项

沟通的事项可能包括：

①注册会计师计划如何应对由于舞弊或错误导致的特别风险；

②注册会计师计划如何应对重大错报风险评估水平较高的领域；

③注册会计师对与审计相关的内部控制采取的方案；

④在审计中对重要性概念的运用；

⑤实施计划的审计程序或评价审计结果需要的专门技术或知识的性质及程度，包括利用注册会计师的专家的工作；

⑥当《中国注册会计师审计准则第1504号——在审计报告中沟通关键审计事项》适用时，注册会计师对于哪些事项可能需要重点关注因而可能构成关键审计事项所作的初步判断；

⑦针对适用的财务报告编制基础或者被审计单位所处的环境、财务状况或活动发生的重大变化对单一报表及披露产生的影响，注册会计师拟采取的应对措施。

（3）其他事项

可能适合与治理层讨论的计划方面的其他事项包括：

①如果被审计单位设有内部审计，注册会计师和内部审计人员如何以建设性和互补的方式一起工作，包括拟利用内部审计工作，以及拟利用内部审计人员提供直接协助的性质和范围。

②治理层对下列问题的看法：

a.与被审计单位治理结构中的哪些适当人员沟通；

b.治理层和管理层之间的责任分配；

c.被审计单位的目标和战略，以及可能导致重大错报的相关经营风险；

d.治理层认为审计过程中需要特别关注的事项，以及治理层要求注册会计师追加审计程序的领域；

e.被审计单位与监管机构之间的重要沟通；

f.治理层认为可能会影响财务报表审计的其他事项。

③治理层对下列问题的态度、认识和措施：

a.被审计单位的内部控制及其在被审计单位中的重要性，包括治理层如何监督内部控制的有效性；

b.舞弊发生的可能性或如何发现舞弊。

④治理层应对会计准则、公司治理实务、交易所上市规则和相关事项变化及这些变化对财务报表的总体列报、结构和内容等方面的影响所采取的措施，包括：

a.财务报表中信息的相关性、可靠性、可比性和可理解性；

b.考虑财务报表是否因包含不相关或有碍正确理解所披露事项的信息而受到不利影响。

⑤治理层对以前与注册会计师沟通作出的回应。

⑥哪些文件组成《中国注册会计师审计准则第 1521 号——注册会计师对其他信息的责任》所规定的其他信息，以及被审计单位计划公布这些文件的方式和时间安排。当注册会计师预期将在审计报告日后获取其他信息时，与治理层的讨论还可能包括如果审计报告日后获取的其他信息存在重大错报，注册会计师可能采取的适当或必要措施。

必须指出，尽管与治理层的沟通可以帮助注册会计师计划审计的范围和时间安排，但并不改变注册会计师独自承担制定总体审计策略和具体审计计划（包括获取充分、适当的审计证据所需程序的性质、时间安排和范围）的责任。

在与治理层就计划的审计范围和时间安排进行沟通时，尤其是在治理层部分或全部成员参与管理被审计单位的情况下，注册会计师有必要保持职业谨慎，避免损害审计的有效性。例如，沟通具体审计程序的性质和时间安排，可能因这些程序易于被预见而降低其有效性。

3.审计中发现的重大问题

（1）注册会计师对被审计单位会计实务（包括会计政策、会计估计和财务报表披露）重大方面的质量的看法。《中国注册会计师审计准则第1321号——审计会计估计（包括公允价值会计估计）和相关披露》及其应用指南讨论的问题包括：①管理层如何识别可能需要在财务报表中确认或披露会计估计的交易、事项及情况。②可能需要作出新的会计估计或修正现有会计估计的情形变化。③管理层关于在财务报表中确认或不确认会计估计的决策是否符合适用的财务报告编制基础。④前期会计估计的方法在本期是否有或应该有变化；如果有，则了解变化的原因及前期会计估计的结果。⑤管理层作出会计估计的过程（如在管理层使用模型的情况下），包括选择的会计估计计量基础是否符合适用的财务报告编制基础。⑥管理层作出会计估计时使用的重大假设是否合理；如果与管理层使用的重大假设的合理性或对适用的财务报告编制基础的适当运用相关，管理层执行特定行动的意图及能力。⑦重大错报风险。⑧可能表明存在管理层偏向的迹象。⑨管理层如何考虑替代假设或结果以及未选择的原因，或管理层如何处理作出会计估计过程中的估计不确定性。

⑩财务报表中对估计不确定性进行披露的充分性。

（2）审计工作中遇到的重大困难。①管理层在提供审计所需信息时出现严重拖延；②不合理地要求缩短完成审计工作的时间；③为获取充分、适当的审计证据需要付出的努力远远超过预期；④无法获取预期的信息；⑤管理层对注册会计师施加的限制；⑥管理层不愿意按照要求对被审计单位持续经营能力进行评估，或不愿意延长评估期间。

（3）已与管理层讨论或需要书面沟通的审计中出现的重大事项，以及注册会计师要求提供的书面声明，除非治理层全部成员参与管理被审计单位。

（4）影响审计报告形式和内容的情形。①根据《中国注册会计师审计准则第1502号——在审计报告中发表非无保留意见》的规定，注册会计师预期在审计报告中发表非无保留意见；②根据《中国注册会计师审计准则第1324号——持续经营》的规定，报告与持续经营相关的重大不确定性；③根据《中国注册会计师审计准则第1504号——在审计报告中沟通关键审计事项》的规定，沟通关键审计事项；④根据《中国注册会计师审计准则第1503号——在审计报告中增加强调事项段和其他事项段》或其他审计准则的规定，注册会计师认为有必要（或应当）增加强调事项段或其他事项段。

（5）审计中出现的、根据职业判断认为对监督财务报告过程重大的其他事项。审计中出现的、与治理层履行对财务报告过程的监督职责直接相关的其他重大事项，可能包括已更正的其他信息存在的对事实的重大错报或重大不一致。

4.值得关注的内部控制缺陷

（1）已向或拟向治理层通报的值得关注的内部控制缺陷，除非在具体情况下不适合直接向管理层通报；

（2）在审计过程中识别出的、其他方尚未向管理层通报而注册会计师根据职业判断认为足够重要从而值得管理层关注的内部控制其他缺陷。

在向治理层和管理层提供信息时，注册会计师应当特别说明下列事项：①注册会计师执行审计工作的目的是对财务报表发表审计意见；②审计工作包括考虑与财务报表编制相关的内部控制，其目的是设计适合具体情况的审计程序，并非对内部控制的有效性发表意见（如果结合财务报表审计对内部控制的有效性发表意见，应当删除“并非对内部控制的有效性发表意见”的措辞）；③报告的事项仅限于注册会计师在审计过程中识别出的、认为足够重要从而值得向治理层报告的缺陷。

5.注册会计师的独立性

注册会计师需要遵守与财务报表审计相关的职业道德要求，包括对独立性的要求。通常包括：

（1）对独立性的不利影响；

（2）法律法规和职业规范规定的防范措施、被审计单位采取的防范措施，以及会计师事务所内部自身的防范措施。

如果被审计单位是上市实体，注册会计师还应当与治理层沟通下列内容：①就审计项目组成员、会计师事务所其他相关人员，以及会计师事务所和网络事务所按照相关职业道德要求保持了独立性作出声明。②根据职业判断，注册会计师认为会计师事务所、网络事务所与被审计单位之间存在的可能影响独立性的所有关系和其他事项，包括会计师事务所和网络事务所在财务报表涵盖期间为被审计单位和受被审计单位控制的组成部分提供审计、非审计服务的收费总额。③为消除对独立性的不利影响或将其降至可接受的水平，已经采取的相关防范措施。

6.有关补充事项的沟通

注册会计师可能注意到一些补充事项，其不一定与监督财务报告流程有关，但对治理层监督被审计单位的战略方向或与被审计单位受托责任相关的义务很可能是重要的。这些事项可能包括与治理结构或过程有关的重大问题、缺乏适当授权的高级管理层作出的重大决策或行动。

（五）沟通的过程

沟通的过程具体内容见表1151-2。

表1151-2　沟通的过程

沟通的过程	具体内容
确立沟通过程	清楚地沟通注册会计师的责任、计划的审计范围和时间安排，以及期望沟通的大致内容，有助于为有效的双向沟通确立基础
沟通的形式	有效的沟通可能包括结构化的陈述、书面报告以及不太正式的沟通（包括讨论）。对于审计中发现的重大问题，如果根据职业判断认为采用口头形式沟通不适当，注册会计师则应当以书面形式与治理层沟通。当然，书面沟通不必包括审计过程中的所有事项。对于审计准则要求的注册会计师的独立性，注册会计师也应当以书面形式与治理层沟通。 注册会计师还应当以书面形式向治理层通报值得关注的内部控制缺陷。除上述事项外，对于其他事项，注册会计师可以采取口头或书面的形式沟通
沟通的时间安排	注册会计师应当及时与治理层沟通。 （1）计划事项：通常在审计业务的早期阶段进行； （2）审计中遇到的重大困难；如果治理层能够协助注册会计师克服这些困难，或者这些困难可能导致发表非无保留意见，可能需要尽快沟通； （3）值得关注的内部控制缺陷：可以在进行书面沟通前，尽快向治理层口头沟通； （4）注册会计师的独立性：无论何时进行沟通都可能是适当的
沟通过程的充分性	注册会计师应当评价其与治理层之间的双向沟通对实现审计目的是否充分。如果认为双向沟通不充分，注册会计师应当评价其对重大错报风险评估以及获取充分、适当的审计证据的能力的影响，并采取适当的措施。 （1）有助于评价沟通过程充分性的审计证据； （2）沟通不充分的应对措施

（六）沟通的审计工作底稿

（1）注册会计师应当记录与治理层沟通的重大事项，包括记录那些对于表明形成审计报告的合理基础、证明审计工作的执行遵循了审计准则和其他法律法规要求而言很重要的事项。

（2）如果审计准则要求沟通的事项是以口头形式沟通的，注册会计师则应当将其包括在审计工作底稿中，并记录沟通的时间和对象；如果审计准则要求沟通的事项是以书面形式沟通的，注册会计师则应当保存一份沟通文件的副本，作为审计工作底稿的一部分。

(3) 如果被审计单位编制的会议纪要是沟通的适当记录，注册会计师则可以将其副本作为口头沟通的记录，并作为审计工作底稿的一部分。如果发现这些记录不能恰当地反映沟通的内容，且有差别的事项比较重大，那么注册会计师一般会另行编制能恰当记录沟通内容的纪要，将其副本连同被审计单位编制的会议纪要一起致送治理层，提示治理层，以免引起不必要的误解。

(4) 如果根据业务环境不容易识别出适当的沟通人员，那么注册会计师还应当记录识别治理结构中的适当沟通人员的过程。记录的内容一般包括从被审计单位获取的治理结构和组织结构图、项目组内部就确定沟通对象的讨论、与委托人就沟通对象进行沟通的过程和商定的结果等。它可以记录于注册会计师的工作底稿中，必要时也可以载入业务约定书或记录商定的业务约定条款的其他形式的合约中。

(5) 如果治理层全部参与管理，那么注册会计师还应当记录对沟通的充分性进行考虑的过程，即考虑与负有管理责任人员的沟通能否向所有负有治理责任的人员充分传递应予沟通内容的过程。

第八节　向治理层和管理层通报内部控制缺陷（第1152号）

一、概述

（一）本准则制定与修订背景

《中国注册会计师审计准则第1152号——向治理层和管理层通报内部控制缺陷》是在借鉴国际审计与鉴证准则理事会（IAASB）发布的《国际审计准则第265号——内部控制缺陷的沟通》的基础上新制定的准则。

自2002年美国国会出台《萨班斯-奥克斯利法案》以后，内部控制及其审计问题受到了世界各国的重视。特别是美国，财务报告内部控制的审计已成为与财务报表审计并列的法定审计类型。国际审计与鉴证准则理事会制定该准则，反映了内部控制所受的广泛重视，以及注册会计师在不违反独立性要求的情况下，为审计客户提供附带的增值服务，为审计营造良好环境与氛围的要求。

美国公众公司会计监督委员会（PCAOB）颁布的审计准则第5号（AS 5）定义了内部控制的两类缺陷，即设计缺陷和运行缺陷。设计缺陷包括两类：①缺少相关内部控制；②存在的内部控制设计不合理。运行缺陷也包括两类：①设计良好的内部控制未得到执行；②内部控制执行者未获得必要授权或缺乏专业胜任能力，无法有效执行内部控制。

为了规范注册会计师向治理层和管理层恰当通报在财务报表审计中识别出的内部控制缺陷，制定本准则。

（二）本准则2010年修订内容

本准则本次修订把原来散见于其他审计准则中的有关沟通内部控制缺陷的规定集中到一个准则中，并拓展了相关内容。本准则主要规范注册会计师如何向被审计单位治理层和管理层恰当通报在财务报表审计中识别出的内部控制缺陷。其核心内容包括：

（1）在审计准则体系中不再使用“内部控制重大缺陷”的提法，而是引入“内部控制缺陷”和“值得关注的内部控制缺陷”的定义。

（2）对于内部控制缺陷，要求注册会计师在执行审计工作的基础上，确定是否识别出一个或多个内部控制缺陷，以及该缺陷单独或连同其他缺陷是否构成重要缺陷。

（3）对于值得关注的内部控制缺陷，要求注册会计师以书面形式及时向治理层和管理层通报，并对书面沟通文件的内容和特别说明事项作出了规定。

（三）本准则2016年修订内容

本准则本次未修订。

（四）本准则2019年修订内容

本准则本次未修订。

（五）本准则学习中注意事项

（1）国际审计与鉴证准则理事会修订后的准则未引入重大缺陷的概念，这是因为其审计准则主要针对财务报表审计而非财务报告内部控制审计。因此，修订后的本准则只涉及内部控制缺陷和值得关注的内部控制缺陷。在第二章定义部分，第5条给出了内部控制缺陷的定义，第6条给出了值得关注的内部控制缺陷的定义。

（2）与内部控制审计的区别。《企业内部控制基本规范》及配套指引的发布，要求执行企业内部控制规范体系的企业，必须对本企业内部控制的有效性进行自我评价，披露年度自我评价报告，同时聘请具有证券期货业务资格的会计师事务所对其财务报告内部控制的有效性进行审计，出具审计报告。注册会计师在内部控制审计过程中注意到的企业非财务报告内部控制的重大缺陷，应当提示投资者、债权人和其他利益相关者关注。在财务报表审计中，识别和评估重大错报风险时，审计准则要求注册会计师了解与审计相关的内部控制。在进行风险评估时，注册会计师了解内部控制的目的是设计适合具体情况的审计程序，而不是对内部控制的有效性发表意见。

二、框架结构

本准则共5章13条，其框架结构见表1152-1。

表1152-1　框架结构

章	名称	节	条	主要内容
第一章	总则	—	1 ~ 4	本准则制定的目的和与第1211号、第1231号、第1151号准则的关系
第二章	定义	—	5、6	解释本准则中包含的术语
第三章	目标	—	7	界定执行本准则应实现的目标
第四章	要求	—	8 ~ 12	规定注册会计师为实现准则目标应遵守的要求，即注册会计师在相关业务环境下应当实施的所有必要程序
第五章	附则	—	13	本准则施行时间

三、重点难点解析

（一）内部控制缺陷概述

在识别和评估重大错报风险时，审计准则要求注册会计师了解与审计相关的内部控制。在进行风险评估时，注册会计师了解内部控制的目的是设计适合具体情况的审计程序，而不是对内部控制的有效性发表意见。无论在风险评估过程中，还是在审计工作的其他阶段，注册会计师都有可能识别出内部控制缺陷。注册会计师应当向治理层和管理层通报准则规定识别出的内部控制缺陷。

1.内部控制缺陷

内部控制缺陷是指在下列任一情况下内部控制存在的缺陷：

（1）某项控制的设计、执行或运行不能及时防止或发现并纠正财务报表错报；

（2）缺少用以及时防止或发现并纠正财务报表错报的必要控制。

2.值得关注的内部控制缺陷

值得关注的内部控制缺陷是指注册会计师根据职业判断，认为足够重要从而值得治理层关注的内部控制的一个缺陷或多个缺陷的组合。它是内部控制的重要缺陷（应报告缺陷），依赖于注册会计师的职业判断，并值得治理层关注。

《企业内部控制评价指引》第十七条指出，企业在日常监督、专项监督和年度评价工作中，应当充分发挥内部控制评价工作组的作用。内部控制评价工作组应当根据现场测试获取的证据，对内部控制缺陷进行初步认定，并按其影响程度分为三种缺陷：重大缺陷、重要缺陷和一般缺陷。重大缺陷，也称实质性漏洞，是指一个或多个控制缺陷的组合，可能导致企业严重偏离控制目标。重要缺陷，是指一个或多个控制缺陷的组合，其严重程度和经济后果低于重大缺陷，但仍有可能导致企业偏离控制目标。一般缺陷，是指除重大缺陷、重要缺陷之外的其他缺陷。重大缺陷、重要缺陷和一般缺陷的具体认定标准，由企业根据上述要求自行确定。

【应用分析1152-1】中安消股份有限公司对内部控制缺陷进行初步认定。

德勤华永会计师事务所出具的内部控制审计报告原文如下：

内部控制审计报告

德师深圳报（审）字（17）第S00223号

中安消股份有限公司全体股东：

按照《企业内部控制审计指引》及中国注册会计师执业准则的相关要求，我们审计了中安消股份有限公司（以下简称中安消股份）2016年12月31日的财务报告内部控制的有效性。

一、企业对内部控制的责任

按照《企业内部控制基本规范》《企业内部控制应用指引》《企业内部控制评价指引》的规定，建立健全和有效实施内部控制，并评价其有效性是中安消股份董事会的责任。

二、注册会计师的责任

我们的责任是在实施审计工作的基础上，对财务报告内部控制的有效性发表审计意见，并对注意到的非财务报告内部控制的重大缺陷进行披露。

如中安消股份董事会2016年度内部控制评价报告所述，中安消股份于2016年收购了江苏中科智能系统有限公司、浙江华和万润信息科技有限公司、Guardforce Security Services （Thailand） Company Limited、Guardforce Aviation Security Services Company Limited、Guardforce Aviation Services Company Limited 和澳洲安保集团公司（以下简称被收购公司），并将其纳入了2016年度财务报表的合并范围。根据中国证券监督管理委员会发布的《上市公司实施企业内部控制规范体系监管问题解答》（2011年第1期，总第1期）的相关豁免规定，中安消股份在对财务报告内部控制于2016年12月31日的有效性进行评价时，未将被收购公司的财务报告内部控制包括在评价范围内。同样，根据《企业内部控制审计指引实施意见》的相关指引，我们在对中安消股份财务报告内部控制执行审计工作时，也未将被收购公司的财务报告内部控制包括在审计范围内。

三、内部控制的固有局限性

内部控制具有固有局限性，存在不能防止和发现错报的可能性。此外，由于情况的变化可能导致内部控制变得不恰当，或对控制政策和程序遵循的程度降低，根据内部控制审计结果推测未来内部控制的有效性具有一定风险。

四、导致否定意见的事项

重大缺陷，是指一个或多个控制缺陷的组合，可能导致企业严重偏离控制目标。

中安消股份财务报告内部控制存在如下重大缺陷：中安消股份的部分子公司主要从事工程业务，该等子公司与客户和供应商分别签订工程合同及分包或供货合同，根据合同的约定向供应商支付全部或部分款项，同时按照完工进度确认营业收入和营业成本，并根据合同的约定向客户收款。该等子公司在工程业务承接前，缺乏对重要客户信用资质及工程项目可行性的有效评价；在实际执行工程合同过程中，缺乏证明合同内容履行的有效文件；工程施工进度管控和重大合同履行监督缺失，与之相关的财务报告内部控制运行失效，影响财务报表中与工程业务相关的营业收入、营业成本、应收应付及预付款项以及财务报表其他项目的确认和计量。

有效的内部控制能够为财务报告及相关信息的真实完整提供合理保证，而上述重大缺陷使中安消股份内部控制失去这一功能。

五、财务报告内部控制审计意见

我们认为，由于存在上述重大缺陷及其对实现控制目标的影响，中安消股份于2016年12月31日未能按照《企业内部控制基本规范》和相关规定在所有重大方面保持有效的财务报告内部控制。

德勤华永会计师事务所（特殊普通合伙）　　中国注册会计师（项目合伙人）：×××

中国注册会计师：×××

中国·上海　　2017年4月28日

中安消股份有限公司财务报告内部控制缺陷认定标准见表1152-2。

表1152-2 中安消股份有限公司财务报告内部控制缺陷认定标准

指标名称	重大缺陷定量标准	重要缺陷定量标准	一般缺陷定量标准
营业收入	潜在错报金额≥合并财务报表营业收入的1%	合并财务报表营业收入的0.5%≤潜在错报金额＜合并财务报表营业收入的1%	潜在错报金额＜合并财务报表营业收入的0.5%
利润总额	潜在错报金额≥合并财务报表利润总额的5%	合并财务报表利润总额的3%≤潜在错报金额＜合并财务报表利润总额的5%	潜在错报金额＜合并财务报表利润总额的3%
资产总额	潜在错报金额≥合并财务报表资产总额的1%	合并财务报表资产总额的0.5%≤潜在错报金额＜合并财务报表资产总额的1%	潜在错报金额＜合并财务报表资产总额的0.5%

公司确定的财务报告内部控制缺陷评价的定性标准见表1152-3。

表1152-3 财务报告内部控制缺陷评价的定性标准

缺陷性质	定性标准
重大缺陷	(1) 公司董事、监事和高级管理人员重大舞弊行为； (2) 当期财务报表存在重大错报，而内部控制在运行过程中未能发现该错报； (3) 公司审计委员会和内部审计机构未能有效发挥监督职能； (4) 已经对外正式披露并对公司定期报告披露造成负面影响等对财务报告产生重大影响的情形
重要缺陷	(1) 公司关键岗位人员舞弊给公司造成重大损失； (2) 合规性监管职能失效，违反法律法规的行为可能对财务报告的可靠性产生重大影响； (3) 未依照企业会计准则选择和应用会计政策； (4) 未建立反舞弊程序和控制措施； (5) 已向管理层汇报但经过合理期限后，管理层仍然没有对重要缺陷进行纠正； (6) 对于非常规或特殊交易的账务处理没有建立或没有实施相应的控制机制且没有相应的补偿性控制； (7) 对于期末财务报告过程的控制存在一个或多个缺陷且不能合理保证编制的财务报表达到真实、准确的目标等对财务报告产生重要影响的情形
一般缺陷	除上述重大缺陷、重要缺陷之外的其他控制缺陷

公司确定的非财务报告内部控制缺陷评价的定量标准见表1152-4。

表 1152-4　　非财务报告内部控制缺陷评价的定量标准

指标名称	重大缺陷定量标准	重要缺陷定量标准	一般缺陷定量标准
直接或间接财产损失	损失金额≥合并财务报表资产总额的0.5%	合并财务报表资产总额的0.3%≤损失金额＜合并财务报表资产总额的0.5%	损失金额＜合并财务报表资产总额的0.3%

公司确定的非财务报告内部控制缺陷评价的定性标准见表1152-5。

表 1152-5　　非财务报告内部控制缺陷评价的定性标准

缺陷性质	定性标准
重大缺陷	(1) 缺乏民主决策程序或者是决策程序不科学； (2) 严重违反国家法律法规并被处以重罚或承担刑事责任； (3) 高级管理人员和高级技术人员流失严重； (4) 媒体频现负面新闻，波及面广，经查属实并造成重大负面影响，且负面影响一直未能消除； (5) 重要业务缺乏制度控制或制度体系失效； (6) 内部控制重大缺陷未得到整改； (7) 信息系统的安全存在重大隐患
重要缺陷	(1) 决策程序导致出现较大失误； (2) 违反国家法律法规并造成较大损失； (3) 关键岗位业务骨干流失严重； (4) 违反内部规章造成一定损失； (5) 媒体出现负面新闻波及局部区域； (6) 重要业务制度或系统存在缺陷； (7) 内部控制重要缺陷未得到整改
一般缺陷	除上述重大缺陷、重要缺陷之外的其他控制缺陷

根据上述财务报告内部控制缺陷的认定标准，公司存在财务报告内部控制重大缺陷，数量1个，具体内容见表1152-6。

表 1152-6　　公司存在财务报告内部控制重大缺陷

财务报告内部控制重大缺陷	缺陷描述	业务领域	缺陷整改情况或整改计划	截至报告基准日是否完成整改	截至报告发出日是否完成整改
工程项目过程控制	部分子公司在工程业务承接前，缺乏对重要客户信用资质及工程项目可行性的有效评价，在实际执行合同过程中，缺乏证明合同内容履行的有效文件，工程施工进度管控和重大合同履行监督失效，影响财务报表中该类工程业务营业收入、营业成本、工程施工、应收应付及预付款项的确认和计量，与之相关的财务报告内部控制运行失效	生产管理	董事会要求公司管理层加强工程项目过程、施工现场存货管理、施工进度等方面的风险管控，在未来经营业务中严格执行内部控制制度流程，避免此类情况再次发生	否	否

根据上述财务报告内部控制缺陷的认定标准，公司存在财务报告内部控制重要缺陷，数量1个，具体内容见表1152-7。

表1152-7　　公司存在财务报告内部控制重要缺陷

财务报告内部控制重要缺陷	缺陷描述	业务领域	缺陷整改情况或整改计划	截至报告基准日是否完成整改	截至报告发出日是否完成整改
对外投资内部控制执行	公司本年度计划收购卫安保安服务（上海）有限公司，因公司未在收购前对卫安保安服务（上海）有限公司的诉讼纠纷及运营情况进行有效的尽职调查，导致收购中断。公司本年度计划收购北京启创卓越科技有限公司，因公司未在收购后对北京启创卓越科技有限公司的资金进行及时有效的监管，导致北京启创卓越科技有限公司原股东划走北京启创卓越科技有限公司大额资金，而最终无法和北京启创卓越科技有限公司原股东达成一致，而导致收购失败	投资管理	董事会已要求公司管理层对投资活动严格遵照相关制度流程操作。报告发出日前，公司在新项目的并购过程中已严格按照投资管理的制度流程严格执行	否	否

资料来源：http: //stock.jrj.com.cn/share，disc，2017-05-03，600654，000000000000i0ifz.shtml.

3.注册会计师的目标

注册会计师的目标是向治理层和管理层恰当通报注册会计师在审计过程中识别出的，根据职业判断认为足够重要从而值得治理层和管理层各自关注的内部控制缺陷。

（1）通报对象：治理层和管理层。

（2）通报内容：注册会计师在审计过程中识别出的，根据职业判断认为足够重要从而值得治理层和管理层各自关注的内部控制缺陷。

（3）总体要求：恰当通报。

（二）确定是否识别出内部控制缺陷

1.确定是否识别出内部控制缺陷的步骤

第一步，注册会计师应当根据已执行的审计工作，确定是否识别出内部控制缺陷。依据：已执行的审计工作。

第二步，确定识别出的内部控制缺陷是否构成值得关注的内部控制缺陷。如果识别出内部控制缺陷，则注册会计师应当根据已执行的审计工作，确定该缺陷单独或连同其他缺陷是否构成值得关注的内部控制缺陷。依据：已执行的审计工作。

对审计过程中发现的问题，应当从定性和定量两个方面进行衡量，判断是否构成内部控制缺陷，以及缺陷是属于一般缺陷、重要缺陷还是重大缺陷。

对于财务报告内部控制缺陷，可由该缺陷可能导致财务报表错报的重要程度来确定，这种重要程度主要取决于两方面因素：一是该缺陷是否具备合理可能性导致内部控制不能及时防止、发现并纠正财务报表错报；二是该缺陷单独或连同其他缺陷可能导致的潜在错报金额的大小。因此，财务报告内部控制缺陷一般可以通过定量的方式予以确定。

相对而言，非财务报告内部控制缺陷的认定很难形成统一的标准，注册会计师可以根据职业判断，参照财务报告内部控制缺陷的认定标准，合理确定非财务报告内部控制缺陷的定量和定性认定标准。其中：定量标准，既可以根据缺陷造成直接财产损失的绝对金额制定，也可以根据缺陷的直接损失占本企业资产、销售收入或利润等的比率确定；定性标准，可以根据缺陷潜在负面影响的性质、范围等因素确定。需要强调的是，非财务报告内部控制缺陷认定标准一经确定，必须在不同评价期间保持一致，不得随意变更。财务报告内部控制缺陷与非财务报告内部控制缺陷如图1152-1所示。

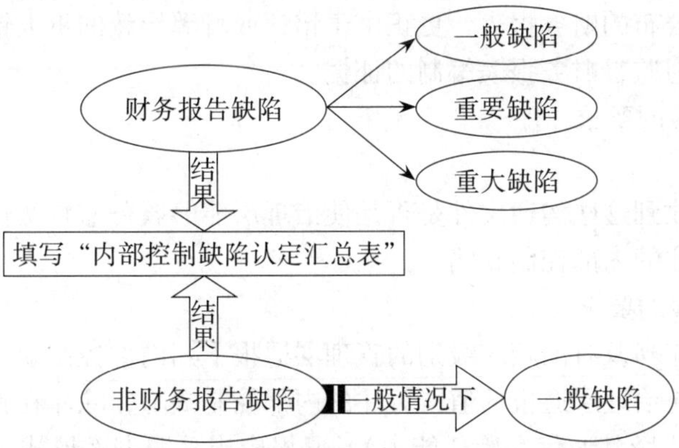

图1152-1 财务报告内部控制缺陷与非财务报告内部控制缺陷

2.判断内部控制缺陷重要性的注意事项

内部控制的一个缺陷或多个缺陷的组合的重要性，不仅取决于是否实际发生了错报，而且取决于错报发生的可能性和错报的潜在重要程度。

因此，即使注册会计师在审计过程中没有发现错报，也可能存在值得关注的内部控制缺陷。

3.确定是否构成值得关注的内部控制缺陷可能考虑的事项

（1）缺陷在未来导致财务报表重大错报的可能性。

（2）资产或负债易于发生损失或舞弊的可能性。

（3）在确定估计金额时的主观性和复杂性，如公允价值会计估计。

（4）受缺陷影响的财务报表金额。

（5）受缺陷影响的账户余额或某类交易已经或可能发生的业务量。

（6）与财务报告过程相关的控制（包括其重要性）。例如：① 一般监督控制（如管理层的监督）；② 对防止和发现舞弊的控制；③ 对选择和运用重大会计政策的控制；④对重大关联方交易的控制；⑤对超出被审计单位正常经营过程的重大交易的控制；⑥对期末财务报告流程的控制（如对非常规会计分录的控制）。

（7）发现的由于控制缺陷导致的例外事项的原因与频率。

（8）内部控制中某一缺陷与其他缺陷的相互影响。

4.表明存在值得关注的内部控制缺陷的迹象的事项

（1）控制环境方面无效的证据。例如：①管理层有重大经济利益的重大交易没有得到治理层适当审查；②识别出被审计单位内部控制未能防止的管理层舞弊（无论是否重大）；③管理层未能对以前已经沟通的值得关注的内部控制缺陷采取适当的纠正措施。

（2）被审计单位内部缺乏通常应当建立的风险评估过程。

（3）被审计单位风险评估过程无效的证据。例如，管理层未能识别注册会计师预期被审计单位的风险评估过程应当识别出的重大错报风险。

（4）没有有效应对识别出的特别风险的证据（如缺乏针对这种风险的控制）。

（5）注册会计师实施程序发现的、被审计单位的内部控制未能防止或发现并纠正的错报。

（6）重述以前公布的财务报表，更正由于错误或舞弊导致的重大错报。

（7）管理层无力监督财务报表编制的证据。

5.向治理层通报的要求

形式：书面。

时间：及时（收到这些沟通文件是否是使治理层能够履行监督责任的重要因素）。

内容：值得关注的内部控制缺陷。

6.向管理层通报的要求

注册会计师还应当及时向相应级别的管理层通报下列内部控制缺陷：

（1）已向或拟向治理层通报的值得关注的内部控制缺陷，除非在具体情况下不适合直接向管理层通报（质疑其诚信和胜任能力）。通报应当采取书面形式，注册会计师应当在值得关注的内部控制缺陷的书面沟通文件中包括：①对缺陷的描述以及对其潜在影响的解释；②使治理层和管理层能够了解沟通背景的充分信息。

（2）在审计过程中识别出的、其他方尚未向管理层通报而注册会计师根据职业判断认为足够重要从而值得管理层关注的内部控制其他缺陷。

7.在向治理层和管理层提供信息时，注册会计师应当特别说明的事项

（1）注册会计师执行审计工作的目的是对财务报表发表审计意见。

（2）审计工作包括考虑与财务报表编制相关的内部控制，其目的是设计适合具体情况的审计程序，并非对内部控制的有效性发表意见（如果结合财务报表审计对内部控制的有效性发表意见，应当删除“并非对内部控制的有效性发表意见”的措辞）。

（3）报告的事项仅限于注册会计师在审计过程中识别出的、认为足够重要从而值得向治理层报告的缺陷。

提示 （1）如果识别出舞弊或获取的信息表明可能存在舞弊，那么注册会计师应当及时将此类事项向适当层级的管理层通报，以便管理层告知对防止和发现舞弊事项负有主要责任的人员。（2）如果确定或怀疑舞弊涉及管理层、在内部控制中承担重要职责的员工以及其舞弊行为可能对财务报表产生重大影响的其他人员，那么除非治理层全部成员参与管理被审计单位，否则注册会计师应当及时将此类事项向治理层通报。（3）如果怀疑舞弊涉及管理层，那么注册会计师应当将此怀疑向治理层通报，并与其讨论为完成审计工作所必需的审计程序的性质、时间安排和范围。

第九节 前任注册会计师和后任注册会计师的沟通（第1153号）

一、概述

（一）本准则制定与修订背景

会计师事务所的变更，涉及前任注册会计师和后任注册会计师。客户更换会计师事务所的原因很多，但有两种原因很可能不利于行业的发展和市场的正常秩序。一种原因是会计师事务所之间为承揽业务而进行恶性竞争；另一种原因则是注册会计师可能与客户在重大会计、审计问题上存在分歧，客户不认可注册会计师的立场。

我国对于审计准则的国际趋同不等同于简单地将国际准则照搬过来。我国制定准则的总体思路是，在与国际准则全面趋同的基础上，考虑中国实际情况，加入一些在中国国情下所必需的特定要求。例如，国际上没有单独的前任注册会计师和后任注册会计师的沟通准则，在考虑中国国情的基础上，中国注册会计师协会特别出台了这个准则。

本准则的制定是为了规范前任注册会计师和后任注册会计师在财务报表审计中的沟通责任。

（二）本准则2010年修订内容

2010年本准则修订主要是对2006年版《中国注册会计师审计准则第1152号——前后任注册会计师的沟通》按照新体例进行的改写，仅对部分措辞进行了修改，并未作出实质性修订。因新增《中国注册会计师审计准则第1152号——向治理层和管理层通报内部控制缺陷》，所以本准则编号向后顺延为第1153号。

（三）本准则2016年修订内容

本准则本次未修订。

（四）本准则2019年修订内容

本准则本次没有修订，但应用指南增加了：法律法规或相关职业道德要求可能规定注册会计师在接受业务前提请前任注册会计师提供已知悉的关于事实或环境的信息（前任注册会计师判断认为后任注册会计师在决定是否接受业务前需要获知）。在某些情形下，前任注册会计师可能需要应拟任的后任注册会计师的要求提供关于被审计单位违反法律法规行为的信息。

（五）本准则学习中注意事项

在学习本准则时，要注意本准则与其他准则的关系。关于在上期财务报表已经前任注册会计师审计，后任注册会计师是否可以在审计报告中提及前任注册会计师，不同国家或地区的审计准则有不同的规定。国际审计准则允许各个国家或地区对此问题自行作出选择。因此，《中国注册会计师审计准则第1511号——比较信息：对应数据和比较财务报表》要求，如果上期财务报表已由前任注册会计师审计，注册会计师在审计报告中可以提及前任注册会计师对对应数据出具的审计报告。

二、框架结构

本准则共5章19条，其框架结构见表1153-1。

表1153-1　　框架结构

章	名称	节	条	主要内容
第一章	总则	—	1~3	本准则制定的目的、沟通发起人和沟通方式
第二章	定义	—	4、5	解释本准则中包含的术语
第三章	目标	—	6	界定执行本准则应实现的目标
第四章	要求	1~5	7~18	规定注册会计师为实现准则目标应遵守的要求，即注册会计师在相关业务环境下应当实施的所有必要程序
第五章	附则	—	19	本准则施行时间

三、重点难点解析

（一）前后任注册会计师的含义

1.前任注册会计师的含义

前任注册会计师，是指已对被审计单位上期财务报表进行审计，但被现任注册会计师接替的其他会计师事务所的注册会计师。接受委托但未完成审计工作，已经或可能与委托人解除业务约定的注册会计师，也视为前任注册会计师。

前任注册会计师的含义如下：

（1）对最近期间财务报表出具了审计报告。

（2）已接受委托但未完成审计工作。

（3）已经或可能与委托人解除业务约定。①注册会计师提出辞聘、拒绝接受续聘；②注册会计师可能将被委托人解聘或已被解聘。

（4）是指会计师事务所（包括注册会计师）。

前任注册会计师通常包含下列两种情况：①已对最近一期财务报表发表了审计意见的某会计师事务所的注册会计师。例如，对于执行2017年度财务报表审计业务的A会计师事务所的注册会计师而言，前任注册会计师是指执行2016年度财务报表审计业务的B会计师事务所的注册会计师。②接受委托但未完成审计工作的某会计师事务所的注册会计师。例如，对于执行2017年度财务报表审计业务的A会计师事务所的注册会计师而言，前任注册会计师是指之前接受委托执行2017年度财务报表审计业务，但尚未完成审计工作的B会计师事务所的注册会计师。而2016年度的财务报表，可能是由B会计师事务所审计的，也可能是由其他会计师事务所审计的。

上述两种情况的前提条件基本相同，都是会计师事务所与委托人之间的审计业务委托关系已经终止或有可能终止。对于已对最近一期财务报表发表了审计意见的前任注册会计师来说，当最近一期财务报表的审计工作已经完成后，该前任注册会计师所在的会计师事务所和委托人在审计业务委托关系上一般存在下列两种可能：①委托人提出不再续聘该会计师事务所，而改聘另一家会计师事务所；②委托人决定续聘该会计师事务所，但该会计师事务所拒绝接受续聘。对于接受委托但未完成审计工作的前任注册会计师及其所在的会计师事务所来说，也存在两种可能：①委托人已经解聘或拟解聘该会计师事务所；②该会计师事务所提出辞聘。

值得注意的是，本准则关于前任注册会计师的定义中包括“可能与委托人解除约定”的情形，即虽然委托人尚未正式与会计师事务所解除业务约定，但业务约定有可能终止。这种情形通常出现在会计师事务所接受委托但尚未完成审计工作的情况下。委托人（被审计单位）可能与前任注册会计师在重大的会计、审计问题上存在意见分歧，并试图通过接触其他会计师事务所寻求有利于自己的审计意见，而一旦其他会计师事务所提供了有利于被审计单位的审计意见，被审计单位就会解聘前任注册会计师。这就是通常所说的“购买审计意见”的情况。在这种情况下，如果后任注册会计师通过与前任注册会计师沟通而拒绝接受委托，委托人就不敢轻易解聘前任注册会计师，从而使前任注册会计师的利益得以保护。

在实务中，还可能出现委托人在相邻两个会计年度中连续变更多家会计师事务所的情况（最极端的情况是，不仅在相邻两个会计年度中连续变更多家会计师事务所，而且在当期财务报表审计过程中也变更会计师事务所）。在这种情况下，前任注册会计师是指相对于执行当期财务报表审计业务的会计师事务所而言，为最近一期财务报表出具了审计报告的某会计师事务所以及之后接受委托对当期财务报表进行审计但未完成审计工作的所有会计师事务所。

请注意　如果最近期间的财务报表仅经过代编或审阅，执行代编或审阅业务的注册会计师不能视为前任注册会计师。

注册会计师的目标是：

（1）在接受委托前，后任注册会计师与前任注册会计师就影响业务承接决策的事项进行必要沟通，以确定是否接受委托；

（2）在接受委托后，后任注册会计师在必要时与前任注册会计师就对审计有重大影响的事项进行沟通，以获取必要的审计证据；

（3）前任注册会计师在征得被审计单位书面同意后，对后任注册会计师提出的沟通要求予以必要的配合。

2.后任注册会计师的含义

后任注册会计师，是指正在考虑接受委托或已经接受委托，接替前任注册会计师对被审计单位本期财务报表进行审计的注册会计师。如果被审计单位委托注册会计师对已审计财务报表进行重新审计，正在考虑接受委托或已经接受委托的注册会计师也视为后任注册会计师。

后任注册会计师的含义如下：

（1）正在考虑接受委托但尚未决定（签约前）；

（2）已接受委托接替前任注册会计师的业务（签约后）；

（3）重新执行审计业务；

（4）是指会计师事务所（包括注册会计师）。

当会计师事务所发生变更时（正在进行变更或已经变更），后任注册会计师通常是指：①在签订业务约定书之前，正在考虑接受委托的注册会计师。此时，后任注册会计师对于是否接受委托尚未作出最后决定，正准备与前任注册会计师沟通，待了解有关情况之后再作决定。②在签订业务约定书之后，已接受委托接替前任注册会计师执行财务报表审计业务的注册会计师。

由于某些特殊原因或需要，委托人有可能委托注册会计师对已审计财务报表进行重新审计。在这种情况下，之前对已审计财务报表发表审计意见的注册会计师应视为前任注册会计师，而正在考虑接受委托或已经接受委托的注册会计师应视为后任注册会计师。这实际上是对前后任注册会计师含义的进一步拓展，即本准则中的前后任注册会计师并不一定意味着后任将取代前任。当被审计单位的财务报表已经审计但需要重新审计时，就不属于后任取代前任的情况。例如，当被审计单位的股东对某会计师事务所的审计报告不满意或不放心时，就可能会再聘请另一家会计师事务所进行重新审计。相应地，注册会计师在执行或考虑执行重新审计业务时，应当遵循本准则的有关规定。

请注意 前任注册会计师和后任注册会计师是就会计师事务所发生变更时的情况而言的。在未发生会计师事务所变更的情况下，同处于某一会计师事务所中的不同的注册会计师不属于前后任注册会计师的范畴。

（二）沟通的原则

1.后任注册会计师应当征得被审计单位管理层的同意，主动与前任注册会计师沟通

前任注册会计师和后任注册会计师的沟通通常由后任注册会计师主动发起，但需征得被审计单位的同意。尽管后任注册会计师负有主动沟通的责任，但前提是征得被审计单位的同意。这主要是因为无论是前任注册会计师还是后任注册会计师，都负有为被审计单位的信息保密的义务。当前后任注册会计师的沟通涉及被审计单位的有关信息时，应当征得被审计单位的同意，这也是注册会计师职业道德的基本要求。前后任注册会计师沟通涉及的三方关系如图1153-1所示。

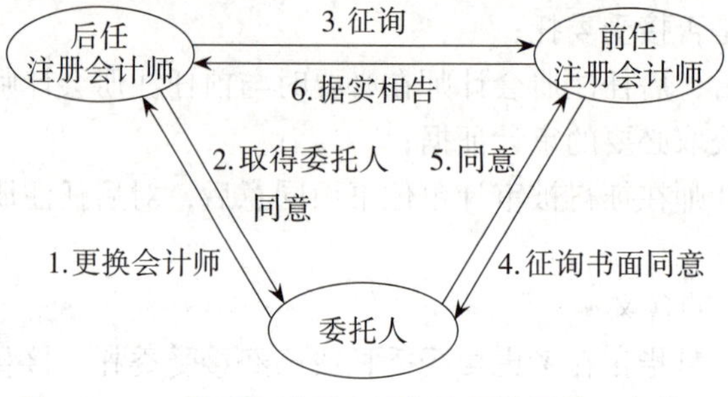

图1153-1　前后任注册会计师沟通涉及的三方关系

2.沟通的主动权在后任注册会计师

如果前任注册会计师与被审计单位解除了业务约定，就不再对之后的财务报表审计承担任何责任和风险，通常也不会关注后任注册会计师的审计计划和审计程序。只有后任注册会计师主动与前任注册会计师进行沟通，才有可能在更大程度上发现财务报表中潜在的重大错报，以降低审计风险。

（三）沟通的方式

前任注册会计师和后任注册会计师的沟通可以采用书面和口头的方式。前后任注册会计师均应当将沟通事项的情况记录于审计工作底稿。

（四）保密原则的要求

1.前后任注册会计师均应遵循保密原则

前后任注册会计师应当对沟通过程中获得的信息予以保密。即使未接受委托，后任注册会计师仍应履行保密义务。

2.保密的范围

注册会计师的职业性质，决定了其能够掌握和了解委托单位大量的资料和信息，有些属于委托单位的机密信息，如即将进行的合并协议中的资金筹措、预期的股票分割和股利变更、即将签订的合同等。这些机密信息一旦外泄，可能会给委托单位造成经济损失。因此，《中华人民共和国注册会计师法》第19条规定，注册会计师对执行业务中知悉的商业秘密，负有保密义务。《中国注册会计师职业道德守则第1号——职业道德基本原则》规定，注册会计师对于所掌握的委托单位的资料和情况，应当严格保守秘密，除非得到委托单位的书面允许或法律法规要求公布者外，不得提供或泄露给第三者，也不能将其用于私人目的。

注册会计师应当遵守相关的职业道德规范，恪守独立、客观、公正的原则，保持专业胜任能力和应有的关注，并对执业过程中获知的信息保密。因此，在前后任注册会计师的沟通过程中，无论是前任注册会计师还是后任注册会计师，都应当对沟通过程中获知的信息保密。根据本准则对后任注册会计师的界定，后任注册会计师有可能是正在考虑接受委托的注册会计师，因此，存在着一种可能性，即经过与前任注册会计师的沟通后决定不接受审计业务委托。在这种相对特殊的情况下，后任注册会计师仍然应当履行保密义务。

（1）保密是职业道德还是行为准则。1912年，审计学家蒙哥马利在其著作《审计理论与实践》中指出："大多数人认为有两个审计职业道德不受任何限制，在任何场合下都必须遵循，其一是独立性，其二是保密责任。"自此，保密责任是对注册会计师职业道德的重要要求成为一种普遍的共识。但是，保守秘密意味着在对社会公众进行报告时不能充分地揭示信息，管理层与社会公众之间信息不对称的局面并没有明显改观，社会公众或委托人就有进一步增加信息披露的要求，由此就产生了一个问题：是维护公众利益还是维护客户利益，抑或失去客户还是失去社会公众的信任。面对这一两难选择，审计职业界自身作了积极的努力。越来越多的人认识到，处理这一问题的最佳方式，应该是像对待独立性那样，将对注册会计师保密责任的要求明细化，即规定注册会计师应在什么情况下、对哪些信息负有保密责任，从而使对保密责任的要求，由单纯的道德约束转变为一种准则性质的规定。

（2）如何界定保密的范围。如何恰当地行使保密责任一直是审计职业界关注的问题。由于过度地保密有可能导致社会公众特别是某些特殊的利益群体的损失，如债权人，若他们认为注册会计师对被审计单位偿债能力严重减弱的事实没有公布出来，且由此引发了债权损失，那么要求注册会计师承担一定赔偿责任的问题也就相应会产生，同时也会使注册会计师的社会声誉受到影响。因此，注册会计师迫切需要对保密责任作出规定，以恰当地界定保密的范围。

无论是对于注册会计师，还是对于被审计单位和社会公众，以法律法规的形式界定保密的范围应该是一种最有效的方式。美国注册会计师协会（AICPA）1988年1月12日颁布的《职业行为准则》在"规则301：客户的机密信息"中规定："公开执业的会员不得披露客户的任何机密信息。"相比较而言，我国相关法律中对保密的范围规定得更为具体，如《中华人民共和国会计法》第34条规定，对在监督检查中知悉的国家秘密和商业秘密有保密义务。此外，《中华人民共和国注册会计师法》第19条、《中华人民共和国审计法》第14条、《中国注册会计师职业道德守则第1号——职业道德基本原则》第

20条等基本上都规定注册会计师应对执业过程中获悉的商业秘密承担保密责任。现在的问题是，注册会计师在执行业务的过程中所获取的信息既有商业秘密又有非商业秘密，究竟是对前者保密还是对所有信息保密？从美国注册会计师协会（AICPA）、国际会计师联合会（IFAC）及香港会计师公会（HKICPA）等组织的立场看，他们赞同“不披露任何机密信息”。探讨其原因，除了两者严格区分上的困难外，对所有信息保密更加有助于注册会计师与客户之间的坦诚交流，因此，对所有信息保密的做法更值得我们借鉴。此外，保密的时间跨度、助理人员的保密责任及对保密信息的利用等问题也需要作出明确规定。

（五）接受委托前的沟通

（1）后任注册会计师与前任注册会计师的沟通目的。在接受委托前，后任注册会计师应当与前任注册会计师进行必要沟通，并对沟通结果进行评价，以确定是否接受委托。

请注意 签约前的沟通，是必要程序。

（2）后任注册会计师应当提请被审计单位以书面方式允许前任注册会计师对其询问作出充分答复。

（3）如果被审计单位不同意前任注册会计师作出答复，或限制答复的范围，后任注册会计师应当向被审计单位询问原因，并考虑是否接受委托。

（4）后任注册会计师向前任注册会计师询问的内容应当合理、具体，至少包括：①是否发现被审计单位管理层存在正直和诚信方面的问题；②前任注册会计师与管理层在重大会计、审计等问题上存在的意见分歧；③前任注册会计师向被审计单位治理层通报的管理层舞弊、违反法律法规行为以及值得关注的内部控制缺陷；④前任注册会计师认为导致被审计单位变更会计师事务所的原因。

（5）前任注册会计师的责任与义务。在征得被审计单位书面同意后，前任注册会计师应当根据所了解的事实，对后任注册会计师的合理询问及时作出充分的答复。

（6）对沟通结果的评价和利用。如果受到被审计单位的限制或存在法律诉讼的顾虑，决定不向后任注册会计师作出充分答复，前任注册会计师应当向后任注册会计师表明其答复是有限的，并说明原因。如果得到的答复是有限的，或未得到答复，后任注册会计师应当考虑是否接受委托。

（六）接受委托后的沟通

（1）可以根据需要查阅前任注册会计师的工作底稿，这并不是必要程序。接受委托后，如果需要查阅前任注册会计师的工作底稿，后任注册会计师应当征得被审计单位同意，并与前任注册会计师进行沟通。在征得被审计单位同意后，前任注册会计师可根据情况确定是否允许后任注册会计师查阅相关工作底稿以及查阅的内容。

（2）前任注册会计师应获取书面授权，前后任注册会计师就工作底稿使用达成一致。在允许查阅工作底稿之前，前任注册会计师应当向后任注册会计师获取书面确认函，就工作底稿的使用目的、范围和责任等与后任注册会计师达成一致。

（3）后任注册会计师的责任。查阅前任注册会计师工作底稿获取的信息可能影响后任注册会计师实施审计程序的性质、时间安排和范围，但后任注册会计师应当对其实施的审计程序及得出的审计结论负责。后任注册会计师不应在审计报告中表明，其审计意见全部或部分地依赖前任注册会计师的审计报告或工作。

（七）关于接替前任注册会计师的审计业务

会计师事务所的更换，涉及前后任注册会计师。前后任注册会计师的关系，仅限于审计业务，因为审计业务提供的保证程度较高，且是一项连续业务；而其他鉴证业务，如盈利预测审核、财务报表审阅等业务提供的保证程度较低，且是非连续业务，不包括在内。客户经常更换会计师事务所，暗示着注册会计师可能与客户在重大会计、审计问题上存在分歧，客户不认可注册会计师的立场。在一些情况下，如果注册会计师拒绝出具客户希望得到的意见，客户就可能通过更换会计师事务所实现其目的，这种情况构成了购买审计意见。此外，客户可能与会计师事务所在收费上存在争议，而声称对注册会计师提供的服务不满意，或注册会计师缺乏专业胜任能力等。为了弄清上市公司更换会计师事务所的原因，美国证券交易委员会（SEC）要求，上市公司更换注册会计师时，必须以8-K格式向委员会提交报告，说明上市公司和注册会计师之间是否存在重要意见不一致的情况及具体内容。注册会计师也应当及时、客观地以书面形式说明上市公司的陈述是否属实。中国证券监督管理委员会（以下简称中国证监会）早在1996年便发布了有关通知，要求上市公司解聘或者不再续聘会计师事务所应当由股东大会作出决定，并在有关报刊上予以披露，必要时说明更换原因，并报中国证监会和中国注册会计师协会备案；上市公司解聘或者不再续聘会计师事务所，应当事先通知会计师事务所，会计师事务所有权向股东大会陈述意见。由此可见，证券监管机构对上市公司更换会计师事务所作出规范，旨在抑制上市公司潜在的购买审计意见行为。

必须指出，法律法规或相关职业道德要求可能规定注册会计师在接受业务前提请前任注册会计师提供已知悉的关于事实或环境的信息（前任注册会计师判断认为后任注册会计师在决定是否接受业务前需要获知）。某些情形下，前任注册会计师可能需要应拟任的后任注册会计师的要求提供关于被审计单位违反法律法规行为的信息。

近年来，一些上市公司存在着频繁变更会计师事务所的现象，甚至在一次年度财务报表审计过程中，接连变更会计师事务所。上市公司频繁更换会计师事务所的行为，对注册会计师行业产生了一定的影响。例如，有些后任注册会计师为了承揽业务，迎合上市公司对审计意见的要求，蓄意侵害前任注册会计师的合法权益；有些前任注册会计师不配合后任注册会计师的工作，拒绝答复后任注册会计师的询问；有些后任注册会计师对涉及前任注册会计师的审计问题，不与前任注册会计师沟通，在不完全了解事实的情况下，轻率发表审计意见，导致同行关系的紧张。为了解决上述问题，中国注册会计师职业道德守则规定，后任注册会计师在接替前任注册会计师的审计业务时不得蓄意侵害前任注册会计师的合法权益；在接受审计业务委托前，后任注册会计师应当向前任注册会计师询问审计客户变更会计师事务所的原因，并关注前任注册会计师与审计客户之间在重大会计、审计等问题上可能存在的意见分歧。如果后任注册会计师发现前任注册会计师所审计的对象存在重大错报，应当提请审计客户告知前任注册会计师，并要求审计客户安排三方会谈，以便采取措施进行妥善处理。

（八）发现前任注册会计师审计的财务报表可能存在重大错报时的处理

（1）如果发现前任注册会计师审计的财务报表可能存在重大错报，则后任注册会计师应当提请被审计单位告知前任注册会计师。必要时，后任注册会计师可要求被审计单位安排三方会谈，以便采取措施进行妥善处理。

后任注册会计师应当与前任注册会计师就任何在已审计财务报表报出后发现的、对已审计财务报表可能存在重大影响的信息进行沟通，以便双方按照有关准则作出妥善处理。

（2）如果被审计单位拒绝告知前任注册会计师，或前任注册会计师拒绝参加三方会谈，或后任注册会计师对解决问题的方案不满意，则后任注册会计师应当考虑对审计报告的影响或解除业务约定。在此种情况下，后任注册会计师应当考虑：①此种状况对当前审计业务的潜在影响，并根据情况出具恰当的审计报告；②是否退出当前审计业务。此外，后任注册会计师可考虑向其法律顾问咨询，以便决定如何采取进一步措施。

发现前任注册会计师审计的财务报表可能存在重大错报时的处理流程如图1153-2所示。

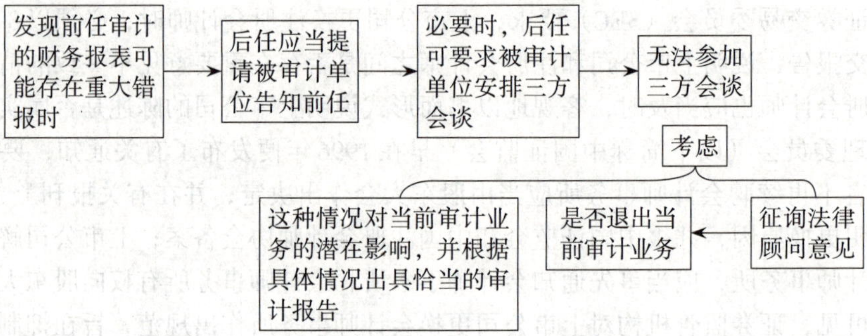

图1153-2 发现前任注册会计师审计的财务报表可能存在重大错报时的处理流程

（九）归纳：前后任注册会计师沟通的四大节点

前后任注册会计师沟通的四大节点归纳见表1153-2。

表1153-2 前后任注册会计师沟通的四大节点

时间	前提	方式	目的
后任接受委托前的沟通	被审计单位书面允许	后任主动与前任沟通	确定是否接受委托
后任接受委托后的沟通	后任需要；被审计单位允许；前任同意	后任决定是否与前任沟通，并主动沟通	设计计划的审计程序的性质、时间安排和范围
后任发现前任审计的财务报表可能存在重大错报的沟通	后任发现前任有未查出的错报；被审计单位同意；前任同意	后任提请被审计单位告知前任，必要时三方会谈	降低注册会计师行业风险

【应用分析1153-1】南通纵横国际股份有限公司（简称纵横国际，股票代码：600862）是江苏省技术进出口公司（以下简称江苏技术）对南通机床股份有限公司（集团）重组更名而来。1998年，江苏技术入主公司进行重组时，引入了新项目割草机产品，当年该产品为公司贡献了大量利润并让公司扭亏为盈，随后公司推出了“10送10”的股利分配方案。2000年，作为重组股典型，纵横国际获准增发5 000万股A股，从证券市场融资6.6亿元，公司经营范围进一步扩大，除割草机和机床产品外，还涉足石英电子、软件和远程教育行业。1998年至2000年分别实现主营业务收入18 547万元、23 106万元和40 592万元，净利润分别为1 646万元、6 364万元和9 008万元，如图1153-3所示。当一

些上市公司2002年年报已经开始披露的时候，纵横国际的2001年年报在屡遭上海证券交易所谴责的情况下，一直拖到7月18日才公布，成为沪深股市中最后一家公布年报的公司。

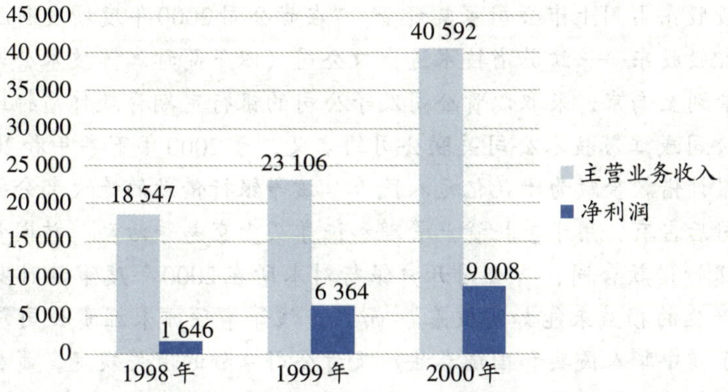

图1153-3　纵横国际1998年至2000年收入及利润情况（单位：万元）

一、纵横国际大事件

1994年4月，在上海证券交易所上市。

1998年5月，因亏损被“ST”。

1998年7月，江苏技术入主公司，当时每股股价为3.32元左右。

1999年1月，首家披露年报，每股收益0.4182元。

1999年6月，撤销特别处理。

1999年中期，“10送10”，当年9月29日，每股股价为18.42元。

2000年6月，增发5 000万股A股，发行价为每股13.88元。

2000年6月，公司更名为纵横国际。

2001年8月，公布中报，每股收益0.3元。

2002年1月，预告2001年度亏损。

2002年4月，公告年报延迟披露。

2002年5月，被上海证券交易所谴责；中国证券监督管理委员会上海稽查局介入调查；股票停牌，每股股价为7.45元。

2002年7月，解聘原会计师事务所。

二、前后任注册会计师的审计意见

纵横国际2001年年报前后任注册会计师——深圳天健信德会计师事务所和江苏天华大彭会计师事务所都对纵横国际公司2001年年报出具了“无法表示意见”的审计报告。

1.前任注册会计师披露的事项

深圳天健信德会计师事务所在向中国证券监督管理委员会陈述变更会计师事务所原因的“纵横国际主审注册会计师意见函”中指出，纵横国际财务报表存在以下问题：

（1）制造销售收入。“贵公司及其子公司在2001年度发生的草地机械、部分机床和晶片产品大量退货所涉及的以前年度和2001年上半年的销售收入，以及贵公司2000年度的大部分加工费收入和贵公司下属子公司江苏省纵横同创软件有限公司于2000年度和2001

年度的大部分软件销售收入，是贵公司管理层通过编造销售合同、移库藏匿产品、虚开发票、虚构销售回款等手法形成的虚假收入，根据企业会计准则和企业会计制度的规定，应当作为重大会计差错进行追溯调整。”

（2）控股股东占用上市公司募集资金。“在贵公司2000年度增发新股的募集资金到位后，贵公司控股股东——江苏省技术进出口公司（以下简称江苏技术公司）将数亿元人民币的募集资金划至南京，采取以贵公司及子公司的银行定期存款作质押或为贵公司担保的方式，用贵公司或江苏技术公司关联公司的名义，于2000年下半年和2001年获得银行借款数十笔，累计借款金额为十几亿元人民币，该等银行借款的绝大部分被江苏技术公司划至其原子公司后占有，用于委托资产管理和证券买卖交易等活动。兹因贵公司管理层藏匿银行单据和银行借款合同，贵公司开户银行对本所在2000年度审计时发出的询证函的回函及资金所产生的损益未能如实披露。而且，该等事项亦未经贵公司董事会、股东大会批准，违反了《中华人民共和国证券法》及贵公司章程的有关规定，贵公司管理层未能提供可资审查的相关文件及资料，致使我们无法判断委托资产管理协议主体的合法性，也无法判断上述交易事项及其产生的损益是否已被正确记录并全部披露。”

（3）虚增存货。“贵公司生产环节的内部控制存在重大缺陷，日常生产成本核算不规范，影响了生产成本的归集与分配的合理性。同时贵公司管理层在2000年度及以前年度的会计核算中刻意隐瞒重要成本资料，致使在产品成本不实，从而虚增了2000年度及以前年度的利润。根据企业会计准则和企业会计制度的规定，应当作为重大会计差错进行追溯调整。”

2.后任注册会计师披露的事项

江苏天华大彭会计师事务所出具的“无法表示意见”的审计报告称：

（1）纵横国际多年来成本核算不规范，在产品成本的潜亏为8 555万元，公司将此在产品潜亏全部计入2001年度主营业务成本，由于公司未保存历年的存货盘点表等资料，注册会计师无法确定各年度末存货实际成本，因而无法判断该重大差异对以前年度损益的影响程度。

（2）纵横国际存在账外资金运作情况，公司已将未入账事项补入相关会计科目并调整2000年度和2001年度财务报表，但注册会计师对该等账务的合法性、完整性无法确定。

（3）纵横国际2001年度调减了公司以前年度业已确认的主营业务割草机销售收入3 314万元、相关成本2 123万元，调减主营业务机床销售收入340万元、主营业务成本248万元，公司控股子公司——纵横同创软件公司2001年度调减了业已于上年确认的软件系统销售收入3 450万元。由于公司确认销售收入的内部控制制度存在严重缺陷，注册会计师无法验证公司以前年度销售对2001年度销售收入、成本和税金的影响。

（4）纵横国际账面价值存在不实现象。其中：固定资产中“职工宿舍”873万元于1998年以前参加房改却一直未作账务处理；压缩机270万元已销售而挂账未作处理；公司在2001年度计提资产减值准备及处理挂账资产9 733万元。注册会计师无法估计该等资产是否在2000年度末即需作处理。

（5）纵横国际对有关税收返还1 988万元已在2000年度及以前年度计入损益，此会计处理方法与财政部的相关规定不一致。此外，注册会计师还表示，纵横国际在有关代销销售、对大股东及联营子公司等应收款项的可回收性等方面存在问题和不确定性。

3.前后任注册会计师披露意见的差异

深圳天健信德会计师事务所的“纵横国际主审注册会计师意见函”和江苏天华大彭会计师事务所的“无法表示意见”的审计报告，主要有以下差别：

（1）深圳天健信德会计师事务所指出，纵横国际及其子公司在2001年度发生的草地机械、部分机床和晶片产品大量退货所涉及的以前年度和2001年上半年销售收入，以及该公司2000年大部分加工费收入及其子公司纵横同创软件公司于2000年和2001年的大部分软件销售收入是纵横国际管理层通过编造合同、移库藏匿产品、虚开发票、虚构销售回款等手法形成的虚假收入。根据相关制度的规定，应作为重大会计差错进行追溯调整。但对于纵横国际在2001年年报中将以前年度确认的割草机收入3 314万元在2001年调减，江苏天华大彭会计师事务所以“无法验证对以前年度销售收入、成本和税金的影响”为由拒绝对此账务处理作出评价。但从2002年7月18日公布的纵横国际年报看，只有两笔重大会计差错。

（2）深圳天健信德会计师事务所指出，纵横国际2000年度增发新股募集资金到位后，控股股东将数亿元人民币的募集资金划至南京，以纵横国际或大股东关联公司名义借款数十笔，累计借款金额十几亿元，该等银行借款大部分被大股东占有，用于委托理财和证券买卖交易等活动。但江苏天华大彭会计师事务所只以“存在账外资金运作情况”对此问题在审计意见中一笔带过。从财务报表附注中可知，纵横国际管理层仍坚持将大股东占有上市公司的募集资金说成两家公司间的流动资金往来。

（3）深圳天健信德会计师事务所无法判断应收款项、存货、长期投资等资产的可回收价值，并据此确定资产减值可能造成的影响。江苏天华大彭会计师事务所对此未提及。

（4）深圳天健信德会计师事务所认为纵横国际持续经营能力存在重大的不确定性，管理层也没有采取相应的改善措施。在江苏天华大彭会计师事务所的审计报告中，未见对持续能力问题的任何说明。

资料来源：佚名. 纵横国际更换事务所的案例［EB/OL］.［2017-12-05］. http: //www.docin.com/p-997113001.html.

思考：

（1）更换前后任注册会计师的原因有哪些？如何处理？

（2）纵横国际于2002年7月12日正式聘用江苏天华大彭会计师事务所，7月18日便公布财务报告，这不免让人怀疑江苏天华大彭会计师事务所如何在短短6天内获取证据，支持“无法表示意见”的审计报告。对这个问题进行深层次分析，思考后任注册会计师应注意哪些事项才能严格控制审计质量。

（3）为什么前后任注册会计师对同一公司的同一事项查证和判断不同？前后任注册会计师存在分歧时应当如何处理？

（4）监管机构对前后任注册会计师更换应持何种态度？应当如何监管？

第四章

审计准则——风险评估与风险应对

第一节 计划审计工作（第1201号）

一、概述

（一）本准则制定与修订背景

凡事预则立、不预则废，审计工作也不例外。计划审计工作对于注册会计师顺利完成审计工作和控制审计风险具有非常重要的意义。合理的审计计划有助于注册会计师关注重点审计领域、及时发现并解决潜在问题及恰当地组织和管理审计工作，以使审计工作更加有效。同时，充分的审计计划还可以帮助注册会计师对项目组成员进行恰当分工和指导监督，并复核其工作，还有助于协调其他注册会计师和专家的工作。计划审计工作是一项持续的过程，注册会计师通常在前一期审计工作结束后即开始开展本期的审计计划工作，并直到本期审计工作结束为止。在计划审计工作时，注册会计师需要进行初步业务活动、制定总体审计策略和具体审计计划。在此过程中，注册会计师需要作出很多关键决策，包括确定可接受的审计风险水平和重要性、配置项目人员等。

根据《中国注册会计师审计准则第1101号——注册会计师的总体目标和审计工作的基本要求》的要求，注册会计师在审计过程中应当贯彻风险导向审计的理念，围绕重大错报风险的识别、评估和应对，计划和实施审计工作。其中，《中国注册会计师审计准则第1211号——通过了解被审计单位及其环境识别和评估重大错报风险》规范了注册会计师通过实施风险评估程序，识别和评估财务报表层次以及各类交易、账户余额、列报认定层次的重大错报风险；《中国注册会计师审计准则第1231号——针对评估的重大错报风险采取的应对措施》规范了注册会计师针对评估的重大错报风险实施的总体应对措施和进一步的审计程序。注册会计师对重大错报风险的识别和应对构成了审计计划的核心内容。

计划审计工作对于注册会计师顺利完成审计工作和控制审计风险具有非常重要的意义。充分的审计计划有助于注册会计师关注重点审计领域、及时发现和解决潜在问题及恰当地组织和管理审计工作，以使审计工作更加有效。同时，充分的审计计划还可以帮助注册会计师对项目组成员进行恰当分工和指导监督，并复核其工作，还有助于协调其他注册会计师和专家的工作。注册会计师应当计划审计工作，使审计业务以有效的方式得到执行。

本准则是为了适应现代风险导向审计准则体系的要求，规范注册会计师计划财务报表审计工作而制定的。

（二）本准则2010年修订内容

本准则本次修订主要是对2006年版《中国注册会计师审计准则第1201号——计划审计工作》按照新体例的改写，并未作出实质性修订。除将2006年版准则的解释性内容移入应用指南外，仅对部分措辞进行了修改。

（三）本准则2016年修订内容

本准则本次未修订。

（四）本准则2019年修订内容

本准则本次没有修订，但其应用指南根据利用内部审计人员的工作和财务报表披露审计相关准则的变化而进行了相关性修订。

（五）本准则学习中注意事项

计划审计工作并非审计业务的一个孤立阶段，而是一个持续的、不断修正的过程，贯穿于整个审计业务的始终。

虽然制定总体审计策略的过程通常在具体审计计划之前，但是两项计划具有内在紧密联系，对其中一项的决定可能会影响甚至改变对另外一项的决定。例如，注册会计师在了解被审计单位及其环境的过程中，注意到被审计单位对主要业务的处理依赖复杂的自动化信息系统，因此计算机信息系统的可靠性及有效性对其经营、管理、决策以及编制可靠的财务报告具有重大影响。对此，注册会计师可能会在具体审计计划中制定相应的审计程序，并相应调整总体审计策略的内容，作出利用信息风险管理专家的工作的决定。

二、框架结构简介

本准则共4章14条，其框架结构见表1201-1。

表1201-1 框架结构

章	名称	节	条	主要内容
第一章	总则	—	1~3	本准则制定的目的、适用范围和作用
第二章	目标	—	4	界定执行本准则应实现的目标
第三章	要求	1~5	5~13	规定注册会计师为实现准则目标应遵守的要求，即注册会计师在相关业务环境下应当实施的所有必要程序
第四章	附则	—	14	本准则施行时间

三、重点难点解析

（一）计划审计工作与风险导向审计

计划审计工作是一个持续的过程，通常注册会计师在前一期审计工作结束后即开始本期的审计计划工作，直到本期审计工作结束为止。计划审计工作与风险导向审计的关系如图1201-1及图1201-2所示。

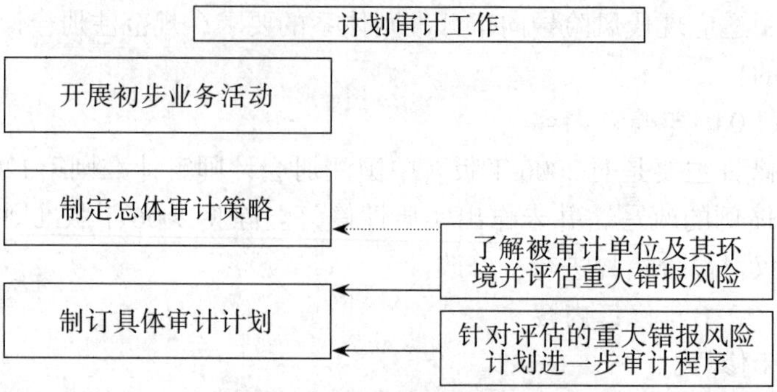

图1201-1　计划审计工作与风险导向审计的关系（1）

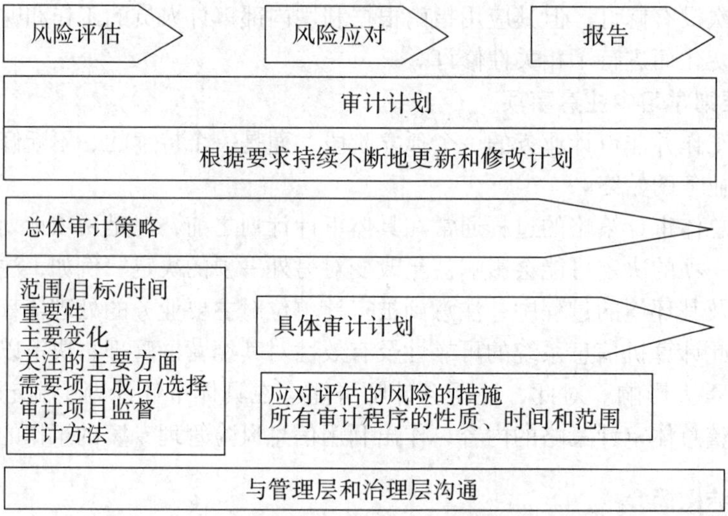

图1201-2　计划审计工作与风险导向审计的关系（2）

计划审计工作十分重要，很多关键决策往往在这个阶段作出，如可接受的审计风险水平和重要性的确定、项目人员的配置等等。鉴于计划审计工作的重要性，注册会计师的目标是，计划审计工作，以使审计工作以有效的方式得到执行。

（二）初步业务活动的目的

项目合伙人和项目组其他关键成员应当参与计划审计工作，包括计划和参与项目组成员的讨论。

注册会计师开展初步业务活动有助于确保在计划审计工作时达到如图1201-3所示的要求。

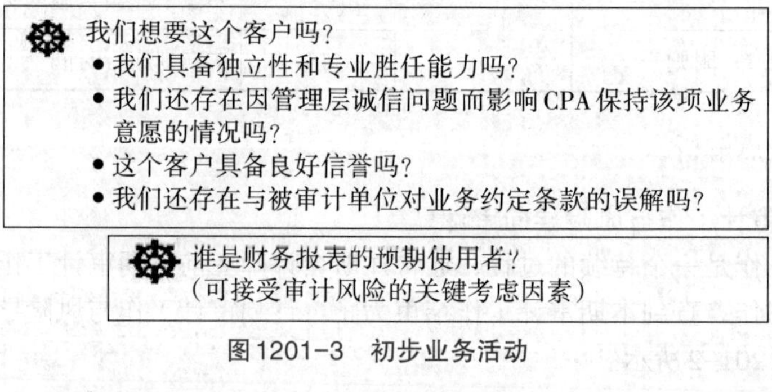

图1201-3　初步业务活动

（三）初步业务活动的内容

注册会计师应当在本期审计业务开始时，开展下列初步业务活动，见表1201-2。

表1201-2 初步业务活动内容与要求

内容	具体要求
（1）针对保持客户关系和具体审计业务，实施相应的质量控制程序	《中国注册会计师审计准则第1121号——对财务报表审计实施的质量控制》及《质量控制准则第5101号——会计师事务所对执行财务报表审计和审阅、其他鉴证和相关服务业务实施的质量控制》含有与客户关系和具体业务的接受与保持相关的要求，注册会计师应当按照其规定开展初步业务活动
（2）评价遵守相关职业道德要求的情况	质量控制准则含有包括独立性在内的有关职业道德要求，注册会计师应当按照其规定执行。虽然保持客户关系及具体审计业务和评价职业道德的工作贯穿于审计业务的全过程，但是这两项活动需要安排在其他审计工作之前，以确保注册会计师已具备执行业务所需要的独立性和专业胜任能力，且不存在因管理层诚信问题而影响注册会计师保持该项业务意愿等情况。在连续审计的业务中，这些初步业务活动通常在上期审计工作结束后不久或将要结束时就已开始
（3）就业务约定条款与被审计单位达成一致意见	在作出接受或保持客户关系及具体审计业务的决策后，注册会计师应当按照《中国注册会计师审计准则第1111号——就审计业务约定条款达成一致意见》的规定，在审计业务开始前，与被审计单位就审计业务约定条款达成一致意见，签订或修改审计业务约定书，以避免双方对审计业务的理解产生分歧

（四）初步业务活动程序表（见表1201-3）

表1201-3 初步业务活动程序表

初步业务活动程序	索引号	执行人
（1）如果是首次接受业务委托，实施下列程序： ①与委托人面谈，讨论下列事项： a.审计的目标 b.审计报告的用途 c.管理层对财务报表的责任 d.审计范围 e.执行审计工作的安排，包括出具审计报告的时间要求 f.审计报告格式和对审计结果的其他沟通形式 g.管理层提供必要的工作条件和协助 h.注册会计师不受限制地接触任何与审计有关的记录、文件和所需要的其他信息 i.与审计涉及的客户内部审计人员和其他员工进行工作上的协调（必要时） j.审计收费，包括收费的计算基础和收费安排 ②初步了解客户及其环境，进行初步业务风险评估并予以记录 ③征得客户书面同意后，与前任注册会计师沟通		
（2）如果是连续审计，实施下列程序： ①了解审计的目标、审计报告的用途、审计范围和时间安排等是否发生变化 ②查阅以前年度审计工作底稿，重点关注非标准审计报告、管理建议书和重大事项概要等 ③初步了解客户及其环境发生的重大变化，进行初步业务风险评估并予以记录 ④考虑是否需要修改业务约定条款，是否需要提醒客户注意现有的业务约定条款		
（3）评价是否具备执行该项审计业务所需要的独立性和专业胜任能力		
（4）完成业务承接/保持评价表		
（5）签订审计业务约定书（适用于首次接受业务委托，以及连续审计中修改长期审计业务约定书条款的情况）		

初步业务活动流程图如图1201-4所示。

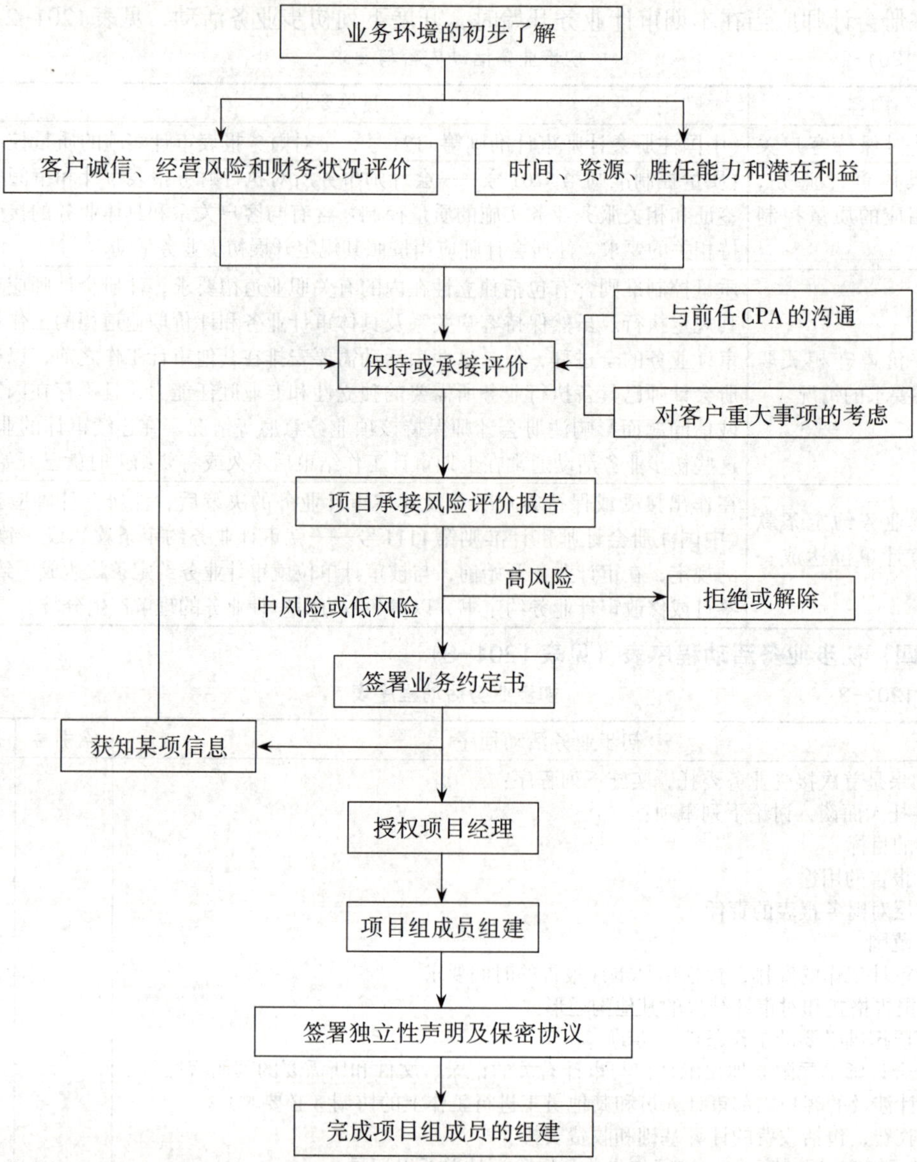

图1201-4　初步业务活动流程图

（五）总体审计策略

充分地计划审计工作有利于注册会计师执行财务报表审计工作，具体包括：

（1）有助于注册会计师适当关注重要的审计领域；

（2）有助于注册会计师及时发现和解决潜在的问题；

（3）有助于注册会计师恰当地组织和管理审计业务，以有效的方式执行审计业务；

（4）有助于选择具备必要的专业素质和胜任能力的项目组成员应对预期的风险，并有助于向项目组成员分派适当的工作；

（5）有助于指导和监督项目组成员并复核其工作；

（6）在适用的情况下，有助于协调注册会计师和专家的工作。

计划审计工作包括针对审计业务制定总体审计策略和具体审计计划，以便将审计风险降至可接受的低水平。审计计划分为总体审计策略和具体审计计划两个层次。

1.制定总体审计策略时考虑的事项

注册会计师应当制定总体审计策略，用以确定审计工作的范围、时间安排和方向，以及指导具体审计计划的制订。

在制定总体审计策略时，注册会计师应当：

（1）确定审计业务的特征，以界定审计范围；

（2）明确审计业务的报告目标，以计划审计的时间安排和所需沟通的性质；

（3）根据职业判断，考虑用以指导项目组工作方向的重要因素；

（4）考虑初步业务活动的结果，并考虑项目合伙人对被审计单位执行其他业务时获得的经验是否与审计业务相关（如适用）；

（5）确定执行业务所需资源的性质、时间安排和范围。

【应用分析1201-1】制定总体审计策略时需要考虑的事项的示例。

本应用分析提供了注册会计师在制定总体审计策略时可能考虑的事项的示例。其中的很多事项可能影响具体审计计划。这些示例广泛涵盖并适用于许多审计业务的事项。其中部分事项来源于其他审计准则的要求，但并非所有事项均与每项审计业务相关。本应用分析并非对所有事项的全部示例。

一、业务的特点

（1）编制拟审计的财务信息所依据的财务报告编制基础，包括是否需要将财务信息调整至按照其他财务报告编制基础编制；

（2）特定行业的报告要求，如某些行业监管机构要求提交的报告；

（3）预期审计工作涵盖的范围，包括应涵盖的组成部分的数量及所在地点；

（4）母公司和集团组成部分之间存在的控制关系的性质，以确定如何编制合并财务报表；

（5）由组成部分注册会计师审计组成部分的范围；

（6）拟审计的经营分部的性质，包括是否需要具备专门知识；

（7）外币折算，包括外币交易的会计处理、外币财务报表的折算和相关信息的披露；

（8）除为合并目的执行的审计工作之外，对个别财务报表进行法定审计的需求；

（9）被审计单位是否设立了内部审计，如有设立，注册会计师是否能够利用内部审计的工作或利用内部审计人员提供协助以实现审计目的，如果能够利用，在哪些领域利用以及在多大程度上利用；

（10）被审计单位使用服务机构的情况，及注册会计师如何取得有关服务机构内部控制设计和运行有效性的证据；

（11）对利用在以前审计工作中获取的审计证据（如获取的与风险评估程序和控制测试相关的审计证据）的预期；

（12）信息技术对审计程序的影响，包括数据的可获得性和对使用计算机辅助审计技术的预期；

（13）协调审计工作与中期财务信息审阅的预期涵盖范围和时间安排，以及中期审阅所获取的信息对审计工作的影响；

（14）与被审计单位人员的时间协调和相关数据的可获得性。

二、报告目标、审计的时间安排和沟通的性质

（1）被审计单位对外报告的时间表，包括中间阶段和最终阶段；

（2）与管理层和治理层举行会谈，讨论审计工作的性质、时间安排和范围；

（3）与管理层和治理层讨论注册会计师拟出具的报告的类型和时间安排以及沟通的其他事项（口头或书面沟通），包括审计报告、管理建议书和向治理层通报的其他事项；

（4）与管理层讨论预期就整个审计业务中对审计工作的进展进行的沟通；

（5）与组成部分注册会计师沟通拟出具的报告的类型和时间安排，以及与组成部分审计相关的其他事项；

（6）项目组成员之间沟通的预期的性质和时间安排，包括项目组会议的性质和时间安排，以及复核已执行工作的时间安排；

（7）预期是否需要和第三方进行其他沟通，包括与审计相关的法定或约定的报告责任。

三、重要因素、初步业务活动和从其他业务获得的经验

（1）按照《中国注册会计师审计准则第1221号——计划和执行审计工作时的重要性》的规定确定重要性，并在适用的情况下考虑下列事项：

①按照《中国注册会计师审计准则第1401号——对集团财务报表审计的特殊考虑》的规定，为组成部分确定重要性并就此与组成部分注册会计师进行沟通；

②初步识别重要组成部分和重要的交易、账户余额和披露。

（2）初步识别的可能存在较高重大错报风险的领域。

（3）评估的财务报表层次的重大错报风险对指导、监督和复核的影响。

（4）就项目组成员在收集和评价审计证据过程中保持质疑的思维方式和职业怀疑的必要性，向项目组成员进行强调所采用的方式。

（5）以前审计中对内部控制运行有效性评价的结果，包括识别出的缺陷的性质和应对措施。

（6）与会计师事务所内部向被审计单位提供其他服务的人员讨论可能对审计产生影响的事项。

（7）有关管理层对设计、执行和维护健全的内部控制重视程度的证据，包括有关这些控制得以适当记录的证据。

（8）适用的财务报告编制基础发生的变化，如会计准则的变化，该变化可能涉及作出重大的新披露或对现有披露作出重大修改。

（9）交易量规模，以确定注册会计师信赖内部控制是否使审计工作更有效率。

（10）被审计单位全体人员对内部控制对于业务成功运行的重要性的认识。

（11）管理层用于识别和编制适用的财务报告编制基础所要求的披露（包含从总账和明细账之外的其他途径获取的信息）的流程。

（12）影响被审计单位的重大业务发展变化，包括信息技术和业务流程的变化，关键管理人员变化，以及收购、兼并和处置。

（13）重大的行业发展情况，如行业法规和报告要求的变化。

（14）其他相关重大变化，如影响被审计单位的法律环境的变化。

四、资源的性质、时间安排和范围

（1）项目组成员（在必要时包括项目质量控制复核人员）的选择以及对项目组成员审计工作的分派，包括向可能存在较高重大错报风险的领域分派具备适当经验的人员；

（2）项目预算，包括为可能存在较高重大错报风险的领域预留适当的工作时间。

2.制定总体审计策略

（1）收集信息。其主要工作包括：确定业务范围；报告要求、时间和沟通；审计项目组关注的重要因素；影响审计方法的重大变动。

（2）初步评估财务报表重大错报风险。

财务报表层次的重大错报风险（RMM）与影响被审计单位整体的广泛风险因素（例如，被审计单位的性质、管理层的诚信和胜任能力以及对控制的态度）相关。

对财务报表层次的RMM进行初步评估可以用来制定初步的总体审计策略。低水平的错报风险可以减少实施认定层次的实质性程序。

注册会计师可以根据以前期间的审计发现或本期实施风险评估程序的结果，进行初步的风险评估，并确定对总体应对措施的影响，见表1201-4。

表1201-4 评估风险对总体应对措施的影响

评估的风险	对总体应对措施的影响
低水平	更多地信赖管理层声明和被审计单位内部产生的证据； 使用内控测试和实质性程序的审计方法（综合性方案）的可能性更大； 在中期执行更多的审计程序而非期末
高水平	向项目组强调在收集和评价证据过程中保持更高度的职业判断的必要性； 考虑管理层采取的应对内控缺陷措施的有效性； 向项目组分配更有经验的审计人员，考虑是否需要利用专家的工作； 保证项目审计人员的连续件，尽可能全面地了解被审计单位； 提供更多督导； 从实质性程序中获取更多的审计证据； 对用作风险评估程序的分析程序或其他程序进行修改； 增加审计程序的不可预见性，获取更广泛的审计证据； 修改审计程序的性质、时间安排或范围； 获取用于印证管理层声明的审计证据

（3）制定总体应对措施。根据获取的信息和初步评估的财务报表层次重大错报风险，制定执行业务的总体审计策略，包括确定审计范围、时间和方向。

（4）管理审计资源。其主要工作包括：选择项目组成员；向具体审计领域调配资源；向具体审计领域调配资源的数量（包括时间预算）；何时分配审计资源；对审计项目组的管理、指导、监督。

（六）具体审计计划

1.具体审计计划与总体审计策略的关系

（1）制定总体审计策略和具体审计计划的过程紧密联系，并且两者的内容也紧密相关。

（2）注册会计师应针对总体审计策略中所识别的不同事项，制订具体审计计划，并考虑通过有效利用审计资源以实现审计目标。

（3）虽然编制总体审计策略的过程通常在具体审计计划之前，但是两项计划活动并不是孤立、不连续的过程，而是内在紧密联系的，对其中一项的决定可能会影响甚至改变对另外一项的决定。

（4）在实务中，注册会计师将制定总体审计策略和具体审计计划相结合进行，也可以采用将总体审计策略和具体审计计划合并为一份审计计划文件的方式，以提高编制及复核工作的效率，增强其效果。

2.具体审计计划的内容

注册会计师应当制订具体审计计划。具体审计计划应当包括的内容见表1201-5。

表1201-5 具体审计计划的内容

内容	依据及要求
（1）计划风险评估程序	①第1211号准则规定，为了足够识别和评估财务报表重大错报风险，注册会计师计划实施的风险评估程序的性质、时间安排和范围； ②兼顾其他准则中规定的、针对特定项目在审计计划阶段应执行的程序及记录要求
（2）计划实施的进一步审计程序	①第1231号准则规定，针对评估的认定层次的重大错报风险，注册会计师计划实施的进一步审计程序的性质、时间安排和范围； ②随着审计工作的推进，对审计程序的计划会一步步深入，并贯穿于整个审计过程； ③通常，注册会计师计划的进一步审计程序可以分为进一步审计程序的总体方案和拟实施的具体审计程序（包括进一步审计程序的具体性质、时间安排和范围）两个层次
（3）计划其他审计程序	具体审计计划应包括根据准则的规定，注册会计师针对审计业务需要实施的其他审计程序。计划的其他审计程序可以包括上述进一步程序的计划中没有涵盖的、根据其他审计准则的要求注册会计师应执行的既定程序

必须说明的是，表1201-5中进一步审计程序的总体方案主要是指注册会计师针对各类交易、账户余额和列报决定采用的总体方案（包括实质性方案或综合性方案）。

另外，完整、详细的进一步审计程序的计划会包括对各类交易、账户余额和列报实施的具体审计程序的性质、时间安排和范围，包括抽取的样本量等等。在实务中，注册会计师可以统筹安排进一步审计程序的先后顺序，如果对某类交易、账户余额或列报已经作出计划，则可以安排先行开展工作，与此同时再制定其他交易、账户余额和列报的进一步审计程序。

必须指出，注册会计师在审计过程中对计划的修改要注意以下事项：

（1）鉴于披露中包含的信息涉及范围较广、细节较多，当计划的风险评估程序和进一步审计程序与披露相关时，确定这些程序的性质、时间安排和范围十分重要。进一步来说，某些披露可能包含从总账和明细账之外的其他途径获取的信息，这也可能影响风险评估的结果以及为应对该风险实施的审计程序的性质、时间安排和范围。

（2）在审计工作的较早阶段考虑披露，有助于注册会计师针对披露给予恰当的关注并计划充分的时间（与针对交易类别、事项和账户余额的应对方式相同）。较早地考虑披露也可以帮助注册会计师确定下列事项对审计工作的影响：

①被审计单位所处的环境、财务状况或活动发生变化，导致需要作出重大的新披露或

对现有披露作出重大修改，例如，由于重大的企业合并，对分部的识别和分部信息的报告发生变化；

②适用的财务报告编制基础发生变化，导致需要作出重大的新披露或对现有披露作出重大修改；

③需要利用注册会计师的专家的工作，实施与特定披露相关的审计程序，例如，与养老金或其他退休福利义务相关的披露；

④注册会计师希望和治理层讨论的与披露相关的事项。

【应用分析1201-2】

项目1：注册会计师负责对甲公司2017年度财务报表实施审计。在计划审计工作时，注册会计师将甲公司2017年1月至9月期间的经营成果推算至2017年度经营成果，并以此作为确定财务报表整体重要性的基准。2017年10月，甲公司处置了某重要组成部分，导致2017年度实际经营成果与注册会计师推算的经营成果存在较大差异。在这种情况下，注册会计师应当以实际经营成果为基准，重新确定财务报表整体的重要性，并考虑对进一步审计程序的影响。

项目2：集团项目组负责对乙公司2017年度合并及公司财务报表实施审计，在计划审计工作时，根据以往的审计经验等因素确定某组成部分为不重要的组成部分，计划实施集团层面的分析程序。在分析过程中，集团项目组发现该组成部分年末新开展某项业务可能存在导致集团财务报表发生重大错报的特别风险。在这种情况下，集团项目组应当修订审计计划，将该组成部分确定为具有特别风险的重要组成部分，并实施相应的审计工作。

项目3：注册会计师对丙公司2017年度财务报表实施审计。当计划审计工作时，注册会计师拟对丙公司年度市场推广费用实施实质性分析程序，在分析过程中将利用丙公司销售部门编制的信息。在对与信息编制相关的内部控制进行测试后，注册会计师认为相关控制运行无效，导致拟实施的分析程序所使用的数据不可靠。在这种情况下，注册会计师应当对审计计划作出修改，采用其他测试方法。

需要注意的是，如果注册会计师在审计过程中对总体审计策略或具体审计计划作出重大修改，应当在审计工作底稿中记录所作出的重大修改以及理由，以表明注册会计师对审计过程中遇到的重大变化作出了恰当回应。

在审计实务中，有注册会计师根据被审计单位的情况认为需要对审计计划作出重大修改，因此重新编制了审计计划，并将原先制订的审计计划废弃。这种做法不符合审计准则的要求，因其没有在审计工作底稿中反映注册会计师作出的重大修改及理由。注册会计师可以在原先制订的审计计划中增加说明修改之处及理由，无须废弃原先制订的审计计划。

第二节 通过了解被审计单位及其环境识别和评估重大错报风险（第1211号）

一、概述

（一）本准则制定与修订背景

审计风险准则项目最早由国际审计与鉴证准则理事会（IAASB）起草，并受到联合工作组（Joint Working Group）和美国公共监督理事会（Public Over-sight Board）的审计效率研究工作组（原美国注册会计师协会下设组织）的影响。1998年，加拿大、英国、美国的准则制定机构与学者组成联合工作组，了解并研究审计实务的发展情况，并为准则制定机构对审计准则作出必要修订提供建议。2000年5月，联合工作组发表了研究报告——《大型会计师事务所的审计方法发展》；2000年8月，公共监督理事会发布了关于审计效率的研究报告。这两份报告的主要研究结论是，审计风险基本模型并没有被废弃，但需要作出适当的调整。

国际审计与鉴证准则理事会和美国审计准则委员会（ASB，原美国注册会计师协会下设组织）都确定了有关项目，应对审计环境的变化，并考虑联合工作组和公共监督理事会的研究建议。由于两个准则制定机构面临相似的问题，具有提高审计质量的共同目的，因此，两个项目小组合并成立了联合风险评估工作组，制定共同的审计风险准则，从源头上实现国际协调。

在审计风险准则项目开展的初期，相继发生了一些国际知名公司和国内企业财务舞弊丑闻，严重损害了社会公众对审计有效性的信心，并导致准则制定机构对注册会计师的工作进行了大量和深入的调查（如图1211-1、图1211-2所示）。尽管国际审计与鉴证准则理事会起草的审计风险准则项目并不是直接针对这些审计失败而作出的应对，但准则项目随后的调整、修改和完善（特别是对整个审计过程加以改进的思路）的确受到了这些重大事件的影响，国际审计与鉴证准则理事会也希望借这些准则提高全球范围内的审计实务标准及其运用的一致性。

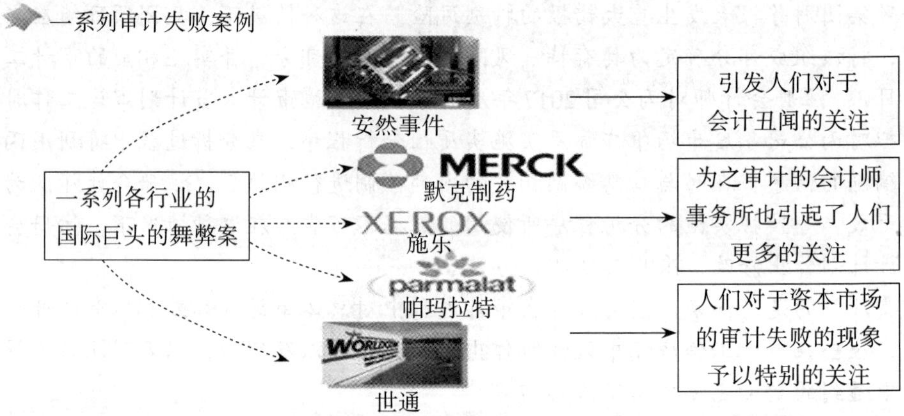

图1211-1　国际知名公司财务舞弊丑闻

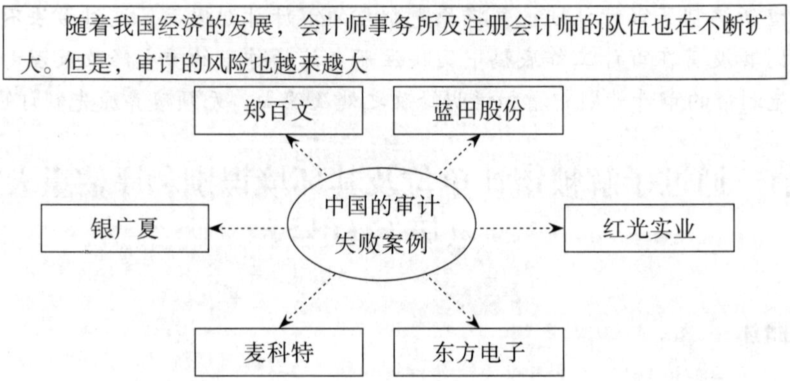

图1211-2　国内企业财务舞弊丑闻

联合工作组于2002年10月发布了审计风险准则征求意见稿，包括《财务报表审计的目标和一般原则》、《审计证据》、《了解被审计单位及其环境并评估重大错报风险》和《针对评估的重大错报风险实施的程序》。2003年10月，国际审计与鉴证准则理事会在东京的会议上对征求意见稿进行了最后修订，获得委员会通过，审计风险准则在2004年12月15日之后正式施行。

随着经济全球化进程的加快，我国经济的快速发展，以及企业经营环境的急速变化，我国审计准则建设面临着许多挑战，主要体现在：行业面临的风险有日益增加的趋势；现行审计实务不能有效应对财务报表重大错报风险；审计风险准则的出台导致国际审计准则出现很大的变化；我国与其他国家和地区的经济依存度日益提高，审计准则国际趋同的要求越来越迫切。面对上述挑战，要求中注协加快审计准则建设，推进审计准则国际趋同，出台审计风险准则，以提高审计质量，降低行业风险。

本准则是适应现代风险导向审计的要求制定的准则，本准则与《中国注册会计师审计准则第1101号——注册会计师的总体目标和审计工作的基本要求》《中国注册会计师审计准则第1231号——针对评估的重大错报风险采取的应对措施》《中国注册会计师审计准则第1301号——审计证据》构成了风险导向审计准则体系的核心内容。

审计风险准则的出台，有利于降低审计失败发生的概率，增强社会公众对行业的信心；有利于严格审计程序，识别、评估和应对重大错报风险；有利于明确审计责任，实施有效的质量控制；有利于促使注册会计师掌握新知识和新技能，提高整个行业的专业水平。同时，审计风险准则对注册会计师实施风险评估程序以及依据风险评估结果实施进一步审计程序影响很大，因此，也影响审计工作的各个方面。

本准则制定的目的是规范注册会计师通过了解被审计单位及其环境，识别和评估财务报表重大错报风险。

（二）本准则2010年修订内容

现代风险导向审计是对传统风险导向审计的改进，以系统论和战略观为指导思想，要求注册会计师在审计过程中以重大错报风险的识别、评估和应对为审计工作的主线，运用“自上而下”和“自下而上”相结合的审计思路，掌握企业可能存在的重大错报风险，根据风险评估结果分配审计资源，做到有的放矢，提高审计效率。

突出强调风险导向审计是我国2006年审计准则的一大特点。2006年版的《中国注册会计师审计准则第1211号——了解被审计单位及其环境并评估重大错报风险》和《中国注册会计师审计准则第1231号——针对评估的重大错报风险实施的程序》集中体现了风险导向审计理念，建立了风险导向审计的概念框架。由于当时部分国际审计准则没有完全贯彻风险导向审计的理念，中注协在起草我国审计准则时，部分审计准则也受到影响。

本次修订审计准则，进一步强化了风险导向审计的思想，除修订核心风险审计准则外，对其他审计准则也作出修改，将风险导向审计理念全面彻底地贯彻到整套审计准则中。例如，对关联方、会计估计、公允价值、对被审计单位使用服务机构的考虑等准则，强化重大错报风险的识别、评估和应对，摆脱原来的审计程序导向思维；对函证、分析程序等准则，从风险识别、评估和应对的高度要求注册会计师考虑是否实施及如何实施这些程序；对特殊目的审计报告类准则，在描述注册会计师进行审计工作时强调风险导向审计思想等。本次修订后，风险导向审计的理念将充分体现在整套审计准则体系的每项审计准则中，避免了准则体系的内在不一致。

本准则本次修订主要是对2006年版《中国注册会计师审计准则第1211号——了解被审计单位及其环境并评估重大错报风险》按照新体例进行的改写，并未作出实质性修订。除将2006年版准则的解释性内容移入应用指南、对部分措辞进行修改外，还修改了“认定”的定义，增加了“经营风险”的定义。

（三）本准则2016年修订内容

本准则本次未修订。

（四）本准则2019年修订内容

本准则和应用指南本次修订增加了注册会计师也可以通过询问内部审计人员（如有）或被审计单位的其他人员获取信息；另外，其应用指南根据财务报表披露审计相关准则及应用指南的修订内容，相应地对注册会计师在考虑可能发生的潜在错报的不同类型时运用的认定进行了重新归纳整合。

（五）本准则学习中注意事项

众所周知，财务报表为被审计单位的财务活动提供了一个正式记录。财务活动开始于被审计单位的决策过程，受经营战略、控制活动和经营过程的影响。当决策开始执行后，交易活动随之发生，在会计记录中得以反映，并在财务报表中汇总体现。

在审计风险准则出台之前，注册会计师通常先向被审计单位获取基本了解，然后针对财务报表获取充分、适当的审计证据。审计资源主要集中于管理层作出的决策信息和财务报表。这种方法的缺陷在于，注册会计师可能并没有意识到或全面理解所记录的关于管理层决策的信息的重要性。注册会计师只有通过花时间了解被审计单位的经营性质、经营目标和舞弊因素、经营战略、企业文化和价值观（控制环境）、员工的胜任能力、组织结构和生产过程，以及用于应对风险的内部控制，才能够知道信息系统实际应该记录什么类型的信息。

学习这一准则应把握审计风险准则的特点：

（1）要求注册会计师必须了解被审计单位及其环境。注册会计师通过了解被审计单位及其环境，包括了解内部控制，为识别财务报表层次以及各类交易、账户余额和列报认定层次重大错报风险提供更好的基础。

（2）要求注册会计师在审计的所有阶段都要实施风险评估程序。注册会计师应当将识别的风险与认定层次可能发生错报的领域相联系，实施更为严格的风险评估程序，不得未经风险评估直接将风险设定为高水平。

（3）要求注册会计师将识别和评估的风险与实施的审计程序挂钩。在设计和实施进一步审计程序（控制测试和实质性程序）时，注册会计师应当将审计程序的性质、时间安排和范围与识别、评估的风险相联系，以防止机械地利用程序表从形式上迎合审计准则对程序的要求。

（4）要求注册会计师针对重大的各类交易、账户余额和列报实施实质性程序。注册会计师对重大错报风险的评估是一种判断，被审计单位内部控制存在固有限制，无论评估的重大错报风险结果如何，注册会计师都应当针对重大的各类交易、账户余额和列报实施实质性程序，不得将实质性程序只集中在例外事项上。

（5）要求注册会计师将识别、评估和应对风险的关键程序形成审计工作记录，以保证执业质量，明确执业责任。

（6）要结合2013年10月31日中注协发布的6项审计准则问题解答，自2014年1月1日起施行的《中国注册会计师审计准则问题解答第5号——重大非常规交易》等内容来学习。重大非常规交易，特别是临近会计期末发生的、在作出“实质重于形式”判断方面存在困难的重大非常规交易，为被审计单位编制虚假财务报告提供了机会。

由于审计风险受到企业固有风险因素的影响，如管理人员的品行和能力、行业所处环境、业务性质、容易产生错报的会计报表项目、容易受到损失或被挪用的资产等导致的风险，又受到内控风险因素的影响，即账户余额或各类交易存在错报，内控未能防止、发现或纠正的风险，此外，还受到注册会计师实施审计程序未能发现账户余额或各类交易存在错报风险的影响，职业界很快发展了审计风险模型。审计风险模型的出现，从理论上解决了注册会计师以制度为基础采用抽样审计的随意性，又解决了审计资源的分配问题，要求注册会计师将审计资源分配到最容易导致会计报表出现重大错报的领域。从方法论的角度，注册会计师以审计风险模型为基础进行的审计，称为风险导向审计方法（Risk-oriented Audit Approach）。风险导向审计流程如图1211-3所示。

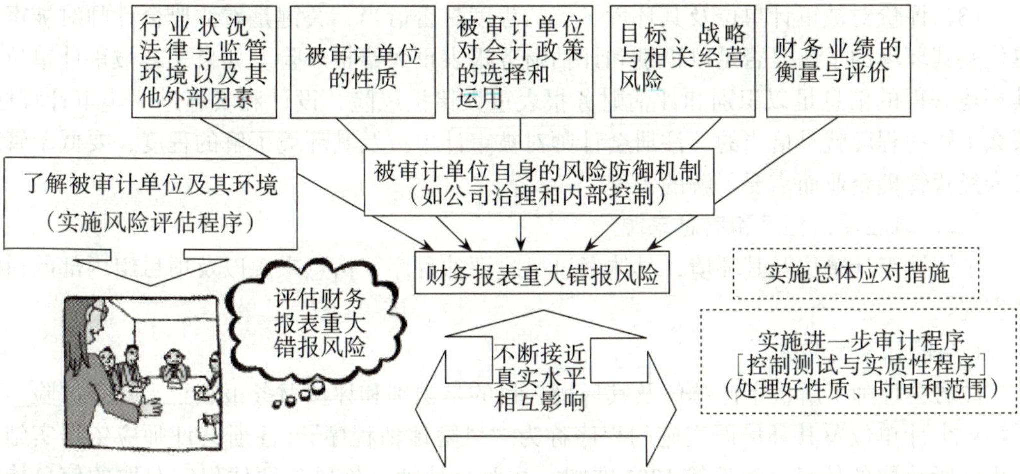

图1211-3 风险导向审计流程

二、框架结构简介

本准则共五章36条，其框架结构见表1211-1。

表1211-1 框架结构

章	名称	节	条	主要内容
第一章	总则	—	1	本准则制定的目的
第二章	定义	—	2～6	解释本准则中包含的术语
第三章	目标	—	7	界定执行本准则应实现的目标
第四章	要求	1～5	8～35	规定注册会计师为实现准则目标应遵守的要求，即注册会计师在相关业务环境下应当实施的所有必要程序
第五章	附则	—	36	本准则施行时间

三、重点难点解析

（一）风险评估的作用

（1）了解被审计单位及其环境是必要程序，特别是为注册会计师在下列关键环节作出职业判断提供重要基础：

①确定重要性水平，并随着审计工作的进程评估对重要性水平的判断是否仍然适当；

②考虑会计政策的选择和运用是否恰当，以及财务报表的列报是否适当；

③识别需要与财务报表中金额或披露相关的特别考虑的领域，包括关联方交易、管理层运用持续经营假设的合理性，或交易是否具有合理的商业目的等；

④确定在实施分析程序时所使用的预期值；

⑤设计和实施进一步审计程序，以将审计风险降至可接受的低水平；

⑥评价所获取审计证据的充分性和适当性。

（2）了解被审计单位及其环境是一个连续和动态地收集、更新与分析信息的过程，并贯穿于整个审计过程的始终。注册会计师应运用职业判断确定需要了解被审计单位及其环境。

（3）评价对被审计单位及其环境了解的程度是否恰当，关键是看注册会计师对被审计单位及其环境的了解是否足以识别和评估财务报表重大错报风险。如果了解被审计单位及其环境获得的信息足以识别和评估财务报表重大错报风险，设计和实施进一步审计程序，那么了解的程度就是恰当的。注册会计师对被审计单位及其环境了解的程度，要低于管理层为经营管理企业而需要了解的程度。

（二）风险评估程序和信息来源

了解被审计单位及其环境，具体通过风险评估程序、信息来源以及项目组内部的讨论来实现。

1.与信息来源的关系

注册会计师了解被审计单位及其环境，目的是识别和评估财务报表重大错报风险。为了解被审计单位及其环境而实施的程序称为“风险评估程序”。注册会计师应依据实施这些程序所获取的信息（根据第1301准则，注册会计师实施风险评估程序获取的信息构成审计证据的一个组成部分），评估重大错报风险。

2.种类

风险评估程序，是指注册会计师为了解被审计单位及其环境，以识别和评估财务报表层次和认定层次的重大错报风险（无论该风险由于舞弊或错误导致）而实施的审计程序。注册会计师应实施图1211-4中的风险评估程序，以了解被审计单位及其环境：

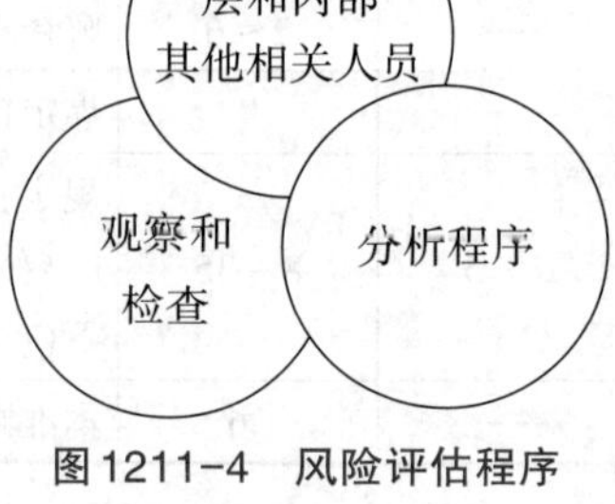

图1211-4 风险评估程序

风险评估程序见表1211-2。

表1211-2　　风险评估程序

程序	内容		要求
	对象	作用	
(1) 询问管理层、适当的内部审计人员(如有)，以及注册会计师判断认为可能掌握有助于注册会计师识别由于舞弊或错误导致的重大错报风险的信息的被审计单位内部其他人员	管理层	直接询问治理层，可能有助于注册会计师了解编制财务报表的环境。《中国注册会计师审计准则第1151号——与治理层的沟通》指出了有效的双向沟通对于帮助注册会计师从治理层获取这一信息的重要作用	必要程序，以获取对识别重大错报风险有用的信息；由于了解被审计单位及其环境是一个连续和动态的过程，注册会计师的询问可能贯穿于整个审计业务的始终
	内部审计人员	①如果被审计单位设有内部审计，询问适当的内部审计人员可能有助于注册会计师了解被审计单位及其环境、识别和评估财务报表层次和认定层次的重大错报风险。在履行职能时，内部审计人员对被审计单位的运营和业务风险可能已有深入了解，可能基于其工作已有所发现（如识别出内部控制缺陷或风险），这对于注册会计师了解被审计单位、进行风险评估或执行其他审计工作可能提供有价值的信息。因此，无论是否期望利用内部审计的工作以修改拟实施审计程序的性质、时间安排或缩小其范围，注册会计师均需进行询问。特别相关的询问可能是关于内部审计已向治理层提出的事项，以及内部审计风险评估过程的结果。 ②基于对注册会计师询问的回应，如果内部审计发现的问题可能与被审计单位的财务报告和审计相关，注册会计师可能认为阅读内部审计的相关报告是适当的。举例来说，相关内部审计报告可能包括该职能的战略和计划文件，以及提交管理层或治理层的、描述内部审计发现的报告。 ③此外，按照《中国注册会计师审计准则第1141号——财务报表审计中与舞弊相关的责任》的规定，如果内部审计向注册会计师提供舞弊事实、舞弊嫌疑或舞弊指控信息，注册会计师在识别由于舞弊导致的重大错报风险时需要予以考虑。 ④所询问的适当的内部审计人员，是根据注册会计师的判断认为具有适当的知识、经验和权限的人员，例如内部审计负责人或该职能的其他人员（取决于具体情况）。注册会计师还可能认为与这些人员进行定期会谈是适当的。 ⑤对公共部门实体的特殊考虑。执行公共部门实体审计的注册会计师，通常承担与内部控制以及遵守适用的法律法规相关的额外责任。询问适当的内部审计人员能够帮助注册会计师识别严重违反适用的法律法规的重大错报风险，以及财务报告内部控制缺陷风险	

续表

<table>
<tr><th>程序</th><th colspan="2">内容</th><th>要求</th></tr>
<tr><td rowspan="7">（1）询问管理层、适当的内部审计人员（如有），以及注册会计师判断认为可能掌握有助于注册会计师识别由于舞弊或错误导致的重大错报风险的信息的被审计单位内部其他人员</td><td>对象</td><td>作用</td><td rowspan="7">必要程序，以获取对识别重大错报风险有用的信息；由于了解被审计单位及其环境是一个连续和动态的过程，注册会计师的询问可能贯穿于整个审计业务的始终</td></tr>
<tr><td>参与生成、处理或记录复杂或异常交易的员工</td><td>评估被审计单位选择和运用某项会计政策的适当性</td></tr>
<tr><td>内部法律顾问</td><td>了解有关诉讼、法律法规的遵循情况、影响被审计单位的舞弊或涉嫌舞弊、产品保证和售后责任、与业务合作伙伴的安排，以及合同条款的含义</td></tr>
<tr><td>营销或销售人员</td><td>直接询问风险管理职能部门（或担任该角色的人员），可能有助于注册会计师了解可能影响财务报告的运营和监管风险</td></tr>
<tr><td>采购人员和生产人员</td><td>了解被审计单位的材料采购和产品生产情况</td></tr>
<tr><td>仓库人员</td><td>了解原材料、产成品等存货的进出、保管和盘点等情况</td></tr>
<tr><td>信息系统人员</td><td>直接询问，可能有助于注册会计师了解系统变更、系统或控制失效情况，或与系统相关的其他风险</td></tr>
<tr><td>（2）分析程序</td><td colspan="2">①应预期可能存在的合理关系，并与被审计单位记录的金额、依据记录金额计算的比率或趋势相比较；
②如果发现异常或未预期到的关系，注册会计师应在识别重大错报风险时考虑这些比较结果；
③如果使用了高度汇总的数据，实施分析程序的结果仅可能初步显示财务报表存在重大错报风险，注册会计师应将分析结果连同识别重大错报风险时获取的其他信息一并考虑</td><td>在了解被审计单位及其环境并评估重大错报风险时使用</td></tr>
<tr><td rowspan="5">（3）观察和检查</td><td>观察生产经营活动</td><td>增加注册会计师对被审计单位人员如何进行生产经营活动及实施内控的了解</td><td rowspan="5">可以印证对管理层和其他相关人员的询问结果，并可提供有关被审计单位及其环境的信息</td></tr>
<tr><td>检查文件、记录和内控手册</td><td></td></tr>
<tr><td>阅读由管理层和治理层编制的报告</td><td></td></tr>
<tr><td>实地察看被审计单位的生产经营场所和设备</td><td>帮助注册会计师了解被审计单位的性质及经营活动</td></tr>
<tr><td>追踪交易在财务报告信息系统中的处理过程（穿行测试，如图1211-5所示）</td><td>注册会计师可以确定被审计单位的交易流程和内控是否与之前通过其他程序所获得的了解一致，并确定内控是否得到执行</td></tr>
</table>

以物资采购过程为例

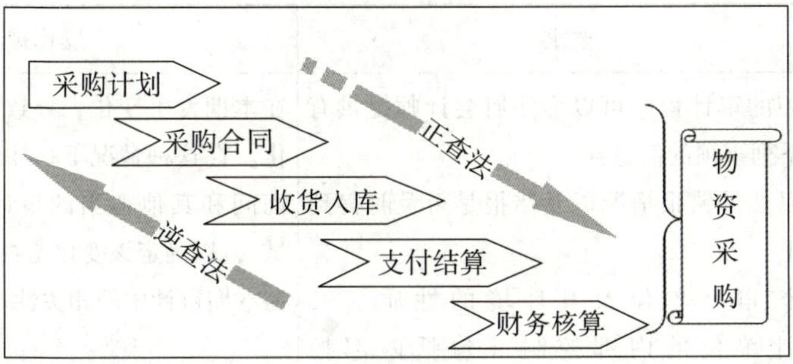

图1211-5　穿行测试

（三）其他审计程序和信息来源

1.其他审计程序（见表1211-3）

表1211-3　其他审计程序

程序	要求	案例
（1）询问	除了采用上述程序从被审计单位内部获得信息以外，如果根据职业判断认为从被审计单位外部获取的信息有助于了解被审计单位及其环境并识别重大错报风险，注册会计师应实施其他审计程序以获取这些信息	询问被审计单位聘请的外部法律顾问、专业评估师、投资顾问和财务顾问等
（2）阅读	包括证券分析师、银行、评级机构出具的有关被审计单位及其所处行业的经济或市场环境等状况的报告，贸易与经济方面的期刊，法规或金融出版物，以及政府部门或民间组织发布的行业报告和统计数据等	阅读外部信息也可能有助于注册会计师了解被审计单位及其环境

2.其他信息来源

如果拟利用以往与被审计单位交往的经验和以前审计中实施审计程序获取的信息，注册会计师应当确定被审计单位自以前审计后是否已发生变化，这些变化可能影响这些信息对本期审计的相关性。注册会计师应考虑在承接客户或续约过程中获取的信息，以及向被审计单位提供其他服务所获得的经验是否有助于识别重大错报风险，具体要求见表1211-4。

表1211-4　考虑承接客户或续约过程中获取的信息

业务类型	要求	操作规程
新审计业务	对被审计单位及其环境有一个初步的了解	注册会计师应在业务承接阶段对被审计单位及其环境有一个初步的了解，以确定是否承接该业务
连续审计业务	（1）在每年的续约过程中对上年审计作总体评价，并更新对被审计单位的了解和风险评估结果，以确定是否续约。 （2）应考虑向被审计单位提供其他服务所获得的经验是否有助于识别重大错报风险。 （3）以前期间获取的信息，注册会计师以往与被审计单位交往的经验以及以前审计中	（1）通过前期审计获取的有关被审计单位组织结构、生产经营活动和内控的审计证据，以及有关以往的错报和错报是否得到及时更正的信息，可以帮助注册会计师评估本期财务报表的重大错报风险。 （2）注册会计师前期已经了解内控的设计执行情况，但被审计单位及其环境可能

续表

业务类型	要求	操作规程
连续审计业务	实施的审计程序可以为注册会计师提供有关下列事项的信息： ①以往的错报情况以及错报是否及时得到更正。 ②被审计单位及其环境的性质、被审计单位的内部控制（包括内部控制缺陷）。 ③自上期以来被审计单位或其经营活动可能发生的重大变化，这些变化可以帮助注册会计师对被审计单位获取充分的了解，以识别和评估重大错报风险。 ④特定类型的交易、其他事项或账户余额（包括相关披露），注册会计师在对其实施必要的审计程序时遇到困难（如由于其复杂性而遇到的困难）。 必须注意，如果拟将以前期间获取的信息用于本期审计，注册会计师需要确定这些信息是否仍然相关。这是因为信息的变化（如控制环境的变化）可能影响上期所获取信息的相关性。为了确定影响这些信息相关性的变化是否已经发生，注册会计师可以询问并实施其他恰当的审计程序，如对相关系统进行穿行测试。 (4) 被审计单位或其环境的变化可能导致此类信息在本期审计中已不具有相关性	在本期发生变化，导致内控也发生相应变化。在这种情况下，注册会计师需要实施询问和其他适当的审计程序（如穿行测试），以确定该变化是否可能影响此类信息在本期审计中的相关性

请注意 注册会计师从6个方面了解被审计单位及其环境，但注册会计师无须在了解每个方面时都实施以上所有的风险评估程序。例如，在了解内控时通常不用分析程序。但是，在按照要求对被审计单位及其环境获取了解的整个过程中，注册会计师通常会实施上述所有的风险评估程序。

（四）项目组内部的讨论

项目合伙人和项目组其他关键成员应当讨论被审计单位财务报表存在重大错报的可能性，以及所采用的财务报告编制基础对于被审计单位的事实和情况的适用性。项目合伙人应当确定将哪些事项向未参与讨论的项目组成员通报，见表1211-5。

表1211-5　项目组内部的讨论

项目	要求
目标	使成员更好地了解在各自分工负责的领域中由于舞弊或错误导致财务报表重大错报的可能性，并了解各自实施审计程序的结果如何影响审计的其他方面，包括对确定进一步审计程序的性质、时间安排和范围的影响
作用	项目组内部关于财务报表发生重大错报可能性的讨论可以： (1) 使经验较丰富的项目组成员（包括项目合伙人）有机会分享其根据对被审计单位的了解形成的见解； (2) 使项目组成员能够讨论被审计单位面临的经营风险、财务报表容易发生错报的领域以及发生错报的方式，特别是由于舞弊或错误导致重大错报的可能性； (3) 帮助项目组成员更好地了解在各自负责的领域中潜在的财务报表重大错报，并了解各自实施的审计程序的结果可能如何影响审计的其他方面，包括对确定进一步审计程序的性质、时间安排和范围的影响； (4) 为项目组成员交流和分享在审计过程中获取的、可能影响重大错报风险评估结果或应对这些风险的审计程序的新信息提供基础。 《中国注册会计师审计准则第 1141 号——财务报表审计中与舞弊相关的责任》及其应用指南对项目组内部关于舞弊风险的讨论作出了进一步规定并提供了指引
内容	作为本准则要求的项目组内部讨论的一部分，考虑适用的财务报告编制基础中的披露要求，有助于注册会计师在审计工作的早期识别可能存在的与披露相关的重大错报风险领域。项目组可能讨论的事项包括： (1) 财务报告要求的变化，该变化可能导致作出重大的新披露或对现有披露作出重大修改； (2) 被审计单位所处的环境、财务状况或经营活动的变化，该变化可能导致作出重大的新披露或对现有披露作出重大修改，例如，审计期间发生的重大企业合并； (3) 以前审计中难以获取充分、适当的审计证据的披露； (4) 关于复杂事项的披露，包括管理层对披露信息内容的重大判断
人员	应运用职业判断确定项目组内部参与讨论的成员，项目组的关键成员应参与讨论，如果项目组需要拥有信息技术或其他特殊技能的专家，这些专家也可根据需要参与讨论，项目组的讨论不要求所有成员每次都参与讨论
时间和方式	在整个审计过程中，持续交换有关财务报表发生重大错报可能性的信息

请注意　注册会计师应在计划和实施审计工作时保持职业怀疑态度，充分考虑可能存在导致财务报表发生重大错报的情形。

（五）认定

认定，是指管理层在财务报表中作出的明确或隐含的表达，注册会计师将其用于考虑可能发生的不同类型的潜在错报（如图1211-6所示）。

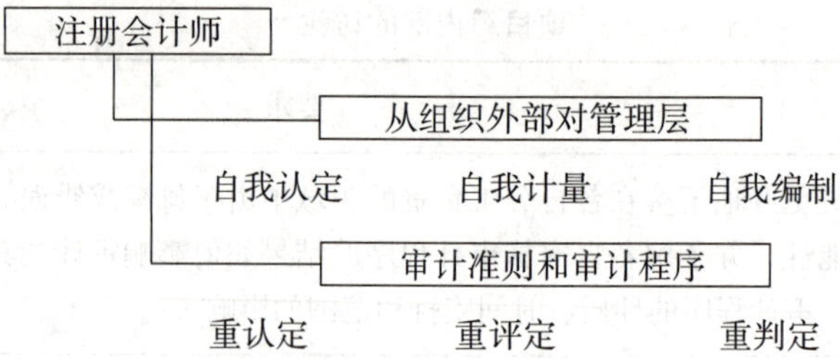

图 1211-6　认定

1. 管理层的认定

（1）管理层在财务报表上的认定表达方式。在声明财务报表按照适用的财务报告编制基础编制时，管理层对各类交易、事项及相关披露、账户余额以及披露的确认、计量和列报作出明确或隐含的认定。管理层在财务报表上的认定有些是明确表达的，有些则是隐含表达的。管理层在资产负债表中列报存货及其金额，意味着作出了下列明确的认定：记录的存货是存在的；存货以恰当的金额包括在财务报表中，与之相关的计价或分摊调整已恰当记录。同时，管理层也作出下列隐含的认定：所有应记录的存货均已记录；记录的存货都由被审计单位拥有。

（2）管理层的认定层次。管理层对财务报表各组成要素均作出了认定，注册会计师的审计工作就是要确定管理层的认定是否恰当。管理层的认定有与各类交易、事项及相关披露相关的认定、与期末账户余额及相关披露相关的认定和与列报相关的认定两个层次，如图 1211-7 所示。

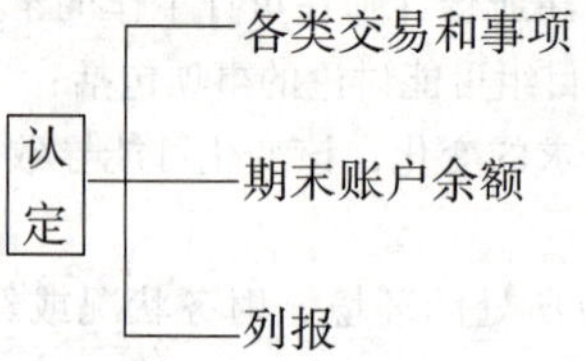

图 1211-7　认定三个层次

管理层的认定层次见表 1211-6、表 1211-7。

表 1211-6　管理层的认定层次

层次 \ 认定	发生 / 存在	完整性	准确性 / 准确性、计价和分摊	截止 / 权利和义务	分类	列　报
各类交易、事项及相关披露	发生	√	准确性	截止	√	√
期末账户余额及相关披露	存在	√	准确性、计价和分摊	权利和义务	√	√

（3）关于其他披露的认定。对与记录的各类交易、事项或账户余额并非直接相关的披露，注册会计师在考虑可能发生的潜在错报的不同类型时，也可能运用本指南第 129 段第一项和第二项描述的认定（可适当调整）。例如，可能要求被审计单位描述金融工具导致的风险敞口（包括风险是如何产生的）；风险管理的目标、政策及流程；计量风险的方法等。

表1211-7 管理层的认定层次具体内容

认定 层次	发生/存在	完整性	准确性/准确性、计价和分摊	截止/权利和义务	分类	列报
各类交易、事项及相关披露	记录的交易和事项已发生，且与被审计单位有关	所有应记录的交易和事项均已记录	与交易和事项有关的金额及其他数据已恰当记录	交易和事项已记录于正确的会计期间	交易和事项已记录于恰当的账户	交易和事项已被恰当地汇总或分解且表述清楚，相关披露在适用的财务报告编制基础下是相关的、可理解的
期末账户余额及相关披露	记录的资产、负债和所有者权益是存在的	所有应当记录的资产、负债和所有者权益均已记录，所有应当包括在财务报表中的相关披露均已包括	资产、负债和所有者权益以恰当的金额包括在财务报表中，与之相关的计价或分摊调整已恰当记录，相关披露已得到恰当计量和描述	记录的资产由被审计单位拥有或控制，记录的负债是被审计单位应当履行的偿还义务	资产、负债和所有者权益已记录于恰当的账户	资产、负债和所有者权益已被恰当地汇总或分解且表述清楚，相关披露在适用的财务报告编制基础下是相关的、可理解的

（4）对公共部门实体的特殊考虑。当管理层对公共部门实体的财务报表作出认定时，除表1211-6、表1211-7提及的认定外，管理层通常声明交易和事项已按照法律法规或其他监管要求执行。这些认定可以纳入财务报表审计的范畴。

必须指出，注册会计师可以使用前文所描述的认定，或在能够涵盖本书所有方面的前提下作出不同表述。例如，注册会计师可能选择将关于各类交易、事项及相关披露的认定与关于账户余额及相关披露的认定结合使用。

2.具体审计目标

注册会计师的目标是，通过了解被审计单位及其环境，识别和评估财务报表层次和认定层次的重大错报风险（无论该风险由于舞弊或错误导致），从而为设计和实施针对评估的重大错报风险采取的应对措施提供基础。注册会计师了解了认定，就很容易确定每个项目的具体审计目标，并以此作为评估重大错报风险以及设计和实施进一步审计程序的基础。

（1）与各类交易、事项及相关披露相关的审计目标（见表1211-8）。

表1211-8　　与各类交易、事项及相关披露相关的审计目标

序号	认定	各类认定的含义	认定对应的具体审计目标	案例及注意事项
1	发生	记录的交易和事项已发生，且与被审计单位有关	已记录的交易是真实的	如果没有发生销售交易，但在销售日记账中记录了一笔销售，则违反了该目标 请注意 它主要与财务报表组成要素的高估有关
2	完整性	所有应记录的交易和事项均已记录	已发生的交易确实已经记录	如果发生了销售交易，但没有在销售明细账和总账中记录，则违反了该目标，发生和完整性两者强调的是相反的关注点 请注意 完整性目标则针对漏记交易（低估）
3	准确性	与交易和事项有关的金额及其他数据已恰当记录	已记录的交易是按正确金额反映的	如果在销售交易中，发出商品的数量与账单上的数量不符，或是开账单时使用了错误的销售价格，或是账单中的乘积或加总有误，或是在销售明细账中记录了错误的金额，则违反了该目标 请注意 准确性与发生、完整性之间存在区别。若已记录的销售交易是不应记录的（如发出的商品是寄销商品），则即使发票金额是准确计算的，仍违反了发生目标。再如，若已入账的销售交易是对正确发出商品的记录，但金额计算错误，则违反了准确性目标，却没有违反发生目标。在完整性与准确性之间也存在同样的关系
4	截止	交易和事项已记录于正确的会计期间	接近于资产负债表日的交易记录于恰当的期间	如果本期交易推迟至下期，或下期交易提前至本期，均违反了截止目标
5	分类	交易和事项已记录于恰当的账户	被审计单位记录的交易经过适当分类	如果将现销记录为赊销，将出售经营性固定资产所得的收入记录为营业收入，则导致交易分类的错误，违反了分类目标

（2）与期末账户余额及相关披露相关的审计目标（见表1211-9）。

表1211-9　　与期末账户余额及相关披露相关的审计目标

序号	认定	各类认定的含义	各类认定对应的具体审计目标	案例及注意事项
1	存在	记录的资产、负债和所有者权益是存在的	记录的金额确实存在	如果不存在某顾客的应收账款，在应收账款明细表中却列入了对该顾客的应收账款，则违反了存在目标
2	权利和义务	记录的资产由被审计单位拥有或控制，记录的负债是被审计单位应履行的偿还义务	资产归属于被审计单位，负债属于被审计单位的义务	将他人寄售商品列入被审计单位的存货中，违反了权利目标；将不属于被审计单位的债务记入账内，违反了义务目标
3	完整性	所有应记录的资产、负债和所有者权益均已记录	已存在的金额均已记录	如果存在某顾客的应收账款，在应收账款明细表中却没有列入对该顾客的应收账款，则违反了完整性目标
4	准确性、计价和分摊	资产、负债和所有者权益以恰当的金额包括在财务报表中，与之相关的计价或分摊调整已恰当记录	资产、负债和所有者权益以恰当的金额包括在财务报表中，与之相关的计价或分摊调整已恰当记录	略

（3）与列报相关的审计目标（见表1211-10）。

表1211-10　　与列报相关的审计目标

序号	认定	各类认定的含义	各类认定对应的具体审计目标	案例及注意事项
1	发生及权利和义务	披露的交易、事项和其他情况已发生，且与被审计单位有关	发生的交易、事项，或与被审计单位有关的交易和事项包括在财务报表中	将没有发生的交易、事项，或与被审计单位无关的交易和事项包括在财务报表中，则违反该目标。复核董事会会议记录中是否记载了固定资产抵押等事项，询问管理层固定资产是否被抵押，即是对列报的权利认定的运用。如果是抵押固定资产则需要在财务报表中列报，说明其权利受到限制
2	完整性	所有应包括在财务报表中的披露均已包括	应披露的事项包括在财务报表中	如果应披露的事项没有包括在财务报表中，则违反该目标。检查关联方和关联方交易，以验证其在财务报表中是否得到充分披露，即是对列报的完整性认定的运用
3	分类和可理解性	财务信息已被恰当地列报和描述，且披露内容表述清楚	财务信息已被恰当地列报和描述，且披露内容表述清楚	检查存货的主要类别是否已披露，是否将一年内到期的非流动负债列为流动负债，即是对列报的分类和可理解性认定的运用
4	准确性和计价	财务信息和其他信息已公允披露，且金额恰当	财务信息和其他信息已公允披露，且金额恰当	检查财务报表附注是否分别对原材料、在产品和产成品等存货成本核算方法作了恰当说明，即是对列报的准确性和计价认定的运用

（4）管理层认定、审计目标和审计程序之间的关系（如图1211-8和表1211-11所示）。

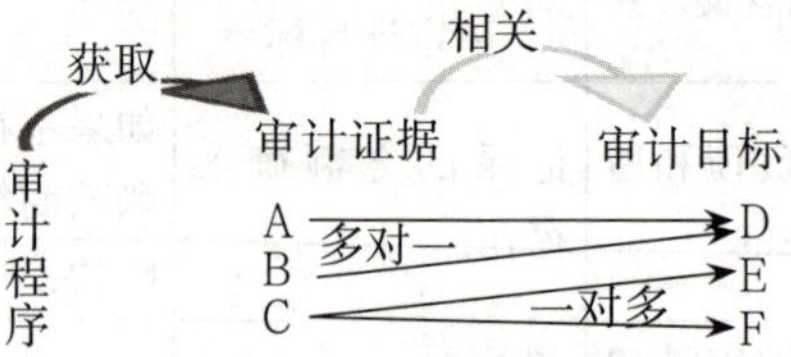

图1211-8　管理层认定、审计目标和审计程序之间的关系

表1211-11　　管理层认定、审计目标和审计程序之间的关系举例

管理层认定	审计目标	审计程序
存在	资产负债表列示的存货存在	实施存货监盘程序
完整性	销售收入包括了所有已发货的交易	检查发货单和销售发票的编号、销售明细账
准确性、计价和分摊	应收账款反映的销售业务是否基于正确的价格和数量，计算是否准确	比较价格清单与发票上的价格、发货单与销售订购单上的数量是否一致，重新计算发票上的金额
截止	销售业务记录在恰当的期间	比较上一年度最后几天和下一年度最初几天的发货单日期与记账日期
权利和义务	资产负债表中的固定资产确实为公司拥有	查阅所有权证书、购货合同、结算单和保险单
计价和分摊	以净值记录应收款项	检查应收账款账龄分析表、评估计提的坏账准备是否充足

（六）了解被审计单位及其环境

1.总体要求

注册会计师应当从内外两个方面了解被审计单位及其环境，如图1211-9所示。

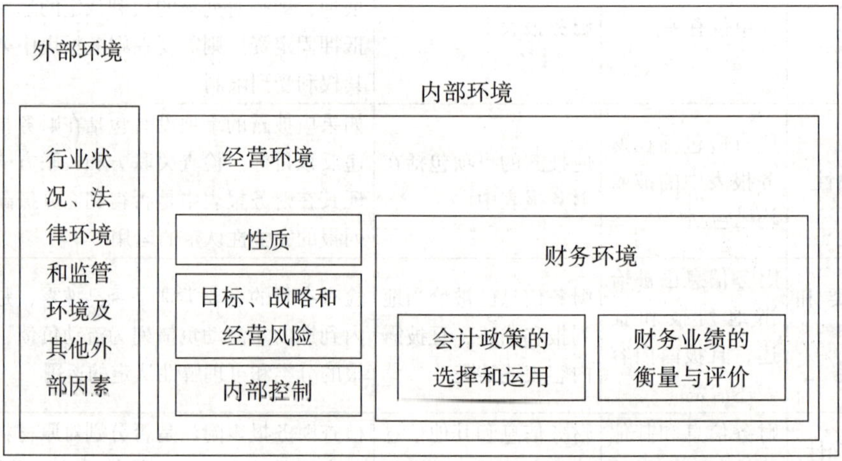

图1211-9　从内外两个方面了解被审计单位及其环境

（1）相关行业状况、法律环境和监管环境及其他外部因素，包括适用的财务报告编制基础。

（2）被审计单位的性质，包括经营活动、所有权和治理结构、正在实施和计划实施的投资（包括对特殊目的实体的投资）的类型、组织结构和筹资方式。了解被审计单位的性质使注册会计师能够了解如下事项：①被审计单位的组织结构是否复杂。例如，是否在多个地区拥有子公司或其他组成部分。复杂的组织结构通常产生可能导致重大错报风险的问题。这些问题可能包括对商誉、合营企业、投资或特殊目的实体的会计处理是否恰当，以及财务报表是否已对这些问题作了充分披露。②所有权结构，所有者与其他人员或实体之间的关系。了解这些方面有助于确定关联方交易是否已得到恰当识别和处理，并在财务报表中得到充分披露。《中国注册会计师审计准则第1323号——关联方》及其应用指南对注册会计师与关联方相关的考虑作出了规定并提供了指引。

（3）被审计单位对会计政策的选择和运用，包括变更会计政策的原因。注册会计师应当评价被审计单位的会计政策是否适合其经营活动，并与适用的财务报告编制基础、相关行业使用的会计政策保持一致。

（4）被审计单位的目标、战略以及可能导致重大错报风险的相关经营风险。

（5）对被审计单位财务业绩的衡量和评价。

（6）被审计单位的内部控制。

2.风险评估的基本流程

风险评估的基本流程如图1211-10、图1211-11、图1211-12所示。

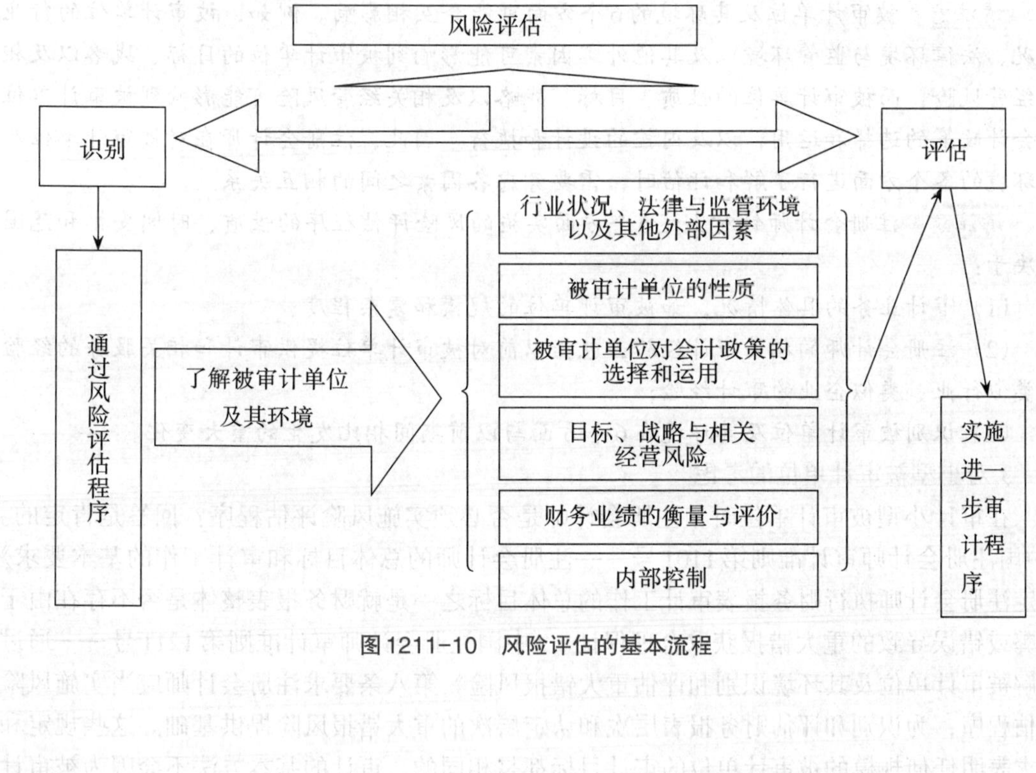

图1211-10　风险评估的基本流程

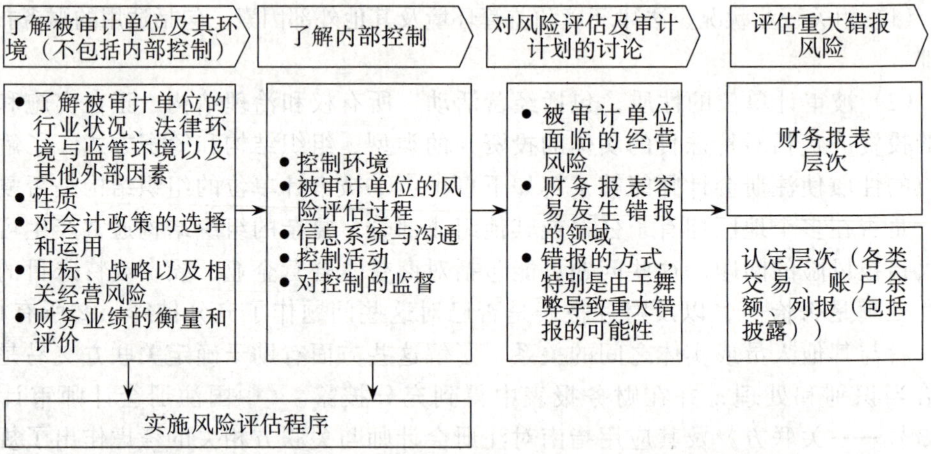

图1211-11　了解被审计单位及其环境并评估重大错报风险基本流程图

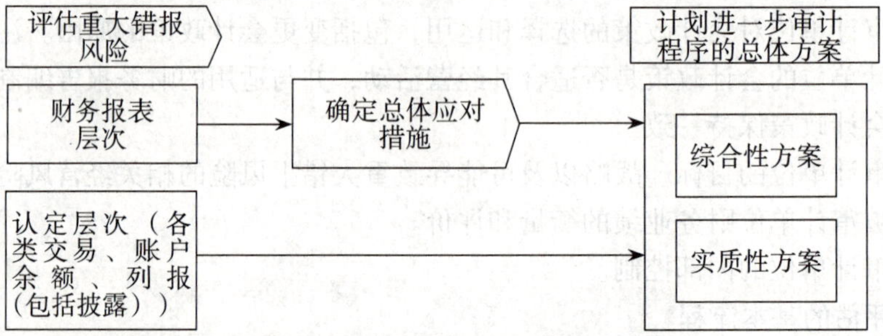

图1211-12　评估重大错报风险基本流程图

请注意　被审计单位及其环境的6个方面可能会互相影响。例如，被审计单位的行业状况、法律环境与监管环境以及其他外部因素可能影响到被审计单位的目标、战略以及相关经营风险，而被审计单位的性质、目标、战略以及相关经营风险可能影响到被审计单位对会计政策的选择和运用，以及内控的设计和执行。因此，注册会计师在对被审计单位及其环境的各个方面进行了解和评估时，需要考虑各因素之间的相互关系。

请注意　注册会计师针对上述6个方面实施的风险评估程序的性质、时间安排和范围取决于：

（1）审计业务的具体情况，如被审计单位的规模和复杂程度；

（2）注册会计师的相关审计经验，包括以前对被审计单位提供审计和相关服务的经验及类似行业、类似企业的审计经验；

（3）识别被审计单位及其环境在6个方面与以前期间相比发生的重大变化。

3.对小型被审计单位的考虑

在审计小型被审计单位时，注册会计师是否必须实施风险评估程序？回答是肯定的。《中国注册会计师审计准则第1101号——注册会计师的总体目标和审计工作的基本要求》规定注册会计师执行财务报表审计工作的总体目标之一是就财务报表整体是否不存在由于舞弊或错误导致的重大错报获取合理保证。《中国注册会计师审计准则第1211号——通过了解被审计单位及其环境识别和评估重大错报风险》第八条要求注册会计师应当实施风险评估程序，为识别和评估财务报表层次和认定层次的重大错报风险提供基础。这些规定和要求表明任何规模的被审计单位的审计目标都是相同的，审计的基本方法不会因为被审计单位规模小而发生改变。

虽然大中型企业审计和小型企业审计在具体对象的规模大小、业务繁简、考虑因素多少上，可能不尽相同，但是对审计目标和注册会计师提供合理保证的要求是相同的，这与被审计单位的规模和复杂程度无关。因此，在审计小型被审计单位时，注册会计师也应当实施风险评估程序。

需要指出的是，由于小型被审计单位的特征显著不同于大型被审计单位，注册会计师在运用审计准则执行小型被审计单位的审计时，需要恰当实施职业判断，合理调整程序，以一种符合成本效益的原则运用审计准则，但这并不意味着注册会计师可以规避或不遵守审计准则的要求。

例如，相对于大型被审计单位，小型被审计单位与财务报告相关的经营活动和程序通常不太复杂，注册会计师记录的形式可以相对简单，内容可以相对简洁。再如，小型被审计单位通常没有正式的财务业绩衡量和评价程序，管理层往往依赖某些关键指标，作为评价财务业绩的基础，在这种情况下，注册会计师应当了解管理层所使用的关键指标。

（七）了解被审计单位的内部控制

1. 内部控制的概念

内部控制，是指由企业董事会、监事会、经理层和全体员工实施的、旨在实现控制目标的过程。控制，是指内部控制一个或多个要素，或要素表现出的各个方面。

内控的目标是合理保证企业经营管理合法合规、资产安全、财务报告及相关信息真实完整，提高经营效率和效果，促进企业实现发展战略。

内控的重要基础——内部环境；内控的重要环节（依据）——被审计单位的风险评估过程；内控的重要条件（载体）——信息沟通；内控的重要手段——控制活动；内控的重要保证——对控制的监督。内控包括上述5个要素；控制包括上述的一个或多个要素，或要素表现出的各个方面。内控5要素的关系如图1211-13所示。

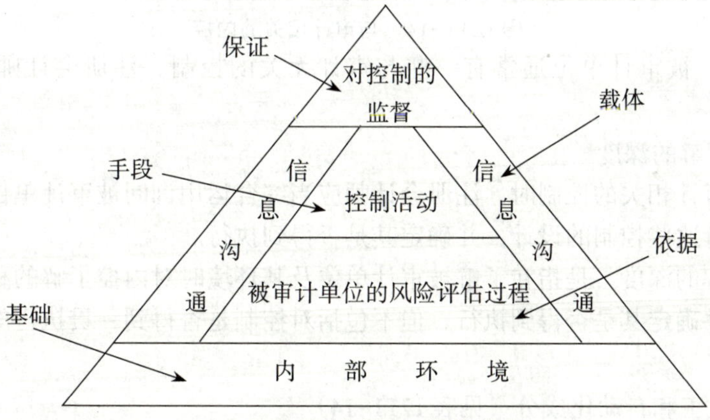

图1211-13　内控5要素的关系

2. 与审计相关的控制

注册会计师应当了解与审计相关的内部控制。虽然大部分与审计相关的控制可能与财务报告相关，但并非所有与财务报告相关的控制都与审计相关。确定一项控制单独或连同其他控制是否与审计相关，需要注册会计师作出职业判断。与审计相关的控制见表1211-12。

表1211-12　　与审计相关的控制

内控	与审计相关
为实现财务报告可靠性目标设计和实施的控制	包括被审计单位为实现财务报告可靠性目标设计和实施的控制。注册会计师应运用职业判断，考虑一项控制单独或连同其他控制是否与评估重大错报风险以及针对评估的风险设计和实施进一步审计程序有关；在运用职业判断时，注册会计师应考虑下列因素：（1）注册会计师确定的重要性水平；（2）被审计单位的性质；（3）被审计单位的规模；（4）被审计单位经营的多样性和复杂性；（5）法律法规和监管要求；（6）作为内控组成部分的系统的性质和复杂性
其他与审计相关的控制	注册会计师以前的经验以及在了解被审计单位及其环境过程中获得的信息，可以帮助注册会计师识别与审计相关的控制：（1）如果在设计和实施进一步审计程序时拟利用被审计单位内部生成的信息，注册会计师应考虑用以保证该信息完整性和准确性的控制可能与审计相关；（2）如果用以保证经营效率、效果的控制以及对法律法规遵守的控制与实施审计程序时评价或使用的数据相关，注册会计师应考虑这些控制可能与审计相关

与审计相关的内控如图1211-14所示。

图1211-14　与审计相关的内控

必须指出，被审计单位通常有一些与审计无关的控制，注册会计师无须对其加以考虑。

3.对内控了解的深度

在了解与审计相关的控制时，注册会计师应当综合运用询问被审计单位内部人员和其他程序，以评价这些控制的设计，并确定其是否得到执行。

对内控了解的深度，是指在了解被审计单位及其环境时对内控了解的程度，包括评价控制的设计，并确定其是否得到执行，但不包括对控制是否得到一贯执行的测试，具体见表1211-13。

4.内控的人工和自动化成分（见表1211-14）

5.内控的局限性

内控存在固有局限性，无论如何设计和执行，只能对财务报告的可靠性提供合理的保证。

表 1211-13 对内控了解的深度

了解的深度	要求
(1) 评价控制的设计	应评价：①控制的设计，评价控制的设计是指考虑一项控制单独或连同其他控制是否能够有效防止或发现并纠正重大错报；②确定其是否得到执行，控制得到执行是指某项控制存在且被审计单位正在使用；③设计不当的控制可能表明内控存在重大缺陷，注册会计师在确定是否考虑控制得到执行时，应首先考虑控制的设计，如果控制设计不当，不需要再考虑控制是否得到执行
(2) 获取控制设计和执行的审计证据	通常实施下列风险评估程序，以获取有关控制设计和执行的审计证据：①询问被审计单位的人员；②观察特定控制的运用；③检查文件和报告；④追踪交易在财务报告信息系统中的处理过程（穿行测试） 请注意 这些程序是风险评估程序在了解被审计单位内控方面的具体运用，询问本身并不足以评价控制的设计以及确定其是否得到执行，注册会计师应将询问与其他风险评估程序结合使用
(3) 了解内控与测试控制运行有效性的关系	除非存在某些可以使控制得到一贯运行的自动化控制，注册会计师对控制的了解并不能够代替对控制运行有效性的测试，对控制运行有效性的测试称为控制测试

表 1211-14 内控的人工和自动化成分

内控成分	内控	影响
人工	内控一般包括批准和复核业务活动，编制调节表并对调节项目进行跟踪	(1) 被审计单位的性质和经营的复杂程度 (2) 内控的人工成分在处理下列需要主观判断或酌情处理的情形时可能更为适当：①存在大额、异常或偶发的交易；②存在难以定义、防范或预见的错误；③为应对情况的变化，需要对现有的自动化控制进行调整；④监督自动化控制的有效性 (3) 特定风险：①人工控制可能更容易被规避、忽视或凌驾；②人工控制可能不具有一贯性；③人工控制可能更容易产生简单错误或失误。相对于自动控制，人工控制的可靠性较差 (4) 人工控制在下列情形中可能是不适当的：①存在大量或重复发生的交易；②事先可预见的错误能够通过自动化控制得以防范或发现；③控制活动可得到适当设计和自动化处理。内控风险的程度和性质受被审计单位信息系统的性质和特征的影响

续表

内控成分	内控	影响
自动化	信息技术系统中的控制可能既有自动化控制（如嵌入计算机程序的控制），又有人工控制	(1) 被审计单位的性质和经营的复杂程度 (2) 信息技术通常在下列方面提高被审计单位内控的效率和效果：①在处理大量的交易或数据时，一贯运用事先确定的业务规则，并进行复杂运算；②提高信息的及时性、可获得性及准确性；③有助于对信息的深入分析；④加强对被审计单位政策和程序执行情况的监督；⑤降低控制被规避的风险；⑥通过对操作系统、应用程序系统和数据库系统实施安全控制，提高不相容职务分离的有效性 (3) 信息技术也可能对内控产生特定风险：①系统或程序未能正确处理数据，或处理了不正确的数据，或两种情况并存；②在未得到授权情况下访问数据，可能导致数据的毁损或对数据不恰当的修改，包括记录未经授权或不存在的交易，或不正确地记录了交易；③信息技术人员可能获得超越其履行职责以外的数据访问权限，破坏了系统应有的职责分工；④未经授权改变主文档的数据；⑤未经授权改变系统或程序；⑥未能对系统或程序作出必要的修改；⑦不恰当的人为干预；⑧数据丢失的风险或不能访问所需要的数据

内控存在的固有局限性见表1211-15。

表1211-15　　内部控制存在的固有局限性

固有局限性	案例
(1) 在决策时人为判断可能出现错误和由于人为失误而导致内控失效	①被审计单位信息技术工作人员没有完全理解系统如何处理销售交易，为使系统能够处理新型产品的销售，可能错误地对系统进行更改；②或者对系统的更改是正确的，但是程序员没能把更改转化为正确的程序代码
(2) 可能由于两个或更多的人员进行串通或管理层凌驾于内控之上而被规避	①管理层可能与客户签订背后协议，对标准的销售合同作出变动，从而导致确认收入发生错误；②软件中的编辑控制旨在发现和报告超过赊销信用额度的交易，但这一控制可能被逾越或规避
(3) 行使控制职能的人员素质	如果被审计单位内部行使控制职能的人员素质不适应岗位要求，也会影响内控功能的正常发挥
(4) 实施内控的成本效益	被审计单位实施内控的成本效益问题也会影响其职能，当实施某项控制成本大于控制效果而发生损失时，就没有必要设置控制环节或控制措施
(5) 出现不经常发生或未预计到的业务	内控一般都是针对经常而重复发生的业务而设置的，如果出现不经常发生或未预计到的业务，原有控制就可能不适用

6. 了解内控的重要基础——控制环境

注册会计师应当了解控制环境。作为了解控制环境的一部分，注册会计师应当评价：

（1）管理层在治理层的监督下，是否营造并保持了诚实守信和合乎道德的文化；

（2）控制环境总体上的优势是否为内部控制的其他要素提供了适当的基础，以及这些其他要素是否未被控制环境中存在的缺陷所削弱。

必须注意的是，对于内部审计就识别出的与审计相关的内部控制缺陷提出的问题及建议，注册会计师还可能考虑管理层是如何予以回应的，包括这些回应是否以及如何得以执行，内部审计是否对此进行了后续评价。

必须指出，2016年修订的审计准则取消了现行的《中国注册会计师审计准则第1621号——对小型被审计单位审计的特殊考虑》，代之以在每项应用指南中增加"对小型被审计单位的特殊考虑"部分。这种做法将显著增强对审计小型被审计单位的指导力度，有效提高审计准则的适用性。

小型被审计单位可能没有书面的行为守则，但却通过口头沟通和管理层的示范作用形成了强调诚信和道德行为重要性的文化。注册会计师在审计小型被审计单位时可能无法获取以文件形式存在的有关控制环境要素的审计证据，因此，管理层或业主兼经理的态度、认识和措施对了解小型被审计单位的控制环境更为重要。

7. 了解内控的重要环节——被审计单位的风险评估过程

注册会计师应当了解被审计单位是否已建立风险评估过程，包括：

（1）识别与财务报告目标相关的经营风险；

（2）估计风险的重要性；

（3）评估风险发生的可能性；

（4）决定应对这些风险的措施。

如果被审计单位已建立风险评估过程，注册会计师应当了解风险评估过程及其结果。

如果识别出管理层未能识别出的重大错报风险，注册会计师应当评价是否存在潜在风险，即注册会计师预期被审计单位风险评估过程应当识别出的风险。如果存在这种潜在风险，注册会计师应当了解风险评估过程未能识别出的原因，并评价风险评估过程是否适合具体情况，或者确定与风险评估过程相关的内部控制是否存在值得关注的内部控制缺陷。

如果被审计单位未建立风险评估过程，或具有非正式的风险评估过程，注册会计师应当与管理层讨论是否识别出与财务报告目标相关的经营风险以及如何应对这些风险。注册会计师应当评价缺少记录的风险评估过程是否适合具体情况，或确定是否表明存在值得关注的内部控制缺陷。

8. 了解内控的重要条件——信息系统与沟通

注册会计师应当从下列方面了解与财务报告相关的信息系统（包括相关业务流程）：

（1）在被审计单位经营过程中，对财务报表具有重大影响的各类交易；

（2）在信息技术和人工系统中，对被审计单位的交易生成、记录、处理、必要的更正、结转至总账以及在财务报表中报告的程序；

（3）用以生成、记录、处理和报告（包括纠正不正确的信息以及信息如何结转至总账）被审计单位交易的会计记录、支持性信息和财务报表中的特定账户；

（4）被审计单位的信息系统如何获取除交易以外的对财务报表影响重大的事项和

情况；

（5）用于编制被审计单位财务报表（包括作出的重大会计估计和披露）的财务报告过程；

（6）与会计分录相关的控制，这些分录包括用以记录非经常性的、异常的交易或调整的非标准会计分录。

必须注意的是，了解与财务报告相关的信息系统应当包括了解信息系统中与财务报表所披露信息相关的方面，无论该信息是从总账和明细账中获取，还是从总账和明细账之外的其他途径获取。

与财务报告目标相关的信息系统（包括会计系统）由一系列的程序和记录组成。被审计单位设计和建立这些程序和记录旨在：

（1）生成、记录、处理和报告交易（以及事项和情况），以及为相关资产、负债和所有者权益明确受托责任；

（2）解决不正确处理交易的问题，如自动生成暂记账户文件，以及及时按照程序清理暂记项目；

（3）处理并解释凌驾于内部控制之上或规避内部控制的情况；

（4）将信息从交易处理系统过入总分类账；

（5）针对除交易以外的事项和情况获取与财务报告相关的信息，如资产的折旧和摊销、应收账款可收回性的改变等；

（6）确保适用的财务报告编制基础规定披露的信息得到收集、记录、处理和汇总，并在财务报表中进行了适当报告。

另外，财务报表可能包含从总账和明细账之外的其他途径获取的信息。这些信息可能包括：

（1）财务报表披露的从租赁协议中获取的信息，如续租选择权或未来的租赁付款额；

（2）财务报表披露的由被审计单位风险管理系统生成的信息；

（3）由管理层的专家提供并在财务报表中披露的公允价值信息；

（4）在财务报表中披露的、从为形成财务报表确认或披露的估计所用模型或其他计算中获取的信息，包括与模型所用基础数据和假设相关的信息，例如，可能影响资产使用寿命的内部假设，或不受被审计单位控制的因素影响的数据（如利率）；

（5）在财务报表中披露的、与源于财务模型的敏感性分析相关的信息，用以表明管理层已考虑替代假设；

（6）财务报表确认或披露的从被审计单位纳税申报表和记录中获取的信息；

（7）在财务报表中披露的、从用于支持管理层评估被审计单位持续经营能力所作分析中获取的信息，例如，与识别出的、可能导致对被审计单位持续经营能力产生重大疑虑的事项或情况相关的披露（如有）。

还要注意的是，按照本准则的要求了解与财务报告相关的信息系统（包括了解信息系统中与财务报表所披露信息相关的信息，无论这些信息是从总账和明细账中获取，还是从总账和明细账之外的其他途径获取）需要注册会计师运用职业判断。例如，被审计单位财务报表中的特定金额或披露（如关于信用风险、流动性风险和市场风险的披露）可能以从被审计单位风险管理系统中获取的信息为基础。但是，注册会计师不需要了解风险管理系统的所有方面，而是运用职业判断确定需要了解哪些方面。

与财务报告相关的信息系统所生成信息的质量，对管理层能否作出恰当的经营管理决策以及编制可靠的财务报告具有重大影响。与财务报告相关的信息系统通常包括下列职能：

识别与记录所有的有效交易（完整性认定）；及时、详细地描述交易，以便在财务报告中对交易进行恰当分类（分类认定）；恰当计量交易，以便在财务报告中对交易的金额作出准确记录（准确性认定）；恰当确定交易生成的会计期间（截止认定）；在财务报表中恰当列报交易（列报认定）。

注册会计师应当了解被审计单位如何沟通与财务报告相关的人员的角色和职责以及与财务报告相关的重大事项。这种沟通包括：

（1）管理层与治理层之间的沟通；

（2）外部沟通，如与监管机构的沟通。

9. 了解内控的重要手段——控制活动

（1）相关的控制活动的含义。控制活动是指有助于确保管理层的指令得以执行的政策和程序，包括与授权、业绩评价、信息处理、实物控制和职责分离等相关的活动（见表1211-16）。

表1211-16　　控制活动内容

控制活动	内容、案例
授权	保证交易在管理层授权范围内进行。一般授权是指管理层制定的要求组织内部遵守的普遍适用于某类交易或活动的政策。特别授权是指管理层针对特定类别的交易或活动逐一设置的授权如重大资本支出和股票发行等
业绩评价	业绩评价包括被审计单位分析评价实际业绩与预算（或预测、前期业绩）的差异，综合分析财务数据与经营数据的内在关系，将内部数据与外部信息来源相比较，评价职能部门、分支机构或项目活动的业绩，以及对发现的异常差异或关系采取必要的调查与纠正措施
信息处理	信息技术一般控制是指与多个应用系统有关的政策和程序，有助于保证信息系统持续恰当地运行（包括信息的完整性和数据的安全性），支持应用控制作用的有效发挥，通常包括数据中心和网络运行控制，系统软件的购置、修改及维护控制，接触或访问权限控制，应用系统的购置、开发及维护控制 信息技术应用控制是指主要在业务流程层次运行的人工或自动化程序，与用于生成、记录、处理、报告交易或其他财务数据的程序相关，通常包括检查数据计算的准确性，审核账户和试算平衡表，设置对输入数据和数字序号的自动检查，以及对例外报告进行人工干预
实物控制	资产和记录采取适当的安全保护措施，对访问计算机程序和数据文件设置授权，以及定期盘点并将盘点记录与会计记录相核对
职责分离	了解被审计单位如何将交易授权、交易记录以及资产保管等职责分配给不同员工，以防范同一员工在履行多项职责时可能发生的舞弊或错误。当信息技术运用于信息系统时，职责分离可以通过设置安全控制来实现

不相容职责分离：内控的核心是不相容职责分离，其体现在钱、账、物三分管，一项业务从开始到结束，不能由一个人和一个部门包办。

【应用分析1211-1】实际工作中不相容职责分离的情形见表1211-17。

表1211-17 不相容职责分离

不相容职责	
授权	执行
授权	记录
授权	保管
执行	记录
执行	保管
记录	保管
总账	明细账
总账	日记账
开支票	编制银行存款余额调节表
授权	核对
执行	核对
记录	核对
保管	核对
⋮	⋮

（2）对控制活动的了解。注册会计师应当了解与审计相关的控制活动。与审计相关的控制活动，是注册会计师为评估认定层次重大错报风险并设计进一步审计程序应对评估的风险而认为有必要了解的控制活动。审计并不要求了解与财务报表中每类重大交易、账户余额和披露或与其每项认定相关的所有控制活动。在了解被审计单位控制活动时，注册会计师应当了解被审计单位如何应对信息技术导致的风险。

必须指出，除了应对账户余额和交易相关风险的控制外，与审计相关的控制活动还可能包括管理层建立的、用于应对没有按照适用的财务报告编制基础进行披露导致的重大错报风险的控制。这些控制活动可能与财务报表包含的从总账和明细账之外的其他途径获取的信息相关。

10.内控的重要保证——对控制的监督

注册会计师应当了解被审计单位用于监督与财务报告相关的内部控制的主要活动，包括了解针对与审计相关的控制活动的监督，以及被审计单位如何对控制缺陷采取补救措施。

特别要注意的是，如果被审计单位设有内部审计，获取对内部审计的了解有助于注册会计师了解被审计单位及其环境（包括内部控制），特别是了解内部审计在被审计单位对财务报告内部控制的监督中的作用。这一了解，连同注册会计师按照本准则第九条第一款的规定通过询问获取的信息，也可能为注册会计师识别和评估重大错报风险提供直接相关的信息。

（1）内部审计的目标和范围、职责性质及在被审计单位中的地位（包括权威性和问责机制）有较大差别，取决于被审计单位的规模、组织结构以及管理层和治理层（如适用）的要求。内部审计章程或职权范围可能对这些事项作出规定。

（2）内部审计的职责可能包括实施程序并评价结果，就风险管理、内部控制及治理过程的设计和有效性，向管理层和治理层提供保证。此时，内部审计可能在被审计单位对财务报告内部控制的监督中发挥重要作用。然而，内部审计的职责也可能专注于评价运营的经济性、效率和效果，此时，内部审计的工作可能与被审计单位的财务报告并不直接相关。

（3）按照本准则的规定询问适当的内部审计人员，有助于注册会计师了解内部审计的职责性质。如果认为内部审计的职责与被审计单位的财务报告相关，注册会计师可能复核内部审计相关期间的审计计划（如有），并与适当的内部审计人员讨论该计划，以进一步了解内部审计已执行或拟执行的活动。

（4）如果内部审计的职责性质和鉴证活动与被审计单位的财务报告相关，注册会计师也可能利用内部审计的工作，以修改注册会计师为获取审计证据而直接实施的审计程序的性质、时间安排，或缩小其范围。如果基于以前年度的审计经验或注册会计师实施的风险评估程序，相对于被审计单位的规模和运营性质而言，内部审计的配备看上去充分、适当，并与治理层有直接的报告关系，则注册会计师更有可能利用被审计单位内部审计的工作。

（5）如果基于对被审计单位内部审计的初步了解，注册会计师预期利用内部审计的工作，以修改拟实施的审计程序的性质、时间安排，或缩小其范围，则《中国注册会计师审计准则第1411号——利用内部审计人员的工作》适用。

（6）如《中国注册会计师审计准则第1411号——利用内部审计人员的工作》所述，内部审计的活动不同于可能与财务报告相关的其他监督控制活动（例如，复核被审计单位用于防止或发现错报的管理会计信息）。

（7）在审计业务的早期与适当的内部审计人员建立沟通，并在审计业务执行过程中保持这种沟通，有利于信息的有效共享。这种做法能够创造一种氛围，使得注册会计师能够获悉内部审计注意到的可能影响注册会计师工作的重大事项。《中国注册会计师审计准则第1101号——注册会计师的总体目标和审计工作的基本要求》讨论了注册会计师在计划和执行审计工作时保持职业怀疑的重要性，包括对引起对作为审计证据的文件记录和对询问的答复的可靠性产生怀疑的信息保持警觉。因此，在审计业务执行过程中与内部审计保持沟通，可以为内部审计人员将这些信息告知注册会计师提供机会。注册会计师因而能够在识别和评估重大错报风险时考虑这些信息。

注册会计师应当了解被审计单位监督活动所使用信息的来源，以及管理层认为信息对于实现目的足够可靠的依据。

11.在整体层面对内控了解和评估的总结

内控控制环境要素更多地对被审计单位整体层面产生影响，而其他要素（如信息系统和沟通、控制活动）则可能更多地与特定业务流程相关。在实务中，注册会计师往往从被审计单位整体层面和业务流程层面分别了解和评价被审计单位的内控（如图1211-15所示）。

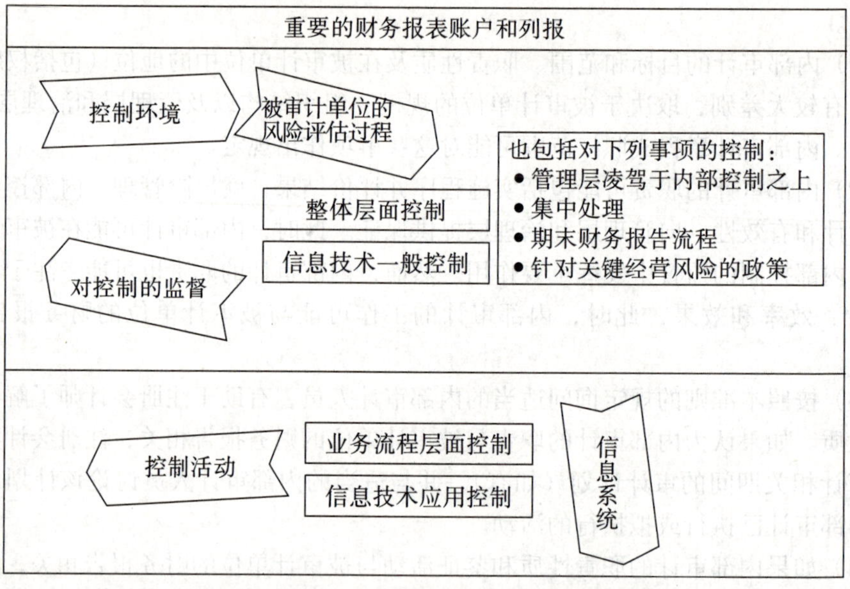

图 1211-15　从被审计单位整体层面和业务流程层面分别了解和评价被审计单位的内控

12. 在业务流程层面了解内控

我们通过图 1211-16 对内控构成要素的具体含义以及如何在被审计单位整体层面及业务流程层面对其进行了解和评价作简要说明。图 1121-17 是在重要业务流程层面对内部控制了解和评估的一般程序。

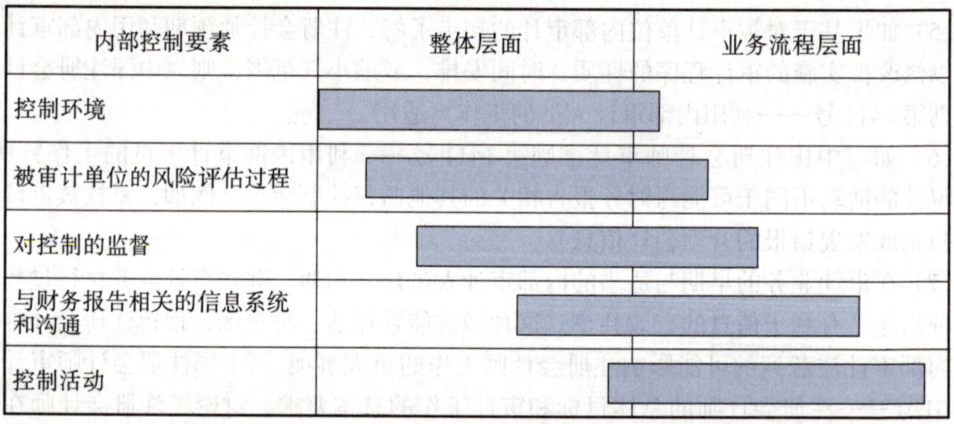

图 1211-16　在整体层面及业务流程层面了解内控构成要素

（八）评估重大错报风险

注册会计师应当在下列两个层次识别和评估重大错报风险，为设计和实施进一步审计程序提供基础：

（1）财务报表层次；

（2）各类交易、账户余额和披露的认定层次。

其流程可归纳为图 1211-18、图 1211-19 和图 1211-20。

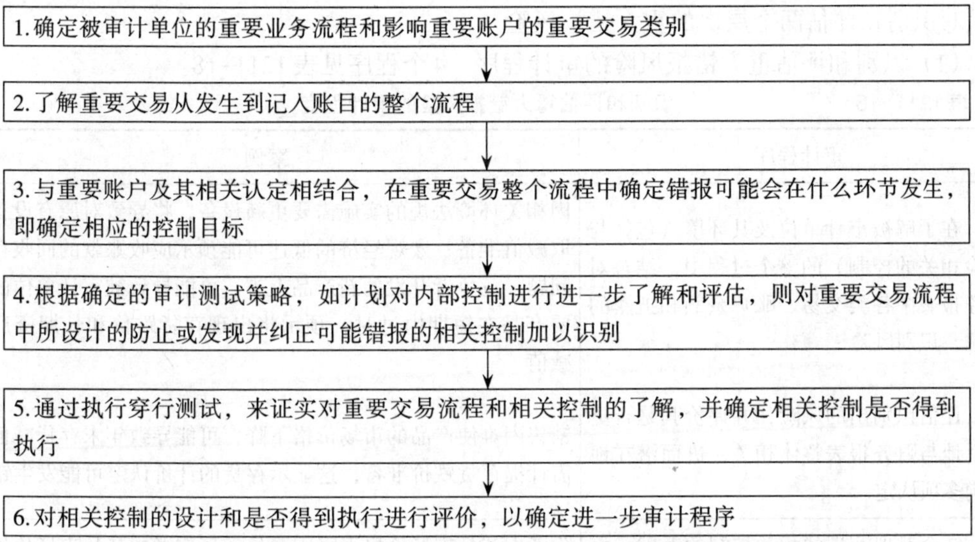

图1211-17　在重要业务流程层面对内部控制了解和评估的一般程序

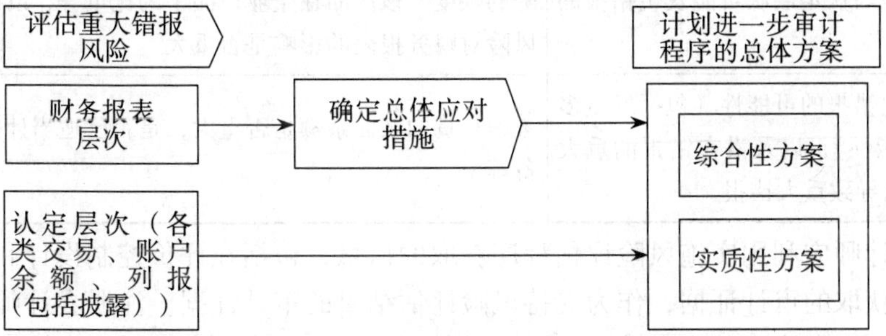

图1211-18　评估重大错报风险流程

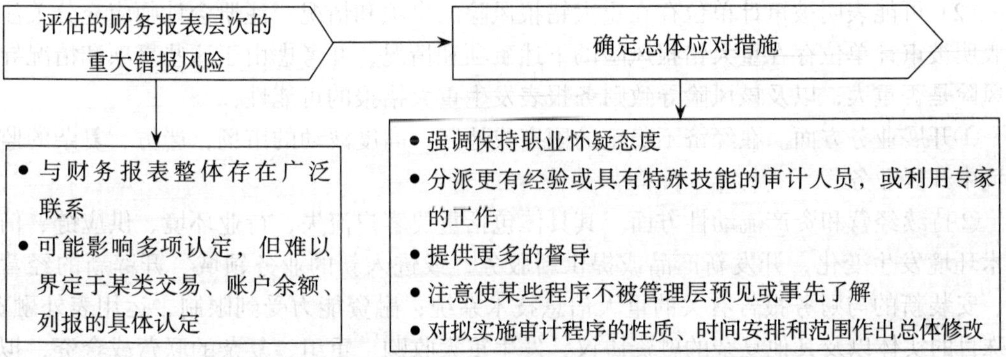

图1211-19　确定总体应对措施

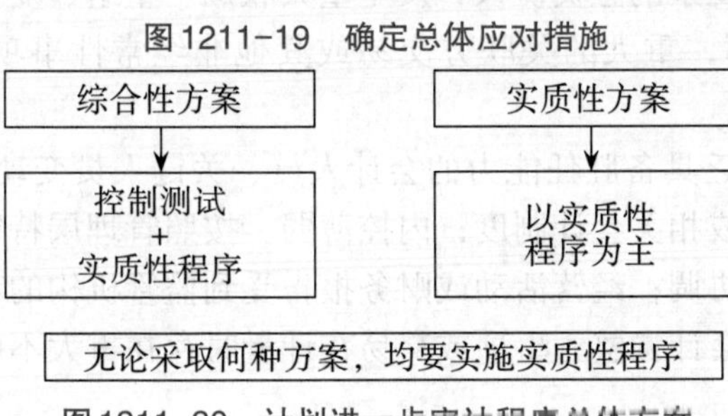

图1211-20　计划进一步审计程序总体方案

1.识别和评估两个层次的重大错报风险

（1）识别和评估重大错报风险的审计程序。4个程序见表1211-18。

表1211-18　识别和评估重大错报风险的审计程度

审计程序	案例
（1）在了解被审计单位及其环境（包括与风险相关的控制）的整个过程中，结合对财务报表中各类交易、账户余额和披露的考虑，识别风险	因相关环境法规的实施需要更新设备，将导致对原有设备提取减值准备；宏观经济的低迷可能预示应收账款的回收存在问题；竞争者开发的新产品上市，可能导致被审计单位的主要产品在短期内过时，预示将出现存货跌价和长期资产的减值
（2）评估识别出的风险，并评价其是否更广泛地与财务报表整体相关，进而潜在地影响多项认定	销售困难使产品的市场价格下降，可能导致年末存货减值而需计提存货跌价准备，这显示存货的计价认定可能发生错报
（3）结合对拟测试的相关控制的考虑，将识别出的风险与认定层次可能发生错报的领域相联系	除考虑产品市场价格下降因素外，还应考虑产品市场价格下降的幅度、该产品在企业产品中的比重等，以确定识别出的风险对财务报表的影响是否重大
（4）考虑发生错报的可能性（包括发生多项错报的可能性），以及潜在错报的重大程度是否足以导致重大错报	考虑存货的账面余额是否重大，是否已适当计提存货跌价准备等

注册会计师应利用实施风险评估程序获取的信息，包括在评价控制设计和确定其是否得到执行时获取的审计证据，作为支持风险评估结果的审计证据。注册会计师应根据风险评估结果，确定实施进一步审计程序的性质、时间安排和范围。

（2）可能表明被审计单位存在重大错报风险的事项和情况。注册会计师应充分关注可能表明被审计单位存在重大错报风险的下述事项和情况，并考虑由于这些事项和情况导致的风险是否重大，以及该风险导致财务报表发生重大错报的可能性：

①开展业务方面。在经济不稳定的国家或地区，高度波动的市场，严厉、复杂的监管环境中开展业务。

②持续经营和资产流动性方面。其具体包括重要客户流失，行业环境、供应链、信息技术环境发生变化，开发新产品或提供新服务，或进入新的业务领域、开辟新的经营场所、安装新的与财务报告有关的重大信息技术系统；融资能力受到限制，运用表外融资、特殊目的实体以及其他复杂的融资协议，发生重大收购、重组、复杂的联营或合资，拟出售分支机构或业务分部，重大的关联方交易或其他非经常性事项，发生重大的非常规交易。

③管理层方面。缺乏具备胜任能力的会计人员、关键人员变动、会计计量过程复杂、应用新颁布的会计准则或相关会计制度；内控薄弱、按照管理层特定意图记录交易；信息技术战略与经营战略不协调；经营活动或财务报告受到监管机构的调查；以往存在重大错报或本期期末出现重大会计调整、事项或交易在计量时存在重大不确定性、存在未决诉讼和或有负债等等。

（3）识别两个层次的重大错报风险。在对重大错报风险进行识别和评估后，注册会计师应确定，识别的重大错报风险是与特定的某类交易、账户余额、列报的认定相关，还是与财务报表整体广泛相关，进而影响多项认定，具体做法见表1211-19。

表1211-19 识别两个层次的重大错报风险

（1）已识别的风险是什么？	
财务报表层次	源于薄弱的被审计单位层次内控或信息技术的一般控制； 特别风险； 与管理层凌驾及与舞弊相关的风险因素； 管理层愿意接受的风险，例如小企业因缺乏职责分工导致的风险
认定层次	与完整性、准确性、存在或计价相关的特定风险：收入、费用和其他交易，账户余额，财务报表披露； 可能产生多重错报的风险
相关内控程序	特别风险； 用于预防、发现或减轻已识别风险的恰当设计并执行的内控程序； 仅通过执行控制测试应对的风险
（2）错报（金额影响）可能发生的规模有多大？	
财务报表层次	什么事项可能导致财务报表重大错报？考虑管理层凌驾、舞弊、未预期事件和以往经验
认定层次	交易、账户余额或披露的固有性质； 日常和例外事件； 以往经验
（3）事件（风险）发生的可能性有多大？	
财务报表层次	“来自高层的声音”； 管理层风险管理的方法； 使用的政策和程序； 以往经验
认定层次	相关的内控活动； 以往经验
相关内控程序	识别对于降低事件发生可能性非常关键的管理层风险应对要素

（4）控制环境对评估财务报表层次重大错报风险的影响。财务报表层次的重大错报风险很可能源于薄弱的控制环境。薄弱的控制环境带来的风险可能对财务报表产生广泛影响，难以限于某类交易、账户余额、列报，注册会计师应采取总体应对措施。

（5）控制对评估认定层次重大错报风险的影响。在评估重大错报风险时，注册会计师应将所了解的控制与特定认定相联系。这是由于控制有助于防止或发现并纠正认定层次的重大错报。控制可能与某一认定直接相关，也可能与某一认定间接相关。关系越间接，控制在防止或发现并纠正认定中错报的作用越小。注册会计师可能识别出有助于防止或发现并纠正特定认定发生重大错报的控制。在确定这些控制是否能够实现上述目标时，注册会计师应将控制活动和其他要素综合考虑。某些控制活动可能专门针对某类交易或账户余额的个别认定。图1211-21给出了认定层次总结。

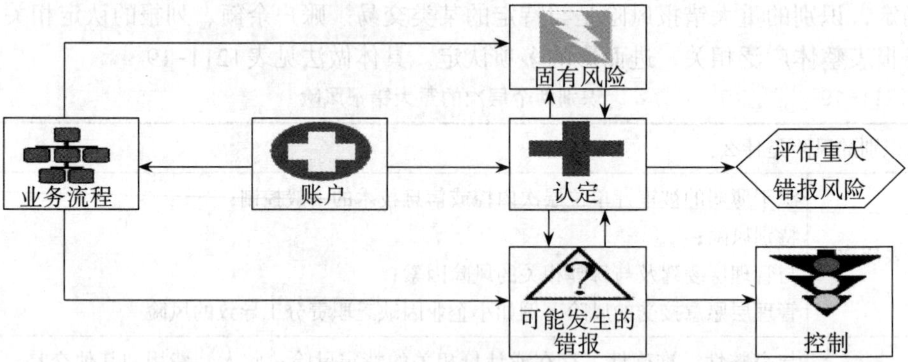

图1211-21 认定层次总结

（6）考虑财务报表的可审计性。如果通过对内控的了解发现下列情况：被审计单位会计记录的状况和可靠性存在重大问题，不能获取充分、适当的审计证据以发表无保留意见；对管理层的诚信存在严重疑虑，并对财务报表局部或整体的可审计性产生疑问，注册会计师应考虑出具保留意见或无法表示意见的审计报告；必要时，注册会计师应考虑解除业务约定。

2.需要特别考虑的重大错报风险

（1）特别风险的含义。特别风险，是指注册会计师识别和评估的、根据判断认为需要特别考虑的重大错报风险。作为风险评估的一部分，注册会计师应运用职业判断，确定识别的风险哪些是需要特别考虑的重大错报风险，确定识别出的风险是否为特别风险。在进行判断时，注册会计师不应考虑识别出的控制对相关风险的抵销效果。

（2）确定特别风险时应考虑的事项。在确定哪些风险是特别风险时，注册会计师应在考虑识别出的控制对相关风险的抵销效果前，根据风险的性质、潜在错报的重要程度（包括该风险是否可能导致多项错报）和发生的可能性，判断风险是否属于特别风险。在判断哪些风险是特别风险时，注册会计师应当至少考虑下列方面：风险是否属于舞弊风险；风险是否与近期经济环境、会计处理方法和其他方面的重大变化相关，因而需要特别关注；交易的复杂程度；风险是否涉及重大的关联方交易；财务信息计量的主观程度，特别是计量结果涉及广泛的计量不确定性；风险是否涉及异常或超出正常经营过程的重大交易。特别风险如图1211-22所示。

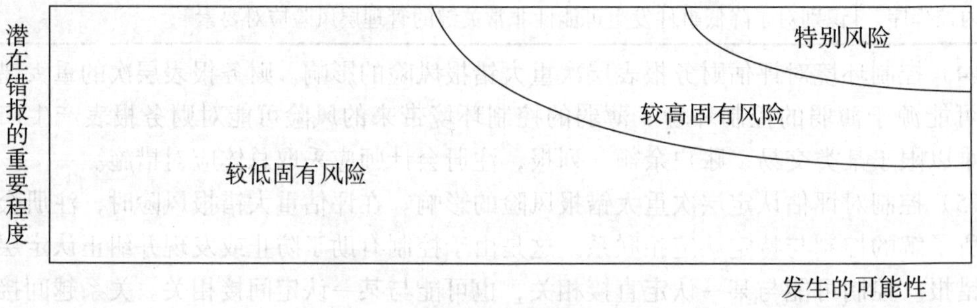

图1211-22 特别风险

（3）非常规交易和判断事项导致的特别风险。日常的、不复杂的、经正规处理的交易不太可能产生特别风险。特别风险通常与重大的非常规交易和判断事项有关，是由非常规交易导致的。判断事项通常包括作出的会计估计。

①重大非常规交易的概念。重大非常规交易是注册会计师在审计工作中发现的被审计单位超出正常经营过程的重大交易，或基于对被审计单位及其环境的了解以及在审计过程中获取的其他信息，认为显得异常的重大交易。

②实务中常见的重大非常规交易。A.复杂的股权交易，如公司重组或收购；B.与处于公司法制不健全的国家或地区的境外实体之间的交易；C.对外提供厂房租赁或管理服务，而没有收取对价；D.具有异常大额折扣或退货的销售业务；E.循环交易；F.在合同期限届满之前变更条款的交易；G.采用特殊交易模式或创新交易模式；H.交易标的对被审计单位或交易对手而言不具有合理用途；I.交易价格明显偏离正常市场价格；J.非经营所需的名义金额重大的衍生金融工具交易；K.不属于正常经营业务范围的金额重大且没有实物流的交易。

③识别与重大非常规交易相关的重大错报风险。注册会计师要特别关注临近会计期末发生的在交易实质的判断上存在困难的重大非常规交易以及上市公司的创新业务，增强审计程序的针对性，扩大问询人员的范围，实施多角度的分析程序和实质性程序；关注重大非常规交易是否具有合理的商业理由，交易对手是否真实存在，必要时实施包括函证交易合同的条款和金额在内的进一步程序。其程序和内容如图1211-23所示。

询问	分析程序	考虑舞弊风险因素	了解与会计分录相关的控制
注册会计师应当询问被审计单位的管理层和其他人员，以确定其是否知悉任何影响被审计单位的舞弊事实和舞弊嫌疑或舞弊指控。询问对象应当包括参与生成、处理或记录复杂或异常交易的被审计单位员工以及指导和监督他们的上级	实施分析程序可能有助于注册会计师识别未注意到的被审计单位的情况，并有助于评估重大错报风险。注册会计师在计划审计工作阶段实施分析程序时，需要将识别重大非常规交易作为实施分析程序的目的之一	注册会计师考虑获取的被审计单位及其环境信息（包括重大非常规交易），是否表明存在一个或多个舞弊风险因素	注册会计师需要了解与会计分录相关的控制，这些分录包括用以记录非经常性的、异常的交易或调整的非标准会计分录

图1211-23 识别与重大非常规交易相关的重大错报风险程序和内容

④应对与重大非常规交易相关的重大错报风险。在应对重大非常规交易时，需扩大询问对象。通常而言，询问对象包括：参与生成、处理或记录复杂或异常交易的被审计单位员工以及指导和监督他们的上级。应对与重大非常规交易相关的重大错报风险时，需保持职业怀疑，包括的步骤如图1211-24所示。

下列情形可能表明重大非常规交易被用于构造虚假财务报告：交易的形式显得过于复杂；管理层更强调采用某种特定会计处理的需要，而不是交易的经济实质；交易涉及不纳入合并范围的关联方（包括特殊目的实体）或未经治理层适当审核与批准；交易涉及以往未能识别出的关联方，或涉及在没有被审计单位帮助的情况下不具备物质基础或财务能力完成交易的第三方。

评价重大会计政策的选择和运用	检查会计分录和相关调整	评价交易的商业理由	实施函证程序	在临近审计结束时实施分析程序
作为对舞弊导致重大错报风险总体应对措施的一部分，注册会计师需要考虑管理层对会计政策（包括与重大非常规交易相关的会计政策）的选择和运用。注册会计师需要特别关注会计处理原则和会计政策的选择和运用是否恰当	注册会计师在检查日常会计核算过程中作出的会计分录以及编制财务报表过程中作出的其他调整，获取可能由于舞弊导致重大错报的审计证据时，需要考虑记录重大非常规交易的账户可能存在不恰当的会计分录或调整	缺乏经济实质的非常规交易可能导致重大错报。《中国注册会计师审计准则第1141号——财务报表审计中与舞弊相关的责任》要求注册会计师对于重大非常规交易，应评价其商业理由（或缺乏商业理由）是否表明被审计单位从事重大非常规交易的目的是对财务信息作出虚假陈述或掩盖侵占资产的行为	评估的与重大非常规交易相关的重大错报风险越高，需要获取越有说服力的审计证据。除了检查被审计单位的文件记录外，注册会计师可以考虑向相关方函证交易合同的条款和金额。注册会计师需要了解相关交易的实质，以确定在询证函中包含哪些恰当信息	注册会计师需要评价在临近审计结束时实施的分析程序，是否显示存在此前未能识别的由于重大非常规交易导致的重大错报风险。在确定哪些特定趋势和关系可能表明存在由于舞弊导致的重大错报风险时，注册会计师需要运用职业判断

图1211-24　应对与重大非常规交易相关的重大错报风险程序和内容

（4）考虑与特别风险相关的控制。如果认为存在特别风险，注册会计师应当了解被审计单位与该风险相关的控制（包括控制活动）。了解与特别风险相关的控制，有助于注册会计师制订有效的审计方案予以应对。对特别风险，注册会计师应评价相关控制的设计情况，并确定其是否已经得到执行。由于与重大非常规交易或判断事项相关的风险很少受到日常控制的约束，注册会计师应了解被审计单位是否针对该特别风险设计和实施了控制。

3. 仅通过实质性程序无法应对的重大错报风险

对于某些风险，注册会计师可能认为仅从实质性程序中获取充分、适当的审计证据是不可能或不可行的。这些风险可能与对日常和重大类别的交易或账户余额作出的不准确或不完整的记录相关，对这些交易或账户余额通常采用高度自动化处理，不存在或存在很少的人工干预。在这种情况下，被审计单位针对这类风险建立的控制与审计相关，注册会计师应当了解这些控制。

仅通过实质性程序无法应对的重大错报风险的情形——高度自动化处理。在被审计单位对日常交易采用高度自动化处理的情况下，审计证据可能仅以电子形式存在，其充分性和适当性通常取决于自动化信息系统相关控制的有效性，注册会计师应考虑仅通过实施实质性程序不能获取充分、适当审计证据的可能性。

因此，如果认为仅通过实施实质性程序不能获取充分、适当的审计证据，注册会计师应考虑依赖相关控制的有效性，并对其进行了解、评估和测试。

4. 对风险评估的修正

注册会计师对认定层次重大错报风险的评估，可能随着审计过程中不断获取审计证据而作出相应的变化。

如果通过实施进一步审计程序获取的审计证据，或获取的新信息，与注册会计师之前作出评估所依据的审计证据不一致，注册会计师应当修正风险评估结果，并相应修改原计划实施的进一步审计程序。

注册会计师对重大错报风险的评估可能基于预期控制运行有效这一判断，即相关控制可以防止或发现并纠正认定层次的重大错报。但在测试控制运行的有效性时，注册会计师获取的证据可能表明相关控制在被审计期间并未有效运行。同样，在实施实质性程序后，注册会计师可能发现错报的金额和频率比在风险评估时预计的金额和频率要高。因此，如果通过实施进一步审计程序获取的审计证据与初始评估获取的审计证据相矛盾，注册会计师应修正风险评估结果，并相应修改原计划实施的进一步审计程序。

因此，评估重大错报风险也是一个连续和动态地收集、更新与分析信息的过程，贯穿于整个审计过程的始终。

必须注意的是，对于可能表明存在重大错报风险（包括与披露相关的重大错报风险）的情况和事项，应按照《中国注册会计师审计准则第1221号——计划和执行审计工作时的重要性》的要求，识别并评估各类交易、账户余额及披露中存在的重大错报风险时需要考虑重要性和审计风险。注册会计师对重要性的确定属于职业判断，受到注册会计师关于财务报表使用者对财务报告需求的认识的影响。

（1）识别风险时，注册会计师对财务报表披露的考虑包括定量披露和定性披露，披露中可能存在重大错报（即如果合理预期错报可能影响财务报表使用者依据财务报表整体作出的经济决策，则该错报通常被认为是重大的）。根据被审计单位及业务的具体情况，可能与重大错报风险评估相关的定性披露举例如下：

①处于财务困境中的被审计单位的流动性和债务合同；

②导致确认减值损失的事项或情况；

③估计不确定性的关键来源，包括关于未来的假设；

④会计政策变更及适用的财务报告编制基础要求的其他相关披露的性质，例如，财务报告的新要求预期将对被审计单位的财务状况和经营成果产生重大影响；

⑤股份支付协议，包括如何确定应确认的金额的信息及其他相关披露；

⑥关联方及关联方交易；

⑦敏感性分析，包括被审计单位估值技术中用到的假设发生变化产生的影响，以使使用者能够理解记录或披露的金额背后的计量不确定性。

（2）对小型被审计单位的特殊考虑

小型被审计单位财务报表中的披露可能细节较少或不太复杂（例如，某些财务报告编制基础允许小型被审计单位在财务报表中提供较少的披露）。但是，这并不能减轻注册会计师了解被审计单位及其环境（包括内部控制）的责任（在其与披露相关时）。

第三节　计划和执行审计工作时的重要性（第1221号）

一、概述

（一）本准则制定与修订背景

重要性是现代审计理论和实务中一个非常重要的概念。审计由于受到时间和成本的限制，而且广泛运用审计抽样，因此注册会计师只能对财务报表整体不存在重大错报获取合理保证。什么是重大错报？这就需要运用重要性概念，重要性是注册会计师从财务报表使用者的角度，对财务报表错报重大程度的判断，即在特定环境下，如果一项错报单独或连同其他错报可能影响财务报表使用者依据财务报表作出的经济决策，则该项错报就是重大的。

制定重要性准则，明确重要性的概念，明确重要性与审计风险的关系，合理设计审计程序，规范注册会计师运用重要性原则，对财务报表审计有极其重要的意义。

本准则制定的目的是规范注册会计师在计划和执行财务报表审计工作时运用重要性概念。

（二）本准则2010年修订内容

本准则在本次的修订中，将2006年版《中国注册会计师审计准则第1221号——重要性》拆分为两个准则，即《中国注册会计师审计准则1221号——计划和执行审计工作时的重要性》和《中国注册会计师审计准则第1251号——评价审计过程中识别出的错报》。其中，《中国注册会计师审计准则1221号——计划和执行审计工作时的重要性》对应2006年版准则第一章至第三章，《中国注册会计师审计准则第1251号——评价审计过程中识别出的错报》对应2006年版准则第四章和第五章。

《中国注册会计师审计准则1221号——计划和执行审计工作时的重要性》在按照新体例进行改写的基础上作出了实质性修订。与2006年版《中国注册会计师审计准则第1221号——重要性》第一章至第三章相比，在具体规定方面有以下6个方面的重大变化：

（1）对重要性概念的解释更为详细，设定了对财务报表使用者作出的假设，明确了需要运用重要性的3个阶段，并对计划审计工作时判断重大错报的金额的作用作出了说明。

（2）增加了“实际执行的重要性”定义，并要求注册会计师确定实际执行的重要性，以评估重大错报风险并确定进一步审计程序的性质、时间安排和范围。

（3）强调，在评价未更正的错报对财务报表的影响时应考虑错报的性质和错报发生的特定环境，即使某些错报低于重要性水平，与该错报相关的业务环境也可能使注册会计师将其评价为重大错报。

（4）明确了在制定总体审计策略时应当确定财务报表整体的重要性，以及运用于特定交易类别、账户余额或披露的重要性。

（5）明确了在审计过程中需要修改重要性水平的情形，并说明了由此产生的影响。

（6）增加了在审计工作底稿中，记录重要性的相关金额以及在确定这些金额时所考虑的因素的规定。

（三）本准则2016年修订内容

本准则本次未修订。

（四）本准则2019年修订内容

本准则本次只进行了文字性修订。

（五）本准则学习中注意事项

一是注意运用职业判断。注册会计师对重要性的确定属于职业判断，受注册会计师对财务报表使用者对财务信息需求的认识的影响。就审计而言，注册会计师针对财务报表使用者作出下列假定是合理的：

（1）拥有经营、经济活动和会计方面的适当知识，并有意愿认真研究财务报表中的信息；

（2）理解财务报表是在运用重要性水平基础上编制、列报和审计的；

（3）认可建立在对估计和判断的应用以及对未来事项的考虑的基础上的会计计量具有固有的不确定性；

（4）依据财务报表中的信息作出合理的经济决策。

二是关注实际执行的重要性。实际执行的重要性，是指注册会计师确定的低于财务报表整体的重要性的一个或多个金额，旨在将未更正和未发现错报的汇总数超过财务报表整体的重要性的可能性降至适当的低水平。如果适用，实际执行的重要性还指注册会计师确定的低于特定类别的交易、账户余额或披露的重要性水平的一个或多个金额。

三是要结合《中国注册会计师审计准则问题解答第8号——重要性及评价错报》的新内容学习，注册会计师应当按照审计准则的要求，运用职业判断，合理确定和恰当运用重要性，评价未更正错报对财务报表的影响。

二、框架结构简介

本准则共5章15条，其框架结构见表1221-1。

表1221-1 框架结构

章	名称	节	条	主要内容
第一章	总则	—	1～7	本准则制定的目的和与第1251号准则的关系
第二章	定义	—	8	解释本准则中包含的术语
第三章	目标	—	9	界定执行本准则应实现的目标
第四章	要求	1～3	10～14	规定注册会计师为实现准则目标应遵守的要求，即注册会计师在相关业务环境下应当实施的所有必要程序
第五章	附则	—	15	本准则施行时间

三、重点难点解析

（一）重要性概念

重要性是现代审计理论和实务中的一个非常重要的概念。

1.会计的重要性

财务报告编制基础通常从编制和列报财务报表的方面定义重要性概念。《企业会计准则第30号——财务报表列报》：重要性，是指财务报表某项目的省略或错报会影响使用者据此作出经济决策的，该项目具有重要性。重要性应当根据企业所处环境，从项目的性质和金额大小两方面予以判断。

注册会计师在计划和执行财务报表审计工作时需要运用重要性概念。《中国注册会计师审计准则第1251号——评价审计过程中识别出的错报》规定注册会计师在评价识别出的错报对审计的影响以及未更正错报对财务报表的影响时，如何运用重要性概念。

2.审计的重要性

（1）如果合理预期错报（包括漏报）单独或汇总起来可能影响财务报表使用者的经济决策，则通常认为错报是重大的；

（2）对重要性的判断是根据具体环境作出的，并受错报金额、性质或受两者共同作用的影响；

（3）考虑财务报表使用者整体共同的财务信息需求，不考虑错报对个别财务报表使用者可能产生的影响。

3.运用重要性概念的审计工作环节

注册会计师需要在下列审计工作环节运用重要性概念，见表1221-2。

表1221-2　运用重要性概念的审计工作环节

环节	应用范围
计划和执行审计工作时	在审计开始时，就必须对重大错报的规模和性质作出一个判断，包括确定财务报表整体的重要性和特定交易类别、账户余额和披露的重要性水平。当错报金额高于整体重要性水平时，就很可能被合理预期将对使用者根据财务报表作出的经济决策产生影响。 注册会计师使用整体重要性水平（将财务报表作为整体）的目的有：（1）确定风险评估程序的性质、时间安排和范围；（2）识别和评估重大错报风险；（3）确定进一步审计程序的性质、时间安排和范围。 注意事项：在整个业务过程中，随着审计工作的进展，注册会计师应当根据所获得的新信息更新重要性
完成审计工作时	使用整体重要性水平和为了特定交易类别、账户余额和披露而确定的较低金额的重要性水平来评价已识别的错报对财务报表的影响和对审计报告中审计意见的影响

（二）重要性概念的理解

重要性取决于在具体环境下对错报金额和性质的判断。如果一项错报单独或连同其他错报可能影响财务报表使用者依据财务报表作出的经济决策，那么该项错报是重大的。《中国注册会计师审计准则第1251号——评价审计过程中识别出的错报》第十二条规定，注册会计师应当确定未更正错报单独或汇总起来是否重大。在确定时，注册会计师应当考虑：

（1）相对于特定类别的交易、账户余额或披露以及财务报表整体而言，错报的金额和性质以及错报发生的特定环境；

（2）与以前期间相关的未更正错报对相关类别的交易、账户余额或披露以及财务报表整体的影响。

注册会计师在评价未更正错报是否重大时，除考虑未更正错报单独或连同其他未更正错报是否超过财务报表整体的重要性（即定量因素）外，还要考虑错报性质以及错报发生的特定环境（即定性因素），并综合评价没有对未更正错报作出调整的财务报表整体是否仍然能够实现公允反映。财务报告编制基础可能以不同的术语解释重要性，但通常而言，重要性概念可从下列方面进行理解（见表1221-3）。

表 1221-3　　重要性概念的理解

项目	含义
(1) 错报，包括漏报	如果合理预期错报（包括漏报）单独或汇总起来可能影响财务报表使用者依据财务报表作出的经济决策，则通常认为错报是重大的
(2) 数量和性质	①所谓数量方面，是指错报的金额大小。 ②性质方面则是指错报的性质。 ③一般而言，金额大的错报比金额小的错报更重要。 ④在有些情况下，某些金额的错报从数量上看并不重要，但从性质上考虑，则可能是重要的。 ⑤对于某些财务报表披露的错报，难以从数量上判断是否重要，应从性质上考虑其是否重要。 ⑥需要注意的是，如果仅从数量角度考虑，重要性水平只是提供了一个门槛或临界点，在该门槛或临界点之上的错报就是重要的；反之，该错报则不重要。 重要性并不是财务信息的主要质量特征
(3) 是针对财务报表使用者决策的信息需求而言的	判断某事项对财务报表使用者是否重大，是在考虑财务报表使用者整体共同的财务信息需求的基础上作出的；由于不同财务报表使用者对财务信息的需求可能差异很大，因此不考虑错报对个别财务报表使用者可能产生的影响。 就审计而言，注册会计师针对财务报表使用者作出下列假定是合理的： ①拥有经营、经济活动和会计方面的适当知识，并有意愿认真研究财务报表中的信息； ②理解财务报表是在运用重要性水平基础上编制、列报和审计的； ③认可建立在对估计和判断的应用以及对未来事项的考虑的基础上的会计计量具有固有的不确定性； ④依据财务报表中的信息作出合理的经济决策
(4) 离不开具体环境	对重要性的判断是根据具体环境作出的，并受错报的金额或性质的影响，或受两者共同作用的影响；由于不同的被审计单位面临不同的环境，不同的报表使用者有着不同的信息需求，因此注册会计师确定的重要性也不相同。某一金额的错报对某被审计单位的财务报表来说是重要的，而对另一个被审计单位的财务报表来说可能不重要
(5) 对重要性的评估需要运用职业判断	①影响重要性的因素很多，注册会计师应根据被审计单位面临的环境，并综合考虑其他因素，合理确定重要性水平； ②不同的注册会计师在确定同一被审计单位财务报表层次和认定层次的重要性水平时，得出的结果可能不同； ③仅从数量角度考虑，重要性水平只是提供了一个门槛或临界点。 在该门槛或临界点之上的错报就是重要的；反之，该错报则不重要。 重要性并不是财务信息的主要质量特征
(6) 重要性与可容忍错报	各类交易、账户余额、列报认定层次的重要性水平称为“可容忍错报”。可容忍错报的确定以注册会计师对财务报表层次重要性水平的初步评估为基础。它是在不导致财务报表存在重大错报的情况下，注册会计师对各类交易、账户余额、列报确定的可接受的最大错报

（三）重要性水平的确定因素

注册会计师应运用职业判断确定重要性。在计划审计工作时，注册会计师应当确定一个合理的重要性水平，以发现在金额上重大的错报。注册会计师在确定计划的重要性水平时，需要考虑对被审计单位及其环境的了解、审计的目标、财务报表各项目的性质及其相互关系、财务报表项目的金额及其波动幅度。

注册会计师在确定计划的重要性水平时，需要考虑以下主要因素，见表1221-4。

表1221-4　　确定计划的重要性水平需要考虑的主要因素

因素	内容
（1）对被审计单位及其环境的了解	被审计单位的行业状况、法律环境与监管环境等其他外部因素，以及被审计单位业务的性质，对会计政策的选择和应用，被审计单位的目标、战略及相关的经营风险，被审计单位的内控等因素，都将影响注册会计师对重要性水平的判断
（2）审计目标，包括特定报告要求	信息使用者的要求等因素影响注册会计师对重要性水平的确定
（3）财务报表各项目的性质及其相互关系	财务报表使用者对不同的报表项目的关心程度不同。一般而言，如果认为流动性较高的项目出现较小金额的错报就会影响报表使用者的决策，注册会计师应对此从严制定重要性水平
（4）财务报表项目的金额及其波动幅度	财务报表项目的金额及其波动幅度可能促使财务报表使用者作出不同的反应

总之，只要影响预期财务报表使用者决策的因素，都可能对重要性水平产生影响。注册会计师应在计划阶段充分考虑这些因素，并采用合理的方法，确定重要性水平。

1.从性质方面考虑重要性

确定一项分类错报是否重大，需要进行定性评估。例如，注册会计师识别出某项应付账款误计入其他应付款的错报，金额超过财务报表整体的重要性。由于该错报不影响经营业绩和关键财务指标，注册会计师认为该项错报不重大。再如，被审计单位没有及时将资产负债表日已达到可使用状态的在建工程转入固定资产，金额超过财务报表整体的重要性，相关折旧金额较小。注册会计师在考虑相关定性因素之后，认为该错报对固定资产账户余额及财务报表整体均不产生重大影响，认为该项错报不是重大错报。金额不重要的错报从性质上看有可能是重要的。识别和评估重大错报风险需要运用职业判断，以识别各类交易、账户余额和披露（包括定性披露）中可能存在的重大错报（即如果合理预期错报可能影响财务报表使用者依据财务报表整体作出的经济决策，则该错报通常被认为是重大的）。在考虑定性披露中存在的错报是否重大时，注册会计师可能需要识别的相关因素包括：

（1）报告期内被审计单位的具体情况，例如，被审计单位在报告期内可能实施了一项重大的企业合并；

（2）适用的财务报告编制基础及其变化，例如，一项新的财务报告准则可能要求作出新的定性披露，该披露对于被审计单位而言是重大的；

（3）被审计单位的性质对财务报表使用者而言是重要的定性披露，例如，就金融机构的财务报表使用者而言，对流动性风险的披露可能是重要的。

注册会计师在判断错报的性质是否重要时应该考虑的因素见表1221-5。

表1221-5　　从性质方面考虑重要性

<table>
<tr><th>错报的性质</th><th>情形</th></tr>
<tr><td>（1）对财务报表使用者需求的感知</td><td>他们对财务报表哪一方面感兴趣</td></tr>
<tr><td>（2）获利能力趋势</td><td rowspan="10">略</td></tr>
<tr><td>（3）因没有遵守贷款契约、合同约定、法规条款和法定的或常规的报告要求而产生错报的影响</td></tr>
<tr><td>（4）计算管理层报酬（资金等）的依据</td></tr>
<tr><td>（5）由于错误或舞弊而使一些账户项目对损失的敏感性</td></tr>
<tr><td>（6）重大或有负债</td></tr>
<tr><td>（7）通过一个账户处理大量的、复杂的和相同性质的个别交易</td></tr>
<tr><td>（8）关联方交易</td></tr>
<tr><td>（9）可能的违法行为、违约和利益冲突</td></tr>
<tr><td>（10）财务报表项目的重要性、性质、复杂性和组成</td></tr>
<tr><td>（11）可能包括了高度主观性的估计、分配或不确定性</td></tr>
<tr><td>（12）管理层的偏见</td><td>管理层是否有动机将收益最大化或者最小化</td></tr>
<tr><td>（13）管理层一直不愿意纠正已报告的与财务报告相关的内部控制的缺陷</td><td rowspan="2">略</td></tr>
<tr><td>（14）与账户相关联的核算与报告的复杂性</td></tr>
<tr><td>（15）自前一个会计期间以来账户特征发生的改变</td><td>新的复杂性、主观性或交易的种类</td></tr>
<tr><td>（16）个别极其重大但不同的错报抵销产生的影响</td><td>略</td></tr>
</table>

2.从数量方面考虑重要性

《中国注册会计师审计准则第1251号——评价审计过程中识别出的错报》第十二条规定，注册会计师应当确定未更正错报单独或汇总起来是否重大。在确定时，注册会计师应当考虑：（1）相对特定类别的交易、账户余额或披露以及财务报表整体而言，错报的金额和性质以及错报发生的特定环境；（2）与以前期间相关的未更正错报对相关类别的交易、账户余额或披露以及财务报表整体的影响。

注册会计师在评价未更正错报是否重大时，除考虑未更正错报单独或连同其他未更正错报是否超过财务报表整体的重要性（即定量因素）外，还要考虑错报性质以及错报发生的特定环境（即定性因素），并综合评价没有对未更正错报作出调整的财务报表整体是否仍然能够实现公允反映。注册会计师应考虑两个层次的重要性：

（1）财务报表整体的重要性（财务报表层次）。如果一项错报单独或连同其他错报可能影响财务报表使用者依据财务报表作出的经济决策，则该项错报是重大的。

（2）特定类别的交易、账户余额或披露的一个或多个重要性水平（认定层次）。根据被审计单位的特定情况，如果存在一个或多个特定类别的交易、一个或多个账户余额或披露，其发生的错报金额虽然低于财务报表整体的重要性，但合理预期可能影响财务报表使用者依据财务报表作出的经济决策，注册会计师还应当确定适用这些交易、账户余额或披露的一个或多个重要性水平。

它们之间的关系可以是：

$$\sum 认定层次的重要性水平 = 财务报表整体层次的重要性水平$$

3.其他情况

在某些情况下，即使某些错报低于财务报表整体的重要性，但因与这些错报相关的某些情况，在将其单独或连同在审计过程中累积的其他错报一并考虑时，注册会计师也可能将这些错报评价为重大错报。例如，某项错报的金额虽然低于财务报表整体的重要性，但对被审计单位的盈亏状况有决定性的影响，注册会计师应认为该项错报是重大错报。注册会计师可以根据《〈中国注册会计师审计准则第1251号——评价审计过程中识别出的错报〉应用指南》第16段中所列举的情况进行相应的定性分析。

必须注意的是，设计审计程序以发现所有仅因其性质而可能被评价为重大的错报并不可行。然而，考虑披露中潜在错报的性质与设计应对重大错报风险的审计程序相关。此外，注册会计师在评价未更正错报对财务报表的影响时，不仅要考虑未更正错报金额的大小，还要考虑未更正错报的性质以及该错报发生的特定环境。

（四）财务报表整体的重要性

1.基本方法

由于财务报表审计的目标是注册会计师通过执行审计工作对财务报表发表审计意见，因此，注册会计师应当考虑财务报表整体的重要性。只有这样，才能得出财务报表是否公允反映的结论。注册会计师在制定总体审计策略时，应当确定财务报表整体的重要性。

确定多大的错报会影响财务报表使用者所作决策，是注册会计师运用职业判断的结果。很多注册会计师根据所在会计师事务所的惯例及自己的经验考虑重要性。确定重要性需要运用职业判断，通常先选定一个基准，再乘以某一百分比作为财务报表整体的重要性，如图1221-1所示。

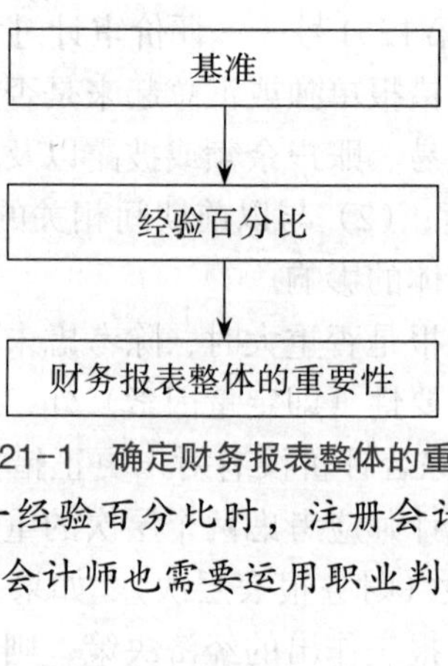

图1221-1　确定财务报表整体的重要性

请注意　在选择基准和某一经验百分比时，注册会计师需要运用职业判断；在确定财务报表整体的重要性时，注册会计师也需要运用职业判断。

2.选择基准

注册会计师在选择基准时需要考虑以下因素：

（1）财务报表要素（如资产、负债、所有者权益、收入和费用）；

（2）是否存在特定会计主体的财务报表使用者特别关注的项目（如为了评价财务业绩，使用者可能更关注利润、收入或净资产）；

（3）被审计单位的性质、所处的生命周期阶段以及所处行业和经济环境；

（4）被审计单位的所有权结构和融资方式（例如，如果被审计单位仅通过债务而非权益进行融资，财务报表使用者可能更关注资产及资产的索偿权，而非被审计单位的收益）；

（5）基准的相对波动性。

3.适当的基准

注册会计师在制定总体审计策略时，应当确定财务报表整体的重要性。注册会计师通常先选定一个基准，再乘以某一百分比作为财务报表整体的重要性。确定重要性，包括选择符合具体情况的适当基准和百分比，是注册会计师运用职业判断的结果。

《〈中国注册会计师审计准则第1221号——计划和执行审计工作时的重要性〉应用指南》第3段至第5段，针对确定财务报表整体重要性时对基准的运用提供了详细的指引，要求注册会计师站在财务报表使用者的角度，充分考虑被审计单位的性质、所处的生命周期阶段以及所处行业和经济环境等因素，选用如资产、负债、所有者权益、收入、利润或费用等财务报表要素，或以报表使用者特别关注的项目作为适当的基准。举例说明一些实务中较为常用的基准，见表1221-6。

表1221-6 常用的基准

被审计单位的情况	可能选择的基准
（1）企业的盈利水平保持稳定	经常性业务的税前利润
（2）企业近年来经营状况大幅度波动，盈利和亏损交替发生，或者由正常盈利变为微利或微亏，或者本年度税前利润因情况变化而出现意外增加或减少	过去3~5年经常性业务的平均税前利润或亏损（取绝对值），或其他基准，例如营业收入
（3）企业为新设企业，处于开办期，尚未开始经营，目前正在建造厂房及购买机器设备	总资产
（4）企业处于新兴行业，目前侧重于抢占市场份额、扩大企业知名度和影响力	营业收入
（5）开放式基金，致力于优化投资组合、提高基金净值、为基金持有人创造投资价值	净资产
（6）国际企业集团设立的研发中心，主要为集团下属各企业提供研发服务，并以成本加成的方式向相关企业收取费用	成本与销售费用总额
（7）公益性质的基金会	捐赠收入或捐赠支出总额

在确定恰当的基准后，注册会计师通常运用职业判断合理选择百分比，据以确定重要性水平。表1221-7是一些经验参考数值的举例。

表1221-7　　　　经验参考数值的举例

被审计单位	经验百分比
以营利为目的的实体	通常不超过税前利润的5%
非营利性组织	通常不超过费用总额或营业收入的1%或不超过资产总额的0.5%
基金	通常不超过净资产的0.5%
以资产总额为基准的实体	通常不超过资产总额的1%

注册会计师在执行具体审计业务时，可能认为采用比上述百分比更高或更低的比例是适当的：

（1）对于大型企业或集团，经验百分比可适当降低；

（2）在特殊情况下，经验百分比可适当提高；

（3）可以使用调整后的税前利润作为基准（如EBITA，即扣除利息、税金、折旧和摊销后的利润）；

（4）如以亏损额作为基准的，通常适用的经验百分比可能不适合，应考虑报表使用者所关注的内容以及相关的风险，如持续经营风险、与银行或其他债权人签署的贷款条款的影响；在此情况下可能适宜使用更小的经验百分比。

4.通常和特殊情况下选择基准

在通常情况下，对于以营利为目的的企业，利润可能是大多数财务报表使用者最为关注的财务指标，因此，注册会计师可能考虑选取经常性业务的税前利润作为基准。

但是在某些情况下，例如企业处于微利或微亏状态时，采用经常性业务的税前利润为基准确定重要性可能影响审计的效率和效果。注册会计师可以考虑采用以下方法确定基准：

（1）如果微利或微亏状态是由宏观经济环境的波动或企业自身经营的周期性所导致，可以考虑采用过去3到5年经常性业务的平均税前利润作为基准。

（2）采用财务报表使用者关注的其他财务指标作为基准，如营业收入、总资产等。注册会计师为被审计单位选择的基准在各年度中通常会保持稳定，但是并非必须保持一贯不变。注册会计师可以根据经济形势、行业状况和被审计单位具体情况的变化对采用的基准作出调整。例如，对于处在新设立阶段的被审计单位可能采用总资产作为基准，对于处在成长期的被审计单位可能采用营业收入作为基准，对于进入经营成熟期的被审计单位可能采用经常性业务的税前利润作为基准。

在审计过程中，注册会计师应从数量方面考虑财务报表层次和各类交易、账户余额、列报认定层次的重要性水平，见表1221-8。

（五）特定类别的交易、账户余额或披露的重要性水平

1.含义

特定类别的交易、账户余额或披露发生错报时，即使错报金额低于财务报表整体的重要性，但如果能够合理预期该错报可能影响报表使用者作出的经济决策，应确定该认定的重要性水平。

表 1221-8 财务报表层次和认定层次重要性水平的确定

重要性水平的确定	财务报表层次（财务报表整体的重要性）	认定层次（特定类别交易、账户余额或披露的重要性水平）
确定时间	制定总体审计策略时	制定总体审计策略时
确定方法	基准×经验百分比	（1）以注册会计师对财务报表层次重要性水平的初步评估为基础；（2）“可容忍错报”是在不导致财务报表存在重大错报的情况下，注册会计师对各类交易、账户余额、列报确定的可接受的最大错报
选择适当的基准应考虑的因素	（1）财务报表的要素、适用的会计准则和相关会计制度所定义的财务报表指标，以及适用的会计准则和相关会计制度提出的其他具体要求；（2）对某被审计单位而言，是否存在财务报表使用者特别关注的报表项目；（3）被审计单位的性质及所在行业；（4）被审计单位的规模、所有权性质以及融资方式；（5）基准的相对不稳定性	（1）各类交易、账户余额、列报的性质及错报的可能性； （2）各类交易、账户余额、列报的重要性水平与财务报表层次重要性水平的关系
通常考虑	（1）以前期间的经营成果和财务状况；（2）本期的经营成果和财务状况；（3）本期的预算和预测结果；（4）被审计单位情况的重大变化；（5）宏观经济环境和所处行业环境发生的相关变化。例如选择近几年的平均净利润	由于为各类交易、账户余额、列报确定的重要性水平，即可容忍错报对审计证据数量有直接的影响，因此，注册会计师应当合理确定可容忍错报
不需考虑	与具体项目计量相关的固有不确定性	
额外考虑特定项目		下列因素可能表明存在一个或多个特定类别的交易、账户余额或披露，其发生的错报金额虽然低于财务报表整体的重要性，但合理预期将影响财务报表使用者依据财务报表作出的经济决策： （1）法律、法规或适用的财务报告编制基础是否影响财务报表使用者对特定项目计量或披露的预期（如关联方交易、管理层和治理层的报酬）； （2）与被审计单位所处行业相关的关键性披露（如制药公司的研究与开发成本）； （3）财务报表使用者是否特别关注财务报表中单独披露的业务的特定方面（如新收购的业务）

2.确定特定类别的交易、账户余额或披露的重要性水平应考虑的因素

根据被审计单位的特定情况，下列因素可能表明存在一个或多个特定类别的交易、账户余额或披露，其发生的错报金额虽然低于财务报表整体的重要性，但合理预期将影响财务报表使用者依据财务报表作出的经济决策，见表1221-9。

表1221-9　确定特定类别的交易、账户余额或披露的重要性水平应考虑的因素

考虑因素	举例
（1）法律、法规或适用的财务报告编制基础是否影响财务报表使用者对特定项目计量或披露的预期	关联方交易、管理层和治理层的薪酬等
（2）与被审计单位所处行业相关的关键性披露	制药企业的研究与开发成本等
（3）财务报表使用者是否特别关注财务报表中单独披露的业务的特定方面	新收购的业务等

3.注意事项

（1）特定类别交易、账户余额或披露的重要性水平应低于财务报表整体的重要性；

（2）与财务报表层次的重要性相同，认定层次的重要性也需要相应确定实际执行的重要性。

（六）实际执行的重要性

1.含义

财务报表层次实际执行的重要性，旨在将未更正和未发现错报的汇总数超过财务报表整体重要性的可能性降至适当的低水平；低于财务报表整体的重要性；还指为特定类别的交易、账户余额或披露确定的实际执行的重要性。

2.确定方法

（1）确定实际执行的重要性并非简单机械地计算，需要注册会计师运用职业判断。

（2）考虑因素。对被审计单位的了解；前期审计工作中识别出的错报的性质和范围；根据前期识别出的错报对本期错报作出的预期。

（3）实务操作。对实际执行的重要性的运用体现在计划和执行审计工作阶段，实际执行的重要性直接影响注册会计师的审计工作量及需要获取的审计证据。对于审计风险较高的审计项目，需要确定较低的实际执行的重要性。注册会计师应当在审计工作底稿中充分记录在确定实际执行的重要性时所作出的职业判断的依据，见表1221-10。

表1221-10　职业判断的依据

比例	情形
较高（从宽）	如果存在下列情况，注册会计师可能考虑选择较高的百分比来确定实际执行的重要性： （1）连续审计项目，以前年度审计调整较少； （2）项目总体风险为低到中等，例如，处于非高风险行业、管理层有足够能力、面临较低的业绩压力等； （3）以前期间的审计经验表明内部控制运行有效
较低（从严）	如果存在下列情况，注册会计师可能考虑选择较低的百分比来确定实际执行的重要性： （1）首次接受委托的审计项目； （2）连续审计项目，以前年度审计调整较多； （3）项目总体风险较高，例如，处于高风险行业、管理层能力欠缺、面临较大市场竞争压力或业绩压力等； （4）存在或预期存在值得关注的内部控制缺陷

审计准则要求注册会计师确定低于财务报表整体重要性的一个或多个金额作为实际执行的重要性，注册会计师无须通过将财务报表整体的重要性平均分配或按比例分配至各个报表项目的方法来确定实际执行的重要性，而是根据对报表项目的风险评估结果，确定一个或多个实际执行的重要性。

例如，根据以前期间的审计经验和本期审计计划阶段的风险评估结果，注册会计师认为可以以财务报表整体重要性的75%作为大多数报表项目的实际执行的重要性；与营业收入项目相关的内部控制存在控制缺陷，而且在以前年度审计中存在审计调整，因此考虑以财务报表整体重要性的50%作为营业收入项目的实际执行的重要性，从而有针对性地对高风险领域执行更多的审计工作。

计划的重要性与实际执行的重要性之间的关系如图1221-2所示。

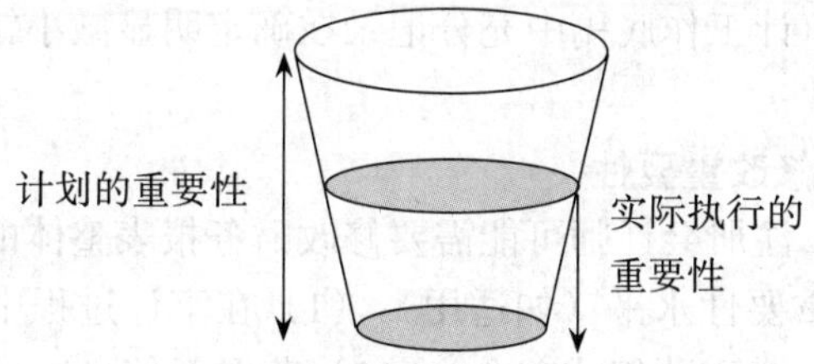

图1221-2 计划的重要性与实际执行的重要性之间的关系

（七）明显微小错报的临界值

1.含义

如果注册会计师将低于某一金额的错报界定为明显微小的错报，意味着这些错报无论从规模、性质或其发生的环境，无论单独或者汇总起来，都是明显微不足道的。

《中国注册会计师审计准则第1251号——评价审计过程中识别出的错报》第六条规定，注册会计师应当累积审计过程中识别出的错报，除非错报明显微小。

《〈中国注册会计师审计准则第1251号——评价审计过程中识别出的错报〉应用指南》第2段指出，注册会计师可能将低于某一金额的错报界定为明显微小的错报，对这类错报不需要累积，因为注册会计师认为这些错报的汇总数明显不会对财务报表产生重大影响。

“明显微小”不等同于“不重大”。明显微小错报金额的数量级，与按照《中国注册会计师审计准则第1221号——计划和执行审计工作时的重要性》确定的重要性的数量级相比，应当是明显不同的（明显微小错报金额的数量级更小）。这些明显微小的错报，无论单独或者汇总起来，无论从规模、性质或其发生的环境来看都是明显微不足道的。为了确定审计中发现的错报哪些需要累积，哪些不需要累积，注册会计师需要在制订审计计划时预先设定明显微小错报的临界值。

2.运用职业判断的要求

确定该临界值需要注册会计师运用职业判断。在确定明显微小错报的临界值时，注册会计师可能考虑以下因素：

（1）以前年度审计中识别出的错报（包括已更正和未更正错报）的数量和金额；

（2）重大错报风险的评估结果；

（3）被审计单位治理层和管理层对注册会计师与其沟通错报的期望；

(4) 被审计单位的财务指标是否勉强达到监管机构的要求或投资者的期望。

注册会计师对上述因素的考虑，实际上是在确定审计过程中对错报的过滤程度。注册会计师的目标是要确保不累积的错报（即低于临界值的错报）连同累积的未更正错报不会汇总成为重大错报。如果注册会计师预期被审计单位存在数量较多、金额较小的错报，可能考虑采用较低的临界值，以避免大量低于临界值的错报积少成多构成重大错报。如果注册会计师预期被审计单位错报数量较少，则可能采用较高的临界值。

注册会计师可能将明显微小错报的临界值确定为财务报表整体重要性的3%～5%，也可能低一些或高一些，但通常不超过财务报表整体重要性的10%，除非注册会计师认为有必要单独为重分类错报确定一个更高的临界值。如果注册会计师不确定一个或多个错报是否明显微小，就不能认为这些错报是明显微小的。

注册会计师应当在审计工作底稿中充分记录在确定明显微小错报的临界值时所作出的职业判断的依据。

（八）在审计过程中修改重要性

由于存在下列原因，注册会计师可能需要修改财务报表整体的重要性和特定类别的交易、账户余额或披露的重要性水平（如适用）：(1) 在审计过程中情况发生重大变化（如决定处置被审计单位的一个重要组成部分）；(2) 获取新信息；(3) 通过实施进一步审计程序，注册会计师对被审计单位及其经营所了解的情况发生变化。例如，注册会计师在审计过程中发现，实际财务成果与最初确定财务报表整体的重要性时使用的预期本期财务成果相比存在着很大差异，则需要修改重要性。

（九）在审计中运用实际执行的重要性

实际执行的重要性在审计中的作用主要体现在以下几个方面：

(1) 注册会计师在计划审计工作时可能根据实际执行的重要性确定需要对哪些类型的交易、账户余额和披露实施进一步审计程序，即通常选取金额超过实际执行的重要性的财务报表项目，因为这些财务报表项目有可能导致财务报表出现重大错报。但是，这不代表注册会计师可以对所有金额低于实际执行的重要性的财务报表项目不实施进一步审计程序，这主要出于以下考虑：

①单个金额低于实际执行的重要性的财务报表项目汇总起来可能金额重大（可能远远超过财务报表整体的重要性），注册会计师需要考虑汇总后的潜在错报风险；

②对于存在低估风险的财务报表项目，不能仅仅因为其金额低于实际执行的重要性而不实施进一步审计程序；

③对于识别出存在舞弊风险的财务报表项目，不能因为其金额低于实际执行的重要性而不实施进一步审计程序。

(2) 运用实际执行的重要性确定进一步审计程序的性质、时间安排和范围。例如，在实施实质性分析程序时，注册会计师确定的已记录金额与预期值之间的可接受差异额通常不超过实际执行的重要性；在运用审计抽样实施细节测试时，注册会计师可以将可容忍错报的金额设定为等于或低于实际执行的重要性。

（十）重要性与审计风险之间的关系

注册会计师应考虑重要性与审计风险之间的关系，因为审计风险的高低往往取决于对重要性的判断。如果注册会计师确定的重要性水平较低，审计风险（估计）就会增加，所以，注册会计师必须通过执行有关审计程序来降低审计风险（实际）。

【应用分析1221-1】举两个极端的例子，见表1221-11。

表1221-11 两个极端的例子

重要性水平	审计证据	审计风险（估计）	对审计程序的影响（实际审计风险）
∞（无穷大）	0	0	后怕（效果）
0（无差错）	∞	∞	后悔（效率）

值得注意的是，注册会计师不能通过不合理地人为调高重要性水平，降低审计风险。因为重要性是依据重要性概念中所述的判断标准确定的，而不是由主观期望的审计风险水平决定。合理确定重要性水平见表1221-12。

表1221-12 合理确定重要性水平

重要性水平	实际执行的审计程序	证据	对审计程序的影响
过低（应为1万元实定0.1万元）	扩大审计程序的范围，追加审计程序	过多	（后悔）浪费审计时间和人力
过高（应为0.1万元实定1万元）	审计程序少、审计范围小	过少	（后怕）得出错误的审计结论

所以，注册会计师应保持职业谨慎，合理确定重要性水平，不得偏高或偏低。

（十一）重要性、审计风险、审计证据三者之间的关系

审计风险与审计证据之间呈反向变动关系，如图1221-3所示。

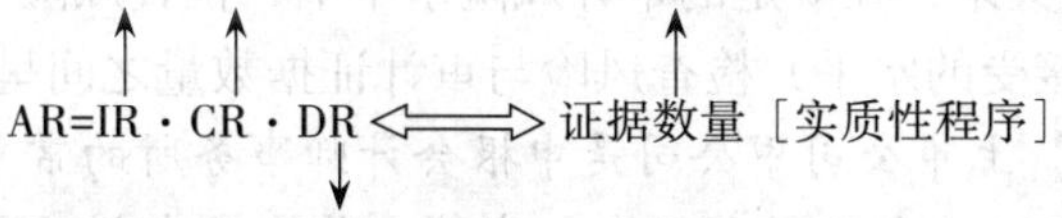

图1221-3 审计风险与审计证据之间呈反向变动关系

重要性与审计证据之间呈反向变动关系；重要性与审计风险之间呈反向变动关系；重要性是注册会计师能容忍的最大误差。如果重要性水平定得较低（指金额的大小），表明审计对象重要，注册会计师在审计过程中就必须执行较多的测试，获取较多的证据。可见，重要性与审计证据之间呈反向变动关系。

审计风险和重要性呈反向变动关系，重要性数额定得越小，注册会计师检查不出报表中重要错报的可能性就越大，审计风险就越大。此时，注册会计师应采取有关措施降低审计风险至可接受的低水平。但值得注意的是，注册会计师不能为了使审计风险达到可接受的低水平，便将重要性水平定得很高，因为审计风险不是决定重要性水平的真正要素。重要性水平的确定，从本质上看，与错报或漏报是否会影响财务报表使用者的判断或决策密切相关。有关审计风险和重要性的解释关系可看前面两个极端的例子（见表1221-11）。

例子中假设：如某一项目的报表使用者是法官，注册会计师专业判断的重要性水平定为∞元（无穷大，即注册会计师假设法官认为账错得离谱都无所谓），或将其重要性水平定为0（一分钱都不能错，即注册会计师假设法官认为错一厘一毫都不行），假设都有3 000元错弊未能查出，则这一错弊可能会影响到项目的报表使用者的决策判断，第一种情况：重要性水平定为∞元时，法官认为3 000元错弊未能查出，没事！第二种情况：重

要性水平定为0时，法官认为3 000元错弊未能查出，要追究注册会计师的责任！显然，重要性水平为0时存在的审计风险要比重要性水平为∞元时存在的审计风险高。

可见，审计风险模型中的审计风险是指可接受的审计风险水平，这一风险水平在制订审计计划时就应确定。从定性的角度看，评估的重大错报风险越高，注册会计师可接受的检查风险水平越低，反之则反。换言之，当重大错报风险较高时，注册会计师必须扩大审计范围，尽量将检查风险降低，以便将整个审计风险降低至可接受的水平。各风险之间及各风险与审计证据的关系见表1221-13。

表1221-13　各风险之间及各风险与审计证据的关系

情况	审计风险（可接受的水平）	重大错报风险	检查风险	证据数量
1	一定（低）	低	高	少
2	一定（低）	中	中	中
3	一定（低）	高	低	多

表1221-13中的第3种情况，如果重大错报风险较高，表明财务报表出现错报的可能性较大，则注册会计师在审计过程中就必须执行较多的测试，以获取较多的证据。而根据检查风险模型的公式，审计风险（分子）一定，重大错报风险综合水平（分母）高，则检查风险较低。所以，可接受的检查风险水平与审计证据数量之间呈反向变动关系。（可接受的水平）审计风险与审计证据数量之间呈反向变动关系；评估的重大错报风险与审计证据数量之间呈正向变动关系；在既定的审计风险水平下，检查风险与评估的重大错报风险呈反向变动关系；（可接受的水平）检查风险与审计证据数量之间呈反向变动关系。

【应用分析1221-2】上市公司甲公司是申根会计师事务所的常年审计客户，申根注册会计师负责审计甲公司2018年度财务报表，审计工作底稿中与确定重要性和评估错报相关的部分内容摘录见表1221-14。

表1221-14　审计工作底稿中与确定重要性和评估错报相关的部分内容　金额单位：万元

项目	2018年	2017年	备注
营业收入	16 000 （未审数）	15 000 （已审数）	2018年，竞争对手推出新产品抢占市场，甲公司通过降价和增加广告投入促销
税前利润	50 （未审数）	2 000 （已审数）	2018年，降价及销售费用增长导致盈利大幅下降
财务报表整体的重要性	80	100	
实际执行的重要性	60	75	
明显微小错报的临界值	0	5	

（1）2017年度财务报表整体的重要性以税前利润的5%计算。2018年，由于甲公司处于盈亏临界点，申根注册会计师以过去3年税前利润的平均值作为基准确定财务报表整体的重要性。

（2）由于2017年度审计中提出的多项审计调整建议金额均不重大，申根注册会计师确定2018年度实际执行的重要性为财务报表整体重要性的75%，与2017年度保持一致。

（3）2018年，治理层提出希望知悉审计过程中发现的所有错报，因此，申根注册会计师确定2018年度明显微小错报的临界值为0。

（4）甲公司在2018年年末非流动负债余额中包括一年内到期的长期借款2 500万元，占非流动负债总额的50%，申根注册会计师认为，该错报对利润表没有影响，不属于重大错报，同意管理层不予调整。

（5）申根注册会计师仅发现一笔影响利润表的错报，即管理费用少计60万元，申根注册会计师认为，该错报金额小于财务报表整体的重要性，不属于重大错报，同意管理层不予调整。

要求：针对上述第（1）至（5）项，假定不考虑其他条件，逐项指出申根注册会计师的做法是否恰当。如不恰当，简要说明理由。

解析：

（1）恰当。

（2）不恰当。理由：2017年度有多项审计调整，甲公司在2018年面临较大市场压力，显示项目总体风险较高，将实际执行的重要性确定为财务报表整体重要性的75%不恰当。

（3）恰当。

（4）不恰当。理由：该分类错报对其所影响的账户关系重大，很可能影响关键财务指标（如营运资金），应作为重大错报。

（5）不恰当。理由：该错报虽然小于财务报表整体的重要性，但会使甲公司税前利润由盈利转为亏损，属于重大错报。

第四节 针对评估的重大错报风险采取的应对措施（第1231号）

一、概述

（一）本准则制定与修订背景

本准则是适应现代风险导向审计的要求制定的新准则，本准则与《中国注册会计师审计准则第1101号——注册会计师的总体目标和审计工作的基本要求》《中国注册会计师审计准则第1211号——通过了解被审计单位及其环境识别和评估重大错报风险》《中国注册会计师审计准则第1301号——审计证据》构成了风险导向审计准则体系的核心内容。

根据《中国注册会计师审计准则第1101号——注册会计师的总体目标和审计工作的基本要求》的要求，注册会计师在审计过程中应当贯彻风险导向审计的理念，围绕重大错报风险的识别、评估和应对，计划和实施审计工作。其中，《中国注册会计师审计准则第1211号——通过了解被审计单位及其环境识别和评估重大错报风险》规范了注册会计师通过实施风险评估程序，识别和评估财务报表层次以及各类交易、账户余额、列报认定层次的重大错报风险。注册会计师针对已评估的财务报表层次的重大错报风险如何确定总体应对措施？针对已评估的认定层次的重大错报风险如何设计并实施进一步审计程序？进一步审计程序的性质、时间安排、范围如何确定和实施？如何评价实施审计程序收集的审计证据的充分性和适当性？在审计工作底稿中将对哪些审计工作进行记录？对这些问题的明确规范是本准则的核心内容。

本准则规范注册会计师针对评估的重大错报风险设计和实施应对措施。

（二）本准则2010年修订内容

《中国注册会计师审计准则第1231号——针对评估的重大错报风险采取的应对措施》主要是对2006年版《中国注册会计师审计准则第1231号——针对评估的重大错报风险实施的程序》按照新体例的改写，并未作出实质性修订。

与2006年版准则相比，在具体规定方面有以下三方面的变化：

（1）将2006年版准则在设计进一步审计程序时应当考虑的5项因素概括为两个方面：一是考虑各类交易、账户余额和披露的认定层次重大错报风险评估结果的形成原因；二是明确提出评估的风险越高，注册会计师就需要获取更有说服力的审计证据。

（2）鉴于通过外部函证程序获取的审计证据比被审计单位内部产生的审计证据更可靠，突出了外部函证程序的作用，规定注册会计师应当考虑是否将外部函证程序用作实质性程序。

（3）补充了对审计工作记录的要求，规定注册会计师的工作记录应当能够证明财务报表与其所依据的会计记录是一致的或调节相符的。

（三）本准则2016年修订内容

本准则本次未修订。

（四）本准则2019年修订内容

本准则及应用指南本次主要是对财务报表披露的范围进行相关性修订。

（五）本准则学习中注意事项

《中国注册会计师审计准则第1101号——注册会计师的总体目标和审计工作的基本要求》要求注册会计师在审计过程中贯彻风险导向审计的理念，围绕重大错报风险的识别、评估和应对，计划和实施审计工作。《中国注册会计师审计准则第1211号——通过了解被审计单位及其环境识别和评估重大错报风险》规范了注册会计师通过实施风险评估程序，识别和评估财务报表层次以及各类交易、账户余额、列报认定层次的重大错报风险。《中国注册会计师审计准则第1231号——针对评估的重大错报风险采取的应对措施》规范了注册会计师针对已评估的重大错报风险确定总体应对措施，设计和实施进一步审计程序。因此，注册会计师应当针对评估的重大错报风险实施程序，即针对评估的财务报表层次重大错报风险确定总体应对措施，并针对评估的认定层次重大错报风险设计、实施进一步审计程序，以将审计风险降至可接受的低水平。

二、框架结构简介

本准则共5章31条，其框架结构见表1231-1。

表1231-1　框架结构

章	名称	节	条	主要内容
第一章	总则	—	1	本准则制定的目的
第二章	定义	—	2、3	解释本准则中包含的术语
第三章	目标	—	4	界定执行本准则应实现的目标
第四章	要求	1～7	5～30	规定注册会计师为实现准则目标应遵守的要求，即注册会计师在相关业务环境下应当实施的所有必要程序
第五章	附则	—	31	本准则施行时间

三、重点难点解析

（一）总体应对措施流程

注册会计师的目标是，针对评估的重大错报风险，通过设计并实施恰当的应对措施，获取充分、适当的审计证据。风险导向审计的简易业务流程和应对措施流程如图1231-1和图1231-2所示。

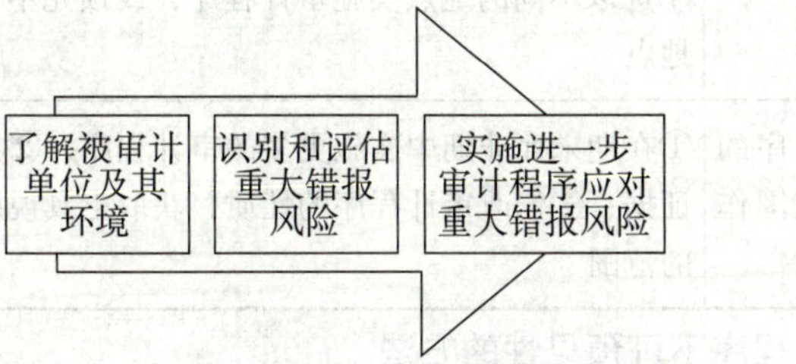

图1231-1 风险导向审计的简易业务流程

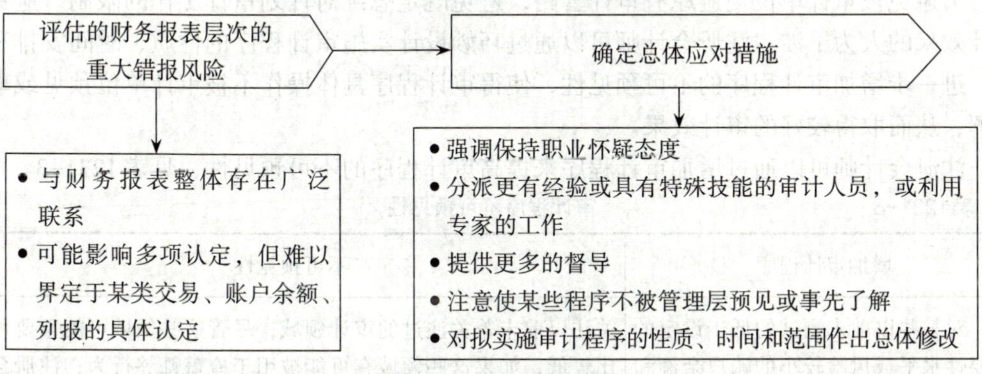

图1231-2 总体应对措施

（二）财务报表层次重大错报风险与总体应对措施

在风险评估过程中，注册会计师应确定识别的重大错报风险与哪个层次相关，进而影响多项认定。如果是与财务报表整体广泛相关，则属于财务报表层次的重人错报风险。

针对评估的财务报表层次重大错报风险确定的总体应对措施，见表1231-2。

表1231-2 财务报表层次重大错报风险与总体应对措施

总体应对措施	具体安排
(1) 向项目组强调在收集和评价审计证据过程中保持职业怀疑态度的必要性	参见《〈中国注册会计师审计准则第1101号——注册会计师的总体目标和审计工作的基本要求〉应用指南》
(2) 分派更有经验或具有特殊技能的审计人员，或利用专家的工作	①审计项目组成员中应有一定比例的人员曾经参与过被审计单位以前年度的审计；②或具有被审计单位所处特定行业的相关审计经验；③必要时，要考虑利用专家的工作
(3) 提供更多的督导	对于重大错报风险较高的审计项目，项目组的高级别成员对其他成员提供更详细、更经常、更及时的指导和监督并加强项目质量控制复核

续表

总体应对措施	具体安排
(4) 在选择进一步审计程序时，应注意使某些程序不被管理层预见或事先了解	①对某些未测试过的低于设定的重要性水平或风险较小的账户余额和认定实施实质性程序；②调整实施审计程序的时间，使被审计单位不可预见；③采取不同的审计抽样方法，使当期抽取的测试样本与以前有所不同；④选取不同的地点实施审计程序，或预先不告知被审计单位所选定的测试地点
(5) 对拟实施审计程序的性质、时间安排和范围作出总体修改	①在期末而非期中实施更多的审计程序；②主要依赖实质性程序获取审计证据；③修改审计程序的性质，获取更具说服力的证据；④扩大审计程序的范围

（三）增加审计程序不可预见性的方法

为避免被审计单位规避原有审计套路，避免既定思维对计划审计工作的限制，避免对审计效果的人为干涉，注册会计师可以通过巧妙设计实施审计程序的性质、时间安排和范围，进一步增加审计程序的不可预见性，使得审计程序具体操作不被审计单位预见或事先了解，从而取得较好的审计效果。

注册会计师可以通过增加审计程序来提高审计程序的不可预见性，见表1231-3。

表1231-3　审计程序不可预见性

增加审计程序	不可预见性
(1) 对某些以前未测试的低于设定的重要性水平或风险较小的账户余额和认定实施实质性程序	关注以前未曾关注过的审计领域，尽管这些领域可能重要程度比较低；如果这些领域有可能被用于掩盖舞弊行为，注册会计师就要针对这些领域实施一些具有不可预见性的测试
(2) 调整实施审计程序的时间，使其超出被审计单位的预期	如果注册会计师在以前年度的大多数审计工作都围绕着12月或在年底前后进行，注册会计师可以考虑调整实施审计程序时测试项目的时间，从测试12月的项目调整到测试其他月份
(3) 采取不同的审计抽样方法	使当年抽取的测试样本与以前有所不同
(4) 选取不同的地点实施审计程序，或预先不告知被审计单位所选定的测试地点	在存货监盘程序中，可以到未事先通知被审计单位的盘点现场进行监盘，使被审计单位没有机会事先清理现场，隐藏一些不想让注册会计师知道的情况

我们以表1231-4举例说明常见的一些具有不可预见性的审计程序。

（四）总体应对措施对拟实施进一步审计程序的总体方案的影响

财务报表层次重大错报风险难以限于某类交易、账户余额、列报的特点，意味着此类风险可能对财务报表的多项认定产生广泛影响，并相应增加注册会计师对认定层次重大错报风险的评估难度。因此，注册会计师评估的财务报表层次重大错报风险以及采取的总体应对措施，对拟实施进一步审计程序的总体方案具有重大影响，具体影响如图1231-3所示。

表 1231-4　　常见的一些具有不可预见性的审计程序

审计领域	一些可能适用的具有不可预见性的审计程序
存货	（1）向以前审计过程中接触不多的被审计单位员工询问
	（2）在不事先通知的情况下，选择一些以前未曾到过的盘点地点进行存货监盘
销售和应收账款	（1）向以前审计过程中接触不多或未曾接触过的被审计单位员工询问
	（2）改变实施实质性分析程序的对象
	（3）针对销售和销售退回延长截止测试期间
	（4）实施以前未曾考虑过的审计程序：①函证确认销售条款或者选定销售额较不重要且以前未曾关注的销售交易；②实施更细致的分析程序；③测试以前未曾函证过的账户余额；④改变函证日期；⑤对关联公司销售和相关账户余额，除了进行详细函证外，还实施其他审计程序进行验证
采购和应付账款	（1）如果以前未曾对应付账款余额普遍进行函证，那么直接向供应商函证确认余额
	（2）对以前由于低于设定的重要性水平而未曾测试过的采购项目，进行细节测试
	（3）使用计算机辅助审计技术审阅采购和付款账户，以发现一些特殊项目
库存现金和银行存款	（1）多选几个月的银行存款余额调节表进行测试
	（2）对有大量银行账户的，考虑改变抽样方法
固定资产	对以前由于低于设定的重要性水平而未曾测试过的固定资产进行测试
跨区域审计项目	修改分支机构审计工作的范围或者区域

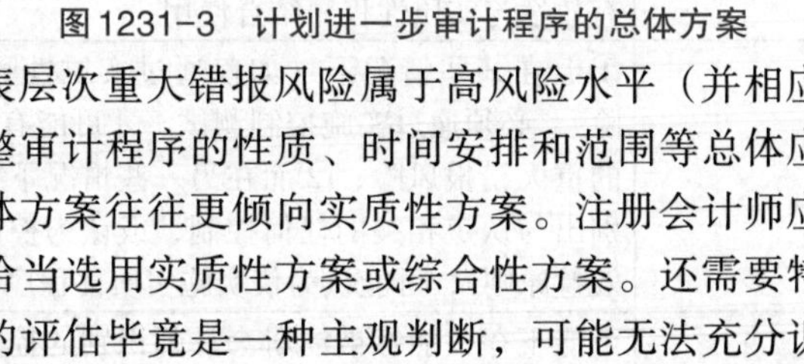

图 1231-3　计划进一步审计程序的总体方案

当评估的财务报表层次重大错报风险属于高风险水平（并相应采取更强调审计程序不可预见性、重视调整审计程序的性质、时间安排和范围等总体应对措施）时，拟实施进一步审计程序的总体方案往往更倾向实质性方案。注册会计师应根据认定层次重大错报风险的评估结果，恰当选用实质性方案或综合性方案。还需要特别说明的是，注册会计师对重大错报风险的评估毕竟是一种主观判断，可能无法充分识别所有的重大错报风险，同时内控存在固有局限性（特别是存在管理层凌驾于内控之上的可能性），因此，无论选择何种方案，注册会计师都应对所有重大的各类交易、账户余额、列报设计并实施实质性程序。

（五）进一步审计程序的含义和要求

1.进一步审计程序的含义

注册会计师应当针对评估的认定层次重大错报风险，设计并实施进一步审计程序，包括审计程序的性质、时间安排和范围。进一步审计程序相对于风险评估程序而言，是指注册会计师针对评估的各类交易、账户余额、列报认定层次重大错报风险实施的审计程序，包括控制测试和实质性程序。

2.设计进一步审计程序时的考虑因素

在设计拟实施的进一步审计程序时，注册会计师应当：（1）考虑形成某类交易、账户余额和列报的认定层次重大错报风险评估结果的依据；（2）评估的风险越高，需要获取越有说服力的审计证据。

形成某类交易、账户余额和列报的认定层次重大错报风险评估结果的依据包括：（1）因相关交易类别、账户余额或列报的具体特征而导致重大错报的可能性（即固有风险）；（2）风险评估是否考虑了相关控制（即控制风险），从而要求注册会计师获取审计证据以确定控制是否有效运行（即注册会计师在确定实质性程序的性质、时间安排和范围时，拟信赖控制运行的有效性）。

考虑因素具体见表1231-5。

表1231-5　　进一步审计程序考虑因素

因素	要求
（1）风险的重要性	是指风险造成后果的严重程度，风险造成的后果越严重，就越需要关注和重视，越需要精心设计有针对性的进一步审计程序
（2）重大错报发生的可能性	重大错报发生的可能性越大，同样越需要精心设计进一步审计程序
（3）涉及的各类交易、账户余额和列报的特征	不同的交易、账户余额和列报，产生的认定层次的重大错报风险也会存在差异，适用的审计程序也有差别，需要区别对待，并设计有针对性的进一步审计程序予以应对
（4）采用的特定控制的性质	不同性质的控制（无论是人工控制还是自动化控制）对设计进一步审计程序都具有重要影响
（5）注册会计师是否拟获取审计证据，以确定内控在防止或发现并纠正重大错报方面的有效性	如果在风险评估时预期内控运行有效，随后拟实施的进一步审计程序就必须包括控制测试，且实质性程序自然会受到之前控制测试结果的影响
（6）成本效益	可以采用综合性方案设计进一步审计程序，即将测试控制运行的有效性与实质性程序结合使用
（7）方案的选择	①但在某些情况下（如仅通过实质性程序无法应对重大错报风险），必须通过实施控制测试，才可能有效应对评估出的某一认定的重大错报风险；②而在另一些情况下（如风险评估程序未能识别出与认定相关的任何控制，或认为控制测试很可能不符合成本效益原则），可能认为仅实施实质性程序就是适当的
（8）小型企业	可能不存在能够被注册会计师识别的控制活动，注册会计师实施的进一步审计程序可能主要是实质性程序，但应意识到在缺乏控制的情况下，仅通过实施实质性程序是否能够获取充分 适当的审计证据

(六)进一步审计程序的性质

1.含义

进一步审计程序的性质是指进一步审计程序的目的和类型。其中:进一步审计程序的目的包括通过实施控制测试以确定内控运行的有效性,通过实施实质性程序以发现认定层次的重大错报;进一步审计程序的类型包括检查、观察、询问、函证、重新计算、重新执行和分析程序。

2.重要性

必须指出,注册会计师在应对评估的风险时,合理确定审计程序的性质是最重要的。这是因为不同的审计程序应对特定认定错报风险的效力不同。例如,对于与收入完整性认定相关的重大错报风险,控制测试通常更能有效应对;对于与收入发生认定相关的重大错报风险,实质性程序通常更能有效应对。

3.选择

进一步审计程序的性质的选择步骤见表1231-6。

表1231-6　　进一步审计程序的性质的选择步骤

选择步骤	考虑因素	影响	举例
第一步:在确定进一步审计程序的性质时	从总体上把握认定层次重大错报风险的评估结果	评估的认定层次重大错报风险越高,对通过实质性程序获取的审计证据的相关性和可靠性的要求越高,从而可能影响进一步审计程序的类型及综合运用	当注册会计师判断某类交易协议的完整性存在更高的重大错报风险时,除了检查文件以外,注册会计师还可能决定向第三方询问或函证协议条款的完整性
第二步:在确定拟实施的审计程序时	评估的认定层次重大错报风险产生的原因,包括考虑各类交易、账户余额、列报的具体特征以及内控	综合性方案或实质性方案	(1)可能判断某特定类别的交易即使在不存在相关控制的情况下发生重大错报的风险仍较低,此时注册会计师可能认为仅实施实质性程序就可以获取充分、适当的审计证据;(2)对于经由被审计单位信息系统日常处理和控制的某类交易,如果注册会计师预期此类交易在内控运行有效的情况下发生重大错报的风险较低,且拟在控制运行有效的基础上设计实质性程序,就会决定先实施控制测试
第三步:如果在实施进一步审计程序时拟利用被审计单位信息系统生成的信息	就信息的准确性和完整性获取审计证据	综合性方案或实质性方案	(1)在实施实质性分析程序时,使用了被审计单位生成的非财务信息或预算数据;(2)在对被审计单位的存货期末余额实施实质性程序时,拟利用被审计单位信息系统生成的各个存货存放地点及其余额清单,注册会计师应获取关于这些信息的准确性和完整性的审计证据

（七）进一步审计程序的时间安排

1.含义

进一步审计程序的时间安排有如下含义：（1）注册会计师何时实施进一步审计程序；（2）审计证据适用的期间或时点。可见，该时间安排在某些情况下指的是审计程序的实施时间；在另一些情况下是指需要获取的审计证据适用的期间或时点。

2.选择

（1）时间

归纳见表1231-7。

表1231-7　　进一步审计程序的时间安排的选择

重大错报风险	性质	时间	范围
高	实质性程序	（1）期末或接近期末； （2）采用不通知的方式； （3）在管理层不能预见的时间	较大样本、较多证据
中	实质性方案或综合性方案	期中	适中样本、适量证据： （1）获取这些控制在剩余期间变化情况的审计证据； （2）确定针对剩余期间还需获取的补充审计证据
低	综合性方案	期中或期末	较小样本、较少证据，针对剩余期间获取证据

（2）期中实施进一步审计程序的局限性

①注册会计师往往难以仅凭在期中实施的进一步审计程序获取有关期中以前的充分、适当的审计证据。

②即使注册会计师在期中实施的进一步审计程序能够获取有关期中以前的充分、适当的审计证据，但从期中到期末这段剩余期间往往还会发生重大的交易或事项，从而对所审计期间的财务报表认定产生重大影响。

③被审计单位管理层也完全有可能在注册会计师于期中实施了进一步审计程序之后对期中以前的相关会计记录作出调整甚至篡改，注册会计师在期中实施了进一步审计程序所获取的审计证据已经发生了变化。

请注意 如果在期中实施了进一步审计程序，注册会计师还应针对剩余期间获取审计证据。

（3）注册会计师在确定何时实施审计程序时应考虑的因素（见表1231-8）

（八）进一步审计程序的范围

1.含义

进一步审计程序的范围是指实施进一步审计程序的数量，包括抽取的样本量，对某项控制活动的观察次数等。

表1231-8　　注册会计师在确定何时实施审计程序时应考虑的因素

因素	要求及案例
控制环境	良好的控制环境可以抵销在期中实施进一步审计程序的局限性，使注册会计师在确定实施进一步审计程序时有更大的灵活度
何时能得到相关信息	某些控制活动可能仅在期中（或期中以前）发生，而之后可能难以再被观察到
错报风险的性质	注册会计师需要考虑在期末这个特定时点获取被审计单位截至期末所能提供的所有销售合同及相关资料，以防范被审计单位在资产负债表日后伪造销售合同虚增收入的做法
审计证据适用的期间或时点	注册会计师应根据需要获取的特定审计证据确定何时实施进一步审计程序
编制财务报表的时间	尤其是编制某些披露的时间，这些披露为资产负债表、利润表、所有者权益变动表或现金流量表中记录的金额提供了进一步解释
一些限制选择的情况	（1）某些审计程序只能在期末或期末以后实施；（2）如果被审计单位在期末或接近期末发生了重大交易，或重大交易在期末尚未完成，注册会计师应考虑交易的发生或截止等认定可能存在的重大错报风险，并在期末或期末以后检查此类交易

2.考虑的因素（见表1231-9）

表1231-9　　确定进一步审计程序的范围时考虑的因素

因素	影响
（1）确定的重要性水平	重要性水平越低，范围越广
（2）评估的重大错报风险	重大错报风险越高，范围越广
（3）计划获取的保证程度	保证程度越高，范围越广
（4）可容忍错报	可容忍错报与样本规模是反向变动关系
（5）随着重大错报风险的增加	应考虑扩大审计程序的范围；只有当审计程序本身与特定风险相关时，扩大审计程序的范围才是有效的
（6）计算机辅助审计技术	对电子化的交易和账户文档进行更广泛的测试

鉴于进一步审计程序的范围往往是通过一定的抽样方法加以确定的，因此，注册会计师需要慎重考虑抽样过程对审计程序范围的影响是否能够有效实现审计目的。注册会计师使用恰当的抽样方法通常可以得出有效结论。但如果存在下列情形，注册会计师依据样本得出的结论可能与对总体实施同样的审计程序得出的结论不同，出现不可接受的风险：（1）从总体中选择的样本量过小；（2）选择的抽样方法对实现特定目标不适当；（3）未对发现的例外事项进行恰当的追查。

此外，注册会计师在综合运用不同的审计程序时，除了面临各类审计程序的性质选择问题外，还面临如何权衡各类程序的范围问题。

（九）控制测试的含义和要求

1. 控制测试的含义

控制测试，是指用于评价内部控制在防止或发现并纠正认定层次重大错报方面的运行有效性的审计程序。这一概念需与了解内控加以比较，区别见表1231-10。

表1231-10　　了解内控与控制测试的区别

区别	了解内控	控制测试
目的不同	（1）评价控制的设计（哪里来?） （2）确定控制是否得到执行（用不用?）	测试控制运行的有效性（好不好?）
重点不同	控制得到执行	控制运行的有效性
过程不同	风险评估程序时	进一步审计程序时
证据质量不同	（1）某项控制是否存在（有没有?） （2）被审计单位正在使用（用不用?）	从下面判断控制是否能够在各个不同时点按照既定设计得以一贯执行：（1）控制在所审计期间的不同时点是如何运行的；（2）控制是否得到一贯执行；（3）控制由谁执行；（4）控制以何种方式运行
证据数量不同	（1）只需抽取少量的交易进行检查 （2）观察某几个时点	（1）需要抽取足够数量的交易进行检查 （2）对多个不同时点进行观察
性质不同	（1）询问被审计单位的人员 （2）观察特定控制的运用 （3）检查文件和报告 （4）穿行测试	（1）询问以获取与内控运行情况相关的信息 （2）观察以获取控制（如职责分离）的运行情况 （3）检查以获取控制的运行情况 （4）穿行测试 （5）重新执行
要求不同	必要程序	必要时或决定测试时

了解内控的基本方法，如图1231-4所示。

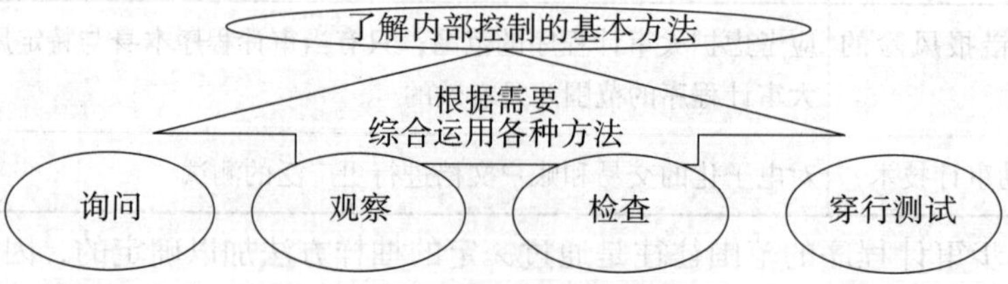

图1231-4　了解内控的基本方法

控制测试与了解内控的联系如下：

（1）证据的双重性。为评价控制设计和确定控制是否得到执行而实施的某些风险评估程序并非专为控制测试（主要为了解内控）而设计，但可能提供有关控制运行有效性（控制测试）的审计证据。

（2）目的双重性。注册会计师可以考虑在评价控制设计和获取其得到执行的审计证据的同时测试控制运行的有效性，以提高审计效率；同时注册会计师应考虑这些审计证据是否足以实现控制测试的目的。

2.控制测试的要求

前已述及，作为进一步审计程序的类型之一，控制测试并非在任何情况下都需要实施。

（1）在评估认定层次重大错报风险时，预期控制的运行是有效的（即在确定实质性程序的性质、时间安排和范围时，注册会计师拟信赖控制运行的有效性）。如果在评估认定层次重大错报风险时预期控制的运行是有效的，注册会计师应实施控制测试，就控制在相关期间或时点的运行有效性获取充分、适当的审计证据。

（2）仅实施实质性程序不足以提供认定层次充分、适当的审计证据。如果认为仅实施实质性程序获取的审计证据无法将认定层次重大错报风险降至可接受的低水平，注册会计师应实施相关的控制测试，以获取控制运行有效性的审计证据。有时，注册会计师仅通过实质性程序无法应对重大错报风险。

（3）分期控制测试。被审计单位在所审计期间内可能由于技术更新或组织管理变更而更换了信息系统，从而导致在不同时期使用了不同的控制。如果被审计单位在所审计期间内的不同时期使用了不同的控制，注册会计师应考虑不同时期控制运行的有效性。

（十）控制测试的程序

虽然控制测试与了解内控的目的不同，但两者采用审计程序的类型通常相同，包括询问、观察、检查和穿行测试。

此外，控制测试的程序还包括重新执行，具体运用及组合见表1231-11。

表1231-11　控制测试的程序

类型	运用	注意事项
询问	向被审计单位相应员工询问，获取与内控运行情况相关的信息	（1）本身并不足以测试控制运行的有效性；（2）注册会计师应将询问与其他审计程序结合使用，以获取有关控制运行有效性的审计证据；（3）在询问过程中，注册会计师应保持职业怀疑态度
观察	测试不留下书面记录的控制（如职责分离）的运行情况的有效方法	（1）观察提供的证据仅限于观察发生的时点；（2）本身也不足以测试控制运行的有效性；（3）观察也可运用于实物控制，如查看仓库门是否锁好，或空白支票是否妥善保管；（4）在通常情况下，注册会计师通过观察直接获取的证据比间接获取的证据更可靠；（5）还要考虑其所观察到的控制，在注册会计师不在场时可能未被执行的情况
检查	对运行情况留有书面证据的控制，检查非常适用	书面说明、复核时留下的记号，或其他记录在偏差报告中的标记都可以被当作控制运行情况的证据
重新执行	通常只有当询问、观察和检查程序结合在一起仍无法获得充分的证据时，注册会计师才考虑通过重新执行来证实控制是否有效运行	（1）为了合理保证计价认定的准确性，被审计单位的一项控制是由复核人员核对销售发票上的价格与统一价格单上的价格是否一致。但是，要检查复核人员有没有认真执行核对，仅仅检查复核人员是否在相关文件上签字是不够的，注册会计师还需要自己选取一部分销售发票进行核对。（2）如果需要进行大量的重新执行，注册会计师就要考虑通过实施控制测试以缩小实质性程序的范围是否有效率。（3）将询问与检查或重新执行结合使用，通常能够比仅实施询问和观察获取更高的保证
穿行测试	更多地在了解内控时运用；是通过追踪交易在财务报告信息系统中的处理过程，来证实注册会计师对控制的了解、评价控制设计的有效性以及确定控制是否得到执行	（1）在执行穿行测试时，注册会计师可能获取部分控制运行有效性的审计证据；（2）穿行测试不是单独的一种程序，而是将多种程序按特定审计需要进行结合运用的方法

（十一）控制测试的时间

1.含义

控制测试的时间包含两层含义：一是何时实施控制测试；二是测试所针对的控制适用的时点或期间。因此，注册会计师应根据控制测试的目的确定控制测试的时间，并确定拟信赖的相关控制的时点或期间。

2.如何考虑期中审计证据

如果已获取有关控制在期中运行有效性的审计证据，并拟利用该证据，注册会计师应实施下列审计程序：（1）获取这些控制在剩余期间变化情况的审计证据；（2）确定针对剩余期间还需获取的补充审计证据。

注册会计师针对除期中证据以外的剩余期间的补充证据应考虑因素，见表1231-12。

表1231-12　针对除期中证据以外的剩余期间的补充证据应考虑因素

因素	影响
（1）评估的认定层次重大错报风险的重大程度	评估的重大错报风险对财务报表的影响越大，获取的剩余期间的补充证据越多
（2）在期中测试的特定控制	对自动化运行的控制，注册会计师更可能测试信息系统一般控制的运行有效性，以获取控制在剩余期间运行有效性的审计证据
（3）在期中对有关控制运行有效性获取的审计证据的程度	如果在期中对有关控制运行有效性获取的审计证据比较充分，可适当减少需要获取的剩余期间的补充证据
（4）剩余期间的长度	剩余期间越长，补充证据越多
（5）在信赖控制的基础上拟减少进一步实质性程序的范围	对相关控制的信赖程度越高，拟减少进一步实质性程序的范围就越大，获取的剩余期间的补充证据越多
（6）控制环境	在总体上拟信赖控制的前提下，控制环境越薄弱（或把握程度越低），获取的剩余期间的补充证据越多
（7）测试被审计单位对控制的监督	以便更有把握地将控制在期中运行有效性的审计证据延伸至期末，通过测试剩余期间控制的运行有效性或测试被审计单位对控制的监督，获取补充审计证据

3.如何考虑以前审计获取的审计证据

基本思路——考虑拟信赖的以前审计中测试的控制在本期是否发生变化。

如果拟信赖以前审计获取的有关控制运行有效性的审计证据，注册会计师应通过实施询问并结合观察或检查程序，获取这些控制是否已经发生变化的审计证据。注册会计师可能面临两种结果：控制在本期发生变化；控制在本期没有发生变化。其具体做法见表1231-13。

（十二）控制测试的范围

控制测试的范围是指某项控制活动的测试次数，确定控制测试范围的考虑因素见表1231-14。

表1231-13　如何考虑以前审计获取的审计证据

控制情形	要求
在本期发生变化	（1）考虑以前审计获取的有关控制运行有效性的审计证据是否与本期审计相关；（2）在本期审计中测试这些控制的运行有效性
在本期未发生变化	如果拟信赖的控制自上次测试后未发生变化，且不属于旨在减轻特别风险的控制，运用职业判断确定是否在本期审计中测试其运行有效性，以及本次测试与上次测试的时间间隔，但两次测试的时间间隔不得超过2年。在确定利用以前审计获取的有关控制运行有效性的审计证据是否适当以及再次测试控制的时间间隔时，应考虑：（1）内控其他要素的有效性；（2）控制特征产生的风险；（3）信息技术一般控制的有效性；（4）控制设计及其运行的有效性；（5）由于环境发生变化而特定控制缺乏相应变化导致的风险；（6）重大错报风险和对控制的拟信赖程度，如重大错报风险较大或对控制的拟信赖程度较高，应缩短再次测试控制的时间间隔或完全不信赖以前审计获取的审计证据

表1231-14　确定控制测试范围的考虑因素

因素	影响
（1）在整个拟信赖的期间执行控制的频率	控制执行的频率越高，范围越大
（2）在所审计期间拟信赖控制运行有效性的时间长度	拟信赖期间越长，范围越大
（3）为证实控制能够防止或发现并纠正认定层次重大错报，所需获取审计证据的相关性和可靠性	对审计证据的相关性和可靠性要求越高，范围越大
（4）通过测试与认定相关的其他控制获取的审计证据的范围	当针对其他控制获取审计证据的充分性和适当性较高时，测试该控制的范围可适当缩小
（5）在风险评估时拟信赖控制运行有效性的程度	拟信赖程度越高，范围越大
（6）控制的预期偏差	控制的预期偏差率越高，范围越大；如果控制的预期偏差率过高，应考虑控制可能不足以将认定层次的重大错报风险降至可接受的低水平，从而针对某一认定实施的控制测试可能是无效的
（7）样本规模	参见《中国注册会计师审计准则第1314号准则——审计抽样》

必须指出，2016年修订的审计准则取消了现行的《中国注册会计师审计准则第1621号——对小型被审计单位审计的特殊考虑》，代之以在每项应用指南中增加“对小型被审计单位的特殊考虑”部分。这种做法将显著增强对审计小型被审计单位的指导力度，有效提高审计准则的适用性。审计准则更加强调运用职业判断，着重要求注册会计师在审计工作中解决问题，而非细化注册会计师应当执行的具体审计程序。这为注册会计师根据小型企业的特点，“因地制宜”地设计并实施审计程序提供了基础。

因此，如果注册会计师在审计某小型企业时发现该企业不存在很多的控制活动，则可以不采用控制测试，而主要采用实质性程序，因为这才是有效的。在审计小型被审计单位时，注册会计师可以不实施控制测试而直接实施实质性程序。这是因为，《中国注册会计师审计准则第1231号——针对评估的重大错报风险采取的应对措施》第八条规定："当存在下列情形之一时，注册会计师应当设计和实施控制测试，针对相关控制运行的有效性，获取充分、适当的审计证据：（一）在评估认定层次重大错报风险时，预期控制的运行是有效的（即在确定实质性程序的性质、时间安排和范围时，注册会计师拟信赖控制运行的有效性）；（二）仅实施实质性程序并不能够提供认定层次充分、适当的审计证据。"这一规定表明，与必须了解被审计单位的内部控制不同，审计准则没有强制要求注册会计师必须实施控制测试，是否实施控制测试取决于注册会计师针对评估的重大错报风险所设计的应对措施。对于小型被审计单位，如果注册会计师了解其内部控制后认为设计不合理或未得到执行，或预期内部控制运行无效，注册会计师可以不实施控制测试。

（十三）实质性程序的含义和要求

1.实质性程序的含义

实质性程序，是指用于发现认定层次重大错报的审计程序。实质性程序包括下列两类程序：①对各类交易、账户余额和列报的细节测试；②实质性分析程序。

注册会计师实施的实质性程序应当包括下列与财务报表编制完成阶段相关的审计程序：

（1）将财务报表中的信息与其所依据的会计记录进行核对或调节，包括核对或调节披露中的信息，无论该信息是从总账和明细账中获取，还是从总账和明细账之外的其他途径获取；

（2）检查财务报表编制过程中作出的重大会计分录和其他调整。

2.针对特别风险实施的实质性程序

（1）专门程序。如果认为评估的认定层次重大错报风险是特别风险，注册会计师应专门针对该风险实施实质性程序。

（2）组合程序。如果针对特别风险仅实施实质性程序，注册会计师应使用细节测试，或将细节测试和实质性分析程序结合使用，以获取充分、适当的审计证据。

（3）方案选择（见表1231-15）。

表1231-15　审计方案的选择

综合性方案	实质性方案
评价内控的设计，确定内控是否得以有效执行：	
在本期审计中测试拟信赖的控制，而不依靠以前审计获得的审计证据	不适用
实施针对特别风险的实质性程序：	
单独使用细节测试，或单独使用实质性分析程序，或结合使用实质性分析程序和细节测试	要包括细节测试，即单独使用细节测试，或结合使用实质性分析程序和细节测试

（十四）实质性程序的性质（见表1231-16）

表1231-16　实质性程序的性质

类型	含义	目的	适用性	要求
细节测试	对各类交易、账户余额、列报的具体细节进行测试	直接识别财务报表认定是否存在错报	对各类交易、账户余额、列报认定的测试，尤其是对存在或发生、计价认定的测试	根据不同的认定层次的重大错报风险设计有针对性的细节测试
实质性分析程序	技术特征仍然是分析程序，主要是通过研究数据间关系评价信息，只是将该技术方法用作实质性程序	用以识别各类交易、账户余额、列报及相关认定是否存在错报	（1）对在一段时间内存在可预期关系的大量交易，注册会计师可以考虑实施实质性分析程序；（2）考虑到数据及分析的可靠性，当实施实质性分析程序时，如果使用被审计单位编制的信息，应考虑测试与信息编制相关的控制，以及这些信息是否在本期或前期经过审计	考虑：（1）对特定认定使用实质性分析程序的适当性；（2）对已记录的金额或比率作出预期时，所依据的内部或外部数据的可靠性；（3）作出预期的准确程度是否足以在计划的保证水平上识别重大错报；（4）已记录金额与预期值之间可接受的差异额

（十五）实质性程序的时间（见表1231-17）

表1231-17　实质性程序的时间

时间	控制测试	实质性程序
期中	获取期中关于控制运行有效性审计证据的做法更具有一种“常态”	目的在于更直接地发现重大错报，在期中实施实质性程序时更需要考虑其成本效益的权衡
以前	拟信赖以前审计获取的有关控制运行有效性的审计证据，已经受到很大限制	对于以前在审计中通过实质性程序获取的审计证据，则采取更加慎重的态度和更严格的限制
共同点	两类程序都面临着对期中审计证据和对以前审计获取的审计证据的考虑	

如表1231-17所述，两类程序都面临着对期中审计证据和对以前审计获取的审计证据的考虑，实质性程序的时间选择见表1231-18。

表1231-18　实质性程序的时间选择

时间	考虑
如何考虑是否在期中实施实质性程序	是否在期中实施实质性程序时应考虑：（1）控制环境和其他相关的控制；（2）实施审计程序所需信息在期中之后的可获得性；（3）实质性程序的目标；（4）评估的重大错报风险；（5）各类交易或账户余额以及相关认定的性质；（6）针对剩余期间，能否通过实施实质性程序或将实质性程序与控制测试相结合，降低期末存在错报而未被发现的风险
如何考虑期中审计证据	（1）针对剩余期间实施进一步的实质性程序，或将实质性程序和控制测试结合使用，以将期中测试得出的结论合理延伸至期末，有两种选择：其一是针对剩余期间实施进一步的实质性程序；其二是将实质性程序和控制测试结合使用 （2）如果拟将期中测试得出的结论延伸至期末，注册会计师应考虑针对剩余期间仅实施实质性程序是否足够；如果认为实施实质性程序本身不充分，注册会计师还应测试剩余期间相关控制运行的有效性或针对期末实施实质性程序 （3）对于舞弊导致的重大错报风险，被审计单位存在故意错报或操纵的可能性，那么更应慎重地考虑能否将期中测试得出的结论延伸至期末；如果已识别出由于舞弊导致的重大错报风险，为将期中得出的结论延伸至期末而实施的审计程序通常是无效的，注册会计师应考虑在期末或者接近期末实施实质性程序
如何考虑以前审计获取的审计证据	（1）在以前审计中实施实质性程序获取的审计证据，通常对本期只有很弱的证据效力或没有证据效力，不足以应对本期的重大错报风险 （2）只有当以前获取的审计证据及其相关事项未发生重大变动时，以前获取的审计证据才可能用作本期的有效审计证据 （3）如果拟利用以前审计中实施实质性程序获取的审计证据，注册会计师应在本期实施审计程序，以确定这些审计证据是否具有持续相关性

（十六）实质性程序的范围

注册会计师评估的认定层次的重大错报风险越高，需要实施实质性程序的范围越广。如果对控制测试结果不满意，注册会计师应考虑扩大实质性程序的范围。

1.细节测试的范围

在设计细节测试（实施细节测试的时间如图1231-5所示）时，注册会计师除了从样本量的角度考虑测试范围外，还要考虑选样方法的有效性等因素。例如，从总体中选取大额或异常项目，而不是进行代表性抽样或分层抽样。

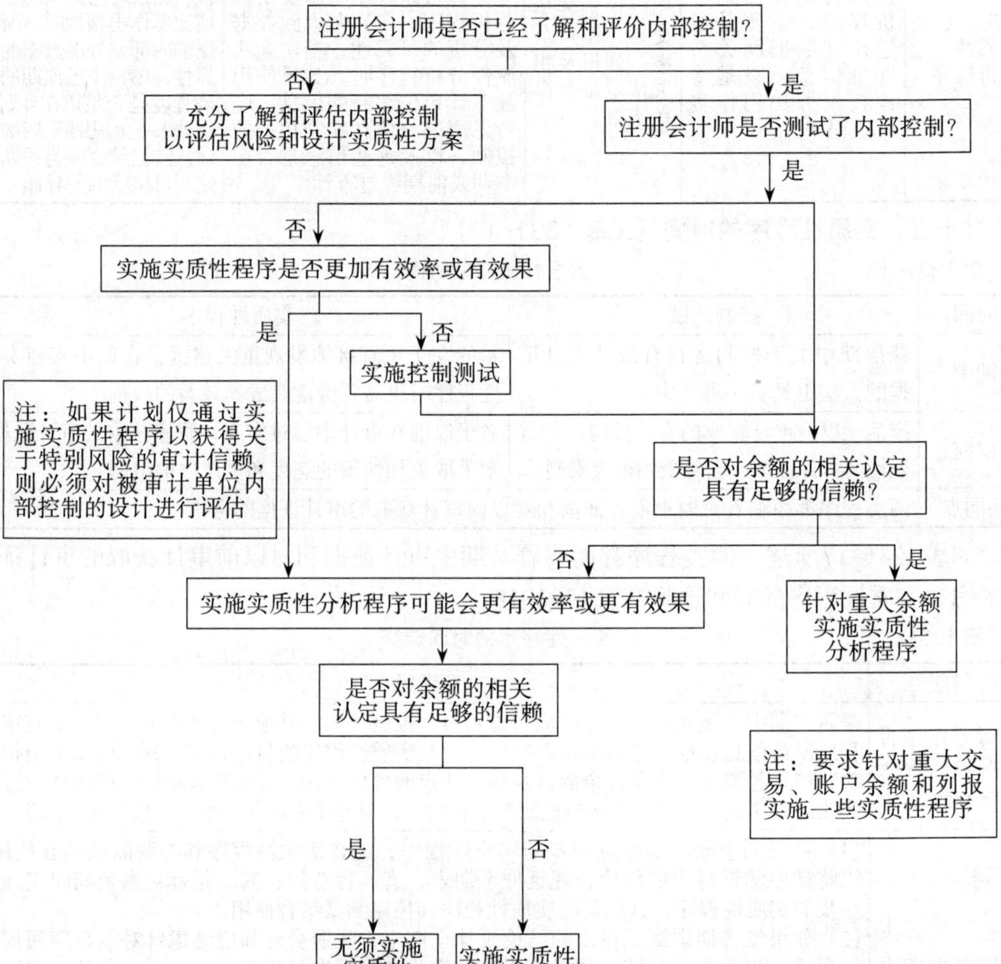

图1231-5　实施细节测试的时间

2.实质性分析程序的范围

实质性分析程序的范围有两层含义：第一层含义是对什么层次上的数据进行分析，注册会计师可以选择在高度汇总的财务数据层次进行分析，也可以根据重大错报风险的性质和水平调整分析层次。例如，按照不同产品线、不同季节或月份、不同经营地点或存货存放地点等实施实质性分析程序。第二层含义是需要对什么幅度或性质的偏差展开进一步调查。实施分析程序可能发现偏差，但并非所有的偏差都值得展开进一步调查。可容忍或可接受的偏差（即预期偏差）越大，作为实质性分析程序一部分的进一步调查的范围就越小，于是确定适当的预期偏差幅度同样属于实质性分析程序的范畴。因此，在设计实质性分析程序时，注册会计师应确定已记录金额与预期值之间可接受的差异额。在确定该差异额时，注册会计师应主要考虑各类交易、账户余额、列报及相关认定的重要性和计划的保证水平。

（十七）性质、时间安排、范围的总结（见表1231-19）

表1231-19　　　　性质、时间安排、范围的总结

项目	进一步审计程序	控制测试	实质性程序
性质	（1）不同的审计程序应对特定认定错报风险的效力 （2）认定层次重大错报风险的评估结果 （3）认定层次重大错报风险的产生的原因 （4）各类交易、账户余额和列报的特征	（1）计划从控制测试中获取的保证水平 （2）特定控制的性质 （3）同时考虑与认定直接相关和间接相关的控制 （4）控制是否为自动化的应用控制	（1）认定层的重大错报风险 （2）对特定认定使用实质性分析程序的适当性 （3）当对已记录的金额或比率作出预期时，所依据的内部或外部数据的可靠性 （4）作出预期的准确程度是否足以在计划的保证水平上识别重大错报 （5）已记录金额与预期值之间可接受的差异额
时间安排	（1）控制环境 （2）何时能得到相关信息 （3）错报风险的性质 （4）审计证据适用的期间或时点 （5）一些限制选择的情况：①某些审计程序只能在期末或期末以后实施；②如果被审计单位在期末或接近期末时发生了重大交易，或重大交易在期末尚未完成，注册会计师应当考虑交易的发生或截止等认定可能存在的重大错报风险，并在期末或期末以后检查此类交易	A.期中获取的证据能否合理延伸至期末： （1）获取这些控制在剩余期间变化情况的审计证据（针对期中已获取审计证据的控制，考察这些控制在剩余期间的变化情况（包括是否发生了变化以及如何变化））：①如果这些控制在剩余期间没有发生变化，注册会计师可能决定信赖期中获取的审计证据；②如果这些控制在剩余期间发生了变化，注册会计师需要了解并测试控制的变化对期中审计证据的影响（“添加式”变化就不影响对原有证据的信赖） （2）依据下列因素，确定针对剩余期间还需获取的补充审计证据（针对除期中证据以外的剩余期间的补充证据）：①评估的认定层次重大错报风险的重大程度；②在期中测试的特定控制；③在期中对有关控制运行有效性获取的审计证据的程度；④剩余期间的长度；⑤在信赖控制的基础上拟减少进一步实质性程序的范围；⑥控制环境；⑦被审计单位对控制的监督	A.期中获取的证据能否合理延伸至期末，注册会计师在考虑是否在期中实施实质性程序时应当考虑以下因素： （1）控制环境和其他相关的控制 （2）实施审计程序所需信息在期中之后的可获得性 （3）实质性程序的目标 （4）评估的重大错报风险 （5）各类交易或账户余额以及相关认定的性质 （6）针对剩余期间，能否通过实施实质性程序或将实质性程序与控制测试相结合，降低期末存在错报而未被发现的风险

续表

<table>
<tr><th>项目</th><th>进一步审计程序</th><th colspan="2">控制测试</th><th>实质性程序</th></tr>
<tr><td rowspan="3">时间安排</td><td rowspan="3">（1）控制环境
（2）何时能得到相关信息
（3）错报风险的性质
（4）审计证据适用的期间或时点
（5）一些限制选择的情况：①某些审计程序只能在期末或期末以后实施；②如果被审计单位在期末或接近期末时发生了重大交易，或重大交易在期末尚未完成，注册会计师应当考虑交易的发生或截止等认定可能存在的重大错报风险，并在期末或期末以后检查此类交易</td><td colspan="2">B.以前年度获取的审计证据能否延伸至本期</td><td rowspan="3">B.以前年度获取的审计证据能否延伸至本期，只有当以前获取的审计证据及其相关事项未发生重大变动时且应当在本期实施审计程序，以确定这些审计证据是否具有持续相关性</td></tr>
<tr><td>当控制在本期发生变化时</td><td>（1）考虑以前证据是否与本期相关
（2）在本期审计中测试这些控制的运行有效性</td></tr>
<tr><td>当控制在本期未发生变化时</td><td>（1）旨在减轻特别风险的控制，本期重测
（2）应当运用职业判断确定是否在本期审计中测试其运行有效性以及本次测试与上次测试的时间间隔，但两次测试的时间间隔不得超过三年，且不得所有控制集中在一年测试，随后两年不测
（3）在确定利用以前审计获取的有关控制运行有效性的审计证据是否适当以及再次测试控制的时间间隔时，应当考虑的因素或情况包括：①内部控制其他要素的有效性；②控制特征（人工控制还是自动化控制）产生的风险；③信息技术一般控制的有效性；④控制设计及其运行的有效性，包括在以前审计中测试控制运行有效性时发现的控制运行偏差的性质和程度；⑤由于环境发生变化而特定控制缺乏相应变化导致的风险；⑥重大错报风险和对控制的拟信赖程度</td></tr>
<tr><td>范围</td><td>（1）确定的重要性水平
（2）评估的认定层次重大错报风险
（3）计划获取的保证程度
（4）可容忍的错报或偏差率
（5）审计程序与特定风险的相关性</td><td colspan="2">（1）在整个拟信赖的期间，被审计单位执行控制的频率
（2）在所审计期间，注册会计师拟信赖控制运行有效性的时间长度
（3）拟获取的有关认定层次控制运行有效性的审计证据的相关性和可靠性
（4）通过测试与认定相关的其他控制获取的审计证据的范围（除本点反向影响，其他都是正向影响）
（5）在风险评估时拟信赖控制运行有效性的程度
（6）控制的预期偏差，预期偏差可以用控制未得到执行的预期次数占控制应当得到执行次数的比率加以衡量（也可称作预期偏差率）</td><td>（1）当确定实质性程序的范围时，注册会计师应当考虑评估的认定层次重大错报风险和实施控制测试的结果
（2）当设计细节测试时，注册会计师除了从样本量的角度考虑测试范围外，还要考虑选样方法的有效性等因素
（3）实质性分析程序的范围有两层含义：第一层含义是对什么层次上的数据进行分析；第二层含义是需要对什么幅度或性质的偏差展开进一步调查</td></tr>
</table>

（十八）财务报表列报的恰当性

注册会计师应当实施审计程序，评价财务报表的总体列报（包括披露）是否符合适用的财务报告编制基础的规定。评价财务报表的恰当列报、排列和内容包括考虑适用的财务报告编制基础所要求使用的术语、提供的详略程度、金额的汇总和分解以及所列金额的依据等。在作出这一评价时，注册会计师应当考虑财务报表中的列报方式是否能够：

（1）对财务信息及其依据的交易、事项和状况进行恰当分类和描述；

（2）使财务报表的列报、结构和内容恰当。

（十九）审计工作底稿

注册会计师应当就下列事项形成审计工作底稿：

（1）针对评估的财务报表层次重大错报风险采取的总体应对措施，以及实施的进一步审计程序的性质、时间安排和范围；

（2）实施的进一步审计程序与评估的认定层次风险之间的联系；

（3）实施进一步审计程序的结果，包括在结果不明显时得出的结论。

如果拟利用在以前审计中获取的有关控制运行有效性的审计证据，注册会计师应当记录信赖这些控制的理由和结论。

审计工作底稿应当能够证明财务报表中的信息与其所依据的会计记录是一致的或调节相符的，包括核对或调节披露中的信息，无论该信息是从总账和明细账中获取，还是从总账和明细账之外的其他途径获取。

【应用分析1231-1】注册会计师基于销售与收款循环的重大错报风险评估结果，制订实施进一步审计程序的总体方案（包括综合性方案和实质性方案），继而实施控制测试和实质性程序，以应对识别出的认定层次的重大错报风险，具体方案参见表1231-20。

表1231-20　　销售与收款循环的重大错报风险和进一步审计程序的总体方案

重大错报风险描述	相关财务报表项目及认定	风险程度	是否信赖控制	进一步审计程序的总体方案	拟从控制测试中获取的保证程度	拟从实质性程序中获取的保证程度
销售收入可能未真实发生	收入：发生；应收账款：存在	特别	是	综合性方案	高	中
销售收入记录可能不完整	收入/应收账款：完整性	一般	否	实质性方案	无	低
期末收入交易可能未计入正确的期间	收入：截止；应收账款：存在/完整性	特别	否	实质性方案	无	高
发生的收入交易未能得到准确记录	收入：准确性；应收账款：计价和分摊	一般	是	综合性方案	部分	低
应收账款坏账准备的计提不准确	应收账款：计价和分摊	一般	否	实质性方案	无	中

第五节 对被审计单位使用服务机构的考虑（第1241号）

一、概述

（一）本准则制定与修订背景

由于企业规模不断扩张，使经营活动有了多层次的需求，企业部分业务如电子商务、公共信息服务等出现了分包和外包的情况，其经营数据的真实与完整取决于这些服务机构的内部控制运行。

企业集团或控股集团的发展，使其投资领域不断扩大。在专业化的社会分工要求下，企业对于金融、保险等领域的涉足，要求金融、保险等服务机构提供完整的投资或交易记录，并要求企业建立完善的内部控制。

被审计单位内部控制执行效果和运行效率，可能受制于服务机构内部控制的设计与执行情况。因此，被审计单位的内部控制可能在相当程度上受服务机构内部控制体系的影响。

如果被审计单位使用服务机构，其交易可能在程序和实体上受到与被审计单位相分离的服务机构内部控制的影响。被审计单位的内部控制可能包括不能由其直接控制的部分，但服务机构采用并保持的某些政策、程序和记录与被审计单位财务报表审计相关。

本准则的制定是为了规范注册会计师在被审计单位使用服务机构的服务时获取充分、适当的审计证据的责任。

（二）本准则2010年修订内容

本准则本次在对2006年版《中国注册会计师审计准则第1212号——对被审计单位使用服务机构的考虑》按照新体例进行改写的基础上，作出了实质性修订。

与2006年版准则相比，在具体规定方面有以下五个方面的重大变化：

（1）按照风险评估、风险应对的思路对准则结构进行了调整，并对被审计单位使用服务机构的情况下如何运用《中国注册会计师审计准则第1211号——通过了解被审计单位及其环境识别和评估重大错报风险》和《中国注册会计师审计准则第1231号——针对评估的重大错报风险采取的应对措施》作出了更加明确的规定。

（2）增加了“被审计单位的互补性控制”“第一类报告”“第二类报告”“服务机构的系统”“分包服务机构”等定义，并对“服务机构”“服务机构注册会计师”的定义作出修改。

（3）对服务机构向被审计单位提供的服务的性质作出了更加详细的说明，并指出其对被审计单位的潜在影响以及与审计的关系。

（4）在风险评估部分，详细规定了注册会计师如何了解服务机构提供的服务，以及如何利用第一类报告和第二类报告获取对服务机构提供服务的了解。

（5）在风险应对部分，规定了预期服务机构的控制运行有效时应实施的程序，由分包服务机构提供服务时的处理，以及对涉及服务机构的舞弊、违反法规行为或未更正错报等事项应执行的工作。

（三）本准则2016年修订内容

本准则本次未修订。

（四）本准则2019年修订内容

本准则本次未修订。

（五）本准则学习中注意事项

《中国注册会计师审计准则第1211号——通过了解被审计单位及其环境识别和评估重大错报风险》和《中国注册会计师审计准则第1231号——针对评估的重大错报风险采取的应对措施》涉及注册会计师了解被审计单位（包括与审计相关的内部控制），以足够识别和评估重大错报风险，并针对这些风险设计和实施进一步审计程序，本准则是对注册会计师如何应用这些准则的进一步扩展。

对于服务机构提供的服务，注册会计师拟执行工作的性质和范围，取决于服务的性质、服务对被审计单位的重要性以及与审计的相关性。

二、框架结构简介

本准则共5章31条，其框架结构见表1241-1。

表1241-1 框架结构

章	名称	节	条	主要内容
第一章	总则	—	1～6	本准则制定的目的和与第1211号、第1231号准则的关系
第二章	定义	—	7～15	解释本准则中包含的术语
第三章	目标	—	16	界定执行本准则应实现的目标
第四章	要求	1～3	17～30	规定注册会计师为实现准则目标应遵守的要求，即注册会计师在相关业务环境下应当实施的所有必要程序
第五章	附则	—	31	本准则施行时间

三、重点难点解析

（一）服务机构的含义及类别比较

许多被审计单位将其部分业务外包给服务机构，这些服务机构提供的服务范围很广，从按照被审计单位的指令执行特定任务，到整体替代被审计单位部分业务单元或职能。服务机构提供的很多服务构成被审计单位业务经营不可或缺的一部分，但并非所有这些服务都与审计相关。

服务机构，是指向被审计单位提供服务，并且其服务构成与被审计单位财务报告相关的信息系统组成部分的第三方机构（或第三方机构的分部）。

当被审计单位使用服务机构提供的服务时，注册会计师的目标是：（1）了解服务机构提供的服务的性质和重要性，及其对与审计相关的被审计单位内部控制的影响，以足够识别和评估重大错报风险；（2）针对识别和评估的重大错报风险，设计和实施审计程序。

如果被审计单位在某一金融机构开设账户，该金融机构提供的服务仅限于按照被审计单位的特别授权在该账户下处理交易，如银行对支票账户交易的处理或证券经纪机构对证券交易进行处理，则本准则不适用。

如果被审计单位拥有其他实体（如合伙企业、股份制企业和合资公司）的所有权经济利益，并且这些实体对所有权经济利益进行会计核算和向所有者报告，本准则不适用于对被审计单位因拥有这些实体所有权经济利益而产生的交易的审计。

服务机构记录交易和处理相关数据与执行交易并履行受托责任见表1241-2。

表1241-2　服务机构记录交易和处理相关数据与执行交易并履行受托责任

类别 项目	记录交易和处理相关数据	执行交易并履行受托责任
（1）特征	①仅限于记录交易或按特定程序处理有关数据； ②不对交易本身负责； ③对交易结果不承担任何责任	①受托独立执行交易； ②对交易本身负责； ③按照事先的约定承担相应的责任
（2）典型形式	①互联网应用服务提供商； ②信托投资公司； ③投资经纪商； ④证券投资基金托管人； ⑤为再保险公司保管有关会计记录的原保险人	①委托理财业务； ②基金管理公司； ③企业年金投资管理人
（3）被审计单位对服务机构的控制能力	被审计单位有能力对交易活动实施控制，服务机构的内部控制对被审计单位内部控制影响程度较小	被审计单位较大程度地受到服务机构内部控制的影响
（4）被审计单位是否依赖服务机构的政策和程序	被审计单位保留交易授权并履行受托责任，被审计单位无须依赖服务机构的政策和程序	服务机构执行被审计单位的交易，并履行受托责任，被审计单位可能认为有必要依赖服务机构的政策和程序
（5）注册会计师执行被审计单位财务报表审计时了解服务机构的内部控制	注册会计师应当了解被审计单位对服务机构的记录交易和处理相关数据的政策和程序	注册会计师应当了解被审计单位对交易过程和记录数据进行定期检查，以及对服务机构可能的控制缺陷是否有相应的防范和化解措施

（二）服务机构注册会计师的报告比较（两种报告）

服务机构注册会计师，是指接受服务机构委托，对服务机构的控制出具鉴证报告的注册会计师。

1.针对服务机构对控制的描述和设计出具的报告

本准则中称为第一类报告，内容包括：（1）由服务机构管理层对服务机构系统、控制目标以及在特定日期已得到设计和执行的相关控制作出的描述；（2）服务机构注册会计师出具的报告（旨在向使用者提供合理保证），包括针对服务机构对于系统、控制目标和相关控制的描述，以及控制的设计对于实现特定控制目标的适当性发表的意见。

2.针对服务机构对控制的描述、设计和运行有效性出具的报告

本准则中称为第二类报告，内容包括：（1）由服务机构管理层作出的描述，涉及服务

机构系统、控制目标和相关控制、在特定日期或特定期间控制的设计和执行，以及在某些情况下控制在特定期间运行的有效性。(2) 服务机构注册会计师出具的报告（旨在向使用者提供合理保证)，包括：针对服务机构对于系统、控制目标和相关控制的描述，控制的设计对于实现特定控制目标的适当性，以及控制运行的有效性发表的意见；针对控制测试及其结果作出的描述。

第一类报告与第二类报告比较见表1241-3。

表1241-3　　第一类报告与第二类报告比较

项目＼类别	第一类报告	第二类报告
(1) 报告的对象	内部控制设计是否合理、是否得到执行	除包括内部控制设计是否合理、是否得到执行外，还包括内部控制运行是否有效
(2) 对内部控制的测试	未对内部控制的有效性实施控制测试，注册会计师不应将其作为服务机构控制运行有效性的证据	已对内部控制的有效性实施控制测试
(3) 服务机构注册会计师审计报告的有用性和适当性	有助于注册会计师了解服务机构的内部控制，进而评估被审计单位财务报表发生重大错报的风险	能为注册会计师提供服务机构内部控制运行有效性的证据
(4) 管理层对内部控制的描述	①服务机构内部控制要素； ②服务机构的控制目标及控制活动； ③上次报告之日至今或最近12个月内部控制的变化	①服务机构内部控制要素； ②服务机构的控制目标及控制活动； ③上次报告之日至今或最近12个月内部控制的变化； ④内部控制运行有效性
(5) 服务机构注册会计师的意见	①对内部控制的描述是否准确； ②为实现既定目标，内部控制的设计是否合理； ③内部控制是否已得到执行	①对内部控制的描述是否准确； ②为实现既定目标，内部控制的设计是否合理； ③内部控制是否已得到执行； ④根据控制测试结果，内部控制的运行是否有效

（三）服务机构的活动对被审计单位具有重大影响且与审计相关的情形

在了解被审计单位及其环境时，注册会计师应当确定服务机构的活动对被审计单位的重要性以及与审计的相关性，通常，当存在下列情况之一时，可以认为服务机构的活动对被审计单位具有重大影响且与审计相关：

(1) 服务机构的活动结果对被审计单位的财务状况、经营成果和现金流量有重大影响。例如，证券公司为被审计单位提供专业理财服务，理财收益占被审计单位净收益的较大部分。

(2) 服务机构内部控制对被审计单位关键内部控制产生重大影响。例如，服务机构为被审计单位执行交易并履行受托责任。

（3）其他可能影响被审计单位财务报表认定的重大事项。

（四）了解服务机构提供的服务

当按照《中国注册会计师审计准则第1211号——通过了解被审计单位及其环境识别和评估重大错报风险》的规定了解被审计单位时，注册会计师应当了解被审计单位在经营中如何利用服务机构提供的服务，包括：

（1）服务机构提供的服务的性质，以及该服务对被审计单位的重要性，包括由此对被审计单位内部控制产生的影响。服务机构提供服务的性质，是指服务机构提供何种服务，是仅限于记录交易和处理相关数据，还是执行被审计单位的交易并履行受托责任。

（2）被审计单位与服务机构关系的性质，包括服务机构与被审计单位就提供服务订立的相关合同条款。注册会计师可以通过查阅服务机构与被审计单位签订的服务合同，对服务机构的活动进行了解，主要包括：①服务的目的、方式和内容；②服务的期限和费用；③双方权利和义务的划分；④信息传递和报告方式；⑤争议的解决。

（3）服务机构与被审计单位之间活动的相互影响程度。被审计单位在多大程度上能对服务机构的活动实施控制。如果服务机构提供的服务仅限于记录被审计单位的交易或处理相关数据，被审计单位保留交易授权并履行受托责任，则被审计单位内部控制与服务机构相关系统的相互影响程度就高，被审计单位对此类交易实施有效控制就是可能的。相反，被审计单位内部控制与服务机构相关系统的相互影响程度就低。被审计单位的互补性控制，是指服务机构在设计服务时假定将由被审计单位实施的控制。如果这些控制对实现控制目标是必要的，则应当在服务机构系统描述中予以明确。

（4）由服务机构处理的交易、受服务机构影响的账户或财务报告过程的性质和重要性。

如果服务机构为被审计单位记录交易和处理相关数据，注册会计师应当了解被审计单位对服务机构记录的交易或处理的数据的控制措施，如交易的授权、批准，与交易相关职责的分离等。

如果服务机构执行交易并履行受托责任，注册会计师应当了解被审计单位是否对交易过程和记录进行定期检查，以及对服务机构可能的控制缺陷是否有相应的防范和化解措施等。

当按照《中国注册会计师审计准则第1211号——通过了解被审计单位及其环境识别和评估重大错报风险》的规定了解与审计相关的内部控制时，注册会计师应当评价被审计单位的、与服务机构提供服务相关的控制的设计和执行情况，这些控制包括应用于服务机构所处理的交易的控制。

注册会计师应当确定，是否已充分了解服务机构提供的服务的性质和重要性，及其对与审计相关的被审计单位内部控制的影响，以作为识别和评估重大错报风险的基础。

如果不能从被审计单位获得充分的了解，注册会计师应当实施下列一项或多项程序：

（1）获取第一类报告或第二类报告；

（2）通过被审计单位联系服务机构，以获取特定信息；

（3）访问服务机构，并实施可以获取有关服务机构相关控制的必要信息的程序；

（4）利用其他注册会计师实施可以获取有关服务机构相关控制的必要信息的程序。

（五）应对评估的重大错报风险

当按照《中国注册会计师审计准则第1231号——针对评估的重大错报风险采取的应对措施》的规定应对评估的重大错报风险时，注册会计师应当：（1）确定是否能够从被审计单位保存的记录中获取有关财务报表认定的充分、适当的审计证据；（2）如果不能获取充分、适当的审计证据，则实施进一步审计程序，或利用其他注册会计师代其对服务机构实施这些程序。

如果在评估重大错报风险时预期服务机构的控制的运行是有效的，注册会计师应当实施下列一项或多项程序，以获取有关这些控制运行有效性的审计证据：

1.获取第二类报告（如可行）

拟利用第二类报告作为服务机构内部控制运行有效性的审计证据，注册会计师应当通过实施下列程序，确定服务机构注册会计师的报告是否能够提供有关内部控制运行有效性的充分、适当的审计证据，以支持对重大错报风险的评估：评价对服务机构控制的描述、设计和运行有效性所针对的时点或期间是否适用于注册会计师的审计目的；确定服务机构系统描述中明确的被审计单位的互补性控制是否与被审计单位相关；如果相关，了解被审计单位是否设计和执行了此类控制，如是，测试其运行有效性；评价控制测试的涵盖期间和自实施控制测试以来的时间间隔的适当性；评价服务机构注册会计师报告中所述的、由服务机构注册会计师实施的控制测试及其结果是否与被审计单位财务报表的认定相关并提供充分、适当的审计证据，以支持注册会计师的风险评估。

2.对服务机构的控制实施适当测试

（1）应当实施控制测试的情形。如果风险评估结果预期服务机构的控制运行有效，或仅实施实质性程序不能提供认定层次充分、适当的审计证据，注册会计师应当实施控制测试，以获取控制运行有效性的审计证据。如果服务机构提供的服务和对服务的控制，构成被审计单位与财务报告相关的信息系统（包括相关业务流程）的一部分，则服务机构提供的服务与被审计单位财务报表审计相关。尽管服务机构的多数控制可能与财务报告相关，但仍然可能有其他控制（如与资产保护相关的控制）与审计相关。如果服务机构提供的服务影响到下列任何一项，则该服务被视为构成被审计单位与财务报告相关的信息系统（包括相关业务流程）的一部分：

①在被审计单位的经营过程中，对财务报表影响重大的各类交易；

②在信息技术和人工系统中，对被审计单位的交易生成、记录、处理、必要的更正、结转至总账以及在财务报表中报告的程序；

③用以生成、记录、处理和报告（包括纠正不正确的信息以及信息如何结转至总账）被审计单位交易的会计记录（电子或人工形式）、支持性信息和财务报表中的特定账户；

④被审计单位的信息系统如何获取除交易以外的对财务报表具有重大影响的事项和情况；

⑤用于编制被审计单位财务报表（包括作出的重大会计估计和披露）的财务报告过程；

⑥与会计分录相关的控制，这些分录包括用以记录非经常性的、异常的交易或调整的非标准会计分录。

（2）注册会计师获取控制运行有效性的审计证据方法。

①测试被审计单位对服务机构活动的控制。例如，测试被审计单位与服务机构之间核

对交易记录、例外事项授权等控制的运行有效性情况。

②获取服务机构注册会计师对与审计相关的内部控制运行有效性出具的报告。

③实地考察服务机构并实施控制测试，以印证被审计单位受服务机构影响的内部控制的有效性。

3.利用其他注册会计师代其对服务机构的控制实施测试

注册会计师从服务机构注册会计师出具的内部控制报告中有关服务机构管理层对内部控制的描述、控制期间和时点、服务机构注册会计师的意见等方面，可以了解服务机构内部控制设计、执行和运行有效性。

（六）注册会计师报告

注册会计师应当询问被审计单位管理层，以确定服务机构是否曾经向被审计单位报告，或被审计单位是否以其他方式获知任何影响被审计单位财务报表的舞弊、违反法律法规行为或未更正错报。

注册会计师应当评价这些事项如何影响进一步审计程序的性质、时间安排和范围，并评价对得出的结论和审计报告的影响。

（1）针对服务机构提供的与被审计单位财务报表审计相关的服务，如果无法获取充分、适当的审计证据，注册会计师应当根据《中国注册会计师审计准则第1502号——在审计报告中发表非无保留意见》的规定，在审计报告中发表非无保留意见。

（2）注册会计师不应在无保留意见的审计报告中提及服务机构注册会计师的相关工作，除非法律法规另有规定。如果法律法规要求提及，审计报告应当指出这种提及并不减轻注册会计师对审计意见承担的责任。

（3）如果提及服务机构注册会计师的工作与理解注册会计师出具的非无保留意见相关，审计报告应当指出，这种提及并不减轻注册会计师对审计意见承担的责任。

第六节　评价审计过程中识别出的错报（第1251号）

一、概述

（一）本准则制定与修订背景

近年来，国内外频繁出现了一系列财务信息舞弊案，它们严重危及资本市场的健康发展，也使审计职业界面临前所未有的信用危机。为防范审计失败，各国监管机构、审计准则制定机构出台了各种管制政策或措施，其中之一就是重构审计模式。审计风险准则正式引进“重大错报风险”概念，审计的重心前移至风险评估。注册会计师应根据审计风险准则的要求，识别和评估财务报表重大错报风险，针对评估的财务报表层次重大错报风险实施总体应对措施，并针对评估的认定层次重大错报风险实施进一步审计程序，以将审计风险降至可接受的低水平。

实践表明，评价审计过程中识别出的错报有利于注册会计师有针对性地对重大错报风险进行控制，以提高风险判断的准确性，可帮助注册会计师更有效地识别和评估审计重大错报风险，改进审计程序，提高审计质量，降低审计风险。

本准则的制定是为了规范注册会计师评价识别出的错报对审计的影响以及未更正错报

对财务报表的影响。

（二）本准则2010年修订内容

《中国注册会计师审计准则第1251号——评价审计过程中识别出的错报》在按照新体例进行改写的基础上作出了实质性修订。

与2006年《中国注册会计师审计准则第1221号——重要性》第四章和第五章相比，在具体规定方面有以下5个方面的重大变化：

（1）规定了如何在审计过程中评价识别出的错报，即累积识别出的错报、随着审计的推进考虑识别出的错报、沟通和更正错报，以及评价未更正错报的影响。

（2）明确了需要修改总体审计策略或具体审计计划的情形：一是识别出的错报的性质和错报发生的环境表明可能存在其他错报，这些错报与在审计过程中累积的错报合计后是重大的；二是在审计过程中累积的错报合计数接近重要性。

（3）修改了2006年版准则中“与管理层和治理层的沟通”的相关规定。2006年版准则规定，如果识别出由于舞弊或错误导致的重大错报，注册会计师应当与管理层和治理层沟通。准则规定，注册会计师应当及时将审计过程中累积的所有错报与适当层级的管理层进行沟通，并要求管理层更正所有这些错报。

（4）修改了评价未更正错报的影响的相关规定，要求在评价未更正错报的影响之前，重新评估确定的重要性是否仍然适当，并确定未更正错报单独或累积起来是否重大；与治理层沟通未更正错报，这些错报单独或累积起来可能对审计意见产生的影响，以及以前期间相关的未更正错报对交易类别、账户余额、列报和财务报表整体的影响。

（5）增加了要求管理层和治理层提供书面声明的规定，并明确了需要形成审计工作记录的事项。

（三）本准则2016年修订内容

本准则本次未修订。

（四）本准则2019年修订内容

与2010年版本相比，本准则本次修订对错报的定义进行了简化。

与2016年版应用指南相比，应用指南本次在以下四个方面进行了修订：

（1）增加对于遗漏和披露的定义；

（2）改变了错报定义并且增加举例；

（3）增加了可能识别出错报的定义，还把错报类别单独列出说明；

（4）增加了可能导致错报的事项及原因。

（五）本准则学习中注意事项

（1）应结合《中国注册会计师审计准则第1501号——对财务报表形成审计意见和出具审计报告》学习。在对财务报表形成审计意见时，注册会计师应当针对财务报表整体是否不存在重大错报，确定是否已就此获取合理保证得出结论。

注册会计师按照《中国注册会计师审计准则第1501号——对财务报表形成审计意见和出具审计报告》的规定得出的结论，考虑了对未更正错报的评价及其对财务报表的影响。

（2）应恰当运用重要性概念。《中国注册会计师审计准则第1221号——计划和执行审计工作时的重要性》规范了注册会计师在计划和执行财务报表审计工作时恰当运用重要性概念的责任。

（3）要结合《中国注册会计师审计准则问题解答第8号——重要性及评价错报》的新内容学习，注册会计师应当按照审计准则的要求，运用职业判断，合理确定和恰当运用重要性，评价未更正错报对财务报表的影响。

二、框架结构简介

本准则共5章17条，其框架结构见表1251-1。

表1251-1　框架结构

章	名称	节	条	主要内容
第一章	总则	—	1、2	本准则制定的目的、适用范围及与第1221号、第1501号准则的关系
第二章	定义	—	3、4	解释本准则中包含的术语
第三章	目标	—	5	界定执行本准则应实现的目标
第四章	要求	1~6	6~16	规定注册会计师为实现准则目标应遵守的要求，即注册会计师在相关业务环境下应当实施的所有必要程序
第五章	附则	—	17	本准则施行时间

三、重点难点解析

（一）错报的定义和类型

1.错报

错报，是指某一财务报表项目的金额、分类或列报，与按照适用的财务报告编制基础应当列示的金额、分类或列报之间存在的差异；或根据注册会计师的判断，为使财务报表在所有重大方面得到公允反映，需要对金额、分类或列报作出的必要调整。错报可能是由于错误或舞弊导致的。

错报可能由下列事项导致：

（1）收集或处理用以编制财务报表的数据时出现错误；

（2）遗漏某项金额或披露，包括不充分或不完整的披露，以及为满足特定财务报告编制基础的披露目标而被要求作出的披露（如适用）；

（3）由于疏忽或明显误解有关事实导致作出不正确的会计估计；

（4）注册会计师认为管理层对会计估计作出不合理的判断或对会计政策作出不恰当的选择和运用；

（5）信息的分类、汇总或分解不恰当。

《〈中国注册会计师审计准则第1141号——财务报表审计中与舞弊相关的责任〉应用指南》列举了由于舞弊导致错报的例子。

2.未更正错报

未更正错报，是指注册会计师在审计过程中累积的且被审计单位未予更正的错报。

3.错报的类型

错报的类型见表1251-2。

表1251-2　　　　　　　　错报的类型

类型	事项	举例/情形
事实错报	这类错报产生于被审计单位收集和处理数据的错误，对事实的忽略或误解，或故意舞弊行为，它是毋庸置疑的错报	注册会计师在实施细节测试时发现最近购入存货的实际价值为15 000元，但账面记录的金额却为10 000元。因此，存货和应付账款分别被低估了5 000元，这里被低估的5 000元就是已识别的对事实的具体错报
判断错报	涉及主观决策的错报，它是管理层对会计估计作出不合理的判断或对会计政策作出不恰当的选择和运用	它有两种情形：一是管理层和注册会计师对会计估计值的判断差异，例如，由于包含在财务报表中的管理层作出的估计值超出了注册会计师确定的一个合理范围，导致出现判断差异；二是管理层和注册会计师对选择和运用会计政策的判断差异，由于注册会计师认为管理层选用会计政策造成错报，管理层却认为选用会计政策适当，从而导致出现判断差异
推断错报	即推断误差，也称“可能误差”，是注册会计师对不能明确、具体地识别的其他错报的最佳估计数，根据在样本中识别出的错报，对总体存在的错报作出的最佳估计	推断误差通常包括两种： 一是通过测试样本估计出的总体的错报减去在测试中发现的已经识别的具体错报，如应收账款年末余额为2 000万元，注册会计师抽查10%的样本发现金额有100万元的高估，高估部分为账面金额的20%（100÷500×100%），据此注册会计师推断总体的错报金额为400万元（2 000×20%），那么上述100万元就是已识别的具体错报，其余300万元即推断误差； 二是通过实质性分析程序推断出的估计错报，如注册会计师根据客户的预算资料及行业趋势等要素，对客户年度销售费用独立地作出估计，并与客户账面金额比较，发现两者间有50%的差异；考虑到估计的精确性有限，注册会计师根据经验认为10%的差异通常是可接受的，而剩余40%的差异需要有合理解释并取得佐证性证据；假定注册会计师对其中20%的差异无法得到合理解释或不能取得佐证，则该部分差异金额即为推断误差

也可用公式表示：

错报的汇总数=已识别的具体错报+推断错报=事实错报+判断错报+推断错报

4.审计目标（如图1251-1所示）

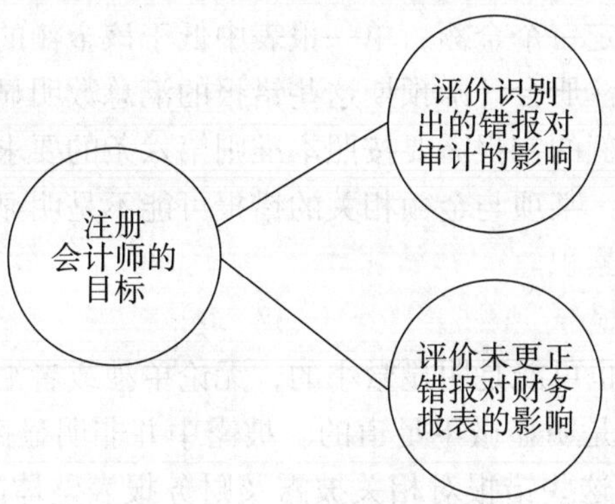

图1251-1　注册会计师的目标

（二）累积识别出的错报

1.明显微小

注册会计师应当累积审计过程中识别出的错报，除非错报明显微小。明显微小错报金额的数量级与确定重大错报的数量级完全不同（明显微小错报的数量级更小），或其性质完全不同。“明显微小”不等同于“不重大”。这些明显微小的错报，无论单独或者汇总起来，还是从规模、性质或其发生的环境来看都是明显微不足道的。如果不确定一个或多个错报是否明显微小，就不能认为这些错报是明显微小的。

（1）确定明显微小错报的临界值的依据，见表1251-3。

表1251-3　　确定明显微小错报的临界值的依据

以前年度错报 （包括已更正与未更正的错报）	被审计单位管理层和治理层对注册会计师与其沟通错报的期望
重大错报风险的评估结果	被审计单位的财务指标是否勉强达到监管机构的要求或投资者的期望

（2）确定明显微小错报的临界值。

通常明显微小错报的临界值为财务报表整体重要性水平的3%~5%，通常不超过财务报表整体重要性的10%。除非注册会计师认为有必要单独为重分类错报确定一个更高的临界值，见表1251-4。

表1251-4　　确定明显微小错报的临界值

明显微小错报的临界值低于报表整体重要性水平5%的情况	明显微小错报的临界值高于报表整体重要性水平5%的情况
预计有较多审计调整； 较高重大错报风险； 已识别出较多重大错报风险； 跨地域大型联合项目审计；	预计当年审计调整较少或金额不重大； 以前年度调整较少或金额不重大； 风险评估结果为低； 跨地域项目所涉及地区较少；
被审计单位和审计委员会希望知晓所有错报或低于财务报表整体重要性水平5%金额的错报	被审计单位和审计委员会希望仅沟通>5%的未更正错报

2.单一报表中的错报

注册会计师可能指定一个金额，单一报表中低于该金额的错报是明显微小的，对这类错报不需要累积，因为注册会计师预期这些错报的汇总数明显不会对财务报表产生重大影响。但是，高于指定金额的错报需要按照本准则第六条的要求进行累积。此外，如果从性质或其发生的环境来看，某项与金额相关的错报可能不是明显微小的，则需要按照本准则第六条的要求对其进行累积。

3.披露中存在的错报

披露中存在的错报也可能是明显微小的，无论单独或者汇总起来，还是从金额、性质或其发生的环境来看都是明显微不足道的。披露中并非明显微小的错报也需要累积起来，以帮助注册会计师评价这些错报对相关披露及财务报表整体的影响。本指南第17段给出了定性披露可能存在重大错报的示例。

4. 累积错报

本指南第3段和第4段描述的、从性质或其发生环境来判断的累积错报不能如与金额相关的错报那样进行加总。然而，本准则第十二条要求注册会计师对这些错报单独和汇总起来（即与其他错报综合考虑）进行评价，以确定其是否重大。

为了帮助注册会计师评价审计过程中累积的错报的影响以及与管理层和治理层沟通错报事项，将错报区分为事实错报、判断错报和推断错报可能是有用的。事实错报是毋庸置疑的错报；判断错报是由于注册会计师认为管理层对财务报表中的确认、计量和列报（包括对会计政策的选择或运用）作出不合理或不恰当的判断而导致的差异；推断错报是注册会计师对总体存在的错报作出的最佳估计数，涉及根据在审计样本中识别出的错报来推断总体的错报。《中国注册会计师审计准则第1314号——审计抽样》规定了如何确定推断错报和评价样本结果，参见表1251-2。

（三）对审计过程中识别出错报的考虑

（1）错报可能不会孤立发生，一项错报的发生还可能表明存在其他错报。例如，注册会计师识别出由于内部控制失效而导致的错报，或被审计单位广泛运用不恰当的假设或评估方法而导致的错误，均可能表明还存在其他错报。

（2）抽样风险和非抽样风险可能导致某些错报未被发现。在审计过程中累积错报的汇总数接近按照《中国注册会计师审计准则第1221号——计划和执行审计工作时的重要性》的规定确定的重要性，则表明存在比可接受的低风险水平更大的风险，即可能未被发现的错报连同审计过程中累积错报的汇总数，超过重要性。

（3）注册会计师可能要求管理层检查某类交易、账户余额和列报，以使管理层了解注册会计师识别出的错报的发生原因，并要求管理层采取措施以确定这些交易、账户余额或披露实际发生错报的金额，以及对财务报表作出适当的调整。例如，从审计样本中识别出的错报推断总体错报时，注册会计师可能提出这样的要求。

（四）沟通和更正错报

（1）及时与适当层级的管理层沟通错报事项是重要的，因为这能使管理层评价各类交易、账户余额和列报是否存在错报，如有异议则告知注册会计师，并采取必要行动。

（2）法律法规可能限制注册会计师向管理层或被审计单位内部的其他人员通报某些错报。例如，法律法规可能专门规定禁止通报某事项或采取其他行动，这些通报或行动可能不利于有关权力机构对实际存在的或怀疑存在的违法行为展开调查。在某些情况下，注册会计师的保密义务与通报义务之间存在的潜在冲突可能很复杂。此时，注册会计师可以考虑征询法律意见。

（3）管理层更正所有错报（包括注册会计师通报的错报），能够保持会计账簿和记录的准确性，降低由于与本期相关的、非重大的且尚未更正的错报的累积影响而导致未来期间财务报表出现重大错报的风险 。

（4）《中国注册会计师审计准则第1501号——对财务报表形成审计意见和出具审计报告》要求注册会计师评价财务报表是否在所有重大方面按照适用的财务报告编制基础编制。这项评价包括考虑被审计单位会计实务的质量（包括表明管理层的判断可能出现偏向的迹象）。注册会计师对管理层不更正错报的理由的理解，可能影响其对被审计单位会计实务质量的考虑。

（五）评价未更正错报的影响

1.重新确定重要性水平

在评价未更正错报的影响之前，注册会计师应当重新评估按照《中国注册会计师审计准则第1221号——计划和执行审计工作时的重要性》的规定确定的重要性，以根据被审计单位的实际财务结果确认其是否仍然适当。如果该重要性水平在审计过程中已做过修正，则当然应按修正后的实际执行的财务报表层次重要性水平进行比较。

2.评估每一错报对相关的财务报表项目的影响

注册会计师应当确定未更正错报单独或汇总起来是否重大。在确定时，注册会计师应当分别按以下两种情况进行考虑：

（1）评估所有的事实错报、判断错报和推断错报的综合影响对所有的财务报表科目是否重大。相对于特定类别的交易、账户余额或列报以及财务报表整体而言，错报的金额和性质以及错报发生的特定环境，除非法律法规禁止，注册会计师应当与治理层沟通未更正错报，以及这些错报单独或汇总起来可能对审计意见产生的影响。注册会计师在沟通时应当逐项指明未更正的重大错报。注册会计师应当要求被审计单位更正未更正错报。

（2）评估以前期间的未更正错报的影响。注册会计师应当与治理层沟通与以前期间相关的未更正错报对相关类别的交易、账户余额或列报以及财务报表整体的影响。

3.注意事项（如图1251-2所示）

对于财务报表组成部分的错报，将资产类科目与债务类科目或收入类科目与费用类科目的未更正错报相互抵销通常是不恰当的

对于财务报表分类错报，按过于宽泛的财务报表分类（如资产、负债、权益等）评价未更正错报的影响可能是不够的，需要按照特定类别的交易、账户余额或列报（如流动与非流动，经营性与非经营性，持续与非持续）评价其影响

图1251-2 注意事项

4.评价未更正错报的累积影响

即使单项错报不重大，各项错报的累积影响也可能重大。与以前期间相关的非重大未更正错报的累积影响，可能对本期或未来财务报表产生重大影响。

（1）原则。注册会计师应评估在审计过程中已识别但尚未更正错报的汇总数是否重大。

（2）时间。注册会计师需要在出具审计报告之前，评估尚未更正错报单独或累积的影响是否重大。

（3）方法。在评估时，注册会计师应从特定的某类交易、账户余额及列报认定层次和财务报表层次，考虑尚未更正错报的汇总数的金额和性质，以及尚未更正错报的汇总数发生的特定环境。

（4）尚未更正错报的汇总数对相关交易、账户余额及列报认定层次的影响。

①注册会计师应分别考虑每项错报对相关交易、账户余额及列报的影响。

②错报是否超过之前为特定交易、账户余额及列报所设定的较之财务报表层次重要性水平更低的可容忍错报。

③如果某项错报是（或可能是）由舞弊造成的，无论其金额大小，注册会计师均应按照《中国注册会计师审计准则第1141号——财务报表审计中与舞弊相关的责任》的规定，考虑其对整个财务报表审计的影响。

④考虑到某些错报发生的环境，即使其金额低于计划的重要性水平，注册会计师仍可能认为其单独或连同其他错报从性质上看是重大的。前已提及，可能影响注册会计师评估错报从性质上看是否重大的因素包括：错报是否与违反监管要求或合同规定有关；是否掩盖了收益或其他趋势的变化；是否影响用来评价被审计单位财务状况、经营成果和现金流量的相关比率；是否会导致管理层报酬的增加；是否影响财务报表中列示的分部信息等。

（5）尚未更正错报的汇总数对财务报表层次的影响。

①注册会计师在评估未更正错报是否重大时，不仅需要考虑每项错报对财务报表的单独影响。

②需要考虑所有错报对财务报表的累积影响及形成原因，尤其是一些金额较小的错报，虽然单个看起来并不重大，但是其累积金额却可能对财务报表产生重大的影响。例如，某个月末发生的错报可能并不重要，但是如果每个月末都发生相同的错报，其累积金额就有可能对财务报表产生重大影响。为全面地评价错报的影响，注册会计师应将在审计过程中已识别的具体错报和推断误差进行汇总。评价未更正错报的影响见表1251-5。

表1251-5 评价未更正错报的影响

项目	评价
单项错报	注册会计师需要考虑每一项与金额相关的错报，以评价其对相关类别的交易、账户余额或列报的影响，包括评价该项错报是否超过特定类别的交易、账户余额或列报的重要性水平（如适用）
错报抵销	（1）如果注册会计师认为某一单项错报是重大的，则该项错报不太可能被其他错报抵销； （2）对于同一账户余额或同一类别的交易内部的错报，这种抵销可能是适当的，然而，在得出抵销非重大错报是适当的这一结论之前，需要考虑可能存在其他未被发现的错报的风险
分类错报	（1）确定一项分类错报是否重大，需要进行定性评估，如分类错报对负债或其他合同条款的影响，对单个财务报表项目或小计数的影响，以及对关键比率的影响； （2）反之，注册会计师识别出某项应付账款误计入其他应付款的错报，金额超过财务报表整体的重要性，由于该错报不影响经营业绩和关键财务指标，注册会计师认为该项错报不重大，再如，被审计单位没有及时将资产负债表日已达到可使用状态的在建工程转入固定资产，金额超过财务报表整体的重要性，相关折旧金额较小，注册会计师在考虑相关定性因素之后，认为该错报对固定资产账户余额及财务报表整体均不产生重大影响，认为该项错报不是重大错报
错报性质	即使某些错报低于财务报表整体的重要性，但因与这些错报相关的某些情况，在将其单独或连同在审计过程中累积的其他错报一并考虑时，注册会计师也可能将这些错报评价为重大错报
以前错报	注册会计师应当考虑与以前期间相关的未更正错报对相关类别的交易、账户余额或列报以及财务报表整体的影响

（6）尚未更正错报与财务报表层次重要性水平的比较对审计报告的影响举例（见表1251-6）。

表1251-6　尚未更正错报与财务报表层次重要性水平（实际执行）的比较对审计报告的影响举例

情形	尚未更正错报的汇总数	重要性水平	对注册会计师的影响
（1）低于（并且特定项目的尚未更正错报也低于考虑其性质所设定的更低的重要性水平，下同）	60万元	100万元	对财务报表的影响不重大，可以发表无保留意见的审计报告
（2）超过	150万元	100万元	（1）对财务报表的影响可能是重大的，应考虑通过扩大审计程序的范围或要求管理层调整财务报表降低审计风险；（2）在任何情况下，都应要求管理层就已识别的错报调整财务报表；（3）如果管理层拒绝调整财务报表，并且扩大审计程序范围的结果不能使注册会计师认为尚未更正错报的汇总数不重大，应考虑出具非无保留意见的审计报告
（3）接近	99万元	100万元	（1）应考虑该汇总数连同尚未发现的错报是否可能超过重要性水平；（2）考虑通过实施追加的审计程序降低审计风险；（3）要求管理层调整财务报表降低审计风险

（六）评价当期和以前期间未更正错报的方法

1.铁幕法（资产负债表法）

铁幕法的特点是，不用以前期间累积未更正错报的影响抵销当期期末累积未更正错报的影响。

【应用分析1251-1】A上市公司从2017年至2021年，每年多暂估预提费用20万元，截至2021年年末共计多暂估预提费用100万元。A上市公司于2017年至2020年，该错报均被认为不重大。

对2021年提出以下更正分录：

借：预提费用　　1 000 000

　贷：费用　　1 000 000

【应用分析1251-2】B上市公司2021年年末发现销售截止问题，2022年度收入50万元被计入了2021年度，由此导致2021年度收入被高估50万元。2020年度也发现类似问题，2021年收入110万元被计入了2020年。上述错报合计导致2021年收入被低估60万元。2020年度错报由于对当年财务报表影响不重大而未更正。

对2021年提出以下更正分录：

借：收入　　500 000

　贷：应收账款　　500 000

2.结转法（利润表法/当期法）

结转法（利润表法/当期法）的特点是，可以考虑以前期间累积未更正错报对本期的影响。

【应用分析1251-3】A上市公司从2017年至2021年，每年多暂估预提费用20万元，截至2021年年末共计多暂估预提费用100万元。A上市公司于2017年至2020年，该错报均被认为不重大。

对2021年提出以下更正分录：

借：预提费用	1 000 000	
贷：费用		200 000
期初未分配利润		800 000

【应用分析1251-4】B上市公司2021年年末发现销售截止问题，2022年度收入50万元被计入了2021年度，由此导致2021年度收入被高估50万元。2020年度也发现类似问题，2021年收入110万元被计入了2020年。上述错报合计导致2021年收入被低估60万元。2020年度错报由于对当年财务报表影响不重大而未更正。

对2021年提出以下更正分录：

借：期初未分配利润	1 100 000	
贷：收入		600 000
应收账款		500 000

（七）审计调整

注册会计师在财务报表审计过程中，发现企业的会计处理方法与财务会计法规有重大不一致时，应建议企业进行调整，以便财务报表所载信息能够真实反映企业的财务状况和经营成果。有关审计调整的相关规定散见于不同的法规之中，致使不少注册会计师对此缺乏系统、明确的认识。审计调整是对注册会计师在审计过程中发现的重要或重大审计差异进行的调整。审计调整的对象是存在错报的财务报表项目，注册会计师把被审计单位提交的财务报表当作未结账对待，建议被审计单位调整财务报表（简称为“调表”）。被审计单位除了调整财务报表外，还应调整下期的相关会计账簿记录。这就会涉及会计账项的调整，即会计调整（简称为“调账”）。需要编制调整分录的误差一般包括错报和漏报两类。

1.审计差异（见表1251-7）

2.审计调整

对在审计中发现的被审计单位的会计处理方法与有关会计制度规定不一致的，注册会计师应根据审计重要性原则予以初步确定和汇总，并建议被审计单位进行调整。在实务中，审计差异调整事项在底稿中通常都是以会计分录的形式，且汇总为审计差异调整表一并反映的。审计差异调整表是注册会计师编制试算平衡表和代编经审计的财务报表的重要基础，审计调整分录与企业日常的会计事项的账务处理没有什么差别，将需要调整的会计事项视同该事项刚刚发生，按照有关会计制度规定进行会计处理即可。

（1）对错报的调整。

表1251-7　　　　审计差异表

种类	含义	内容	金额和性质
核算误差	因企业对经济业务进行了不正确的会计核算而引起的误差，用审计重要性原则来衡量	(1) 建议调整的不符事项	(1) 对于单笔核算误差超过所涉及财务报表项目（或账项）层次重要性水平的，应视为建议调整的不符事项；(2) 对于单笔核算误差低于所涉及财务报表项目（或账项）层次重要性水平，但性质重要的，比如涉及舞弊与违法行为的核算误差、影响收益趋势的核算误差、股本项目等不期望出现的核算误差，应视为建议调整的不符事项；(3) 但当若干笔同类型未调整不符事项汇总数超过财务报表项目（或账项）层次重要性水平时，应从中选取几笔转为建议调整的不符事项，过入调整分录汇总表，使未调整不符事项汇总金额降到重要性水平之下
		(2) 不建议调整的不符事项（即未调整不符事项）	对于单笔核算误差低于所涉及财务报表项目（或账项）层次重要性水平，并且性质不重要的，一般应视为未调整不符事项
重分类误差	因企业未按会计准则列报财务报表而引起的误差	(1) 应收账款、预收账款、应付账款、预付账款等，在期末填制资产负债表时，如果这些账户某个明细账出现与正常余额借贷方向相反的记录，而又不是记账错误，就应对这些账户进行重新归类； (2) 资产和负债重新分类，如：一年内到期的长期借款，在编制报表时应单独列示至一年内到期的非流动负债，应重新分类： 借：长期借款 　贷：一年内到期的非流动负债	(1) 重分类错误（误差）的会计核算是正确的，只是编制的财务报表在项目分类方面不符合会计准则的规定；(2) 重分类错误不要求被审计单位调整账簿，而是直接调整财务报表

【应用分析1251-5】南京公司2017年12月对北京公司的销售，申根注册会计师建议调整，南京公司调整财务报表：

借：营业收入　　24 000 000
　　应交税费　　4 080 000
　贷：应收账款　　28 080 000
借：存货　　20 000 000
　贷：营业成本　　20 000 000

(2) 对漏报的调整。如果漏记了相关业务，就直接进行补记。

3.会计调整

审计调整对于被审计单位而言，属于会计调整，不仅强调调整结果，而且关注调整的过程，一般需作跨年度调整。如果不涉及损益的事项，其处理方法相对简单，就是错账的各种更正方法；但如果涉及损益的事项的调整，就是会计调整。

4.审计调整与会计调整的关系

我们在审计过程中，处理审计与会计之间的差异用的是调整，调整在很大程度上是以调整分录作为其表现形式的。对审计而言，用的是审计调整分录，审计调整分录与会计制度规定的账务处理程序没有多大联系（不是针对经济业务的处理过程）。对会计而言，用的是会计调整分录。会计调整分录则是针对经济业务的处理过程，按照相关会计法规规定步骤编制的，比如需要调整以前年度损益时，需要利用“以前年度损益调整”科目作为中间过渡科目反映调整的过程，而这一科目在审计调整分录中一般是不会涉及的。

（1）会计调整分录与审计调整分录的相同点。注册会计师和被审计单位都必须参照企业会计制度和企业会计准则确定会计处理是否正确。其相同点：①结果相同；②目的相同。

（2）会计调整分录与审计调整分录的区别。①对象、依据不同；②用途、责任不同；③调整的时点、期间、内容不同；④使用的科目不同；⑤调整范围、要求不同。

5.重分类调整与列报调整

重分类误差是因企业未按有关会计准则、会计制度规定编制会计报表而引起的误差。

重分类有狭义和广义之分。广义的重分类是指不需要调整会计明细账和总账，只调整财务报表的事项。狭义的重分类仅是指不能直接根据会计明细账年末余额填制资产负债表和利润表项目的事项，如应收账款、应付账款、长期借款明细账，应将其中的预收账款、预付账款、一年内到期的长期借款分离出来，对利润表科目的子目误用作相应的会计调整等。一般而论，重分类调整分录汇总表采用狭义的表述。

重分类误差也是指会计核算没有错报，只是编制的资产负债表分类不符合企业会计制度的规定，如未将一年内到期的长期借款归入流动负债类的“一年内到期的非流动负债”项下列示。此类误差属于审计调整的范围，但由于不要求被审计单位调整账簿，所以不属于会计调整的范围。又如，将某一客户的应收账款错计为另一客户的应收账款明细账，这属于会计调整的范围，但是该错误不影响应收账款的余额，不影响财务报表的公允反映，因而不属于审计调整的范围。

重分类误差不涉及利润表，是指资产负债表：（1）应收与预收；（2）应付与预付；（3）待摊与预提；（4）非流动资产中一年内到期的非流动资产；（5）非流动负债中一年内到期的非流动负债等。各循环重分类主要科目见表1251-8。

表1251-8 各循环重分类主要科目

循环	科目
销售与收款	应收账款明细账贷方余额/预收账款明细账借方余额
采购与付款	应付账款明细账借方余额/预付账款明细账贷方余额
投资与筹资	一年内到期的长期借款/应付债券/长期债权投资/其他应收款/其他应付款/长期应付款
货币资金	一年以上的定期存款或限定用途的银行存款

6.试算平衡调整

试算平衡表是注册会计师在被审计单位提供未审计财务报表的基础上，考虑调整分录、重分类分录等内容以确定已审数与报表披露数的表式。需要说明以下几点：

（1）试算平衡表中的“未审数”栏，应根据被审计单位提供的未审计财务报表填列。

（2）在编制完试算平衡表后，应注意核对相应的钩稽关系。

①资产负债表试算平衡表左边的“审计前金额”“审定金额”“报表反映数”各栏合计数应分别等于其右边相应各栏合计数；

②资产负债表试算平衡表左边的“调整金额”栏中的借方合计数与贷方合计数之差应等于右边的“调整金额”栏中的贷方合计数与借方合计数之差；

③资产负债表试算平衡表左边的“重分类调整”栏中的借方合计数与贷方合计数之差应等于右边的“重分类调整”栏中的贷方合计数与借方合计数之差，等等。

（3）审计调整工作底稿之间的钩稽关系。

【应用分析1251-6】X注册会计师在对Y公司主营业务收入实施实质性程序时，抽查以下销售业务：确认对A公司销售收入计1 000万元（不含税，增值税税率为17%）。相关记录显示：销售给A公司的产品系Y公司生产的半成品，其成本为900万元，Y公司已开具增值税专用发票且已经收到货款；A公司对其购进的上述半成品进行加工后又以1 287万元的价格（含税，增值税税率为17%）销售给Y公司，A公司已开具增值税专用发票且已收到货款，Y公司已作存货购进处理。

要求：针对上述资料，请分别判断Y公司已经确认的销售收入应否确认。若回答“不应确认”，请提出审计调整建议（编制审计调整分录时不考虑流转税附加及对所得税和利润分配的影响）。

解析：Y公司虚增收入，将委托加工按销售处理：将成本为900万元的半成品按1 000万元不含税价格销售给某公司（增值税销项税额170万元），并收回货款。某公司将其全部加工为成品后，被审计单位又将其按1 100万元购回（增值税进项税额187万元），并已按购进存货付款。

（1）Y公司原来已确认的销售收入所作的分录如下：

借：银行存款	11 700 000	
贷：主营业务收入		10 000 000
应交税费——应交增值税（销项税额）		1 700 000

则结转收入的调整分录应为：

借：主营业务收入	10 000 000	
应交税费——应交增值税（销项税额）	1 700 000	
贷：银行存款		11 700 000

同时结转成本：

借：主营业务成本	9 000 000	
贷：存货		9 000 000

则结转成本的调整分录应为：

借：存货	9 000 000	
贷：主营业务成本		9 000 000

(2) Y公司原来采购存货所作的分录如下：

借：存货　　11 000 000

　　应交税费——应交增值税（进项税额）　　1 870 000

　　贷：银行存款　　12 870 000

则采购存货的调整分录为：

借：银行存款　　12 870 000

　　贷：应交税费——应交增值税（进项税额）　　1 870 000

　　　　存货　　11 000 000

以上（1）（2）分录可合并调整为：

Y公司已确认的销售收入，应作如下合并调整分录：

借：主营业务收入　　10 000 000

　　应交税费——应交增值税（销项税额）　　1 700 000

　　其他应付款（12 870 000−11 700 000）　　1 170 000

　　贷：应交税费——应交增值税（进项税额）　　1 870 000

　　　　存货（采购）　　11 000 000

借：存货（销售）　　9 000 000

　　贷：主营业务成本　　9 000 000

【应用分析1251-7】应收账款明细账的余额一般在借方，表示被审计单位应收而未收的债权。如果某一应收账款明细账的余额在贷方，此时其性质不是应收债权，而是预收账款。

假设应收账款各明细账情况如下：

应收账款——A　　2 000 000

　　　　——B　　7 000 000

　　　　——C　　10 000 000

　　　　——D　　−5 000 000

　　　　——E　　8 000 000

请注意 应收账款——D公司“−500万元”的经济含义不是应收账款，而是预收账款，因此被审计单位应在编制财务报表时作重分类调整，即：

借：应收账款——D公司　　5 000 000

　　贷：预收账款——D公司　　5 000 000

如果被审计单位不作该笔重分类调整，则资产负债表中应收账款财务报表项目少计了500万元，预收账款财务报表项目少计了500万元。被审计单位未作重分类调整属于审计差异。

同样的道理，如果被审计单位单独设置了预收账款，假定年末“预收账款”各明细账出现以下类似的情况：

预收账款——A　　2 000 000

　　　　——B　　4 000 000

　　　　——C　　−1 000 000

　　　　——D　　800 000

那么被审计单位对预收C公司“-100万元”也应作重分类调整，因为此时预收账款“-100万元”，其经济含义不是预收账款，而是应收账款，被审计单位应作以下重分类调整，即：

借：应收账款——C公司　　1 000 000

　　贷：预收账款——C公司　　1 000 000

如果被审计单位对该笔业务不作重分类调整，那么注册会计师应认定其为审计差异。

第五章

审计准则——审计证据

第一节　审计证据（第1301号）

一、概述

（一）本准则制定与修订背景

审计证据是注册会计师为了得出审计结论形成审计意见而使用的所有信息。注册会计师只有取得充分适当的审计证据，方能形成合乎要求的审计工作底稿，并为发表审计意见、出具审计报告提供合理依据。审计证据的质量，在很大程度上决定了审计工作的质量。因此，审计证据准则规范的内容对注册会计师审计工作十分重要，主要表现在：

1.是制订审计计划和实施审计程序的核心

按照风险导向审计准则体系的要求，注册会计师在年度财务报表审计过程中要通过了解被审计单位及其环境识别和评估重大错报风险（第1211号准则），并针对评估的重大错报风险实施总体应对措施和进一步审计程序（第1231号准则），其目的就是为收集能够支持审计结论的充分、适当的审计证据。审计证据的收集、评价是注册会计师计划审计工作和实施审计程序的核心。

2.是得出审计结论和形成审计意见的基础

审计过程就是收集证据、评价证据、综合证据，最后据以形成审计结论和发表审计意见的过程。注册会计师获取的充分、适当的审计证据，是其得出合理的审计结论、形成审计意见的基础。

3.是保证审计质量和履行审计责任的证明

审计质量的好坏最终体现在注册会计师能否将审计风险降至可接受的低水平。为了确保将审计风险降至可接受的低水平，注册会计师应当合理计划审计工作，实施必要的审计程序，收集充分、适当的审计证据；同时，如果注册会计师能够收集充分、适当的审计证据，合理确信被审计单位财务报表在整体上不存在重大错报，注册会计师也就履行了其审计责任。

4.是控制审计成本和提高审计效率的手段

注册会计师应当收集充分、适当的审计证据，审计证据的充分性是对审计证据数量的衡量，它主要与注册会计师确定的样本量有关，样本量过大影响审计效率，加大审计成本，反之，样本量过小影响审计效果。审计证据的适当性是对审计质量的衡量，体现的是审计证据证明力的大小，显然高质量的审计证据会有效控制审计成本。可见，注册会计师收集的审计证据的充分性和适当性是控制审计成本和提高审计效率的手段。

制定本准则是为了规范注册会计师在财务报表审计中确定审计证据的构成，明确注册会计师设计和实施审计程序以获取充分、适当的审计证据的责任。

（二）本准则2010年修订内容

本准则本次修订主要是对2006年版的《中国注册会计师审计准则第1301号——审计证据》按照新体例的改写，并未作出实质性修订。

注册会计师应当获取充分、适当的审计证据，以得出合理的审计结论，作为形成审计意见的基础。因此，注册会计师需要确定什么构成审计证据，如何获取审计证据，如何确定已收集的证据是否充分、适当，收集的审计证据如何支持审计意见。

与2006年版准则相比，在具体规定方面有以下三方面的变化：

（1）将2006年版准则第三章“获取审计证据时对认定的运用”的相关内容移至修订后的《中国注册会计师审计准则第1211号——通过了解被审计单位及其环境识别和评估重大错报风险》准则中。

（2）将2006年版准则第四章“获取审计证据的审计程序”的相关内容移至应用指南中。

（3）增加了对“利用管理层的专家的工作”和“选取测试项目以获取审计证据”两方面内容的相关规定。

（三）本准则2016年修订内容

本准则本次修订主要是属于为保持审计准则体系的内在一致性而作出的相应文字调整，并未作出实质性修订，如删除了附则。

（四）本准则2019年修订内容

本准则本次未修订；其应用指南本次修订主要是属于为保持审计准则体系的内在一致性而作出的相应文字调整，并未作出实质性修订，如增加了对第1142号文件的指引。

（五）本准则学习中注意事项

1.在本准则的学习中注册会计师应特别注意本准则的适用范围。本准则适用于注册会计师在审计过程中获取和评价所有审计证据。除本准则以外的其他审计准则，针对获取和评价审计证据提出了进一步要求。例如，《中国注册会计师审计准则第1211号——通过了解被审计单位及其环境识别和评估重大错报风险》等准则规范了审计的具体方面对审计证据的要求；《中国注册会计师审计准则第1324号——持续经营》等准则规范了针对特定问题需要获取的审计证据；《中国注册会计师审计准则第1313号——分析程序》等准则规范了获取审计证据需要实施的具体程序；《中国注册会计师审计准则第1101号——注册会计师的总体目标和审计工作的基本要求》和《中国注册会计师审计准则第1231号——针对评估的重大错报风险采取的应对措施》等准则规范了对已获取审计证据的充分性和适当性的评价。

2.用作审计证据的其他的信息，与注册会计师执行财务报表审计时应当阅读被审计单位年度报告中除财务报表和审计报告外的其他信息是两个不同的概念。

二、框架结构简介

本准则共4章15条，其框架结构见表1301-1。

表1301-1 框架结构

章	名称	节	条	主要内容
第一章	总则	—	1~3	本准则制定的目的和与第1211号、第1324号、第1313号、第1101号、第1231号准则的关系
第二章	定义	—	4~8	解释本准则中包含的术语
第三章	目标	—	9	界定执行本准则应实现的目标
第四章	要求	1~4	10~15	规定注册会计师为实现准则目标应遵守的要求，即注册会计师在相关业务环境下应当实施的所有必要程序

三、重点难点解析

（一）审计证据概述

1.审计证据的含义

审计证据，是指注册会计师为了得出审计结论和形成审计意见而使用的信息。审计证据包括构成财务报表基础的会计记录所含有的信息和其他的信息。审计证据如图1301-1所示。

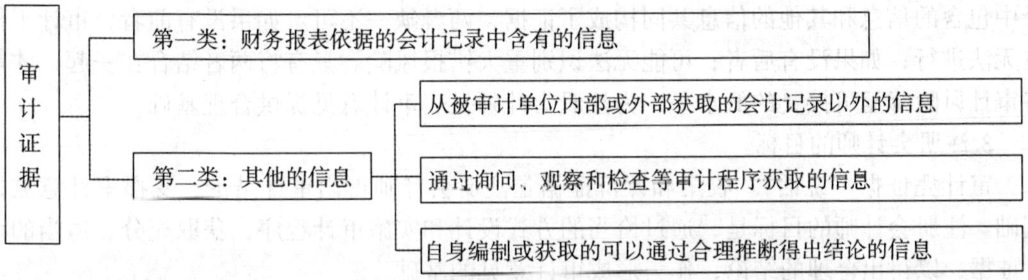

图1301-1 审计证据

从图1301-1中可见，依据会计记录中含有的信息编制财务报表是被审计单位管理层的责任，注册会计师应当测试会计记录以获取审计证据。但会计记录中含有的信息本身并不足以提供充分的审计证据作为对财务报表发表审计意见的基础，注册会计师还应当获取其他信息用作审计证据的其他的信息。财务报表依据的会计记录中包含的信息和其他的信息共同构成了审计证据，两者缺一不可。如果没有前者，审计工作将无法进行；如果没有后者，可能无法识别重大错报风险。只有将两者结合在一起（如图1301-2所示），才能将审计风险降至可接受的低水平，为注册会计师发表审计意见提供合理基础。

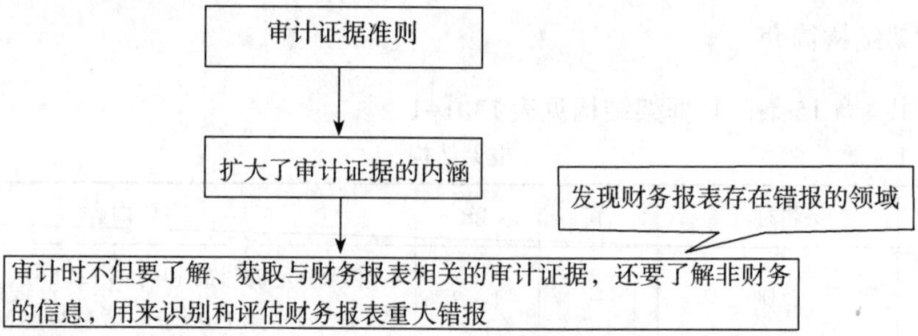

图1301-2　两类证据的关系

2. 会计记录与证据的关系

会计记录，是指初始会计分录形成的记录和支持性记录。例如，支票、电子资金转账记录、发票和合同；总分类账、明细分类账、会计分录以及对财务报表予以调整但未在账簿中反映的其他分录；支持成本分配、计算、调节和披露的手工计算表和电子数据表。

（1）依据会计记录编制财务报表是被审计单位管理层的责任，注册会计师应测试会计记录以获取证据。

（2）会计记录是编制财务报表的基础，构成注册会计师执行财务报表审计业务所需获取的证据的重要部分。但会计记录中含有的信息本身并不足以提供充分的证据作为对财务报表发表审计意见的基础，注册会计师还应获取用作证据的其他的信息。

（3）可用作证据的其他的信息，包括注册会计师从被审计单位内部或外部获取的会计记录以外的信息。

（4）会计记录中包含的信息和其他的信息共同构成了证据。在财务报表依据的会计记录中包含的信息和其他的信息共同构成了证据，两者缺一不可。如果没有前者，审计工作将无法进行；如果没有后者，可能无法识别重大错报风险。只有将两者结合在一起，才能将审计风险降至可接受的低水平，为注册会计师发表审计意见提供合理基础。

3. 注册会计师的目标

审计凭证据“说话”。收集和评价证据是注册会计师得出审计结论、支撑审计意见的基础。注册会计师的目标是，通过恰当的方式设计和实施审计程序，获取充分、适当的审计证据，以得出合理的结论，作为形成审计意见的基础。

注册会计师履行法律法规或相关职业道德要求中与识别出的或怀疑存在的被审计单位违反法律法规行为相关的额外责任，可能提供与按照审计准则执行审计以及评价违反法律法规对审计的其他方面的影响相关的进一步信息。对此，《中国注册会计师审计准则第1142号——财务报表审计中对法律法规的考虑》提供了进一步指引。

（二）审计证据的充分性和适当性

注册会计师应当保持职业怀疑态度，运用职业判断，评价审计证据的充分性和适当性。在设计和实施审计程序时，注册会计师应当考虑用作审计证据的信息的相关性和可靠性。

如果用作审计证据的信息在编制时利用了管理层的专家的工作，注册会计师应当考虑管理层的专家（是指在会计、审计以外的某一领域具有专长的个人或组织，其工作被管理层利用以协助编制财务报表）的工作对于实现注册会计师目的的重要性，并在必要的范围内实施下列程序：

（1）评价管理层的专家的胜任能力、专业素质和客观性；

（2）了解管理层的专家的工作；

（3）评价将管理层的专家的工作用作相关认定的审计证据的适当性。

1.充分性

审计证据的充分性，是对审计证据数量的衡量。注册会计师需要获取的审计证据的数量受其对重大错报风险评估的影响，并受审计证据质量的影响。注册会计师需要获取的证据的数量受错报风险的影响。

（1）错报风险越大，需要的证据可能越多。

（2）在可接受的审计风险水平一定的情况下，重大错报风险越大，注册会计师就应实施越多的测试工作，将检查风险降至可接受的低水平，以将审计风险控制在可接受的低水平范围内。

2.适当性

审计证据的适当性，是对审计证据质量的衡量。亦即，审计证据在支持审计意见所依据的结论方面具有的相关性和可靠性。

审计证据的适当性，即在支持各类交易、账户余额、列报的相关认定，或发现其中存在错报方面具有相关性和可靠性。相关性和可靠性是审计证据适当性的核心内容，只有相关且可靠的审计证据才是高质量的。相关性和可靠性之比较见表1301-2。

表1301-2　　相关性和可靠性之比较

<table>
<tr><th>项目</th><th>相关性</th><th>可靠性</th></tr>
<tr><td>概念</td><td>证据要有证明力，必须与注册会计师的审计目标相关</td><td>证据的可信程度，受其来源和性质的影响，并取决于获取证据的具体环境</td></tr>
<tr><td>考虑因素</td><td>（1）特定的审计程序可能只为某些认定提供相关的证据，而与其他认定无关；
（2）针对同一项认定可以从不同来源获取证据或获取不同性质的证据；
（3）只与特定认定相关的证据并不能替代与其他认定相关的证据</td><td>（1）从外部独立来源获取的比从其他来源获取的证据更可靠；
（2）内控有效时的证据更可靠；
（3）直接获取的比间接获取或推论得出的证据更可靠；
（4）以文件、记录形式存在的比口头形式的证据更可靠；
（5）从原件获取的比从传真件或复印件获取的证据更可靠</td></tr>
<tr><td>例外情况</td><td></td><td>（1）如果该证据是由不知情者或不具备资格者提供，证据也可能是不可靠的；
（2）如果注册会计师不具备评价证据的专业能力，那么即使是直接获取的证据，也可能不可靠</td></tr>
<tr><td>充分性和适当性的关系</td><td colspan="2">（1）充分性和适当性是证据的两个重要特征，两者缺一不可，只有充分且适当的证据才是有证明力的；
（2）需要获取的证据的数量也受证据质量的影响；
（3）证据质量越高，需要的证据数量可能越少；
（4）证据的适当性会影响证据的充分性；
（5）如果证据的质量存在缺陷，那么注册会计师仅靠获取更多的证据可能无法弥补其质量上的缺陷</td></tr>
<tr><td>评价充分性和适当性时的特殊考虑</td><td colspan="2">（1）对文件记录可靠性的考虑；
（2）使用被审计单位生成信息时的考虑；
（3）证据相互矛盾时的考虑；
（4）获取证据时对成本的考虑</td></tr>
</table>

（三）审计程序

审计程序是指注册会计师在审计过程中的某个时间，对将要获取的某类审计证据如何进行收集的详细指令。注册会计师应当根据具体情况设计和实施恰当的审计程序，以获取充分、适当的审计证据。在使用被审计单位生成的信息时，注册会计师应当评价信息对实现注册会计师的目的是否足够可靠，包括根据具体情况在必要时实施下列程序：（1）获取有关信息准确性和完整性的审计证据；（2）评价信息对实现注册会计师的目的是否足够准确和详细。

注册会计师利用审计程序获取审计证据涉及四个方面的决策：一是选用何种审计程序；二是对选定的审计程序，应当选取多大的样本；三是应当从总体中选取哪些项目；四是何时执行这些审计程序。

1. 审计程序的目的

按审计程序的目的可将注册会计师为获取充分、适当的证据而实施的审计程序分为：（1）风险评估程序；（2）控制测试（必要时或决定测试时）；（3）实质性程序。注册会计师应通过实施风险评估程序、控制测试（必要时或决定测试时）和实质性程序，获取充分、适当的证据，得出合理的审计结论，作为形成审计意见的基础。

2. 审计程序的关系（见表1301-3）

表1301-3　　审计程序的关系

分类	要求	目的	注意事项
（1）风险评估程序	应实施风险评估程序，以此作为评估财务报表层次和认定层次重大错报风险的基础	（1）为确定重要性水平、识别需要特别考虑的领域、设计和实施进一步审计程序等工作提供了重要基础； （2）有助于合理分配审计资源，获取充分、适当的证据	（1）并不能识别出所有的重大错报风险，虽然它可作为评估财务报表层次和认定层次重大错报风险的基础，但并不能为发表审计意见提供充分、适当的证据； （2）为了获取充分、适当的证据，注册会计师还需要实施进一步审计程序，包括实施控制测试和实质性程序； （3）是每次财务报表审计都应实施的必要程序
（2）控制测试	当存在下列情形之一时，控制测试是必要的： （1）在评估认定层次重大错报风险时，预期控制的运行是有效的，注册会计师应实施控制测试以支持评估结果； （2）仅实施实质性程序不足以提供有关认定层次的充分、适当的证据，注册会计师应实施控制测试，以获取内控运行有效性的证据	（1）测试内控在防止、发现并纠正认定层次重大错报方面的运行有效性； （2）在（1）的基础上，支持或修正重大错报风险的评估结果，据以确定实质性程序的性质、时间安排和范围	不是必要程序（必要时或决定测试时）
（3）实质性程序	（1）应计划和实施实质性程序，以应对评估的重大错报风险； （2）实质性程序包括对各类交易、账户余额、列报的细节测试以及实质性分析程序	应执行实质性程序，以获取充分、适当的证据	每次财务报表审计都应实施的必要程序
三者关系	对重大错报风险的评估是一种判断，可能无法充分识别所有的重大错报风险（风险评估程序），并且由于内控存在固有局限性，无论对重大错报风险的评估结果如何（控制测试），注册会计师都应针对所有重大的各类交易、账户余额、列报实施实质性程序		

3.审计程序的种类

在实施风险评估程序、控制测试或实质性程序时，注册会计师可根据需要单独或综合运用以下8种具体审计程序，以获取充分、适当的证据，具体内容见表1301-4。

表1301-4 审计程序的种类

种类	含义	认定
检查记录或文件	对被审计单位内部或外部生成的，以纸质、电子或其他介质形式存在的记录或文件进行审查	对财务报表所包含或应包含的信息进行验证
检查有形资产	对资产实物进行审查，主要适用于存货和现金，也适用于有价证券、应收票据和固定资产等	可为其存在认定提供可靠的证据，但不一定能够为权利和义务或计价认定提供可靠的证据。检查存货项目前，可先对客户实施的存货盘点进行观察
观察	查看相关人员正在从事的活动或执行的程序	存在、完整性、计价、截止；仅限于观察发生的时点，有必要获取其他类型的佐证
询问	以书面或口头方式，向被审计单位内部或外部的知情人员获取财务信息和非财务信息，并对答复进行评价的过程	为注册会计师提供尚未获悉的信息或佐证证据，也可能提供与已获悉信息存在重大差异的信息；本身不足以发现认定层次存在的重大错报，也不足以测试内控运行的有效性，还应实施其他审计程序以获取充分、适当的证据
函证	为了获取影响财务报表或相关披露认定的项目的信息，通过直接来自第三方的对有关信息和现存状况的声明，获取和评价证据的过程	获取的证据可靠性较高；所有认定
重新计算	以人工方式或使用计算机辅助审计技术，对记录或文件中的数据计算的准确性进行核对	准确性
重新执行	以人工方式或使用计算机辅助审计技术，重新独立执行作为被审计单位内控组成部分的程序或控制	存在、完整性、计价
分析程序	通过研究不同财务数据之间以及财务数据与非财务数据之间的内在关系，对财务信息作出评价，还包括调查识别出的、与其他相关信息不一致或与预期数据严重偏离的波动和关系	总体合理性、准确性

审计程序的种类与风险导向的关系，如图1301-3所示。

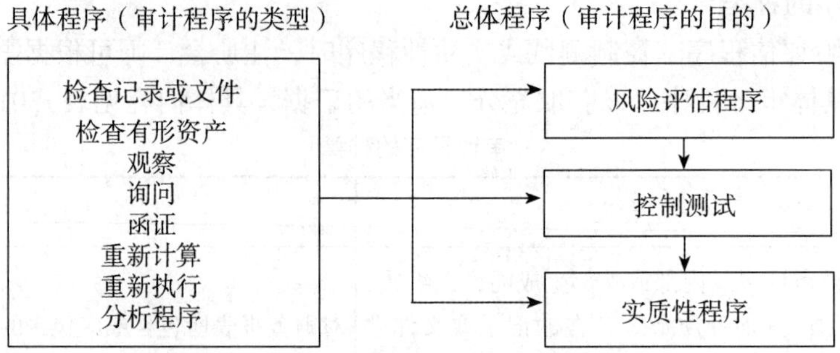

图1301-3 审计程序的种类与风险导向的关系

【应用分析1301-1】在对产品成本项目进行审计时，注册会计师如何重视对其他信息——非财务信息等其他相关信息的了解和分析。

对成本项目审计，注册会计师应更注重对非财务信息等其他相关信息的了解和分析。由于成本项目审计的特殊性，注册会计师在实施审计程序时，应当特别关注对被审计单位生产流程、产品所耗具体材料品种、正常定额等信息的了解。注册会计师需要一种较为有效的方法，即通过了解生产过程中的相关信息，并与财务会计记录的信息进行分析比较——重视并充分利用分析程序识别成本项目中的舞弊风险。

（1）成本项目审计要特别重视了解被审计单位的生产流程和各个关键的作业环节，了解被审计单位所拥有的生产设备、生产能力以及生产经营活动情况；取得被审计单位各种产品所需耗费的材料品种、质量、规格、定额，并与生产部门下达的“生产任务单”、仓管部门的“材料领料单”进行核对；取得产品生产用工情况及工资水平；取得被审计单位生产设备的用途和生产能力。

（2）将在生产流程中取得的信息与会计记录的数据进行对比，以识别出与其他相关信息不一致或者偏离预期数据的重大波动或关系，通常产生不一致的情形有：

①产品生产所需耗用的材料与会计记录耗用的材料不一致或与定额消耗有较大差异；

②被审计单位的生产设备的用途与购进材料加工成产品所需的设备不一致；

③被审计单位生产设备的生产能力与被审计单位会计记录的经营规模不一致；

④被审计单位的生产规模等财务信息与投入产出率、劳动生产率、产能、水电能耗、运输数量等非财务信息之间的关系不一致。

（3）根据《中国注册会计师审计准则第1313号——分析程序》中“第七条　如果按照本准则的规定实施分析程序，识别出与其他相关信息不一致的波动或关系，或与预期值差异重大的波动或关系，注册会计师应当采取下列措施调查这些差异：（一）询问管理层，并针对管理层的答复获取适当的审计证据；（二）根据具体情况在必要时实施其他审计程序”。

注册会计师应当在询问管理层的基础上采取下列措施：

①将管理层的答复与注册会计师对被审计单位的了解以及在审计过程中获取的其他审计证据进行比较，以印证管理层的答复；

②如果管理层不能提供解释或者解释不充分，考虑是否需要运用其他审计程序。

第二节　对存货、诉讼和索赔、分部信息等特定项目获取审计证据的具体考虑（第1311号）

一、概述

（一）本准则制定与修订背景

在20世纪30年代末以前，存货审计工作通常仅限于审查会计记录。当时的审计准则并不要求对存货进行观察、实物监盘或实际接触，注册会计师并不承担证实存货实际存在的责任，并声称他们并无资格对被审计单位如此庞杂的存货进行确认与计量。直至美国出现了麦克森·罗宾斯（McKesson & Robbins）公司调查案，这种情形才发生了改变。在1939年美国证券交易委员会（SEC）的听证会上，在纽约证券交易所上市的麦克森·罗宾斯公司已审计的财务报表虚增了1 900万美元的资产——约占资产总额的25%，其中虚增存货约为1 000万美元。受该案件的影响，注册会计师职业界不得不考虑承担证实存货存在的责任，否则将被视为并未尽到保护财务报表使用者的职责。因此，职业界规定注册会计师在绝大多数情况下必须亲自观察存货盘点过程。当然，在某些情况下，如果商品存储于公共仓库或者注册会计师无法参加监盘，注册会计师必须执行充分的函证或其他程序。

存货审计，尤其是对年末存货余额的测试，通常是审计中最复杂也最费时的部分。对存货存在和存货价值的评估常常十分困难。导致存货审计复杂的主要原因包括：

（1）存货通常是资产负债表中的一个主要项目，而且通常是构成营运资本的最大项目。

（2）存货存放于不同的地点，这使得对它的实物控制和盘点都很困难。企业必须将存货置放于便于产品生产和销售的地方，但是这也带来了审计的困难。

（3）存货项目的多样性也给审计带来了困难。例如，化学制品、宝石、电子元件以及其他的高科技产品。

（4）存货本身的陈旧以及存货成本的分配也使得存货的估价出现困难。

（5）允许采用的存货计价方法的多样性。

正是由于存货对于企业的重要性、存货问题的复杂性以及存货与其他项目密切的关联度，要求注册会计师对存货项目的审计应当予以特别关注。相应地，要求实施存货项目审计的注册会计师具备较高的专业素质和相关业务知识，分配较多的审计工时，运用多种有针对性的审计程序。

注册会计师应当设计和实施审计程序，以识别涉及被审计单位的可能导致重大错报风险的诉讼和索赔事项。

制定本准则是为了规范注册会计师在财务报表审计中对存货、诉讼和索赔、分部信息等特定项目的某些方面获取充分、适当的审计证据的具体考虑。

（二）本准则2010年修订内容

《中国注册会计师审计准则第1311号——对存货、诉讼和索赔、分部信息等特定项目获取审计证据的具体考虑》主要是对2006年版《中国注册会计师审计准则第1311号——存货监盘》按照新体例进行改写，并未作出实质性修订。与2006年版准则相比，在具体规定方面有以下两个方面的变化：

（1）除了规定注册会计师在财务报表审计中对存货项目获取充分、适当的审计证据的具体考虑外，还增加了对诉讼和索赔、分部信息等特定项目获取充分、适当的审计证据时的考虑。注册会计师的目标是，针对特定项目的下列方面获取充分、适当的审计证据：

①存货的存在和状况；

②涉及被审计单位的诉讼和索赔事项的完整性；

③按照适用的财务报告编制基础对分部信息的列报与披露。

（2）对2006年版准则做了大量简化，没有明确提及存货监盘计划，存货监盘程序部分也叙述得较为简略。

（三）本准则2016年修订内容

本准则本次未修订。

（四）本准则2019年修订内容

本准则及其应用指南本次修订主要是属于为保持审计准则体系的内在一致性而作出的相应文字调整，并未作出实质性修订，如准则第三节中涉及“分部信息的列报与披露”及应用指南中“分部信息26”中均删除“与披露”字样。

（五）本准则学习中注意事项

（1）本准则本次虽未修订，但要结合2013年10月31日，中注协发布的6项审计准则问题解答，自2014年1月1日起施行的《中国注册会计师审计准则问题解答第3号——存货监盘》的新内容来学习。

（2）注意本准则适用于注册会计师按照《中国注册会计师审计准则第1231号——针对评估的重大错报风险采取的应对措施》《中国注册会计师审计准则第1301号——审计证据》和其他相关审计准则的规定对特定项目的某些方面获取审计证据。

二、框架结构简介

本准则共4章14条，其框架结构见表1311-1。

表1311-1　　　　框架结构

章	名称	节	条	主要内容
第一章	总则	—	1、2	本准则制定的目的、适用范围及与第1231号、第1301号准则的关系
第二章	目标	—	3	界定执行本准则应实现的目标
第三章	要求	1～3	4～13	（1）对获取存货存在和状况的审计证据时，所实施的审计程序的要求； （2）对可能导致重大错报风险的诉讼和索赔事项的识别程序及识别后的审计处理； （3）针对分部信息的列报和披露所应当实施的审计程序
第四章	附则	—	14	本准则施行时间

三、重点难点解析

（一）存货审计的重要性与风险

1.存货审计概述

《企业会计准则第1号——存货》规定，存货是指企业在日常活动中持有以备出售的产成品或商品、处在生产过程中的在产品、在生产过程或提供劳务过程中耗用的材料和物料等。存货的生产循环与其他循环的关系如图1311-1所示。

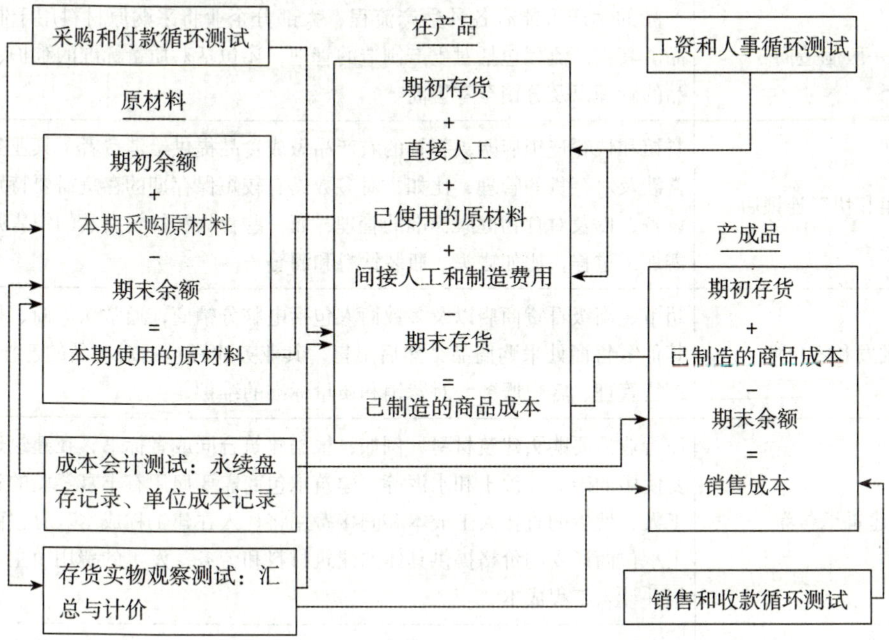

图1311-1　存货的生产循环与其他循环的关系

在通常情况下，存货对企业经营特点的反映能力强于其他资产项目。存货不仅对于生产制造业、批发业和零售行业十分重要，而且对于服务行业也具有重要性。通常，存货的重大错报对于流动资产、营运资本、总资产、销售成本、毛利以及净利润都会产生直接的影响。存货的重大错报对于其他某些项目，例如利润分配和所得税，也具有间接影响。审计中的许多复杂和重大的问题都与存货有关。存货、产品生产和销售成本构成了会计、审计乃至企业管理中最为普遍、重要和复杂的问题。

2.不同行业类型的存货性质

不同行业类型的存货性质有很大的分别，参见表1311-2的描述。

总体来说，存货代表了不同企业的类型以及交易或生产流程。也就是说，存货的计价和相关销售成本都会对利润和财务状况产生重大影响。注册会计师应当确认在财务报表上列示的存货金额，存货在财务报表日是否实际存在并归公司所有（满足完整性、存在、权利和义务认定），金额是否符合计价认定。期末存货价值的高估会虚增税前净利润，若低估则相反。期末存货单位成本核算不准确，很有可能导致销售价格低于实际成本，长此以往，企业将很难持续经营。

表 1311-2　　不同行业类型的存货性质

行业类型	存货性质
汽车制造商和组装商	汽车制造商购买汽车配件和车身部分作为原材料用于新汽车组装，将组装完的汽车销售给零售分销商，其业务流程包括：第一，对于生产流程或装配生产线的管理，包括严格、安全和高质量的标准，还包括将已完工产品转换成可供出售的产成品；第二，对库存商品的管理，包括存储、营销和分销至零售商
一般制造商	产品的生产可能有各种生产流程，大部分企业将采购原材料用于制造产成品。其生产流程包括对生产制造的管理，还包括对质量标准的维护、对产成品的管理以及分销至零售商
餐馆和快餐连锁店	餐馆和快餐连锁店购买新鲜的农产品做成食品提供给消费者，其业务流程通常涉及对存货的管理，比如，对多数具有较短保存期的存货需要特别的储藏设备，以及对食物健康标准的管理，而一些食物和饮料商品的销售则通常无需加工过程，比如罐头、瓶装饮料和酒等
批发和零售业	超市、高级百货商店以及多数商人包括电脑分销商，通常从厂商、批发商或其他零售商处采购商品，然后出售。其业务流程包括对产品的选择与购买、存货管理、客户服务、对营销和质量标准的维护
建筑承包商	该行业需要购买建筑材料，例如，根据建筑合同或者标书，在建筑过程中需要使用的砖头、沙土和水泥等。建筑承包商需要雇用有丰富经验的建筑师和工人，发生的直接人工成本和间接费用将计入在建工程成本。分包商根据与主承包商谈妥的价格提供具体的建筑材料和劳务，发生的费用由主承包商承担并计入工程成本
广告、金融服务和教育业	广告代理商、专业服务机构、学校、公用事业单位、银行和保险公司等金融机构等可能只有消耗品存货，例如仅有文具、教学器材以及行政用的计算机设备等用于特殊经营目的的存货
医药服务行业	医生、药师、医疗服务业和医院应当有满足病人需求的必需品，如药品和其他医疗用品；医疗设施，包括病床、膳食设备以及供应给病人的食品

3.评估重大错报风险

在通常情况下，与其他资产项目相比，存货更能反映企业的经营特点。对于制造业、贸易业等行业的被审计单位而言，存货采购、生产和销售通常对其财务状况、经营成果和现金流量都具有重大影响，资本市场上很多实际的舞弊案例也都涉及存货等实物资产的虚增。注册会计师应当清楚被审计单位管理层管理生产与存货交易的关键因素和关键业绩指标，因为这些将为识别潜在的重大错报风险提供线索。当生产流程得到良好控制时，注册会计师可以将重大错报风险评价为中或低，并且，可以了解不同级别的管理层收到的例外报告的类型，实施不同的监督活动，以及是否有证据表明所选取的控制的设计和运行是恰当的，是否能够保证管理层采取及时有效的措施来识别错误并处理舞弊。

（1）易导致重大错报风险的情况主要有：

①存货项目的数量和种类多，如原材料和物资供应、在产品、完工产品，特别是长期

的制造过程；

②制造交易数量一般都很大；

③存货项目成本计算的难度；

④易移动、运输或很值钱的存货；

⑤遭窃难易度；

⑥受市价影响的商品存货；

⑦固定价格存货；

⑧易过时存货（服装、高科技产品）、易变质存货（鲜活、易腐蚀商品）；

⑨特殊存货（化学、自然资源、农产品、生物制品等）。

（2）与此相对应，存货在审计实务中存在的问题主要有：

①重实质性程序，轻内控研评与风险评估；

②重交易余额细节测试，轻分析程序，抓不住审计线索与重点；

③重简单的书面资料检查、轻监盘，审计目的性不强；

④重数量、轻质量（状况）；

⑤重计价，轻存在、完整及所有权；

⑥重高估、轻低估（少计存货及债务，多计收入及存货）；

⑦重期末，轻期初、期中；

⑧重形式，轻实质（拿单位盘点表充数）。

（3）根据重大错报风险评估结果设计进一步审计程序，见表1311-3。

表1311-3　　根据重大错报风险评估结果设计进一步审计程序

重大错报风险描述	相关财务报表项目及认定	风险程度	是否信赖控制	进一步审计程序的总体方案	拟从控制测试中获取的保证程度	拟从实质性程序中获取的保证程度
存货实物可能不存在	存货：存在	特别	是	综合性	中	高
存货的单位成本可能存在计算错误	存货：计价和分摊；营业成本：准确性	一般	是	综合性	中	低
已销售产品的成本可能没有准确结转至营业成本	存货：计价和分摊；营业成本：准确性	一般	是	综合性	中	低
存货的账面价值可能无法实现	存货：计价和分摊	特别	否	实质性	无	高

（二）获取存货存在和状况审计证据的方法、步骤

如果存货对财务报表是重要的，注册会计师应当实施下列审计程序，对存货的存在和状况获取充分、适当的审计证据：（1）在存货盘点现场实施监盘（除非不可行）；（2）对期末存货记录实施审计程序，以确定其是否准确反映实际的存货盘点结果。

1.监盘

存货监盘有两层含义：一是注册会计师应亲临现场观察被审计单位存货的盘点；二是

在此基础上，注册会计师应根据需要抽查已盘点的存货，对期末存货记录实施审计程序，确定是否准确反映了实际的盘点结果。

尽管实施存货监盘，获取有关期末存货数量和状况的充分、适当的审计证据是注册会计师的责任，但这并不能取代被审计单位管理层定期盘点存货，合理确定存货的数量和状况的责任。管理层通常制定程序，要求对存货每年至少进行一次实物盘点，以作为编制财务报表的基础，并用以确定被审计单位永续盘存制的可靠性（如适用）。

2.观察程序

观察程序有助于注册会计师获取有关管理层指令和程序是否得到适当设计和执行的审计证据，还可以获取有关截止信息的证据，有助于日后对存货移动的会计处理实施审计程序。检查存货有助于确定存货的存在，以及识别过时、毁损或陈旧的存货。

存货监盘是指注册会计师现场观察被审计单位存货的盘点，并对已盘点存货进行适当检查。存货监盘的含义可从以下几方面理解：

（1）存货监盘是一项复合程序。

（2）存货监盘的目的是获取有关存货数量和状况的审计证据。存货监盘针对的主要是存货的存在认定、完整性认定以及权利和义务认定，存货数量的准确性直接影响这三项认定。通过存货监盘，注册会计师还会获取有关存货状况（例如毁损、陈旧等）的审计证据，从而为测试计价认定提供部分审计证据。需要指出的是，注册会计师在测试存货的所有权认定和完整性认定时，可能还需要实施其他审计程序。

（3）存货监盘可以理解为一种双重目的的测试。被审计单位的存货盘点可以理解为一项控制活动。相应地，注册会计师的存货监盘可以理解为一项控制测试，即注册会计师通过观察和检查，确定被审计单位的存货盘点控制能否合理确定存货的数量和状况。

除上述的控制测试功能外，在存货监盘过程中，注册会计师通过检查存货的数量和状况，能够提供存货账面金额是否存在错报的直接审计证据。

在存货监盘过程中，注册会计师的测试目的可能有所侧重。如果注册会计师认为被审计单位的存货盘点能够合理确定存货的数量和状况，存货监盘从性质上讲更多为控制测试。否则，存货监盘从性质上讲则更多为实质性程序。但是无论存货监盘服务于何种目的的测试，在监盘过程中，注册会计师都需要运用检查程序。

3.管理层和注册会计师的责任

定期盘点存货，合理确定存货的数量和状况是被审计单位管理层的责任。实施存货监盘，获取有关期末存货数量和状况的充分、适当的审计证据是注册会计师的责任。

（1）管理层的责任。被审计单位管理层是会计工作的责任主体，应当承担定期盘点存货、合理确定存货数量和状况的责任。管理层记录和控制存货盘点的指令和程序包含的内容如下：

①适当控制活动的运用，收集已使用的存货盘点记录，清点未使用的存货盘点表单，实施盘点和复盘程序；

②准确认定在产品的完工程度，流动缓慢（呆滞）、陈旧或毁损的存货项目，以及第三方拥有的存货（如寄存货物）；

③在适用的情况下用于估计存货数量的方法，如可能需要估计煤堆的重量；

④对存货在不同存放地点之间的移动以及截止日前后期间出入库的控制。

（2）注册会计师的责任。尽管实施存货监盘，获取有关期末存货数量和状况的充分、适当的审计证据是注册会计师的责任，但这并不能取代被审计单位管理层定期盘点存货，合理确定存货的数量和状况的责任。注册会计师在考虑存货盘点是否制定了适当的程序，并下达了正确的指令时，获取证据的途径和程序：获取书面文件，与存货盘点负责人进行讨论，使用核对表或调查问卷。

4.存货监盘的作用

存货监盘针对的主要是存货的存在认定、完整性认定以及权利和义务的认定，注册会计师监盘存货的目的在于获取有关存货数量和状况的审计证据，以确证被审计单位记录的所有存货确实存在，已经反映了被审计单位拥有的全部存货，并属于被审计单位的合法财产。存货监盘作为存货审计的一项核心审计程序，通常可同时实现上述多项审计目标。

5.存货监盘计划

（1）基本要求。注册会计师应当根据被审计单位存货的特点、盘存制度和存货内控的有效性等情况，在评价被审计单位存货盘点计划的基础上，编制存货监盘计划，对存货监盘作出合理安排。注册会计师首先应当充分了解被审计单位存货的特点、盘存制度和存货内控的有效性等情况，并考虑获取、审阅和评价被审计单位预定的盘点程序。

（2）审计风险。存货存在与完整性的认定具有较高的重大错报风险，而且注册会计师通常只有一次机会通过存货的实地监盘对有关认定作出评价。根据计划过程所搜集到的信息，有助于注册会计师合理确定参与监盘的地点以及存货监盘的程序。

（3）存货监盘程序种类。其主要包括控制测试与实质性程序两种方式。注册会计师需要确定存货监盘程序以控制测试为主还是以实质性程序为主，哪种方式更加有效。

①如果存货的主要部分只由少数项目构成，注册会计师以实质性程序为主的审计方式获取与存在认定相关的证据更为有效。在这种情况下，对于单位价值较高的存货项目，应实施百分之百的实质性程序，而对于其他存货则可视情况进行抽查。

②但在大多数审计业务中，注册会计师会发现以控制测试为主的审计方式更加有效。如果注册会计师采用以控制测试为主的审计方式，并准备信赖被审计单位存货盘点的控制措施与程序，那么，绝大部分的审计程序将限于询问、观察以及抽查。

（4）制订存货监盘计划应实施的工作。在编制存货监盘计划时，注册会计师应当实施下列7项审计程序：①了解存货的内容、性质、各存货项目的重要程度及存放场所；②了解与存货相关的内控；③评估与存货相关的重大错报风险和重要性；④查阅以前年度的存货监盘工作底稿；⑤实地查看存货的存放场所；⑥利用专家的工作或其他注册会计师的工作；⑦复核或与管理层讨论其存货盘点计划。

6.存货监盘计划的主要内容（见表1311-4）

7.存货监盘其他内容

存货监盘还涉及以下内容：（1）检查存货以确定其是否存在，并评价存货状况，对存货盘点结果进行测试；（2）观察对管理层指令的遵循情况，以及用于记录和控制存货盘点结果的程序的实施情况；（3）获取有关管理层存货盘点程序可靠性的审计证据。这些程序是用作控制测试还是实质性程序，取决于注册会计师的风险评估结果、审计方案和实施的特定程序。

表1311-4　　存货监盘计划的主要内容

存货监盘计划	主要内容
（1）存货监盘的目标、范围及时间安排	目标是获取被审计单位资产负债表日有关存货数量和状况的审计证据，检查存货的数量是否真实完整，是否归属于被审计单位，存货有无毁损、陈旧、过时、残次和短缺等状况；存货监盘范围的大小取决于存货的内容、性质以及与存货相关的内控的完善程度和重大错报风险的评估结果；存货监盘的时间，包括实地察看盘点现场的时间、观察存货盘点的时间和对已盘点存货实施检查的时间等，应当与被审计单位实施存货盘点的时间相协调
（2）存货监盘的要点及关注事项	要点主要包括注册会计师实施存货监盘程序的方法、步骤，各个环节应注意的问题以及所要解决的问题，注册会计师需要重点关注的事项包括盘点期间的存货移动、存货的状况、存货的截止确认、存货的各个存放地点及金额等
（3）参加存货监盘人员的分工	注册会计师应当根据被审计单位参加存货盘点人员分工、分组情况、存货监盘工作量的大小和人员素质情况，确定参加存货监盘的人员组成、各组成人员的职责和具体的分工情况，并加强督导
（4）检查存货的范围	注册会计师应当根据被审计单位存货盘点结果和对被审计单位内控的评价结果确定检查存货的范围。在实施观察程序后如果认为被审计单位内控设计良好且得到有效实施、存货盘点组织良好，可以相应缩小实施检查程序的范围

如果只有少数项目构成了存货的主要部分，或者注册会计师能够通过设计出复杂的抽样计划而对存货总额作出总体估计，那么通常注册会计师会发现以实质性程序为主的方式对于获取与存在认定的相关证据最为有效。在此情况下，对于单位价值较高的存货项目，应实施百分之百的实质性程序，而对于其他存货可视情况抽取部分项目进行测试。在大多数审计业务中以控制测试为主的方式更加有效。

8.关注盘点日错报

在计划存货监盘或设计和实施审计程序时，注册会计师对与存货相关的重大错报风险应考虑盘点日错报：

（1）盘点过程中发生遗漏；（低估存货、高估销售成本）

（2）不正确的盘点；（低估/高估存货、高估/低估销售成本）

（3）不正确的称量；（低估/高估存货、高估/低估销售成本）

（4）换算错误；（低估/高估存货、高估/低估销售成本）

（5）撤换盘点表；（低估/高估存货、高估/低估销售成本）

（6）销售截止错报；（高估/低估应收账款、销售收入）

（7）采购截止错报；（高估/低估应付账款、销售收入）

（8）与代销存货、在途存货有关的错报；（低估/高估存货、高估/低估销售成本）

（9）盘点结果的不正确记录。（低估/高估存货、高估/低估销售成本）

盘点日错报通常会造成存货和毛利的等额错报，因此，注册会计师往往需要更加关注对其的检查和评价。

9.关注间隔期错报

在计划存货监盘或设计和实施审计程序时，注册会计师对与存货相关的重大错报风险应考虑间隔期错报：

（1）未记录的存货出库；（高估存货、低估应收账款、低估销售收入、低估销售成本）

（2）未记录的存货验收入库；（低估存货、低估应付账款）

（3）未记录的生产业务；（低估存货、高估销售成本）

（4）存货装运的截止期错误；（高估/低估存货、低估/高估应收账款、低估/高估销售收入、低估/高估销售成本）

（5）存货验收入库的截止期错误；（高估/低估存货、应付账款）

（6）未记录的浪费和失窃；（高估存货、低估销售成本）

（7）虚假销售交易。（低估/高估存货，高估/低估应收账款、销售收入、销售成本）

除未记录的浪费外，这些将导致期末存货错报，但对净利润的影响则低于盘点日错报，原因是此类错报要么同时影响销售收入及成本，要么对损益不存在任何影响（例如在发生存货验收入库截止期错报的情况下），但此类错报会严重扭曲流动比率并引起其他财务困境，如无意的债务协议违约。

（三）影响注册会计师关于是否信赖客户存货盘点控制程序判断的相关事项

（1）盘点工作人员的胜任能力。

（2）存货识别程序。应设有充分的程序确定存货项目的价值，如确认在产品的完工程度、存货状态、存货质量，例如对木材的评级，钢材产品的等级。

（3）用于减少潜在的重复盘点或遗漏盘点的程序，如使用复制的预编号存货标签，或相同效果的类似制度或程序。

（4）存货的组织管理，如组织和摆放是否井然有序。

（5）区分并隔离代销商品或其他客户已购商品，如确保未纳入客户的存货范围。

（6）盘点的核查程序。独立人员核查或再次盘点、另一盘点组对重大波动作出调查、小规模企业盘点人员互查。

（7）存货变动的控制程序。变动存货的记录，截止程序。

（8）在产品的核查程序。区分盘点前后两个期间，确定完工进度。

（四）因盘点时间注册会计师可能遇到的各种情况

1.在会计期末或之后若干天内进行的盘点举例

（1）存货仅根据期末盘点加以确定，无永续存货记录，也无存货的成本核算记录（注册会计师需要对盘点程序获取更高水平的确证，需执行更广泛的抽盘测试）；

（2）存货仅根据期末盘点加以确定，无永续存货记录，有存货的成本核算记录（可通过成本核算获取有限证据，但不充分，因为涉及必要的估计，因此同（1））；

（3）存货仅根据期末盘点加以确定，并有永续存货记录，不存在存货成本核算记录（可减少抽盘测试的程度，将抽盘测试结果与永续存货记录进行比较，以确定客户进行的盘点是准确的，且已经与永续存货记录作出了比较）；

（4）存货仅根据期末盘点加以确定，并同时有存货成本核算记录和永续存货记录支持（如客户将盘点结果与永续存货记录作出了比较并对重大差异进行了调整，可降低对盘点的依赖，执行与前面几个例子更少的抽盘测试程序）。

2.在会计期末之前进行的盘点举例

在确定期末实地盘点存货时，注册会计师通常需要增加适当的审计程序。增加的程度取决于客户企业中的会计记录和相关内控的力度：

（1）期末存货通过实地盘存的前推计算法加以确定，既不存在永续存货记录，又不存在成本会计核算记录；

（2）期末存货和销售成本由成本会计核算制度确定，不存在永续存货记录；

（3）期末存货通过永续存货记录确定，不存在成本核算制度；

（4）期末存货由成本核算制度以及永续存货记录确定。

（五）是否需要专家协助

可以考虑利用专家工作的情况举例：

（1）在确定资产数量或资产实物状况时，如矿石堆；

（2）在收集特殊类别存货的证据时，如艺术品、稀有玉石、房地产、电子器件、工程设计或在建工程。

（六）监盘过程中一些特殊情况的处理

1.多处存放的存货

关注所有的存货存放地点，以防止客户或自己发生任何遗漏；可对大额存货的每一个地点进行关注。

2.委托代销存货或受托代销存货

向受托方获取托销存货的书面确认；大额的受托代销存货，向供货商询证。

3.无法实施监盘情况下的替代程序（见表1311-5）

表1311-5　　无法实施监盘情况下的替代程序

序号	特殊情况	无法监盘的范围	具体替代审计程序
1	由于存货的特殊性质而无法实施监盘程序	（1）存货涉及保密； （2）存货属于危害性物质	注册会计师在评价内部控制值得信赖的基础上： （1）审阅购货、生产和销售记录以获取必要的审计证据，如果是危害性存货，还应当获取并检查被审计单位对其生产、使用和处置的正式报告； （2）向能够接触的相关存货项目的第三方检查人员发函询证； （3）实施其他替代审计程序，如检查资产负债表日后发生的销货交易凭证，向顾客或供应商函证
2	由于存货的特殊位置而无法实施监盘程序	（1）在途存货； （2）存放于外单位的存货	（1）检查进货交易凭证或生产记录以及其他的相关资料； （2）向顾客或供应商函证
3	由于无法在预定日期实施存货监盘或接受委托时被审计单位期末存货盘点已完成	（1）天气恶劣无法前往盘点现场； （2）盘点工作在接受委托前已完成	需要在值得信赖的内部控制基础上： （1）适当检查已盘点的记录； （2）提请被审计单位另择日期重新盘点； （3）测试检查日或重新盘点日与资产负债表日之间发生的存货交易

续表

序号	特殊情况	无法监盘的范围	具体替代审计程序
4	被审计单位委托其他单位保管或已做质押的存货	（1）委托代销存货； （2）已做质押存货	注册会计师应当实施以下替代审计程序： （1）向保管人或债权人函证； （2）如果此类存货的金额占流动资产或总资产的比例较大，注册会计师应当考虑实施存货监盘或利用其他注册会计师的工作； （3）如果被审计单位将存货存放于其他单位，注册会计师应当获取委托保管存货的书面确认函，如果存货已被质押，注册会计师应当向债权人询证与被质押存货有关的内容； （4）如果此类存货重要，注册会计师可考虑与被审计单位讨论其对委托代管或已做质押存货的控制程序，必要时对此类存货实施监盘程序
5	首次接受委托，未能对上期期末存货实施监盘，且存货对本期报表存在重大影响	首次接受委托时	一定程度上信赖内控制度，注册会计师在获取有关本期期末存货余额充分、适当的审计证据的基础上： （1）查阅前期注册会计师工作底稿； （2）复核上期盘点记录及文件； （3）检查上期存货交易记录； （4）运用毛利百分比法等进行分析测试
6	在途存货	运输	审查相关单证。对储存在独立于客户的仓库中的存货，可实施询证

4.特殊类型存货的监盘程序示例（见表1311-6）

表1311-6　特殊类型存货的监盘程序

存货类型	盘点方法与潜在问题	可供实施的审计程序
木材、钢筋盘条、管子	通常无标签，但在盘点时会做上标记或用粉笔标识；难以确定存货的数量或等级	检查标记或标识； 利用专家或被审计单位内部有经验人员的工作
堆积型存货（如糖、煤、钢废料）	通常既无标签，又不做标记； 在估计存货数量时存在困难	运用工程估测、几何计算、高空勘测，并依赖详细的存货记录； 如果堆场中的存货堆不高，可进行实地监盘，或通过旋转存货堆加以估计
使用磅秤测量的存货	在估计存货数量时存在困难	在监盘前和监盘过程中均应检验磅秤的精准度，并留意磅秤的位置移动与重新调校程序； 将检查和重新称量程序相结合； 检查称量尺度的换算问题
散装物品（如贮窖存货，使用桶、箱、罐、槽等容器储存的液、气体、谷类粮食、流体存货等）	在盘点时通常难以加以识别和确定； 在估计存货数量时存在困难； 在确定存货质量时存在困难	使用容器进行监盘或通过预先编号的清单列表加以确定； 使用浸蘸、测量棒、工程报告以及依赖永续存货记录； 选择样品进行化验与分析，或利用专家的工作
贵金属、石器、艺术品与收藏品	在存货辨认与质量确定方面存在困难	选择样品进行化验与分析，或利用专家的工作
生产纸浆用木材、牲畜	在存货辨认与数量确定方面存在困难； 可能无法对此类存货的移动实施控制	通过高空摄影以确定其存在与否，对不同时点的数量进行比较，并依赖永续存货记录
水产品	流动性强且易死亡（参见北京注册会计师协会专家委员会专家提示第8号——生态养殖淡水产品审计盘点解析）	了解池塘的周边面积、鱼虾等养殖密度； 检查购买鱼虾苗、饲料交易记录； 了解每天鱼虾捕捞、销售情况； 利用专家的工作

（七）执行抽盘程序应关注的事项

在实务中，被审计单位可能在盘点工作开始前未完成结账工作，注册会计师无法获取盘点日的存货明细账记录，从而给选取测试样本工作带来一定困难。为保证实施监盘程序的效果并提高工作效率，注册会计师可以在计划存货监盘工作时获取被审计单位最近一期的存货明细清单（如11月30日的存货明细清单），并结合以前年度的监盘经验、本年度预审工作时获取的对被审计单位的了解等信息，从最近一期的存货明细清单中选取拟进行抽盘的样本。需要注意的是，注册会计师选取的样本不应被被审计单位事先预见。执行抽盘程序应关注的事项如下：

（1）抽盘项目的选择，增加其不可预见性，避免客户事先了解选择的项目。

（2）对于所选择的存货项目，注册会计师应对存货的描述说明作出验证，并将自己的抽盘结果与客户的盘点结果核对，还可与永续存货记录核对，做好记录以便于日后跟踪查证。

（3）应记录盘点细节或选取部分未盘点项目的明细表进行复印，以便于未来在确认期末存货完整性认定时与存货盘点明细报告相核对。

（4）抽盘路径的选择：①存货→盘点标签→盘点明细表，测试目的是所有的存货项目是否都已得到适当的盘点与记录；②盘点标签或明细表→存货，测试目的是记录上所列示的存货项目是否都存在。

（5）注重检查未盘点存货。如果在存货上采用了盘点标签或其他标记，可寻找未标标签的存货项目。

（6）检查空箱或空隙。可要求打开包装物，或将货物移动。

（7）检查受托代销存货是否已得到适当分离，过时或周转缓慢的商品也得到了适当区分，关注商品不属于客户的迹象（如供货商的装运标签上显示商品属于另一会计主体），寻找支持客户所有权的证据（如机器设备上的商标以及汽车上的注册号码等）。

（八）对诉讼和索赔事项的审计

1.识别程序

识别程序包括：询问、查阅、复核。

此外，也可利用实施风险评估程序获取的信息，帮助注册会计师了解涉及被审计单位的诉讼和索赔事项。

2.与被审计单位外部法律顾问沟通

直接沟通，寄发询问函。通用询问函内容包括：对知悉的所有事项及事项结果的评估；对财务影响（包括成本）的估计。特定询问函内容包括：诉讼和索赔事项的清单；管理层对事项结果的评估及对财务影响的估计；要求确认管理层评估的合理性，如认为不完整或不准确，需提供进一步信息。

有必要面谈的情况举例：①注册会计师认为这些事项存在特别风险；②这些事项较为复杂；③管理层与外部法律顾问意见不一致。

3.要求管理层和治理层提供书面声明（略）

（九）针对分部信息应当实施的审计程序

适用的财务报告编制基础可能要求或允许被审计单位在财务报表中列报分部信息。注册会计师针对列报分部信息的责任与财务报表整体相关。因此，注册会计师无须实施为对单独列报的分部信息发表意见所需的审计程序。

1.了解管理层在确定分部信息时使用的方法

了解时可能考虑的相关事项示例：（1）各分部之间的销售、转移和收费以及内部金额的抵销；（2）与预算和其他预期结果的比较，如营业利润占销售额的百分比；（3）各分部之间资产和成本的分配；（4）与以前期间的一致性以及不一致事项披露的充分性。

2.实施分析程序或其他审计程序（略）

【应用分析1311-1】申根会计师事务所的注册会计师申根负责对乙公司20×8年度财务报表进行审计。乙公司为玻璃制造企业，20×8年年末存货余额占资产总额比例较大。存货包括玻璃、煤炭、烧碱、石英砂，其中60%的玻璃存放在外地公用仓库。乙公司对存货核算采用永续盘存制，与存货相关的内部控制比较薄弱。乙公司拟于20×8年11月25日至27日盘点存货，盘点工作和盘点监督工作分别由熟悉相关业务且具有独立性的人员执行。存货盘点计划的部分内容摘录如下：

（1）存货盘点范围、地点和时间安排（见表1311-7）。

表1311-7 存货盘点范围、地点和时间安排

地点	存货类型	估计占存货总额的比例	盘点时间
A仓库	烧碱、煤炭	烧碱10%、煤炭5%	20×8年11月25日
B仓库	烧碱、石英砂	烧碱10%、石英砂10%	20×8年11月26日
C仓库	玻璃	玻璃26%	20×8年11月27日
外地公用仓库	玻璃	玻璃39%	—

（2）对存放在外地公用仓库存货的检查。对存放在外地公用仓库的玻璃，检查公用仓库签收单，请公用仓库自行盘点，并提供20×8年11月27日的盘点清单。

（3）存货数量的确定方法。对于烧碱、煤炭和石英砂等堆积型存货，采用观察以及检查相关的收、发、存凭证和记录的方法，确定存货数量；对于存放在C仓库的玻璃，按照包装箱标明的规格和数量进行盘点，并辅以适当的开箱检查。

（4）盘点标签的设计、使用和控制。对存放在C仓库玻璃的盘点，设计预先编号的一式两联的盘点标签。使用时，由负责盘点存货的人员将一联粘贴在已盘点的存货上，另一联由其留存；盘点结束后，连同存货盘点表交存财务部门。

（5）盘点结束后，对出现盘盈或盘亏的存货，由仓库保管员将存货实物数量和仓库存货记录调节相符。

要求：

（1）注册会计师在存货监盘中的责任是什么？存货监盘与哪些认定相关？

（2）针对上述存货盘点计划第（1）至第（5）项，逐项判断是否存在缺陷。如果存在缺陷，简要提出改进建议。

解析：

（1）定期盘点存货、合理确定存货的数量和状况是被审计单位管理层的责任。实施存

货监盘，获取有关存货存在和状况的充分、适当的审计证据，是注册会计师的责任。

除存货的存在和状况外，注册会计师还可能在存货监盘中获取有关存货所有权的部分审计证据。例如，如果注册会计师在监盘中注意到某些存货已经被法院查封，需要考虑被审计单位对这些存货的所有权是否受到了限制，但如《〈中国注册会计师审计准则第1311号——对存货、诉讼和索赔、分部信息等特定项目获取审计证据的具体考虑〉应用指南》第6段所述，存货监盘本身并不足以供注册会计师确定存货的所有权，注册会计师可能需要执行其他实质性审计程序以应对所有权认定的相关风险。

在实务中，注册会计师需要恰当区分被审计单位对存货盘点的责任和注册会计师对存货监盘的责任，在执行存货监盘过程中不应协助被审计单位的存货盘点工作。

（2）第（1）项中存在缺陷。烧碱盘点时间不正确，A、B仓库的存货中均存在烧碱，对于同一类型的存货，建议采用同时盘点的方法，不应该安排在不同的时间；乙公司确定的存货整体盘点时间不正确，当内部控制比较薄弱时，应该选择在期末进行盘点。

第（2）项中存在缺陷。对于存放在外地公用仓库的存货——玻璃，盘点方式不正确，因为其占存货总额的比例达到39%，所以应该考虑采用实地盘点的方式。

第（3）项中存在缺陷。对堆积型存货数量的确定方法不正确，对于烧碱、煤炭和石英砂等堆积型存货，应该选择的盘点方式通常为运用工程估测、几何计算、高空勘测，并依赖详细的存货记录；如果堆场中存货堆不高，通过旋转存货堆加以估计。

第（4）项中存在缺陷。盘点标签的使用和控制不正确。由负责盘点存货的人员将一套标签粘贴在已盘点的存货上，另一套返还给盘点监督人员，由其将标签连同盘点表交存财务部门。

第（5）项中存在缺陷。盘点结束后，对于盘盈或盘亏的存货，不应由仓库保管人员对存货实物数量和仓库存货记录进行调节，应由乙公司组成调查小组对盘盈或盘亏进行分析和处理（复核确认），并将存货实物数量和仓库记录调节相符。

第三节　函证（第1312号）

一、概述

（一）本准则制定与修订背景

函证作为世界各国审计界公认的审计程序追溯于麦克森·罗宾斯审计案例。1938年美国麦克森·罗宾斯（Mckesson & Robbins）公司倒闭。在1939年美国证券交易委员会（SEC）的听证会上，在纽约证券交易所上市的麦克森·罗宾斯公司已审计的财务报表虚增了1 907.5万美元的资产（账面总资产8 700万美元）——约占资产总额的25%，其中虚增存货1 000万美元，销售收入900万美元，银行存款7.5万美元。美国证券交易委员会（SEC）为了吸取教训，颁发了新的报告，要求注册会计师合理确定审计范围和审计程序，新增了“对应收账款进行询证（Confirmation）、对存货进行实地检查（Observation）”等审计程序。同时受该案件的影响，美国注册会计师职业界不得不考虑承担证实存货、应收账款、银行存款等资产的真实性的审计责任，否则将被视为并未尽到保护财务报表使用者的职责。因此，职业界规定，注册会计师在绝大多数情况下应当亲自观察存货盘点过程，对应收账款应当进行函证。注册会计师通过监盘存货、函证应收账款等审计程序来证实资产的存在认定，从而确认当期销售业务的发生以及利润的真实性。

目前，函证与存货监盘审计程序一样已成为注册会计师职业界公认的必做的审计程序。制定函证准则，规范注册会计师实施函证审计程序获取审计证据对财务报表审计有重大意义。

本准则制定是为了规范注册会计师按照《中国注册会计师审计准则第1231号——针对评估的重大错报风险采取的应对措施》和《中国注册会计师审计准则第1301号——审计证据》的规定使用函证程序，以获取相关、可靠的审计证据。

（二）本准则2010年修订内容

《注册会计师审计准则第1312号——函证》在对2006年版《中国注册会计师审计准则第1312号——函证》按照新体例进行改写的基础上，作出了实质性修订。

与2006年版准则相比，在具体规定方面有以下三方面的重大变化：

（1）增加原则导向，减少了规则性的规定，提高了准则的适用性。删除了2006年版准则中部分规则性的要求，例如，2006年版准则“第七条 注册会计师应当对银行存款、借款（包括零余额账户和在本期内注销的账户）及与金融机构往来的其他重要信息实施函证”“第八条 注册会计师应当对应收账款实施函证，除非有充分证据表明应收账款对财务报表不重要，或函证很可能无效”。

（2）通过三方面的变化突出强调了外部函证程序的重要性。

①援引《中国注册会计师审计准则第1301号——审计证据》、《中国注册会计师审计准则第1231号——针对评估的重大错报风险采取的应对措施》和《中国注册会计师审计准则第1141号——财务报表审计中与舞弊相关的责任》的相关规定并明确指出，在通常情况下，注册会计师以外部函证形式直接从被询证者获取的审计证据，比被审计单位内部产生的审计证据更可靠。

②增加关于积极式函证程序必要性的规定，如果注册会计师认为有必要取得积极式询证函回函，以获取充分、适当的审计证据，则替代程序不能提供注册会计师所需要的审计证据，在这种情况下，如果未获取回函，注册会计师应当确定其对审计工作和审计意见的影响。

③删除2006年版准则第二十二条，“如果实施函证和替代审计程序都不能提供财务报表有关认定的充分、适当的审计证据，注册会计师应当实施追加的审计程序”。

（3）增加了“积极式询证函”“消极式询证函”“未回函”“不符事项”的定义，提高了准则的可操作性。

（三）本准则2016年修订内容

本准则本次未修订。

（四）本准则2019年修订内容

本准则及其应用指南本次均未修订。

（五）本准则学习中注意事项

（1）本准则不适用于注册会计师对被审计单位诉讼和索赔事项实施询问程序。《中国注册会计师审计准则第1311号——对存货、诉讼和索赔、分部信息等特定项目获取审计证据的具体考虑》规定了有关诉讼和索赔的审计程序。

（2）下列审计准则明确了实施函证程序以获取审计证据的重要性：

①《中国注册会计师审计准则第1231号——针对评估的重大错报风险采取的应对措施》规定，注册会计师应当针对评估的财务报表层次重大错报风险，设计和实施总体应对措施，针对评估的认定层次重大错报风险，设计和实施进一步审计程序（包括审计程序的性质、时间安排和范围）；无论评估的重大错报风险结果如何，注册会计师都应当针对所有重大的各类交易、账户余额和披露，设计和实施实质性程序；注册会计师应当考虑是否将函证程序用作实质性程序。

②《中国注册会计师审计准则第1231号——针对评估的重大错报风险采取的应对措施》规定，评估的风险越高，需要获取越有说服力的审计证据。为此，注册会计师可以增加审计证据的数量或者获取更相关、更可靠的审计证据，或将两种方式结合使用。例如，注册会计师更加重视直接从第三方获取审计证据，或从不同的独立来源获取相互印证的审计证据。实施函证程序，可以帮助注册会计师获取可靠性高的审计证据，以应对由于舞弊或错误导致的特别风险。

③《中国注册会计师审计准则第1141号——财务报表审计中与舞弊相关的责任》规定，针对由于舞弊导致的认定层次重大错报风险，注册会计师应当考虑设计询证函以获取更多的相互印证的信息。

④《中国注册会计师审计准则第1301号——审计证据》规定，通过函证等方式从独立来源获取的相互印证的信息，可以提高注册会计师从会计记录或管理层书面声明中获取的审计证据的保证水平。

（3）本准则本次虽未修订，但要结合2013年10月31日，中注协发布的6项审计准则问题解答，自2014年1月1日起施行的《中国注册会计师审计准则问题解答第2号——函证》的新内容来学习。

（4）随着金融业务的创新发展，企业与银行之间资金往来的形式复杂多样，原询证函格式无法覆盖新的业务情形，加之执行中出现的一些影响回函质量和效率的问题，既增加了审计风险，同时有些风险也可能会直接或间接传导到金融体系中去。《财政部、银监会关于进一步规范银行函证及回函工作的通知》（财会〔2016〕13号，以下简称《通知》）规定，银行函证是注册会计师独立审计的核心程序之一，银行回函对于注册会计师在审计工作中识别财务报表错误与舞弊行为至关重要。《通知》要求，各银行应从健全内部管理、防范金融风险、承担社会责任的高度，重视并切实做好银行函证的回函工作。注册会计师应当根据具体业务的需要，从《通知》所附的三种银行询证函格式中选择适当的银行询证函，并确保函证的完整、规范、有效。注册会计师应当对银行询证函及回函中所列信息严格保密，仅用于审计（验资）目的，并按照执业准则的要求形成业务工作底稿。

二、框架结构简介

本准则共5章24条，其框架结构见表1312-1。

表1312-1 框架结构

章	名称	节	条	主要内容
第一章	总则	—	1~4	本准则制定的目的、适用范围及与第1231号、第1301号、第1311号、第1141号准则的关系
第二章	定义	—	5~9	解释本准则中包含的术语
第三章	目标	—	10	界定执行本准则应实现的目标
第四章	要求	1~5	11~23	规定注册会计师为实现准则目标应遵守的要求，即注册会计师在相关业务环境下应当实施的所有必要程序
第五章	附则	—	24	本准则施行时间

三、重点难点解析

（一）函证的含义及目标

函证（即外部函证），是指注册会计师直接从第三方（被询证者）获取书面答复作为审计证据的过程，书面答复可以采用纸质、电子或其他介质等形式。函证是指注册会计师为了获取影响财务报表或相关披露认定的项目的信息，通过直接来自第三方对有关信息和现存状况的声明，获取和评价审计证据的过程。

函证是一个获取和评价与函证信息相关的审计证据的过程。在这个过程中，注册会计师通常以被审计单位的名义向拥有相关信息的第三方提出书面请求，要求提供影响财务报表认定的特定项目的信息。在得到第三方对有关信息和现存状况的声明后，注册会计师再进行跟进和评价。值得注意的是，函证强调从第三方直接获取有关信息。

函证提供的证据由注册会计师直接从被审计单位以外的第三方获取，且经常采用书面原件的形式，如果运用得当，函证程序能够提供可靠性较高的审计证据，并与实施其他审计程序获取的审计证据相互印证。但是，询证函的设计、函证程序的实施和对函证结果的评价都会影响函证程序提供的审计证据的可靠性。在通常情况下，注册会计师以函证方式直接从被询证者获取的审计证据，比被审计单位内部生成的审计证据可能更可靠。

必须注意的是，本准则不适用于注册会计师对被审计单位诉讼和索赔事项实施询问程序。

在使用函证程序时，注册会计师的目标是，设计和实施函证程序，以获取相关、可靠的审计证据。

（二）函证决策

注册会计师应当确定是否有必要实施函证以获取认定层次的充分、适当的审计证据。在作出决策时，注册会计师应当考虑以下两个因素。

（1）评估的认定层次重大错报风险。《中国注册会计师审计准则第1231号——针对评估的重大错报风险采取的应对措施》规定，注册会计师应当针对评估的财务报表层次重大错报风险，设计和实施总体应对措施，针对评估的认定层次重大错报风险，设计和实施进一步审计程序（包括审计程序的性质、时间安排和范围）；无论评估的重大错报风险结果如何，注册会计师都应当针对所有重大的各类交易、账户余额和披露，设计和实施实质性程序；注册会计师应当考虑是否将函证程序用作实质性程序。其中，实质性程序可能包括对某些认定实施函证程序。

评估的风险越高，需要获取越有说服力的审计证据。为此，注册会计师可以增加审计证据的数量或者获取更相关、更可靠的审计证据，或将两种方式结合使用。例如，注册会计师更加重视直接从第三方获取审计证据，或从不同的独立来源获取相互印证的审计证据。实施函证程序，可以帮助注册会计师获取可靠性高的审计证据，以应对由于舞弊或错误导致的特别风险。评估的认定层次重大错报风险水平越高，注册会计师对通过实质性程序获取的审计证据的相关性和可靠性的要求越高。在这种情况下，函证程序的运用对于提供充分、适当的审计证据可能是有效的。

评估的认定层次重大错报风险水平越低，注册会计师对从实质性程序中获取的审计证据的相关性和可靠性的要求越低。例如，被审计单位可能有一笔正在按照商定还款计划表偿还的银行借款，假设注册会计师在以前年度已对其条款进行了函证。如果注册会计师实施的其他工作（包括必要时进行的控制测试）表明借款的条款没有改变，并且这些工作使得未偿还借款余额发生重大错报风险被评估为低水平时，注册会计师实施的实质性程序可能只限于测试还款的详细情况，而不必再次向债权人直接函证这笔借款的余额和条款。

如果认为某项风险属于特别风险，注册会计师需要考虑是否通过函证特定事项以降低检查风险。例如，与简单的交易相比，异常或复杂的交易可能导致更高的错报风险。如果被审计单位从事了异常的或复杂的、容易导致较高重大错报风险的交易，除检查被审计单位持有的文件凭证外，注册会计师可能还需考虑是否向交易对方函证交易的真实性和详细条款。

《中国注册会计师审计准则第1141号——财务报表审计中与舞弊相关的责任》规定，针对由于舞弊导致的认定层次重大错报风险，注册会计师应当考虑设计询证函以获取更多的相互印证的信息。

《中国注册会计师审计准则第1301号——审计证据》规定，通过函证等方式从独立来源获取的相互印证的信息，可以提高注册会计师从会计记录或管理层书面声明中获取的审计证据的保证水平。

（2）实施其他审计程序获取的审计证据如何将检查风险降至可接受的水平。注册会计师应当确定是否有必要实施函证程序以获取认定层次的相关、可靠的审计证据。在作出决策时，注册会计师应当考虑评估的认定层次重大错报风险，以及通过实施其他审计程序获取的审计证据如何将检查风险降至可接受的水平。

针对同一项认定可以从不同来源获取审计证据或获取不同性质的审计证据。这里的其他审计程序是指除函证程序以外的其他审计程序。例如，对应收账款期末余额存在认定，注册会计师可能实施对形成应收账款余额的销售交易和收款交易的细节进行测试，实施实质性分析程序，并根据这些程序的结果确定和实施函证程序，如果实施其他审计程序获取的审计证据能将检查风险降至可接受的水平，注册会计师可不实施函证；如果不能，则注册会计师需要运用函证程序。

注册会计师应当考虑被审计单位的经营环境、内控的有效性、账户或交易的性质、被询证者处理询证函的习惯做法及回函的可能性等，以确定函证的内容、范围、时间和方式。例如，如果被审计单位与应收账款存在认定有关的内控设计良好并有效运行，注册会计师可适当减少函证的样本量。

（三）函证的内容

1.选择函证作为实质性程序时需考虑的因素（如图 1312-1 所示）

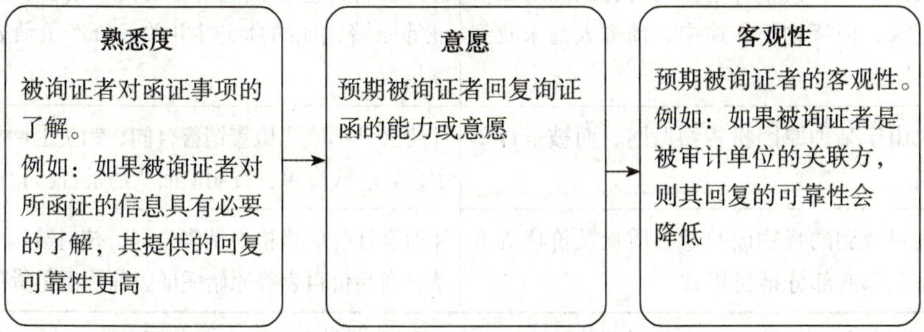

图 1312-1　选择函证作为实质性程序时需考虑的因素

2.需要执行函证程序的项目（如图 1312-2 所示）

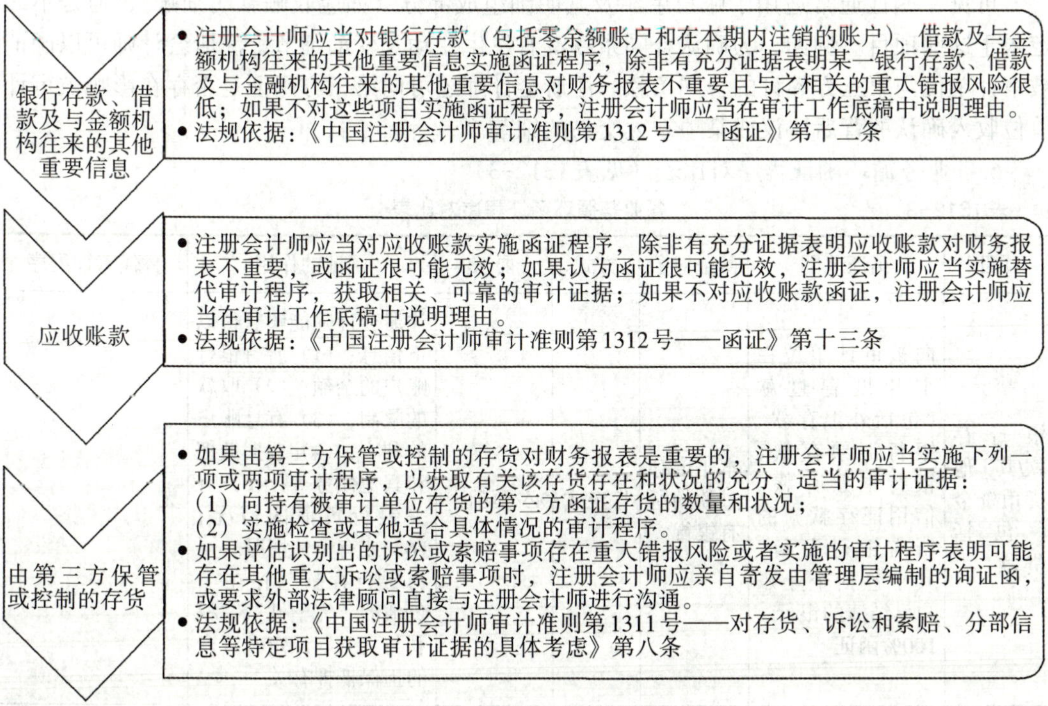

图 1312-2　需要执行函证程序的项目

3.因购销双方入账时间不同导致应收账款回函不符的情形及进一步审计程序（见表 1312-2）

4.函证的其他内容

注册会计师可以根据具体情况和实际需要对下列内容（包括但不限于）实施函证：（1）短期投资；（2）应收票据；（3）其他应收款；（4）预付账款；（5）由其他单位代为保

表 1312-2 因购销双方入账时间不同导致应收账款回函不符的情形及进一步审计程序

双方入账时间不同的表现形式	注册会计师的进一步审计程序
(1) 询证函发出时，债务人已经付款，而被审计单位尚未收到货款	注册会计师应当检查银行存款日记账、收款凭证及银行对账单，查明是否收到该笔金额，以及如何进行会计处理等
(2) 询证函发出时，被审计单位的货物已经发出并已做销售记录，但货物仍在途中，债务人尚未收到货物	注册会计师应当检查销售合同、销售发票、装运凭证等原始凭证的真实性并关注资产负债表日后的回款情况
(3) 债务人由于某种原因将货物退回，而被审计单位尚未收到	注册会计师应当检查销售合同、销货退回相关的增值税发票、入库单，查明退回货物是否已验收入库等
(4) 债务人对收到的货物的数量、质量及价格等方面有异议而全部或部分拒付货款	注册会计师应当检查销售合同，核对装运凭证、出库单、商品价目表等原始凭证以确认拒付货款的原因

管、加工或销售的存货；(6) 长期投资；(7) 委托贷款；(8) 应付账款；(9) 预收账款；(10) 保证、抵押或质押；(11) 或有事项；(12) 重大或异常的交易。

可见，函证通常适用于账户余额及其明细组成部分（如应收账款明细账），但是不一定限于这些项目。例如，为确认合同条款没有发生变动及变动细节，注册会计师可以函证被审计单位与第三方签订的合同条款。注册会计师还可向第三方函证是否存在影响被审计单位收入确认的背后协议或某项重大交易的细节。

5. 各业务循环函证程序对比表（见表 1312-3）

表 1312-3 各业务循环函证程序对比表

项目	函证范围	函证对象	方式	要求	函证的作用	替代审计程序
银行存款/其他货币资金（包括贷款）	向被审计单位在本年度存过款（包括外埠存款、银行汇票存款、银行本票存款、信用证存款）的所有银行发函，其中包括企业账户已结清的银行 **100%函证**	本年度存过款的所有银行	肯定式	必须函证	注册会计师能够获得以下信息：(1) 所有银行账户的余额；(2) 取款的限制；(3) 有息账户的利率；(4) 票据抵押和其他债务等；(5) 有关银行负债的情况；(6) 或有负债情况。 与银行存款"存在"，负债的"完整性"，"权利与义务"认定及资产的担保抵押有关	无
银行存款［验资］	**100%函证**	验资时存入的银行	肯定式	必须函证	出资的真实性、合法性	无
有价证券、长短期投资、应付债券	向代为保管较大金额的有价证券的专门机构发函	代为保管有价证券的专门机构、被投资者	肯定式或否定式	较大，必要时函证	与有价证券的"存在与发生"、"权利与义务"和"计价与分摊"的认定有关。 证实投资证券真实存在	教材中未能说明

续表

项目	函证范围	函证对象	方式	要求	函证的作用	替代审计程序
应收账款、其他应收款	抽取（1）大额或账龄较长的项目；（2）与债务人发生纠纷的项目；（3）关联方项目；（4）主要客户项目；（5）余额为零的项目；（6）非正常项目发函 **抽样函证**	债务人	肯定式或否定式	一般必须函证，但对报表影响不大时可不函证	证实应收账款账户余额的真实性、正确性，与应收账款"存在""所有权"认定有关	检查与销售有关的文件、合同，销售订单、销售发票副本、发运凭证等
应付账款、其他应付款、长期应付款、专项应付款、长短期借款	抽取（1）较大金额的债权人；（2）余额不大，甚至为零，但为企业重要供货方的债权人；（3）异常明细余额项目发函 **必要时抽样函证**	债权人	肯定式	一般不需要函证，但如果：（1）控制风险大；（2）明细账户金额大；（3）被审计单位处于财务困难阶段，则应函证	不能保证查出未记录的应付账款。与应付账款"存在与发生"认定有关，可以证实"真实性"	检查决算日后应付账款明细账及库存现金日记账和银行存款日记账，核实是否已支付，同时检查该笔业务的凭证资料，核实交易的真实性
应收票据	部分票据、有疑问的商业票据	出票人	肯定式	必要时	证实其存在和可回收性，确定其兑现能力	教材中未能说明
预收账款	重大项目、大额或账龄较长的项目、关联方项目以及主要客户项目	债权人	肯定式	必要时	证实真实性、正确性	通过检查资产负债表日后已转销的预收账款是否与仓库发运凭证、销售发票相一致
预付账款	大额或异常的重要项目、零余额账户	债务人	肯定式	必要时	判断其债权的真实性或出现坏账的可能性，证实预付账款账户余额的正确性	检查该笔债权的相关凭证资料，或抽查资产负债表日后预付账款明细账及存货明细账，核实是否已收到货物，转销预付款
期初余额	有些期初余额	第三者		某些情况下		
应付票据	重要项目、零余额账户					
应交税费		主管税务机关		必要时	本期应交数、期末未交数	

（四）函证程序实施的范围

《中国注册会计师审计准则第1231号——针对评估的重大错报风险采取的应对措施》对注册会计师考虑实质性程序的范围提出了原则性要求。《中国注册会计师审计准则第1314号——审计抽样》对如何确定审计程序的范围进行了更进一步的规范。

如果采用审计抽样的方式确定函证程序的范围，无论采用统计抽样方法，还是非统计抽样方法，选取的样本应当足以代表总体。根据对被审计单位的了解、评估的重大错报风险以及所测试总体的特征等，注册会计师可以确定从总体中选取特定项目进行测试。选取的特定项目可能包括：（1）金额较大的项目；（2）账龄较长的项目；（3）交易频繁但期末余额较小的项目；（4）重大关联方交易；（5）重大或异常的交易；（6）可能存在争议以及产生重大舞弊或错误的交易。

（五）函证的时间

第1231号准则规范了注册会计师实施实质性程序的时间安排，注册会计师在实施函证程序时，应当从其规定。

注册会计师通常以资产负债表日为截止日，在资产负债表日后适当时间内实施函证。如果重大错报风险被评估为低水平，注册会计师可选择资产负债表日前适当日期为截止日实施函证，并对所函证项目自该截止日起至资产负债表日止发生的变动实施实质性程序。

以应收账款为例，注册会计师通常在资产负债表日后某一天函证资产负债表日的应收账款余额。如果在资产负债表日前对应收账款余额实施了函证程序，注册会计师应当针对询证函件指明的截止日期与资产负债表日期间实施进一步的实质性程序，或将实质性程序和控制测试结合使用，以将期中测试得出的结论合理延伸至期末。实质性程序包括测试该期间发生的影响应收账款余额的交易或实施分析程序等。控制测试包括测试销售交易、收款交易及与应收账款冲销有关的内控的有效性等。

（六）管理层不允许寄发询证函

如果管理层不允许寄发询证函，注册会计师应当：（1）询问管理层不允许寄发询证函的原因，并就其原因的正当性及合理性收集审计证据。（2）评价管理层不允许寄发询证函对评估的相关重大错报风险（包括舞弊风险），以及其他审计程序的性质、时间安排和范围的影响。（3）实施替代程序，以获取相关、可靠的审计证据。当被审计单位管理层要求对拟函证的某些账户余额或其他信息不实施函证时，注册会计师应当考虑该项要求是否合理，并获取审计证据予以支持。如果认为管理层不允许寄发询证函的原因不合理，或实施替代程序无法获取相关、可靠的审计证据，注册会计师应当按照《中国注册会计师审计准则第1151号——与治理层的沟通》的规定，与治理层进行沟通。如果认为管理层的要求合理，注册会计师应当实施替代审计程序，以获取与这些账户余额或其他信息相关的充分、适当的审计证据。注册会计师还应当按照《中国注册会计师审计准则第1502号——在审计报告中发表非无保留意见》的规定，确定其对审计工作和审计意见的影响。如果认为管理层的要求不合理，且被其阻挠而无法实施函证，注册会计师应当视为审计范围受到限制，并考虑对审计报告可能产生的影响。

在分析管理层要求不实施函证的原因时，注册会计师应当保持职业怀疑态度，并考虑：（1）管理层是否诚信；（2）是否可能存在重大的舞弊或错误；（3）替代审计程序能否提供与这些账户余额或其他信息相关的充分、适当的审计证据。如果认为管理层的要求可能显示存在舞弊，注册会计师应当遵循《中国注册会计师审计准则第1141号——财务报表审计中与舞弊相关的责任》的有关规定。

（七）询证函的设计

1.设计询证函的总体要求

（1）在针对账户余额的存在认定获取审计证据时，注册会计师应当在询证函中列明相关信息，要求对方核对确认。

（2）在针对账户余额的完整性认定获取审计证据时，注册会计师则需要改变询证函的内容设计或者采用其他审计程序。

在函证应收账款时，询证函中不列出账户余额，而是要求被询证者提供余额信息，这样才能发现应收账款低估错报。

在对应付账款的完整性获取审计证据时，根据被审计单位的供货商明细表向被审计单位的主要供货商发出询证函，就比从应付账款明细表中选择询证对象更容易发现未入账的负债。

2.设计询证函需要考虑的因素

（1）函证的方式。

①积极的函证方式。如果采用积极的函证方式，注册会计师应当要求被询证者在所有情况下必须回函，确认询证函所列示信息是否正确，或填列询证函要求的信息。积极的函证方式的分类见表1312-4。

表1312-4 积极的函证方式的分类

方式	含义	特点
列明拟函证信息	在询证函中列明拟函证的账户余额或其他信息，要求被询证者确认所函证的款项是否正确	询证函的回复能够提供可靠的审计证据，但被询证者可能对所列示信息根本不加以验证就予以回函确认
不列明拟函证信息	在询证函中不列明账户余额或其他信息，而要求被询证者填写有关信息或提供进一步信息	回复可以提供可靠的审计证据，但可能会导致回函率降低，进而导致注册会计师执行更多的替代程序

②消极的函证方式。只要求被询证者仅在不同意询证函列示信息的情况下才予以回函。当同时存在下列情况时，注册会计师可考虑采用消极的函证方式：重大错报风险被评估为低水平；涉及大量余额较小的账户；预期不存在大量的错误；没有理由相信被询证者不认真对待函证。

（2）以往审计或类似业务的经验。在判断实施函证程序的可靠性时，注册会计师通常会考虑来自以前年度审计或类似审计业务的经验，包括回函率、以前年度审计中发现的错报以及回函所提供信息的准确程度等。

（3）拟函证信息的性质。注册会计师应当了解被审计单位与第三方之间交易的实质，以确定哪些信息需要进行函证。例如，对那些非常规合同或交易，注册会计师不仅应对账户余额或交易金额作出函证，而且应当考虑对交易或合同的条款实施函证，以确定是否存在重大口头协议，客户是否有自由退货的权利，付款方式是否有特殊安排等。

（4）选择被函证者的适当性。注册会计师应当向对所询证信息知情的第三方发送询证函。①对短期投资和长期投资向股票、债券专门保管或登记机构发函询证或向接受投资的一方发函询证。②对应收票据通常向出票人或承兑人发函询证。③对其他应收款向形成其他应收款的有关方发函询证。④对预付账款、应付账款通常向供货单位发函询证。⑤对委托贷款通常向有关的金融机构发函询证。⑥对预收账款通常向购货单位发函询证。⑦对保证、抵押或质押通常向有关金融机构发函询证。⑧对或有事项通常向律师等发函询证。⑨对重大或异常的交易通常向有关的交易方发函询证。

（5）被询证者易于回函的信息类型。询证函所函证信息是否便于被询证者回答，影响到回函和所获取审计证据的性质。例如，某些被询证者的信息系统可能便于对形成账户余额的每笔交易进行函证，而不是对账户余额本身进行函证。此外，被询证者可能并不总是能够证实特定类型的信息，例如应收账款总账余额，但是却可能能够证实总额当中的单笔发票的余额。

3.积极与消极的函证方式

注册会计师可采用积极的或消极的函证方式实施函证，也可将两种方式结合使用。

（1）积极的函证方式。积极式询证函，是指要求被询证者直接向注册会计师回复，表明是否同意询证函所列示的信息，或填列所要求的信息的一种询证函。如果采用积极的函证方式，注册会计师应当要求被询证者在所有情况下必须回函，确认询证函所列示信息是否正确，或填列询证函要求的信息。

积极的函证方式又分为两种：一种是在询证函中列明拟函证的账户余额或其他信息，要求被询证者确认所函证的款项是否正确。通常认为，对这种询证函的回复能够提供可靠的审计证据。但是，其缺点是被询证者可能对所列示信息根本不加以验证就予以回函确认。为了避免这种风险，注册会计师可以采用另外一种询证函，即在询证函中不列明账户余额或其他信息，而要求被询证者填写有关信息或提供进一步信息。由于这种询证函要求被询证者作出更多的努力，可能会导致回函率降低，进而导致注册会计师执行更多的替代程序。

在采用积极的函证方式时，只有注册会计师收到回函，才能为财务报表认定提供审计证据：注册会计师没有收到回函，可能是由于被询证者根本不存在，或是由于被询证者没有收到询证函，也可能是由于询证者没有理会询证函，因此，无法证明所函证信息是否正确。如果注册会计师认为取得积极式询证函回函是获取充分、适当的审计证据的必要程序，则替代程序不能提供注册会计师所需要的审计证据。在这种情况下，如果未获取回函，注册会计师应当按照《中国注册会计师审计准则第1502号——在审计报告中发表非无保留意见》的规定，确定其对审计工作和审计意见的影响。

【应用分析1312-1】未获取积极式询证函回函时通过执行替代程序以获取注册会计师需要的审计证据可能是不适当的。

《中国注册会计师审计准则第1312号——函证》第二十条规定："如果注册会计师认为取得积极式函证回函是获取充分、适当的审计证据的必要程序，则替代程序不能提供注册会计师所需要的审计证据。在这种情况下，如果未获取回函，注册会计师应当按照《中国注册会计师审计准则第1502号——在审计报告中发表非无保留意见》的规定，确定其对审计工作和审计意见的影响。"

在某些情况下，注册会计师可能识别出认定层次重大错报风险，且取得积极式询证函回函是获取充分、适当的审计证据的必要程序。这些情况可能包括：(1) 可获取的佐证管理层认定的信息只能从被审计单位外部获得；(2) 存在特定舞弊风险因素，例如，管理层凌驾于内部控制之上，员工和（或）管理层串通使注册会计师不能信赖从被审计单位获取的审计证据。

当存在上述情况时，如果注册会计师未能收到积极式函证的回函，应当确定这一情况对审计工作和审计意见的影响，并考虑是否需要解除业务约定或发表非无保留意见。

(2) 消极的函证方式。消极式询证函，是指要求被询证者只有在不同意询证函所列示的信息时才直接向注册会计师回复的一种询证函。如果采用消极的函证方式，注册会计师只要求被询证者仅在不同意询证函列示信息的情况下才予以回函。

在采用消极的函证方式时，如果收到回函，能够为财务报表认定提供说服力强的审计证据。未收到回函可能是因为被询证者已收到询证函且核对无误，也可能是因为被询证者根本就没有收到询证函。因此，积极的函证方式通常比消极的函证方式提供的审计证据可靠。因而在采用消极的方式函证时，注册会计师通常还需辅之以其他审计程序。

消极式函证比积极式函证提供的审计证据的说服力低。除非同时满足下列条件，注册会计师不得将消极式函证作为唯一实质性程序，以应对评估的认定层次重大错报风险：①注册会计师将重大错报风险评估为低水平，并已就与认定相关的控制的运行有效性获取充分、适当的审计证据；②需要实施消极式函证程序的总体由大量的小额、同质的账户余额、交易或事项构成；③预期不符事项的发生率很低；④没有迹象表明接收询证函的人员或机构不认真对待函证。

(3) 两种方式的结合使用。在实务中，注册会计师也可将这两种方式结合使用。以应收账款为例，当应收账款的余额是由少量的大额应收账款和大量的小额应收账款构成时，注册会计师可以对所有的或抽取的大额应收账款样本采用积极的函证方式，而对抽取的小额应收账款样本采用消极的函证方式。两种方式比较见表1312-5。

表1312-5 函证方式比较

项目	积极式函证	消极式函证
(1) 要求	无论是否一致均需回函	不一致才需回函
(2) 适用	重要项目 ①金额大 ②有争议（纠纷） ③内控差、差错多 ④对方可能不重视	一般项目 ①金额不大 ②内控有效 ③预计错误少 ④对方有信用
(3) 可靠性	较强	相对较差
(4) 审计成本	较高	较低
(5) 数量	较少	较多
(6) 无回函	发第二或第三封函	认为正确

(八) 函证的实施与评价

注册会计师应当对函证的全过程保持控制，如图1312-3、图1312-4所示。

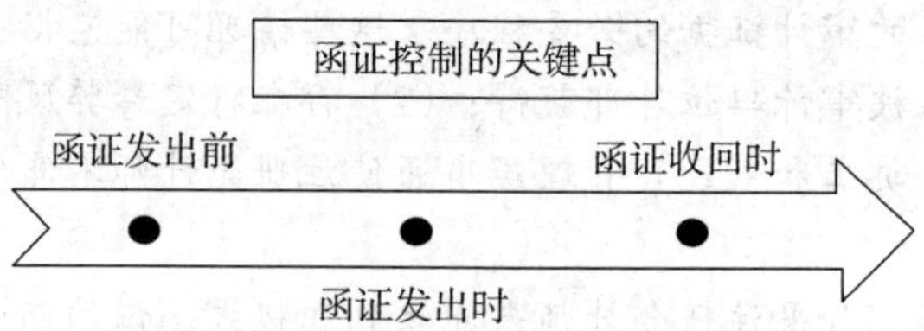

图1312-3 对函证的全过程保持控制

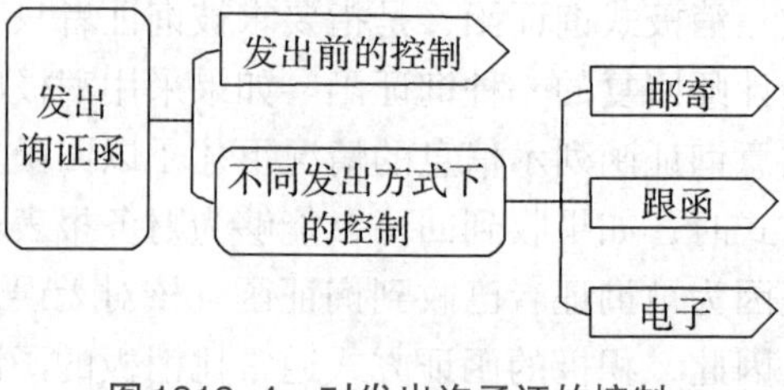

图1312-4 对发出询函证的控制

1.函证发出前的控制

函证发出前需要确认的事项，注册会计师需要恰当地设计并核对各项资料，具体包括：

（1）在询证函中填列的需要被询证者确认的信息是否与被审计单位账簿中的有关记录保持一致，比如，针对银行存款的函证，需要银行确认的信息是否与银行对账单等保持一致。

（2）考虑选择的被询证者是否适当，包括被询证者对被函证信息是否知情、是否具有客观性、是否拥有回函的授权等。

（3）是否正确填列被询证者直接向注册会计师回函的地址。

（4）是否已将部分或全部被询证者的名称、地址与被审计单位有关记录进行核对，以确保询证函中的名称、地址等内容的准确性。

可以执行的程序包括但不限于：

（1）通过拨打公共查询电话核实被询证者的名称和地址；

（2）通过被询证者的网站或其他公开网站核对被询证者的名称和地址；

（3）将被询证者的名称和地址信息与被审计单位持有的相关合同等文件核对；

（4）对于供应商或客户，可以将被询证者的名称、地址与被审计单位收到或开具的增值税专用发票中的对方单位名称、地址进行核对。

2.不同发出方式下的控制

（1）邮寄。为避免询证函被拦截、篡改等舞弊风险，在邮寄询证函时，项目组应选择独立于被审计单位的邮寄服务机构，并亲自寄发询证函。同时，在询证函中明确要求被询证者将回函寄至会计师事务所，不得寄至被审计单位。

（2）跟函。①如果被询证者同意注册会计师独自前往被询证者执行函证程序，注册会计师可以独自前往；②如果注册会计师跟函时需要被审计单位员工陪伴，注册会计师需要在整个过程中保持对询证函的控制，同时，对被审计单位和被询证者之间串通舞弊的风险保持警觉。

（3）电子方式。如果注册会计师需要通过电子方式发送询证函，在发函前可以基于对特定询证方式所存在风险的评估，考虑相应的控制措施，如实施程序以检查被审计单位提供联系方式的真实性。

3.积极式函证未收到回函时的处理

如果采用积极的函证方式实施函证而在合理的时间内未能收到回函，注册会计师应当考虑：（1）**如果在合理的时间内未收到回函，必要时再次寄发询证函**；（2）如果仍未能得到被询证者的回应，注册会计师应当实施替代审计程序。

4.评价审计证据的充分性和适当性时应考虑的因素

在某些情况下，注册会计师可能识别出认定层次重大错报风险，**且取得积极式询证函回函是获取充分、适当的审计证据的必要程序**。这些情况可能包括：（1）可获取的佐证管理层认定的信息只能从被审计单位外部获得；（2）存在特定舞弊风险因素。例如，管理层凌驾于内部控制之上，员工和（或）管理层串通使注册会计师不能信赖从被审计单位获取的审计证据。如果注册会计师认为取得积极式函证回函是获取充分、适当的审计证据的必要程序，则替代程序不能提供注册会计师所需要的审计证据。在这种情况下，如未能获取回函，注册会计师应当确定其**对审计工作和审计意见的影响**。

5.评价函证的可靠性

在评价函证的可靠性时，注册会计师应当考虑：

（1）对询证函的设计、发出及收回的控制情况。

（2）被询证者的胜任能力、独立性、授权回函（回函者是否有权回函）情况、对函证项目的了解及客观性。

（3）被审计单位施加的限制或回函中的限制。无论是采用纸质还是电子介质，在被询证者的回函中都可能包括免责或其他限制条款。注册会计师是否依赖回函信息以及依赖的程度取决于免责或限制条款的性质和实质。

①对回函可靠性不产生影响的条款。回函中的格式化免责条款可能并不影响所确认信息的可靠性：

"提供的本信息仅出于礼貌，我方没有义务必须提供，我方不因此承担任何明示或暗示的责任、义务和担保。"

"本回复仅用于审计目的，被询证方、其员工或代理人无任何责任，也不能免除注册会计师做其他询问或执行其他工作的责任。"

其他限制条款如果与所测试的认定无关，也不会导致回函失去可靠性。例如，当注册会计师的审计目标是投资是否存在，并使用函证来获取审计证据时，**在回函中针对投资价值的免责条款不会影响回函的可靠性**。

②对回函可靠性产生影响的限制条款。

"本信息是从电子数据库中取得的，可能不包括被询证方所拥有的全部信息。"

"本信息既不保证是准确的，又不保证是最新的，其他方可能会持有不同意见。"

"接收人不能依赖函证中的信息。"

如果限制条款使注册会计师将回函作为可靠审计证据的程度受到了限制，则注册会计师可能需要执行额外的或替代审计程序。

6.对不符事项的处理

注册会计师应当考虑不符事项是否构成错报及其对财务报表可能产生的影响，并将结果形成审计工作记录。除此之外，注册会计师还应当考虑不符事项发生的原因和频率。不符事项发生的原因可能是双方登记入账的时间不同，或是一方或双方记账错误，也可能是被审计单位的舞弊行为。实施函证程序时，需要关注的舞弊风险迹象以及采取的应对措施如下：

（1）舞弊风险迹象。

①管理层不允许寄发询证函。

②管理层试图拦截、篡改询证函或回函，如坚持以特定的方式发送询证函。

③被询证者将回函寄至被审计单位，被审计单位将其转交注册会计师。

④注册会计师跟进访问被询证者，发现回函信息与被询证者记录不一致，例如，对银行的跟进访问表明提供给注册会计师的银行函证结果与银行的账面记录不一致。

⑤从私人电子信箱发送的回函。

⑥收到同一日期发回的、相同笔迹的多份回函。

⑦位于不同地址的多家被询证者的回函邮戳显示的发函地址相同。

⑧收到不同被询证者用快递寄回的回函，但快递的交寄人或发件人是同一个人或是被审计单位的员工。

⑨回函邮戳显示的发函地址与被审计单位记录的被询证者的地址不一致。

⑩不正常的回函率，例如，银行函证未回函；与以前年度相比，回函率偏高或回函率发生重大变动。

⑪向被审计单位债权人发送的询证函回函率很低。

⑫被询证者缺乏独立性，例如，被审计单位及其管理层能够对被询证者施加重大影响以使其向注册会计师提供虚假或误导性信息（如被审计单位是被询证者唯一或重要的客户或供应商）。

⑬被询证者既是被审计单位资产的保管人又是资产的管理者。

（2）针对舞弊风险迹象可以采取的应对措施。

①验证被询证者是否存在、是否与被审计单位之间缺乏独立性，其业务性质和规模是否与被询证者和被审计单位之间的交易记录相匹配。

②将寄出方地址与从其他来源得到的被询证者的地址（如与被审计单位签订的合同上签署的地址、在网络上查询到的地址）相比较，验证寄出方地址的有效性。

③将被审计单位档案中的有关被询证者的签名样本、公司公章与回函核对。

④要求与被询证者相关人员直接沟通讨论询证事项，考虑是否有必要前往被询证者工作地点以验证其是否存在。

⑤分别在期中和期末寄发询证函，并使用被审计单位账面记录和其他相关信息核对相关账户的期间变动。

⑥考虑从金融机构获得被审计单位的信用记录，加盖该金融机构公章，并与被审计单位会计记录相核对，以证实是否存在被审计单位没有记录的贷款、担保、开立银行承兑汇票、信用证、保函等事项。根据金融机构的要求，注册会计师获取信用记录时可以考虑由被审计单位人员陪同前往。在该过程中，注册会计师需要注意确认该信用记录没有被篡改。

如果有迹象表明收回的询证函不可靠，注册会计师应当实施适当的审计程序予以证实或消除疑虑。例如，注册会计师可以通过直接打电话给被询证者等方式来验证回函的内容和来源。

需要特别注意的是，目前有些银行仍然没有严格执行实名开户的措施，企业有可能利用其员工或其他人的名义开立银行账户。在这种情况下，向银行寄发询证函并不能保证有关信息的完整性。另外，某些企业与银行或其他金融机构合谋，共同舞弊，提供虚假信息或其他证据，导致函证结果不可靠。因此，注册会计师应当在考虑舞弊导致的财务报表重大错报风险的基础上，适当选择函证的方式，谨慎分析并评价函证结果。

（九）对不符事项的处理

不符事项，是指被询证者提供的信息与询证函要求确认的信息不一致，或与被审计单位记录的信息不一致。

注册会计师应当调查不符事项，以确定是否表明存在错报。注册会计师应当考虑不符事项是否构成错报及其对财务报表可能产生的影响，并将结果形成审计工作记录。

如果发现了不符事项，注册会计师应当首先提请被审计单位查明原因，并作进一步分析和核实。不符事项的原因可能是双方登记入账的时间不同，或是一方或双方记账错误，也可能是被审计单位的舞弊行为。对应收账款而言，登记入账的时间不同而产生的不符事项主要表现为：（1）询证函发出时，债务人已经付款，而被审计单位尚未收到货款；（2）询证函发出时，被审计单位的货物已经发出并已做销售记录，但货物仍在途中，债务人尚未收到货物；（3）债务人由于某种原因将货物退回，而被审计单位尚未收到；（4）债务人对收到的货物的数量、质量及价格等方面有异议而全部或部分拒付货款等。

如果不符事项构成错报，注册会计师应当重新考虑所实施审计程序的性质、时间安排和范围。

（十）评价获取的审计证据

注册会计师应当评价实施函证程序的结果是否提供了相关、可靠的审计证据，或是否有必要进一步获取审计证据。在评价时，注册会计师应当遵守《中国注册会计师审计准则第1231号——针对评估的重大错报风险采取的应对措施》和《中国注册会计师审计准则第1314号——审计抽样》的相关规定。

【应用分析1312-2】申根会计师事务所在对H公司20×1年度会计报表进行审计时，申根负责审计应收账款，并于20×2年3月5日完成此项目的审计工作。申根作为独立复核人，于20×2年3月7日在复核中发现：

（1）审计应收账款的申根，确定的应收账款项目的实际执行的重要性水平为30 000元，对截止日为20×1年12月31日的应收账款实施了函证程序，申根请被审计单位会计人员填写并寄发积极式企业询证函。

（2）申根将12月31日的4 000 000元应收账款与其总账及明细账核对相符，对于选定函证而客户不同意函证的12笔应收账款，实施了替代审计程序（检查与销售有关的文件，包括销售合同、销售订单、销售发票副本和发运凭证），未发现错报；对于通过积极函证方式没有收回的16封询证函，也再次寄发询证函，但仍然得不到回函，就只能实施替代审计程序（检查与销售有关的文件，包括销售合同、销售订单、销售发票副本和发运凭证），未发现错报。对于数据不符的函证结果，经分析原因，得出样本错报金额为50元，并由样本错报金额推算总体错报金额为200元。申根于20×2年2月15日编制了以下应收账款函证分析工作底稿（见表1312-6）。

表1312-6　　H公司应收账款函证分析工作底稿

H公司应收账款函证分析工作底稿 资产负债表日：20×1年12月31日	索引号	B-3		
	编制人		日期	
	复核人		日期	
一、函证	笔数	金额（元）		百分比
20×1年12月31日应收账款	4 000	4 000 000		
其中：积极函证	108	520 000		
消极函证	280	40 000		
寄发询证函小计	388	560 000		
选定函证但客户不同意函证的应收账款	12	80 000		
选择函证合计	400	640 000		
二、结果				
（一）函证未发现不符				
积极函证：确认无误部分 W/P B-4	88 C/	360 000		
消极函证：未回函或回函确认无误部分 W/P B-4	240 C/	32 000		
函证未发现不符小计	328	392 000		
（二）函证发现不符				
积极函证 W/P B-5	4 CX	20 000		
消极函证 W/P B-5	40 CX	8 000		
函证发现不符小计	44	28 000		
（三）选定函证但客户不同意函证的应收账款	12	80 000		
（四）积极函证而未回函	16	140 000		

标识说明：

S与应收账款明细账核对相符

G与应收账款总账核对相符

C/回函相符

CX回函不符

总体结论：没有错误

要求：假定选择函证的应收账款样本是恰当的，应收账款的可容忍错报是30 000元，请代申根回答与讨论下列问题：

（1）申根进行的复核是哪一级？应运用哪些复核方法？申根是否接受客户的要求在审计报告上签字？申根的责任如何确定？

（2）请代申根完善应收账款函证分析工作底稿。

解析：

（1）申根进行的复核是项目质量控制复核，是指事务所挑选不参与该业务的人员，在出具报告前，对项目组作出的重大判断和在准备报告时形成的结论作出客观评价的过程。

通常采用的项目质量控制复核方法包括：与项目负责人进行讨论；复核财务报表或其他业务对象信息及报告，尤其考虑报告是否适当；选取与项目组作出重大判断及形成结论有关的工作底稿进行复核。

申根不需要在审计报告上签字。因为其不是参与该业务的人员，不是项目负责人，所谓项目负责人是指事务所中负责某项业务及其执行，并代表事务所在业务报告上签字的主任会计师或经授权签字的注册会计师。

申根的责任如何确定。项目质量控制复核并不减轻项目负责人的责任，更不能替代项目负责人的责任。

（2）完善后的应收账款函证分析工作底稿（见表1312-7）。

表1312-7　　完善后的应收账款函证分析工作底稿

H公司应收账款函证分析工作底稿 资产负债表日：20×1年12月31日	索引号	B-3		
	编制人	××	日期	20×2年3月5日
	复核人	申根	日期	20×2年3月7日
一、函证	笔数	金额（元）		百分比
20×1年12月31日应收账款	4 000	4 000 000		100%
其中：积极函证	108	520 000		13%
消极函证	280	40 000		1%
寄发询证函小计	388	560 000		14%
选定函证但客户不同意函证的应收账款	12	80 000		2%
选择函证合计	400	640 000		16%
二、结果				
（一）函证未发现不符				
积极函证：确认无误部分W/P B-4	88 C/	360 000		9%
消极函证：未回函或回函确认无误部分W/P B-4	240 C/	32 000		0.8%
函证未发现不符小计	328	392 000		9.8%
（二）函证发现不符				
积极函证W/P B-5	4 CX	20 000		0.5%
消极函证W/P B-5	40 CX	8 000		0.2%
函证发现不符小计	44	28 000		0.7%
（三）选定函证但客户不同意函证的应收账款	12	80 000		2%
（四）积极函证而未回函	16	140 000		3.5%

标识说明：

S与应收账款明细账核对相符

G与应收账款总账核对相符

C/回函相符

CX回函不符

总体结论：回函不符金额28 000元低于可容忍错报，应收账款得到公允反映。

【提示】

（1）根据底稿十大基本要素，对照H公司应收账款函证分析工作底稿，很明显发现编制人及时间和复核人及时间未标明。

（2）按照底稿复核的要求，项目经理应对每一张底稿进行复核，复核每一张底稿所引用的资料、审计判断和审计结论。针对“H公司应收账款函证分析工作底稿”来说，对底稿中记录的内容特别是计算过程及结论必须一一进行复核，具体来说，包括：①积极函证的“笔数、金额以及占应收账款余额的百分比”；②消极函证的“笔数、金额以及占应收账款余额的百分比”；③寄发询证函小计的“笔数、金额以及占应收账款余额的百分比”；④选定函证客户不同意函证的应收账款的“笔数、金额以及占应收账款余额的百分比”。

第四节　分析程序（第1313号）

一、概述

（一）本准则制定与修订背景

分析程序是注册会计师在收集审计证据、形成审计意见过程中需要运用的重要审计程序，分析程序在计划审计阶段用于风险评估，在审计报告阶段用于对财务报表的总体复核，在审计实施阶段作为测试各类交易、账户余额和列报认定的实质性程序，如图1313-1所示。

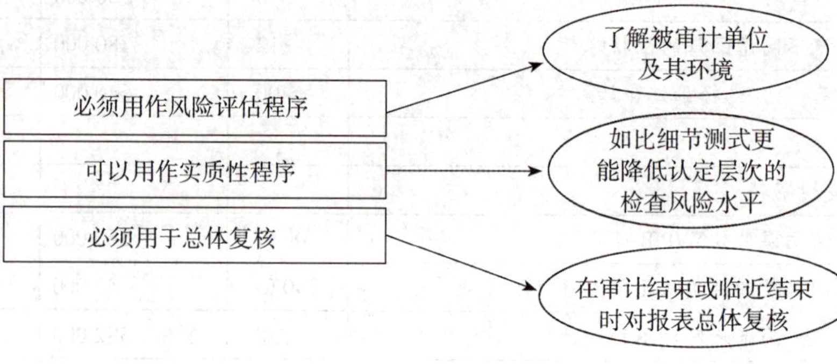

图1313-1　分析程序的应用

具体地说，制定分析程序准则的意义体现在：

1.保证执业质量

注册会计师在计划审计工作阶段，运用分析程序了解被审计单位及其环境，评估重大错报风险，并针对评估的重大错报风险设计识别财务报表层次和认定层次重大错报的审计程序；在审计结束或临近结束时对财务报表进行总体复核，以确定财务报表整体是否与其对被审计单位了解的一致，如果识别出了以前尚未识别的重大错报，注册会计师应当重新考虑对全部或部分各类交易、账户余额、列报评估的风险是否恰当并在此基础上重新评价已执行的审计程序是否充分，要不要追加相应的审计程序。可见，通过分析程序，注册会计师可努力将财务报表审计风险降低至可接受的低水平，从而确保其审计质量。

2.提高审计效率

注册会计师不但可在计划审计阶段用分析程序来了解情况、识别重大错报领域，而且可在审计结束或临近结束时运用分析程序检查所审计的财务报表整体上是否存在重大错报，还可在审计实施阶段将分析程序直接作为收集各类交易、账户余额、列报认定的审计证据，以达到降低审计成本、确保审计质量、提高审计效率的目的。

分析程序是收集审计证据的一种重要审计程序。分析程序对于进一步了解被审计单位情况、识别高风险领域、发现异常项目及审计线索具有独特的作用。不少注册会计师不重视运用分析程序或运用不当。

本准则的制定是为了规范注册会计师在财务报表审计中将分析程序用作实质性程序（即实质性分析程序），以及在临近审计结束时设计和实施分析程序以有助于对财务报表形成总体结论。

（二）本准则2010年修订内容

本准则本次的修订主要是对2006年版《中国注册会计师审计准则第1313号——分析程序》按照新体例的改写，并未作出实质性修订。

与2006年版准则相比，本准则在规范内容方面发生了变化。2006年版准则对三种类型的分析程序作出规定，分别是用作风险评估的分析程序、实质性分析程序和临近审计结束时用于总体复核的分析程序，本准则只对上述后两种分析程序作出规定，用作风险评估的分析程序在修订后的《中国注册会计师审计准则第1211号——通过了解被审计单位及其环境识别和评估重大错报风险》中予以规范。

（三）本准则2016年修订内容

本准则本次未修订。

（四）本准则2019年修订内容

本准则及其应用指南本次均未修订。

（五）本准则学习中注意事项

除本准则以外，其他审计准则也对注册会计师使用分析程序作出了规定。《中国注册会计师审计准则第1211号——通过了解被审计单位及其环境识别和评估重大错报风险》规定了注册会计师将分析程序用作风险评估程序。《中国注册会计师审计准则第1231号——针对评估的重大错报风险采取的应对措施》规定了注册会计师针对评估的重大错报风险实施审计程序的性质、时间安排和范围，这些程序可能包括实质性分析程序。因此，当注册会计师在审计过程中使用分析程序时，还需要遵守这些准则的规定。

二、框架结构简介

本准则共5章8条，其框架结构见表1313-1。

表1313-1　　框架结构

章	名称	节	条	主要内容
第一章	总则	—	1、2	本准则制定的目的和与第1211号、第1231号准则的关系
第二章	定义	—	3	解释本准则中包含的术语
第三章	目标	—	4	界定执行本准则应实现的目标
第四章	要求	1～3	5～7	规定注册会计师为实现准则目标应遵守的要求，即注册会计师在相关业务环境下应当实施的所有必要程序
第五章	附则	—	8	本准则施行时间

三、重点难点解析

（一）分析程序的含义及目标

分析程序，是指注册会计师通过分析不同财务数据之间以及财务数据与非财务数据之间的内在关系，对财务信息作出评价。分析程序还包括在必要时对识别出的、与其他相关信息不一致或与预期值差异重大的波动或关系进行调查，如图1313-2所示。

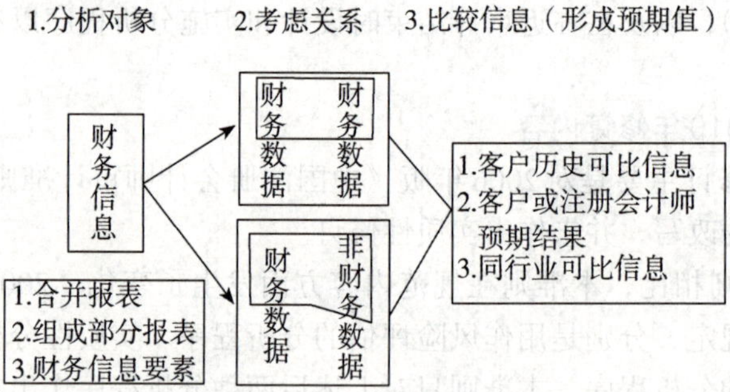

图1313-2　分析程序的内涵

分析程序还包括调查识别出的、与其他相关信息不一致或与预期数据严重偏离的波动和关系。这里，我们只进行系统归纳注册会计师在财务报表审计中将分析程序用作实质性程序（即实质性分析程序），以及在临近审计结束时设计和实施分析程序以有助于对财务报表形成总体结论可以用作实质性程序的分析程序的应用，如图1313-3、图1313-4所示。

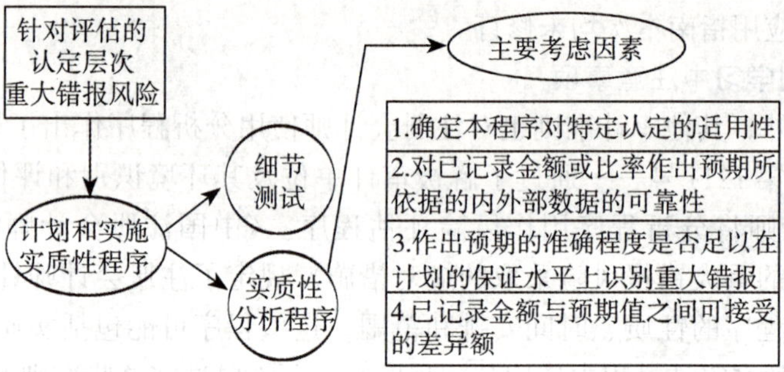

图1313-3　实质性分析程序的应用（一）

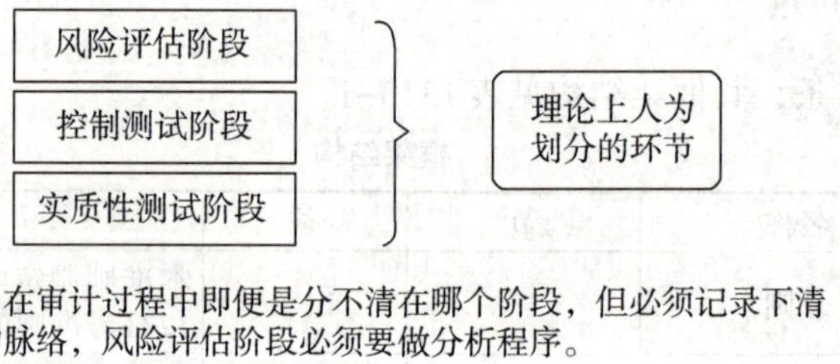

图1313-4　实质性分析程序的应用（二）

注册会计师的目标是：

（1）在实施实质性分析程序时，获取相关、可靠的审计证据；

（2）在临近审计结束时，设计和实施分析程序，帮助注册会计师对财务报表形成总体结论，以确定财务报表是否与其对被审计单位的了解一致。

（二）实质性分析程序

1. 总体要求

在设计和实施实质性分析程序时，无论单独使用或与细节测试结合使用，注册会计师都应当：

（1）考虑针对所涉及认定评估的重大错报风险和实施的细节测试（如有），确定特定实质性分析程序对于这些认定的适用性；

（2）考虑可获得信息的来源、可比性、性质和相关性以及与信息编制相关的控制，评价在对已记录的金额或比率作出预期时使用数据的可靠性；

（3）对已记录的金额或比率作出预期，并评价预期值是否足够精确以识别重大错报，即一项错报单独或连同其他错报可能导致财务报表产生重大错报；

（4）确定已记录金额与预期值之间可接受的，且无须按第1313号准则第七条的要求作进一步调查的差异额。

2. 确定实质性分析程序对特定认定的适用性

并非所有认定都适合使用实质性分析程序。研究不同财务数据之间以及财务数据与非财务数据之间的内在关系是运用分析程序的基础，如果数据之间不存在稳定的可预期关系，注册会计师将无法运用实质性分析程序，而只能考虑利用检查、函证等其他审计程序收集充分、适当的审计证据，作为发表审计意见的合理基础。注册会计师是否运用实质性分析程序，如图1313-5所示。

- 在实质性测试环节利用分析程序可以简化审计程序、减少工作量、提高审计效率
- 在实质性测试环节，分析程序并不是一定要做的。

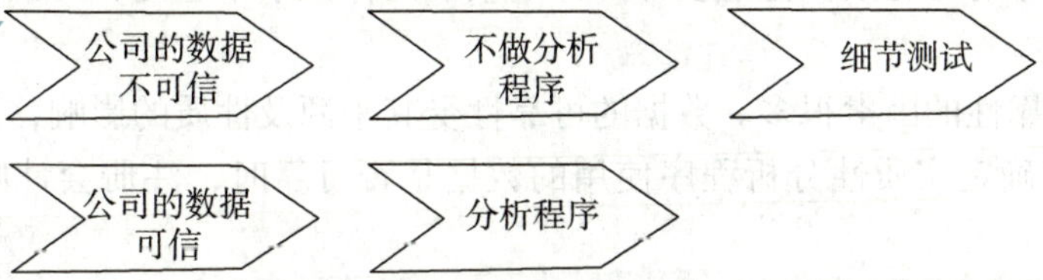

图1313-5　运用实质性分析程序判断

在信赖实质性分析程序的结果时，注册会计师应当考虑实质性分析程序存在的风险，即分析程序的结果显示数据之间存在预期关系而实际上却存在重大错报。例如，被审计单位的业绩落后于行业的平均水平，但管理层篡改了被审计单位的经营业绩，以使其看起来与行业平均水平接近。在这种情况下，使用行业数据进行分析程序可能会误导注册会计师，再如，被审计单位在行业内占有极重要的市场份额的时候，将行业统计资料用于分析程序，数据的独立性可能会受到损害，因为在这种情况下被审计单位的数据在很大程度上决定了行业数据。

在确定实质性分析程序对特定认定的适用性时，注册会计师应当考虑下列因素：

（1）评估的重大错报风险。鉴于实质性分析程序能够提供的精确度受到种种限制，评估的重大错报风险水平越高，注册会计师应当越谨慎使用实质性分析程序。如果针对特别风险仅实施实质性程序，注册会计师应当使用细节测试，或将细节测试和实质性分析程序结合使用，以获取充分、适当的审计证据。

（2）针对同一认定的细节测试。在对同一认定实施细节测试的同时，实施实质性分析程序可能是适当的。例如，注册会计师在考虑应收账款的可收回性时，除了对期后收到现金的情况进行细节测试之外，也可以针对应收账款的账龄实施实质性分析程序。确定分析程序对特定认定的适用性如图1313-6所示。

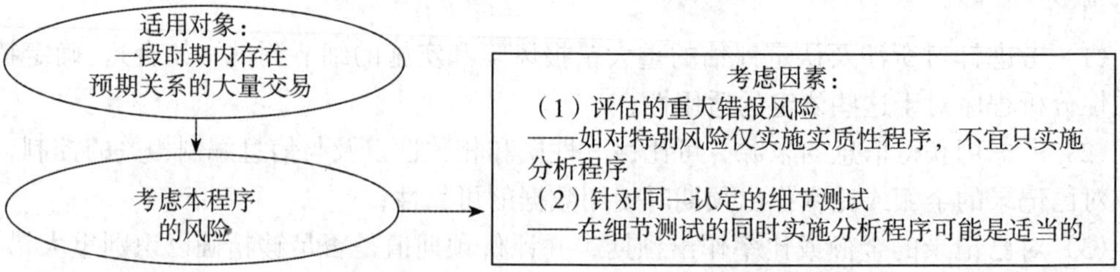

图1313-6 确定分析程序对特定认定的适用性

3.数据的可靠性

注册会计师对已记录的金额或比率作出预期时，需要采用内部或外部的数据。

来自被审计单位内部的数据包括：（1）前期数据，并根据当期的变化进行调整；（2）当期的财务数据；（3）预算或预测；（4）非财务数据等。

外部数据包括：（1）政府及政府有关部门发布的信息，如通货膨胀率、利率、税率、有关部门确定的进出口配额等；（2）行业监管者、贸易协会以及行业调查单位发布的信息，如行业平均增长率；（3）经济预测组织，包括某些银行发布的预测消息，如某些行业的业绩指标等；（4）公开出版的财务信息；（5）证券交易所发布的信息等。

数据的可靠性直接影响根据数据形成的预期值。数据的可靠性愈高，预期的准确性也将越高，分析程序将更有效。注册会计师计划获取的保证水平越高，对数据可靠性的要求也就越高。

影响数据可靠性的因素很多。数据的可靠性受其来源及性质的影响，并有赖于获取该数据的环境。在确定实质性分析程序使用的数据是否可靠时，注册会计师应当考虑下列因素：

（1）可获得信息的来源。数据来源的客观性或独立性越强，所获取数据的可靠性将越高；来源不同的数据相互印证时比单一来源的数据更可靠。

（2）可获得信息的可比性。实施分析程序使用的相关数据必须具有可比性。通常，被审计单位所处行业的数据与被审计单位的相关数据具有一定的可比性。但应当注意，对于生产和销售专门产品的被审计单位，注册会计师应考虑获取广泛的相关行业数据，以增强信息的可比性，进而提高数据的可靠性。

（3）可获得信息的性质和相关性。例如，被审计单位管理层制定预算时，是将该预算作为预期的结果还是作为将要达到的目标。若为预期的结果，则预算的相关程度较高；若仅为希望达到的目标，则预算的相关程度较低。此外，可获得的信息与审计目标越相关，数据就越可靠。

（4）与信息编制相关的控制。与信息编制相关的控制越有效，该信息越可靠。

为了更全面地考虑数据的可靠性，当实施实质性分析程序时，如果使用被审计单位编制的信息，注册会计师应当考虑测试与信息编制相关的控制，以及这些信息是否在本期或前期经过审计。

上述测试的结果有助于注册会计师就该信息的准确性和完整性获取审计证据，以更好地判断分析程序使用的数据是否可靠。如果注册会计师通过测试获知与信息编制相关的控制运行有效，或信息在本期或前期经过审计，该信息的可靠性将更高。

4.作出预期的准确程度

准确程度是对预期值与真实值之间接近程度的度量，也称精确度。分析程序的有效性在很大程度上取决于注册会计师形成的预期值的准确性。预期值的准确性越高，注册会计师通过分析程序获取的保证水平将越高。在评价作出预期的准确程度是否足以在计划的保证水平上识别重大错报时，注册会计师应当考虑下列主要因素：

（1）对实质性分析程序的预期结果作出预测的准确性。例如，与各年度的研究开发和广告费用支出相比，注册会计师通常预期各期的毛利率更具有稳定性。

（2）信息可分解的程度。信息可分解的程度是指用于分析程序的信息的详略程度，如按月份或地区分部分解的数据。通常，数据的可分解程度越高，预期值的准确性越高，注册会计师将相应获取较高的保证水平。当被审计单位经营复杂或多元化时，分解程度高的详细数据更为重要。数据需要具体到哪个层次受被审计单位性质、规模、复杂程度及记录详略程度等因素的影响。如果被审计单位从事多个不同的行业，或者拥有非常重要的子公司，或者在多个地点进行经营活动，注册会计师可能需要考虑就每个重要的组成部分分别取得财务信息。但是，注册会计师也应当考虑分解程度高的数据的可靠性。例如，季度数据可能因为未经审计或相关控制相对较少，其可靠性将不如年度数据。

（3）财务和非财务信息的可获得性。在设计实质性分析程序时，注册会计师应考虑是否可以获得财务信息（如预算和预测）以及非财务信息（如已生产或已销售产品的数量），以有助于运用分析程序。

5.已记录金额与预期值之间可接受的差异额

预期值只是一个估计数据，在大多数情况下与已记录金额并不一致。为此，在设计和实施实质性分析程序时，注册会计师应当确定已记录金额与预期值之间可接受的差异额。

可接受的差异额是指已记录金额与预期值之间的差额，注册会计师认为该差额无须做进一步调查。注册会计师应当将识别出的差异额与可接受的差异额进行比较，以确定差异是否重大，是否需要做进一步调查。

在确定可接受的差异额时，注册会计师应当主要考虑各类交易、账户余额、列报及相关认定的重要性和计划的保证水平。通常，可容忍错报越低，可接受的差异额越小；计划的保证水平越高，可接受的差异额越小。

注册会计师可以通过降低可接受的差异额应对重大错报风险的增加。可接受的差异额越低，注册会计师需要收集越多的审计证据，以尽可能发现财务报表中的重大错报，获取计划的保证水平。

如果在期中实施实质性程序，并计划针对剩余期间实施实质性分析程序，注册会计师应当考虑实质性分析程序对特定认定的适用性、数据的可靠性、作出预期的准确程度以及可接受的差异额，并评估这些因素如何影响针对剩余期间获取充分、适当的审计证据的能力。注册会计师还应考虑某类交易的期末累计发生额或账户期末余额在金额、相对重要性及构成方面能否被合理预期。

如果认为仅实施实质性分析程序不足以收集充分、适当的审计证据，注册会计师还应测试剩余期间相关控制运行的有效性或针对期末实施细节测试。

（三）有助于形成总体结论的分析程序

1. 总体要求

在临近审计结束时，注册会计师应当设计和实施分析程序，帮助其对财务报表形成总体结论，以确定财务报表是否与其对被审计单位的了解一致。在审计结束或临近结束时，注册会计师运用分析程序的目的是确定财务报表整体是否与其对被审计单位的了解一致，注册会计师应当围绕这一目的运用分析程序。这时运用分析程序是强制要求，注册会计师在这个阶段应当运用分析程序。

2. 总体复核阶段分析程序的特点

在总体复核阶段执行分析程序，所进行的比较和使用的手段与风险评估程序中使用的分析程序基本相同，但两者的目的不同。在总体复核阶段实施的分析程序主要在于强调并解释财务报表项目自上个会计期间以来发生的重大变化，以证实在财务报表中列报的所有信息与注册会计师对被审计单位及其环境的了解一致，与注册会计师取得的审计证据一致。因此，两者的主要差别在于实施分析程序的时间和重点不同，以及所取得数据的数量和质量不同。另外，因为在总体复核阶段实施的分析程序并非为了对特定账户余额和披露提供实质性的保证水平，因此并不如实质性分析程序那样详细和具体，而往往集中在财务报表层次。

3. 再评估重大错报风险

在运用分析程序进行总体复核时，如果识别出以前未识别的重大错报风险，注册会计师应当重新考虑对全部或部分各类交易、账户余额、列报评估的风险是否恰当，并在此基础上重新评价之前计划的审计程序是否充分，是否有必要追加审计程序。

（四）调查分析程序的结果

如果按照本准则的规定实施分析程序，识别出与其他相关信息不一致的波动或关系，或与预期值差异重大的波动或关系，注册会计师应当采取下列措施调查这些差异：

（1）询问管理层，并针对管理层的答复获取适当的审计证据；

（2）根据具体情况在必要时实施其他审计程序。

（五）数据分析

1. 数据分析的概念

（1）“数据”（Data）这个词在拉丁文里是已知的意思，也可以理解为“事实”。如今，数据代表对某个事物的描述，数据可以记录、分析和重组。

（2）“数据化”是指为了指标分析将事物量化的过程。

（3）“大数据”（Big Data），或称巨量资料，指的是所涉及的资料数量规模巨大到无法通过目前主流软件工具在合理时间内实现采集、整理、处理或转化成为帮助决策者决策的可用信息。在维克托·迈尔、舍恩伯格及肯尼斯·库克耶编写的《大数据时代》中，大数据是指不用随机分析法（抽样调查）这样的捷径，而采用所有数据进行分析处理。大数据具有4V特点：Volume（大量），Velocity（高速），Variety（多样），Value（价值）。

（4）大数据的前提：必须要有云计算。在云计算这种信息处理能力极大提高的前提下，这些数据可以成为帮助决策者决策的有用信息。

（5）大数据与云计算在网络虚拟化环境下，提供了网络访问平台，突破了传统抽取部分数据、信息的审计方式，且结合云计算和大数据方法增设非结构化数据和数据分析模块，同时以归类的管理方法，对审计内容进行整理，最终在审计内容达到预警值时，展开深入性审计行为，满足审计工作开展需求。

（6）数据分析能让注册会计师处理一个完整的数据集（总体中的全部交易），可让非专业人士以图形化的方式方便快速查看结果。从审计角度上说，数据分析应当使注册会计师能够更容易地看到被审计单位的**整体情况**。

（7）两种假设。审计准则是基于几乎不可能测试被审计单位100%的交易的假设而制定的。一种观点认为，使用数据分析技术执行超大规模工作的情况改变了一切，因此，审计准则需要彻底地变革以反映新技术的发展。另一种观点认为，相关的基本概念仍是合理的，审计准则只需要适当修改以反映一些效力强大的审计新技术。

2.数据分析的作用

（1）数据分析是通过基础数据结构中的字段来提取数据的，而不是通过数据记录的格式。

一个简单的例子是Excel工具中的Power View，它可以过滤、排序、切分和突显出电子表格中的数据，然后用各种各样的气泡图、柱状图和饼图等方式可视化地呈现数据。可视化与其基础数据几乎一样，因此分析质量的提高程度取决于必须以正确方式提取、分析和连接的基础数据。

（2）数据分析工具，如图1313-7所示。

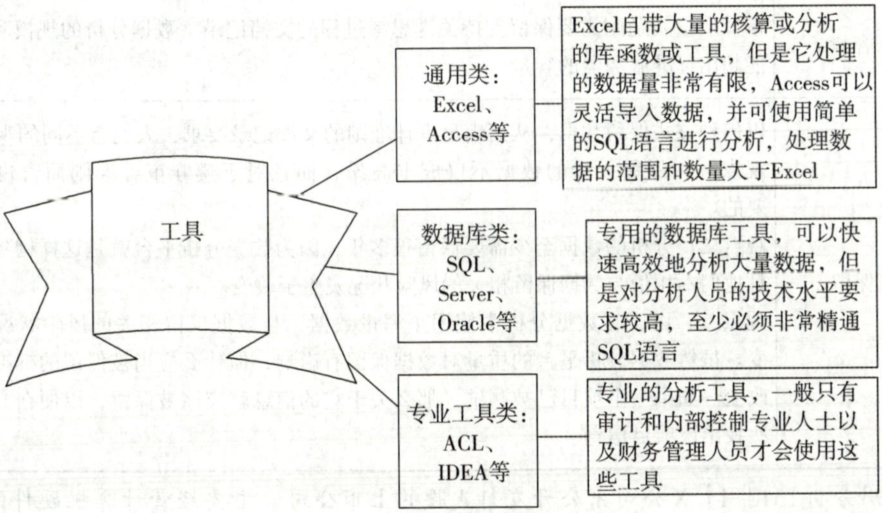

图1313-7 数据分析工具

①数据分析工具可用于风险分析、交易和控制测试、分析程序，为判断提供支撑并提供见解。例如，它们可以利用外部市场数据（如第三方定价信息）为投资重新定价。利率、汇率、CDP以及其他增长指标也可用于分析程序。许多数据分析常规工具可以很容易地由注册会计师执行。独立完成这些分析的能力非常重要。更高级的常规分析工具可用于风险分析以便发现问题，而更详细的分析可用来明确重点，提供审计证据，并提高注册会

计师的洞察力。

②一些常规分析工具可以提供审计证据，为会计估计的计算方法是否适当的判断提供支持。例如，如果一个企业有冲销超过一定账龄的应收款项的政策，如果常规分析工具显示，大量的贷项通知单与开具账单错误有关，那么当冲销贷项通知单时，对运用该方法的分析结果可能导致该方法看起来不是那么恰当。

③数据分析工具可以提高审计质量。审计质量不在于工具本身，而是在于分析和相应判断的质量。这种价值不在于数据转换，而在于从分析产生的交谈和询问中提取的审计证据。

3.数据分析面临的挑战（见表1313-2）

表1313-2　　数据分析面临的挑战

项目	挑战
数据提取	（1）许多大型事务所在其客户系统中包括独立的用户名和密码的只读类型的账号，以便在一段时间内服务于财务报表审计。 （2）注册会计师有时自己去获取数据，有时使用管理层提取并验证过的数据。 （3）通过一个可使用的格式从系统中提取数据。 （4）注册会计师正在开发多种策略，以使他们能够接入各种各样的系统
数据转换	数据和交易可以采用许多不同的方式进行分析，如通过交易类型、账户或活动代码，或者参考许多不同的数据成分。转换（Transformation）使数据变为可用的。注册会计师需要决策对数据进行转换和改变，以便实现数据的可用性
数据容量	审计质量问题则需要保留支持关键思考过程的文档记录。数据分析的规模和范围可能超出标准服务器的容量
数据保留	以何种方式保留数据，从而满足审计准则的文件记录要求，人们有不同的观点： 观点一，保留大量的数据不仅成本高昂，而且对于遵守审计准则而言也是不必要的。 观点二，分析的数据至少需要保留很多年，因为数据分析平台就是这样构建的，并且他们不相信与数据保留相关的风险状况发生了改变。 观点三，由于在数据分析中使用了海量数据，与数据保留相关的风险状况已经改变。虽然数据分析平台的质量对数据保留有影响，但什么应当被保留的标准并没有改变。如果一个项目已被测试，那么关于它的信息就应该被保留，以便在必要时再次找出该项目信息

【应用分析1313-1】X公司系公开发行A股的上市公司，主要经营计算机硬件的开发、集成与销售，其主要业务流程通常为：向客户提供技术建议书→签署销售合同→结合库存情况备货→委托货运公司送货→安装验收→根据安装验收报告开具发票并确认收入。注册会计师于2019年年初对X公司2018年度财务报表进行审计。经初步了解，X公司2018年度的经营形势、管理及经营架构与2017年度比较未发生重大变化，且未发生重大重组行为。其他相关资料如下：

（1）X公司2018年度未审利润表及2017年度已审利润表见表1313-3。

表1313-3　　2018年度未审利润表及2017年度已审利润表　　单位：万元

项目	2018年度（未审数）	2017年度（审定数）
一、主营业务收入	104 300	58 900
减：主营业务成本	91 845	53 599
税金及附加	560	350
二、主营业务利润	11 895	4 951
加：其他业务利润	40	56
减：销售费用	2 800	1 610
管理费用	2 380	3 260
财务费用	180	150
三、营业利润	6 575	（13）
加：投资收益		
补贴收入	980	
营业外收入	100	150
减：营业外支出	260	300
四、利润总额	7 395	（163）
减：所得税费用（税率25%）	800	
五、净利润	6 595	（163）

（2）X公司2018年度1—12月份未审主营业务收入、主营业务成本列示见表1313-4。

表1313-4　　2018年度1—12月份未审主营业务收入、主营业务成本列示　　单位：万元

月份	主营业务收入	主营业务成本
1	7 800	7 566
2	7 600	6 764
3	7 400	6 512
4	7 700	6 768
5	7 800	6 981
6	7 850	6 947
7	7 950	7 115
8	7 700	6 830
9	7 600	6 832
10	7 900	7 111
11	8 100	7 280
12	18 900	15 139
合计	104 300	91 845

要求：分析注册会计师为确定利润表和主营业务收入、主营业务成本的重点审计领域，注册会计师将实施的分析程序。

解析：

（1）针对上述资料（1），注册会计师在实施分析程序后，将以下财务报表项目的重大错报风险评估为高水平以期实施进一步审计程序。

①主营业务收入在2017年度的基础上增长了77.08%，而2018年度经营形势与2017年度相比并未发生重大变化；

②主营业务成本在2017年度的基础上增长了71.35%，而2018年度经营形势与2017年度相比并未发生重大变化；

③在机构、人员亦未发生重大变化，且在销售收入大幅增长的情况下，管理费用由3 260万元下降到2 380万元，下降了26.99%；

④2017年度公司并未取得补贴收入，2018年度取得大额补贴收入；

⑤所得税费用占利润总额比例（为10.82%）与25%的所得税税率存在较大差异。

因此，注册会计师有理由认为，在2018年利润表中，主营业务收入、主营业务成本、管理费用、补贴收入、所得税费用五个报表项目的“发生”认定的错报风险比较高，注册会计师拟作进一步的细节测试。

（2）针对上述资料（2），注册会计师在实施分析程序后，将以下月份主营业务收入和主营业务成本的重大错报风险评估为高水平，并设计进一步的细节测试程序。

①1月份毛利率（为3%）远远低于全年平均毛利率和其他各月毛利率。

②12月份主营业务收入占全年主营业务收入的比例较高（达18.12%）；毛利率相对较高（达19.90%）。

第五节　审计抽样（第1314号）

一、概述

（一）本准则制定与修订背景

20世纪以来，企业规模的迅速扩大使得注册会计师对被审计单位被审计期间的全部交易进行逐笔审查不再现实，因此产生了在选择性测试的基础上进行审计的需要。企业内部控制的建立和完善，以及概率论和数理统计的发展使抽样在审计中的应用成为可能。因此，审计逐步由详细审计发展到抽样审计。

自20世纪80年代中期，随着我国企业规模的扩大，审计抽样开始在我国职业界应用。中注协于1995年12月25日发布的第一批独立审计准则就颁布了《独立审计具体准则第4号——审计抽样》，自1996年1月1日起施行，以规范注册会计师在审计过程中使用审计抽样方法。就总体而言，中国注册会计师职业界对审计抽样的使用相对较少，也不规范。近年来，我国经济飞速发展，企业规模迅速扩大，经济业务日趋复杂，审计成本不断增加，注册会计师职业界对审计抽样特别是统计抽样方法的需求越来越迫切。原有的审计抽样准则已经难以满足目前审计实务发展的需要。因此，本准则的制定是为了规范注册会计师在实施审计程序时使用审计抽样。

（二）本准则2010年修订内容

《中国注册会计师审计准则第1314号——审计抽样》主要是对2006年版《中国注册会计师审计准则第1314号——审计抽样和其他选取测试项目的方法》按照新体例进行改写，并未作出实质性修订。

与2006年版准则相比，本次修订在准则结构和具体规定上有以下三个方面的变化：

（1）调整了与《中国注册会计师审计准则第1301号——审计证据》的关系。仅规范如何使用审计抽样，将2006年版准则中除审计抽样之外的其他选取测试项目的方法的相关内容，移入《〈中国注册会计师审计准则第1301号——审计证据〉应用指南》中，并将准则题目修改为“审计抽样”，将准则定位为对《中国注册会计师审计准则第1301号——审计证据》的补充，从而使准则主题集中、逻辑清楚、便于理解。

（2）增加了“异常错报”的定义，同时将“可容忍误差”拆分为“可容忍错报”和“可容忍偏差率”分别予以定义。

（3）在评价审计抽样结果部分明确提出，注册会计师不仅应评价样本结果，还要评价使用审计抽样是否已为注册会计师针对所测试的总体得出的结论提供合理基础。

（三）本准则2016年修订内容

本准则本次未修订。

（四）本准则2019年修订内容

本准则及其应用指南本次均未修订。

（五）本准则学习中注意事项

（1）《中国注册会计师审计准则第1301号——审计证据》要求注册会计师设计和实施审计程序，获取充分、适当的审计证据，以得出合理的结论，作为形成审计意见的基础。该准则还要求注册会计师确定用以选取测试项目的方法能够有效实现审计程序的目的，审计抽样是其中的一种方法。

（2）本准则作为对《中国注册会计师审计准则第1301号——审计证据》的补充，规范了注册会计师在设计和选择审计样本以实施控制测试和细节测试，以及评价样本结果时对统计抽样和非统计抽样的使用。

二、框架结构简介

本准则共5章25条，其框架结构见表1314-1。

表1314-1　框架结构

章	名称	节	条	主要内容
第一章	总则	—	1～3	本准则制定的目的和与第1301号准则的关系
第二章	定义	—	4～13	解释本准则中包含的术语
第三章	目标	—	14	界定执行本准则应实现的目标
第四章	要求	1～5	15～24	规定注册会计师为实现准则目标应遵守的要求，即注册会计师在相关业务环境下应当实施的所有必要程序
第五章	附则	—	25	本准则施行时间

三、重点难点解析

（一）本准则重要的基本概念（见表1314-2）

表1314-2　　重要的基本概念

项目	基本概念
审计抽样	即抽样，是指注册会计师对具有审计相关性的总体中低于百分之百的项目实施审计程序，使所有抽样单元都有被选取的机会，为注册会计师针对整个总体得出结论提供合理基础
总体	是指注册会计师从中选取样本并期望据此得出结论的整个数据集合
分层	是指将总体划分为多个子总体的过程，每个子总体由一组具有相同特征（通常为货币金额）的抽样单元组成
抽样单元	是指构成总体的个体项目
抽样风险	是指注册会计师根据样本得出的结论，可能不同于如果对整个总体实施与样本相同的审计程序得出的结论的风险
非抽样风险	是指注册会计师由于任何与抽样风险无关的原因而得出错误结论的风险
误差	在控制测试中，误差是指控制偏差；在细节测试中，误差是指错报
异常误差	是指对总体中的错报或偏差明显不具有代表性的错报或偏差
可容忍错报	是指注册会计师设定的货币金额，注册会计师试图对总体中的实际错报不超过该货币金额获取适当水平的保证
可容忍偏差率	是指注册会计师设定的偏离规定的内部控制程序的比率，注册会计师试图对总体中的实际偏差率不超过该比率获取适当水平的保证
总体变异性	是指总体的某一特征（如金额）在各项目之间的差异程度
均值估计抽样	是指通过抽样审查确定样本的平均值，再根据样本平均值推断总体的平均值和总值的一种变量抽样方法
差额估计抽样	是指以样本实际金额与账面金额的平均差额来估计总体实际金额与账面金额的平均差额，然后再以这个平均差额乘以总体规模，从而求出总体的实际金额与账面金额的差额（即总体错报）的一种方法
比率估计抽样	是指以样本的实际金额与账面金额之间的比率关系来估计总体实际金额与账面金额之间的比率关系，然后再以这个比率去乘总体的账面金额，从而求出估计的总体实际金额的一种抽样方法
PPS抽样	是指以货币单位作为抽样单元进行选样的一种方法，在该方法下总体中每个货币单位被选中的机会相同，所以总体中某一项目被选中的概率等于该项目的金额与总体金额的比率

（二）选取测试项目的方法

在设计审计程序时，注册会计师应确定选取测试项目的适当方法。注册会计师可以单独或联合使用的方法，包括选取全部项目、选取特定项目和审计抽样。三种方法归纳比较如图1314–1所示及见表1314–3。

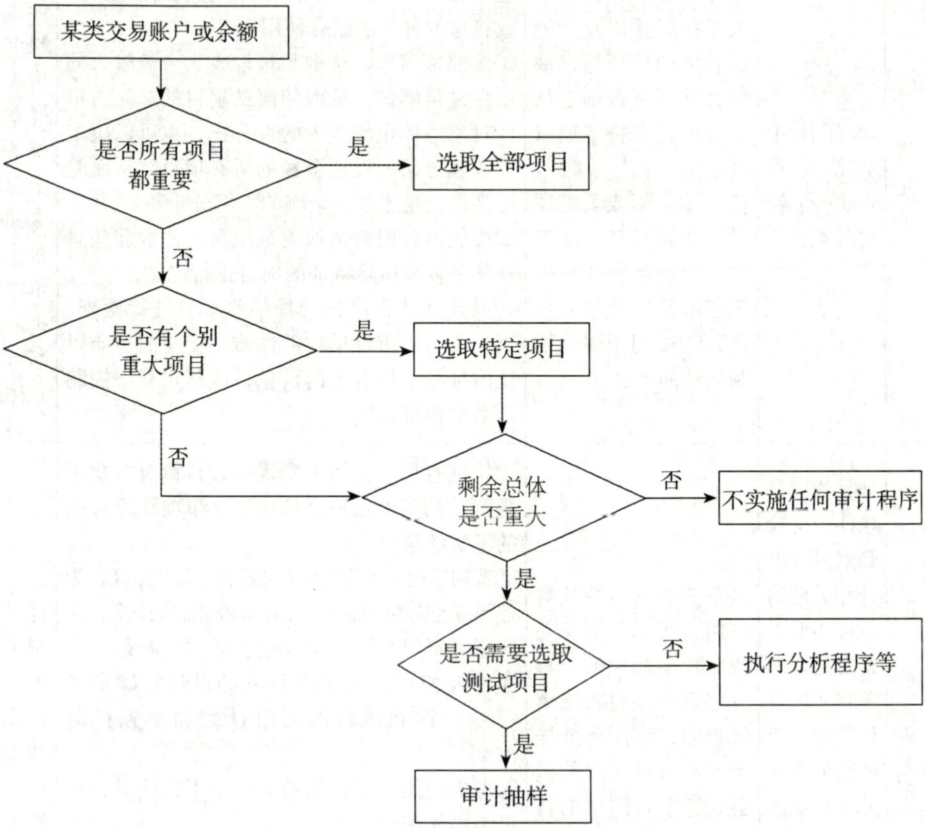

图1314–1　选取测试项目的三种方法之间的逻辑关系

表1314–3　　三种方法归纳比较表

方法	概念	适用范围	具体运用	优缺点
（1）选取全部项目	对总体中的全部项目进行检查	①通常更适用于细节测试，而不适合控制测试； ②细节测试注意事项，总体可以包括构成某类交易或账户余额的所有项目，也可以是其中的一层，同一层中的项目具有某一共同特征	存在下列三种情形之一时，考虑运用： ①总体由少量的大额项目构成； ②存在特别风险且其他方法未提供充分、适当的审计证据； ③由于信息系统自动执行的计算或其他程序具有重复性，对全部项目进行检查符合成本效益原则	优点：全面、完整； 缺点：工作量大

续表

方法	概念	适用范围	具体运用	优缺点
（2）选取特定项目	对总体中的特定项目进行针对性测试	根据了解、评估的重大错报风险以及所测试总体的特征等，注册会计师可以确定从总体中选取特定项目进行测试，可能包括：①大额或关键项目；②超过某一金额的全部项目；③被用于获取某些信息的项目；④被用于测试控制活动的项目	只对审计对象总体中的部分项目进行测试。通常按照覆盖率或风险因素选取测试项目，或将这两种方法结合使用： ①按照覆盖率，选取数量较少、金额较大的项目进行测试，从而使测试项目的金额占审计对象总体金额很大的百分比，也可以决定抽取超过某一设定金额的所有项目，从而验证某类交易或账户余额的大部分金额； ②按照风险因素选取测试项目，选取那些具有某种较高风险特征的项目进行测试； ③风险评估程序，选择某些项目进行检查，以获取与被审计单位的性质、交易的性质以及内控等事项有关的信息，或确定某一控制活动是否得到执行	优点：工作量小。 缺点：①不构成审计抽样，不能推断至整个总体； ②抽样单元机会不等，不能根据发现的误差推断审计对象总体的误差
（3）审计抽样	即抽样，是指注册会计师对具有审计相关性的总体中低于百分之百的项目实施审计程序，使所有抽样单元都有被选取的机会，为注册会计师针对整个总体得出结论提供合理基础	具备三个基本特征时可用：①对某类交易或账户余额中低于百分之百的项目实施审计程序；②所有抽样单元都有被选取的机会；③审计测试的目的是评价该账户余额或交易类型的某一特征	①特别有用，在为了实现审计目标对需要进行测试的其他账户余额或交易事项缺乏特别的了解的情况下。 ②普遍使用，企业规模大和经营复杂程度高，为控制审计成本、提高审计效率和保证审计效果。 ③通常不用，风险评估程序通常不涉及。 ④涉及使用，在了解控制的设计和确定控制是否得到执行的同时计划和实施控制测试。 ⑤考虑使用，当控制的运行留下轨迹时，可以考虑使用。 ⑥不宜使用：a. 控制测试，对未留下运行轨迹的控制实施测试时，应考虑实施询问、观察等审计程序，以获取有关控制运行有效性的审计证据，不涉及审计抽样；b. 实质性分析程序。 ⑦可以使用，实质性细节测试	优点：控制审计成本，提高审计效率和保证审计效果； 缺点：对专业判断要求较高

审计抽样的适用范围归纳见表1314-4。

表1314-4　审计抽样的适用范围

审计程序	是否适宜	具体情形
风险评估	否	所有
控制测试	是	留下运行轨迹的控制
	否	未留下运行轨迹的控制
	否	信息技术内部控制测试
实质性程序	是	细节测试
	否	实质性分析程序

（三）抽样风险与非抽样风险

在获取审计证据时，注册会计师应运用职业判断，评估重大错报风险，并设计进一步审计程序，以确保将审计风险降至可接受的低水平。当使用审计抽样时，审计风险可能受抽样风险和非抽样风险的影响。这两种风险可能影响对重大错报风险的评估和对检查风险的确定。

1.抽样风险与非抽样风险比较（见表1314-5）

表1314-5　　抽样风险与非抽样风险比较

项目	抽样风险	非抽样风险
含义	注册会计师根据样本得出的结论，与对总体全部项目实施与样本同样的审计程序得出的结论存在差异的可能性	由于某些与样本规模无关的因素而导致注册会计师得出错误结论的可能性
产生原因	只要使用了审计抽样总会存在	包括审计风险中不是由抽样所导致的所有风险，由人为错误造成的，注册会计师即使对某类交易或账户余额的所有项目实施某种审计程序，也可能仍未能发现重大错报或控制失效。采用不适当的审计程序，或者误解审计证据而没有发现误差等，可能导致的原因包括：（1）选择的总体不适合于测试目标；（2）未能适当地定义控制偏差或错报，导致注册会计师未能发现样本中存在的偏差或错报；（3）选择了不适于实现特定目标的审计程序；（4）未能适当地评价审计发现的情况；（5）其他原因
控制测试	如果注册会计师实施了适当的审计程序而在样本中未发现偏差或仅发现少量偏差，并得出控制运行有效的结论，重大错报风险评估水平则会受到影响	当总体实际偏差率非常高时，如果注册会计师实施了不适当的审计程序而未能发现样本中的错误，重大错报风险评估水平就会受到影响
细节测试	如果总体实际错报高于可容忍错报，注册会计师在细节测试的样本中只发现了很小的错报，导致得出错误的结论，检查风险水平就会受到影响	如果注册会计师实施了不适当的审计程序而得出错误的结论，检查风险水平就会受到影响
计量	统计抽样准确计量和控制；非统计抽样根据职业判断对其进行定性的评价和控制	在任何一种抽样方法中注册会计师都不能量化；如果对总体中的所有项目都实施检查，就不存在抽样风险，此时审计风险完全由非抽样风险产生
控制	通过扩大样本规模降低	（1）采取适当的质量控制政策和程序；（2）对审计工作进行适当的指导、监督与复核；（3）对注册会计师实务的适当改进，可以将非抽样风险降至可以接受的水平；（4）也可以通过仔细设计审计程序尽量降低

2. 抽样风险与非抽样风险对审计工作的影响（见表1314-6）

表1314-6　　　　抽样风险与非抽样风险对审计工作的影响

审计测试	抽样风险种类	影响	重大错报风险的评估	检查风险的确定
控制测试	信赖过度风险（坏人当好人）	审计效果	**情形**：推断的控制有效性 > 实际控制有效性 **结果**：发表不恰当的审计意见；导致评估的重大错报风险水平**偏低**；可能不适当地**减少**从实质性程序中获取的证据；审计的有效性**下降** **要求**：更应关注［后怕］	—
控制测试	信赖不足风险（好人当坏人）	审计效率	**情形**：推断的控制有效性 < 实际控制有效性 **结果**：得出恰当的结论；导致评估的重大错报风险水平**偏高**；可能会**增加**不必要的实质性程序；效率可能**降低** **要求**：［后悔］	—
细节测试	误受风险（坏人当好人）	审计效果	—	**情形**：总体实际错报 > 可容忍错报 **结果**：发表不恰当的审计意见；注册会计师在细节测试的样本中只发现了**很小**的错报；导致得出账面金额无重大错报的错误结论；检查风险水平会受到抽样风险的影响 **要求**：更应关注［后怕］
细节测试	误拒风险（好人当坏人）	审计效率	—	**情形**：总体实际错报 < 可容忍错报 **结果**：得出恰当的结论；推断某一重大错报存在而实际上不存在；账面金额不存在重大错报而注册会计师认为其存在重大错报；会扩大细节测试的范围并考虑获取其他审计证据；审计效率**降低** **要求**：［后悔］

注：两种测试中的非抽样风险对审计效率、审计效果都有影响。

3.抽样风险类型（见表1314-7和表1314-8）

表1314-7　控制测试中抽样风险类型

情形		被审计单位控制活动、政策或程序的实际有效性	
		控制风险初步评估结果适当	控制风险初步评估结果不适当
注册会计师根据样本结果得出的结论	支持初步评估的控制风险水平	正确结论	信赖过度风险：评估的控制风险太低（审计无效）
	不支持初步评估的控制风险水平	信赖不足风险：评估的控制风险太高（审计效率太低）	正确结论

表1314-8　细节测试中抽样风险类型

情形		被审计单位交易或账户余额记录的实际状况	
		不存在重大错报	存在重大错报
注册会计师根据样本结果得出的结论	交易或账户余额不存在重大错报	正确结论	误受风险（审计无效）
	交易或账户余额存在重大错报	误拒风险（审计效率太低）	正确结论

（四）统计抽样和非统计抽样

1.审计抽样种类

首先概括一下全书中涉及的审计抽样种类，如图1314-2所示。

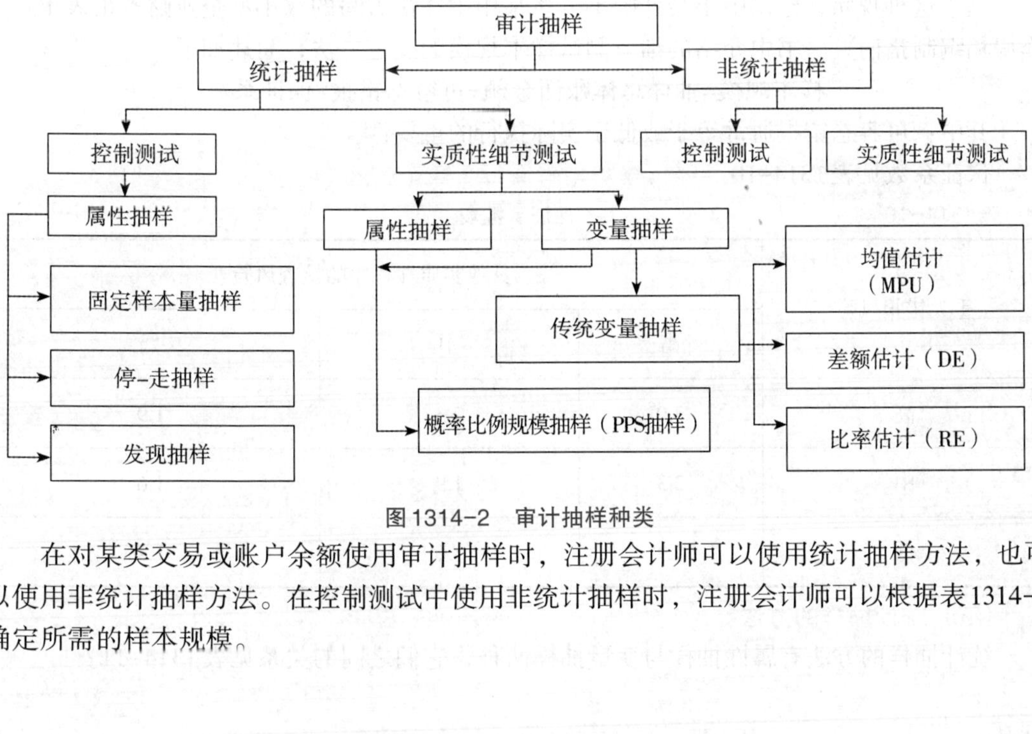

图1314-2　审计抽样种类

在对某类交易或账户余额使用审计抽样时，注册会计师可以使用统计抽样方法，也可以使用非统计抽样方法。在控制测试中使用非统计抽样时，注册会计师可以根据表1314-9确定所需的样本规模。

表 1314-9　　人工控制最低样本量表

控制执行频率	全年控制发生次数	测试数量（样本量）
1次/年度	1次	1个
1次/季度	4次	2个
1次/月度	12次	3个
1次/每周	52次	5个
1次/每日	250次	20个
每日数次	大于250次	25个

2.审计小型被审计单位的特殊考虑

在审计小型被审计单位时，如果使用审计抽样实施细节测试，如何运用统计学公式确定样本规模。

《中国注册会计师审计准则第1314号——审计抽样》第十六条要求注册会计师应当确定足够的样本规模，以将抽样风险降至可接受的低水平。在确定样本规模时，注册会计师可以运用统计学公式。

在实务中，由于中小会计师事务所缺乏技术资源，导致注册会计师在确定样本规模时没有科学的计算方法可依据，较多由项目合伙人简单决策，例如，确定应收账款函证比例为应收账款余额的80%，但为什么是80%这一比例，项目合伙人往往无法进行解释，审计工作底稿中亦无相应记录。

基于这种现状，建议中小会计师事务所采用中注协编写的《小型企业财务报表审计工作底稿编制指南》一书中介绍的细节测试样本规模的确定方法，简述如下：

样本规模=抽样总体账面金额÷可容忍错报×保证系数

其中：可容忍错报通常等于或低于实际执行的重要性。

保证系数见表1314-10。

表 1314-10　　保证系数表

重大错报风险	其他实质性程序的检查风险		
	高	中	低
高	3.0	2.3	1.9
中	2.3	1.9	1.6
低	1.9	1.6	1.2

（五）统计抽样的方法

统计抽样的方法有属性抽样与变量抽样两种，它们之间的关系见表1314-11。

表1314-11　属性抽样与变量抽样之间的关系

项目	属性抽样	变量抽样
(1) 抽样内涵	一种对总体中某一事件发生率得出结论的统计抽样方法；设定控制的每一次发生或偏离都被赋予同样的权重，而不管交易的金额大小	用来对总体金额得出结论的统计抽样方法
(2) 测试种类	控制测试	实质性细节测试
(3) 测试目标	估计总体既定控制的偏差率（次数）	估计总体总金额或总体中的错误金额
(4) 测试内容	内控有效性	报表项目
(5) 测试评价	定性评价	定量评价
(6) 测试目的	确定实质性程序	确定会计报表是否公允表达
(7) 测试方法	固定样本量抽样、停-走抽样、发现抽样	均值估计、差额估计、比率估计，但有一个例外，即PPS抽样，是一种运用属性抽样原理对货币金额而不是对发生率得出结论的统计抽样方法
(8) 测试结论	对与错或是与否；得出的结论与总体发生率有关	得出的结论与总体金额有关
(9) 适用范围	控制测试中运用的抽样技术	金额是多少？或账户是否存在错报？主要用途是进行实质性细节测试，以确定记录金额是否合理

（六）审计抽样的基本步骤

在使用审计抽样时，注册会计师的目标是，为得出有关抽样总体的结论提供合理的基础。

审计抽样的过程有三大步骤：

1.样本设计阶段

在设计审计样本时，注册会计师应当考虑审计程序的目的和抽样总体的特征。

（1）确定测试目标。控制测试的目的是评价控制是否有效运行，从而支持评估的重大错报风险水平，只有认为控制设计合理、能够防止或发现并纠正认定层次的重大错报，注册会计师才有必要对控制运行的有效性实施测试；细节测试旨在对各类交易、账户余额、列报的相关认定进行测试，注册会计师实施审计程序的目标就是确定相关认定是否存在重大错报。

（2）定义总体与抽样单元。总体是指注册会计师从中选取样本并据此得出结论的整套数据。总体可以包括构成某类交易或账户余额的所有项目，也可以只包括某类交易或账户余额中的部分项目。抽样单元，是指构成总体的个体项目。在控制测试中，注册会计师应根据被测试的控制定义抽样单元，抽样单元通常是能够提供控制运行证据的一份文件资料、一个记录或其中一行；在细节测试中，抽样单元可能是一个账户余额、一笔交易或交易中的一项记录，甚至是每个货币单位。

（3）定义误差构成条件。注册会计师必须事先准确定义构成误差的条件，否则执行审计程序时就没有识别误差的标准。在控制测试中，误差是指控制偏差；在细节测试中，误差是指错报。

（4）确定样本规模。注册会计师应当确定足够的样本规模，以将抽样风险降至可接受的低水平。

①在统计抽样中，注册会计师必须对影响样本规模的因素进行量化，并利用根据统计公式开发的专门的计算机程序或专门的样本量表来确定样本规模。

②在非统计抽样中，注册会计师可以只对影响样本规模的因素进行定性估计，并运用职业判断确定样本规模。

2.选取样本和实施审计程序

注册会计师在选取样本项目时，应当使总体中的每个抽样单元都有被选取的机会。

（1）选取样本。

①概率选样方法：随机选样、系统选样、分层选样、PPS（概率比例规模）选样。

②非概率选样方法：整群选样、任意选样、判断选样。

（2）实施审计程序。

①对实施审计程序的总体要求。注册会计师应当针对选取的每个项目，实施适合于具体审计目标的审计程序。对选取的样本项目实施审计程序旨在发现并记录样本中存在的误差。

②使用替代项目。如果选取的项目不适合实施审计程序，注册会计师通常使用替代项目。比如，注册会计师在测试付款是否得到授权时选取的付款单据中可能包括一个空白的付款单。如果注册会计师确信该空白付款单是合理的且不构成误差，可以适当选择一个替代项目进行检查。

③使用替代程序。如果未能对某个选取的项目实施设计的审计程序或适当的替代程序，注册会计师应当将该项目视为控制测试中对规定的控制的一项偏差，或细节测试中的一项错报。注册会计师通常对每一样本项目实施适合特定审计目标的审计程序。有时，注册会计师可能无法对选取的抽样单元实施计划的审计程序（如由于原始单据丢失等原因）。如果未检查项目可能存在的错报会导致该类交易或账户余额存在重大错报，注册会计师就要考虑实施替代程序，为形成结论提供充分的证据。

3.评价审计抽样结果

（1）分析偏差的性质和原因。注册会计师应当调查识别出的所有偏差或错报的性质和原因，并评价其对审计程序的目的和审计的其他方面可能产生的影响。在极其特殊的情况下，如果认为样本中发现的某项偏差或错报是异常误差，注册会计师应当对该项偏差或错报对总体不具有代表性获取高度肯定。在获取这种高度肯定时，注册会计师应当实施追加的审计程序，以获取充分、适当的审计证据，从而确定该项偏差或错报不影响总体的其余部分。

（2）推断错报。在实施控制测试时，由于样本的误差率就是整个总体的推断误差率，注册会计师无须推断总体误差率；当实施细节测试时，注册会计师应当根据样本中发现的错报推断总体错报。在细节测试中，对选出的项目实施审计程序后，可能会发现金额错报，注册会计师应当根据样本中发现的错报推断总体错报。

（3）得出总体结论。注册会计师应当对下列方面进行评价：①样本结果；②使用审计抽样是否已为注册会计师针对所测试的总体得出的结论提供合理基础。

在实施控制测试时，如果样本的误差率超出预期，注册会计师应当修正评估的重大错报风险，或获取进一步审计证据支持初始评估结果；在实施细节测试时，如果样本的误差额超出预期，除非有进一步的证据证明不存在重大错报，注册会计师应当认为所测试的交易或账户余额存在重大错报。

【应用分析1314-1】固定样本量抽样法举例。

X公司系公开发行A股的上市公司，主要经营计算机硬件的开发、集成与销售，其主要业务流程通常为：向客户提供技术建议书→签署销售合同→结合库存情况备货→委托货运公司送货→安装验收→根据安装验收报告开具发票并确认收入。注册会计师于2018年年初对X公司2017年度会计报表进行审计。经初步了解，X公司2017年度的经营形势、管理及经营机构与2016年度比较未发生重大变化，且未发生重大重组行为。

注册会计师在编制审计计划时，准备在X公司2017年度所开具的全部发票中，采用固定样本量抽样法随机抽取若干发票进行控制测试，检查样本发票是否有对应的安装验收报告。注册会计师确定的预期总体误差率为1%，可容忍误差率为4%，信赖过度风险为5%，在95%的可信赖程度下，控制测试的样本量见表1314-12。

表1314-12 控制测试的样本量

预期总体误差率（%）	可容忍误差率			
	3%	4%	5%	6%
0.75	208（1）	117（1）	93（1）	78（1）
1		156（1）	93（1）	78（1）
1.25		156（1）	124（2）	78（1）
1.5		192（3）	124（2）	103（2）

要求：针对检查样本发票是否有对应的安装验收报告这项控制测试，根据资料中列示的各项条件，请定义“误差”，确定样本量，并根据以下两种情况评价抽样结果：

（1）抽样查出的误差数为1，且没有发现舞弊或逃避内部控制的情况；

（2）抽样查出的误差数为3，且没有发现舞弊或逃避内部控制的情况。

解析：注册会计师的分析过程和结果：

（1）定义“误差”。对于每张发票及有关安装验收报告，若发现下列情形之一者，即可定义为误差：

①没有安装验收报告的任何发票；

②发票虽有安装验收报告，但该单据属于其他发票；

③发票与安装验收报告所记载的数量不符。

（2）确定样本量。根据样本量表1314-12，预期总体误差率为1%，当可容忍误差率为4%时，应选取的样本量为156项。

（3）评价抽样结果。

①抽样查出的误差数为1，且没有发现舞弊或逃避内部控制的情况时，注册会计师可以得出结论：总体误差率不超过4%的可信赖程度为95%。

②抽样查出的误差数为3，且没有发现舞弊或逃避内部控制的情况时，注册会计师不能以95%的可信赖程度保证总体误差率不超过4%。此时，注册会计师应减少对这一内部控制的可信赖程度，考虑增加样本量或修改实质性程序。

【应用分析1314-2】传统变量抽样方法在细节测试中的应用。

申根注册会计师负责审计甲公司2021年度财务报表。在针对存货实施细节测试时，申根注册会计师决定采用传统变量抽样方法实施统计抽样。甲公司2021年12月31日存货账面余额合计为150 000 000元。

申根注册会计师确定的总体规模为3 000单位，样本规模为200单位，样本账面余额合计为12 000 000元，样本审定金额合计为8 000 000元（见表1314-13）。

表1314-13 工作底稿

项目	样本	总体
审定金额	8 000 000元	X
账面金额	12 000 000元	150 000 000元
规模数量	200单位	3 000单位

要求：代申根注册会计师分别采用均值法、差额法和比率法三种方法计算推断的总体错报金额。

解析：

（1）均值法。

样本审定金额的平均值＝样本审定金额÷样本规模=8 000 000÷200＝40 000（元）

估计的总体金额＝样本审定金额的平均值×总体规模=40 000×3 000＝120 000 000（元）

推断的总体错报＝总体账面金额−估计的总体金额=150 000 000−120 000 000=30 000 000（元）

（2）差额法。

样本平均错报＝差额÷样本规模=（样本账面金额−样本实际金额）÷样本规模

＝（12 000 000−8 000 000）÷200＝20 000（元）

推断的总体错报＝样本平均错报×总体规模＝20 000×3 000＝60 000 000（元）

估计的总体金额=总体账面金额－推断的总体错报＝150 000 000−60 000 000＝90 000 000（元）

（3）比率法。

比率＝样本审定金额÷样本账面金额=8 000 000÷12 000 000＝2÷3

估计的总体金额＝总体账面金额×比率=150 000 000×2÷3＝100 000 000（元）

推断的总体错报＝估计的总体金额－总体账面金额

=150 000 000－100 000 000=50 000 000（元）

第六节 审计会计估计（包括公允价值会计估计）和相关披露（第1321号）

一、概述

（一）本准则制定与修订背景

为加强包括公允价值会计估计在内的会计估计审计的严密性，2008年2月国际会计师联合会（IFAC）下属的独立的准则制定机构——国际审计与鉴证准则理事会（IAASB）发布了重新修订并起草的国际审计准则第540号《包括公允价值会计估计的会计估计及相关披露的审计》。对审计会计估计包括公允价值会计估计提出了更高的要求，也是对其他利益相关方要求对公允价值会计估计审计提供更进一步指南的呼吁所作的回应。

公允价值的估计和披露在许多财务报告框架中起着重要的作用，注册会计师也应当清楚地了解公允价值的相关会计原则和规定，包括披露和对披露的恰当性作出充分的考虑。当市场缺乏充分有效的信息时，现有的市场经验突显了金融工具估价过程中所出现的困难。2007年美国次贷危机所引发的审计挑战对金融市场和公允价值计量产生了巨大的影响。近年来，IAASB一直致力于制定新准则或修订旧准则，其目的是通过制定高质量的审计和鉴证业务准则促进各国准则与国际准则的趋同，进而提高世界范围内业务的质量和一致性，增强社会公众对全球审计和鉴证职业的信心，以更好地为公众利益服务。IAASB发布的修订后的新准则为会计估计的审计提供更进一步的指南，尤其是以复杂估价模型或重大不可观察参数为基础所决定的公允价值估计审计的指南。该准则起到加强当前实务和促进全球一致性方面的作用。

重新修订并起草的国际审计准则第540号采用风险导向方法对包括公允价值会计估计在内的会计估计进行审计。它解决了诸如注册会计师如何评估会计估计的不确定性对风险评估的影响、管理层进行会计估计的方法、管理层假设的合理性以及披露的恰当性等问题。该准则提供了公允价值会计估计审计的广泛指南，其中包括与会计估计有关的财务报告框架要求的恰当应用以及估价中与模型使用相关的审计考虑。它要求注册会计师关注高风险、会计判断以及潜在偏颇等方面，从而帮助注册会计师对企业的财务报告框架内会计估计的合理性形成恰当的结论。

目前我国有关公允价值会计估计审计的准则主要包括《中国注册会计师审计准则第1321号——审计会计估计（包括公允价值会计估计）和相关披露》和《中国注册会计师审计准则第1322号——公允价值计量和披露的审计》，随后又发布了增强准则可操作性的指南，这在会计准则大范围地使用公允价值的情况下，为注册会计师的审计工作提供了明确的规范和指导。我国的公允价值审计准则与国际审计准则第540号和国际审计准则第545号的趋同性很高，但是目前我国有关的公允价值会计估计审计准则是在缺乏单独的《企业会计准则第39号——公允价值计量》的情况下制定的，审计准则是以会计准则为基础制定的，审计准则超前于会计准则的制定这一重大缺陷将直接导致公允价值审计准则的局限性。会计准则和审计准则的匹配度影响了审计准则的执行效果，因此有必要对我国的会计准则中的公允价值方面进行完善。同时IAASB为帮助注册会计师应对审计公允价值会计估计的挑战，及时修订了国际审计准则第540号《包括公允价值会计估计的会计估计及相关披露的审计》，又于2008年10月发布了一份新的审计实务警示公告《应对当前市场环境中公允价值会计估计审计的挑战》，对注册会计师具有较大的参考作用。新修订的国际审计准则第540号结合了原来的国际审计准则第540号《会计估计和相关披露的审计》以及国际审计准则第545号《公允价值计量和披露的审计》。IAASB认为，通过合并这两个准则，会计估计和公允价值会计估计之间的类似之处可能会得以强调，同时重复之处也将得以剔除，内容更科学更完善，可操作性更强。而中注协基于新修订的国际审计准则第540号对我国相关公允价值审计准则作出修订，以适应当前的经济环境和公允价值计量的发展。

公允价值是本次国际金融危机中引起广泛关注和争议的一个焦点，如何为注册会计师在新形势下开展公允价值提供指导，防范审计风险，是目前急需研究解决的问题。

本准则的制定是为了规范注册会计师在财务报表审计中与会计估计（包括公允价值会计估计）和相关披露有关的责任。

（二）本准则2010年修订内容

在本准则本次的修订中，将2006年版《中国注册会计师审计准则第1321号——会计估计的审计》和《中国注册会计师审计准则第1322号——公允价值计量和披露的审计》合并为《中国注册会计师审计准则第1321号——审计会计估计（包括公允价值会计估计）和相关披露》，并作出实质性修订。

与两项2006年版准则相比，本准则本次在结构和具体规定方面有以下8个方面的变化：

（1）明确了与其他准则之间的关系，即是对《中国注册会计师审计准则第1211号——通过了解被审计单位及其环境识别和评估重大错报风险》《中国注册会计师审计准则第1231号——针对评估的重大错报风险采取的应对措施》和其他审计准则在涉及审计会计估计方面应用的进一步扩展。

（2）按照风险评估、风险应对的思路对准则要求进行了调整，将准则的核心要求分为风险评估程序、识别和评估重大错报风险、应对评估的重大错报风险、实施进一步实质性程序应对特别风险等四个主要方面。

（3）在风险评估方面，规定了注册会计师应当了解的三个方面：一是与会计估计相关的会计准则和相关会计制度的规定；二是管理层如何识别可能导致需要作出会计估计的交易、事项和状况；三是管理层如何作出会计估计。此外，还对管理层作出会计估计的方法和依据，以及注册会计师如何复核会计估计的结果提供了新的详细指导。

（4）在风险应对方面，要求注册会计师从两个方面开展工作：一是确定管理层是否恰当运用与会计估计相关的会计准则和相关会计制度的规定；二是评价作出会计估计的方法是否恰当，并得到一贯应用。同时，还针对考虑会计估计的性质时应当实施的程序作出了详细规定。

（5）强调了对估计不确定性的关注。明确了估计不确定性的性质，即会计估计和相关披露对计量固有不精确性的敏感性，估计不确定性的程度会影响与会计估计相关的重大错报风险，特别是会计估计对管理层偏向的敏感性。基于此，要求评价估计不确定性的程度，并确定具有高度估计不确定性的会计估计是否会导致特别风险。

（6）增加了应对特别风险的实质性程序。鉴于会计估计的特殊性质，针对导致特别风险的会计估计，提出了补充要求，一是评价管理层如何考虑可选择的假设或结果，二是评价管理层使用的重大假设是否合理，三是评价管理层的意图和能力，四是形成用于评价会计估计合理性的区间估计，五是针对会计估计的确认和计量获取充分、适当的审计证据。

（7）增加了对识别管理层偏向的迹象的要求。鉴于会计估计对管理层偏向的敏感性会增加估计不确定性，要求注册会计师复核管理层在作出会计估计时的判断和决策，以识别是否存在可能的管理层偏向的迹象。

（8）增加了"注册会计师的点估计或区间""估计不确定性""管理层的点估计""管理层偏向""会计估计的结果"的定义，并对"会计估计"的定义作出修改。

（三）本准则2016年修订内容

本准则本次未修订。

（四）本准则2019年修订内容

本准则本次未修订，其应用指南也只对第114段进行了相关性修订。

（五）本准则学习中注意事项

（1）尽管会计估计和预测性财务信息都建立在对不确定事项进行判断的基础上，都带有估计的成分，但前者属于历史财务信息，后者属于未来财务信息。因此，本准则适用于注册会计师执行财务报表审计业务，但不适用于预测性财务信息的审核。

（2）因本准则是全新制定的，鉴于投资性房地产、非货币性资产交换、债务重组等交易或事项越来越多地涉及公允价值计量模式。所以，注册会计师应当识别和评估与公允价值计量和披露相关的重大错报风险，尤其是特别风险。

（3）应结合《中国注册会计师审计准则问题解答第11号——会计估计》的新内容学习。

二、框架结构简介

本准则共5章29条，其框架结构见表1321-1。

表1321-1 框架结构

章	名称	节	条	主要内容
第一章	总则	—	1~5	本准则制定的目的和适用范围及与第1211号、第1231号准则的关系
第二章	定义	—	6~11	解释本准则中包含的术语
第三章	目标	—	12	界定执行本准则应实现的目标
第四章	要求	1~9	13~28	规定注册会计师为实现准则目标应遵守的要求，即注册会计师在相关业务环境下应当实施的所有必要程序
第五章	附则	—	29	本准则施行时间

三、重点难点解析

（一）会计估计的性质

1. 会计估计的概念

会计估计是指在缺乏精确计量手段的情况下，采用的某项金额的近似值，其中可能涉及公允价值计量。

2. 会计估计的种类

会计估计一般包括存在估计不确定性时以公允价值计量的金额，以及其他需要估计的金额。其中，涉及公允价值计量的会计估计简称公允价值会计估计。

3. 财务报表项目估计

由于经营活动具有内在不确定性，对某些财务报表项目只能进行估计。进一步讲，某项资产、负债或权益组成部分的具体特征或财务报告编制基础规定的计量基础或方法，可能导致有必要对某一财务报表项目作出估计。

会计估计与适用的会计准则和相关会计制度的相应概念一致。在财务报表审计实务中，注册会计师应特别关注以下项目的会计估计，见表1321-2。

表1321-2　　注册会计师应特别关注会计估计的主要内容

序号	会计估计的主要内容
1	金融资产公允价值的确定
2	存货可变现净值的确定（估计跌价准备）
3	权益工具公允价值的确定
4	固定资产预计使用寿命、净残值和折旧方法的确定
5	公允价值的确定
6	使用寿命有限的无形资产的预计使用寿命和净残值（估计受益期限、减值准备）
7	完工合同进度的确定（完工百分比法下对完工进度的估计）
8	预计负债初始计量的最佳估计数的确定
9	生物资产的预计使用寿命、净残值和生产性生物资产折旧方法的确定
10	非同一控制下企业合并成本的公允价值的确定
11	探明矿区权益、井及相关设施的折耗方法

4. 责任

作出会计估计的难易程度取决于估计对象的性质。例如，估计预提租金费用可能只需要简单计算，而对滞销或过剩存货跌价准备的估计则包括对现有数据的详细分析和对未来销售的预测。复杂的会计估计可能对特定的知识和判断有较高要求。

被审计单位管理层应当对其作出的包括在财务报表中的会计估计负责。

而按照中国注册会计师审计准则的规定，获取充分、适当的审计证据，评价被审计单位作出的会计估计是否合理、披露是否充分，则是注册会计师的责任。

5. 风险

（1）特别风险。会计估计通常是被审计单位在不确定情况下作出的，其准确程度取决于管理层对不确定的交易或事项的结果作出的主观判断。由于会计估计的主观性、复杂性和不确定性，管理层作出的会计估计发生重大错报的可能性较大，注册会计师应当按照《中国注册会计师审计准则第1211号——通过了解被审计单位及其环境识别和评估重大错报风险》的规定，确定会计估计的重大错报风险是否属于特别风险。

（2）误拒风险。但同时需要提醒的是，会计估计的结果与财务报表中原来已确认或披露的金额存在差异，并不必然表明财务报表存在错报。这对于公允价值会计估计而言尤其如此，因为任何已观察到的结果都不可避免地受到作出会计估计的时点后所发生的事项或情况的影响 。

（二）风险评估程序和相关活动

在实施风险评估程序和相关活动，以了解被审计单位及其环境时，注册会计师应当运用“3个了解法”，作为识别和评估会计估计重大错报风险的基础。风险评估程序和相关活动如图1321-1所示。

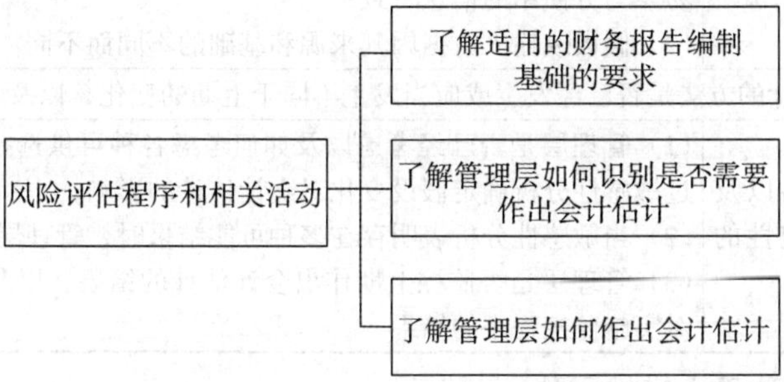

图1321-1 风险评估程序和相关活动

1.了解适用的财务报告编制基础的要求

其作用有助于注册会计师确定该编制基础是否：

（1）规定了会计估计的确认条件或计量方法；

（2）明确了某些允许或要求采用公允价值计量的条件；

（3）明确了要求作出或允许作出的披露。

2.了解管理层如何识别是否需要作出会计估计（见表1321-3）

表1321-3 了解管理层如何识别是否需要作出会计估计

方法	要点
询问	了解管理层如何识别需要作出会计估计的情形，询问的内容可以包括： （1）被审计单位是否已从事可能需要作出会计估计的新型交易； （2）需要作出会计估计的交易的条款是否已改变； （3）由于适用的财务报告编制基础的要求或其他规定的变化，与会计估计相关的会计政策是否已经发生相应变化； （4）可能要求管理层修改或作出新会计估计的外部监管变化或其他不受管理层控制的变化是否已经发生； （5）是否已经发生可能需要作出新估计或修改现有估计的新情况或事项
考虑因素	（1）会计估计的完整性，通常是注册会计师的重要考虑因素； （2）针对管理层未能识别出重大错报风险的情形，注册会计师需要确定与被审计单位风险评估过程相关的内部控制是否存在值得关注的内部控制缺陷

3.了解管理层如何作出会计估计（见表1321-4）

表1321-4　　了解管理层如何作出会计估计

（1）用以作出会计估计的方法，包括模型（如适用）	如果管理层作出会计估计时采用了内部开发的模型或偏离了某一特定行业或环境中所采用的通用方法，则可能存在更大的重大错报风险
（2）相关控制	（1）数据的完整性、相关性和准确性； （2）对会计估计进行复核和批准； （3）将批准交易的人员和负责作出会计估计的人员进行职责分离
（3）管理层是否利用专家的工作	（1）具有特殊性质； （2）具有一定的技术含量； （3）具有异常性或偶发性
（4）会计估计所依据的假设（公允价值会计估计）	（1）假设反映熟悉情况且自愿的公平交易参与方在交换资产或清偿债务时用以确定公允价值可能使用的信息，或者假设与熟悉情况且自愿的公平交易参与方使用的信息一致； （2）假设或输入数据因其来源和基础的不同而不同
（5）用以作出会计估计的方法是否已经发生或应当发生不同于上期的变化，以及变化的原因	
（6）管理层是否评估以及如何评估估计不确定性的影响	（1）管理层是否已经考虑以及如何考虑各种可供选择的假设或结果，如通过敏感性分析确定假设变化对会计估计的影响； （2）当敏感性分析表明存在多种可能结果时，管理层如何作出会计估计； （3）管理层是否监控上期作出会计估计的结果，以及管理层是否已恰当应对实施监控程序的结果

（三）识别和评估重大错报风险

在识别和评估重大错报风险时，注册会计师应当评价与会计估计相关的估计不确定性的程度，并根据职业判断确定识别出的具有高度估计不确定性的会计估计是否会导致特别风险。

1.估计不确定性（见表1321-5、图1321-2）

表1321-5　　估计不确定性

A.估计不确定性	影响估计不确定性程度的因素	（1）会计估计对判断的依赖程度
		（2）会计估计对假设变化的敏感性
		（3）是否存在经认可的计量技术
		（4）预测期的长度和从过去事项得出的数据与预测未来事项的相关性
		（5）是否能够获得可靠数据
		（6）会计估计依据可观察到的或不可观察到的输入数据的程度
	在评估重大错报风险时，考虑的事项也可能包括	（1）会计估计的实际的或预期的重要程度
		（2）会计估计的记录金额（即管理层的点估计）与注册会计师预期应记录金额的差异
		（3）管理层在作出会计估计时是否利用专家工作
		（4）对上期会计估计进行复核的结果
B.具有高度估计不确定性的会计估计（例子）		（1）高度依赖判断的会计估计，如对未决诉讼的结果或未来现金流量的金额和时间安排的判断
		（2）未采用经认可的计量技术计算的会计估计
		（3）注册会计师对上期财务报表中类似会计估计进行复核的结果表明最初会计估计与实际结果之间存在很大差异
		（4）采用高度专业化的、由被审计单位自主开发的模型，或在缺乏可观察到的输入数据的情况下作出的公允价值会计估计

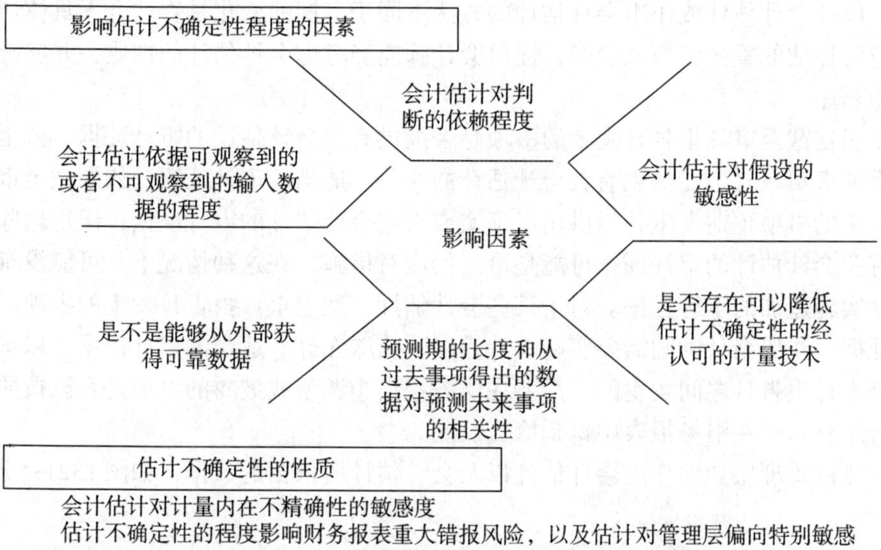

图1321-2　与会计估计相关的估计不确定性的因素和性质的影响

2.按照不确定性程度划分的会计估计（如图1321-3所示）

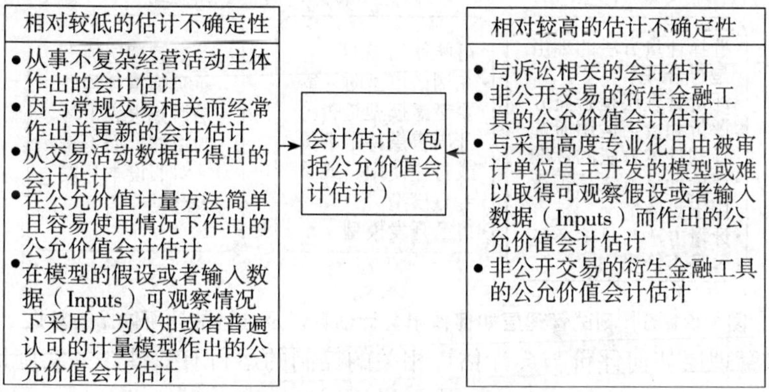

图1321-3　按照不确定性程度划分的会计估计

（四）应对评估的重大错报风险的措施（如图1321-4所示）

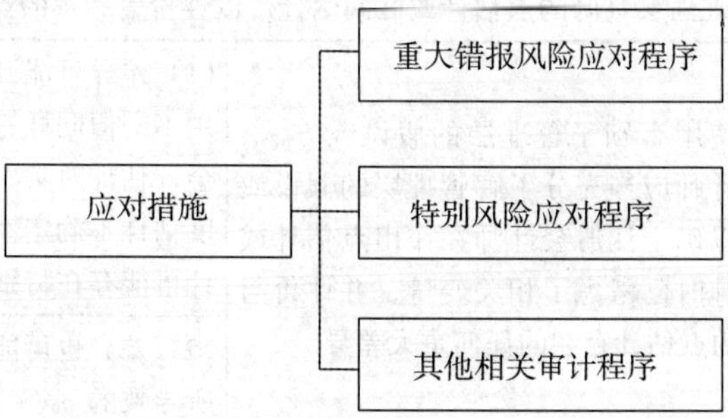

图1321-4　应对评估的重大错报风险的措施

1.重大错报风险应对程序

基于评估的重大错报风险，注册会计师应当确定：（1）管理层是否恰当运用与会计估计相关的适用的财务报告编制基础的规定；（2）作出会计估计的方法是否恰当，并得到一贯运用，以及会计估计或作出会计估计的方法不同于上期的变化是否适合于具体情况。

在应对评估的重大错报风险时，注册会计师应当考虑会计估计的性质，并实施下列一项或多项程序：

（1）确定截至审计报告日发生的事项是否提供有关会计估计的审计证据。截至审计报告日发生的事项有时可能提供有关会计估计的充分、适当的审计证据。如果截至审计报告日可能发生的事项预期发生并提供用以证实或否定会计估计的审计证据，确定这些事项是否提供有关会计估计的审计证据可能是恰当的应对措施。**在这种情况下，可能没有必要对会计估计实施追加的审计程序**。对于某些会计估计，截至审计报告日发生的事项不可能提供审计证据，注册会计师则需要实施审计程序，获取充分、适当的审计证据，以确定财务报表日至审计报告日之间发生的、需要在财务报表中调整或披露的事项是否已按照适用的财务报告编制基础在财务报表中得到恰当反映。

（2）测试管理层如何作出会计估计以及会计估计所依据的数据，如图1321-5所示。

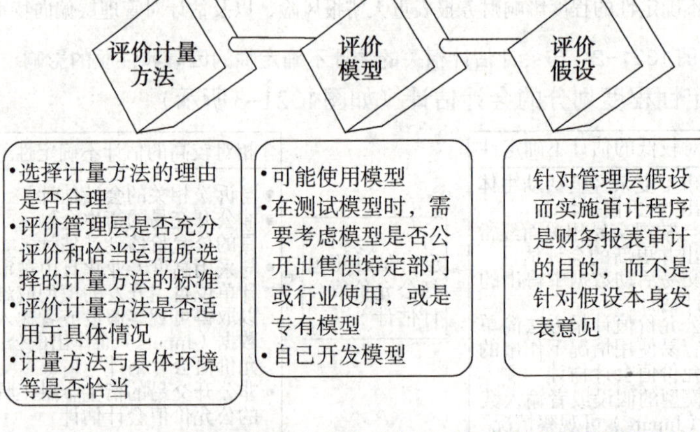

图1321-5　测试管理层如何作出会计估计以及会计估计所依据的数据

（3）测试管理层如何评价与会计估计相关的控制的运行有效性，并实施恰当的实质性程序。

（4）作出注册会计师的点估计或区间估计，以评价管理层的点估计，见表1321-6。

表1321-6　作出注册会计师的点估计或区间估计，以评价管理层的点估计

<table>
<tr><td rowspan="3">作出注册会计师的点估计或区间估计，以评价管理层的点估计</td><td rowspan="2">1. 如果使用有别于管理层的假设或方法，注册会计师应当充分了解管理层的假设或方法，以确定注册会计师在作出点估计或区间估计时已考虑了相关变量，并评价与管理层的点估计存在的任何重大差异</td><td>（1）差异可能源于注册会计师与管理层使用不同但同样有效的假设，这可能显示出会计估计对某些假设高度敏感，因此受高度估计不确定性的影响，这意味着会计估计可能存在特别风险</td></tr>
<tr><td>（2）差异也可能是管理层造成的事实错误所导致的</td></tr>
<tr><td colspan="2">2. 如果认为使用区间估计是恰当的，注册会计师应当基于可获得的审计证据来缩小区间估计，直至该区间估计范围内的所有结果均可被视为合理。在极其特殊的情况下，注册会计师可能缩小区间估计直至审计证据指向点估计</td></tr>
</table>

《〈中国注册会计师审计准则第1321号——审计会计估计（包括公允价值会计估计）

和相关披露〉应用指南》第87段指出，当存在诸如下列情形时，注册会计师作出点估计或区间估计以评价管理层的点估计，可能是恰当的应对措施：①会计估计不是源于会计系统对数据的常规处理；②注册会计师对管理层在上期财务报表中作出的类似事项的会计估计进行复核后认为本期流程不太可能是有效的；③被审计单位没有恰当设计或执行针对会计估计流程的控制；④财务报表日至审计报告日之间发生的事项或交易与管理层的点估计相互矛盾；⑤注册会计师能够从其他来源获取作出点估计或区间估计时可使用的相关数据。

注册会计师在作出自己的点估计或区间估计时，可以考虑相关行业数据、市场中可观察到的数据、会计估计涉及的各种结果发生的可能性以及在其他被审计单位审计中获取的可比较的信息（在满足保密义务的前提下）。对于不同的会计估计，可以采用的方法和数据可能各不相同。

2.特别风险应对程序

实施进一步实质性程序以应对特别风险：

（1）估计不确定性。对导致特别风险的会计估计，除准则规定程序外，注册会计师还应实施以下程序：评价管理层如何考虑替代性的假设或结果，以及拒绝采纳的原因，或者在管理层没有考虑替代性的假设或结果的情况下，评价管理层在作出会计估计时如何处理估计不确定性；评价管理层使用的重大假设是否合理；当管理层实施特定措施的意图和能力与其使用的重大假设的合理性或对适用的财务报告编制基础的恰当应用相关时，评价这些意图和能力。

（2）作出区间估计。如果根据职业判断认为管理层没有适当处理估计不确定性对导致特别风险的会计估计的影响，注册会计师应当在必要时作出用于评价会计估计合理性的区间估计。

（3）确认和计量的标准。对导致特别风险的会计估计，注册会计师应当获取充分、适当的审计证据，以确定下列方面是否符合适用的财务报告编制基础的规定：管理层对会计估计在财务报表中予以确认或不予确认的决策；作出会计估计所选择的计量基础。

对于公允价值会计估计，某些适用的财务报告编制基础在要求或者允许进行公允价值计量和披露时，是以公允价值可以可靠计量这一假定作为前提条件的。在某些情况下，如不存在恰当的计量方法或基础，这种假定可能不成立。在这种情况下，注册会计师评价的重点是管理层用以推翻适用的财务报告编制基础所规定的与采用公允价值相关的假定的依据是否恰当，见表1321-7。

3.其他相关审计程序（见表1321-8）

（五）评价会计估计的合理性并确定错报

1.评价错报的类型

参见表1251-2。

2.评价错报的方式

当审计证据支持点估计时，注册会计师的点估计与管理层的点估计之间的差异构成错报。当注册会计师认为使用区间估计能够获取充分、适当的审计证据时，则在注册会计师区间估计之外的管理层的点估计得不到审计证据的支持。在这种情况下，错报应不大于管理层的点估计与注册会计师区间估计之间的最小差异。

表1321-7　　注册会计师评价的重点

管理层在财务报表中是否确认一项会计估计	注册会计师评价的重点	
（1）是	会计估计的计量是否足够可靠，能否满足适用的财务报告编制基础规定的确认标准	
（2）否	会计估计是否在实质上已满足适用的财务报告编制基础规定的确认标准	对于没有在财务报表中确认的会计估计，注册会计师评价的重点是会计估计是否在实质上已满足适用的财务报告编制基础规定的确认标准。即使某一项会计估计没有得到确认，且注册会计师认为这种处理是恰当的，可能仍然有必要在财务报表附注中披露具体情况。注册会计师也可能将被认为具有高度估计不确定性的会计估计确定为按照《中国注册会计师审计准则第1504号——在审计报告中沟通关键审计事项》的规定，应当在审计报告中沟通的关键审计事项（如适用），注册会计师也可能认为有必要在审计报告中增加强调事项段（参见《中国注册会计师审计准则第1503号——在审计报告中增加强调事项段和其他事项段》）。如果该事项被确定为关键审计事项，《中国注册会计师审计准则第1503号——在审计报告中增加强调事项段和其他事项段》禁止注册会计师在审计报告中针对该事项增加强调事项段

表1321-8　　其他相关审计程序

（1）关注与会计估计相关的披露	
程序	注册会计师应当确定与会计估计相关的财务报表披露是否符合适用的财务报告编制基础的规定；对导致特别风险的会计估计，注册会计师还应当评价在适用的财务报告编制基础下，财务报表对估计不确定性的披露的充分性
（2）识别可能存在管理层偏向的迹象	
情形	管理层偏向，是指管理层在编制和列报财务信息时缺乏中立性。由于某些财务报表项目需要进行估计，管理层有可能通过选择不符合最佳实务做法的会计估计或故意作出不恰当的会计估计对财务报表进行操纵。是否存在管理层偏向涉及注册会计师的职业判断，这种职业判断是注册会计师综合考虑审计过程中获取的各项信息和事实之后作出的。表明可能存在与会计估计相关的管理层偏向迹象的例子包括：（1）管理层主观地认为环境已经发生变化，并相应地改变会计估计或估计方法；或者环境已经发生变化，但管理层并未根据变化对会计估计或估计方法作出相应的改变；或者会计估计或估计方法频繁变更，但似乎并非由所处环境的变化所致。（2）管理层选择或作出重大假设以产生有利于管理层目标的点估计。例如，被审计单位在确认建造合同收入时，完工百分比根据实际已发生成本占预计总成本的比例确定，管理层在作出预计总成本的估计时，可能高估或低估预计总成本，从而达到调节收入和利润的目的。（3）会计估计所依赖的假设存在内在的不一致，如对成本费用增长率的预期与对收入增长率的预期显著不同。（4）管理层的主观判断或采用的假设与市场、宏观环境、行业数据或历史信息不一致，从而显示管理层的主观判断或采用的假设带有明显偏向。例如，针对公允价值会计估计，如果被审计单位使用模型作出会计估计，在管理层使用的假设与可观察到的市场假设存在重大不一致的情况下，管理层仍使用其自有假设。再如，被审计单位所处行业整体产能过剩，被审计单位在经营过程中发生连续亏损，固定资产使用率明显低于设计使用率，但管理层在对固定资产进行减值测试时，仍然采用比较乐观的经营预测，且该经营预测未能如实反映被审计单位的经营状况和经营环境。（5）以前年度财务报表确认和披露的重大会计估计与后期实际结果之间存在重大差异，并且各项差异的方向一致（例如，各项差异同为增加利润）或者差异的方向与管理层目标一致（例如，管理层当年度的目标是增加利润，或减少税负）。（6）变更会计估计后被审计单位的财务成果或财务状况将发生显著的变化，例如，扭亏为盈、达到再融资要求等
（3）获取书面声明	
程序	注册会计师应当获取书面声明，以确认会计估计的重大假设的合理性，内容包括在财务报表中确认或披露的会计估计和未在财务报表中确认或披露的会计估计

【应用分析1321-1】针对常见会计估计的例子，注册会计师可以考虑哪些事项？

解析：根据适用的财务报告编制基础的规定，不同被审计单位面临的需要作出会计估计的情形可能各有不同，表1321-9列举了常见的会计估计的例子以及针对每一种会计估计，注册会计师可以考虑的事项。表1321-9并非注册会计师可以考虑事项的全部，仅为注册会计师的执业提供参考。

表1321-9　注册会计师对涉及的会计估计可以考虑的事项

涉及的会计估计	注册会计师可以考虑的事项
应收款项的计价	(1) 对于取得的由被审计单位编制的账龄分析表，就其完整性和准确性实施审计程序；(2) 对被审计单位以前年度冲销的坏账准备以及计提坏账准备的结果进行复核；(3) 考虑被审计单位确定的坏账计提比例的合理性，避免只是按照被审计单位的计提比例执行简单的重新计算；(4) 对于单项计提坏账准备的应收款项，判断计提的坏账准备是否合理；(5) 考虑期后事项
存货的计价	(1) 结合相关行业数据（如存货周转天数）或同行业其他公司的信息考虑管理层对存货可变现净值的估计是否合理，包括考虑供应商和客户等上下游相关产品的售价信息；(2) 结合执行存货监盘观察到的情况，考虑被审计单位对于残次冷背存货的会计处理是否恰当；(3) 询问财务部之外的其他人员（如负责销售或营运的人员），获取他们对于被审计单位存货价值的考虑；(4) 分析存货的估计售价以确定存货的可变现净值是否高于或低于其成本；(5) 关注管理层在考虑存货的可变现净值时是否考虑了进一步加工成本和预计销售费用以及相关税费
长期资产（包括固定资产、无形资产和商誉）的计价	(1) 根据外部环境，包括行业发展趋势以及被审计单位在行业中的地位，考虑管理层编制财务预测所采用的假设，如业绩增长比率和折现率等；(2) 复核管理层作出的以前年度预测和该年度实际经营结果，考虑管理层作出准确预测的能力；(3) 如果获取与被审计单位管理层的预测相反的客观证据，需要根据该反面证据考虑管理层的会计估计；(4) 当被审计单位发生连续累计亏损时，注册会计师在评价管理层的预测时，需要充分考虑该连续累计亏损所提示的信息；(5) 另外，资产的可收回金额应当根据资产的公允价值减去处置费用后的净额与资产预计未来现金流量的现值两者之间较高者确定，即如果资产预计未来现金流量的现值低于资产的账面价值，管理层还需要考虑公允价值减去处置费用的净额，并选取其中较高者作为考虑资产减值的依据
涉及未来现金流量预测的估计	(1) 识别估值模型中涉及的重大假设（即其合理变动将对估计的计量结果产生重大影响的假设）；(2) 评价假设是否代表市场参与者的观点（财务报告编制基础要求作出这一考虑）；(3) 考虑用以作出估计的方法或假设自前期以来是否已发生变更或需要作出变更；(4) 考虑重大假设相对于整体减值分析的敏感性；(5) 考虑管理层实施特定行动的意图是否与其能力相符；(6) 考虑在编制初步分析和预测之后所获得的新信息；(7) 评价有关假设和因素是否在与财务报表相关的其他会计估计和财务预测中一致地应用；(8) 执行对前期预测的复核以确定与前期估计相关的管理层判断和假设是否表明可能存在管理层偏向；(9) 考虑有关财务预测的反面证据的影响；(10) 考虑管理层使用的折现率是否反映了当前市场货币时间价值和资产特定风险；(11) 考虑使用的折现率和预计现金流量是否同为税前结果
涉及未决诉讼或索赔的估计	(1) 与诉讼或索赔相关的损失的可估计性。(2) 导致与诉讼或索赔相关的损失无法估计的事项或情况。(3) 在考虑诉讼结果为负面的可能性大小时，可以考虑下列因素：①诉讼的性质和解决机制；②诉讼的进展情况，包括法庭对于事实、司法管辖权和其他事项的初步裁决，以及已经提出的解决方案；③法律顾问或其他顾问的观点；④被审计单位在类似案件中的经验；⑤类似案件在以往的实际结果；⑥管理层对于如何解决该诉讼的决定（如庭外和解）；⑦被审计单位或对方上诉的机会（如必要）。(4) 根据管理层减少损失的努力和法律上的策略，未来需要发生的解决费用

第七节 关联方（第1323号）

一、概述

（一）本准则制定与修订背景

美国曝出一系列财务丑闻后，在全球引起了会计准则究竟应当以原则为导向还是以规则为导向的争论。当准则制定得太具体，尤其是有各种数量界限时，企业可能通过交易合约的设计，甚至虚构交易，绕过准则的限制，结果不能真实反映经济业务。相反，如果会计准则过于遵守原则，企业的操控余地过大，企业与其注册会计师也难以就有争执的问题达成一致意见，监管部门的监管难度也更大，会计信息也难有可比性可言。2003年7月25日，美国证监会（SEC）发布了题为“对美国财务报告体系采用以原则为基础的会计制度的研究”的研究报告，首次引入了“目标导向的会计准则”的概念。其基本含义是：在应用一项具体的准则时，企业的会计人员和注册会计师必须把会计决策和鉴证决策集中在是否实现准则所规定的会计目标上，以降低有意利用财务操纵规避准则目标的机会。

在我国，从2006年的会计准则的修订来看，已经体现了“目标导向的会计准则”的精神。在界定关联方关系、设定披露要求和豁免条件时以是否“对报告企业的财务状况和盈亏状况产生影响”作为判断是否属于关联方，如何披露关联方交易的基本原则要求企业及时披露有助于投资者和其他财务报表使用者理解主体的财务信息。我国准则一般没有明确的目标，如1997年颁布的《关联方关系及其交易的披露》，在执行过程中出现了许多通过关联方交易非关联化等手段规避披露关联方及其交易信息的现象。这和我国准则没有明确的目标不无关系。统计显示，自我国《关联方关系及其交易的披露》准则颁布以来，在上市公司年报中因关联事项被出具非标意见的审计报告的数量呈上升趋势，占非标意见总数的比例居高不下。这一方面说明，准则的制定对于充分披露上市公司的关联方交易信息起到了推进作用。另一方面也说明，对关联方交易事项的披露尚得不到注册会计师的完全认同。因为在众多方面还不够细化，对于关键信息的披露避重就轻，一笔带过，甚至出现了千方百计利用关联方交易安排操纵利润，误导投资者的现象。

一些企业从其自身利益出发，为了提高企业形象或体现领导层的经营业务等目的，往往利用非公平交易基础上的关联方交易，在财务报表中提供虚假信息，粉饰财务状况和经营成果。由于关联方交易具有隐蔽性和多样性的特点，因此是许多企业粉饰财务报表的主要手段，我国资本市场的会计造假行为也有相当部分与关联方交易有关。

因此企业必须在财务报表中披露其关联方及其交易信息，以使社会公众能够对该企业的经营业绩作出合理评价。在企业财务报表中应当披露所有关联方关系及其交易的相关信息；对外提供合并财务报表的，对于已经包括在合并范围内各企业之间的交易不予披露，但是，应当披露与合并范围外各关联方的关系及其交易。

相应地，注册会计师就有必要对关联方及其交易进行审计，以确定被审计单位是否按照企业会计准则的要求列报和披露关联方及其交易，向社会提供可靠的会计信息。对关联方交易的审计一直是注册会计师财务报表审计中的重大风险领域。准则要求注册会计师应当了解被审计单位及其环境，以足够识别可能导致与关联方和关联方交易有关的重大错报风险的交易和事项，同时要求注册会计师应当实施审计程序，就管理层是否按照适用的会计准则和相关会计制度的规定识别、披露关联方和关联方交易，以获取充分、适当的审计证据。

关联方交易是指关联方之间转移资源、劳务或义务的行为，而不论是否收取价款。由于关联方交易是在非独立主体之间进行的一种交易，因此，交易的公允性很难得到保证。关联方交易的领域包括商品购销、费用负担转嫁、资产转让与置换以及资产重组等。

例如，一些公司为了避免因业绩不良而被退市、达到再融资条件，以及骗取银行信贷和商业信用等，通常通过关联方之间的非真实和非公平交易，粉饰财务状况和经营成果，结果造成不同程度的会计信息失真，误导投资者的投资决策。

本准则的制定是为了规范注册会计师在财务报表审计中对关联方关系及其交易的责任。

（二）本准则2010年修订内容

本准则本次修订是在对2006年版《中国注册会计师审计准则第1323号——关联方》按照新体例进行改写的基础上，作出的实质性修订。

与2006年版准则相比，本准则在结构和具体规定方面有以下10个方面的重大变化：

（1）明确了与其他准则之间的关系，即对《中国注册会计师审计准则第1211号——通过了解被审计单位及其环境识别和评估重大错报风险》、《中国注册会计师审计准则第1231号——针对评估的重大错报风险采取的应对措施》和《中国注册会计师审计准则第1141号——在财务报表审计中与舞弊相关的责任》在涉及识别、评估和应对与关联方关系及其交易相关的重大错报风险方面应用的进一步扩展。

（2）按照风险评估、风险应对的思路对准则要求进行了调整，将准则的核心要求分为风险评估程序、识别和评估重大错报风险、应对评估的重大错报风险、评价会计处理和披露等四个主要方面。

（3）强调了关联方关系及其交易在审计中的重要性，即关联方交易通常具有更高的财务报表重大错报风险，关联方之间更容易发生舞弊，审计的固有限制对注册会计师发现与关联方关系及其交易相关的重大错报的能力的潜在影响会加大，因此保持职业怀疑态度尤为重要。

（4）要求注册会计师深入了解关联方关系及其交易以识别和评估风险，包括项目组内部讨论的内容应包括对关联方关系的讨论，应询问关联方自上期以来的变化、关联方关系的性质以及关联方交易的类型和目的，了解与关联方关系及其交易相关的控制。

（5）关于管理层以前未识别或未向注册会计师披露的关联方关系或关联方交易，针对确定其是否存在、存在时的应对措施等两个方面提供了有效并切实可行的方法。在确定其是否存在方面，缩小了注册会计师必须检查的文件记录的类型和范围，但同时指出还需对认为必要的其他记录或文件进行检查，并强调对可能显示管理层以前未识别或未披露的关联方关系或关联方交易的安排或其他信息保持警觉。在应对措施方面，详细规定了注册会计师发现这一情况后应执行的工作。

（6）关于超出被审计单位正常经营过程的重大交易，系统地规定了注册会计师在风险评估和风险应对阶段应执行的工作。

在风险评估阶段，强调了对超出被审计单位正常经营过程的重大交易的关注。虽然未要求实施程序查找是否存在这类交易，但是在实施评估程序和相关工作时，注册会计师应当了解与管理层授权和批准超出正常经营过程的重大交易和安排相关的控制。如果识别出这类交易，注册会计师应当向管理层询问交易的性质以及交易是否涉及关联方，并将超出正常经营过程的重大关联方交易导致的风险确定为特别风险。

在风险应对阶段，规定注册会计师应当了解针对这些交易的控制，并获取实质性证据，包括检查相关合同或协议，交易是否经过恰当授权和批准等。

（7）特别强调对舞弊风险因素保持警觉。要求在项目组内部讨论时考虑关联方舞弊的可能性，还要求考虑控制环境在防止舞弊或产生舞弊方面所起的作用、管理层有意不披露关联方关系或关联方交易是否表明存在舞弊。对于超出正常经营过程的关联方交易，注册会计师应当评价交易的商业理由。

（8）增加了对具有支配性影响的关联方的考虑。如果识别出与能够对被审计单位或管理层具有支配性影响的关联方有关的情形，注册会计师应将其作为一项舞弊风险因素予以处理。

（9）增加了形成审计意见时应当评价的事项：一是考虑关联方关系及其交易是否得到恰当会计处理和披露，二是关联方关系及其交易是否导致财务报表出现误导。

（10）增加了“公平交易”的定义，并规定如果管理层声明关联方交易是按照等同于公平交易中通行的条款执行的，注册会计师应当就该项认定获取充分、适当的审计证据。

（三）本准则2016年修订内容

本准则本次未修订。

（四）本准则2019年修订内容

本准则本次未修订，应用指南也只进行了文字性修订，如将“公允列报”改为“公允反映”。

（五）本准则学习中注意事项

（1）在涉及与关联方关系及其交易相关的重大错报风险时，本准则是对注册会计师如何应用《中国注册会计师审计准则第1211号——通过了解被审计单位及其环境识别和评估重大错报风险》、《中国注册会计师审计准则第1231号——针对评估的重大错报风险采取的应对措施》和《中国注册会计师审计准则第1141号——财务报表审计中与舞弊相关的责任》的进一步扩展。

（2）由于存在未披露关联方关系及其交易的可能性，注册会计师按照《中国注册会计师审计准则第1101号——注册会计师的总体目标和审计工作的基本要求》的规定，在计划和实施与关联方关系及其交易有关的审计工作时，保持职业怀疑态度尤为重要。

（3）本准则本次虽未修订，但要结合2013年10月31日，中注协发布的6项审计准则问题解答，自2014年1月1日起施行的《中国注册会计师审计准则问题解答第6号——关联方》的新内容来学习。由于关联方关系及其交易可能为串通舞弊、隐瞒或者操纵行为提供更多机会，很多财务报表舞弊案件都涉及关联方交易。该问题解答旨在指导注册会计师按照审计准则的要求，有效地识别、评估和应对由于关联方关系及其交易导致的重大错报风险，以将审计风险降至可接受的低水平。

二、框架结构简介

本准则共5章30条，其框架结构见表1323-1。

表1323-1　框架结构

章	名称	节	条	主要内容
第一章	总则	—	1~8	本准则制定的目的和适用范围及与第1211号、第1231号、第1141号、第1101号准则的关系
第二章	定义	—	9、10	解释本准则中包含的术语
第三章	目标	—	11	界定执行本准则应实现的目标
第四章	要求	1~7	12~29	规定注册会计师为实现准则目标应遵守的要求，即注册会计师在相关业务环境下应当实施的所有必要程序
第五章	附则	—	30	本准则施行时间

三、重点难点解析

（一）关联方概述

1.关联方的含义

根据《企业会计准则第36号——关联方披露》的规定，一方控制、共同控制另一方或对另一方施加重大影响，以及两方以上同受一方控制、共同控制或重大影响的，构成关联方。控制，是指有权决定一个企业的财务和经营政策，并能据以从该企业的经营活动中获取利益。共同控制，是指按照合同的约定对经济活动所共有的控制，仅在与该项经济活动相关的重要财务和经营决策需要分享控制权的投资方一致同意时存在。重大影响，是投资方对被投资单位的财务和经营政策有参与决策的权力，但并不能够控制或者与其他方一起共同控制这些政策的制定。下列各方构成企业的关联方：该企业的母公司，该企业的子公司，与该企业受同一母公司控制的其他企业，对该企业实施共同控制的投资方，对该企业施加重大影响的投资方，该企业的合营企业，该企业的联营企业，该企业的主要投资者个人及与其关系密切的家庭成员，该企业或其母公司的关键管理人员及与其关系密切的家庭成员，该企业主要投资人、关键管理人员或与其关系密切的家庭成员控制、共同控制或施加重大影响的其他企业。

根据《企业会计准则第36号——关联方披露》的规定，关联方交易是指关联方之间转移资源、劳务或义务的行为，而不论是否收取价款。关联方交易的类型通常包括：购买或销售商品，购买或销售商品以外的其他资产，提供或接受劳务，担保，提供资金（贷款或股权投资），租赁，代理，研究与开发项目的转移，许可协议，代表企业或由企业代表另一方进行债务结算，关键管理人员薪酬等。

被审计单位管理层有责任识别、披露关联方和关联方交易。具体讲，管理层应当加强、健全内部控制，确保关联方和关联方交易在有关信息系统中得以恰当识别，在财务报表中充分披露，且不存在重大错报；管理层还应当向注册会计师提供所有已知的关联方的信息，并就所提供的关于识别关联方信息的完整性、在财务报表中对关联方和关联方交易的披露的充分性出具书面声明。

在适用的财务报告编制基础对关联方作出规定的情况下，关联方是指财务报告编制基础定义的关联方，如图1323-1所示。

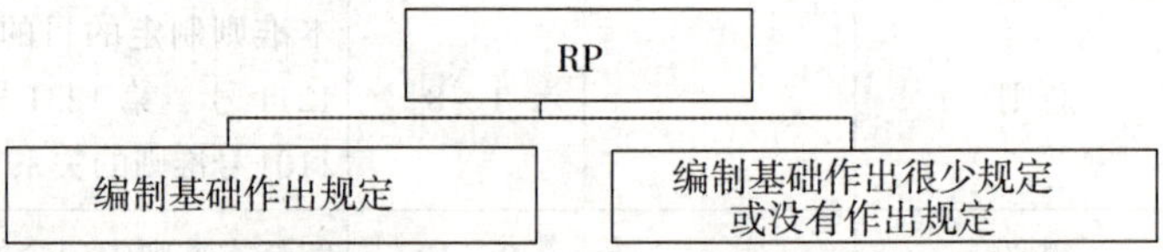

图1323-1　财务报告编制基础对关联方是否作出规定

2. 注册会计师的目标

注册会计师的目标是：

（1）无论编制基础是否对关联方作出规定，即使适用的财务报告编制基础对关联方作出很少的规定或没有作出规定，注册会计师仍然需要了解被审计单位的关联方关系及其交易，以足以能够确定财务报表（就其受到关联方关系及其交易的影响而言）是否实现公允反映。由于关联方之间更容易发生舞弊，因此注册会计师了解被审计单位的关联方关系及其交易，与其按照《中国注册会计师审计准则第1141号——财务报表审计中与舞弊相关的责任》的规定评价是否存在一项或多项舞弊风险因素相关。无论适用的财务报告编制基础是否对关联方作出规定，充分了解关联方关系（RPs）及其交易（RPTs），以便能够确认由此产生的、与识别和评估由于舞弊导致的重大错报风险相关的舞弊风险因素（如有）；根据获取的审计证据，就财务报表受到关联方关系及其交易的影响而言，确定财务报表是否实现公允反映。

（2）编制基础对关联方作出规定。由于关联方之间彼此并不独立，为使财务报表使用者了解关联方关系及其交易的性质，以及关联方关系及其交易对财务报表的实际或潜在的影响，许多财务报告编制基础对关联方关系及其交易的会计处理和披露作出了规定。如果适用的财务报告编制基础对关联方作出规定，注册会计师应获取充分、适当的审计证据，确定关联方关系及其交易是否已按照适用的财务报告编制基础得到恰当识别、会计处理和披露。

在适用的财务报告编制基础作出这些规定的情况下，注册会计师有责任实施审计程序，以识别、评估和应对被审计单位未能按照适用的财务报告编制基础进行恰当会计处理或披露关联方关系及其交易导致的重大错报风险。

3. 审计的固有限制

即使注册会计师按照审计准则的规定恰当计划和实施了审计工作，也不可避免地存在财务报表中的某些重大错报未被发现的风险。就关联方而言，由于下列原因，审计的固有限制对注册会计师发现重大错报能力的潜在影响会加大：

（1）管理层可能未能识别出所有关联方关系及其交易，特别是在适用的财务报告编制基础没有对关联方作出规定时；

（2）关联方关系可能为管理层的串通舞弊、隐瞒或者操纵行为提供更多机会。

4.风险导向审计程序

注册会计师应当识别和评估与关联方关系及其交易有关的重大错报风险，以及设计如图1323-2所示的审计程序以应对评估的风险。

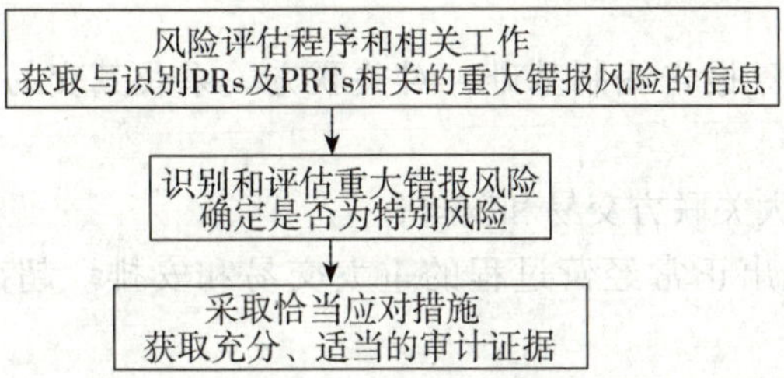

图1323-2 针对关联方关系及其交易的风险导向审计程序

（二）风险评估程序和相关工作

《中国注册会计师审计准则第1211号——通过了解被审计单位及其环境识别和评估重大错报风险》和《中国注册会计师审计准则第1141号——财务报表审计中与舞弊相关的责任》规定了注册会计师在审计过程中所实施的风险评估程序和相关工作。作为风险评估程序和相关工作的一部分，注册会计师应当实施本准则规定的审计程序和相关工作，以获取与识别关联方关系及其交易相关的重大错报风险的信息，具体的审计程序和相关工作包括，如图1323-3所示。

项目组讨论	询问	了解相关控制	检查文件记录

图1323-3 风险评估程序和相关工作

1.项目组讨论

项目组在按照《中国注册会计师审计准则第1211号——通过了解被审计单位及其环境识别和评估重大错报风险》和《中国注册会计师审计准则第1141号——财务报表审计中与舞弊相关的责任》的规定进行内部讨论时，应当特别考虑由于关联方关系及其交易导致的舞弊或错误使得财务报表存在重大错报的可能性。

许多关联方交易是在正常经营过程中发生的，与类似的非关联方交易相比，这些关联方交易可能并不具有更高的财务报表重大错报风险。但是，在某些情况下，关联方关系及其交易的性质可能导致关联方交易比非关联方交易具有更高的财务报表重大错报风险。例如：（1）关联方可能通过广泛而复杂的关系和组织结构进行运作，相应增加关联方交易的复杂程度；（2）信息系统可能无法有效识别或汇总被审计单位与关联方之间的交易和未结算项目的金额；（3）关联方交易可能未按照正常的市场条款和条件进行，例如，某些关联方交易可能没有相应的对价。

对于舞弊风险因素，注册会计师应当强调保持警觉，无论适用的财务报告编制基础是否对RP作出定义，均需关注舞弊风险。

2.询问

注册会计师应当向管理层询问下列事项：（1）关联方的名称和特征，包括关联方自上期以来发生的变化；（2）被审计单位和关联方之间关系的性质；（3）被审计单位在本期是否与关联方发生交易，如发生，交易的类型、定价政策和目的。

3.了解相关控制

如果管理层建立下列与关联方关系及其交易相关的控制，注册会计师应当询问管理层和被审计单位内部的其他人员，实施其他适当的风险评估程序，以获取对相关控制的了解：

（1）按照适用的财务报告编制基础，对关联方关系及其交易进行识别、会计处理和披露；

（2）授权和批准重大关联方交易和安排；

（3）授权和批准超出正常经营过程的重大交易和安排。超出正常经营过程的重大RPTs如图1323-4所示。

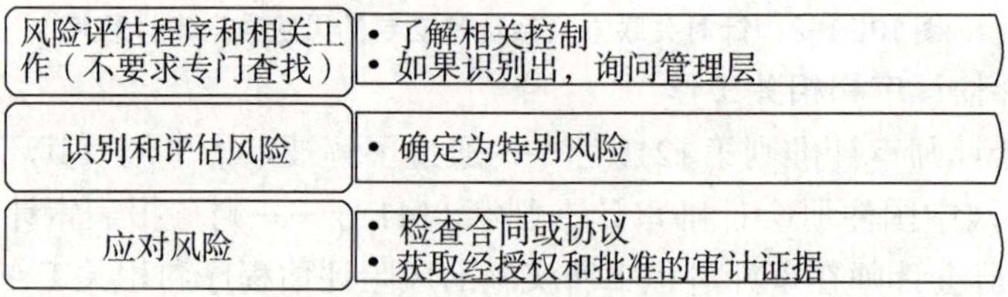

图1323-4 超出正常经营过程的重大RPTs

4.检查文件记录

某些安排或其他信息可能显示管理层以前未识别或未向注册会计师披露的关联方关系或关联方交易，在审计过程中检查记录或文件时，注册会计师应当对这些安排或其他信息保持警觉。注册会计师应当检查下列记录或文件，以确定是否存在管理层以前未识别或未向注册会计师披露的关联方关系或关联方交易，如图1323-5所示。

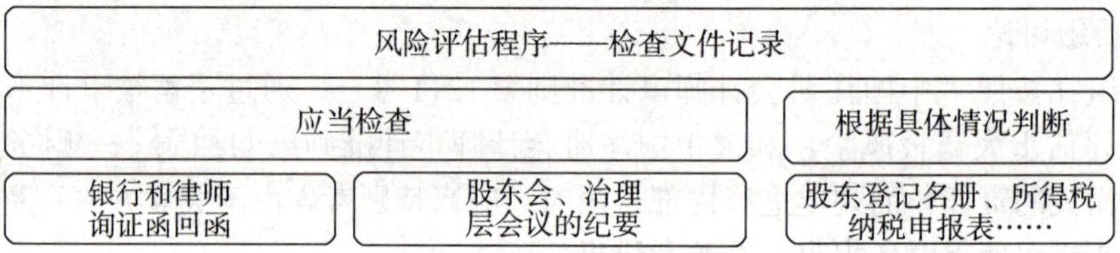

图1323-5 检查文件记录

5.相关工作

（1）在实施上述规定的审计程序或其他审计程序时，如果识别出被审计单位超出正常经营过程的重大交易，注册会计师应当向管理层询问这些交易的性质以及是否涉及关联方。

（2）在整个审计过程中，注册会计师应当与项目组其他成员分享获取的关联方的相关信息，如图1323-6所示。

图1323-6 相关工作

（三）识别和评估与关联方关系及其交易相关的重大错报风险

1.确定是否为特别风险

注册会计师应当按照《中国注册会计师审计准则第1211号——通过了解被审计单位及其环境识别和评估重大错报风险》的规定，识别和评估关联方关系及其交易导致的重大错报风险，并确定这些风险是否为特别风险。在确定时，注册会计师应当将识别出的、超出被审计单位正常经营过程的重大关联方交易导致的风险确定为特别风险。

2.强调保持警觉

在出现其他风险因素的情况下，可能表明存在由于舞弊导致的特别风险。无论适用的财务报告编制基础是否对RP给出定义，均需关注舞弊风险。如果在实施与关联方有关的风险评估程序和相关工作中识别出舞弊风险因素，包括与能够对被审计单位或管理层施加支配性影响的关联方有关的情形，注册会计师应当按照《中国注册会计师审计准则第1141号——财务报表审计中与舞弊相关的责任》的规定，在识别和评估由于舞弊导致的重大错报风险时考虑这些信息。

（四）针对与关联方关系及其交易相关的重大错报风险的应对措施

注册会计师应当按照《中国注册会计师审计准则第1231号——针对评估的重大错报风险采取的应对措施》的规定，针对评估的与关联方关系及其交易相关的重大错报风险，设计和实施进一步审计程序，以获取充分、适当的审计证据。这些程序应当包括：

1.证实关联方关系或关联方交易的存在

如果识别出可能表明存在管理层以前未识别或未向注册会计师披露的关联方关系或关联方交易的安排或信息，注册会计师应当确定相关情况是否能够证实关联方关系或关联方交易的存在。如果识别出管理层以前未识别出或未向注册会计师披露的关联方关系或重大关联方交易，注册会计师应当：

（1）立即将相关信息向项目组其他成员通报。

（2）在适用的财务报告编制基础对关联方作出规定的情况下，要求管理层识别与新识别出的关联方之间发生的所有交易，以便注册会计师作出进一步评价；询问与关联方关系及其交易相关的控制为何未能识别或披露关联方关系或交易。

（3）对新识别出的关联方或重大关联方交易实施恰当的实质性审计程序。

（4）重新考虑可能存在的管理层以前未识别出或未向注册会计师披露的其他关联方或重大关联方交易的风险，如有必要，实施追加的审计程序。

（5）如果显示管理层不披露关联方关系或关联方交易可能是有意的，并显示可能存在由于舞弊导致的重大错报风险，评价这一情况对审计的影响。

2.关注超出正常经营过程的重大关联方交易

对于识别出的超出正常经营过程的重大关联方交易，注册会计师应当：

（1）检查相关合同或协议（如有）；

（2）获取交易已经恰当授权和批准的审计证据。

如果检查相关合同或协议，注册会计师应当评价：

（1）交易的商业理由（或缺乏商业理由）是否表明被审计单位从事交易的目的可能是为了对财务信息作出虚假报告或为了隐瞒侵占资产的行为；

（2）交易条款是否与管理层的解释一致；

（3）关联方交易是否已按照适用的财务报告编制基础得到恰当的会计处理和披露。

3.认定公平交易

公平交易，是指按照互不关联、各自独立行事且追求自身最大利益的自愿的买方和自愿的卖方达成的条款和条件进行的交易。

如果管理层在财务报表中作出认定，声明关联方交易是按照等同于公平交易中通行的条款执行的，注册会计师应当就该项认定获取充分、适当的审计证据，具体程序如图1323-7所示。

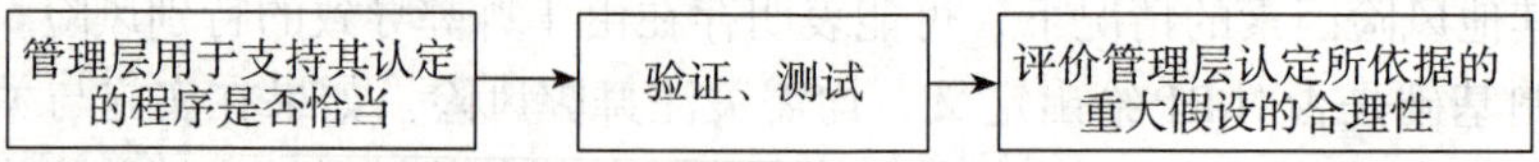

图1323-7 认定公平交易的程序

4.评价识别出的关联方关系及其交易的会计处理和披露

当按照《中国注册会计师审计准则第1501号——对财务报表形成审计意见和出具审计报告》的规定对财务报表形成审计意见时，注册会计师应当评价：

（1）识别出的关联方关系及其交易是否已按照适用的财务报告编制基础得到恰当会计处理和披露；

（2）关联方关系及其交易是否导致财务报表未实现公允反映。

5.获取书面声明

如果适用的财务报告编制基础对关联方作出规定，注册会计师应当向管理层和治理层（如适用）获取下列书面声明：

（1）已经向注册会计师披露了全部已知的关联方名称和特征、关联方关系及其交易；

（2）已经按照适用的财务报告编制基础的规定，对关联方关系及其交易进行恰当的会计处理和披露。

6.与治理层的沟通

除非治理层全部成员参与被审计单位的管理，注册会计师应当与治理层沟通在审计工作中发现的与关联方相关的重大事项。

【应用分析1323-1】参仙源虚增利润财务造假违规详情。

参仙源参业股份有限公司基本信息见表1323-2。

表1323-2 基本信息

公司全称	参仙源参业股份有限公司
股票代码	831399
上市时间	2014年12月9日
上市地点	全国中小企业股份转让系统有限责任公司
所属行业	农业
主要产品与服务项目	野山参种植及销售，旅游景区的经营管理

2016年6月30日，公司收到中国证监会行政处罚决定书（编号：〔2016〕83号），经证监会认定，参仙源参业股份有限公司（以下简称参仙源）违反了《非上市公众公司监督管理办法》（以下简称《管理办法》）第二十条“公司及其他信息披露义务人应当按照法律、行政法规和中国证监会的规定，真实、准确、完整、及时地披露信息，不得有虚假记载、误导性陈述或者重大遗漏。公司及其他信息披露义务人应当向所有投资者同时公开披露信息”的规定。经查，参仙源存在如下违法事实：

一、2013年参仙源少计成本55 382 210元，导致虚增利润55 382 210元

参仙源在2013年与仲某同、佳业山货庄签订多份人参抚育协议，支付金额55 382 210元，但上述款项的实际用途为购买由仲某同、佳业山货庄联系货源的野山参。其中，由仲某同联系购买的野山参整参80 064支，每支400元；碎参4 708.75斤，每斤1 000元，共计36 734 350元。由佳业山货庄联系购买的野山参整参46 016支，每支390元；碎参701.62斤，每斤1 000元，共计18 647 860元。两者合计整参126 080支，碎参5 410.37斤，金额55 382 210元。

虚构协议、少计成本、虚增利润

参仙源通过虚构协议，将上述外购野山参的成本55 382 210元以支付人参抚育费的名义支付给佳业山货庄和仲某同等人，记入了“管理费用”科目，后该笔“管理费用”被调整至“生产性生物资产”科目。最终销售时，参仙源未对外购野山参的成本进行结转，少计成本55 382 210元，虚增利润55 382 210元。

二、2013年参仙源虚增收入73 729 327元，导致虚增利润73 729 327元

参仙源与辽宁参仙源酒业有限公司（以下简称参仙源酒业）于2012年12月15日签订购销协议，就参仙源长期向参仙源酒业供应野山参达成3年有效期协议，明确了人参数量、单价等。该合同签订之时，参仙源和参仙源酒业同受北京碧水投资有限公司（以下简称碧水投资）控制，两公司的法定代表人同为于成波，于成波还是碧水投资的董事长。2013年7月1日，碧水投资持有的参仙源酒业股份由100%变为49%（北大国际医院集团有限公司持股51%），参仙源总经理由碧水投资实际控制人于成波担任，依旧能够对参仙源酒业施加重大影响。2014年11月1日碧水投资恢复持有参仙源酒业的100%股份。

根据《企业会计准则第36号——关联方披露》第三条“两方或两方以上同受一方控制、共同控制或重大影响的，构成关联方”和第四条“（十）该企业主要投资者个人、关键管理人员或与其关系密切的家庭成员控制、共同控制或施加重大影响的其他企业”的规定，2013年参仙源与参仙源酒业构成关联方，两者之间的交易构成关联方交易。

2013年参仙源向参仙源酒业销售的野山参绝大部分是外购的野山参，参仙源按照整参每支800元，碎参每斤2 000元的价格确认了对参仙源酒业的销售收入，销售价格高于其从上述独立第三方的采购成本近一倍，销售价格虚高、不公允。

根据《企业会计准则第14号——收入》第五条第一款“企业应当按照从购货方已收或应收的合同或协议价款确定销售商品收入金额，但已收或应收的合同或协议价款不公允的除外”的规定，参仙源价格不公允部分的收入不应被确认为收入。

参仙源《公开转让说明书》中2013年度财务报告显示：该公司2013年主营业务收入197 698 264.28元，主营业务成本55 010 532.41元。其中，野山参销售收入为141 582 800元，成本为11 236 681.71元。根据销售明细，销售给参仙源酒业的野山参收入为141 568 800元。所有被销售的野山参来源均显示为自产人参，实际上绝大部分为前文所述的外购野山参。依照参仙源采购野山参的市场价计算，其销售给参仙源酒业的野山参合计可确认收入实际为67 839 473元，参仙源虚增收入73 729 327元，导致虚增利润73 729 327元。

综上，2013年参仙源通过少计成本的方式虚增利润55 382 210元、通过不公允的价格进行关联方交易虚增收入从而虚增利润73 729 327元，合计虚增利润129 111 537元。2014年12月8日，参仙源在全国中小企业股份转让系统挂牌，其在《公开转让说明书》中披露

了虚增的2013年利润。

上述事实，有相关会议记录、相关协议、情况说明、原始凭证、当事人询问笔录等证据证明，足以认定。

违反法规

参仙源的上述行为违反《非上市公众公司监督管理办法》第二十条“公司及其他信息披露义务人应当按照法律、行政法规和中国证监会的规定，真实、准确、完整、及时地披露信息，不得有虚假记载、误导性陈述或者重大遗漏。公司及其他信息披露义务人应当向所有投资者同时公开披露信息”的规定，构成了《管理办法》第六十条“公司及其他信息披露义务人未按照规定披露信息，或者披露的信息有虚假记载、误导性陈述或者重大遗漏的，依照《中华人民共和国证券法》第一百九十三条的规定进行处罚”所述情形。

处罚决定

对参仙源的上述违法行为，时任公司董事长于成波和时任总经理李殿文是直接负责的主管人员，时任财务总监赵冬颖、董事肖林、吴文莉、蒋群是其他直接责任人员。

根据当事人违法行为的事实、性质、情节与社会危害程度，依照《证券法》第一百九十三条第一款的规定，中国证监会决定：

一、责令参仙源改正，给予警告，并处以60万元罚款；

二、对于成波、李殿文给予警告，并分别处以30万元罚款；

三、对赵冬颖给予警告，并处以10万元罚款；

四、对肖林、吴文莉、蒋群给予警告，并分别处以5万元罚款。

资料来源：中国证券监督管理委员会. 中国证监会行政处罚决定书（参仙源参业股份有限公司于成波、李殿文等7名责任人员）〔2016〕83号.

第八节 持续经营（第1324号）

一、概述

（一）本准则制定与修订背景

我国针对1999年以来《独立审计具体准则第17号——持续经营》在实施过程中暴露的问题和局限性，于2003年4月由中注协对该项准则进行了修订，突出强调了重大疑虑事项是注册会计师考虑被审计单位持续经营假设合理性的依据。后又根据我国审计实践出现的新问题，对重大疑虑事项的规范做了进一步的修订。

2006年2月，准则在作出重要修改的同时，完全保留了原准则中关于财务、经营、其他等三个方面可能导致对被审计单位持续经营假设产生重大疑虑的事项或情况的提炼。新准则从判断主体的角度，分别明确了管理层以重大疑虑事项为证据实施初步判断的责任、注册会计师在评价管理层对持续经营能力评估时对重大疑虑事项证据的再次使用。同时该准则也明确指出：“在整个审计过程中，注册会计师应当始终关注可能导致对持续经营产生疑虑的事项和情况。”可见，多次修订的准则始终肯定重大疑虑事项是审计判断的重要证据。

2008年的金融危机及2010年的审计报告准则的修订，进一步明确了注册会计师对被审计单位运用持续经营假设相关的责任。

上市公司2012—2016年5年被出具非标意见审计报告情况，见表1324-1。

表1324-1　　上市公司2012—2016年5年被出具非标意见审计报告情况

非标意见类型	2012年	2013年	2014年	2015年	2016年
无法表示意见	3	4	3	5	10
保留意见	14	19	13	13	20
带强调事项段的无保留意见	71	58	69	81	75
合计	88	81	85	99	105
其中：涉及持续经营	56	38	42	52	48
占比	64%	47%	49%	53%	46%

从表1324-1中可见，上市公司2012—2016年5年因持续经营被出具的非标意见类型较为突出，见表1324-2。

表1324-2　　上市公司2012—2016年5年因持续经营被出具的非标意见类型

非标意见类型	2012年	2013年	2014年	2015年	2016年
无法表示意见	2	2	3	1	2
保留意见	3	3	2	6	6
带强调事项段的无保留意见	51	33	37	45	40
合计	56	38	42	52	48

截至2017年4月30日，沪深两市共3 136家上市公司出具了财务报表审计报告，从审计报告意见类型看，3 031家上市公司被出具了标准审计报告，占总数的96.65%。75家上市公司被出具了带强调事项段的无保留意见审计报告，占总数的2.39%。20家上市公司被出具了保留意见审计报告，占总数的0.64%。10家上市公司被出具了无法表达意见的审计报告，占总数的0.32%。其中，出具带强调事项段的无保留意见原因概览如图1324-1所示。

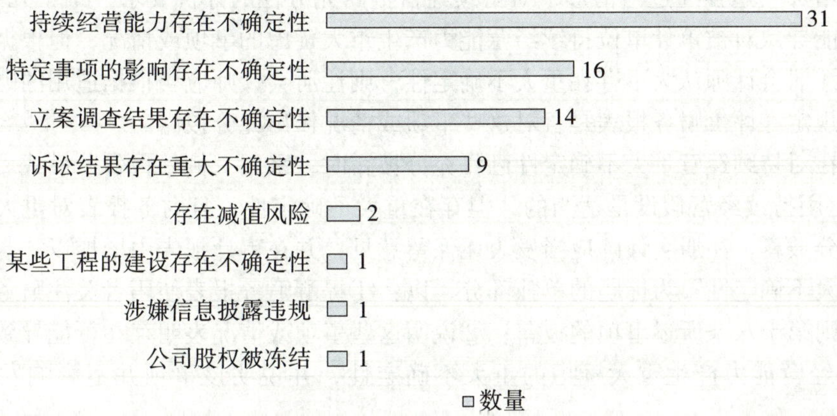

图1324-1　出具带强调事项段的无保留意见原因概览

为了全面解决这些问题，并且对审计概念的一致理解需要会计准则作进一步指引，2016年修订重新审视财务报告关于持续经营方面的要求。

本准则制定的目的是规范注册会计师在财务报表审计中与管理层编制财务报表时运用持续经营假设相关的责任。

（二）本准则2010年修订内容

本准则本次修订主要是对2006年版《中国注册会计师审计准则第1324号——持续经营》按照新体例进行改写，并未作出实质性修订。

与2006年版准则相比，本准则在具体规定上有以下3个方面的变化：

（1）解释了在通用目的财务报表和特殊目的财务报表中对持续经营假设的应用。

（2）明确了与管理层对事项或情况的未来结果的判断相关的因素。

（3）进一步明确了注册会计师对被审计单位运用持续经营假设相关的责任。在2006年版准则中，注册会计师的责任是考虑管理层运用持续经营假设的适当性以及持续经营能力是否存在重大不确定性。而此次修订将注册会计师的责任修改为，针对管理层运用持续经营假设的适当性获取充分、适当的审计证据，并就持续经营能力是否存在重大不确定性得出结论。

（三）本准则2016年修订内容

2016年12月23日，本准则在对现行《中国注册会计师审计准则第1324号——持续经营》按照新体例进行改写的基础上，作出了实质性修订。

与2010年版准则相比，《中国注册会计师审计准则第1324号——持续经营（修订）》的变化主要体现在以下方面：

（1）强化管理层、注册会计师对持续经营的责任。在审计报告中，分别描述管理层、注册会计师与持续经营相关的责任，特别是增加注册会计师对评价管理层披露持续经营事项的责任，增加了注册会计师对持续经营审计责任的描述，即注册会计师应当评价是否已就管理层编制财务报表时运用持续经营假设的适当性获取了充分、适当的审计证据，并就运用持续经营假设的适当性得出结论。有助于报告使用者更加关注注册会计师与持续经营相关的工作、关注管理层对持续经营的责任；有教育价值和引导作用，也有助于解决报告使用者对审计报告的期望差距。

（2）增加“勉强通过”情形下对持续经营披露充分性的评价要求。第十九条 如果已识别出可能导致对被审计单位持续经营能力产生重大疑虑的事项或情况，但根据获取的审计证据，注册会计师认为不存在重大不确定性，则注册会计师应当根据适用的财务报告编制基础的规定，评价财务报表是否对这些事项或情况作出充分披露。

（3）在对持续经营重大不确定性已作充分披露时，采用“例外报告”模式。第二十一条 如果运用持续经营假设是适当的，但存在重大不确定性，且财务报表对重大不确定性已作出充分披露，注册会计师应当发表无保留意见，并在审计报告中增加以“与持续经营相关的重大不确定性”为标题的单独部分，以：①提醒财务报表使用者关注财务报表附注中对本准则第十八条所述事项的披露；②说明这些事项或情况表明存在可能导致对被审计单位持续经营能力产生重大疑虑的重大不确定性，并说明该事项并不影响发表的审计意见。

（4）增加对持续经营重大不确定性未作充分披露时报告的考虑。第二十二条 如果运用持续经营假设是适当的，但存在重大不确定性，且财务报表对重大不确定性未作出充分披露，注册会计师应当按照《中国注册会计师审计准则第1502号——在审计报告中发表非无保留意见》的规定，恰当发表保留意见或否定意见。

注册会计师应当在审计报告“形成保留（否定）意见的基础”部分说明，存在可能导致对被审计单位持续经营能力产生重大疑虑的重大不确定性，但财务报表未充分披露该事项。

（5）确认与持续经营相关的事项可能被确认为关键审计事项。对于勉强通过情形，如果与持续经营相关的问题是在执行审计工作中注册会计师已重点关注过的事项，但注册会计师最终确定不存在重大不确定性，这些事项仍可能被确认为关键审计事项。

（6）提供了3个与持续经营相关完整的审计报告参考格式。

（四）本准则2019年修订内容

本准则本次未修订。

（五）本准则学习中注意事项

特别要结合考虑《中国注册会计师审计准则第1504号——在审计报告中沟通关键审计事项》及其应用指南规范的注册会计师在审计报告中沟通关键审计事项的责任，并明确在该准则及其应用指南适用时，与持续经营相关的事项可能被确定为关键审计事项，并解释可能导致对被审计单位持续经营能力产生重大疑虑的事项或情况存在重大不确定性，就其性质而言属于关键审计事项。

二、框架结构简介

本准则共3章25条，其框架结构见表1324-3。

表1324-3　　框架结构

章	名称	节	条	主要内容
第一章	总则	—	1~7	本准则制定的目的和管理层与注册会计师的责任
第二章	目标	—	8	界定执行本准则应实现的目标
第三章	要求	1~7	9~25	规定注册会计师为实现准则目标应遵守的要求，即注册会计师在相关业务环境下应当实施的所有必要程序

三、重点难点解析

（一）持续经营假设

1.持续经营假设的含义

持续经营假设是指被审计单位在编制财务报表时，假定其经营活动在可预见的将来会继续下去，不拟也不必终止经营或破产清算，可以在正常的经营过程中变现资产、清偿债务。《企业会计准则第30号——财务报表列报》第四条规定：“企业应当以持续经营为基础，根据实际发生的交易和事项，按照《企业会计准则——基本准则》和其他各项会计准则的规定进行确认和计量，在此基础上编制财务报表。”持续经营假设通常是会计确认和计量的基本假定之一，对财务报表的编制和审计关系重大。是否以持续经营假设为基础编制财务报表，对会计确认、计量和列报将产生很大影响。例如，对于固定资产，企业在持续经营假设基础上，以历史成本计价，并在预计使用年限内对该项资产计提折旧。通过此方式，可将资产的成本分摊到不同期间的费用中去，据以核算各个期间的损益。如果这一假设不再成立，该项资产应以清算价格计价。

2.持续经营假设与会计原则的关系

由于持续经营假设的存在，会计分期才成为必要，历史成本原则、权责发生制原则、配比原则、划分资本性支出与收益性支出原则才可以在正常的会计核算中予以贯彻。

3.持续经营下的会计核算与非持续经营下的会计核算之区别（见表1324-4）

表1324-4　　持续经营下的会计核算与非持续经营下的会计核算之区别

项目	持续经营下的会计核算	非持续经营下的会计核算
财务会计目标	公允地反映企业财务状况、经营成果及现金流量	如实反映财产变现和债务清偿
会计原则	权责发生制、历史成本原则等	收付实现制、变现价值原则等
会计信息使用者	社会公众	债权人、股东等
编制基础	对于通用目的财务报表以持续经营为基础（历史成本、折旧摊销等），除非管理层计划清算被审计单位、终止运营或别无其他现实的选择	对于特殊目的的财务报表以其他编制基础（如按照计税核算基础编制）为基础，终止经营或破产清算

4.对公共部门实体的特殊考虑

对公共部门实体，管理层同样需要运用持续经营假设。例如，《国际公共部门会计准则第1号——财务报表列报》规范了有关公共部门实体持续经营能力的问题。持续经营风险可能主要源于以下情况（包括但不限于）：公共部门实体以营利为基础经营、政府的支持可能减少或撤销或者使公共部门实体私有化。可能导致对公共部门实体持续经营能力产生重大疑虑的事项或情况，可能包括公共部门实体缺乏继续存在所需的资金或出台影响公共部门实体所提供服务的政策。

（二）管理层的责任和注册会计师的责任

1.管理层的责任

管理层需要在编制财务报表时评估持续经营能力，无论财务报告编制基础是否对此作出明确要求。

管理层对持续经营能力的评估涉及在特定时点对事项或情况的未来结果作出判断，这些事项或情况的未来结果具有固有不确定性，下列因素与管理层的判断相关：

（1）某一事项或情况或其结果出现的时点距离管理层作出评估的时点越远，与事项或情况的结果相关的不确定性程度将越显著地增加。因此，大多数明确要求管理层对持续经营能力作出评估的财务报告编制基础规定了管理层应当考虑所有可获得信息的期间。

（2）被审计单位的规模和复杂程度、经营活动的性质和状况以及被审计单位受外部因素影响的程度，将影响对事项或情况的结果作出的判断。

（3）对未来的所有判断都以作出判断时可获得的信息为基础。管理层作出的判断在当时情况下可能是合理的，但之后发生的事项可能导致事项或情况的结果与作出的判断不一致。

2.注册会计师的责任

（1）注册会计师的责任是就管理层在编制和列报财务报表时运用持续经营假设的适当性获取充分、适当的审计证据，并就持续经营能力是否存在重大不确定性得出结论。

（2）即使财务报告编制基础没有明确要求管理层作出专门评估，注册会计师仍然存在这种责任。

（3）如果存在可能导致被审计单位不再持续经营的未来事项或情况，审计的固有限制对注册会计师发现重大错报能力的潜在影响会加大。注册会计师不能对这些未来事项或情况作出预测。相应地，注册会计师未在审计报告中提及与被审计单位持续经营能力相关的重大不确定性，不能被视为对被审计单位持续经营能力的保证。

3.管理层的责任和注册会计师的责任比较（见表1324-5）

表1324-5 管理层的责任和注册会计师的责任比较

<table>
<tr><th>项目</th><th>管理层的责任</th><th>注册会计师的责任</th></tr>
<tr><td>准则要求</td><td>《企业会计准则第30号——财务报表列报》第五条 在编制财务报表的过程中，企业管理层应当利用所有可获得信息来评价企业自报告期末起至少12个月的持续经营能力。
评价时需要考虑宏观政策风险、市场经营风险、企业目前或长期的盈利能力、偿债能力、财务弹性以及企业管理层改变经营政策的意向等因素。
评价结果表明对持续经营能力产生重大怀疑的，企业应当在附注中披露导致对持续经营能力产生重大怀疑的因素以及企业拟采取的改善措施</td><td rowspan="3">本准则第六条 注册会计师的责任是，就管理层在编制财务报表时运用持续经营假设的适当性获取充分、适当的审计证据并得出结论，并根据获取的审计证据就被审计单位持续经营能力是否存在重大不确定性得出结论。
即使编制财务报表时采用的财务报告编制基础没有明确要求管理层对持续经营能力作出专门评估，注册会计师的这种责任仍然存在。
本准则第八条 注册会计师的目标是：
（一）就管理层编制财务报表时运用持续经营假设的适当性，获取充分、适当的审计证据，并得出结论；
（二）根据获取的审计证据，就可能导致对被审计单位持续经营能力产生重大疑虑的事项或情况是否存在重大不确定性得出结论；
（三）按照本准则的规定出具审计报告</td></tr>
<tr><td>编制基础明确要求</td><td>本准则第三条 某些财务报告编制基础（如我国企业会计准则）明确要求管理层对被审计单位持续经营能力作出专门评估，并规定了与此相关的需要考虑的事项和作出的披露。相关法律法规还可能对管理层评估持续经营能力的责任和相关财务报表披露作出具体规定</td></tr>
<tr><td>编制基础未明确要求</td><td>本准则第四条 其他财务报告编制基础可能没有明确要求管理层对持续经营能力作出专门评估。然而，如本准则第二条所述，如果持续经营假设是编制财务报表的基本原则，即使其他财务报告编制基础没有对此作出明确规定，管理层也需要在编制财务报表时评估持续经营能力</td></tr>
</table>

（三）风险评估程序和相关活动

（1）在按照《中国注册会计师审计准则第1211号——通过了解被审计单位及其环境识别和评估重大错报风险》的规定实施风险评估程序时，注册会计师应当考虑是否存在可能导致对被审计单位持续经营能力产生重大疑虑的事项或情况。在进行考虑时，注册会计师应当确定管理层是否已对被审计单位持续经营能力作出初步评估。

（2）如果管理层已对持续经营能力作出初步评估，注册会计师应当与管理层进行讨论，并确定管理层是否已识别出单独或汇总起来可能导致对被审计单位持续经营能力产生重大疑虑的事项或情况。如果管理层已识别出这些事项或情况，注册会计师应当与其讨论应对计划。

（3）如果管理层未对持续经营能力作出初步评估，注册会计师应当与管理层讨论其拟运用持续经营假设的理由，询问管理层是否存在单独或汇总起来可能导致对被审计单位持续经营能力产生重大疑虑的事项或情况。

（4）针对有关可能导致对被审计单位持续经营能力产生重大疑虑的事项或情况的审计证据，注册会计师应当在整个审计过程中保持警觉。

以上风险评估程序和相关活动见表1324-6。

表1324-6　风险评估程序和相关活动

阶段	风险评估程序和相关活动
风险评估程序（了解被审计单位及其环境）	情形1：管理层已对持续经营能力作出初步评价 （1）与管理层讨论并确定是否已识别出单独或汇总起来可能导致对被审计单位持续经营能力产生重大疑虑的事项或情况； （2）如果已识别出，讨论其应对计划，包括讨论管理层的计划和针对识别出的持续经营问题的解决方案
	情形2：管理层未对持续经营能力作出初步评价 （1）与管理层讨论其拟运用持续经营假设的理由； （2）询问管理层是否存在单独或汇总起来可能导致对被审计单位持续经营能力产生重大疑虑的事项或情况
项目组计划会议	讨论可能导致对被审计单位持续经营能力产生重大疑虑的事项或情况，并确定其对审计策略的影响
全部审计过程中	针对有关可能导致对被审计单位持续经营能力产生重大疑虑的事项或情况的审计证据，注册会计师应当在整个审计过程中保持警觉，并确定其对审计策略有何影响。注册会计师对此类事项或情况的考虑应当随着审计工作的开展而不断深入。如果被审计单位存在资不抵债、无法偿还到期债务等事项或情况，这可能表明被审计单位存在因持续经营问题导致的重大错报风险，该项风险与财务报表整体广泛相关，从而会影响多项认定

（5）可能导致对被审计单位持续经营能力产生重大疑虑的事项或情况。在计划审计工作和实施风险评估程序时，注册会计师应当考虑是否存在可能导致对持续经营能力产生重大疑虑的事项或情况及相关的经营风险，评价管理层对持续经营能力作出的评估，并考虑已识别的事项或情况对重大错报风险评估的影响。被审计单位在财务、经营以及其他方面存在的某些事项或情况可能导致经营风险，这些事项或情况单独或连同其他事项或情况可能导致对持续经营能力产生重大疑虑，见表1324-7。

表 1324-7 可能导致对被审计单位持续经营能力产生重大疑虑的事项或情况

分类	事项或情况
1.财务方面	(1) 净资产为负或营运资金出现负数； (2) 定期借款即将到期，预期不能展期或偿还；或过度依赖短期借款为长期资产筹资； (3) 存在债权人撤销财务支持的迹象； (4) 历史或预测性报表表明经营活动的现金流量净额为负数； (5) 关键财务比率不佳； (6) 发生重大经营亏损或用以产生现金流量的资产价值大跌； (7) 拖欠或停止发放股利； (8) 在到期日无法偿还债务； (9) 无法履行借款合同的条款； (10) 与供应商由赊购变为货到付款； (11) 无法获得开发必要新产品或进行其他必要投资所需的资金
2.经营方面	(1) 管理层计划清算被审计单位或终止经营； (2) 关键管理人员离职且无人替代； (3) 失去主要市场、关键客户、特许权、执照或主要供应商； (4) 出现用工困难； (5) 重要供应短缺； (6) 出现非常成功的竞争者
3.其他方面	(1) 违反有关资本或其他法定要求； (2) 未决诉讼或监管程序，可能导致无法支付索赔金额； (3) 法律法规或政府政策的变化预期会产生不利影响； (4) 对发生的灾害未购买保险或保额不足

需要说明的是，以上是单独或汇总起来可能导致对持续经营能力产生重大疑虑的事项或情况的示例。这些示例并不能涵盖所有事项或情况，也不意味着存在其中一个或多个项目就一定表明存在重大不确定性，就必然导致被审计单位无法持续经营。某些措施通常可以减轻这些事项或情况的严重性，注册会计师对此应作出职业判断。例如，被审计单位无法正常偿还债务的影响，可能被管理层通过替代方法（如处置资产、重新安排贷款偿还或获得额外资本金计划）保持足够的现金流量所抵销。类似地，主要供应商的流失也可以通过寻找适当的替代供应来源以降低损失。在这种情况下，注册会计师不一定会得出被审计单位无法持续经营的结论。

（四）风险应对

针对以上风险评估程序及相关活动，注册会计师的风险应对措施有三种：评价管理层的评估；询问超出管理层评估期间的事项或情况；识别出事项或情况时实施追加的审计程序。

1.评价管理层的评估

任何企业都可能面临终止经营的风险，因此，管理层应当定期对其持续经营能力作出分析和判断，确定以持续经营假设为基础编制财务报表的适当性。管理层对被审计单位持续经营能力的评估，是注册会计师考虑管理层运用持续经营假设的一个关键部分。注册会计师应当评价管理层对持续经营能力作出的评估。注册会计师应当评价管理层评估涵盖的期间、管理层的评估和支持性分析，具体评价内容参见表1324-8。

表1324-8 评价管理层的评估

管理层的评估	注册会计师的评价
涵盖的期间	（1）注册会计师的评价期间应与管理层按照规定作出评估的涵盖期间相同； （2）管理层对持续经营能力的合理评估期间应是自财务报表日起的下一个会计期间； （3）如果管理层评估持续经营能力涵盖的期间短于自财务报表日起的12个月，注册会计师应当提请管理层将其至少延长至自财务报表日起的12个月； （4）在某些情况下，注册会计师可能认为有必要提请管理层作出评估或延长评估期间，如果管理层予以拒绝，由于注册会计师可能无法获取有关管理层运用持续经营假设编制财务报表的充分、适当的审计证据（如是否存在管理层提出的应对计划或其他缓解因素的审计证据），注册会计师发表保留意见或无法表示意见可能是适当的
管理层作出评估时遵循的程序、支持性分析	（1）在某些情况下，管理层缺乏详细分析以支持其评估，可能不妨碍注册会计师确定管理层运用持续经营假设是否适合具体情况，如被审计单位具有盈利经营的记录并很容易获得财务支持，管理层不需要详细分析就可能作出评估，注册会计师可能无须详细评价，就可以得出结论； （2）在其他情况下，按照“注册会计师应当评价管理层对被审计单位持续经营能力作出的评估”的要求评价管理层对被审计单位持续经营能力所作的评估，可能包括评价管理层作出评估时遵循的程序、评估依据的假设、管理层的未来应对计划以及管理层的计划在具体情况下是否可行
信息来源	注册会计师应当考虑管理层作出的评估是否已考虑所有相关信息，包括实施审计程序获取的信息
识别对持续经营能力产生重大疑虑的事情或情况	如何识别、是否完整、是否包含注册会计师发现的所有相关信息
评估依据的假设	是否合理，关注： （1）对预测性信息有重大影响的假设； （2）特别敏感或容易发生变动的假设； （3）与历史趋势不一致的假设
未来应对计划	管理层的计划在当前情况下是否可行，参见表1324-9
结论	是否恰当；纠正管理层缺乏分析的错误不是注册会计师的责任

表1324-9　　管理层应对计划与注册会计师关注的事项

管理层应对计划	注册会计师关注的事项
变卖资产	（1）对于拟处置的资产，确定支持证据的充分性；（2）考虑是否存在处置资产的限制，例如，在贷款协议中存在限制处置资产的条款；（3）考虑拟处置资产的变现能力；（4）确定拟处置资产的潜在直接或间接影响；（5）从资产处置中获取资金的充足性和及时性
债务融资	（1）阅读公司债券和借款合同的条款并确定是否存在违约情况，或者在可预见的未来可能违约；（2）确认授信合同的存在性、条款和充分性；（3）考虑债务融资的可获得性；（4）考虑被审计单位现有的借款合同是否对继续举债存在限制条款；（5）检查被审计单位与金融机构就固定期限借款展期的协议，如固定期限借款合同尚未到期，了解被审计单位与金融机构就展期进行的沟通情况
缩减或延缓开支	（1）考虑缩减管理费用等间接费用、推迟固定资产维修、推迟项目研发等的可行性；（2）评价缩减或延缓开支的直接或间接影响；（3）考虑管理层缩减或延缓开支计划的详细程度
增加权益资本	（1）考虑增加权益资本计划的可行性；（2）评价增加权益资本对被审计单位的影响
获取母公司或其他方面的支持	（1）向关联方或第三方确认提供或保持财务支持的协议的存在性、合法性和可执行性，并对其提供额外资金的能力作出评估；（2）评价母公司或其他方面提供支持的可能性
调整营销策略，预计市场改善	（1）评价基础数据的恰当性和可靠性，以及增长率和利润率的可实现性；（2）确定销售预测的可靠性；（3）考虑行业的发展情况和宏观经济环境

2.询问超出管理层评估期间的事项或情况

（1）注册会计师应当询问管理层是否知悉超出评估期间的、可能导致对持续经营能力产生重大疑虑的事项或情况；除询问管理层外，注册会计师没有责任实施其他任何审计程序。

（2）在考虑更远期间发生的事项或状况时，只有持续经营事项迹象达到重大时，注册会计师才需要考虑采取进一步措施，并提请管理层评价其潜在重要性。在这种情况下，注册会计师应当通过实施追加的审计程序，获取充分、适当的审计证据，以确定是否存在重大不确定性。

3.识别出事项或情况时实施追加的审计程序

如果识别出可能导致对持续经营能力产生重大疑虑的事项或情况，注册会计师应当通过实施追加的审计程序（包括考虑缓解因素），获取充分、适当的审计证据，以确定可能导致对被审计单位持续经营能力产生重大疑虑的事项或情况是否存在重大不确定性（以下简称重大不确定性）。这些程序应当包括：

（1）如果管理层尚未对被审计单位持续经营能力作出评估，提请其进行评估；

（2）评价管理层与持续经营能力评估相关的未来应对计划，这些计划的结果是否可能改善目前的状况，以及管理层的计划对于具体情况是否可行；

（3）如果被审计单位已编制现金流量预测，且在评价管理层未来应对计划时对预测的分析是考虑事项或情况未来结果的重要因素，评价用于编制预测的基础数据的可靠性，并确定预测所基于的假设是否具有充分的支持；

（4）考虑自管理层作出评估后是否存在其他可获得的事实或信息；

（5）要求管理层和治理层（如适用）提供有关未来应对计划及其可行性的书面声明。

与上述要求相关的审计程序可能包括，但不限于：

（1）与管理层分析和讨论现金流量、盈利及其他相关预测；

（2）分析和讨论可获得的被审计单位最近的中期财务报表；

（3）阅读公司债券和借款合同的条款并确定是否存在违约情况；

（4）阅读股东、治理层及相关委员会会议有关财务困境的会议纪要；

（5）向被审计单位的律师询问是否存在诉讼或索赔，管理层对诉讼或索赔结果的评估以及对其财务影响的估计是否合理；

（6）向关联方或第三方确认提供或保持财务支持的协议的存在性、合法性和可执行性，并对其提供额外资金的能力作出评估；

（7）评价被审计单位处理尚未完成的客户订单的计划；

（8）针对期后事项实施审计程序，以识别那些能够改善或影响被审计单位持续经营能力的事项；

（9）确认授信合同的存在性、条款和充分性；

（10）获取并复核有关监管行动的报告；

（11）对于拟处置的资产，确定支持证据的充分性。

（五）审计结论与报告

注册会计师应当评价是否就管理层编制财务报表时运用持续经营假设的适当性获取了充分、适当的审计证据，并就运用持续经营假设的适当性得出结论。

注册会计师应当根据获取的审计证据，运用职业判断，确定是否存在与重大不确定性相关的事项或情况（且这些事项或情况单独或汇总起来可能导致对被审计单位持续经营能力产生重大疑虑）并考虑对审计意见的影响。

如果注册会计师根据职业判断认为，鉴于不确定性潜在影响的重要程度和发生的可能性，为了使财务报表实现公允反映，管理层有必要适当披露该不确定性的性质和影响，则表明存在重大不确定性。

1.持续经营假设对审计结论的影响（见表1324-10）

表1324-10　　持续经营假设对审计结论的影响

1.持续经营假设适当但存在重大不确定性	
程序	（1）财务报表对重大不确定性已作出充分披露，注册会计师应当发表无保留意见，并在审计报告中增加以“与持续经营相关的重大不确定性”为标题的单独部分，以： ①提醒财务报表使用者关注财务报表附注中对所述事项的披露； ②说明这些事项或情况表明存在可能导致对被审计单位持续经营能力产生重大疑虑的重大不确定性，并说明该事项并不影响发表的审计意见。 （2）在极少数情况下，当存在多项对财务报表整体具有重要影响的重大不确定性时，尽管注册会计师对每个单独的不确定事项都获取了充分、适当的审计证据，但由于不确定事项之间可能存在相互影响，以及可能对财务报表产生累积影响，注册会计师可能认为发表无法表示意见而非增加以“持续经营相关的重大不确定性”为标题的单独部分是适当的。 （3）财务报表未作出充分披露，注册会计师应当恰当发表保留意见或否定意见，注册会计师应当在审计报告中说明，存在可能导致对被审计单位持续经营能力产生重大疑虑的重大不确定性

续表

2.运用持续经营假设不适当	
程序	(1) 无论财务报表中对管理层运用持续经营假设的不适当性是否作出披露，注册会计师均应发表否定意见； (2) 如果在具体情况下运用持续经营假设是不适当的，但管理层被要求或自愿选择编制财务报表，则可以采用替代基础（如清算基础）编制财务报表。注册会计师可以对财务报表进行审计，前提是注册会计师确定替代基础在具体情况下是可接受的编制基础，如果财务报表对此作出了充分披露，注册会计师可以发表无保留意见，但也可能认为在审计报告中增加强调事项段是适当或必要的，以提醒财务报表使用者注意替代基础及其使用理由
3.严重拖延对财务报表的批准	
程序	(1) 如果管理层或治理层在财务报表日后严重拖延对财务报表的批准，注册会计师应当询问拖延的原因； (2) 如果认为拖延可能涉及与持续经营评估相关的事项或情况，注册会计师有必要实施在已经识别出可能导致对持续经营能力产生重大疑虑的事项或情况时追加的审计程序，并就存在的重大不确定性考虑对审计结论的影响

2.持续经营假设对审计报告意见类型的影响（见表1324-11）

表1324-11 持续经营假设对审计报告意见类型的影响

假设是否适当	是否存在重大不确定性	财务报表是否充分披露	意见类型	示例
否	—	—	否定	—
是	是	是	无保留	【应用分析1324-1】
		否	保留	【应用分析1324-4】
			否定	【应用分析1324-5】

【应用分析1324-1】当注册会计师确定存在重大不确定性，且财务报表已作出充分披露时，发表无保留意见的审计报告。

背景信息：

（1）对上市实体整套财务报表进行审计。该审计不属于集团审计（即不适用《中国注册会计师审计准则第1401号——对集团财务报表审计的特殊考虑》）；

（2）管理层按照企业会计准则编制财务报表；

（3）审计业务约定条款体现了《中国注册会计师审计准则第1111号——就审计业务约定条款达成一致意见》中关于管理层对财务报表责任的描述；

（4）基于获取的审计证据，注册会计师认为发表无保留意见是恰当的；

（5）适用的相关职业道德要求为中国注册会计师职业道德守则；

（6）基于获取的审计证据，注册会计师认为可能导致对被审计单位持续经营能力产生重大疑虑的事项或情况存在重大不确定性，财务报表对该重大不确定性已作出充分披露；

（7）已按照《中国注册会计师审计准则第1504号——在审计报告中沟通关键审计事

项》的规定沟通了关键审计事项；

(8) 注册会计师在审计报告日前已获取所有其他信息，且未识别出信息存在重大错报；

(9) 负责监督财务报表的人员与负责编制财务报表的人员不同；

(10) 除财务报表审计外，注册会计师还承担法律法规要求的其他报告责任，且注册会计师决定在审计报告中履行其他报告责任。

审计报告

ABC股份有限公司全体股东：

一、对财务报表出具的审计报告

(一) 审计意见

我们审计了ABC股份有限公司（以下简称ABC公司）财务报表，包括20×1年12月31日的资产负债表，20×1年度的利润表、现金流量表、股东权益变动表以及相关财务报表附注。

我们认为，后附的财务报表在所有重大方面按照企业会计准则的规定编制，公允反映了ABC公司20×1年12月31日的财务状况以及20×1年度的经营成果和现金流量。

(二) 形成审计意见的基础

我们按照中国注册会计师审计准则的规定执行了审计工作，审计报告的“注册会计师对财务报表审计的责任”部分进一步阐述了我们在这些准则下的责任。按照中国注册会计师职业道德守则，我们独立于ABC公司，并履行了职业道德方面的其他责任。我们相信，我们获取的审计证据是充分、适当的，为发表审计意见提供了基础。

(三) 与持续经营相关的重大不确定性

我们提醒财务报表使用者关注，如财务报表附注×所述，ABC公司20×1年发生净亏损×元，且于20×1年12月31日，ABC公司流动负债高于流动资产总额×元，如财务报表附注×所述，这些事项或情况，连同财务报表附注×所示的其他事项，表明存在可能导致对ABC公司持续经营能力产生重大疑虑的重大不确定性。该事项不影响已发表的审计意见。

……

【应用分析1324-2】信永中和对*ST墨龙（002490）出具带强调事项段的无保留意见的财务报表审计报告（2016年）。

审计报告

山东墨龙石油机械股份有限公司全体股东：

一、审计意见

我们审计了山东墨龙石油机械股份有限公司（以下简称山东墨龙或公司）财务报表，包括2016年12月31日的合并及母公司资产负债表，2016年度的合并及母公司利润表、合并及母公司现金流量表、合并及母公司股东权益变动表，以及相关财务报表附注。

我们认为，后附的财务报表在所有重大方面按照企业会计准则的规定编制，公允反映了山东墨龙2016年12月31日的合并及母公司财务状况以及2016年度的合并及母公司经营成果和现金流量。

二、形成审计意见的基础

……

三、与持续经营相关的重大不确定性

我们提醒财务报表使用者关注，如财务报表附注三、2所述，山东墨龙合并财务报表2016年亏损65 070.57万元，且于2016年12月31日，山东墨龙流动负债高于资产总额158 348.65万元。这些事项表明存在可能导致对山东墨龙持续经营能力产生重大疑虑的重大不确定性。该事项不影响已发表的审计意见。

四、强调事项

我们提醒财务报表使用者关注，如财务报表附注十五、4所述，中国证券监督管理委员会对山东墨龙、控股股东和公司总经理立案调查，截至本报告出具日，调查尚未结束，未来结果存在不确定性。本段内容不影响已发表的审计意见。

……

【应用分析1324-3】**瑞华中国注册会计师高哲、孙瑞对*ST昆机（600806）发表无法表示意见审计报告（2016）**[①]。

审计报告

沈机集团昆明机床股份有限公司全体股东：

一、无法表示意见

我们接受委托，审计沈机集团昆明机床股份有限公司（以下简称昆明机床公司）合并及公司财务报表，包括2016年12月31日的合并及公司资产负债表，2016年度的合并及公司利润表、合并及公司现金流量表、合并及公司股东权益变动表以及财务报表附注。

我们不对后附的昆明机床公司合并及公司财务报表发表审计意见。由于“形成无法表示意见的基础”部分所述事项的重要性，我们无法获取充分、适当的审计证据以作为对合并及公司财务报表发表审计意见的基础。

二、形成无法表示意见的基础

1.涉及存货的事项

我们在对昆明机床公司存货执行监盘程序时，发现公司存货账实不符问题。公司获知此问题后，即开展对2013年至2016年存货问题的自查。基于截至本审计报告日昆明机床公司对2013年至2016年存货自查结果，如财务报表附注四、27所述，昆明机床公司对与存货相关项目的前期会计差错在2016年度财务报表中进行了更正及披露。

截至审计报告日，根据昆明机床公司提供的自查数据，各年期末账外存货结存情况为：2013年年末账外存货结存金额1.28亿元；2014年年末账外存货结存金额1.76亿元；2015年年末账外存货结存金额1.22亿元；2016年年末账外存货结存金额6 366万元。

我们对昆明机床公司提供的上述存货自查结果执行进一步审计程序，但由于昆明机床公司尚未提供更正后2013年及之后年度期末产成品结存与原财务列报差异事项的完整证据，且昆明机床公司尚未提供账外存货收、发、存资料或其他可靠的替代性证据，我

① http://stock.jrj.com.cn/share，disc，2017-04-25，600806，000000000000hxpo0.shtml.

们无法取得充分、适当的审计证据，证明账外存货流转及与此相关的经济业务的存在和完整性及金额的可靠性，从而无法确定存货更正数据的准确性及对2016年度财务报表的影响。

2.涉及销售收入的事项

我们在对昆明机床公司收入执行审计程序时，发现销售收入存在虚计及跨期确认的问题，公司获知此问题后，即开展对2013年至2016年销售收入问题的自查。基于截至本审计报告日昆明机床公司对2013年至2016年销售收入自查结果，如财务报表附注四、27所述，昆明机床公司对与收入相关项目的前期会计差错在2016年度财务报表中进行了更正及披露。

我们对昆明机床公司提供的与收入问题自查更正相关的往来款项追加包括函证在内的核实程序，以及对收入跨期问题追加实施截止测试程序。截至审计报告日，2016年年末回函不符应收账款1 237万元，未回函应收账款2 588万元；回函不符预收账款3 956万元，未回函预收账款4 363万元。我们无法取得充分、适当的替代证据，证明更正后应收账款和预收账款的真实及准确性，从而无法确定应收账款和预收账款更正数据对2016年度财务报表的影响。

3.与重要子公司相关的事项

昆明机床公司子公司西安交大赛尔机泵成套设备有限责任公司（以下简称“西安赛尔公司”），截至2016年12月31日，合并资产总额为2.28亿元，净资产为–3 494万元，2016年度合并销售收入为249万元，净利润为–6 847万元。

我们在执行审计工作时，发现西安赛尔公司2016年度账面记录以银行承兑汇票从第三方非金融机构取得借款662万元，以现金方式存入西安赛尔公司银行账户，部分所附凭据存在票据到期日等信息被涂改的痕迹。

我们在执行审计工作时，发现孙公司长沙赛尔透平机械有限公司（以下简称“长沙赛尔公司”）私设多个财务账套。

针对上述问题，昆明机床公司成立专门小组对西安赛尔公司及长沙赛尔公司进行核查。但截至审计报告日，我们尚未获得昆明机床公司对于两家公司上述问题的核查结论，也无法执行进一步审计程序，无法合理判断两家公司存在的问题对昆明机床公司合并财务报表的影响。

4.中国证监会立案调查事项

昆明机床公司于2017年3月22日收到中国证监会《调查通知书》（云证调查字2017004号），因公司涉嫌信息披露违反证券法律法规，根据《中华人民共和国证券法》的有关规定，决定对公司立案调查。由于该立案调查尚未有最终结论，我们无法判断立案调查结果对昆明机床公司财务报表的影响程度。

……

【应用分析1324-4】当注册会计师确定存在重大不确定性，且财务报表由于未作出充分披露而存在重大错报时，发表保留意见的审计报告。

背景信息：

（1）对上市实体整套财务报表进行审计。该审计不属于集团审计（即不适用《中国注册会计师审计准则第1401号——对集团财务报表审计的特殊考虑》)。

(2)管理层按照企业会计准则编制财务报表。

(3)审计业务约定条款体现了《中国注册会计师审计准则第1111号——就审计业务约定条款达成一致意见》中关于管理层对财务报表责任的描述。

(4)基于获取的审计证据,注册会计师认为可能导致对被审计单位持续经营能力产生重大疑虑的事项或情况存在重大不确定性。财务报表附注×讨论了融资协议的规模、到期日和总安排,但财务报表未讨论其影响以及再融资的可获得性,也未将该情况界定为重大不确定性。

(5)适用的相关职业道德要求为中国注册会计师职业道德守则。

(6)财务报表由于未充分披露重大不确定性而存在重大错报。注册会计师认为未充分披露对财务报表的影响重大但不具有广泛性,因此发表保留意见。

(7)已按照《中国注册会计师审计准则第1504号——在审计报告中沟通关键审计事项》的规定沟通了关键审计事项。

(8)注册会计师在审计报告日前已获取所有其他信息,并且导致对财务报表发表保留意见的事项也影响其他信息。

(9)负责监督财务报表的人员与负责编制财务报表的人员不同。

(10)除财务报表审计外,注册会计师还承担法律法规要求的其他报告责任,且注册会计师决定在审计报告中履行其他报告责任。

审计报告

ABC股份有限公司全体股东:

一、对财务报表出具的审计报告

(一)保留意见

我们审计了ABC股份有限公司(以下简称ABC公司)财务报表,包括20×1年12月31日的资产负债表,20×1年度的利润表、现金流量表、股东权益变动表以及相关财务报表附注。

我们认为,除"形成保留意见的基础"部分所述事项产生的影响外,后附的财务报表在所有重大方面按照企业会计准则的规定编制,公允反映了ABC公司20×1年12月31日的财务状况以及20×1年度的经营成果和现金流量。

(二)形成保留意见的基础

如财务报表附注×所述,ABC公司融资协议期满,且未偿付余额将于20×2年3月19日到期。ABC公司未能重新商定协议或获取替代性融资。这种情况表明存在可能导致对ABC公司持续经营能力产生重大疑虑的重大不确定性。财务报表对这一事项并未作出充分披露。

我们按照中国注册会计师审计准则的规定执行了审计工作。审计报告的"注册会计师对财务报表审计的责任"部分进一步阐述了我们在这些准则下的责任。按照中国注册会计师职业道德守则,我们独立于ABC公司,并履行了职业道德方面的其他责任。我们相信,我们获取的审计证据是充分、适当的,为发表保留意见提供了基础。

……

【应用分析1324-5】当注册会计师确定存在重大不确定性，但财务报表遗漏了与重大不确定性相关的必要披露时，发表否定意见的审计报告。

背景信息：（非上市实体）

……

（5）基于获取的审计证据，注册会计师认为可能导致对被审计单位持续经营能力产生重大疑虑的事项或情况存在重大不确定性，且该公司正考虑申请破产。财务报表遗漏了与重大不确定性相关的必要披露。该漏报对财务报表的影响重大且具有广泛性，因此发表否定意见。

（6）注册会计师未被要求，并且也决定不沟通关键审计事项。

……

审计报告

ABC股份有限公司全体股东：

一、对财务报表出具的审计报告

（一）否定意见

我们审计了ABC股份有限公司（以下简称ABC公司）财务报表，包括20×1年12月31日的资产负债表，20×1年度的利润表、现金流量表、股东权益变动表以及相关财务报表附注。

我们认为，由于“形成否定意见的基础”部分所述事项的重要性，后附的财务报表没有在所有重大方面按照企业会计准则的规定编制，未能公允反映ABC公司20×1年12月31日的财务状况以及20×1年度的经营成果和现金流量。

（二）形成否定意见的基础

ABC公司融资协议期满，且未偿付余额于20×1年12月31日到期。ABC公司未能重新商定协议或获取替代性融资，正考虑申请破产。这种情况表明存在可能导致对ABC公司持续经营能力产生重大疑虑的重大不确定性。财务报表对这一事项并未作出充分披露。

我们按照中国注册会计师审计准则的规定执行了审计工作。审计报告的“注册会计师对财务报表审计的责任”部分进一步阐述了我们在这些准则下的责任。按照中国注册会计师职业道德守则，我们独立于ABC公司，并履行了职业道德方面的其他责任。我们相信，我们获取的审计证据是充分、适当的，为发表否定意见提供了基础。

……

第九节　首次审计业务涉及的期初余额（第1331号）

一、概述

（一）本准则制定与修订背景

随着我国社会主义市场经济体制的逐步建立，注册会计师审计涉足的领域逐步扩大，注册会计师首次接受委托对财务报表进行审计的业务日渐增多。从目前看，注册会计师首次接受被审计单位委托主要有两类情况：一是会计师事务所在被审计单位财务报表首次接受审计的情况下接受的审计委托；二是指会计师事务所在被审计单位上期财务报表由其他会计师事务所审计的情况下接受的审计委托，即由于种种原因，被审计单位更换会计师事务所对其本期财务报表进行审计。随着2005年修订后的《中华人民共和国公司法》的颁布和实施，被审计单位财务报表首次接受审计的情况将日趋减少，但被审计单位更换对其财务报表进行审计的会计师事务所的情况仍将继续存在。

注册会计师首次接受委托对被审计单位的财务报表进行审计，必然会面临如何审计财务报表期初余额问题，应当注意把握以下两个方面的问题：一方面，注册会计师应当保持应有的职业谨慎，充分考虑期初余额对所审计财务报表的影响。所谓应有的职业谨慎，是指注册会计师履行专业职责时应当具备足够的专业胜任能力，具有一丝不苟的责任感并保持应有的慎重态度。注册会计师在首次接受委托时会涉及期初余额，而期初余额是本期财务报表的基础，往往对本期财务报表产生重要的影响，因此，注册会计师应以高度的责任感和慎重的态度判断期初余额对审计财务报表影响的程度。另一方面，注册会计师接受委托审计的毕竟是被审计单位本期的财务报表，如果对期初余额审计过于详细，势必会增加审计成本，延长审计时间，并给被审计单位带来审计费用过高等负担。因此，注册会计师对期初余额的审计，应该遵循适度原则。

本准则的制定是为了规范注册会计师在执行首次审计业务时对期初余额的责任。

（二）本准则2010年修订内容

《中国注册会计师审计准则第1331号——首次审计业务涉及的期初余额》主要是对2006年版的《中国注册会计师审计准则第1331号——首次接受委托时对期初余额的审计》按照新体例进行改写，并未作出实质性修订。

与2006年版准则相比，在具体规定方面有以下五个方面的变化：

（1）扩大了期初余额的范围，明确“除了包括财务报表金额，还包括期初已经存在的需要披露的事项，如或有事项和承诺事项”。而2006年版准则未明确指出需要披露的事项也属于期初余额。

（2）增加了“前任注册会计师”的定义。

（3）将2006年版准则的第二章和第三章整合为第四章的“要求”，具体仍分为“审计程序”“审计结论和审计报告”两节，分别从期初余额、会计政策的一贯性和上期审计报告中的相关信息等三个方面，进行了规范。

（4）明确提出了注册会计师首先应当阅读最近期间的财务报表和审计报告（如有），获取相关信息。

（5）增加了必要时与适当级别的管理层和治理层沟通的规定。

（三）本准则2016年修订内容

本准则本次未修订。

（四）本准则2019年修订内容

本准则本次只进行了相关的文字性修订，如将“列报与披露”修订为“列报”；但应用指南本次未修订。

（五）本准则学习中注意事项

要结合《中国注册会计师审计准则第1511号——比较信息：对应数据和比较财务报表》和《中国注册会计师审计准则第1201号——计划审计工作》学习。当财务报表包括比较财务信息时，《中国注册会计师审计准则第1511号　比较信息：对应数据和比较财务报表》的规定同样适用。《中国注册会计师审计准则第1201号——计划审计工作》对首次审计业务开始前的活动提出补充要求。

二、框架结构简介

本准则共5章16条，其框架结构见表1331-1。

表1331-1　　　　框架结构

章	名称	节	条	主要内容
第一章	总则	—	1、2	本准则制定的目的、适用范围及与第1511号、第1201号准则的关系
第二章	定义	—	3～5	解释本准则中包含的术语
第三章	目标	—	6	界定执行本准则应实现的目标
第四章	要求	1、2	7～15	规定注册会计师为实现准则目标应遵守的要求，即注册会计师在相关业务环境下应当实施的所有必要程序
第五章	附则	—	16	本准则施行时间

三、重点难点解析

（一）期初余额的含义

期初余额，是指期初存在的账户余额。期初余额以上期期末余额为基础，反映以前期间的交易和事项以及上期采用的会计政策的结果。正确理解期初余额概念，需要把握以下四点：

（1）期初余额是期初已存在的账户余额。期初已存在的账户余额是由上期结转至本期的金额，或是上期期末余额调整后的金额。期初余额与上期期末余额是一个事物的两个方面。通常而言，期初余额是上期账户结转至本期账户的余额，在数额上与相应账户的上期期末余额相等。但是，由于受上期期后事项、会计政策变更、前期会计差错更正等诸因素的影响，当上期期末余额结转至本期时，有时需经过调整或重新表述。

例如，根据《企业会计准则第28号——会计政策、会计估计变更和差错更正》的规定，对于会计政策变更，企业应当采用追溯调整法处理，将会计政策变更累积影响数调整列报前期最早期初留存收益，其他相关项目的期初余额和列报前期披露的其他比较数据也应当一并调整；对于前期会计差错更正事项，企业应当采用追溯重述法更正重要的前期差错。实际上，采用追溯调整法或者追溯重述法，就是在上期期末数的基础上进行适当调整，形成本期期初数。

（2）期初余额反映了以前期间的交易和上期采用的会计政策的结果。期初余额应以客观存在的经济业务为根据，是被审计单位按照上期采用的会计政策对以前会计期间发生的交易和事项进行处理的结果。

（3）期初余额与首次审计业务相联系。首次审计业务，是指上期财务报表未经审计，或上期财务报表由前任注册会计师（前任注册会计师，是指已对被审计单位上期财务报表进行审计，但被现任注册会计师接替的其他会计师事务所的注册会计师）审计的业务。

（4）期初余额也包括期初存在的需要披露的事项，如或有事项和承诺事项。

（二）审计目标

在首次执行审计业务时，注册会计师针对期初余额的目标是，获取充分、适当的审计证据以确定：

（1）期初余额是否含有对本期财务报表产生重大影响的错报；

（2）期初余额反映的恰当的会计政策是否在本期财务报表中得到一贯运用，或会计政策的变更是否已按照适用的财务报告编制基础作出恰当的会计处理和适当的列报。

注册会计师对财务报表进行审计，是对被审计单位所审期间财务报表发表审计意见，一般无须专门对期初余额发表审计意见，但因为期初余额是本期财务报表的基础，所以要对期初余额实施适当的审计程序。注册会计师应当根据期初余额对所审计财务报表的影响程度，合理运用职业判断，以确定期初余额的审计范围。

（三）审计程序

注册会计师应当阅读最近期间的财务报表和前任注册会计师出具的审计报告（如有），获取与期初余额相关的信息，包括披露。

1.确定期初余额是否含有对本期财务报表产生重大影响的错报

要确定期初余额是否含有对本期财务报表产生重大影响的错报，主要是判断期初余额的错报对本期财务报表使用者进行决策的影响程度，是否足以改变或影响其判断。如果期初余额存在对本期财务报表产生重大影响的错报，则注册会计师在审计过程中必须对此提出恰当的审计调整或披露建议；反之，注册会计师无须对此予以特别关注和处理。

例如，在上期财务报表中对某项新增固定资产的初始计量存在重大差错，这一差错不仅会影响本期期末资产负债表中固定资产项目和资产总额项目的正确列报，同时还会因此影响本期损益核算的正确性，进而可能使得本期财务报表使用者在决策时作出错误判断。这一差错就属于对本期财务报表产生重大影响的错报，注册会计师在审计过程中应建议被审计单位按照《企业会计准则第28号——会计政策、会计估计变更和差错更正》的相关规定采用追溯重述法予以更正。

注册会计师应当通过采取下列措施，获取充分、适当的审计证据，以确定期初余额是否包含对本期财务报表产生重大影响的错报：

（1）确定上期期末余额是否已正确结转至本期，或在适当的情况下已作出重新表述。

（2）确定期初余额是否反映对恰当会计政策的运用。

（3）实施一项或多项审计程序，注册会计师实施的一项或多项审计程序包括：

①如果上期财务报表已经审计，查阅前任注册会计师的工作底稿，以获取有关期初余额的审计证据；

②评价本期实施的审计程序是否提供了有关期初余额的审计证据；

③实施其他专门的审计程序，以获取有关期初余额的审计证据。

如果获取的审计证据表明期初余额存在可能对本期财务报表产生重大影响的错报，注册会计师应当实施适合具体情况的追加的审计程序，以确定对本期财务报表的影响。

如果认为在本期财务报表中存在这类错报，注册会计师应当按照《中国注册会计师审计准则第1251号——评价审计过程中识别出的错报》的规定，就这类错报与适当层级的管理层和治理层进行沟通。

2.确定期初余额反映的恰当的会计政策是否在本期财务报表中得到一贯运用，或会计政策的变更是否已按照适用的财务报告编制基础作出恰当的会计处理和适当的列报

注册会计师应当获取充分、适当的审计证据，以确定期初余额反映的会计政策是否在

本期财务报表中得到一贯运用，以及会计政策的变更是否已按照适用的财务报告编制基础作出恰当的会计处理和适当的列报。

会计政策是指企业在会计确认、计量和报告中所采用的原则、基础和会计处理方法。按照《企业会计准则第28号——会计政策、会计估计变更和差错更正》的规定，企业采用的会计政策，在每一会计期间和前后各期应当保持一致，不得随意变更。但是，在满足下列条件之一的情形下，可以变更会计政策：（1）法律、行政法规或者国家统一的会计制度等要求变更会计政策；（2）会计政策变更能够提供更可靠、更相关的会计信息。会计政策变更能够提供更可靠、更相关的会计信息的，应当采用追溯调整法处理，即将会计政策变更累积影响数调整列报前期最早期初留存收益，其他相关项目的期初余额和列报前期披露的其他比较数据也应当一并调整，但确定该项会计政策变更累积影响数不切实可行的情况除外。《企业会计准则第28号——会计政策、会计估计变更和差错更正》同时对本期财务报表附注中披露与会计政策变更有关的信息方面的问题提出了明确要求。

因此，在审计期初余额时，注册会计师应当按照《企业会计准则第28号——会计政策、会计估计变更和差错更正》的有关要求，评价被审计单位是否一贯运用恰当的会计政策，或是否对会计政策的变更作出了恰当的会计处理和适当的列报。如果被审计单位上期适用的会计政策不恰当或与本期不一致，注册会计师在实施期初余额审计时应提请被审计单位进行调整或予以披露。

3.评价导致前任注册会计师发表非无保留意见的事项的影响

如果上期财务报表已由前任注册会计师审计，并发表了非无保留意见，注册会计师应当按照《中国注册会计师审计准则第1211号——通过了解被审计单位及其环境识别和评估重大错报风险》的规定，在评估本期财务报表重大错报风险时，评价导致发表非无保留意见的事项的影响。

（四）审计结论和审计报告

在对期初余额实施审计程序后，注册会计师应当分析已获取的审计证据，区分不同情况形成对被审计单位期初余额的审计结论，在此基础上确定其对本期财务报表出具审计报告的影响，见表1331-2。

表1331-2　　　　期初余额对审计报告的影响

情形	对审计报告的影响
1.审计后无法获取有关期初余额的充分、适当的审计证据	发表保留意见或无法表示意见
2.存在对本期财务报表产生重大影响的错报，且错报的影响未能得到恰当的会计处理和适当的列报	发表保留意见或否定意见
3.如果认为按照适用的财务报告编制基础与期初余额相关的会计政策未能在本期得到一贯运用，或者会计政策的变更未能得到恰当的会计处理和适当的列报	发表保留意见或否定意见
4.前任对上期财务报表出具了非标准审计报告，并且导致发表非无保留意见的事项对本期财务报表仍然相关和重大	按照《中国注册会计师审计准则第1502号——在审计报告中发表非无保留意见》和《中国注册会计师审计准则第1511号——比较信息：对应数据和比较财务报表》的规定，对本期财务报表发表非无保留意见

【应用分析1331-1】申根会计师事务所首次接受委托，审计上市公司甲公司2016年度财务报表，委派申根注册会计师担任项目合伙人，甲公司所处行业面临较大竞争压力，申根注册会计师确定财务报表整体的重要性为600万元。其他相关事项如下：

（1）申根注册会计师与前任注册会计师在征得甲公司管理层同意后，通过电话进行了接受委托前的沟通，未发现影响其接受委托的事项，并将沟通情况记入审计工作底稿。

（2）经与前任注册会计师沟通，申根注册会计师了解到甲公司以前年度内部控制运行良好、审计调整较少，因此将实际执行的重要性确定为450万元。

（3）申根注册会计师评估了前任注册会计师的专业胜任能力，认为可以通过查阅和复核前任注册会计师的审计工作底稿，以获取有关非流动资产期初余额充分、适当的审计证据，未再对非流动资产期初余额实施其他专门的审计程序。

（4）考虑到存货期初余额相对于本期财务报表的重要性，申根注册会计师拟在对年末存货实施审计程序的基础上，对甲公司2016年年初存货余额实施追加审计程序，包括：监盘2016年5月1日的存货数量并调节至期初存货数量；对期初存货项目的计价实施审计程序。

（5）2016年10月，甲公司向银行归还一笔到期的长期借款。申根注册会计师检查了甲公司管理层提供的借款合同，结果满意，因此不再向银行函证该笔借款的期初余额。

（6）申根注册会计师已获取有关甲公司期末财务状况已经得到公允反映的审计证据，但未能对甲公司期初应收票据实施监盘程序，通过其他审计程序也未能确定应收票据的期初余额是否存在。考虑到期初应收票据对经营成果和现金流量的影响重大，申根注册会计师拟对甲公司2016年的经营成果和现金流量发表保留意见，对2016年12月31日的财务状况发表无保留意见。

要求：针对上述第（1）至第（6）项，假定不考虑其他条件，逐项判断注册会计师的做法是否恰当，如不恰当，说明理由。

解析：

（1）恰当。

（2）不恰当。由于首次接受委托，且甲公司面临较大的竞争压力，应考虑选择较低的百分比来确定实际执行的重要性，如50%。

（3）不恰当。还应当评价前任注册会计师的独立性。

（4）恰当。

（5）不恰当。还应当检查银行回单等单据，或向银行函证。

（6）恰当。

第十节 期后事项（第1332号）

一、概述

（一）本准则制定与修订背景

企业的经营活动是连续不断、持续进行的，但财务报表的编制却是建立在“会计分期假设”基础之上的。也就是说，作为主要审计对象的财务报表，其编制基础不过是连续不断的经营活动的一种人为划分。因此，注册会计师在审计被审计单位某一会计年度的财务报表时，除了对所审会计年度内发生的交易和事项实施必要的审计程序外，还必须考虑所审会计年度之后发生和发现的事项对财务报表和审计报告的影响，以保证一个会计期间的财务报表的真实性和完整性。

被审计单位年度财务报表起止日期是1月1日至12月31日，但注册会计师不可能在12月31日完成对年度财务报表的审计工作，注册会计师完成审计工作的日期（即审计报告日）距离12月31日有一段时间，对于这一时段内发生的影响财务报表和审计报告的期后事项注册会计师有没有审计责任？如果有审计责任，那么注册会计师将如何进行审计？对查出的问题又如何处理？相应地，在审计报告日后至财务报表报出日前这一时段被审计单位发生的事项注册会计师有没有审计责任？如果在这一时段注册会计师发现审计报告日前已存在但尚未查出的重大事项应如何处理？甚至在财务报表报出日后注册会计师才发现财务报表存在重大错报而未被查出，对此应如何补救？对这三个时段发生或发现的期后事项注册会计师分别担什么责任，分别如何审计的问题的回答是本准则需要规范和解决的核心问题。

制定本准则是为了规范注册会计师在财务报表审计中对期后事项的责任。

（二）本准则2010年修订内容

本准则本次主要是对2006年版《中国注册会计师审计准则第1332号——期后事项》按照新体例进行改写，并未作出实质性修订。

与2006年版准则相比，本准则在具体规定方面有以下4个方面的变化：

（1）允许注册会计师仅针对有关修改将期后事项审计程序延伸到新的审计报告日，即管理层对财务报表的修改仅限于期后事项的影响，董事会或类似机构也仅对有关修改进行批准。还提供了两种具体处理方式：一是修改审计报告，针对财务报表修改部分增加补充报告日期；二是出具新的或经修改的审计报告，在强调事项段或其他事项段中增加说明，表达注册会计师对期后事项实施的审计程序仅限于与财务报表相关附注所述的修改。

（2）删除了与组成部分期后事项和临近下期报告公布日时如何处理期后事项影响有关的要求。

（3）将注册会计师针对期后事项询问管理层的内容和“公开发行证券的考虑”移到应用指南部分。

（4）将“资产负债表日”修改为“财务报表日”，并更新了定义。

（三）本准则2016年修订内容

本准则本次修订主要是为保持审计准则体系的内在一致性而作出的相应文字调整，并未作出实质性修订，如删除了附则。

（四）本准则2019年修订内容

本准则本次未修订。

（五）本准则学习中注意事项

注册会计师接受委托，需对被审计单位的财务报表可能受到财务报表日后发生的事项的影响进行职业判断。发生在财务报表日后却对前一时期的会计报表有影响的期后事项将直接影响注册会计师审计意见的适当性、公正性。更为严重的是，有些企业可能在财务报表日后但在审计报告日之前发生经营情况的重大变化，如果没有适当的调整和披露，报表的使用者很可能作出错误的判断和决策。因此，对期后事项的审计必须引起注册会计师的高度重视，只有保持应有的职业谨慎，实施必要的审计程序才能使我们的整个审计工作“善始”而且“善终”。

二、框架结构简介

本准则共4章20条，其框架结构见表1332-1。

表1332-1 框架结构

章	名称	节	条	主要内容
第一章	总则	—	1、2	本准则制定的目的和适用范围
第二章	定义	—	3~7	解释本准则中包含的术语
第三章	目标	—	8	界定执行本准则应实现的目标
第四章	要求	1~3	9~20	规定注册会计师为实现准则目标应遵守的要求，即注册会计师在相关业务环境下应当实施的所有必要程序

三、重点难点解析

（一）期后事项的种类

期后事项，是指财务报表日至审计报告日之间发生的事项，以及注册会计师在审计报告日后知悉的事实。财务报表可能受到财务报表日（是指财务报表涵盖的最近期间的截止日期）后发生的事项的影响。

适用的财务报告编制基础通常专门提及期后事项，为了确定期后事项对被审计单位财务报表公允性的影响，有两类期后事项需要被审计单位管理层考虑，并需要注册会计师审计：一是为财务报表日已经存在的情况提供证据的事项，即对财务报表日已经存在的情况提供了新的或进一步证据的事项。这类事项影响财务报表金额，需提请被审计单位管理层调整财务报表及与之相关的披露信息。二是为财务报表日后发生的情况提供证据的事项，即表明财务报表日后发生的情况的事项。这类事项虽不影响财务报表金额，但可能影响对财务报表的正确理解，需提请被审计单位管理层在财务报表附注中作适当披露。

审计报告的日期向财务报表使用者表明，注册会计师已考虑其知悉的、截至审计报告日发生的事项和交易的影响。

1.为财务报表日已经存在的情况提供证据的事项

这类事项既为被审计单位管理层确定财务报表日账户余额提供信息，也为注册会计师核实这些余额提供补充证据。如果这类期后事项的金额重大，应提请被审计单位对本期财务报表及相关的账户金额进行调整，见表1332-2。

表 1332-2　　为财务报表日已经存在的情况提供证据的事项

种类	举例	注册会计师处理
(1) 诉讼案件结案，法院判决证实了企业在财务报表日已经存在现时义务，需要调整原先确认的与该诉讼案件相关的预计负债，或确认一项新负债	由于某种原因被起诉，法院于财务报表日后判决被审计单位应赔偿对方损失	数额大，考虑提请调整或增加资产负债表有关负债项目数额，并加以说明
(2) 取得确凿证据，表明某项资产在财务报表日发生了减值或者需要调整该项资产原先确认的减值金额	财务报表日被审计单位认为可以收回的大额应收款项，因财务报表日后债务人突然破产而无法收回	应考虑提请被审计单位增加计提坏账数额，调整财务报表有关项目的数额
(3) 日后进一步确定了财务报表日前购入资产的成本或售出资产的收入	固定资产暂估入账	提请调整原价
(4) 财务报表日后发现了财务报表舞弊或差错	已确认为销售的商品确实已经退回	如果金额较大，应考虑提请被审计单位调整财务报表有关项目的数额

2. 为财务报表日后发生的情况提供证据的事项

这类事项因不影响财务报表日财务状况，所以不需要调整被审计单位的本期财务报表。但如果被审计单位的财务报表因此可能受到误解，就应在财务报表中以附注的形式予以适当披露，见表 1332-3。

表 1332-3　　为财务报表日后发生的情况提供证据的事项

种类	注册会计师处理
(1) 财务报表日后发生重大诉讼、仲裁、承诺；(2) 财务报表日后资产价格、税收政策、外汇汇率发生重大变化；(3) 财务报表日后因自然灾害导致资产发生重大损失；(4) 财务报表日后发行股票和债券以及其他巨额举债；(5) 财务报表日后以资本公积转增资本；(6) 财务报表日后发生巨额亏损；(7) 财务报表日后发生企业合并或处置子公司；(8) 财务报表日后企业利润分配方案中拟分配的以及经审议批准宣告发放的股利或利润；(9) 在财务报表日后，被审计单位收到外国政府的反倾销裁决，对被审计单位下一个财务年度开始的出口产品征收惩罚性关税	(1) 该事项对所审计的财务报表无影响，但对被审计单位的未来经营产生影响； (2) 财务报表因此可能受到误解，就应在财务报表中以附注的形式予以披露； (3) 被审计单位不需要调整财务报表，但应在财务报表附注中予以披露，以提醒财务报表使用者关注，提请被审计单位应在财务报表附注中披露每项重要的财务报表日后非调整事项的性质、内容，及其对财务状况和经营成果的影响，无法对被审计单位财务状况和经营成果作出估计的，应说明理由

（二）期后时期的划分

期后时期划分为三个时段，即截至审计报告日的第一时段、审计报告日后至财务报表报出日前的第二时段和财务报表报出日后的第三时段，如图 1332-1 所示。

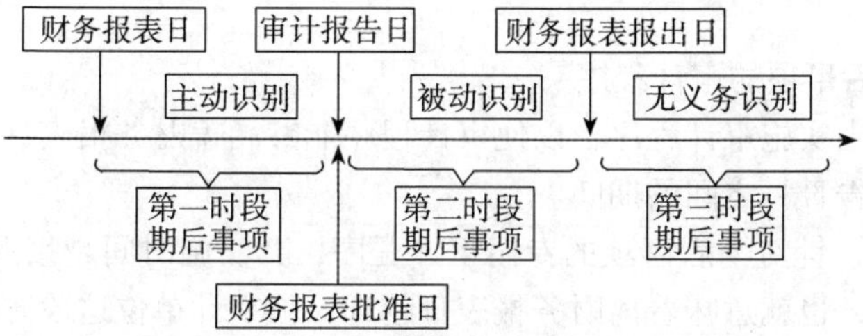

图1332-1　期后时期分布表

（1）截至审计报告日前为第一期后时段，即图1332-1所示的第一区间；

（2）审计报告日后至财务报表报出日前为第二期后时段，即图1332-1所示的第二区间；

（3）财务报表报出日后为第三期后时段，即图1332-1所示的第三区间。

财务报表日，是指财务报表涵盖的最近期间的截止日期。审计报告日，是指注册会计师在对财务报表出具的审计报告上签署的日期。财务报表报出日，是指审计报告和已审计财务报表提供给第三方的日期。财务报表批准日，是指构成整套财务报表的所有报表（包括相关附注）已编制完成，并且被审计单位的董事会、管理层或类似机构已经认可其对财务报表负责的日期。对外披露可以是公开方式的，如上市公司公布财务报表；也可以是非公开方式的，如非上市公司将财务报表提供给使用者。审计报告的日期不应早于注册会计师获取充分、适当的审计证据（包括管理层认可对财务报表的责任且已批准财务报表的证据），并在此基础上对财务报表形成审计意见的日期。因而，在实务中审计报告日通常与财务报表批准日是相同的日期。

（三）审计目标

对于期后事项，注册会计师的目标是：

（1）获取充分、适当的审计证据，以确定财务报表日至审计报告日之间发生的、需要在财务报表中调整或披露的事项是否已经按照适用的财务报告编制基础在财务报表中得到恰当反映；

（2）恰当应对在审计报告日后注册会计师知悉的，且如果在审计报告日知悉可能导致注册会计师修改审计报告的事实。

（四）财务报表日至审计报告日之间发生的事项

注册会计师应当设计和实施审计程序，获取充分、适当的审计证据，以确定所有在财务报表日至审计报告日之间发生的、需要在财务报表中调整或披露的事项均已得到识别。但是，注册会计师并不需要对之前已实施审计程序并已得出满意结论的事项执行追加的审计程序。

1. 主动——识别第一时段期后事项

注册会计师应当实施必要的审计程序，获取充分、适当的审计证据，以确定截至审计报告日发生的、需要在财务报表中调整或披露的事项是否均已得到识别。

财务报表日至审计报告日之间发生的期后事项属于第一时段期后事项。对于这一时段的期后事项，注册会计师负有主动识别的义务，应当设计专门的审计程序来识别这些期后事项，并根据这些事项的性质判断其对财务报表的影响，进而确定是进行调整，还是披露。

2. 用以识别期后事项的审计程序

注册会计师应当实施审计程序，以使审计程序能够涵盖财务报表日至审计报告日（或尽可能接近审计报告日）之间的期间。

在通常情况下，针对期后事项的专门审计程序，其实施时间越接近审计报告日越好。越接近审计报告日，也就意味着离财务报表日越远，被审计单位这段时间内累积的对财务报表日已经存在的情况提供的进一步证据也就越多；越接近审计报告日，注册会计师遗漏期后事项的可能性也就越小。

在确定审计程序的性质和范围时，注册会计师应当考虑风险评估的结果。这些程序应当包括：

（1）了解管理层为确保识别期后事项而建立的程序；

（2）询问管理层和治理层（如适用），确定是否已发生可能影响财务报表的期后事项；

（3）查阅被审计单位的所有者、管理层和治理层在财务报表日后举行会议的纪要，在不能获取会议纪要的情况下，询问此类会议讨论的事项；

（4）查阅被审计单位最近的中期财务报表（如有）。

必须注意的是，在实施上述审计程序后，如果注册会计师识别出需要在财务报表中调整或披露的事项，应当确定每一事项是否按照适用的财务报告编制基础的规定在财务报表中得到恰当反映。

注册会计师应当按照《中国注册会计师审计准则第1341号——书面声明》的规定，要求管理层和治理层（如适用）提供书面声明，确认所有在财务报表日后发生的、按照适用的财务报告编制基础的规定应予调整或披露的事项均已得到调整或披露。

（五）注册会计师在审计报告日后至财务报表报出日前知悉的事实

1. 被动——识别第二时段期后事项

在审计报告日后，注册会计师没有义务针对财务报表实施任何审计程序。审计报告日后至财务报表报出日前发现的事实属于“第二时段期后事项”，注册会计师针对被审计单位的审计业务已经结束，要识别可能存在的期后事项比较困难，因而无法承担主动识别第二时段期后事项的审计责任。但是，在这一阶段，被审计单位的财务报表并未报出，管理层有责任将发现的可能影响财务报表的事实告知注册会计师。当然，注册会计师还可能从媒体报道、举报信或者证券监管部门告知等途径获悉影响财务报表的期后事项。

2. 知悉第二时段期后事项时的考虑

在审计报告日后至财务报表报出日前，如果知悉了某事实，且若在审计报告日知悉该事实可能导致修改审计报告，注册会计师应当：与管理层和治理层（如适用）讨论该事项；确定财务报表是否需要修改；如果需要修改，询问管理层将如何在财务报表中处理该事项。

在审计报告日后至财务报表报出日前，如果知悉可能对财务报表产生重大影响的事实，注册会计师应当考虑是否需要修改财务报表，并与管理层讨论，同时根据具体情况采取适当措施。

如果注册会计师认为期后事项的影响足够重大，确定需要修改财务报表的，也还需要根据管理层是否同意修改财务报表，或审计报告是否已经提交等具体情况采取适当措施。

（1）管理层修改财务报表时的处理。如果管理层修改财务报表，注册会计师应当：根据具体情况对有关修改实施必要的审计程序；将上述规定的审计程序延伸至新的审计报告日，并针对修改后的财务报表出具新的审计报告。新的审计报告日不应早于修改后的财务报表被批准的日期。如果管理层修改了财务报表，注册会计师应当根据具体情况实施必要的审计程序。此时，注册会计师需要获取充分、适当的审计证据，以验证管理层根据期后事项所作出的财务报表调整或披露是否符合企业会计准则和相关会计制度的规定。例如，被审计单位在财务报表报出日前取得了法院关于诉讼赔偿案的最终判决，因此，管理层根据企业会计准则的相关规定，将应支付的该笔赔偿款反映于财务报表中。在这种情况下，注册会计师就应当实施与预计负债相关的审计程序。由于管理层修改了财务报表，注册会计师除了根据具体情况实施必要的审计程序外，还要针对修改后的财务报表出具新的审计报告和索取新的管理层书面声明。由于审计报告日的变化，注册会计师应当将用以识别期后事项的审计程序延伸至新的审计报告日，以避免重大遗漏。

（2）管理层仅限于财务报表相关附注所述的修改。在有关法律法规或适用的财务报告编制基础未禁止的情况下，如果管理层对财务报表的修改仅限于导致修改的期后事项的影响，被审计单位的董事会、管理层或类似机构也仅对有关修改进行批准，注册会计师可以仅针对有关修改将本准则第九条和第十条所述的审计程序延伸至新的审计报告日。在这种情况下，注册会计师应当选用下列处理方式之一：

①修改审计报告，针对财务报表修改部分增加补充报告日期，从而表明注册会计师对期后事项实施的审计程序仅限于财务报表相关附注所述的修改；

②出具新的或经修改的审计报告，在强调事项段或其他事项段中说明注册会计师对期后事项实施的审计程序仅限于财务报表相关附注所述的修改。

（3）管理层不修改财务报表。在某些国家或地区，法律法规或财务报告编制基础可能不要求管理层报出经修改的财务报表，相应地，注册会计师也无须出具经修改的或新的审计报告。然而，如果认为管理层应当修改财务报表而没有修改，注册会计师应当分别以下情况予以处理：

①如果审计报告尚未提交给被审计单位，注册会计师应当按照《中国注册会计师审计准则第1502号——在审计报告中发表非无保留意见》的规定发表非无保留意见，然后再提交审计报告。

②如果审计报告已经提交给被审计单位，注册会计师应当通知管理层和治理层（除非治理层全部成员参与管理被审计单位）在财务报表作出必要修改前不要向第三方报出。如果财务报表在未经必要修改的情况下仍被报出，注册会计师应当采取适当措施，以设法防止财务报表使用者信赖该审计报告。

3.第二时段被动识别的四种情形（见表1332-4）

表1332-4　　第二时段被动识别的四种情形

情形	应对措施
修改报表	正常延伸、有限延伸（补充报告日期、强调或其他事项段）
不修改报表且报告未提交	发表非无保留意见
不修改报表且报告已提交	要求不公布报告
不修改报表且报告已公布	采取措施防止使用者信赖报告

（六）注册会计师在财务报表报出日后知悉的事实

1.“不动”——没有义务识别第三时段的期后事项

在财务报表报出后，注册会计师没有义务针对财务报表实施任何审计程序。财务报表报出日后发现的事实属于第三时段期后事项，注册会计师没有义务针对财务报表作出查询。但是，并不排除注册会计师通过媒体等其他途径获悉可能对财务报表产生重大影响的期后事项的可能性。

2.知悉第三时段期后事项时的考虑

在财务报表报出后，如果知悉了某事实，且若在审计报告日知悉该事实可能导致修改审计报告，注册会计师应当：与管理层和治理层（如适用）讨论该事项；确定财务报表是否需要修改；如果需要修改，询问管理层将如何在财务报表中处理该事项。

应当予以指出的是，需要注册会计师在知悉后采取行动的第三时段期后事项是有严格限制的：这类期后事项应当是在审计报告日已经存在的事实；该事实如果被注册会计师在审计报告日前获知，可能影响审计报告。只有同时满足这两个条件，注册会计师才需要采取行动。

（1）管理层修改财务报表时的处理。如果管理层修改了财务报表，注册会计师应当采取如下必要的措施。

①实施必要的审计程序。例如，查阅法院判决文件、复核会计处理或披露事项，确定管理层对财务报表的修改是否恰当。

②复核管理层采取的措施能否确保所有收到原财务报表和审计报告的人士了解这一情况。

③将本准则对财务报表日至审计报告日之间发生的事项规定的审计程序延伸至新的审计报告日，并针对修改后的财务报表出具新的审计报告，新的审计报告日不应早于修改后的财务报表被批准的日期。

④在有关法律法规或适用的财务报告编制基础未禁止的情况下，如果管理层对财务报表的修改仅限于导致修改的期后事项的影响，被审计单位的董事会、管理层或类似机构也仅对有关修改进行批准的情形适用，应当按照准则的规定修改审计报告或提供新的审计报告。在修改了财务报表的情况下，管理层应当采取恰当措施（如上市公司可以在证券类报纸、网站刊登公告，重新公布财务报表和审计报告），让所有收到原财务报表和审计报告的人士了解这一情况。注册会计师需要对这些措施进行复核，判断它们是否能达到这样的目标。例如，上市公司管理层刊登公告的媒体是否是中国证券监督管理委员会指定的媒体，若仅刊登在其注册地的媒体则异地的使用者可能无法了解这一情况。

（2）针对修改后的财务报表出具新的审计报告。注册会计师应当在新的或经修改的审计报告中增加强调事项段或其他事项段，提醒财务报表使用者关注财务报表附注中有关修改原财务报表的详细原因和注册会计师提供的原审计报告。新的审计报告应当增加强调事项段，提请财务报表使用者注意财务报表附注中对修改原财务报表原因的详细说明，以及注册会计师出具的原审计报告。新的审计报告日期不应早于董事会或类似机构批准修改后的财务报表的日期。相应地，注册会计师应当将用以识别期后事项的审计程序延伸至新的审计报告日，以避免重大遗漏。

（3）管理层未采取任何行动时的处理。如果管理层没有采取必要措施确保所有收到原财务报表的人士了解这一情况，也没有在注册会计师认为需要修改的情况下修改财务报表，注册会计师应当通知管理层和治理层（除非治理层全部成员参与管理被审计单位），其将设法防止财务报表使用者信赖该审计报告。如果注册会计师已经通知管理层或治理层，而管理层或治理层没有采取必要措施，注册会计师应当采取适当措施，以设法防止财务报表使用者信赖该审计报告。通常，针对上市公司客户，注册会计师可以考虑在中国证券监督管理委员会指定的媒体上刊登公告，指出审计报告日已存在的、对已公布的财务报表存在重大影响的事项及其影响。注册会计师决定采取的具体措施取决于自身的权利和义务以及所征询的法律意见。

【应用分析1332-1】假设申根会计师事务所审计XYZ公司2016年度财务报表，2017年2月14日为审计报告日，2017年3月15日为财务报表报出日。

要求：划分各时段期后事项责任。

解析：各时段期后事项责任划分见表1332-5。

表1332-5 各时段期后事项责任划分

期后事项时段	起止日期	责任定位	责任的具体体现（注册会计师针对XYZ公司发生在2017年2月14日前的事项）
第一时段（发生事项）	财务报表日——审计报告日（2016年12月31日—2017年2月14日）	主动识别（主动识别责任并建议修改报表）	应当设计专门的审计程序来识别这些期后事项，并根据这些事项的性质判断其对财务报表的影响，进而确定是进行调整还是披露；如果没有得到恰当的处理出具保留意见或否定意见
第二时段（知悉事实）	审计报告日——财务报表报出日（2017年2月14日—2017年3月15日）	被动识别（被动识别责任并建议修改报表）	在审计报告日后至财务报表报出日前，如果知悉了某事实，且若在审计报告日知悉可能导致修改审计报告，注册会计师应当：与管理层和治理层讨论该事项；确定财务报表是否需要修改；如果需要修改，询问管理层将如何在财务报表中处理该事项
第三时段（知悉事实）	财务报表报出日后（2017年3月15日后）	没有义务识别（没有义务针对财务报表实施任何审计程序）	（1）与管理层和治理层讨论该事项；（2）确定财务报表是否需要修改；（3）如果需要修改，询问管理层将如何在财务报表中处理该事项

第十一节 书面声明（第1341号）

一、概述

（一）本准则制定与修订背景

书面声明具有以下两个基本作用：一是向管理层获取其认为自身已履行编制财务报表和向注册会计师提供完整信息的责任的书面声明。被审计单位管理层在书面声明中对提供给注册会计师的有关资料的真实性、合法性和完整性作出正面陈述，并明确承认对财务报表负责。二是提供审计证据。书面声明是注册会计师在财务报表审计中需要获取的必要信息，也是审计证据。

注册会计师在按业务循环完成各会计报表项目的审计测试和一些特殊项目的审计工作后，应汇总审计测试结果，进行更具综合性的审计工作，如编制审计差异调整表和试算平衡表，获取书面声明和律师声明书，执行分析程序，撰写审计总结以及完成审计工作底稿的复核等。在此基础上，评价审计结果，在与客户沟通以后，确定应出具审计报告的意见类型和措辞，进而编制并致送审计报告，终结审计工作。

因此，获取书面声明，是顺利开展审计工作的必要条件。为了使管理层清楚地认识到获取声明是审计工作的一个必不可少的部分。

本准则的制定是为了规范注册会计师在财务报表审计中向管理层获取书面声明。

（二）本准则2010年修订内容

《中国注册会计师审计准则第1341号——书面声明》在对2006年版《中国注册会计师审计准则第1341号——管理层声明》按照新体例进行改写的基础上，作出了实质性修订。

与2006年版准则相比，在具体规定方面有以下六个方面的重大变化：

（1）强调注册会计师不能过分依赖书面声明。尽管书面声明也是审计证据，但其本身并不为所涉及的任何事项提供充分、适当的审计证据。

（2）根据2006年版准则的规定，注册会计师应当获取管理层声明，以确定管理层认可其按照适用的会计准则和相关会计制度的规定编制财务报表的责任，并且已批准财务报表。如果合理预期不存在其他充分、适当的审计证据，注册会计师也应当就对财务报表具有重大影响的事项向管理层获取书面声明。而根据修订后的准则，注册会计师应当要求管理层就下列事项提供书面声明：一是管理层已按照适用的会计准则和相关会计制度的规定编制财务报表。二是管理层已按照审计业务约定条款，向注册会计师提供了所有相关信息。三是所有交易均已记录并反映在财务报表中。

（3）2006年版准则规定，管理层书面声明的日期通常与审计报告日一致。在某些情况下，注册会计师也可能在审计过程中或审计报告日后就某些交易或事项获取单独的书面声明，而修订后准则规定，书面声明的日期应尽量接近审计报告日，但不允许在审计报告日之后。另外，在管理层声明的格式与内容上，与2006年版准则相比也有很大不同。

（4）2006年版准则规定，书面声明可采取下列形式：①管理层书面声明；②注册会计师提供的列示其对管理层声明的理解并经管理层确认的函；③董事会及类似机构的相关会议纪要，或已签署的财务报表副本，而修订后的准则规定，书面声明应当以书面声明的形式提供给注册会计师。

（5）本准则中的书面声明不包括财务报表及其认定，以及支持性账簿和相关记录。

（6）增加了“对书面声明可靠性的疑虑”和“其他书面声明”等内容。

（三）本准则2016年修订内容

本准则本次修订主要是为保持审计准则体系的内在一致性而作出的相应文字调整，并未作出实质性修订，如删除了附则。

（四）本准则2019年修订内容

本准则本次未修订，应用指南也只进行了相关的文字性修订，如将“列报与披露”修订为“列报”。

（五）本准则学习中注意事项

（1）注意与其他准则的关系。本准则附录中列示的其他审计准则，对注册会计师在特定情况下就相关事项获取书面声明提出具体要求，但并不构成对本准则普遍适用性的限制。

（2）关注书面声明的证据力。尽管书面声明提供必要的审计证据，但其本身并不为所涉及的任何事项提供充分、适当的审计证据。而且，管理层已提供可靠书面声明的事实，并不影响注册会计师就管理层责任履行情况或具体认定获取的其他审计证据的性质和范围。

（3）在本节中单独提及管理层时，应当理解为管理层和治理层（如适用）。管理层负责按照适用的财务报告编制基础编制财务报表并使其实现公允反映。

二、框架结构简介

本准则共4章19条，还有附录，其框架结构见表1341-1。

表1341-1　框架结构

章	名称	节	条	主要内容
第一章	总则	—	1~4	本准则制定的目的和适用范围
第二章	定义	—	5、6	解释本准则中包含的术语
第三章	目标	—	7	界定执行本准则应实现的目标
第四章	要求	1~6	8~19	规定注册会计师为实现准则目标应遵守的要求，即注册会计师在相关业务环境下应当实施的所有必要程序
—	附录	—	1~10	其他审计准则对书面声明的具体要求

三、重点难点解析

（一）书面声明的基本概念

1.含义

书面声明，是指管理层向注册会计师提供的书面陈述，用以确认某些事项或支持其他审计证据。书面声明不包括财务报表及其认定，以及支持性账簿和相关记录。

2.形式

书面声明应当以声明书的形式致送注册会计师。如果法律法规要求管理层就其责任作出书面公开陈述，并且注册会计师认为这些陈述提供了本准则规定要求的部分或全部声明，则这些陈述所涵盖的相关事项不必包括在声明书中。

3.性质

（1）书面声明是注册会计师在财务报表审计中需要获取的必要信息，是审计证据的重要来源；

（2）如管理层修改书面声明的内容或不提供注册会计师要求的书面声明，可能使注册会计师警觉存在重大问题的可能性；

（3）尽管书面声明提供必要的审计证据，但其本身并不为所涉及的任何事项提供充分、适当的审计证据；

（4）管理层已提供可靠书面声明的事实，并不影响注册会计师就管理层责任履行情况或具体认定获取的其他审计证据的性质和范围。

4.类型

书面声明的类型如图1341-1所示。

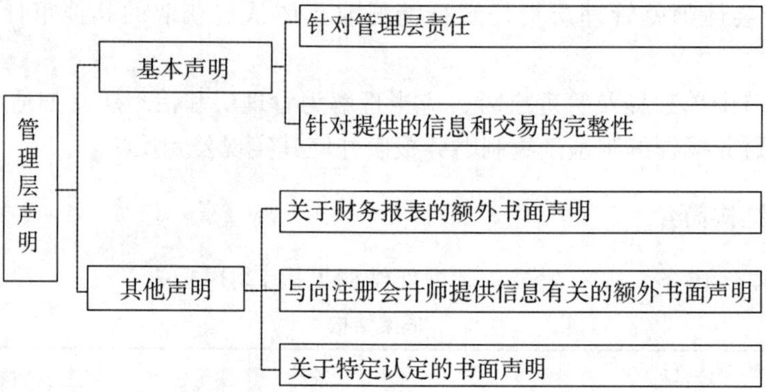

图1341-1　书面声明的类型

5.将书面声明作为审计证据有其局限性

尽管书面声明提供必要的审计证据，但其本身并不为所涉及的任何事项提供充分、适当的审计证据。而且，管理层已提供可靠书面声明的事实，并不影响注册会计师就管理层责任履行情况或具体认定获取的其他审计证据的性质和范围。

（二）注册会计师的目标与要求

注册会计师应当获取审计证据，以确定管理层认可其按照适用的财务报告编制基础编制财务报表并使其实现公允反映。注册会计师应当要求对财务报表承担相应责任并了解相关事项的管理层提供书面声明。

与此相对应，注册会计师的目标与要求见表1341-2。

表1341-2　注册会计师的目标与要求

目标	要求	注意事项
（1）针对管理层责任的书面声明，向管理层获取其认为自身已履行编制财务报表和向注册会计师提供完整信息的责任的书面声明	①针对财务报表的编制，要求管理层提供书面声明，确认其根据审计业务约定条款，履行了按照适用的财务报告编制基础编制财务报表（包括使其实现公允反映，如适用）的责任。 ②针对提供的信息和交易的完整性，注册会计师应当要求管理层就下列事项提供书面声明：按照审计业务约定条款，已向注册会计师提供所有相关信息，并允许注册会计师不受限制地接触所有相关信息以及被审计单位内部人员和其他相关人员；所有交易均已记录并反映在财务报表中	注册会计师应当要求管理层按照审计业务约定条款中对管理层责任的描述方式，在本准则规定要求的书面声明中对管理层责任进行描述

续表

目标	要求	注意事项
(2) 其他书面声明，如果注册会计师认为有必要或其他审计准则有要求，通过书面声明支持与财务报表或具体认定相关的其他审计证据	除本准则和其他审计准则要求的书面声明外，如果注册会计师认为有必要获取一项或多项其他书面声明，以支持与财务报表或者一项或多项具体认定相关的其他审计证据，注册会计师应当要求管理层提供这些书面声明	本准则附录中列示的其他审计准则，对注册会计师在特定情况下就相关事项获取书面声明提出具体要求，但并不构成对本准则普遍适用性的限制
(3) 恰当应对管理层提供的书面声明或管理层不提供注册会计师要求的书面声明的情况	①如果对管理层的胜任能力、诚信、道德价值观或勤勉尽责存在疑虑，或者对管理层在这些方面的承诺或贯彻执行存在疑虑，注册会计师应当确定这些疑虑对书面或口头声明和审计证据总体的可靠性可能产生的影响。 ②如果书面声明与其他审计证据不一致，注册会计师应当实施审计程序以设法解决这些问题，如果问题仍未解决，注册会计师应当重新考虑对管埋层的胜任能力、诚信、道德价值观或勤勉尽责的评估，或者重新考虑对管理层在这些方面的承诺或贯彻执行的评估，并确定书面声明与其他审计证据的不一致对书面或口头声明和审计证据总体的可靠性可能产生的影响。 ③如果认为书面声明不可靠，注册会计师应当采取适当措施，包括本准则第十九条所提及的按照《中国注册会计师审计准则第1502号——在审计报告中发表非无保留意见》的规定，确定其对审计意见可能产生的影响。 ④如果管理层不提供要求的一项或多项书面声明，注册会计师应当：与管理层讨论该事项；重新评价管理层的诚信，并评价该事项对书面或口头声明和审计证据总体的可靠性可能产生的影响；采取适当措施，包括本准则提及的按照《中国注册会计师审计准则第1502号——在审计报告中发表非无保留意见》的规定，确定该事项对审计意见可能产生的影响，如果存在下列情形之一，注册会计师应当对财务报表发表无法表示意见：A.注册会计师对管理层的诚信产生重大疑虑，以至于认为其按照本准则的要求作出的书面声明不可靠；B.管理层不提供本准则第九条和第十条要求的书面声明	

必须指出，书面声明的日期应当尽量接近对财务报表出具审计报告的日期，但不得在审计报告日后。书面声明应当涵盖审计报告针对的所有财务报表和期间。

（三）书面声明的内容

书面声明一般包括以下三个方面的内容，见表1341-3。

表 1341-3　　书面声明的内容

项目	内容
关于财务报表的编制	(1) 我们已履行审计业务约定书中提及的责任，即根据企业会计准则的规定编制财务报表，并对财务报表进行公允反映； (2) 在作出会计估计时使用的重大假设是合理的； (3) 已按照企业会计准则的规定对关联方关系及其交易作出了恰当的会计处理和披露； (4) 根据企业会计准则的规定，所有需要调整或披露的财务报表日后事项都已得到调整或披露； (5) 未更正错报，无论是单独还是汇总起来，对财务报表整体的影响均不重大，未更正错报汇总表附在本声明书后
关于提供的信息和交易的完整性	(1) 我们已向你们提供下列工作条件： ①允许接触我们注意到的、与财务报表编制相关的所有信息； ②提供你们基于审计目的要求我们提供的其他信息； ③允许在获取审计证据时不受限制地接触你们认为必要的本公司内部人员和其他相关人员。 (2) 所有交易均已记录并反映在财务报表中。 (3) 我们已向你们披露了我们注意到的关联方的名称和特征、所有关联方关系及其交易。 (4) 我们已向你们披露了由于舞弊可能导致的财务报表重大错报风险的评估结果。 (5) 我们已向你们披露了我们注意到的、可能影响本公司的与舞弊或舞弊嫌疑相关的所有信息。 (6) 我们已向你们披露了从现任和前任员工、分析师、监管机构等方面获知的、影响财务报表的舞弊指控或舞弊嫌疑的所有信息。 (7) 我们已向你们披露了所有已知的、在编制财务报表时应当考虑其影响的违反或涉嫌违反法律法规的行为
关于其他书面声明	如果注册会计师认为有必要获取一项或多项其他书面声明，以支持与财务报表或者一项或多项具体认定相关的其他审计证据，注册会计师应当要求管理层提供这些书面声明。 (1) 关于财务报表的额外书面声明。 除了针对财务报表的编制，注册会计师应当要求管理层提供基本书面声明以确认其履行了责任外，注册会计师可能认为有必要获取有关财务报表的其他书面声明，如： ①会计政策的选择和运用是否适当。 ②是否按照适用的财务报告编制基础对下列事项进行了确认、计量或列报：A.可能影响资产和负债账面价值或分类的计划或意图；B.负债（包括实际负债和或有负债）；C.资产的所有权或控制权，资产的留置权或其他物权，用于担保的抵押资产；D.可能影响财务报表的法律法规及合同（包括违反法律法规及合同的行为）。 (2) 与向注册会计师提供信息有关的额外书面声明。 除了针对管理层提供的信息和交易的完整性的书面声明外，注册会计师可能认为有必要要求管理层提供书面声明，确认其已将注意到的所有内部控制缺陷向注册会计师通报。 (3) 关于特定认定的书面声明。 注册会计师可能认为有必要要求管理层提供有关财务报表特定认定的书面声明，尤其是支持注册会计师就管理层的判断或意图或者完整性认定从其他审计证据中获取的了解。如果管理层的意图对投资的计价基础非常重要，但若不能从管理层获取有关该项投资意图的书面声明，注册会计师就不可能获取充分、适当的审计证据

（四）书面声明的日期和涵盖的期间

1. 日期

（1）书面声明的日期应当尽量接近对财务报表出具审计报告的日期，但不得在审计报告日后。

（2）由于书面声明是必要的审计证据，在管理层签署书面声明前，注册会计师不能发表审计意见，也不能签署审计报告。

2. 涵盖期间

（1）书面声明应当涵盖审计报告针对的所有财务报表和期间。

（2）如果在审计报告中提及的所有期间内，现任管理层均尚未就任，现任管理层可能由此声称无法就审计报告中提及的所有期间提供部分或全部书面声明。这一事实并不能减轻现任管理层对财务报表整体的责任。相应地，注册会计师仍然需要向现任管理层获取涵盖整个相关期间的书面声明。

【应用分析 1341-1】申根注册会计师负责审计甲集团公司 2018 年度财务报表：2018 年 7 月，甲集团公司更换了主要管理层成员，由于现任管理层仅就其任职期间提供书面声明，申根注册会计师向前任管理层获取了其在任时相关期间的书面声明。

要求：分析是否恰当。如认为不恰当，请简要说明理由。

解析：不恰当。更换管理层并不减轻现任管理层对财务报表整体的责任。申根注册会计师需要向现任管理层获取涵盖整个相关期间的书面声明。

第六章

审计准则——利用其他主体的工作

第一节 对集团财务报表审计的特殊考虑（第1401号）

一、概述

（一）本准则制定与修订背景

随着经济的不断发展，生产的社会化必然要求企业实现规模经营。从19世纪末20世纪初开始，西方发达国家就开始涌现出大量的股份有限公司、企业集团，掀起了企业之间的并购浪潮。企业在短期内迅速实现了资本的集中，形成更大的生产规模，取得规模经济效益。企业中独立核算的分公司、控股子公司等组成部分的数量也越来越多，地域分布日益分散，所处的行业也更加复杂。与之相矛盾的是，受托对这些企业提供财务报表审计服务的会计师事务所，由于人数、地域、审计时间要求及审计费用等诸多因素的限制，有时很难独立地承办企业集团的审计业务。为了满足审计需求，注册会计师执行集团审计时就要特殊考虑，特别是涉及组成部分注册会计师的特殊考虑。

改革开放后，尤其是加入世界贸易组织以来，我国经济得到了迅猛发展，企业规模逐步扩大，出现了许多大型企业或企业集团。这使得我国的注册会计师在对大型企业或企业集团进行财务报表审计时也遇到了同样的问题：

一是缺乏专门规范集团审计的准则；

二是集团审计实务存在多样化；

三是缺少对集团审计严格、一致的监管要求；

四是风险评估和质量控制准则在集团审计领域的运用问题等。

2004年颁布的《企业集团财务报表审计指导意见》与2006年版审计准则不配套，已经不能满足当前审计实务发展的需要，而2006年版的《中国注册会计师审计准则第1401号——利用其他注册会计师的工作》，仅规范了集团审计中主审注册会计师与其他注册会计师的关系，没有对其他方面作出相应规定，需要修订准则予以扩充。

随着我国企业“走出去”步伐的加快，越来越多的企业在海外设立分支机构，这些分支机构不仅需要向母公司提供按照中国企业会计准则编制的财务报表，还需要应当地监管机构或投资者的要求提供按照当地财务报告框架编制的财务报表。此外，跨国企业在我国设立的分支机构，除委托我国注册会计师审计按照中国企业会计准则编制的财务报表外，同时需要注册会计师为集团审计目的对其财务报表（按照母公司所在国家的财务报告框架编制）执行审计。在这两种情况下，注册会计师都需要同时审计按照中国企业会计准则和其他财务报告框架编制的财务报表。修订后的审计准则，使注册会计师采用中国审计准则审计两种财务报表成为可能，从而有效降低了注册会计师的审计成本和企业的负担，大大促进我国资本市场和注册会计师行业的国际化发展。

因此，为了规范注册会计师执行集团审计时的特殊考虑，特别是涉及组成部分注册会计师的特殊考虑，制定本准则。

（二）本准则2010年修订内容

《中国注册会计师审计准则第1401号——对集团财务报表审计的特殊考虑》在对2006年版《中国注册会计师审计准则第1401号——利用其他注册会计师的工作》按照新体例进行改写的基础上，作出了实质性修订。从原来的19条不足2 000字，扩展到64条8 000余字，在会计师事务所是否担纲集团财务报表审计、对集团各组成部分财务信息所执行工作的程度、如何了解和测试集团层面的控制、如何检查合并过程、如何与分支机构注册会计师实现双向有效沟通和互动，提供了详细的指引。

与2006年版准则相比，本准则在规范内容、准则结构和具体规定方面有以下14个重大变化：

（1）在2006年版准则的基础上大大扩展了规范内容。2006年版准则主要规范主审注册会计师如何利用其他注册会计师的工作。其针对注册会计师执行集团审计时的特殊考虑作出了系统、详细的规定。

（2）修改了准则的适用范围。2006年版准则不适用于联合审计，该版准则规定，在联合注册会计师执行集团审计的情况下，联合项目合伙人及项目组整体上构成集团项目合伙人和集团项目组。2006年版准则不适用于组成部分的财务信息不重要的情况，针对不重要的组成部分的处理作出了明确规定。

（3）明确了集团项目合伙人的责任。集团项目合伙人负责指导、监督和执行集团审计业务，并确定出具的审计报告是否适合具体情况。因此，注册会计师对集团财务报表出具的报告不应提及组成部分注册会计师。

（4）对集团审计业务的接受与保持的相关规定作出了修改。2006年版准则要求注册会计师考虑其对审计工作的参与程度是否足以担当主审注册会计师，引入了完全不同的方法，要求集团项目合伙人考虑能否合理预期可以获取与合并过程和组成部分财务信息相关的充分、适当的审计证据，以作为形成集团审计意见的基础，还将确定集团审计业务的接受与保持作为注册会计师的审计目标之一。

（5）要求集团项目组了解集团及其环境、集团组成部分及其环境，以足以确认或修正最初识别的重要组成部分，评估因舞弊或错误导致集团财务报表发生重大错报的风险。同时，集团项目组还应当了解集团层面的控制和合并过程。

（6）要求集团项目组确定与重要性相关的四类事项：一是适用于集团整体的重要性；二是适用于某类交易、账户余额或披露的重要性；三是用于对组成部分实施审计或审阅的重要性；四是临界值。

（7）关于针对评估的风险应采取的应对措施，分别针对重要组成部分和不重要的组成部分作出了规定。还规定了需要实施控制测试的两种情形，一是预期集团层面控制运行有效，二是仅实施实质性程序不能提供认定层次的充分、适当的审计证据。由于合并过程可能导致集团财务报表发生重大错报，明确规定注册会计师应当设计和实施进一步审计程序，并针对合并过程中可能出现的不同情形分别规定了应对措施。

（8）对集团项目组与组成部分注册会计师之间的关系作出了系统规定：一是明确要求集团项目组从四个方面了解组成部分注册会计师，以及集团项目组对组成部分注册会计师工作的参与程度；二是详细规定了集团项目组如何与组成部分注册会计师进行双向沟通，要求集团项目组及时向组成部分注册会计师通报工作要求，并明确组成部分注册会计师向集团项目组沟通的性质及范围；三是要求集团项目组评价与组成部分注册会计师的沟通。

（9）增加了集团项目组与集团治理层和集团管理层沟通的要求，并就确定需要通报的内部控制缺陷时需要考虑的事项，可能存在舞弊情形时的处理以及其他需要沟通的事项，作出了规定。

（10）规定了集团项目组如何评价审计证据的充分性和适当性，以及与组成部分期后事项相关的工作。

（11）增加了对审计工作记录的要求，规定注册会计师应当将对组成部分的分析、与组成部分注册会计师就工作要求的书面沟通函件等内容形成审计工作记录。

（12）删除了2006年版准则第五章“注册会计师之间的配合”，不对组成部分注册会计师提出要求。

（13）删除了2006年版准则第十七条和第十八条。对集团财务报表形成审计意见和出具审计报告的考虑，在《中国注册会计师审计准则第1501号——对财务报表形成审计意见和出具审计报告》等相关准则中予以规范。

（14）增加了“集团”“集团项目组”“集团项目合伙人”“组成部分注册会计师”“重要组成部分”“合并过程”等定义，并对“组成部分”的定义作出修改。

（三）本准则2016年修订内容

本准则本次未修订。

（四）本准则2019年修订内容

本准则本次只进行了相关的文字性修订，如将“列报与披露”修订为“列报”；应用指南附录6部分，与组成部分注册会计师计划工作相关的事项中第六小点对职业道德的要求，添加了一个例子，例如，如果法律法规禁止集团项目组利用内部审计人员提供直接协助，集团项目组需要考虑这种禁止是否同样适用于组成部分注册会计师，如果同样适用，则需要在与组成部分注册会计师沟通时提及这一事项。

（五）本准则学习中注意事项

（1）本准则规范了集团审计的特定方面，其他审计准则同样适用于集团审计。

（2）在执行非集团审计时，如果利用其他注册会计师的工作（如委托其他注册会计师对存放在偏远地点的存货实施监盘或对存放在偏远地点的固定资产实施检查），注册会计师可以根据具体情况遵守本准则的相关规定。

（3）因法律法规要求或其他原因，组成部分注册会计师可能需要对组成部分财务报表发表审计意见。集团项目组可以决定利用组成部分注册会计师对组成部分财务报表发表审计意见所依据的审计证据，作为集团审计的审计证据，但仍需要遵守本准则的规定。

（4）应结合《中国注册会计师审计准则问题解答第10号——集团财务报表审计》进行学习。

二、框架结构简介

本准则共5章64条，其主要框架结构见表1401-1。

表1401-1 框架结构简介

章	名称	节	条	主要内容
第一章	总则	—	1~7	本准则制定的目的、适用范围及其与第1121号准则的关系
第二章	定义	—	8~22	解释本准则中包含的术语
第三章	目标	—	23	界定执行本准则应实现的目标
第四章	要求	1~13	24~63	规定注册会计师为实现准则目标应遵守的要求，即注册会计师在相关业务环境下应当实施的所有必要程序
第五章	附则	—	64	本准则施行时间

三、重点难点解析

（一）相关基本概念

随着企业之间并购活动的加剧，涌现出了越来越多的企业集团。除单一实体财务报表审计中遇到的问题外，集团财务报表审计还涉及集团项目组与组成部分注册会计师之间的责任如何划分及相互之间工作如何配合，集团项目组如何对合并过程收集充分、适当的审计证据，重要性概念在集团财务报表审计中如何运用等诸多问题。注册会计师执行财务报表审计业务，尤其是在对集团财务报表进行审计时，可能涉及很多相关的基本概念，见表1401-2。

表1401-2 相关的基本概念

概念	含义
（1）集团	是指由所有组成部分构成的整体，并且所有组成部分的财务信息包括在集团财务报表中。集团至少拥有一个以上的组成部分
（2）集团财务报表	是指包括一个以上组成部分财务信息的财务报表。集团财务报表也指没有母公司但处在同一控制下的各组成部分编制的财务信息所汇总生成的财务报表
（3）集团管理层	是指负责编制集团财务报表的管理层
（4）集团层面控制	是指集团管理层设计、执行和维护的与集团财务报表相关的控制
（5）集团审计	是指对集团财务报表进行的审计
（6）集团审计意见	是指对集团财务报表发表的审计意见
（7）集团项目合伙人	是指会计师事务所中负责某项集团审计业务及其执行，并代表会计师事务所在对集团财务报表出具的审计报告上签字的合伙人
（8）集团项目组	是指参与集团审计的，包括集团项目合伙人在内的所有合伙人和员工
（9）组成部分	是指某一实体或某项业务活动，其财务信息由集团或组成部分管理层编制并应包括在集团财务报表中
（10）重要组成部分	是指集团项目组识别出的具有下列特征之一的组成部分： （1）单个组成部分对集团具有财务重大性； （2）由于单个组成部分的特定性质或情况，可能存在导致集团财务报表发生重大错报的特别风险
（11）组成部分管理层	是指负责编制组成部分财务信息的管理层
（12）组成部分注册会计师	是指基于集团审计目的，按照集团项目组的要求，对组成部分财务信息执行相关工作的注册会计师
（13）组成部分重要性	是指集团项目组为组成部分确定的重要性
（14）合并过程	（1）通过合并、比例合并、权益法或成本法，在集团财务报表中对组成部分财务信息进行确认、计量与列报； （2）对没有母公司但处在同一控制下的各组成部分编制的财务信息进行汇总

（二）注册会计师的目标

（1）确定是否担任集团审计的注册会计师。

（2）如果担任集团审计的注册会计师，就组成部分注册会计师对组成部分财务信息执行工作的范围、时间安排和发现的问题，与组成部分注册会计师进行清晰的沟通；针对组成部分财务信息和合并过程，获取充分、适当的审计证据，以对集团财务报表是否在所有重大方面按照适用的财务报告编制基础发表审计意见。

（三）责任

1. 责任设定模式

一种模式是集团项目组对整个集团财务报表审计工作及审计意见负全部责任，这一责任不因利用组成部分注册会计师的工作而减轻。

另外一种模式是，集团项目组和组成部分注册会计师就各自执行的审计工作分别负责，集团项目组在执行集团财务报表审计时完全基于组成部分注册会计师的工作。

为保证审计质量，《中国注册会计师审计准则第1401号——对集团财务报表审计的特殊考虑》采用了第一种模式。在这种模式下，尽管组成部分注册会计师基于集团审计目的对组成部分财务信息执行相关工作，并对所有发现的问题、得出的结论或形成的意见负责，集团项目合伙人及其所在的会计师事务所仍对集团审计意见负全部责任。

2. 出具集团财务报表审计报告的要求

（1）相应地，集团项目合伙人按照执业准则和适用的法律法规的规定，应当确信执行集团审计业务的人员（包括组成部分注册会计师）从整体上具备适当的胜任能力和必要素质，负责指导、监督和执行集团审计业务，并确定出具的审计报告是否适合具体情况。注册会计师对集团财务报表出具的审计报告不应提及组成部分注册会计师，除非法律法规另有规定。

（2）如果法律法规要求在审计报告中提及组成部分注册会计师，审计报告应当指明，这种提及并不减轻集团项目合伙人及其所在的会计师事务所对集团审计意见承担的责任。

（3）如果因未能就组成部分财务信息获取充分、适当的审计证据，导致集团项目组在对集团财务报表出具的审计报告中发表非无保留意见，集团项目组需要在导致非无保留意见的事项段中说明不能获取充分、适当的审计证据的原因。除非法律法规要求在审计报告中提及组成部分注册会计师，并且这样做对充分说明情况是必要的，否则不应提及组成部分注册会计师。

（四）集团审计业务的承接与保持

1. 在承接与保持阶段获取了解

集团项目组应当了解集团及其环境、集团组成部分及其环境，以足以识别可能的重要组成部分。如果组成部分注册会计师对重要组成部分财务信息执行相关工作，集团项目合伙人应当评价集团项目组参与组成部分注册会计师工作的程度是否足以获取充分、适当的审计证据。在承接与保持阶段获取了解见表1401-3。

表 1401-3　　在承接与保持阶段获取了解

<table>
<tr><td rowspan="4">在承接与保持阶段获取了解</td><td rowspan="3">新审计业务</td><td rowspan="3">集团项目组可以通过一些途径了解集团及其环境、集团组成部分及其环境</td><td>集团管理层提供的信息</td></tr>
<tr><td>与集团管理层的沟通</td></tr>
<tr><td>如适用，与前任集团项目组、组成部分管理层或组成部分注册会计师的沟通</td></tr>
<tr><td>连续审计业务</td><td colspan="2">集团项目组获取充分、适当的审计证据的能力可能受某些方面重大变化的影响，例如：集团组织结构的变化；组成部分业务活动的变化；关键管理人员在构成上的变化；对集团或组成部分管理层诚信和胜任能力的疑虑；集团层面控制的变化；适用的财务报告编制基础的变化</td></tr>
</table>

2. 审计范围受到限制

如果集团项目合伙人认为由于集团管理层施加的限制，使集团项目组不能获取充分、适当的审计证据，由此产生的影响可能导致对集团财务报表发表无法表示意见，集团项目合伙人应当视具体情况采取如下措施：

（1）审计范围受限的措施，见表 1401-4。

表 1401-4　　审计范围受限的措施

<table>
<tr><td rowspan="2">除特殊情况，审计范围受到限制应采取措施（来自集团管理层或组成部分注册会计师）</td><td>新审计业务</td><td>拒绝接受业务委托</td><td rowspan="2">法律法规禁止：
在可能的范围内对集团财务报表实施审计，并对集团财务报表发表无法表示意见</td></tr>
<tr><td>连续审计业务</td><td>在法律法规允许的情况下，解除业务约定</td></tr>
</table>

（2）对特殊情形的考虑，见表 1401-5。

表 1401-5　　对特殊情形的考虑

<table>
<tr><td rowspan="2">即使接触信息受到限制，集团项目组仍有可能获取充分、适当的审计证据，然而这种可能性随着组成部分对集团重要程度的增加而降低</td><td>如果这类限制与不重要的组成部分有关，集团项目组仍有可能获取充分、适当的审计证据，但是受到限制的原因可能影响集团审计意见</td><td>如果该组成部分不是重要组成部分，且集团项目组拥有其整套财务报表和审计报告，并能够接触集团管理层拥有的与该组成部分相关的信息，则集团项目组可能认为这些信息已构成与该组成部分相关的充分、适当的审计证据</td></tr>
<tr><td colspan="2">如果集团管理层限制集团项目组或组成部分注册会计师接触重要组成部分的信息，则集团项目组将无法获取充分、适当的审计证据</td></tr>
</table>

3. 业务约定条款（见表 1401-6）

表 1401-6　　业务约定条款

<table>
<tr><td rowspan="4">业务约定条款需要明确适用的财务报告编制基础和集团审计业务约定条款可能还需要包括的事项</td><td>（1）在法律法规允许的范围内，集团项目组与组成部分注册会计师的沟通应当尽可能地不受限制</td></tr>
<tr><td>（2）组成部分注册会计师与组成部分治理层、组成部分管理层之间进行的重要沟通（包括就值得关注的内部控制缺陷进行的沟通），也应当告知集团项目组</td></tr>
<tr><td>（3）监管机构与组成部分就财务报告事项进行的重要沟通，应当告知集团项目组</td></tr>
<tr><td>（4）如果集团项目组认为有必要，应当允许集团项目组接触组成部分信息、组成部分治理层、组成部分管理层和组成部分注册会计师（包括集团项目组需要获取的相关审计工作底稿），以及允许集团项目组或允许其要求组成部分注册会计师对组成部分财务信息执行相关工作</td></tr>
</table>

（五）风险导向审计的运用

（1）集团项目组应当按照《中国注册会计师审计准则第1201号——计划审计工作》的规定，制定集团总体审计策略和具体审计计划。

（2）集团项目合伙人应当复核集团总体审计策略和具体审计计划。

（3）计划审计工作主要包括：①职业判断对确定组成部分的影响；②了解集团层面控制；③识别重要组成部分；④对法定审计的考虑；⑤确定组成部分的重要性；⑥确定临界值；⑦了解组成部分注册会计师。

（4）针对评估的风险采取的应对措施，如图1401-1所示。

对集团财务报表审计的特殊考虑——风险导向审计：
- 了解集团及其环境、集团组成部分及其环境
- 了解组成部分注册会计师
- 重要性
- 针对评估的风险采取的应对措施

图1401-1　针对评估的风险采取的应对措施

（六）了解集团及其环境、集团组成部分及其环境

注册会计师应当通过了解被审计单位及其环境，识别和评估财务报表重大错报风险。集团项目组应当：

（1）在业务承接或保持阶段获取信息的基础上，进一步了解集团及其环境、集团组成部分及其环境，包括集团层面控制。在下列情形下测试集团层面控制运行的有效性：一是预期集团层面控制运行有效；二是仅实施实质性程序不能提供认定层次的充分、适当的审计证据。另外沟通集团层面控制缺陷。

（2）了解合并过程，包括集团管理层向组成部分下达的指令。要求对合并过程执行特定工作，明确合并过程可能会导致重大错报。注册会计师对合并过程执行的特定程序有：一是评价合并调整和重分类事项的适当性、完整性和正确性；二是考虑会计政策在期初与期末的一致性。

1. 了解集团及其环境、集团组成部分及其环境的目的

集团项目组应当对集团及其环境、集团组成部分及其环境获取充分的了解，以足以：

（1）确认或修正最初识别的重要组成部分。集团重要组成部分的确定如图1401-2所示。

重要组成部分

规模	风险
单个组成部分对集团具有财务重大性	由于其特定性质或情况，可能存在导致集团财务报表发生重大错报的特别风险

图1401-2　集团重要组成部分的确定

（2）评估由于舞弊或错误导致集团财务报表发生重大错报的风险。

2. 了解集团及其环境、集团组成部分及其环境的途径

如果是初次接受委托，集团项目合伙人可以通过下列途径了解集团及其环境、集团组成部分及其环境：

（1）集团管理层主动提供的信息。

（2）与集团管理层进行讨论。

（3）在可行的情况下，与前任集团项目合伙人、组成部分的管理层及其注册会计师进行讨论。

3.需要了解的事项

在对集团及其环境、集团组成部分及其环境进行了解时，集团项目合伙人应当了解的事项通常包括：

（1）集团的组织结构。

（2）组成部分经营活动对集团的重要性。

（3）集团层面的控制。

（4）集团财务报表的复杂性。

（5）集团的每一个组成部分是否均由某一组成部分注册会计师负责审计。

（6）集团项目合伙人是否能够不受限制地接触集团的治理层和管理层，组成部分的治理层和管理层，组成部分的财务信息，组成部分的注册会计师及其工作底稿。

（7）集团项目合伙人是否能够对组成部分的财务信息实施必要的审计程序。

4.连续审计的特别考虑

对于连续审计，为了确保能够获取充分、适当的审计证据，以便将审计风险降至可接受的低水平，集团项目合伙人应当注意以下几个方面的重大变化：

（1）集团组织结构的变化。

（2）组成部分经营活动对集团重要性的变化。

（3）集团治理层、管理层以及重要组成部分的关键管理人员的变化。

（4）集团项目合伙人对集团及其组成部分管理层诚信和胜任能力的疑虑。

（5）集团层面控制。

5.了解集团层面控制（见表1401-7）

表1401-7 了解集团层面控制

分类	举例
高层次控制	集团层面的方案，如适用于整个集团的行为守则、防止舞弊的方案
同一控制	适用于全部或某些组成部分的信息系统的控制活动
集中控制	集团整体或部分在同一信息技术一般控制下的中央信息技术系统

（七）考虑对审计工作的参与程度是否足以担任集团项目合伙人

注册会计师应当考虑的因素包括以下几个方面：

1.集团项目合伙人审计的财务报表部分的重要性

由于要对包括组成部分在内的集团整体财务报表发表审计意见，因此，集团项目合伙人应当考虑负责审计财务报表中最重要的部分，一般是集团公司本部或母公司的财务报表。

对于一些特别重要的组成部分，集团项目合伙人往往也需要亲自进行审计。集团项目合伙人通常会根据组成部分的性质、特定的环境或组成部分在金额上对整体财务报表影响的程度，来判断某一组成部分是否为重要的组成部分。重要的组成部分通常存在可能导致集团财务报表发生重大错报的风险。

如果集团项目合伙人认为其审计的财务报表部分不够重要，不足以获取充分、适当的审计证据将审计风险降至可接受的低水平，就不应当接受委托担任集团项目合伙人。

2.集团项目合伙人对组成部分业务的了解程度

由于没有参与所有组成部分的审计工作，却需要对财务报表整体发表审计意见，因此，集团项目合伙人至少要对各组成部分的业务有相对程度的了解，其目的在于判断各组成部分的重要程度，识别需要特别考虑的领域，有针对性地对组成部分注册会计师的工作进行指导、监督和评价。此外，对组成部分业务的了解，还有助于集团项目合伙人识别审计单位与组成部分之间的交易，判断是否存在有失公允的关联方交易并实施相应的审计程序。

3.组成部分注册会计师审计的组成部分财务信息的重大错报风险

由于组成部分的财务信息将会纳入集团整体财务报表，如果组成部分注册会计师所审计的组成部分财务信息存在重大错报，则不可避免地会对整体财务报表产生影响，甚至是重大影响。

如果组成部分注册会计师所审计的组成部分财务信息存在重大错报，而集团项目合伙人难以保证组成部分注册会计师能够发现组成部分财务信息的重大错报，也就很难将集团财务的审计风险降至一个可以接受的低水平。在这种情况下，注册会计师应当慎重考虑是否接受委托。

4.集团项目合伙人在适当程度上参与对组成部分的审计

如果注册会计师认为，其自身对审计工作的参与程度有限，不足以作为集团项目合伙人对集团的整体财务报表进行审计，也可以考虑通过实施追加程序，适当参与对组成部分的审计来解决这一问题。此时，注册会计师仍可以接受委托担任集团项目合伙人。

（八）了解组成部分注册会计师

如果计划要求组成部分注册会计师执行组成部分财务信息的相关工作，集团项目组应当了解下列事项：

1.组成部分注册会计师是否了解并将遵守与集团审计相关的职业道德要求，特别是独立性要求

如果组成部分注册会计师不符合与集团审计相关的独立性要求，或集团项目组对职业道德事项存有重大疑虑，集团项目组应当就组成部分财务信息获取充分、适当的审计证据，而不应要求组成部分注册会计师对组成部分财务信息执行相关工作。如果组成部分注册会计师不能独立于集团及其组成部分，不能胜任其承担的具体审计业务，或者集团项目合伙人对上述事项存在疑虑，那么，集团项目合伙人不应利用组成部分注册会计师的工作来获取与组成部分财务信息有关的审计证据。

2.组成部分注册会计师的专业胜任能力

当计划利用组成部分注册会计师的工作时，集团项目合伙人应当根据组成部分注册会计师承担的具体业务考虑其专业胜任能力。为了合理确定组成部分注册会计师具备承担具体业务的专业胜任能力，集团项目合伙人应当了解组成部分注册会计师。了解的内容通常包括：

（1）组成部分注册会计师拥有的资格证书。

（2）组成部分注册会计师对相关职业道德规范的遵循情况，尤其是独立性和专业胜任能力。

（3）组成部分注册会计师所在会计师事务所的质量控制系统。

（4）组成部分注册会计师是否可以向集团项目合伙人提供必要的工作底稿。

集团项目合伙人可以从多种途径获取上述信息。例如，与组成部分注册会计师进行交谈；要求组成部分注册会计师填写调查表或提供声明；向组成部分注册会计师所在的职业组织进行了解；考虑以前与组成部分注册会计师的接触情况。

3. 集团项目组参与组成部分注册会计师工作的程度是否足以获取充分、适当的审计证据

除风险评估外，集团项目合伙人通常还会在其他一些方面参与组成部分注册会计师的工作。

（1）确定参与的性质、时间安排和范围。集团项目合伙人在确定参与组成部分注册会计师工作的性质、时间安排和范围时，应当考虑下列因素：①集团项目合伙人对组成部分重要性的评价。②识别出的重大错报风险。③以往审计过程中与组成部分注册会计师合作的经历。④集团项目合伙人与组成部分注册会计师所采用质量控制政策、审计程序等的一致性。

（2）参与方式。集团项目合伙人通常采取以下方式参与组成部分注册会计师的工作：①向组成部分管理层或组成部分注册会计师了解组成部分的情况及其环境。②复核并与组成部分注册会计师讨论总体审计策略和具体审计计划。③确定并实施进一步的审计程序，具体的审计程序可以由组成部分注册会计师实施，也可由集团项目合伙人实施。④参加组成部分注册会计师与组成部分管理层之间的重大会议。⑤复核组成部分注册会计师审计工作底稿中的相关部分。

4. 组成部分注册会计师是否处于积极的监管环境中

了解组成部分注册会计师监管环境举例见表1401-8。

表1401-8 了解组成部分注册会计师监管环境举例

组成部分	是否重要	特征	组成部分注册会计师	拟执行的程序
A	是	规模	同一网络所，合作多年，效果良好	确认专业胜任能力、确认有无变化
B	是	风险	非同一网络所，合作多年，效果良好	同上
C	…	…	同一网络所，以前未有合作	与主管审计合伙人会谈、了解其执业经历、评价专业胜任能力
D	…	…	同一网络所，对其以前年度的工作不满意	要求更换为质量高的注册会计师
E	…	…	非同一网络所，以前未有合作	…
F	…	…	非同一网络所，在其他项目中合作满意	…

5.集团项目组与组成部分注册会计师双向沟通

集团项目组应当及时向组成部分注册会计师通报工作要求，与组成部分注册会计师之间要建立有效的双向沟通关系。

集团项目组与组成部分注册会计师双向沟通如图1401-3所示。

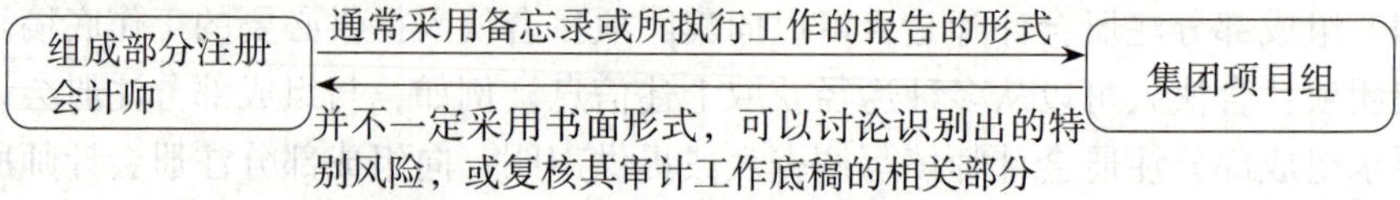

图1401-3　集团项目组与组成部分注册会计师双向沟通

（九）重要性

集团项目组应当确定与重要性相关的下列事项：

（1）集团财务报表整体的重要性。在制定集团总体审计策略时，确定集团财务报表整体的重要性。

（2）适用于交易、账户余额或披露的一个或多个重要性水平（如相关）。根据集团的特定情况，如果存在特定类别的交易、账户余额或披露，其发生的错报金额低于集团财务报表整体的重要性，但合理预期将影响财务报表使用者依据集团财务报表作出的经济决策，则应确定适用于这些交易、账户余额或披露的一个或多个重要性水平。

（3）组成部分重要性。如果组成部分注册会计师对组成部分财务信息实施审计或审阅，基于集团审计目的，为这些组成部分确定组成部分重要性。为将未更正和未发现错报的合计数超过集团财务报表整体的重要性的可能性降至适当的低水平，组成部分重要性应当低于集团财务报表整体的重要性。如果基于集团审计目的，由组成部分注册会计师对组成部分财务信息执行审计工作，集团项目组应当评价在组成部分层面确定的实际执行的重要性的适当性。如果因法律法规或其他原因要求对组成部分进行审计，并且集团项目组决定利用该审计来为集团审计提供审计证据，集团项目组应当确定下列方面是否符合本准则的规定：①组成部分财务报表整体的重要性；②组成部分层面确定的实际执行的重要性。

组成部分重要性水平的确定原则有三：一是集团项目组为组成部分确定的重要性；二是低于集团财务报表整体的重要性；三是针对实施审计或审阅的各个组成部分单独确定。

集团项目组确定重要性具体如图1401-4所示。

组成部分重要性的确定：

为将未更正和未发现错报的汇总数据超过集团财务报表整体的重要性的可能性降至适当的低水平，需要将组成部分的重要性设定为低于集团财务报表整体的重要性。

确定组成部分重要性水平时无须按比例分配，具体而言：

（1）针对不同的组成部分确定的重要性可能有所不同。

（2）在确定组成部分重要性时，无须采用将集团财务报表整体的重要性按比例分配的方式。

（3）对不同组成部分确定的重要性的汇总数，有可能高于集团财务报表整体的重要性，在制定组成部分总体审计策略时，需要使用组成部分的重要性。

图1401-4　集团项目组确定重要性

【应用分析1401-1】某集团下设有A、B和C三个组成部分（见表1401-9），需要对组成部分出具法定审计报告。

表1401-9　　某集团的A、B和C三个组成部分

组成部分	占合并净利润的比例	拟执行工作的类型
A	90%	审计
B	4%	分析
C	6%	分析

A下设40个同等规模的组成部分，没有重要组成部分；需要对组成部分出具法定审计报告。

要求：确定拟执行集团财务报表审计的类型。

解析：通常可选择20个进行审计；10个进行审阅；10个进行分析。运用的重要性水平可明显低于集团的重要性水平。

（4）临界值。设定临界值，不能将超过该临界值的错报视为对集团财务报表明显微小的错报。设定临界值举例（按5%计算）见表1401-10。

表1401-10　　设定临界值举例

集团财务报表整体重要性	5 000万元
集团临界值	250万元（5 000×5%）
组成部分重要性	2 000万元
组成部分临界值	100万元（2 000×5%）

（十）针对评估的风险采取的应对措施

注册会计师应当针对评估的财务报表重大错报风险设计和实施恰当的应对措施。

1.对于组成部分财务信息，集团项目组应当确定由其亲自执行或由组成部分注册会计师代为执行的相关工作的类型

集团项目组还应当确定参与组成部分注册会计师工作的性质、时间安排和范围。组成部分执行工作举例见表1401-11。

表1401-11　　组成部分执行工作举例

组成部分类型	执行工作
不重要	集团层面分析程序
因规模而重要	审计
因风险而重要	审计
	审计与特定风险相关的一个或多个账户余额、某类交易或披露
	针对特别风险实施特定程序

此外，识别的重要组成部分是否具有财务重大性：对不同的组成部分是否可以采用不同的基准；对亏损的组成部分的考虑等。

必须指出，对重要组成部分进行审计，有三个特点：一是不同于法定财务报表审计；二是使用组成部分重要性执行审计；三是组成部分注册会计师向集团项目组报告审计结果所采用的形式不同。

2. 对于不重要的组成部分，集团项目组应当在集团层面实施分析程序

如果集团项目组认为执行下列工作不能获取形成集团审计意见所依据的充分、适当的审计证据，应当采取《中国注册会计师审计准则第1401号——对集团财务报表审计的特殊考虑》第四十二条第二款规定的措施：

（1）对重要组成部分财务信息执行的工作；

（2）对集团层面控制和合并过程执行的工作；

（3）在集团层面实施的分析程序。

3. 组成部分注册会计师审计重要组成部分

如果组成部分注册会计师对重要组成部分财务信息执行审计，集团项目组应当参与组成部分注册会计师的风险评估程序，以识别导致集团财务报表发生重大错报的特别风险。集团项目组参与的性质、时间安排和范围受其对组成部分注册会计师所了解情况的影响，但至少应当包括：

（1）与组成部分注册会计师或组成部分管理层讨论对集团而言重要的组成部分业务活动。

（2）与组成部分注册会计师讨论由于舞弊或错误导致组成部分财务信息发生重大错报的可能性。

（3）复核组成部分注册会计师对识别出的导致集团财务报表发生重大错报的特别风险形成的工作底稿。工作底稿可以采用备忘录的形式，反映组成部分注册会计师针对识别出的特别风险得出的结论。

组成部分重要性的判断如图1401-5所示。

4. 识别重要组成部分

根据《中国注册会计师审计准则第1401号——对集团财务报表审计的特殊考虑》第十八条的规定，重要组成部分，是指集团项目组识别出的具有下列特征之一的组成部分：单个组成部分对集团具有财务重大性；由于单个组成部分的特定性质或情况，可能存在导致集团财务报表发生重大错报的特别风险。

（1）单个组成部分对集团具有财务重大性。一般情况下，在判断单个组成部分是否对集团具有财务重大性时，集团项目组可以将选定的基准乘以某一百分比。确定基准和应用于该基准的百分比属于职业判断。根据集团的性质和具体情况，适当的基准可能包括集团资产、负债、现金流量、利润总额或营业收入。例如，集团项目组可能认为超过选定基准15%的组成部分是重要组成部分。然而，较高或较低的百分比也可能是适合具体情况的。在选取基准以确定单个组成部分是否对集团具有财务重大性时，实务中通常的做法可能有：

①使用在确定集团财务报表整体重要性时所使用的基准作为衡量的基准。

②使用其他的基准作为衡量的基准。例如，集团项目组使用税前利润作为设定集团财务报表整体重要性的基准，但对于亏损的组成部分，选择其他的基准，如营业收入、亏损额绝对值、资产总额等可能更加合适。

③使用两个或两个以上的基准来综合衡量。例如，如果某些组成部分收入极高但利润率极低，或者某些组成部分是收益不稳定的新成立主体，集团项目组可以采用两个基准来识别单个组成部分是否具有财务重大性。在这种情况下，集团项目组可对所有组成部分应用两个基准（一个是税前利润，另一个是收入），并将符合任何一个基准的百分比的组成部分识别为重要组成部分。

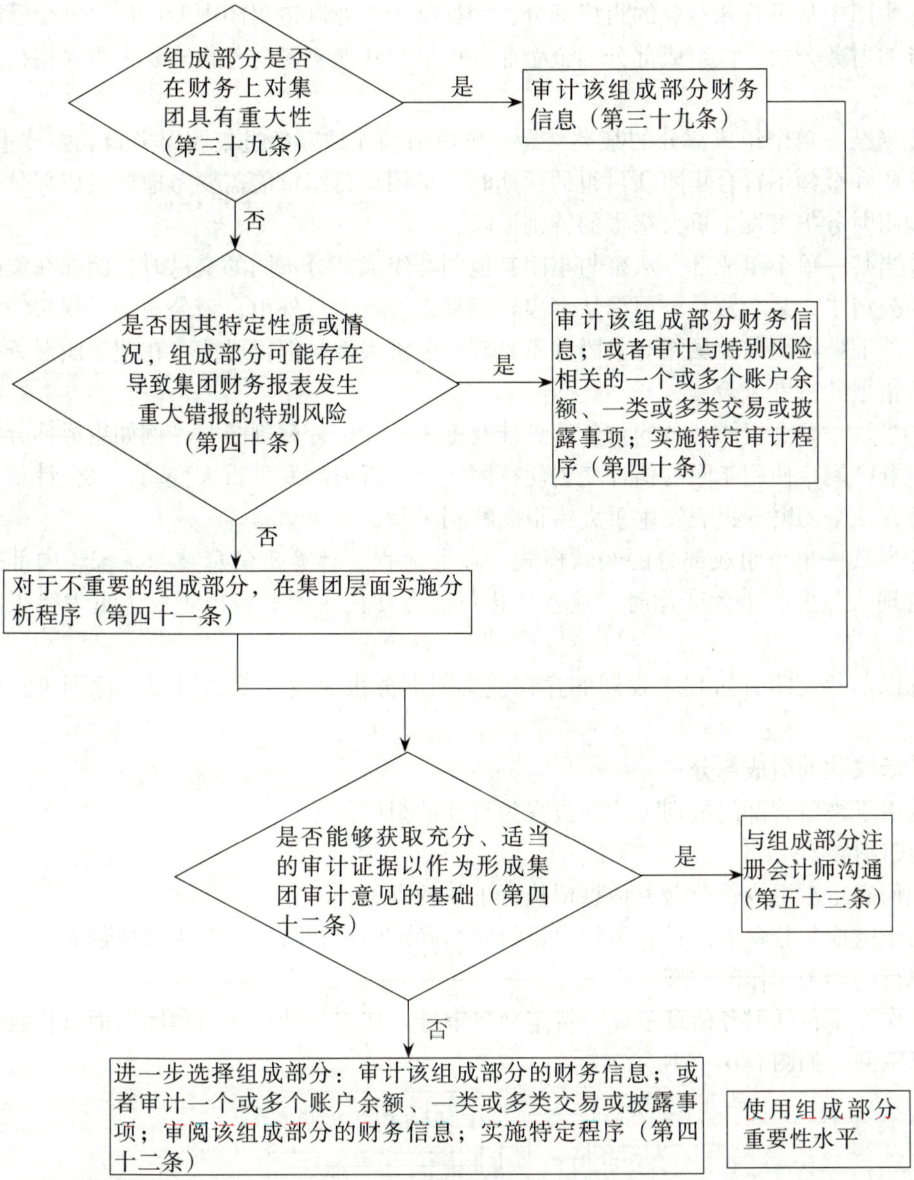

图1401-5　组成部分重要性的判断

④集团项目组选定的基准可以考虑使用抵销内部交易后的结果。但在实务中可能存在一种情形，当某一组成部分的内部销售交易比重较大时，采用抵销内部交易后的营业收入作为确定其财务重大性的基准可能不再恰当，此时选择其他指标，如资产总额等，可能更加合适。

（2）由于单个组成部分的特定性质或情况，可能存在导致集团财务报表发生重大错报的特别风险。当单个组成部分的特定性质或情况，可能存在导致集团财务报表发生重大错报的特别风险时，集团项目组也可能将其识别为重要组成部分。在识别哪些组成部分可能存在导致集团财务报表发生重大错报的特别风险时，需要运用职业判断。集团项目组可以考虑的因素包括但不限于：

①集团中从事特殊行业的组成部分，例如某个工业制造集团中专门从事资金管理和金融服务的财务公司，该组成部分的金融业务可能存在使集团财务报表发生重大错报的特别风险；

②当某一单个组成部分的某类交易、账户余额或披露超过集团财务报表整体重要性，或其性质和金额不符合集团项目组的预期时，集团项目组可能需要考虑该组成部分是否存在使集团财务报表发生重大错报的特别风险；

③当某一单个组成部分从事与集团其他同类组成部分不同的交易时，例如在集团的多家贸易公司中，某一贸易公司因从事出口贸易而拥有大量外币，该公司为了规避外汇风险而从事外汇掉期交易，虽然对集团并不具有财务重大性，但仍可能存在使集团财务报表发生重大错报的特别风险；

④当某一单个组成部分的财务信息涉及重大会计估计和判断时，例如组成部分管理层对固定资产剩余使用年限的估计变更使得固定资产折旧额发生重大变动，该会计估计变更可能存在使集团财务报表发生重大错报的特别风险；

⑤当某一单个组成部分的经营模式、业务流程、计算机信息技术系统、内部控制及关键管理人员发生重大变化时，这些变化可能存在使集团财务报表发生重大错报的特别风险；

⑥以前年度审计过程中发现的存在使集团财务报表发生重大错报的特别风险的组成部分；

⑦新收购的组成部分；

⑧由于被监管部门特别关注而被视为重要的组成部分。

5.归纳

如何确定对组成部分财务信息拟执行工作的类型？

对于组成部分财务信息，集团项目组应当确定由其亲自执行或由组成部分注册会计师代为执行的相关工作的类型。

工作类型包括财务信息审计、特定项目审计、特定审计程序、集团层面分析程序、财务信息审阅，如图1401-6所示。

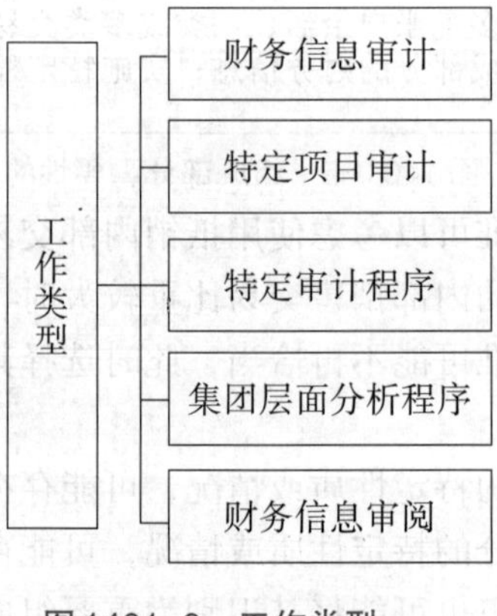

图1401-6 工作类型

确定对组成部分财务信息拟执行工作的类型见表1401-12。

表 1401-12　　　　确定对组成部分财务信息拟执行工作的类型

<table>
<tr><th colspan="2">组成部分的性质</th><th colspan="2">工作类型</th></tr>
<tr><td rowspan="4">重要组成部分</td><td>具有财务重大性</td><td>使用组成部分重要性对组成部分财务信息实施审计</td><td>财务信息审计</td></tr>
<tr><td rowspan="3">可能存在导致集团财务报表发生重大错报的特别风险</td><td>使用组成部分重要性对组成部分财务信息实施审计</td><td>财务信息审计</td></tr>
<tr><td>针对与可能导致集团财务报表发生重大错报的特别风险相关的一个或多个账户余额、一类或多类交易或披露事项实施审计</td><td>特定项目审计</td></tr>
<tr><td>针对可能导致集团财务报表发生重大错报的特别风险实施特定的审计程序</td><td>特定项目审计</td></tr>
<tr><td colspan="2">不重要组成部分</td><td>在集团层面实施分析程序</td><td>集团层面分析程序</td></tr>
<tr><td colspan="4">在下列两种情形下，选择某些不重要的组成部分执行相关工作：
（1）集团项目组在执行完所有相关工作后，认为执行的工作不能获取形成集团审计意见所需的充分、适当的审计证据；
（2）集团只包括不重要的组成部分，如果仅测试集团层面控制，并对组成部分财务信息实施分析程序，集团项目组通常不太可能获取形成集团审计意见所需的充分、适当的审计证据</td></tr>
<tr><td colspan="2" rowspan="4">对于选择的不重要组成部分（集团项目组应当在一段时间之后更换所选择的组成部分）</td><td>使用组成部分重要性对组成部分财务信息实施审计</td><td>财务信息审计</td></tr>
<tr><td>对一个或多个账户余额、一类或多类交易或披露事项实施审计</td><td>特定项目审计</td></tr>
<tr><td>使用组成部分重要性对组成部分财务信息实施审阅</td><td>财务信息审阅</td></tr>
<tr><td>实施特定程序</td><td>特定审计程序</td></tr>
</table>

（十一）期后事项

如果集团项目组或组成部分注册会计师对组成部分财务信息实施审计，集团项目组或组成部分注册会计师应当实施审计程序，以识别组成部分自组成部分财务信息日至对集团财务报表出具审计报告日之间发生的、可能需要在集团财务报表中调整或披露的事项。组成部分期后事项见表1401-13。

表 1401-13　　　　组成部分期后事项

类型	要求
对组成部分财务信息实施审计	实施审计程序，以识别组成部分自组成部分财务信息日至对集团财务报表出具审计报告日之间发生的、可能需要在集团财务报表中调整或披露的事项
组成部分注册会计师执行组成部分财务信息审计以外的工作	要求组成部分注册会计师告知其注意到的、可能需要在集团财务报表中调整或披露的期后事项

（十二）与组成部分注册会计师的沟通

1.沟通更为广泛、具体

沟通的内容应当明确组成部分注册会计师应执行的工作和集团项目组对其工作的利

用，以及组成部分注册会计师与集团项目组沟通的形式和内容。

2.及时向下沟通

集团项目组应当及时向组成部分注册会计师通报工作要求。

3.与组成部分注册会计师沟通的特定事项

集团项目组应当要求组成部分注册会计师沟通与得出关于集团审计结论相关的事项。沟通的内容应当包括：

（1）组成部分注册会计师是否已遵守与集团审计相关的职业道德要求，包括对独立性和专业胜任能力的要求；

（2）组成部分注册会计师是否已遵守集团项目组的要求；

（3）指出作为组成部分注册会计师出具报告对象的组成部分财务信息；

（4）因违反法律法规而可能导致集团财务报表发生重大错报的信息；

（5）组成部分财务信息中未更正错报的清单（清单不必包括低于集团项目组通报的临界值且明显微小的错报）；

（6）表明可能存在管理层偏向的迹象；

（7）描述识别出的组成部分层面值得关注的内部控制缺陷；

（8）组成部分注册会计师向组成部分治理层已通报或拟通报的其他重大事项，包括涉及组成部分管理层、在组成部分层面内部控制中承担重要职责的员工以及其他人员（在舞弊行为导致组成部分财务信息出现重大错报的情况下）的舞弊或舞弊嫌疑；

（9）可能与集团审计相关或者组成部分注册会计师期望集团项目组加以关注的其他事项，包括在组成部分注册会计师要求组成部分管理层提供的书面声明中指出的例外事项；

（10）组成部分注册会计师的总体发现、得出的结论和形成的意见。

4.评价沟通

集团项目组应当评价与组成部分注册会计师的沟通。集团项目组应当：

（1）与组成部分注册会计师、组成部分管理层或集团管理层（如适用）讨论在评价过程中发现的重大事项；

（2）确定是否有必要复核组成部分注册会计师审计工作底稿的相关部分。

（十三）汇总和评价识别出的错报

汇总和评价错报是集团项目组对集团财务报表形成审计意见时的一个关键步骤。《中国注册会计师审计准则第1401号——对集团财务报表审计的特殊考虑》规定集团项目组应当要求组成部分注册会计师与其沟通组成部分财务信息中未更正错报清单（清单不必包括低于集团项目组通报的临界值且明显微小的错报）。集团项目组累积各个组成部分的错报，汇总编制集团错报汇总表。

集团项目组在编制集团错报汇总表时通常考虑以下事项：

（1）根据组成部分注册会计师的备忘录或所执行工作的报告，分析其所执行工作的结果，判断是否存在可能影响集团错报汇总表的事项；

（2）判断某一组成部分识别的错报是否也适用于其他类似的组成部分；

（3）判断已识别出的错报是否对未执行审计工作的不重要的组成部分存在影响；

（4）未更正错报单独或汇总起来对集团财务报表整体的影响不重大。

如果集团项目组在某一组成部分的错报中识别出某些有规律的系统性错报，由于这些错报也可能发生于其他组成部分，集团项目组可以要求各个组成部分注册会计师关注并报告这类错报，即使这类错报不超过该组成部分的临界值。

例如，某组成部分财务信息中存在一项截止错误，该错误产生于集团统一的信息技术自动化系统在期末的错误处理程序，由于该错误处理程序对其他组成部分产生的错报可能未超过其临界值而未被其他组成部分注册会计师所关注，故集团项目组可以要求各个组成部分注册会计师报告此错报，并在编制集团错报汇总表时汇总考虑该错报对集团财务报表的影响。

集团项目组负责评价汇总的未更正错报对集团财务报表的影响。集团项目组需要对汇总的未更正错报进行定量和定性评价，根据情况对集团财务报表提出进一步审计调整建议，并要求集团管理层或组成部分更正错报，使未更正错报单独或汇总起来对集团财务报表整体的影响不重大。

如果集团管理层拒绝更正错报，集团项目组需要按照《中国注册会计师审计准则第1502号——在审计报告中发表非无保留意见》的规定考虑其对审计意见的影响。

（1）向治理层和管理层通报内部控制缺陷。集团项目组应当按照《中国注册会计师审计准则第1152号——向治理层和管理层通报内部控制缺陷》的规定，确定哪些识别出的内部控制缺陷需要向集团治理层和集团管理层通报。

（2）发表审计意见。因法律法规要求或其他原因，组成部分注册会计师可能需要对组成部分财务报表发表审计意见。在这种情况下，集团项目组应当要求集团管理层告知组成部分管理层其尚未知悉的、集团项目组注意到的可能对组成部分财务报表产生重要影响的事项。

如果集团管理层拒绝向组成部分管理层通报该事项，集团项目组应当与集团治理层进行讨论。如果该事项仍未得到解决，集团项目组在遵守法律法规和执业准则有关保密要求的前提下，应当考虑是否建议组成部分注册会计师在该事项得到解决之前，不对组成部分财务报表出具审计报告。

第二节　利用内部审计人员的工作（第1411号）

一、概述

（一）本准则制定与修订背景

注册会计师在审计过程中，通常需要了解和测试被审计单位的内部控制，而内部审计是被审计单位内部控制的一个重要组成部分，其职能包括：监督内部控制的运行情况；检查财务信息和经营信息；评价经营活动的效率和效果；评价其对法律法规的遵循等。注册会计师通过了解内部审计，可以评估被审计单位财务报表的重大错报风险，合理计划和实施审计程序。

此外，内部审计与注册会计师审计用以实现各自目标的某些手段存在相似之处，内部审计工作的某些部分可能有助于注册会计师的工作。注册会计师通过了解与评估内部审计工作，利用可信赖的内部审计工作相关部分的成果，可以减少不必要的重复劳动，提高审计工作效率。

鉴于上述原因，注册会计师在执行财务报表审计时通常考虑利用被审计单位的内部审计工作。为规范注册会计师考虑内部审计工作，在参考《国际审计准则610号——考虑内部审计工作》的基础上，2006年版准则对原《独立审计具体准则第22号——考虑内部审计工作》进行了修订。

制定本准则是为了规范注册会计师在获取充分、适当的审计证据时利用内部审计人员的工作，明确注册会计师利用内部审计人员的工作的责任。

为了解决审计实务问题。近年来，内部审计职能部门的地位、内部审计活动正在发生变化，内部审计已成为被审计单位内部控制、风险管理和治理结构的重要组成部分。内部审计师与注册会计师之间的互动也在发生变化，二者有效地协调沟通对注册会计师的工作具有重要影响。鉴于内部审计环境和审计实践的变化，需要就注册会计师评价和利用内部审计职能部门的工作，以及评价和利用内部审计人员提供协助提供更扎实的框架，以帮助注册会计师确定是否利用、在哪些领域利用及在多大程度上利用内部审计人员的工作。

为了保持准则国际趋同。国际审计与鉴证准则理事会（IAASB）2013年3月对包括《国际审计准则第610号——利用内部审计人员的工作》在内的相关准则作出修订，以指导外部审计师就利用内部审计人员的工作作出适当考虑。

为了更好地满足资本市场改革发展对高质量会计信息的需求，规范和指导注册会计师应对审计实务的新发展，并保持我国审计准则与国际准则的持续全面趋同，2019年2月20日，财政部发出《关于印发〈中国注册会计师审计准则第1101号——注册会计师的总体目标和审计工作的基本要求〉等18项准则的通知》（财会〔2019〕5号）；3月29日,中注协针对上述修订的审计准则发布24项应用指南。该批准则和应用指南于2019年7月1日起施行。本批发布的18项审计准则和24项应用指南均为修订版，涉及利用内部审计人员的工作、应对违反法律法规行为、财务报表披露审计等三方面。

（二）本准则2010年修订内容

《中国注册会计师审计准则第1411号——利用内部审计人员的工作》主要是对2006年版《中国注册会计师审计准则第1411号——利用内部审计工作》按照新体例进行改写，并未作出实质性修订。

与2006年版准则相比，本准则增加了“确定是否利用以及在多大程度上利用内部审计人员的工作”方面的规定。

（三）本准则2016年修订内容

本准则本次未修订。

（四）本准则2019年修订内容

本准则及其应用指南本次在以下三个方面进行了实质性修订：

一是扩展了准则关于利用内部审计人员工作的规范范围，修改了本准则下注册会计师的目标，就利用内部审计人员提供协助的情形作出规范；

二是阐释本准则与第1211号准则的关系，并就识别和评估重大错报风险时对内部审计职能部门工作的利用进行了阐述，并就能否利用内部审计职能的工作以及利用的领域和程度等作出具体规定；

三是为注册会计师提供职业判断框架，严格现行准则中关于利用内部审计人员工作的相关要求，防止对内部审计人员的过度利用或不当利用。

（五）本准则学习中注意事项

（1）注意适用范围。本准则适用于内部审计可能与注册会计师审计相关的情况，但不适用于内部审计人员在注册会计师实施审计程序时提供直接帮助的情况。

（2）注意内部审计与注册会计师审计的区别。内部审计的目标是由管理层和治理层确定的。尽管内部审计的目标和注册会计师的目标不同，但用以实现各自目标的某些方式可能是相似的。不论内部审计的自主程度和客观性如何，都不能像注册会计师那样对财务报表发表审计意见时独立于被审计单位。注册会计师对发表的审计意见独立承担责任，这种责任并不因利用内部审计人员的工作而减轻。

二、框架结构简介

本准则共5章38条，其框架结构见表1411-1。

表1411-1　框架结构

章	名称	节	条	主要内容
第一章	总则	3	1~11	范围，与第1211号准则的关系，CPA对审计的责任
第二章	定义	—	12、13	内部审计以及直接协助的定义
第三章	目标	—	14	界定执行本准则应实现的目标
第四章	要求	5	15~37	是否利用以及在哪些领域以及在多大程度上利用内部审计人员的工作
第五章	附则	—	38	本准则施行时间

三、重点难点解析

（一）相关基本概念

审计是社会经济发展到一定阶段的产物，是在受托经营、受托管理所形成的经济责任关系下，基于经济监督的需要而产生的。审计与医生非常相似，如图1411-1所示。

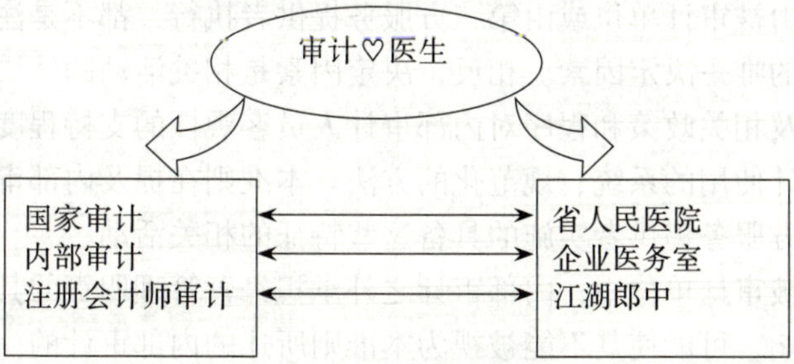

图1411-1　审计与医生

1.内部审计

内部审计是指被审计单位负责执行鉴证和咨询活动，以评价和改进被审计单位的治理、风险管理和内部控制流程有效性的职能。

内部审计的职能包括检查、评价和监督内部控制的恰当性和有效性等。内部审计人员，是指执行内部审计活动的人员。内部审计人员可能属于内部审计部门或履行内部审计职责的类似部门。

对内部审计的定义可从以下几个方面加以考量：

（1）内部审计的目标和范围通常包括旨在评价和改进被审计单位的治理、风险管理、内部控制的有效性而实施的鉴证和咨询活动，例如：

①与公司治理有关的活动。

内部审计可能评估被审计单位的治理流程是否能够实现下列方面的目标：道德和价值观，绩效管理和问责机制，向组织内的适当范围传达风险和控制信息，以及治理层、注册会计师、内部审计人员和管理层之间的有效沟通。

②与风险管理有关的活动。

A.内部审计可能有助于被审计单位识别和评价面临的重大风险，改善风险管理和内部控制（包括财务报告过程的有效性）；

B.内部审计可能实施程序，以有助于被审计单位发现舞弊情形。

③与内部控制有关的活动。

A.评价内部控制。内部审计可能承担复核内部控制、评价内部控制的运行以及对内部控制提出改进建议等方面的特定责任。在这种情况下，内部审计为内部控制提供鉴证。例如，内部审计可能计划并实施测试或其他程序，为管理层和治理层就内部控制的设计、执行和运行有效性提供鉴证，包括与审计相关的内部控制。

B.检查财务和经营信息。内部审计可能被要求复核用以识别、确认、计量、分类和报告财务和经营信息的方法，并针对个别事项实施专门调查，包括对交易、账户余额和程序进行详细测试。

C.复核经营活动。内部审计可能被要求复核被审计单位经营活动（包括非财务活动）的经济性、效率和效果。

D.复核遵守法律法规的情况。内部审计可能被要求复核被审计单位对法律法规、其他外部要求以及管理层政策、指令和其他内部要求的遵守情况。

（2）与内部审计类似的活动可能由被审计单位内部拥有其他名称的部门实施。内部审计工作也可能部分或全部外包给第三方服务提供者。无论执行内部审计的部门名称如何，内部审计工作是否由被审计单位或由第三方服务提供者执行，都不是注册会计师判断是否利用内部审计工作的唯一决定因素。相反，决定因素是相关活动的性质、内部审计在被审计单位中的地位以及相关政策和程序对内部审计人员客观性的支持程度，内部审计人员的胜任能力，内部审计使用的系统、规范化的方法。本准则在提及内部审计工作时，也包括由其他部门或第三方服务提供者实施的具备这些特征的相关活动。

（3）此外，在被审计单位中，内部审计之外承担经营管理职责的其他部门通常面临对其客观性的不利影响，可能使其不能被视为本准则所述的内部审计的一部分，尽管这些部门执行的控制活动可能构成了按照《中国注册会计师审计准则第 1231 号——针对评估的重大错报风险采取的应对措施》测试的范围。因此，由所有者兼经理实施的监督控制不被认为等同于内部审计。

（4）虽然内部审计和注册会计师审计的目标不同，内部审计可能实施与注册会计师在财务报表审计中相似的审计程序。如果存在这种情况，注册会计师可能通过下列一种或多种方式利用内部审计的工作以实现审计目的：

①获取与注册会计师评估由于错误或舞弊导致的重大错报风险有关的信息。为此，《中国注册会计师审计准则第1211号——通过了解被审计单位及其环境识别和评估重大错报风险》要求注册会计师了解内部审计的职能范围以及内部审计在被审计单位组织结构中的地位和作用，以及内部审计已实施或拟实施的活动，并询问适当的内部审计人员（如果被审计单位设有此类部门、岗位或人员）。

②除非法律法规禁止，或在某些程度上施加限制，注册会计师在进行适当的评价后，可以决定利用内部审计人员在相关期间的工作，以部分替代本应由注册会计师直接获取的审计证据。

（5）除非法律法规禁止，或在某些程度上施加限制，注册会计师可以利用内部审计人员在其指导、监督和复核下实施审计程序（即“提供直接协助”）。

2. 直接协助

直接协助是指在注册会计师的指导、监督和复核下，利用内部审计人员实施审计程序。

（二）内部审计的目标

被审计单位内部审计的目标是由其管理层和治理层确定的。由于被审计单位的规模、组织结构以及管理层和治理层（如适用）的要求不同，内部审计的目标和范围、职责及其在被审计单位中的地位（包括权威性和问责机制）可能有较大差别。内部审计可能包括下列一项或多项活动：

1. 对内部控制的监督

内部审计可能包括评价控制、监督控制的运行以及对内部控制提出改进建议。

2. 对财务信息和经营信息的检查

内部审计可能包括对确认、计量、分类和报告财务信息和经营信息的方法进行评价，并对个别事项进行专门询问，包括对交易、余额及程序实施细节测试。

3. 对经营活动的评价

内部审计可能包括对被审计单位的经营活动（包括非财务活动）的经济性、效率和效果进行评价。

4. 对遵守法律法规情况的评价

内部审计可能包括评价被审计单位对法律法规、其他外部要求以及管理层政策、指令和其他内部要求的遵守情况。内部审计可以对被审计单位在经营过程中遵守相关遵循性标准的情况作出相应的评价，包括评价国家相关法律法规的遵守情况、行业和部门政策的遵守情况、企业经营计划和财务计划的遵守情况、企业运营预算和财务预算的遵守情况、企业制定的各种程序标准的遵守情况、企业签订的各类合同的遵守情况等。

5. 风险管理

内部审计可能有助于被审计单位识别和评估其面临的重大风险，并改进风险管理和控制系统。

6. 治理

内部审计可能包括评估被审计单位为实现下列方面的目标而建立的治理过程：

（1）道德和价值观；

（2）绩效管理和问责机制；

(3) 向被审计单位适当部门传达风险和控制信息；

(4) 治理层、注册会计师、内部审计人员和管理层之间沟通的有效性。

(三) 内部审计人员和注册会计师之间的关系

1.区别（见表1411-2）

表1411-2　　内部审计人员和注册会计师之间的区别

序号	不同点	内部审计	注册会计师审计
1	两者的审计目标不同	内部审计是主要对内部控制的有效性，财务信息的真实性和完整性以及经营活动的效率和效果所开展的一种评价活动	(1) 对财务报表整体是否不存在由于舞弊或错误导致的重大错报获取合理保证，使得注册会计师能够对财务报表是否在所有重大方面按照适用的财务报告编制基础编制发表审计意见； (2) 按照审计准则的规定，根据审计结果对财务报表出具审计报告，并与管理层和治理层沟通
2	两者独立性不同	内部审计为组织内部服务，接受总经理或董事会的领导，独立性较弱	注册会计师审计为需要可靠信息的第三方提供服务，不受被审计单位管理当局的领导和制约，独立性较强
3	两者接受审计的自愿程度不同	内部审计是代表总经理或董事会实施的组织内部监督，作为内部控制制度的重要组成部分，单位内部的组织必须接受内部审计人员的监督	注册会计师审计是独立的第三方对被审计单位进行的审计，委托人可自由选择会计师事务所
4	两者遵循的审计标准不同	内部审计人员遵循的是内部审计准则	注册会计师遵循的是中国注册会计师执业准则
5	两者审计的时间不同	内部审计通常对单位内部组织进行定期或不定期的审计，时间安排比较灵活	注册会计师审计通常是定期审计，每年对被审计单位的财务报表审计一次

2.联系

尽管内部审计与注册会计师审计之间存在诸多差异，但二者用以实现各自目标的某些手段却通常是相似的。例如，为支持所得出的结论，审计人员都需要获取充分、适当的审计证据，都可以运用观察、询问、函证和分析程序等审计方法。例如，在进行财务报表审计时，两者在方法上都要评价内控制度，检查凭证、账册，核对账表的一致性。

此外，内部审计对象与注册会计师审计对象也密切相关，甚至存在部分重叠。因此，注册会计师应当考虑内部审计工作的某些方面是否有助于确定审计程序的性质、时间安排和范围。

通过了解内部审计工作的情况，注册会计师可以掌握内部审计发现的、可能对被审计单位财务报表和注册会计师审计产生重大影响的事项。注册会计师可能能够以建设性和互补的方式利用内部审计的工作。如果内部审计的工作结果表明被审计单位的内部控制存在重大缺陷，无法信赖，注册会计师可能就无须对被审计单位实施控制测试，应相应地扩大实质性程序的范围。如果内部审计的工作结果表明被审计单位的财务报表在某些领域存在重大错报风险，注册会计师就应当对这些领域给予特别关注。

可见，内部审计与注册会计师审计之间看似存在差异，实则两者又密切相关，注册会计师在审计中利用内部审计人员的工作包括：

（1）获取审计证据的过程中利用内部审计部门、岗位或人员的工作。

（2）在注册会计师的指导、监督和复核下利用内部审计人员提供直接协助。在注册会计师执行审计工作时，在很大程度上需要利用内部人员提供直接协助，有可能内部审计人员并不能从根本上帮助注册会计师，但能帮助注册会计师及时了解被审计单位的实际情况，为审计工作减少负担，为规避审计风险做好保障。

（四）注册会计师利用内部审计的责任

注册会计师对发表的审计意见独立承担责任，这种责任并不因注册会计师利用内部审计工作或利用内部审计人员对该项审计业务提供直接协助而减轻。尽管内部审计或内部审计人员可能实施与注册会计师相似的审计程序，但是他们均不满足《中国注册会计师审计准则第 1101 号——注册会计师的总体目标和审计工作的基本要求》中关于注册会计师在财务报表审计中独立于被审计单位的要求。因此，本准则界定了注册会计师能够利用内部审计人员工作的必要条件。针对利用内部审计工作或利用内部审计人员提供直接协助是否足以实现审计目的，本准则界定了注册会计师获取充分、适当的审计证据所需的工作投入。这些要求旨在为注册会计师就利用内部审计人员的工作作出职业判断提供一个框架，以防止过度利用或不当利用内部审计人员的工作。

利用内部审计工作不能减轻注册会计师的责任，主要体现在：

（1）注册会计师必须对与财务报表审计有关的所有重大事项独立作出职业判断，而不应完全依赖内部审计工作。

审计过程中涉及的职业判断，如对重大错报风险的评估、重要性水平的确定、样本规模的确定、对会计政策和会计估计的评估等，均应当由注册会计师负责执行。

（2）注册会计师也应当对发表的审计意见独立承担责任，其责任不因利用内部审计人员的工作而减轻。

（五）注册会计师的目标

当被审计单位存在内部审计，并且注册会计师预期将利用其工作以调整注册会计师直接实施的审计程序的性质、时间安排，或缩小其范围时，或者注册会计师预期将利用内部审计人员提供直接协助时，注册会计师的目标是：

（1）确定是否能够利用内部审计的工作或利用内部审计人员提供直接协助，如果能够利用，在哪些领域利用以及在多大程度上利用；

（2）如果利用内部审计的工作，确定该工作是否足以实现审计目的；

（3）如果利用内部审计人员提供直接协助，适当地指导、监督和复核其工作。

注册会计师预期将利用内部审计人员的工作类型有两种，如图1411-2所示。

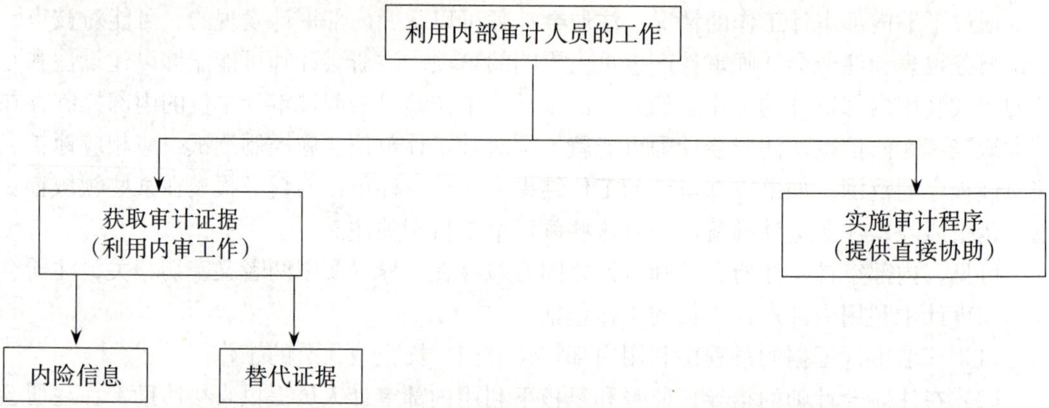

图1411-2 注册会计师利用内部审计人员的工作类型

注册会计师利用内部审计人员的工作之职业判断框架如图1411-3所示。

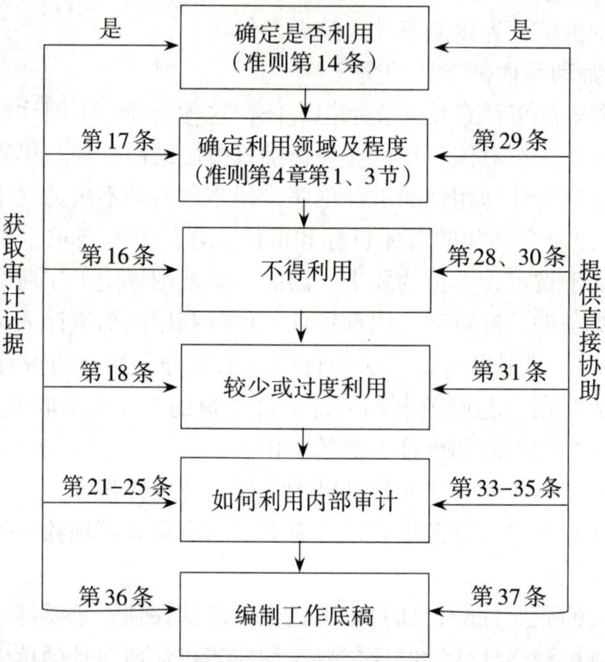

图1411-3 注册会计师利用内部审计人员的工作之职业判断框架

（六）确定是否利用、在哪些领域利用以及在多大程度上利用内部审计的工作

当被审计单位存在内部审计，并且注册会计师预期将利用其工作以调整注册会计师直接实施的审计程序的性质、时间安排，或缩小审计范围，注册会计师应当确定：①是否能够利用内部审计的工作；②如果能够利用，在哪些领域利用以及在多大程度上利用；③内部审计的工作是否足以实现审计目的。

1. 在确定是否利用内部审计的工作时注册会计师的评价

在确定是否能够利用内部审计的工作以实现审计目的时，注册会计师应当评价（如图1411-4所示）。

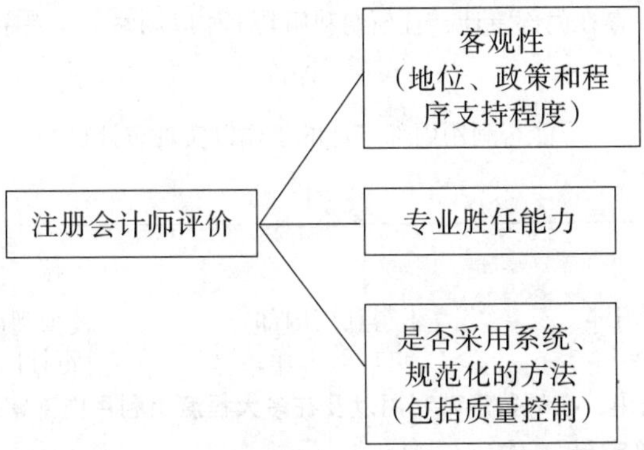

图1411-4　确定是否能够利用内部审计的工作之评价

（1）内部审计在被审计单位中的地位，以及相关政策和程序支持内部审计人员客观性的程度；

（2）内部审计人员的胜任能力；

（3）内部审计是否采用系统、规范化的方法（包括质量控制）。

注册会计师对内部审计在被审计单位中的地位以及相关政策和程序是否足以支持内部审计人员的客观性、内部审计人员的胜任能力以及是否运用系统和规范化方法的评价，可能表明内部审计工作质量的风险过高，因而利用其任何工作作为审计证据都是不适当的。

2. 注册会计师不得利用内部审计的工作的情形

如果存在下列情形之一，注册会计师不得利用内部审计的工作：

（1）内部审计在被审计单位的地位以及相关政策和程序不足以支持内部审计人员的客观性；

（2）内部审计人员缺乏足够的胜任能力；

（3）内部审计没有采用系统、规范化的方法（包括质量控制）。

3. 注册会计师计划较少利用内部审计工作的情形

（1）当在下列方面涉及较多判断时：

①计划和实施相关的审计程序；

②评价收集的审计证据。

（2）当评估的认定层次重大错报风险较高，需要对识别出的特别风险予以特殊考虑时。

（3）当内部审计在被审计单位中的地位以及相关政策和程序对内部审计人员客观性的支持程度较弱时。

（4）当内部审计人员的胜任能力较低时。

确定是否利用、在哪些领域利用以及在多大程度上利用内部审计工作的职业判断框架如图1411-5所示。

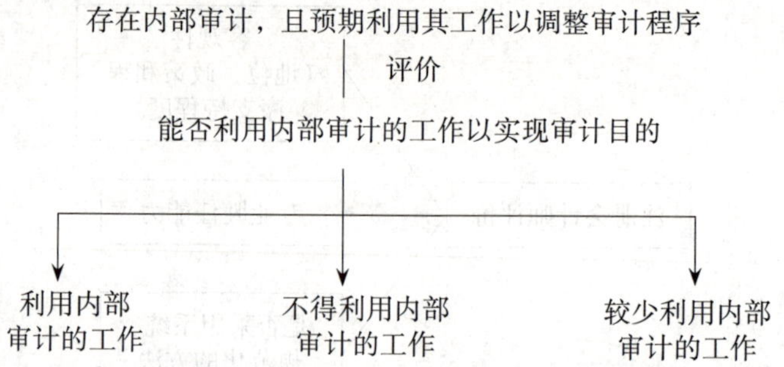

图1411-5　确定是否利用、在哪些领域利用以及在多大程度上利用内部审计工作的职业判断框架

（七）如何利用内部审计工作

（1）如果计划利用内部审计工作，注册会计师应当与内部审计人员讨论利用其工作的计划，以作为协调各自工作的基础。

（2）注册会计师应当阅读与拟利用的内部审计工作相关的内部审计报告，以了解其实施的审计程序的性质和范围以及相关发现。

（3）注册会计师应当针对计划利用的内部审计工作整体实施充分的审计程序，以确定其对于实现审计目的是否适当。

注册会计师评价的事项包括：

①内部审计工作是否经过恰当的计划、实施、监督、复核和记录；

②内部审计是否获取了充分、适当的证据，以使其能够得出合理的结论；

③内部审计得出的结论在具体环境下是否适当，编制的报告与执行工作的结果是否一致。

（4）注册会计师实施审计程序的性质和范围应当与其对以下事项的评价相适应，并应当包括重新执行内部审计的部分工作：

①涉及判断的数量或金额；

②评估的重大错报风险；

③内部审计在被审计单位中的地位以及相关政策和程序支持内部审计人员客观性的程度；

④内部审计人员的胜任能力。

（5）注册会计师可利用内部审计的工作的例子包括：

①对内部控制运行有效性的测试；

②仅涉及有限判断的实质性程序；

③存货监盘；

④追踪交易在财务报告信息系统中的处理过程（穿行测试）；

⑤对遵守法律法规情况的测试；

⑥在某些情况下，对属于集团不重要的组成部分的子公司财务信息进行审计或审阅（如果与《中国注册会计师审计准则第1401号——对集团财务报表审计的特殊考虑》中的要求不冲突）。

（八）确定是否利用、在哪些领域利用以及在多大程度上利用内部审计人员提供直接协助

当被审计单位存在内部审计，并且注册会计师预期将利用内部审计人员提供直接协助

时，注册会计师应当：（1）确定是否能够利用内部审计人员提供直接协助；（2）如果能够利用，确定在哪些领域利用以及在多大程度上利用；（3）如果拟利用内部审计人员提供直接协助，适当地指导、监督和复核其工作。

如果法律法规不禁止利用内部审计人员提供直接协助，并且注册会计师计划利用内部审计人员在审计中提供直接协助，注册会计师应当评价是否存在对内部审计人员客观性的不利影响及其严重程度，以及提供直接协助的内部审计人员的胜任能力。注册会计师在评价是否存在对内部审计人员客观性的不利影响及其严重程度时，应当包括询问内部审计人员可能对其客观性产生不利影响的利益和关系。

当存在下列情形之一时，注册会计师不得利用内部审计人员提供直接协助：

（1）存在对内部审计人员客观性的重大不利影响；

（2）内部审计人员对拟执行的工作缺乏足够的胜任能力。

在确定可能分配给内部审计人员的工作的性质和范围，以及根据具体情况对内部审计人员进行指导、监督和复核的性质、时间安排和范围时，注册会计师应当考虑下列方面：

（1）在计划和实施相关审计程序以及评价收集的审计证据时，涉及判断的数量或金额；

（2）评估的重大错报风险；

（3）针对拟提供直接协助的内部审计人员，注册会计师关于是否存在对其客观性的不利影响及其严重程度的评价结果，以及关于其胜任能力的评价结果。

注册会计师不得利用内部审计人员提供直接协助以实施具有下列特征的程序：

（1）在审计中涉及作出重大判断；

（2）涉及较高的重大错报风险，在实施相关审计程序或评价收集的审计证据时需要作出较多的判断；

（3）涉及内部审计人员已经参与并且已经或将要由内部审计向管理层或治理层报告的工作；

（4）涉及注册会计师按照规定就内部审计职能，以及利用内部审计工作或利用内部审计人员提供直接协助作出的决策。

在恰当评价是否利用以及在多大程度上利用内部审计人员在审计中提供直接协助后，注册会计师在按照《中国注册会计师审计准则第1151号——与治理层的沟通》的规定与治理层沟通计划的审计范围和时间安排的总体情况时，应当沟通拟利用内部审计人员提供直接协助的性质和范围，以使双方就在业务的具体情形下并未过度利用内部审计人员提供直接协助达成共识。

由于注册会计师对发表的审计意见独立承担责任，注册会计师应当评价在计划的范围内利用内部审计人员提供直接协助，连同对内部审计工作的利用，从总体上而言，是否仍然能够使注册会计师充分地参与审计工作。

确定是否利用、在哪些领域利用以及在多大程度上利用内部审计人员提供直接协助的职业判断框架如图1411-6所示。

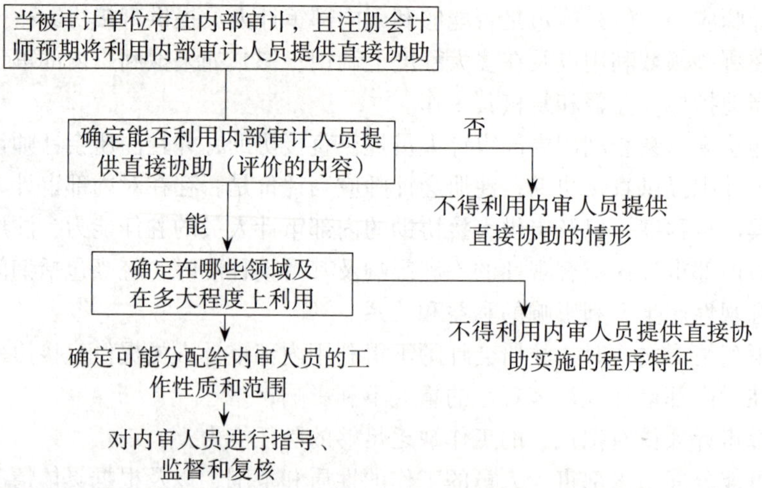

图 1411-6 确定是否利用、在哪些领域利用以及在多大程度上利用内部审计人员提供直接协助的职业判断框架

（九）利用内部审计人员提供直接协助

在利用内部审计人员为审计提供直接协助之前，注册会计师应当：

（1）从拥有相关权限的被审计单位代表人员处获取书面协议，允许内部审计人员遵循注册会计师的指令，并且被审计单位不干涉内部审计人员为注册会计师执行的工作；

（2）从内部审计人员处获取书面协议，表明其将按照注册会计师的指令对特定事项保密，并将对其客观性受到的任何不利影响告知注册会计师。

注册会计师应当按照《中国注册会计师审计准则第 1121 号——对财务报表审计实施的质量控制》的规定对内部审计人员执行的工作进行指导、监督和复核。在进行指导、监督和复核时：

（1）注册会计师在确定指导、监督和复核的性质、时间安排和范围时应当认识到内部审计人员并不独立于被审计单位，并且指导、监督和复核的性质、时间安排和范围应当恰当应对对涉及判断的数量或金额、评估的重大错报风险、拟提供直接协助的内部审计人员客观性和胜任能力的评价结果；

（2）复核程序应当包括由注册会计师检查内部审计人员执行的部分工作所获取的审计证据。

注册会计师对内部审计人员执行的工作的指导、监督和复核应当足以使注册会计师对内部审计人员就其执行的工作已获取充分、适当的审计证据以支持相关审计结论感到满意。

必须注意的是，由于内部审计人员并不像注册会计师对财务报表发表审计意见时那样独立于被审计单位，注册会计师对提供直接协助的内部审计人员工作的指导、监督和复核与对项目组成员的指导、监督和复核相比，通常性质不同且范围更为广泛。例如，当指导内部审计人员时，注册会计师可以提醒内部审计人员把审计中发现的会计和审计问题告知注册会计师。在复核内部审计人员执行的工作时，注册会计师考虑的因素包括获取的审计证据是否充分、适当，是否适合于具体情况，以及能否支持得出的结论。

（十）审计工作底稿

1. 如果利用内部审计工作，注册会计师应当在审计工作底稿中记录的内容

（1）对下列事项的评价：

①内部审计在被审计单位中的地位、相关政策和程序是否足以支持内部审计人员的客

观性；

②内部审计人员的胜任能力；

③内部审计是否采用系统、规范化的方法（包括质量控制）。

（2）利用内部审计工作的性质和范围以及作出该决策的基础。

（3）注册会计师为评价利用内部审计工作的适当性而实施的审计程序。

2.如果利用内部审计人员为审计提供直接协助，注册会计师应当在审计工作底稿中记录的内容

（1）关于是否存在对内部审计人员客观性的不利影响及其严重程度的评价，以及关于提供直接协助的内部审计人员的胜任能力的评价；

（2）就内部审计人员执行工作的性质和范围作出决策的基础；

（3）根据《中国注册会计师审计准则第1131号——审计工作底稿》的规定，所执行工作的复核人员及复核的日期和范围；

（4）从拥有相关权限的被审计单位代表人员和内部审计人员处获取的书面协议；

（5）在审计业务中提供直接协助的内部审计人员编制的审计工作底稿。

【应用分析1411-1】申根注册会计师负责审计甲集团公司2019年度财务报表。审计工作底稿中记录了：甲集团公司内部审计部门于2019年测试了集团层面控制的运行有效性。申根注册会计师拟信赖集团层面控制，通过与内部审计人员讨论和阅读内部审计报告，评价了内部审计人员的测试工作、内部审计在被审计单位中的地位、相关政策和程序是否足以支持内部审计人员的客观性、内部审计人员的胜任能力、内部审计是否采用系统、规范化的方法（包括质量控制），也评价了内部审计人员是否能够符合注册会计师职业道德守则有关客观性的要求，拟利用其测试结果，并认为该工作足以实现审计目的，确定准备利用内部审计工作，或者也可利用内部审计人员为审计提供直接协助。

要求：指出申根注册会计师记录于审计工作底稿中的内容是否恰当，如不恰当请简要说明理由。

解析：不恰当。

1.如果利用内部审计工作，申根注册会计师应当在审计工作底稿中记录：

（1）对下列事项的评价：

①内部审计在被审计单位中的地位、相关政策和程序是否足以支持内部审计人员的客观性；

②内部审计人员的胜任能力；

③内部审计是否采用系统、规范化的方法（包括质量控制）。

（2）利用内部审计工作的性质和范围以及作出该决策的基础。

（3）注册会计师为评价利用内部审计工作的适当性而实施的审计程序。

2.如果利用内部审计人员为审计提供直接协助，申根注册会计师应当在审计工作底稿中记录：

（1）关于是否存在对内部审计人员客观性的不利影响及其严重程度的评价，以及关于提供直接协助的内部审计人员的胜任能力的评价；

（2）就内部审计人员执行工作的性质和范围作出决策的基础；

（3）根据《中国注册会计师审计准则第1131号——审计工作底稿》的规定，所执行

工作的复核人员及复核的日期和范围；

（4）从拥有相关权限的被审计单位代表人员和内部审计人员处获取的书面协议；

（5）在审计业务中提供直接协助的内部审计人员编制的审计工作底稿。

第三节 利用专家的工作（第1421号）

一、概述

（一）本准则制定与修订背景

随着经济业务的日益复杂化和专业化，注册会计师在财务报表审计过程中经常涉及其他专业知识或职业领域的交易和事项，这些交易和事项对财务报表具有重大影响。注册会计师专长于会计和审计领域，由于本身的能力、时间、精力有限，加上职业本身的限制，可能并不具备从事其他专业或职业所要求的专门知识。当遇到较为复杂的对财务报表具有重大影响的交易和事项，而依靠本身的知识和技能无法获取充分、适当的审计证据，以支持其欲发表的审计意见时，他们通常就需要利用专家的工作，获得专家的帮助，以获取能够支持其审计意见的审计证据。

制定本准则是为了规范注册会计师在获取充分、适当的审计证据时利用专家的工作，明确注册会计师利用专家的工作的责任。

（二）本准则2010年修订内容

本准则本次修订是在对2006年版《中国注册会计师审计准则第1421号——利用专家的工作》按照新体例进行改写的基础上，作出的实质性修订。

与2006年版准则相比，本准则在具体规定方面有以下5个重大变化：

（1）区分了注册会计师的专家（简称“专家”）和管理层的专家。规范的是利用注册会计师的专家的工作，利用管理层的专家在修订后的《中国注册会计师审计准则第1301号——审计证据》中予以规范。

（2）明确了注册会计师在利用专家的工作方面的责任，注册会计师对发表的审计意见承担全部责任，并且该责任不因利用专家的工作而减轻。

（3）规定了确定是否需要利用专家的工作的原则，即注册会计师认为在会计或审计以外的某一领域的专长对获取充分、适当的审计证据是必要的。

（4）增加了注册会计师评价专家的专业素养，了解专家的专长领域，与专家就相关事项达成一致意见的要求。

（5）指出在评价专家的胜任能力、专业素养和客观性，了解专家的专长领域，与专家就相关事项达成一致意见，评价专家工作的恰当性时，注册会计师实施的审计程序的性质、时间安排和范围将随着具体情况的变化而变化，需要注册会计师考虑相关事项，运用职业判断后予以确定。

（三）本准则2016年修订内容

本准则本次未修订。

（四）本准则2019年修订内容

本准则本次未修订。

（五）本准则学习中注意事项

1.注意本准则的适用范围

本准则不适用于下列情况：

（1）项目组拥有在会计或审计专业领域中具有专长的成员，或向在会计或审计专业领域中具有专长的个人或组织咨询。《中国注册会计师审计准则第1121号——对财务报表审计实施的质量控制》对这种情况进行了规范。

（2）注册会计师利用在会计、审计以外的某一领域具有专长的个人或组织的工作，并且其工作被管理层利用以协助编制财务报表（即利用管理层的专家的工作）。《中国注册会计师审计准则第1301号——审计证据》对这种情况进行了规范。

2.关注审计责任

注册会计师对发表的审计意见独立承担责任，这种责任不因利用专家的工作而减轻。

二、框架结构简介

本准则共5章17条，其主要框架结构见表1421-1。

表1421-1 框架结构简介

章	名称	节	条	主要内容
第一章	总则	—	1~3	本准则制定的目的、适用范围及与第1121号、第1301号准则的关系
第二章	定义	—	4~6	解释本准则中包含的术语
第三章	目标	—	7	界定执行本准则应实现的目标
第四章	要求	1~7	8~16	规定注册会计师为实现准则目标应遵守的要求，即注册会计师在相关业务环境下应当实施的所有必要程序
第五章	附则	—	17	本准则施行时间

三、重点难点解析

（一）专家

1.专家的含义

专家，即注册会计师的专家，是指在会计或审计以外的某一领域具有专长（是指在某一特定领域中拥有专门技能、知识和经验）的个人或组织，并且其工作被注册会计师利用，以协助注册会计师获取充分、适当的审计证据。专家既可能是会计师事务所内部专家（如会计师事务所或其网络事务所的合伙人或员工，包括临时员工），也可能是会计师事务所外部专家。专家的类型如图1421-1所示。

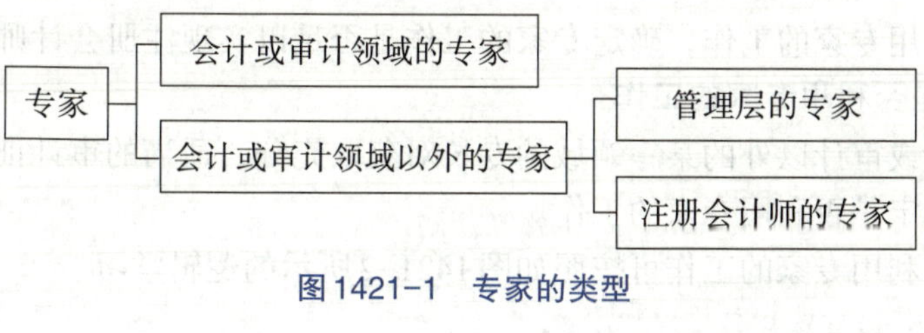

图1421-1 专家的类型

在审计准则中所提及的几种不同类型的专家，见表1421-2。

表1421-2　在审计准则中所提及的几种不同类型的专家

专家类型	对应审计准则
项目组专家。项目组拥有在会计或审计专业领域中具有专长的成员，或向在会计或审计专业领域中具有专长的个人或组织咨询。如事务所内部，对预提所得税的准确性认定执行审计程序的具有税务专长的成员；向事务所内部技术部门或外部监管机构就会计或审计事项进行咨询	（1）如果利用了在会计或审计专业领域具有专长的项目组成员的工作，参见第1121号质量控制准则应用指南第28条； （2）涉及咨询，参见第1121号准则第三十二条及应用指南第21和22条
管理层的专家。其是指在会计、审计以外的某一领域具有专长的个人或组织，其工作被管理层利用以协助编制财务报表。如针对复杂的法律问题，管理层聘请的法律顾问。专家是个人还是组织可能对具体执行本准则的要求产生影响，注册会计师有必要对此作出判断	第1301号准则第十二条
注册会计师的专家。其是指在会计或审计以外的某一领域具有专长的个人或组织，并且其工作被注册会计师利用，以协助注册会计师获取充分、适当的审计证据。专家既可能是会计师事务所内部专家（如会计师事务所或其网络事务所的合伙人或员工，包括临时员工），也可能是会计师事务所外部专家。如： ①内部专家——对员工福利计划的计算模型和假设进行审阅的事务所内部精算专家； ②外部专家——对石油和天然气储量进行估价的行业专家	第1421号准则第十一条

2.注册会计师对发表的审计意见独立承担责任

注册会计师对发表的审计意见独立承担责任，这种责任不因利用专家的工作而减轻。

如果注册会计师按照本准则的规定利用了专家的工作，并得出结论认为专家的工作足以实现注册会计师的目的，注册会计师可以接受专家在其专业领域的工作结果或结论，并作为适当的审计证据。

3.专家在会计或审计以外的领域具有的专长举例

对下列方面进行估价：复杂的金融工具、土地及建筑物、厂房和机器设备、珠宝、艺术品、古董、无形资产、企业合并中收购的资产和承担的负债，以及可能发生减值的资产；对与保险合同或员工福利计划相关的负债进行精算；对石油和天然气储量进行估算；对环境负债和场地清理费用进行估价；对合同、法律和法规进行解释；对复杂或异常的纳税问题进行分析。

4.注册会计师的目标

（1）确定是否利用专家的工作；

（2）如果利用专家的工作，确定专家的工作是否足以实现注册会计师的目的。

（二）确定是否利用专家的工作

如果在会计或审计以外的某一领域的专长对获取充分、适当的审计证据是必要的，注册会计师应当确定是否利用专家的工作。

注册会计师利用专家的工作可按照如图1421-2所示的逻辑学习。

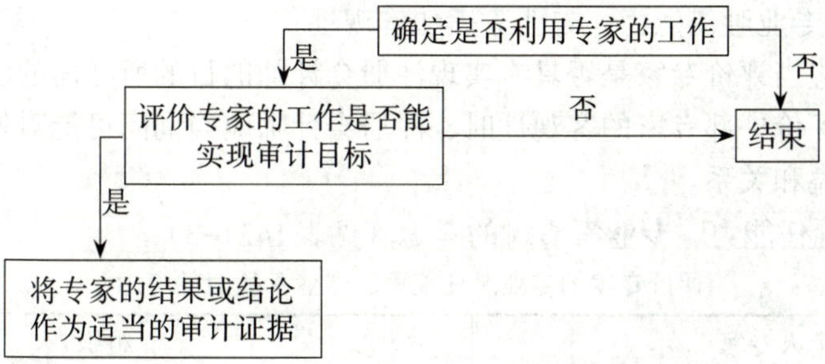

图 1421-2　注册会计师利用专家的工作的逻辑

1. 可能需要利用专家的工作的领域

（1）了解被审计单位及其环境；

（2）识别和评估重大错报风险；

（3）针对评估的财务报表层次风险，确定并实施总体应对措施；

（4）针对评估的认定层次风险，设计和实施进一步审计程序，包括控制测试和实质性程序；

（5）在对财务报表形成审计意见时，评价已获取的审计证据的充分性和适当性。

2. 确定是否需要利用专家工作时应考虑的因素

在确定是否利用专家的工作时，注册会计师可能考虑的因素包括：

（1）管理层在编制财务报表时是否利用了管理层的专家的工作；

（2）事项的性质和重要性，包括复杂程度；

（3）事项存在的重大错报风险；

（4）应对识别出的风险的预期程序的性质，包括注册会计师对与这些事项相关的专家工作的了解和具有的经验，以及是否可以获得替代性的审计证据。

3. 在确定本准则第十条至第十四条规定的审计程序的性质、时间安排和范围时，注册会计师应当考虑的事项

（1）与专家工作相关的事项的性质；

（2）与专家工作相关的事项中存在的重大错报风险；

（3）专家的工作在审计中的重要程度；

（4）注册会计师对专家以前所做工作的了解，以及与之接触的经验；

（5）专家是否需要遵守会计师事务所的质量控制政策和程序。

4. 制定审计程序时应考虑的因素（如图 1421-3 所示）

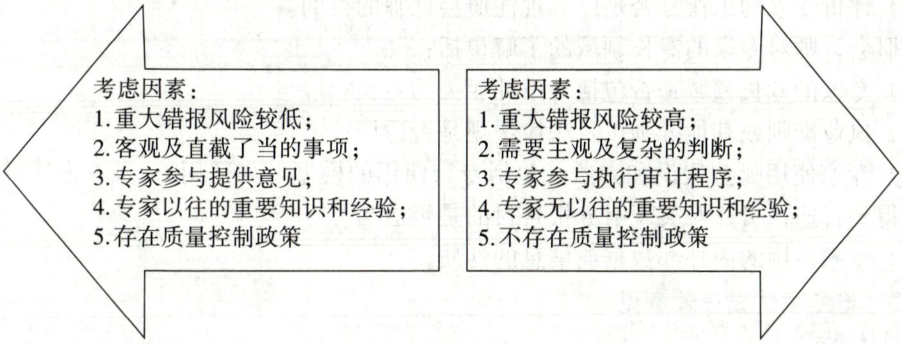

图 1421-3　制定审计程序时应考虑的因素

（三）专家的专业胜任能力、专业素质和客观性

注册会计师应当评价专家是否具有实现注册会计师的目的所必需的胜任能力、专业素质和客观性。在评价外部专家的客观性时，注册会计师应当询问可能对外部专家客观性造成不利影响的利益和关系。

1.评价专业胜任能力、专业素质时的考虑（见表1421–3）

表1421–3 评价专家的专业胜任能力、专业素质时的考虑

个人专家	组织
•教育水平和继续教育 •专业资格 •在专业团体中的资格以及执业许可证 •以往的专业经验（包括专业领域） •相关会计和审计领域的知识 •该专家在该项目中所使用的时间	•组织的声誉 •有专业胜任能力的资源及其可用的服务时间 •地理位置 •项目中个人专家职责的分配 •监督和审阅 •服务质量的监督政策

2.评价客观性时的考虑

为了合理确信专家的工作可以满足审计的需要，注册会计师应当评价专家的客观性，见表1421–4。

表1421–4 评价专家的客观性时的考虑

个人专家	组织
•专家提供的其他服务，包括财务报表的编制等 •经济利益 •商业关系和私人关系	•消除或减少客观性威胁的保障因素 •经济利益 •与客户的商业关系 •专家提供的其他服务，包括财务报表的编制等

在某些情况下，注册会计师从外部专家获取书面声明可能是适当的。（本准则应用指南第20条）

3.了解专家的专长领域

注册会计师应当充分了解专家的专长领域，使其能够：

（1）为了实现注册会计师的目的，确定专家工作的性质、范围和目标；

（2）评价专家的工作是否足以实现注册会计师的目的。

注册会计师对专家的专长领域的了解包括：

（1）专家的专长领域是否包括与审计相关的专长；

（2）执业准则或其他准则以及法律法规是否适用；

（3）专家使用哪些假设和方法（包括专家使用的模型，如适用），及在专家的专长领域是否得到普遍认可，对实现财务报告目的是否适当；

（4）专家使用的内外部数据或信息的性质。

（四）与专家达成一致意见

1.总体要求

注册会计师应当与专家就下列事项达成一致意见，并根据需要形成书面协议：

（1）专家工作的性质、范围和目标；

（2）注册会计师和专家各自的角色和责任；

（3）注册会计师和专家之间沟通的性质、时间安排和范围，包括专家提供的报告的形式；

（4）对专家遵守保密规定的要求。

2.协议的形式

（1）与外部专家达成协议：通常采用业务约定书（书面形式）。在下列情形下应考虑取得书面协议（该书面协议可以以备忘录或者电子邮件的形式，在审计具体工作开始之前由双方达成一致，并包括在审计文件中）：专家执行的是非常规工作以及/或未被事务所标准审计应用指南所包括；内部专家是协助注册会计师执行审计程序（控制测试或实质性程序），而不是只帮助注册会计师了解风险或对于狭义问题的简单咨询；专家的工作涉及重大错报风险；专家的工作是审计证据的重要组成部分，且无其他可替代证据来源；注册会计师从未在该特定领域与内部专家合作过。

（2）与内部专家若无须书面协议，达成一致意见的证据可能包括在下列资料中：总体审计策略、具体审计计划或其他相关审计工作底稿；会计师事务所的政策和程序。

3.协议的内容

（1）专家工作的性质、范围和目标。

（2）双方的角色和责任。如由注册会计师还是专家对原始数据实施细节测试；同意注册会计师与被审计单位或其他人员讨论专家的工作结果或结论，必要时，包括同意注册会计师将专家的工作结果或结论的细节作为注册会计师在审计报告中发表非无保留意见的基础。将注册会计师对专家工作形成的结论告知专家；各自的工作底稿的使用和保管。

（3）沟通。

（4）保密。

（五）评价专家的工作的恰当性

注册会计师应当评价专家的工作是否足以实现注册会计师的目的，包括：

（1）专家的工作结果或结论的相关性和合理性，以及与其他审计证据的一致性；

（2）如果专家的工作涉及使用重要的假设和方法，这些假设和方法在具体情况下的相关性和合理性；

（3）如果专家的工作涉及使用重要的原始数据，这些原始数据的相关性、完整性和准确性。

1.评价专家的工作结果或结论

应评价专家工作的结果与注册会计师对被审计单位的了解和实施其他审计程序的结果是否相符，专家的工作结果或结论的相关性和合理性，以及与其他审计证据的一致性。评价相关性和合理性时需要考虑的因素主要包括：

（1）专家提交其工作结果或结论的方式是否符合专家所在的职业或行业的标准；

（2）专家的工作结果或结论是否得到清楚地表述，包括提及与注册会计师达成一致的目标，执行工作的范围和运用的标准；

（3）专家的工作结果或结论在使用方面是否有任何保留、限制或约束，如果有，是否对注册会计师的工作产生影响；

（4）专家的工作结果或结论是否适当考虑了专家遇到的错误或偏差情况。

2.评价专家使用的假设和方法，及其与以前期间的一致性

如果专家的工作涉及使用重要的假设和方法，应评价这些假设和方法在具体情况下的相关性和合理性。

3.评价专家使用的原始数据

在考虑专家使用的原始数据是否适合具体情况时，注册会计师应当考虑实施下列审计程序：

（1）询问专家为确信原始数据是否相关和可靠而实施的程序；

（2）复核或测试专家使用的原始数据。

如果专家的工作涉及使用重要的原始数据，主要复核或测试这些原始数据的相关性、完整性和准确性。

复核或测试专家使用的原始数据见表1421-5。

表1421-5　复核或测试专家使用的原始数据

专家的工作	注册会计师实施的程序
评价管理层作出会计估计时使用的基础假设和方法（包括模型，如适用）	评价专家是否已经充分复核了这些假设和方法
形成注册会计师的点估计，或是形成注册会计师用来与管理层的点估计进行比较的范围	评价专家使用的假设和方法（包括专家使用的模型，如适用）
使用对专家工作具有重要影响的原始数据	核实数据的来源，包括了解和测试（适用时）针对数据的内部控制以及向专家传送数据的方式（如相关）；复核数据的完整性和内在一致性

必须指出，如果注册会计师确定专家的工作不足以实现注册会计师的目的，注册会计师应当采取下列措施之一：

（1）就专家拟执行的进一步工作的性质和范围，与专家达成一致意见；

（2）根据具体情况，实施追加的审计程序。

（六）在审计报告中提及专家（如图1421-4所示）

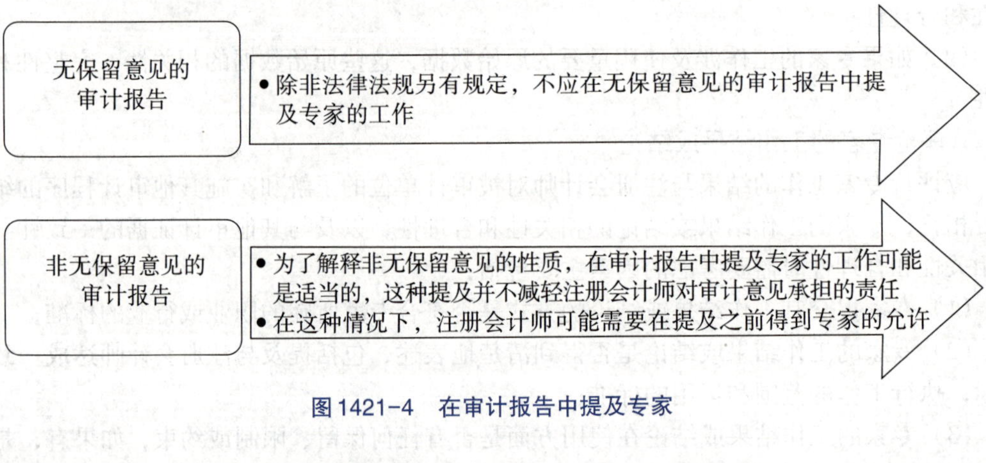

图1421-4　在审计报告中提及专家

【应用分析1421-1】申根注册会计师负责审计甲集团公司2016年度财务报表。审计工作底稿中记录了重大事项的处理情况，摘录部分内容如下：因审计中利用的外部专家并非注册会计师，申根注册会计师未要求其遵守注册会计师职业道德守则的相关规定。

要求：指出申根注册会计师做法是否恰当，如不恰当，请简要说明理由。

解析：不恰当。申根注册会计师应当要求专家遵守注册会计师职业道德守则中的保密规定。

第七章

审计准则——审计结论与报告

第一节　对财务报表形成审计意见和出具审计报告（第1501号）

一、概述

（一）本准则制定与修订背景

我国注册会计师制度恢复后，中注协于1992年发布了《注册会计师查账验证报告规则（试行）》，标志着我国审计报告准则的基本确立，随后经历了三次制度变迁：一是中注协于1996年颁布了《独立审计具体准则第7号——审计报告》；二是中注协于2003年颁布了《独立审计具体准则第7号——审计报告（修订）》；三是将原《独立审计具体准则第7号——审计报告（修订）》修订为《中国注册会计师审计准则第1501号——审计报告》和《中国注册会计师审计准则第1502号——非标准审计报告》，并于2006年2月15日正式发布，自2007年1月1日起执行，以保持内容、结构、措辞以及所体现的审计思想和理念上与ISA的趋同。国际审计准则正在逐步完善，国际审计与鉴证准则理事会（IAASB）为此作出了不懈努力。审计报告是财务信息生成链条上关键的一环，对增强财务信息的可信性起着至关重要的作用。原使用的短式标准审计报告模式，包括标题、收件人、引言、管理层对财务报表的责任、注册会计师的责任、审计意见、注册会计师的签名和盖章、报告日期等要素，在格式上体现了标准化，其核心内容是审计意见，即注册会计师对财务报表是否具有合法性和公允性发表高度浓缩的意见。短式标准审计报告具有格式统一、要素一致、内容简洁、意见明确等优点，但也存在着缺乏审计工作的透明度和注册会计师对被审计单位重大问题的看法，千篇一律的标准语言导致信息含量不足，不能作为展示审计工作价值的窗口等缺点。最近几年，审计环境发生了重大变化，国际审计报告准则作出了重大修订，我国审计实务中也面临一些新的需要解决的问题，因此有必要借鉴国际审计准则明晰项目的成果，对我国审计准则作出修订，进一步规范执业行为，促进执业质量的不断提高。

2008年全球金融危机发生后，使得投资者和其他相关利益者非常担忧公司经管工作的效果，以及在支持经管工作时审计的效果；国际上对提高审计质量、提升审计报告信息含量的呼声日趋强烈。2015年，IAASB修订发布了新的国际审计报告准则，在改进审计报告模式、增加审计报告要素、丰富审计报告内容等方面作出了重大改进。

在我国，随着资本市场的改革与发展，政府部门、监管机构和投资者对注册会计师执业质量提出了更高的要求，期望注册会计师出具的审计报告具有更高的信息含量和决策相关性，以降低资本市场的不确定性和信息不对称带来的风险。为顺应市场各方的需求，体现审计准则持续趋同的要求，中注协借鉴国际审计报告改革的成果，结合我国实际情况，启动了审计报告准则的改革修订工作。经过近两年的研究、起草、论证和广泛征求意见，新审计报告准则由中注协审计准则委员会于2016年12月23日审议通过，并由财政部（财会〔2016〕24号）批准发布。

现行审计报告，是一种标准化的审计报告。标准化有标准化的好处，那就是格式统一、要素一致、内容简洁、意见明确。但其也有缺陷。审计报告里面说的全都是千篇一律的套话，如果是标准无保留意见，那么除了被审计单位名称以外，再也找不到与被审计单位相关的东西。这样做有什么不好？一方面是信息含量不足，财务报表使用者的决策相关性差。另一方面是不能作为展示审计工作价值的窗口，注册会计师做了很多事，为了出具审计报告，不知道熬了多少日日夜夜，不知道磨过多少嘴皮子，但是报表使用者看到的，就一张纸，多少辛勤汗水都未被反映出来，所以说其不能作为展示审计工作价值的窗口。报表使用者认识不到审计工作的价值，就不会愿意为审计工作支付更高的价格，所以审计收费上不去。现在行业里低价竞争问题比较普遍，跟预期使用者不认可、不了解审计工作的价值，多多少少有一定的关系。除此之外，现行审计报告还有其他一些缺陷，比如说对被审计单位持续经营问题说得不够，对注册会计师的独立性说得不够，审计报告要素的排列顺序及其可读性较差等。

可以说，审计报告本身的缺陷，是审计报告改革的最根本原因。另外，前几年的全球性金融危机，是审计报告改革的导火索。金融危机之后，各国都在总结危机爆发的原因，其中就有人认为，现行的审计制度没有发挥出它应有的作用。为此，在国际证监会组织的推动下，各国都在探讨如何改革现行的审计报告模式，提高审计报告的信息含量和决策有用性。在这样一个背景下，2015年年初，IAASB发布了一批新制定或修订的审计报告系列准则。这一系列准则，增加了审计报告的要素，丰富了审计报告的内容，提高了审计报告的沟通价值，增强了审计工作的透明度，在一定程度上弥补了现行审计报告模式的不足。

制定本准则是为了规范注册会计师对财务报表形成审计意见，以及作为财务报表审计结果所出具的审计报告的格式和内容。

（二）本准则2010年修订内容

《中国注册会计师审计准则第1501号——对财务报表形成审计意见和出具审计报告》主要是对2006年版《中国注册会计师审计准则第1501号——审计报告》按照新体例进行改写，并未作出实质性修订。

与2006年版准则相比，本准则在具体规定方面有以下4个变化：

（1）增加了“通用目的财务报表”、“通用目的框架”和“无保留意见”的定义。

（2）关于对财务报表形成审计意见，规定了注册会计师在评价是否已获取合理保证时应当考虑的因素；关于审计意见的形式，规定了发表非无保留意见的情形，以及对财务报表具有误导性的情况的处理，增强了对注册会计师形成审计意见时的指导。

（3）修改了审计报告的标题和部分措辞。

（4）增加了注册会计师对特殊情况的处理，这些特殊情况包括：一是与财务报表一同披露补充信息；二是在审计意见中提及的会计准则是国际财务报告准则、其他国家或地区的会计准则。

（三）本准则2016年修订内容

根据2017年财政部关于印发《中国注册会计师审计准则第1504号——在审计报告中沟通关键审计事项》等12项准则的通知（财会〔2016〕24号），主要对《中国注册会计师审计准则第1501号——审计报告》按照新体例进行改写，并作出了重大修订。

与2010年版准则相比，本准则在具体规定方面有以下5个变化：

（1）在提高审计报告的信息含量的基础上，优化了报告要素的排列顺序，将与报告相关的决策信息前置。为了突出注册会计师发表的审计意见，将审计意见作为审计报告独立的第一部分，并以"审计意见"为标题，同时为帮助财务报表使用者了解关于审计意见的重要背景信息，在无保留意见的审计报告中增加了"形成审计意见的基础"这一部分。

（2）改进了关于管理层对财务报表责任的表述（特别是有关持续经营责任的表述）。增加了有关管理层评估被审计单位持续经营能力和使用持续经营假设是否适当的责任；增加了对关键审计事项、其他信息的报告，提高了审计报告的沟通价值。

（3）增强了审计工作的透明度，强化了注册会计师与审计相关的责任。改进关于注册会计师对财务报表审计责任和审计工作的描述，通过对注册会计师审计责任和审计工作的描述，增加了注册会计师关于持续经营、发现舞弊、与治理层沟通、沟通关键审计事项、运用职业判断、保持职业怀疑等相关责任，并增加对"合理保证"、"重要性"和"对遵循的职业道德要求的解释"等审计核心概念的阐述。

（4）进一步明确审计报告的签署，增加了对签字注册会计师的要求。增加关于披露项目合伙人姓名的要求，进一步增强对审计报告使用者的透明度。要求审计报告应当由项目合伙人和另一名负责该项目的注册会计师签名和盖章（原准则仅要求由注册会计师签名和盖章）。注册会计师应当在对上市实体整套通用目的财务报表出具的审计报告中注明项目合伙人。

（5）不再区分"标准审计报告"和"非标准审计报告"，增强了审计报告的相关性和决策有用性。执行新准则后，行文时只能采用的措辞包括：无保留意见的审计报告、带强调事项段（或其他事项段）的无保留意见的审计报告、非无保留意见的审计报告等。新旧报告类型的关系如图1501-1所示。

（四）本准则2019年修订内容

本准则本次只进行了相关的文字性修订。如准则第五条，删除了"包括相关附注。相关附注通常包括重要会计政策和会计估计"等内容。

（五）本准则学习中注意事项

（1）注意结合第1502号、第1503号和第1504号准则中的规定进行学习，其他审计准则也包含出具审计报告时适用的报告要求。在适用的情况下，注册会计师还应当按照第1324号、第1502号、第1503号、第1504号、第1521号等准则的相关规定，在审计报告中对与持续经营相关的重大不确定性、关键审计事项、导致发表非无保留意见的事项、强调事项或其他事项、其他信息等内容进行报告。

（2）注意本准则的适用范围。本准则适用于注册会计师执行整套通用目的财务报表审计业务。

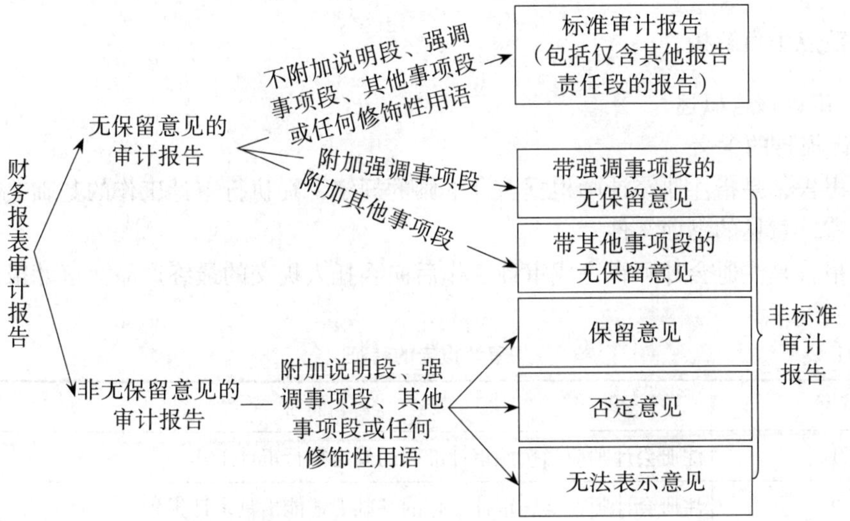

图1501-1 新旧报告类型的关系

《中国注册会计师审计准则第1601号——对按照特殊目的编制基础编制的财务报表审计的特殊考虑》规定了注册会计师对按照特殊目的编制基础编制的财务报表审计的特殊考虑。

《中国注册会计师审计准则第1603号——对单一财务报表和财务报表特定要素审计的特殊考虑》规定了注册会计师对单一财务报表或财务报表特定要素、账户或项目审计的特殊考虑。

（3）本准则中的要求旨在于对两个方面作出恰当平衡：一是要保持审计报告的一致性、可比性；二是要在审计报告中提供对使用者更相关的信息以增加审计报告的价值。

二、框架结构简介

本准则共4章46条，其主要框架结构见表1501-1。

表1501-1 框架结构

章	名称	节	条	主要内容
第一章	总则	—	1~4	本准则制定的目的、适用范围及与第1502号、第1503号、第1504号、第1601号、第1603号准则的关系
第二章	定义	—	5~9	解释本准则中包含的术语
第三章	目标	—	10	界定执行本准则应实现的目标
第四章	要求	1~4	11~46	规定注册会计师为实现准则目标应遵守的要求，即注册会计师在相关业务环境下应当实施的所有必要程序

三、重点难点解析

（一）审计报告概述

1.审计报告的含义

审计报告，是指注册会计师根据审计准则的规定，在执行审计工作的基础上，对财务报表发表审计意见的书面文件。

审计报告是注册会计师在完成审计工作后向委托人提交的最终产品。审计报告的特征见表1501-2。

表1501-2　　审计报告的特征

序号	特征
1	注册会计师应当按照审计准则的规定执行审计工作
2	注册会计师在实施审计工作的基础上才能出具审计报告
3	注册会计师通过对财务报表发表意见履行业务约定书约定的责任
4	注册会计师应当以书面形式出具审计报告

2.注册会计师对审计报告的责任

注册会计师应在审计报告中清楚地表达对财务报表的意见，并对出具的审计报告负责。

3.审计报告与已审计财务报表的关系

注册会计师应将已审计的财务报表附于审计报告后。

4.审计报告的作用

注册会计师签发的审计报告，主要具有鉴证、保护和证明三方面的作用。

5.注册会计师的目标

（1）在评价根据审计证据得出的结论的基础上，对财务报表形成审计意见；

（2）通过书面报告的形式清楚地表达审计意见，说明其形成基础。

（二）审计意见的类型

注册会计师的目标是在评价根据审计证据得出的结论的基础上，对财务报表形成审计意见，并通过书面报告的形式清楚地表达审计意见。

如果认为财务报表在所有重大方面按照适用的财务报告编制基础编制并实现公允反映，注册会计师应当发表无保留意见。无保留意见，是指当注册会计师认为财务报表在所有重大方面按照适用的财务报告编制基础编制并实现公允反映时发表的审计意见。当存在下列情形之一时，注册会计师应当按照《中国注册会计师审计准则第1502号——在审计报告中发表非无保留意见》的规定，在审计报告中发表非无保留意见：

（1）根据获取的审计证据，得出财务报表整体存在重大错报的结论；

（2）无法获取充分、适当的审计证据，不能得出财务报表整体不存在重大错报的结论。

如果财务报表没有实现公允反映，注册会计师应当就该事项与管理层讨论，并根据适用的财务报告编制基础的规定和该事项得到解决的情况，决定是否有必要按照《中国注册会计师审计准则第1502号——在审计报告中发表非无保留意见》的规定在审计报告中发表非无保留意见。非无保留意见，是指对财务报表发表的保留意见、否定意见或无法表示意见。审计意见的类型如图1501-2所示。

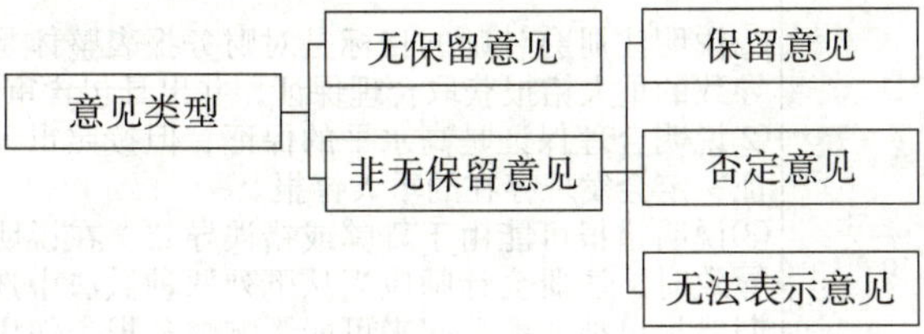

图1501-2　审计意见的类型

（三）无保留意见审计报告的基本要素

1.审计报告要素（见表1501-3）

表1501-3　审计报告要素（基本内容）

要素	含义	具体要求
（1）标题	注册会计师工作成果和最终产品	审计报告应当具有标题，统一规范为“审计报告”
（2）收件人	致送审计报告的对象，一般是指审计业务的委托人	审计报告应载明收件人的全称； 注册会计师应当与委托人在业务约定书中约定致送审计报告的对象，以防止在此问题上发生分歧或审计报告被委托人滥用； 对整套通用目的财务报表出具的审计报告，审计报告的致送对象通常为被审计单位的全体股东或治理层
（3）审计意见	第一部分指出已审计财务报表； 第二部分应当说明注册会计师发表的审计意见	第一部分：①指出被审计单位的名称；②说明财务报表已经审计；③指出构成整套财务报表的每一财务报表的名称；④提及财务报表附注（包括重要会计政策概要和其他解释性信息）；⑤指明构成整套财务报表的每一财务报表的日期或涵盖的期间。 第二部分：如果对财务报表发表无保留意见，除非法律法规另有规定，审计意见应当适用：“我们认为，财务报表在所有重大方面按照［适用的财务报告编制基础（如小企业会计准则等）］编制，公允反映了［……］”的措辞。审计意见说明财务报表在所有重大方面按照适用的财务报告编制基础编制，公允反映了财务报表旨在反映的事项。例如，对于按照企业会计准则编制的财务报表，这些事项是“被审计单位期末的财务状况、截至期末的某一期间的经营成果和现金流量”
（4）形成审计意见的基础	该部分提供关于审计意见的重要背景	应当紧接在审计意见部分之后，包括下列方面：①说明注册会计师按照审计准则的规定执行了审计工作。②提及审计报告中用于描述审计准则规定的注册会计师责任的部分。③声明注册会计师按照与审计相关的职业道德要求对被审计单位保持了独立性，并履行了职业道德方面的其他责任。声明中应当指明适用的职业道德要求，如中国注册会计师职业道德守则。④说明注册会计师是否相信获取的审计证据是充分、适当的，为发表审计意见提供了基础
（5）管理层对财务报表的责任	用于描述管理层对财务报表的责任的段落	①按照适用的财务报告编制基础编制财务报表，使其实现公允反映，并设计、执行和维护必要的内部控制，以使财务报表不存在由于舞弊或错误导致的重大错报。 ②评估被审计单位的持续经营能力和使用持续经营假设是否适当，并披露与持续经营相关的事项（如适用）。对管理层评估责任的说明应当包括描述在何种情况下使用持续经营假设是适当的

续表

要素	含义	具体要求
(6) 注册会计师对财务报表审计的责任	用于描述注册会计师对财务报表的责任的段落	①说明注册会计师的目标是对财务报表整体是否不存在由于舞弊或错误导致的重大错报获取合理保证，并出具包含审计意见的审计报告。 ②说明合理保证是高水平的保证，但按照审计准则执行的审计并不能保证一定会发现存在的重大错报。 ③说明错报可能由于舞弊或错误导致。在说明错报可能由于舞弊或错误导致时，注册会计师应当从下列两种做法中选取一种：描述如果合理预期错报单独或汇总起来可能影响财务报表使用者依据财务报表作出的经济决策，则通常认为错报是重大的；根据适用的财务报告编制基础，提供关于重要性的定义或描述。 ④说明在按照审计准则执行审计工作的过程中，注册会计师运用职业判断，并保持职业怀疑。 ⑤通过说明注册会计师的责任，对审计工作进行描述。这些责任包括： A.识别和评估由于舞弊或错误导致的财务报表重大错报风险，设计和实施审计程序以应对这些风险，并获取充分、适当的审计证据，作为发表审计意见的基础。由于舞弊可能涉及串通、伪造、故意遗漏、虚假陈述或凌驾于内部控制之上，未能发现由于舞弊导致的重大错报的风险高于未能发现由于错误导致的重大错报的风险。 B.了解与审计相关的内部控制，以设计恰当的审计程序，但目的并非对内部控制的有效性发表意见。当注册会计师有责任在对财务报表进行审计的同时对内部控制的有效性发表意见时，应当略去上述“目的并非对内部控制的有效性发表意见”的表述。 C.评价管理层选用会计政策的恰当性和作出会计估计及相关披露的合理性。 D.对管理层使用持续经营假设的恰当性得出结论。同时，根据获取的审计证据，就可能导致对被审计单位持续经营能力产生重大疑虑的事项或情况是否存在重大不确定性得出结论。如果注册会计师得出结论认为存在重大不确定性，审计准则要求注册会计师在审计报告中提请报表使用者关注财务报表中的相关披露；如果披露不充分，注册会计师应当发表非无保留意见。注册会计师的结论基于截至审计报告日可获得的信息。然而，未来的事项或情况可能导致被审计单位不能持续经营。 E.评价财务报表的总体列报、结构和内容（包括披露），并评价财务报表是否公允反映相关交易和事项。 ⑥说明注册会计师与治理层就计划的审计范围、时间安排和重大审计发现等事项进行沟通，包括沟通注册会计师在审计中识别的值得关注的内部控制缺陷。 ⑦对于上市实体财务报表审计，指出注册会计师就已遵守与独立性相关的职业道德要求向治理层提供声明，并与治理层沟通可能被合理认为影响注册会计师独立性的所有关系和其他事项，以及相关的防范措施（如适用）。 ⑧对于上市实体财务报表审计，以及决定按照《中国注册会计师审计准则第1504号——在审计报告中沟通关键审计事项》的规定沟通关键审计事项的其他情况，说明注册会计师从已与治理层沟通的事项中确定哪些事项对本期财务报表审计最为重要，因而构成关键审计事项。注册会计师应当在审计报告中描述这些事项，除非法律法规禁止公开披露这些事项，或在极少数情形下，注册会计师合理预期在审计报告中沟通某事项造成的负面后果超过在公众利益方面产生的益处，因而决定不应在审计报告中沟通该事项

续表

要素	含义	具体要求
(7) 按照相关法律法规的要求报告的事项（如适用）	相关法律法规可能对注册会计师设定了其他报告责任	除审计准则规定的注册会计师对财务报表出具审计报告的责任外，相关法律法规可能对注册会计师设定了其他报告责任。例如，如果注册会计师在财务报表审计中注意到某些事项，可能被要求对这些事项予以报告。此外，注册会计师可能被要求实施额外的规定程序并予以报告，或对特定事项（如会计账簿和记录的适当性）发表意见。 在某些情况下，相关法律法规可能要求或允许注册会计师将对这些其他责任的报告作为对财务报表出具的审计报告的一部分。在另外一些情况下，相关法律法规可能要求或允许注册会计师在单独出具的报告中进行报告。 这些责任是注册会计师按照审计准则对财务报表出具审计报告的责任的补充。如果注册会计师在对财务报表出具的审计报告中履行其他报告责任，应当在审计报告中将其单独作为一部分，并以“按照相关法律法规的要求报告的事项”为标题。此时，审计报告应当区分为“对财务报表出具的审计报告”和“按照相关法律法规的要求报告的事项”两部分，以便将其同注册会计师的财务报表报告责任明确区分
(8) 注册会计师的签名和盖章	由项目合伙人和另一名负责该项目的注册会计师签名并盖章	在审计报告中指明项目合伙人有助于进一步增强对审计报告使用者的透明度，有利于增强项目合伙人的个人责任感。因此，对上市实体整套通用目的财务报表出具的审计报告应当注明项目合伙人
(9) 会计师事务所的名称、地址和盖章	载明会计师事务所的名称和地址，并加盖会计师事务所公章	根据《中华人民共和国注册会计师法》的规定，注册会计师承办业务，由其所在的会计师事务所统一受理并与委托人签订委托合同。因此，审计报告除了应由注册会计师签名和盖章外，还应载明会计师事务所的名称和地址，并加盖会计师事务所公章。注册会计师在审计报告中载明会计师事务所地址时，标明会计师事务所所在的城市即可。在实务中，审计报告通常载于会计师事务所统一印刷的、标有该所详细通信地址的信笺上，因此，无须在审计报告中注明详细地址
(10) 报告日期	注明报告日期	①审计报告日不应早于注册会计师获取充分、适当的审计证据（包括管理层认可对财务报表的责任且已批准财务报表的证据），并在此基础上对财务报表形成审计意见的日期。 ②审计报告日的确定。在确定审计报告日时，注册会计师应当确信已获取下列两方面的审计证据：构成整套财务报表的所有报表（包括相关附注）已编制完成；被审计单位的董事会、管理层或类似机构已经认可其对财务报表负责。 ③审计报告的签署。在实务中，注册会计师在正式签署审计报告前，通常把审计报告草稿和已审计财务报表草稿一同提交给管理层。如果管理层批准并签署已审计财务报表，注册会计师即可签署审计报告。注册会计师签署审计报告的日期通常与管理层签署已审计财务报表的日期为同一天，或晚于管理层签署已审计财务报表的日期。 ④补充信息的列报。注册会计师应当评价被审计单位是否清楚地将这些补充信息与已审计财务报表予以区分。如果被审计单位未能清楚地予以区分，注册会计师应当要求管理层改变未审计补充信息的列报方式。如果管理层拒绝改变，注册会计师应当在审计报告中说明补充信息未审计。对于适用的财务报告编制基础没有要求的补充信息，如果由于其性质和列报方式导致不能使其清楚地与已审计财务报表予以区分，从而构成财务报表必要的组成部分，这些补充信息应当涵盖在审计意见中

2.上市实体的无保留意见审计报告要素

如果是上市实体，应当在审计报告中单设一部分，以“关键审计事项”为标题，并在该部分使用恰当的子标题逐项描述关键审计事项。

不存在关键审计事项的，也应当说明不存在。

如果在审计报告日注册会计师已获取或预期将获取其他信息，审计报告应当包括一个单独部分，以“其他信息”为标题。

3.不同情形下对“审计报告基本格式”的调整（见表1501-4）

表1501-4 不同情形下对“审计报告基本格式”的调整

情形	调整	准则
集团审计	在“注册会计师对财务报表审计的责任”部分增加：“（三）当《中国注册会计师审计准则第1401号——对集团财务报表审计的特殊考虑》适用时，通过说明下列事项，进一步描述注册会计师在集团审计业务中的责任： （1）注册会计师的责任是就集团中实体或业务活动的财务信息获取充分、适当的审计证据，以对合并财务报表发表审计意见； （2）注册会计师负责指导、监督和执行集团审计； （3）注册会计师对审计意见承担全部责任。”	第1501号准则第三十四条
负责监督财务报表的人员与负责编制财务报表的人员不同	“管理层对财务报表的责任”部分应当提及对财务报告过程负有监督责任的人员，并相应地修改标题。 当对财务报告过程负有监督责任的人员与履行第1501号准则第三十条所述责任的人员不同时，管理层对财务报表的责任部分还应当提及对财务报告过程负有监督责任的人员。在这种情况下，该部分的标题还应当提及“治理层”或者特定国家或地区法律框架中的恰当术语	第1501号准则第三十一条
同时对内部控制有效性发表意见	注册会计师对财务报表审计的责任部分还应当包括下列内容：……（二）通过说明注册会计师的责任，对审计工作进行描述。这些责任包括：……2.了解与审计相关的内部控制，以设计恰当的审计程序，但目的并非对内部控制的有效性发表意见。当注册会计师有责任在对财务报表进行审计的同时对内部控制的有效性发表意见时，应当略去上述“目的并非对内部控制的有效性发表意见”的表述	第1501号准则第三十四条
上市实体	（1）增加“关键审计事项”部分。 （2）在“注册会计师对财务报表审计的责任”部分增加与治理层沟通以及对关键审计事项的责任。 （3）注明项目合伙人	第1501号准则第三十五条 第1504号准则
其他需要沟通关键审计事项的情况（如委托方要求或法规要求等）	（1）增加“关键审计事项”部分。 （2）在“注册会计师对财务报表审计的责任”部分增加对关键审计事项的责任	第1504号准则

续表

情形	调整	准则
发表非无保留意见	修改“审计意见”“形成审计意见的基础”标题，并修改或删除相关措辞。如果对财务报表发表非无保留意见，除在审计报告中包含《中国注册会计师审计准则第1501号——对财务报表形成审计意见和出具审计报告》规定的审计报告要素外，注册会计师还应当：（一）将《中国注册会计师审计准则第1501号——对财务报表形成审计意见和出具审计报告》第二十八条中规定的“形成审计意见的基础”这一标题修改为恰当的标题，如“形成保留意见的基础”、“形成否定意见的基础”或“形成无法表示意见的基础”。（二）在该部分对导致发表非无保留意见的事项进行描述。 无法表示意见的，修改“注册会计师对财务报表审计的责任”的相关措辞。当由于无法获取充分、适当的审计证据而发表无法表示意见时，注册会计师应当：（一）说明注册会计师不对后附的财务报表发表审计意见；（二）说明由于形成无法表示意见的基础部分所述事项的重要性，注册会计师无法获取充分、适当的审计证据以作为对财务报表发表审计意见的基础；（三）修改《中国注册会计师审计准则第1501号——对财务报表形成审计意见和出具审计报告》第二十五条第（二）项中规定的财务报表已经审计的说明，改为注册会计师接受委托审计财务报表	第1502号准则第十七条、第二十六条
存在强调事项或其他事项	增加“强调事项”或“其他事项”部分	第1503号准则
持续经营重大不确定性	增加“与持续经营相关的重大不确定性”部分	第1324号准则
其他信息	增加“其他信息”部分	第1521号准则
注册会计师负有其他报告责任	除审计准则规定的注册会计师责任外，如果注册会计师在对财务报表出具的审计报告中履行其他报告责任，应当在审计报告中将其单独作为一部分，并以“按照相关法律法规的要求报告的事项”为标题，或使用适合于该部分内容的其他标题，除非其他报告责任涉及的事项与审计准则规定的报告责任涉及的事项相同。如果涉及相同的事项，其他报告责任可以在审计准则规定的同一报告要素部分列示	第1501号准则第三十六条

（四）其他报告责任

除审计准则规定的注册会计师对财务报表出具审计报告的责任外，相关法律法规可能对注册会计师设定了其他报告责任。如果注册会计师在对财务报表出具的审计报告中履行其他报告责任，应当在审计报告中将其单独作为一部分，并以“按照相关法律法规的要求报告的事项”为标题。此时，审计报告应当区分为“对财务报表出具的审计报告”和“按照相关法律法规的要求报告的事项”两部分。第1501号准则第二十六条至第三十六条提及的标题和段落属于第一部分，置于“对财务报表出具的审计报告”标题下；“按照相关法律法规的要求报告的事项”属于第二部分，置于“对财务报表出具的审计报告”部分之后。

注册会计师可能承担报告其他事项的额外责任，这些责任是注册会计师按照审计准则对财务报表出具审计报告的责任的补充。例如，如果注册会计师在财务报表审计中注意到某些事项，可能被要求对这些事项予以报告。此外，注册会计师可能被要求实施额外规定的程序并予以报告，或对特定事项（如会计账簿和记录的适当性）发表意见。

在某些情况下，相关法律法规可能要求或允许注册会计师在对财务报表出具的审计报告中报告这些其他责任。在另外一些情况下，相关法律法规可能要求或允许注册会计师在单独出具的报告中进行报告。如果注册会计师在审计报告中报告这些其他报告责任，这些报告责任需在审计报告中单独作为一部分予以说明，以便将其同注册会计师的财务报表报告责任明确区分。

（五）补充信息

如果被审计单位将适用的财务报告编制基础没有要求的补充信息与已审计财务报表一同列报，注册会计师应当评价被审计单位是否清楚地将这些补充信息与已审计财务报表予以区分。

如果被审计单位未能清楚地将补充信息与已审计财务报表予以区分，注册会计师应当要求管理层改变未审计补充信息的列报方式。如果管理层拒绝改变，注册会计师应当在审计报告中说明补充信息未审计。

对于适用的财务报告编制基础没有要求的补充信息，如果由于其性质和列报方式导致不能使其清楚地与已审计财务报表予以区分，从而构成财务报表必要的组成部分，这些补充信息应当涵盖在审计意见中。

【应用分析1501-1】无保留意见审计报告实例。

审计报告

安永华明（2017）审字第60592504_H01号

比亚迪股份有限公司全体股东：

一、审计意见

我们审计了比亚迪股份有限公司的财务报表，包括2016年12月31日的合并及公司的资产负债表，2016年度的合并及公司的利润表、股东权益变动表和现金流量表以及相关财务报表附注。我们认为，后附的比亚迪股份有限公司财务报表在所有重大方面按照企业会计准则的规定编制，公允反映了比亚迪股份有限公司2016年12月31日的合并及公司的财务状况以及2016年度的合并及公司的经营成果和现金流量。

二、形成审计意见的基础

……

三、关键审计事项

关键审计事项是我们根据职业判断，认为对本期财务报表审计最为重要的事项。这些事项的应对以对财务报表整体进行审计并形成审计意见为背景，我们不对这些事项单独发表意见。我们对下述每一事项在审计中是如何应对的描述也以此为背景。我们已经履行了本报告“注册会计师对财务报表审计的责任”部分阐述的责任，包括与这些关键审计事项相关的责任。相应地，我们的审计工作包括执行为应对评估的财务报表重大错报风险而设计的审计程序。我们执行审计程序的结果，包括应对下述关键审计事项所执行的程序，为财务报表整体发表审计意见提供了基础。

关键审计事项	该事项在审计中是如何应对
新能源汽车开发支出以及无形资产的摊销和减值	
工业产权、专有技术及开发支出占比亚迪股份有限公司合并及公司总资产比例重大。比亚迪股份有限公司新能源汽车开发支出形成的无形资产按生产总量法摊销，该摊销涉及比亚迪股份有限公司对预计总产量的估计。该估计存在不确定性，当预计总产量与实际结果存在重大差异时，须对新能源汽车无形资产的单位摊销额作出调整。同时，对尚未达到使用状态的已资本化新能源汽车相关的开发支出，比亚迪股份有限公司每年进行减值测试。对其他无形资产，当存在减值迹象时，比亚迪股份有限公司进行减值测试并对其可回收金额作出估计。可回收金额的估计依赖于管理层的判断和假设，其中包括未来销售收入、毛利率、运营成本、可持续增长率以及折现率。新能源汽车开发支出以及无形资产的摊销和减值的评估过程比较复杂并且需要重大的估计，包括对未来市场的预期以及宏观经济状况的判断，因此我们认为该事项为关键审计事项。该会计政策、重大会计判断和估计以及相关财务报表披露参见附注三、16、27，以及附注五、14	我们对新能源汽车开发支出以及无形资产的摊销和减值执行了以下工作：了解集团摊销模型中使用的假设和方法。测试用于计算摊销所使用的资产预计使用年限及每年预计产量的合理性并对其进行相关敏感性分析。检查预计产量与实际产量的差异及向管理层了解其差异的合理性。了解减值测试的评估过程，并测试与计提减值相关的内部控制设计和运行有效性。评估无形资产减值模型中管理层提供的假设的合理性。通过引入内部评估专家，评估模型中使用的假设以及参数的合理性，其中包括折现率、可持续增长率等。通过查看以前年度管理层预测的准确性判断未来的经济形势，及与外部市场表现的吻合度来支持模型中使用的假设前提的合理性。复核财务报表附注中相关披露的充分性和完整性
应收账款的坏账准备	
比亚迪股份有限公司应收账款金额重大，部分新能源汽车的应收账款账龄比较长或者有较长的付款信用期。应收账款的可回收性取决于管理层基于应收账款的账龄、是否存在回款纠纷、以往付款历史或者其他影响对方信用的信息的获取以及判断。该会计政策、重大会计判断和估计以及相关财务报表披露参见附注三、10、27，以及附注五、3	我们在审计过程中对应收账款的坏账准备执行了以下工作：对应收账款减值测试的内部控制的设计和运行有效性进行测试。对应收账款进行函证，确认是否双方就应收账款的金额等已达成一致意见。复核用于确认坏账准备的信息，包括检查账龄计算的正确性、考虑行业指数、客户财务能力、以往付款历史、期后收款、回顾性复核坏账准备下的实际坏账。对于在应收账款中记录的应收新能源汽车的补贴，我们根据政府公布的补贴政策核对集团应收补贴款计算的正确性；取得长账龄应收补贴款清单并评估其可回收性；取得管理层对政府支付补贴款回收进度的评估

四、其他信息

比亚迪股份有限公司管理层（以下简称管理层）对其他信息负责。其他信息包括年度报告中涵盖的信息，但不包括财务报表和我们的审计报告。我们对财务报表发表的审计意见不涵盖其他信息，我们也不对其他信息发表任何形式的鉴证结论。结合我们对财务报表的审计，我们的责任是阅读其他信息，在此过程中，考虑其他信息是否与财务报表或我们在审计过程中了解到的情况存在重大不一致或者似乎存在重大错报。基于我们已执行的工作，如果我们确定其他信息存在重大错报，我们应当报告该事实。在这方面，我们无任何事项需要报告。

五、管理层和治理层对财务报表的责任

管理层负责按照企业会计准则的规定编制财务报表，使其实现公允反映，并设计、执行和维护必要的内部控制，以使财务报表不存在由于舞弊或错误导致的重大错报。

在编制财务报表时，管理层负责评估比亚迪股份有限公司的持续经营能力，披露与持续经营相关的事项（如适用），并运用持续经营假设，除非计划清算、终止运营或别无其他现实的选择。

治理层负责监督比亚迪股份有限公司的财务报告过程。

六、注册会计师对财务报表审计的责任

我们的目标是对财务报表整体是否不存在由于舞弊或错误导致的重大错报获取合理保证，并出具包含审计意见的审计报告。合理保证是高水平的保证，但并不能保证按照审计准则执行的审计在某一重大错报存在时总能发现。错报可能由舞弊或错误所导致，如果合理预期错报单独或汇总起来可能影响财务报表使用者依据财务报表作出的经济决策，则通常认为错报是重大的。

在按照审计准则执行审计工作的过程中，我们运用了职业判断，保持了职业怀疑。我们同时：

（1）识别和评估由于舞弊或错误导致的财务报表重大错报风险，设计和实施审计程序以应对这些风险，并获取充分、适当的审计证据，作为发表审计意见的基础。由于舞弊可能涉及串通、伪造、故意遗漏、虚假陈述或凌驾于内部控制之上，未能发现由于舞弊导致的重大错报的风险高于未能发现由于错误导致的重大错报的风险。

（2）了解与审计相关的内部控制，以设计恰当的审计程序。

（3）评价管理层选用会计政策的恰当性和作出会计估计及相关披露的合理性。

（4）对管理层使用持续经营假设的恰当性得出结论。同时，根据获取的审计证据，就可能导致对比亚迪股份有限公司持续经营能力产生重大疑虑的事项或情况是否存在重大不确定性得出结论。如果我们得出结论认为存在重大不确定性，审计准则要求我们在审计报告中提请报表使用者注意财务报表中的相关披露；如果披露不充分，我们应当发表非无保留意见。我们的结论基于截至审计报告日可获得的信息。然而，未来的事项或情况可能导致比亚迪股份有限公司不能持续经营。

（5）评价财务报表的总体列报（包括披露）、结构和内容，并评价财务报表是否公允反映相关交易和事项。

（6）就比亚迪股份有限公司中实体或业务活动的财务信息获取充分、适当的审计证据，以对财务报表发表审计意见。我们负责指导、监督和执行集团审计，并对审计意见承担全部责任。

我们与治理层就计划的审计范围、时间安排和重大审计发现等事项进行沟通，包括沟通我们在审计中识别出的值得关注的内部控制缺陷。我们还就已遵守与独立性相关的职业道德要求向治理层提供声明，并与治理层沟通可能被合理认为影响我们独立性的所有关系和其他事项，以及相关的防范措施（如适用）。从与治理层沟通过的事项中，我们确定哪些事项对本期财务报表审计最为重要，因而构成关键审计事项。我们在审计报告中描述这些事项，除非法律法规禁止公开披露这些事项，或在极少数情形下，如果合理预期在审计报告中沟通某事项造成的负面后果超过在公众利益方面产生的益处，我们确定不应在审计报告中沟通该事项。

安永华明会计师事务所（特殊普通合伙）　中国注册会计师（项目合伙人）：黎宇行

中国注册会计师：邓帮凯

中国·北京　二〇一七年三月二十八日

资料来源：安永华明会计师事务所．比亚迪：2016年年度审计报告［EB/OL］．[2017-03-29]. http：//stock.jrj.com.cn/share，disc，2017-03-29，002594，000000000000hpzxa.shtml.

第二节　在审计报告中发表非无保留意见（第1502号）

一、概述

（一）本准则制定与修订背景

本准则制定与修订背景参见第1501号准则。本准则制定的目的是规范注册会计师在财务报表审计中出具非无保留意见的审计报告。

（二）本准则2010年修订内容

在本准则本次的修订中，将2006年版《中国注册会计师审计准则第1502号——非标准审计报告》拆分为两个准则，即《中国注册会计师审计准则第1502号——在审计报告中发表非无保留意见》和《中国注册会计师审计准则第1503号——在审计报告中增加强调事项段和其他事项段》。其中，《中国注册会计师审计准则第1502号——在审计报告中发表非无保留意见》对应2006年版准则第三章“非无保留意见的审计报告”，《中国注册会计师审计准则第1503号——在审计报告中增加强调事项段和其他事项段》对应2006年版准则第二章“审计报告的强调事项段”。

《中国注册会计师审计准则第1502号——在审计报告中发表非无保留意见》在按照新体例进行改写的基础上作出了实质性修订。与2006年版《中国注册会计师审计准则第1502号——非标准审计报告》第三章“非无保留意见的审计报告”相比，在具体规定方面有以下七个方面的重大变化：

（1）明确了非无保留意见的三种类型，即保留意见、否定意见和无法表示意见，并要求从导致非无保留意见的事项的性质以及该事项对财务报表所产生影响的广泛性两方面，对非无保留意见类型的恰当性作出决策。

（2）界定了“广泛性”的含义，并规定了对财务报表具有广泛性影响的三种情形。

（3）修改了发表非无保留意见的情形，将2006年版准则中的“与管理层存在意见分歧”和“审计范围受到限制”，修改为“得出财务报表整体并非不存在重大错报的结论”和“无法获取充分、适当的审计证据，以得出财务报表整体不存在重大错报的结论”，从而与《中国注册会计师审计准则第1501号——对财务报表形成审计意见和出具审计报告》中对财务报表形成审计意见的要求相吻合。

（4）修改了发表保留意见、否定意见或无法表示意见的条件。将发表保留意见的条件修改为：一是在获取充分、适当的审计证据后，认为错报单独或累积起来对财务报表影响重大，但不具有广泛性；二是无法获取充分、适当的审计证据以作为形成审计意见的基础，但是认为未发现的错报对财务报表可能产生的影响重大，但不具有广泛性。将发表否定意见的条件修改为在获取充分、适当的审计证据后，认为错报单独或累积起来对财务报表的影响重大且具有广泛性。将发表无法表示意见的条件修改为，无法获取充分、适当的审计证据以作为形成审计意见的基础，但认为未发现的错报对财务报表可能产生的影响重大且具有广泛性。

（5）增加了在特定情况下确定非无保留意见类型的规定：一是存在多个不确定事项时如何形成审计意见；二是管理层对审计范围施加限制时注册会计师的应对措施，包括要求管理层消除限制、与治理层沟通、发表保留意见或无法表示意见、解除业务约定等；三是明确了对财务报表整体发表意见与对单一财务报表、财务报表组成部分发表意见的关系。

（6）针对不同情形下对非无保留意见审计报告的处理作出了明确规定。这些情形包括财务报表存在与具体金额、叙述性披露或应披露而未披露信息相关的重大错报，因无法获取充分、适当的审计证据而导致发表非无保留意见等。

（7）详细规定了非无保留意见审计报告的格式和内容。

（三）本准则2016年修订内容

1.将“导致发表非无保留意见的事项”改为“形成非无保留意见的基础”

（1）形成保留/否定意见的基础：我们按照中国注册会计师审计准则的规定执行了审计工作。审计报告的“注册会计师对财务报表审计的责任”部分进一步阐述了我们在这些准则下的责任。按照中国注册会计师职业道德守则，我们独立于ABC公司，并履行了职业道德方面的其他责任。我们相信，我们获取的审计证据是充分、适当的，为发表保留/否定意见提供了基础。

（2）形成无法表示意见的基础，不应当：①提及审计报告中用于描述注册会计师责任的部分；②说明注册会计师是否已获取充分、适当的审计证据以作为形成审计意见的基础。

2.当发表无法表示意见时，要求对注册会计师责任的表述进行修改

当发表无法表示意见时，应对注册会计师责任的表述进行修改，应仅包含下列内容：

（1）注册会计师的责任是按照中国注册会计师审计准则的规定，对被审计单位财务报表执行审计工作，以出具审计报告；

（2）由于形成无法表示意见的基础部分所述的事项，注册会计师无法获取充分、适当的审计证据以作为发表审计意见的基础；

（3）关于注册会计师在独立性和职业道德方面的其他责任的声明。

3.增加对财务报表发表无法表示意见时与关键审计事项相关的规定

当发表无法表示意见时，不得包含关键审计事项、其他信息部分。

（1）与第1504号准则衔接，增加对财务报表发表无法表示意见时与关键审计事项相关的规定。除非法律法规另有规定，当对财务报表发表无法表示意见时，不得在审计报告中包含关键审计事项部分。

（2）除非法律法规另有规定，当对财务报表发表无法表示意见时，不得在审计报告中包含《中国注册会计师审计准则第1521号——注册会计师对其他信息的责任》规定的其他信息部分。

（四）本准则2019年修订内容

本准则本次只进行了相关的文字性修订，如第十八条，如果财务报表中存在与具体金额（（删除了“包括财务报表附注中”）包括定量披露）等，另外，其应用指南将“列报或披露”改为“列报”等文字性修订，参考格式5也做了文字性修订。

（五）本准则学习中注意事项

注意结合第1501号、第1503号、第1504号准则进行学习。当按照《中国注册会计师审计准则第1501号——对财务报表形成审计意见和出具审计报告》的规定形成审计意见时，如果认为有必要发表非无保留意见，注册会计师应当遵守本准则。

二、框架结构简介

本准则共4章31条，其框架结构见表1502-1。

表1502-1　框架结构

章	名称	节	条	性质
第一章	总则	—	1~3	本准则制定的目的、适用范围及与第1501号准则的关系
第二章	定义	—	4、5	解释本准则中包含的术语
第三章	目标	—	6	界定执行本准则应实现的目标
第四章	要求	1~4	7~31	规定注册会计师为实现准则目标应遵守的要求，即注册会计师在相关业务环境下应当实施的所有必要程序

三、重点难点解析

（一）非无保留意见的含义

非无保留意见，是指保留意见、否定意见或无法表示意见（如图1502-1所示）。对于非无保留意见，注册会计师的目标是，当存在下列情形之一时，对财务报表清楚地发表恰当的非无保留意见：

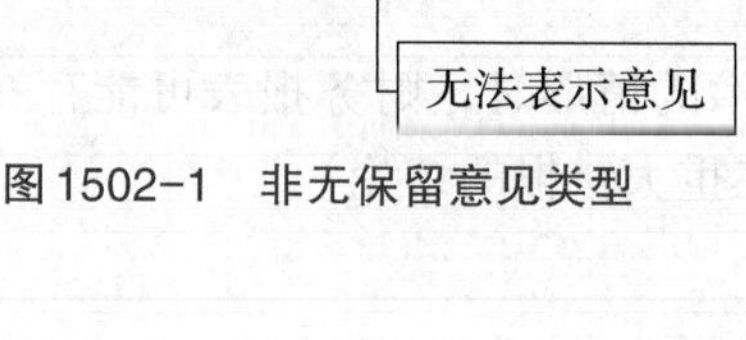

图1502-1　非无保留意见类型

（1）根据获取的审计证据，得出财务报表整体存在重大错报的结论；

（2）无法获取充分、适当的审计证据，不能得出财务报表整体不存在重大错报的结论。

表1502-2列示了注册会计师对导致发表非无保留意见的事项的性质和这些事项对财务报表产生或可能产生影响的广泛性作出的判断，以及注册会计师的判断对审计意见类型的影响。

表1502-2　注册会计师发表非无保留意见职业判断矩阵

导致发表非无保留意见的事项的性质	这些事项对财务报表产生或可能产生影响的广泛性	
	重大但不具有广泛性	重大且具有广泛性
财务报表存在重大错报（注册会计师与被审计单位存在重大分歧，包括会计政策选用或运用的恰当性、会计估计作出的恰当性、财务报表披露的适当性和充分性等）	保留意见	否定意见（财务报表没有在所有重大方面按照适用的财务报告编制基础的规定编制，未能公允反映财务状况、经营成果和现金流量）
无法获取充分、适当的审计证据（包括超出被审计单位控制之外的情形、与注册会计师工作的性质或时间安排相关的情形、管理层施加的限制的情形等）	保留意见	无法表示意见（审计范围受到限制的影响非常重大和广泛，以至于无法对财务报表发表审计意见）

注册会计师发表非无保留意见职业判断流程如图1502-2所示。

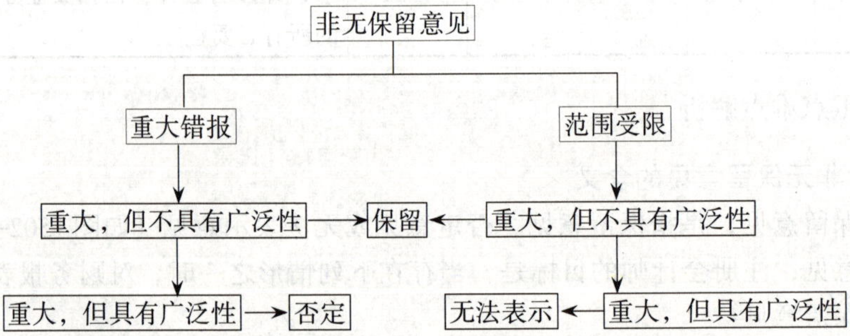

图1502-2　注册会计师发表非无保留意见职业判断流程

具体分析如下：

（1）导致发表非无保留意见的事项的性质——定性职业判断——证据充分、适当，已知重大错报。

当出现表1502-3所列示的情形时，财务报表可能存在重大错报（根据获取的审计证据，得出财务报表整体存在重大错报的结论）。

表 1502-3 财务报表可能存在重大错报的情形

选择的会计政策的恰当性	①选择的会计政策与适用的财务报告编制基础不一致
	②财务报表没有正确描述与资产负债表、利润表、所有者权益变动表或现金流量表中的重大项目相关的会计政策
	③财务报表没有按照公允反映的方式列报交易和事项
对所选择的会计政策的运用	①管理层没有按照适用的财务报告编制基础的要求一贯运用所选择的会计政策
	②不当运用所选择的会计政策（如运用中的无意错误）
财务报表披露的恰当性或充分性	①财务报表没有包括适用的财务报告编制基础要求的所有披露
	②财务报表的披露没有按照适用的财务报告编制基础列报
	③财务报表没有作出适用的财务报告编制基础特定要求之外的其他必要披露以实现公允反映。应用指南第17段提供了可能出现的定性披露方面重大错报的示例

（2）导致发表非无保留意见的事项的性质——定性职业判断——证据不充分、不适当，不能得出财务报表整体不存在重大错报的结论。

如果注册会计师能够通过实施替代程序获取充分、适当的审计证据，则无法实施特定的程序并不构成对审计范围的限制。表1502-4列示的情形可能导致注册会计师无法获取充分、适当的审计证据（也称为审计范围受到限制）。

表 1502-4 审计范围受到限制的情形

超出被审计单位控制的情形	①被审计单位的会计记录已被毁坏
	②重要组成部分的会计记录已被政府有关机构无限期地查封
与注册会计师工作的性质或时间安排相关的情形	①被审计单位需要使用权益法对联营企业进行核算，注册会计师无法获取有关联营企业财务信息的充分、适当的审计证据以评价被审计单位是否恰当运用了权益法
	②注册会计师接受审计委托的时间安排，使注册会计师无法实施存货监盘
	③注册会计师确定仅实施实质性程序是不充分的，但被审计单位的控制是无效的
管理层施加限制的情形	①管理层阻止注册会计师实施存货监盘
	②管理层阻止注册会计师对特定账户余额实施函证

（3）这些事项对财务报表产生或可能产生影响的广泛性（见表1502-5）——定量职业判断——重大和广泛性。

表 1502-5 这些事项对财务报表产生或可能产生影响的广泛性

职业判断	对财务报表产生或可能产生影响的广泛性
重大	①财务报表存在重大错报。 ②无法获取充分、适当的审计证据以作为形成审计意见的基础，但认为未发现的错报（如存在）对财务报表可能产生的影响重大。 ③通常，错报或审计范围受到限制的潜在影响达到或超过财务报表整体重要性水平，通常属于重大影响
广泛性	①不限于对财务报表的特定要素、账户或项目产生影响。 ②虽然仅对财务报表的特定要素、账户或项目产生影响，但这些要素、账户或项目是或可能是财务报表的主要组成部分。 ③当与披露相关时，产生的影响对财务报表使用者理解财务报表至关重要

（二）确定非无保留意见的类型

注册会计师确定恰当的非无保留意见类型，取决于下列事项：（1）导致非无保留意见的事项的性质，是财务报表存在重大错报，还是在无法获取充分、适当的审计证据的情况下，财务报表可能存在重大错报；（2）注册会计师就导致非无保留意见的事项对财务报表产生或可能产生影响的广泛性作出的判断。

广泛性是描述错报影响的术语，用以说明错报对财务报表的影响，或者由于无法获取充分、适当的审计证据而未发现的错报（如存在）对财务报表可能产生的影响。根据注册会计师的判断，对财务报表的影响具有广泛性的情形包括：（1）不限于对财务报表的特定要素、账户或项目产生影响；（2）虽然仅对财务报表的特定要素、账户或项目产生影响，但这些要素、账户或项目是或可能是财务报表的主要组成部分；（3）当与披露相关时，产生的影响对财务报表使用者理解财务报表至关重要。

判断非无保留意见的依据见表1502-6。

表1502-6 判断非无保留意见的依据

情形	意见类型	准则条款
1	保留意见	第八条　当存在下列情形之一时，注册会计师应当发表保留意见： （一）在获取充分、适当的审计证据后，注册会计师认为错报单独或汇总起来对财务报表影响重大，但不具有广泛性； （二）注册会计师无法获取充分、适当的审计证据以作为形成审计意见的基础，但认为未发现的错报（如存在）对财务报表可能产生的影响重大，但不具有广泛性。 第十四条　如果无法获取充分、适当的审计证据，注册会计师应当通过下列方式确定其影响： （一）如果未发现的错报（如存在）可能对财务报表产生的影响重大，但不具有广泛性，注册会计师应当发表保留意见……
2	否定意见	第九条　在获取充分、适当的审计证据后，如果认为错报单独或汇总起来对财务报表的影响重大且具有广泛性，注册会计师应当发表否定意见
3	无法表示意见	第十条　如果无法获取充分、适当的审计证据以作为形成审计意见的基础，但认为未发现的错报（如存在）对财务报表可能产生的影响重大且具有广泛性，注册会计师应当发表无法表示意见。 第十一条　在极少数情况下，可能存在多个不确定事项。尽管注册会计师对每个单独的不确定事项获取了充分、适当的审计证据，但由于不确定事项之间可能存在相互影响，以及可能对财务报表产生累积影响，注册会计师不可能对财务报表形成审计意见。在这种情况下，注册会计师应当发表无法表示意见。 第十四条　如果无法获取充分、适当的审计证据，注册会计师应当通过下列方式确定其影响： …… （二）如果未发现的错报（如存在）可能对财务报表产生的影响重大且具有广泛性，以至于发表保留意见不足以反映情况的严重性，注册会计师应当在可行时解除业务约定（除非法律法规禁止）；如果在出具审计报告之前解除业务约定被禁止或不可行，应当发表无法表示意见

（三）发表保留意见的情形

注册会计师因审计范围受到限制而发表保留意见还是无法表示意见，取决于无法获取的审计证据对形成审计意见的重要性。注册会计师在判断重要性时，应当考虑有关事项潜在影响的性质和范围以及在财务报表中的重要程度。只有当未发现的错报（如存在）对财务报表可能产生的影响重大但不具有广泛性时，才能发表保留意见。发表保留意见的情形见表1502-7。

表1502-7 发表保留意见的情形

涉及事项	具体情形	涉及准则
总体要求	当存在下列情形之一时，注册会计师应当发表保留意见： （1）在获取充分、适当的审计证据后，注册会计师认为错报单独或汇总起来对财务报表影响重大，但不具有广泛性； （2）注册会计师无法获取充分、适当的审计证据以作为形成审计意见的基础，但认为未发现的错报（如存在）对财务报表可能产生的影响重大，但不具有广泛性	第1502号准则第八条
1. 重大错报影响重大但不具有广泛性	错报单独或汇总起来对财务报表影响重大，但不具有广泛性	第1502号准则第十四条
2. 审计范围受限	如果未发现的错报（如存在）可能对财务报表产生的影响重大，但不具有广泛性，注册会计师应当发表保留意见	第1502号准则第八条
	如果对重大的财务报表认定没有获取充分、适当的审计证据，注册会计师应当尽可能获取进一步的审计证据。如果仍然不能获取充分、适当的审计证据，注册会计师应当对财务报表发表保留意见或无法表示意见	第1231号准则第二十七条
	在某些情况下，注册会计师可能认为有必要提请管理层作出评估或延长评估期间（管理层的评估期间至少是自财务报表日起十二个月）。如果管理层予以拒绝，由于注册会计师可能无法获取有关管理层运用持续经营假设编制财务报表的充分、适当的审计证据（如是否存在管理层提出的应对计划或其他缓解因素的审计证据），注册会计师发表保留意见或无法表示意见可能是适当的	第1324号准则应用指南第三十五条，管理层不愿作出评估或延长评估期间（参见第1324号准则第二十三条）
	如果不能获取有关期初余额的充分、适当的审计证据，注册会计师应当按照第1502号准则的规定，对财务报表发表保留意见或无法表示意见	第1331号准则第十二条
	如果因管理层或治理层阻挠而无法获取充分、适当的审计证据，以评价是否存在或可能存在对财务报表产生重大影响的违反法律法规行为，注册会计师应当按照第1502号准则的规定，根据审计范围受到限制的程度，发表保留意见或无法表示意见	第1142号准则第二十六条
	如果无法获取充分的审计证据确定该假定是否成立，注册会计师应当将其视为审计工作范围受到限制，出具保留意见或无法表示意见的审计报告	第1632号准则第五十八条
3. 持续经营能力存在重大不确定性，财务报表披露不充分	如果运用持续经营假设是适当的，但存在重大不确定性，且财务报表对重大不确定性未作出充分披露，注册会计师应当按照《中国注册会计师审计准则第1502号——在审计报告中发表非无保留意见》的规定，恰当发表保留意见或否定意见。 注册会计师应当在审计报告“形成保留（否定）意见的基础”部分说明，存在可能导致对被审计单位持续经营能力产生重大疑虑的重大不确定性，但财务报表未充分披露该事项	第1324号准则第二十二条
4. 违反法律法规行为对财务报表具有重大影响	如果认为违反法律法规行为对财务报表具有重大影响，且未能在财务报表中得到充分反映，注册会计师应当按照第1502号准则的规定，发表保留意见或否定意见	第1142号准则第二十五条
5. 期初错报的影响未能得到正确的会计处理和恰当的列报	如果认为期初余额存在对本期财务报表产生重大影响的错报，且错报的影响未能得到恰当的会计处理或适当的列报，注册会计师应当按照《中国注册会计师审计准则第1502号——在审计报告中发表非无保留意见》的规定，对财务报表发表保留意见或否定意见	第1331号准则第十三条
6. 会计政策未能一贯运用或者会计政策变更未能得到恰当的会计处理或适当的列报	如果认为按照适用的财务报告框架，与期初余额相关的会计政策未能在本期得到一贯运用，或者会计政策的变更未能得到恰当的会计处理或适当的列报，注册会计师应当按照《中国注册会计师审计准则第1502号——在审计报告中发表非无保留意见》的规定，对财务报表发表保留意见或否定意见	第1331号准则第十四条
7. 管理层确定衍生金融工具公允价值能够可靠计量的假定不成立	当管理层确定衍生金融工具公允价值能够可靠计量的假定不成立时，注册会计师应当获取支持管理层作出这项决定的审计证据，并确定衍生金融工具是否按照适用的会计准则和相关会计制度的规定进行恰当的会计处理。如果管理层不能提出该假定不成立的合理理由，注册会计师应当出具保留意见或否定意见的审计报告	第1632号准则第五十八条

（四）发表否定意见的情形

在获取充分、适当的审计证据后，如果认为错报单独或汇总起来对财务报表的影响重大且具有广泛性，注册会计师应当发表否定意见。发表否定意见的情形见表1502-8。

表1502-8　　发表否定意见的情形

涉及事项	具体情形	涉及准则
第九条　在获取充分、适当的审计证据后，如果认为错报单独或汇总起来对财务报表的影响重大且具有广泛性，注册会计师应当发表否定意见		第1502号准则
1.重大错报可能产生的影响非常重大和广泛	在获取充分、适当的审计证据后，如果认为错报单独或汇总起来对财务报表的影响重大且具有广泛性，注册会计师应当发表否定意见	第1502号准则
2.违反法律法规行为对财务报表具有重大影响	如果认为违反法律法规行为对财务报表具有重大影响，且未能在财务报表中得到充分反映，注册会计师应当按照第1502号准则的规定，发表保留意见或否定意见	第1142号准则
3.持续经营能力存在重大不确定性，财务报表披露不充分	如果运用持续经营假设是适当的，但存在重大不确定性，且财务报表对重大不确定性未作出充分披露，注册会计师应当按照第1502号准则的规定，恰当发表保留意见或否定意见。 注册会计师应当在审计报告“形成保留（否定）意见的基础”部分说明，存在可能导致对被审计单位持续经营能力产生重大疑虑的重大不确定性，但财务报表未充分披露该事项	第1324号准则
4.管理层在财务报表中运用持续经营假设不适当	如果财务报表已按照持续经营假设编制，但根据判断认为管理层在财务报表中运用持续经营假设是不适当的，注册会计师应当发表否定意见	第1324号准则
5.期初错报的影响未能得到正确的会计处理和适当的列报	如果认为期初余额存在对本期财务报表产生重大影响的错报，且错报的影响未能得到恰当的会计处理或适当的列报，注册会计师应当按照第1502号准则的规定，对财务报表发表保留意见或否定意见	第1331号准则
6.会计政策未能一贯运用或者会计政策变更未能得到恰当的会计处理或适当的列报	如果认为按照适用的财务报告编制基础与期初余额相关的会计政策未能在本期得到一贯运用，或者会计政策的变更未能得到恰当的会计处理或适当的列报，注册会计师应当按照第1502号准则的规定，对财务报表发表保留意见或否定意见	第1331号准则
7.管理层确定衍生金融工具公允价值能够可靠计量的假定不成立	当管理层确定衍生金融工具公允价值能够可靠计量的假定不成立时，注册会计师应当获取支持管理层作出这项决定的审计证据，并确定衍生金融工具是否按照适用的会计准则和相关会计制度的规定进行恰当的会计处理。如果管理层不能提出该假定不成立的合理理由，注册会计师应当出具保留意见或否定意见的审计报告	第1632号准则

（五）发表无法表示意见的情形

如果无法获取充分、适当的审计证据以作为形成审计意见的基础，但认为未发现的错报（如存在）对财务报表可能产生的影响重大且具有广泛性，注册会计师应当发表无法表示意见。

在极其特殊的情况下，可能存在多个不确定事项。即使注册会计师对每个单独的不确定事项获取了充分、适当的审计证据，但由于不确定事项之间可能存在相互影响，以及可能对财务报表产生累积影响，注册会计师不可能对财务报表形成审计意见。在这种情况下，注册会计师应当发表无法表示意见。

在确定非无保留意见的类型时还需注意以下两点：

（1）在承接审计业务后，如果注意到管理层对审计范围施加了限制，且认为这些限制可能导致对财务报表发表保留意见或无法表示意见，注册会计师应当要求管理层消除这些限制。如果管理层拒绝消除限制，除非治理层全部成员参与管理被审计单位，注册会计师应当就此事项与治理层沟通，并确定能否实施替代程序以获取充分、适当的审计证据。如果无法获取充分、适当的审计证据，注册会计师应当通过下列方式确定其影响：①如果未发现的错报（如存在）可能对财务报表产生的影响重大，但不具有广泛性，应当发表保留意见；②如果未发现的错报（如存在）可能对财务报表产生的影响重大且具有广泛性，以至于发表保留意见不足以反映情况的严重性，应当在可行时解除业务约定（除非法律法规禁止）。当然，注册会计师应当在解除业务约定前，与治理层沟通在审计过程中发现的、将会导致发表非无保留意见的所有错报事项；如果在出具审计报告之前解除业务约定被禁止或不可行，应当发表无法表示意见。

在某些情况下，如果法律法规要求注册会计师继续执行审计业务，则注册会计师可能无法解除审计业务约定。这种情况可能包括：①注册会计师接受委托审计公共部门实体的财务报表；②注册会计师接受委托审计涵盖特定期间的财务报表，或者接受一定期间的委托，在完成财务报表审计前或在受托期间结束前，不允许解除审计业务约定。在这些情况下，注册会计师可能认为需要在审计报告中增加其他事项段。

（2）如果认为有必要对财务报表整体发表否定意见或无法表示意见，注册会计师不应在同一审计报告中对按照相同财务报告编制基础编制的单一财务报表或者财务报表特定要素、账户或项目发表无保留意见。在同一审计报告中包含无保留意见，将会与对财务报表整体发表的否定意见或无法表示意见相矛盾。

当然，对经营成果、现金流量（如相关）发表无法表示意见，而对财务状况发表无保留意见，这种情况可能是被允许的。因为在这种情况下，注册会计师并没有对财务报表整体发表无法表示意见。注册会计师应当发表无法表示意见的情形见表1502-9。

（六）非无保留意见审计报告的主要区别

1.非无保留意见审计报告的主要区别（见表1502-10）

2.非无保留意见审计报告的格式、内容和撰写要求

非无保留意见审计报告的格式、内容和撰写要求如图1502-3所示。

表1502-9　　　　发表无法表示意见的情形

<table>
<tr><th>涉及事项</th><th>具体情形</th><th>涉及准则</th></tr>
<tr><td colspan="2">如果无法获取充分、适当的审计证据以作为形成审计意见的基础，但认为未发现的错报（如存在）对财务报表可能产生的影响重大且具有广泛性，注册会计师应当发表无法表示意见</td><td>第1502号准则</td></tr>
<tr><td rowspan="6">1.审计范围受到限制可能产生的影响非常重大和广泛</td><td>如果未发现的错报（如存在）可能对财务报表产生的影响重大且具有广泛性，以至于发表保留意见不足以反映情况的严重性，注册会计师应当在可行时解除业务约定（除非法律法规禁止）；如果在出具审计报告之前解除业务约定被禁止或不可行，应当发表无法表示意见</td><td>第1502号准则</td></tr>
<tr><td>如果对重大的财务报表认定没有获取充分、适当的审计证据，注册会计师应当尽可能获取进一步的审计证据。如果仍然不能获取充分、适当的审计证据，注册会计师应当对财务报表发表保留意见或无法表示意见</td><td>第1231号准则</td></tr>
<tr><td>在某些情况下，注册会计师可能认为有必要提请管理层作出评估或延长评估期间（管理层的评估期间至少是自财务报表日起十二个月）。如果管理层予以拒绝，由于注册会计师可能无法获取有关管理层运用持续经营假设编制财务报表的充分、适当的审计证据（如是否存在管理层提出的应对计划或其他缓解因素的审计证据），注册会计师发表保留意见或无法表示意见可能是适当的</td><td>第1324号准则应用指南</td></tr>
<tr><td>如果不能获取有关期初余额的充分、适当的审计证据，注册会计师应当按照第1502号准则的规定，对财务报表发表保留意见或无法表示意见</td><td>第1331号准则</td></tr>
<tr><td>如果存在下列情形之一，注册会计师应当对财务报表发表无法表示意见：
（1）注册会计师对管理层的诚信产生重大疑虑，以至于认为其按照本准则第九条和第十条的要求作出的书面声明不可靠；
（2）管理层不提供本准则第九条和第十条要求的书面声明</td><td>第1341号准则</td></tr>
<tr><td>如果因管理层或治理层阻挠而无法获取充分、适当的审计证据，以评价是否存在或可能存在对财务报表产生重大影响的违反法律法规行为，注册会计师应当按照第1502号准则的规定，根据审计范围受到限制的程度，发表保留意见或无法表示意见</td><td>第1142号准则</td></tr>
<tr><td>2.存在多个不确定事项</td><td>在极少数情况下，可能存在多个不确定事项。尽管注册会计师对每个单独的不确定事项获取了充分、适当的审计证据，但由于不确定事项之间可能存在相互影响，以及可能对财务报表产生累积影响，注册会计师不可能对财务报表形成审计意见。在这种情况下，注册会计师应当发表无法表示意见</td><td>第1502号准则</td></tr>
</table>

表 1502-10　　非无保留意见审计报告的主要区别

报告部分	保留意见	否定意见	无法表示意见
审计意见	(1) 使用“保留意见”作为标题； (2) 补充说明保留意见； (3) 包含恰当的措辞如“保留”	(1) 使用“否定意见”作为标题； (2) 补充说明否定意见； (3) 包含恰当的措辞如“否定”	(1) 使用“无法表示意见”作为标题； (2) 补充说明无法表示意见； (3) 将财务报表已经审计的说明改为注册会计师接受委托审计财务报表
形成审计意见的基础	(1) 将标题修改为“形成保留意见的基础”； (2) 描述导致发表保留意见的事项	(1) 将标题修改为“形成否定意见的基础”； (2) 描述导致发表否定意见的事项	(1) 将标题修改为“形成无法表示意见的基础”； (2) 描述导致发表无法表示意见的事项； (3) 删除部分措辞
注册会计师对财务报表审计的责任	统一要求	统一要求	修改相关措辞，仅保留部分内容

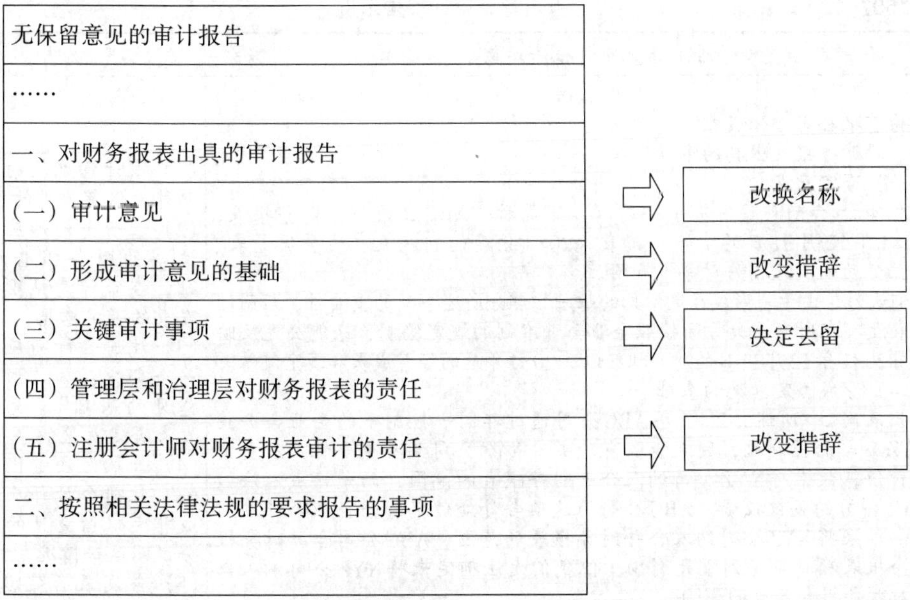

图 1502-3　非无保留意见审计报告的格式、内容和撰写要求

（1）保留意见的审计报告（由于财务报表存在重大错报）。

【应用分析 1502-1】保留意见审计报告示例见表 1502-11。

表1502-11　　保留意见审计报告示例

保留意见审计报告示例	说明
审计报告 ABC股份有限公司全体股东： 一、对财务报表出具的审计报告 （一）保留意见 我们审计了ABC股份有限公司（以下简称“ABC公司”）财务报表，包括20×1年12月31日的资产负债表，20×1年度的利润表、现金流量表、股东权益变动表以及相关财务报表附注。 我们认为，除“形成保留意见的基础”部分所述事项产生的影响外，后附的财务报表在所有重大方面按照企业会计准则的规定编制，公允反映了ABC公司20×1年12月31日的财务状况以及20×1年度的经营成果和现金流量。 （二）形成保留意见的基础 ABC公司20×1年12月31日资产负债表中存货的列示金额为×元。管理层根据成本对存货进行计量，而没有根据成本与可变现净值孰低的原则进行计量，这不符合企业会计准则的规定。ABC公司的会计记录显示，如果管理层以成本与可变现净值孰低来计量存货，存货列示金额将减少×元。相应地，资产减值损失将增加×元，所得税、净利润和股东权益将分别减少×元、×元和×元。 我们按照中国注册会计师审计准则的规定执行了审计工作。审计报告的“注册会计师对财务报表审计的责任”部分进一步阐述了我们在这些准则下的责任。按照中国注册会计师职业道德守则，我们独立于ABC公司，并履行了职业道德方面的其他责任。我们相信，我们获取的审计证据是充分、适当的，为发表保留意见提供了基础	（1）审计意见段的标题表明非无保留意见的类型。 （2）注册会计师应当根据适用的财务报告编制基础，在审计意见段中说明发表的保留意见。 （3）注册会计师应当增加一个部分，如“形成保留意见的基础”，说明导致发表保留意见的事项。 （4）如果财务报表中存在与具体金额（包括定量披露）相关的重大错报，注册会计师应当在导致非无保留意见的事项段中说明并量化该错报的财务影响。 （5）当发表保留意见时，注册会计师应当修改形成无保留意见的基础部分的描述

（2）否定意见的审计报告（由于财务报表存在重大错报）。

【应用分析1502-2】否定意见审计报告示例见表1502-12。

表1502-12　　否定意见审计报告示例

否定意见审计报告示例	说明
审计报告 ABC股份有限公司全体股东： 一、对财务报表出具的审计报告 （一）否定意见 我们审计了ABC股份有限公司（以下简称“ABC公司”）财务报表，包括20×1年12月31日的资产负债表，20×1年度的利润表、现金流量表、股东权益变动表以及相关财务报表附注。 我们认为，由于“形成否定意见的基础”部分所述事项的重要性，后附的财务报表没有在所有重大方面按照企业会计准则的规定编制，未能公允反映ABC公司20×1年12月31日的财务状况以及20×1年度的经营成果和现金流量。 （二）形成否定意见的基础 如财务报表附注×所述，20×1年ABC公司通过非同一控制下的企业合并获得对XYZ公司的控制权，因未能取得购买日XYZ公司某些重要资产和负债的公允价值，故未将XYZ公司纳入合并财务报表的范围，而是按成本法核算对XYZ公司的股权投资。ABC公司的这项会计处理不符合企业会计准则的规定。如果将XYZ公司纳入合并财务报表的范围，ABC公司合并财务报表的多个报表项目将受到重大影响。但我们无法确定未将XYZ公司纳入合并范围对财务报表产生的影响。 我们按照中国注册会计师审计准则的规定执行了审计工作。审计报告的“注册会计师对财务报表审计的责任”部分进一步阐述了我们在这些准则下的责任。按照中国注册会计师职业道德守则，我们独立于ABC公司，并履行了职业道德方面的其他责任。我们相信，我们获取的审计证据是充分、适当的，为发表否定意见提供了基础	（1）审计意见段的标题表明非无保留意见的类型。 （2）注册会计师应当根据适用的财务报告编制基础，在审计意见段中说明发表的否定意见。 （3）注册会计师应当增加一个部分，如“形成否定意见的基础”，说明导致发表否定意见的事项。 （4）如果无法量化财务影响，注册会计师应当在形成非无保留意见的基础部分说明这一情况。 （5）当发表否定意见时，注册会计师应当修改形成无保留意见的基础部分的描述

（3）无法表示意见的审计报告（由于无法获取充分、适当的审计证据）。

【应用分析1502-3】无法表示意见审计报告示例见表1502-13。

表1502-13　无法表示意见审计报告示例

无法表示意见审计报告示例	说明
审计报告 ABC股份有限公司全体股东： 一、对财务报表出具的审计报告 （一）无法表示意见 我们接受委托，审计ABC股份有限公司（以下简称“ABC公司”）财务报表，包括20×1年12月31日的资产负债表，20×1年度的利润表、现金流量表、股东权益变动表以及相关财务报表附注。 我们不对后附的ABC公司财务报表发表审计意见。由于“形成无法表示意见的基础”部分所述事项的重要性，我们无法获取充分、适当的审计证据以作为对财务报表发表审计意见的基础。 （二）形成无法表示意见的基础 我们于20×2年1月接受ABC公司的审计委托，因而未能对ABC公司20×1年年初金额为×元的存货和年末金额为×元的存货实施监盘程序。此外，我们也无法实施替代审计程序获取充分、适当的审计证据。并且，ABC公司于20×1年9月采用新的应收账款电算化系统，由于存在系统缺陷导致应收账款出现大量错误。截至报告日，管理层仍在纠正系统缺陷并更正错误，我们也无法实施替代审计程序，以对截至20×1年12月31日的应收账款总额×元获取充分、适当的审计证据。因此，我们无法确定是否有必要对存货、应收账款以及财务报表其他项目作出调整，也无法确定应调整的金额。 （三）管理层和治理层对财务报表的责任（略） （四）注册会计师对财务报表审计的责任 我们的责任是按照中国注册会计师审计准则的规定，对ABC公司的财务报表执行审计工作，以出具审计报告。但由于“形成无法表示意见的基础”部分所述的事项，我们无法获取充分、适当的审计证据以作为发表审计意见的基础。 按照中国注册会计师职业道德守则，我们独立于ABC公司，并履行了职业道德方面的其他责任	（1）审计意见段的标题表明非无保留意见的类型。 （2）注册会计师应当根据适用的财务报告编制基础，在审计意见段中说明发表的无法表示意见。 （3）注册会计师应当增加一个部分，如“形成无法表示意见的基础”，说明导致无法表示意见的事项。 （4）当发表无法表示意见时，注册会计师应当修改无保留意见审计报告中形成审计意见的基础部分，不应提及审计报告中用于描述注册会计师责任的部分，也不应说明注册会计师是否已获取充分、适当的审计证据以作为形成审计意见的基础。 （5）当发表无法表示意见时，注册会计师不得在审计报告中沟通关键审计事项，除非法律法规要求沟通

【应用分析1502-4】*ST昆机：无法表示意见审计报告。

审计报告

瑞华审字〔2017〕21040003号

沈阳集团昆明机床股份有限公司全体股东：

一、无法表示意见

我们接受委托，审计沈机集团昆明机床股份有限公司（以下简称昆明机床公司）合并及公司财务报表，包括2016年12月31日的合并及公司资产负债表，2016年度的合并及公司利润表、合并及公司现金流量表、合并及公司股东权益变动表以及财务报表附注。

我们不对后附的昆明机床公司合并及公司财务报表发表审计意见。由于“形成无法表示意见的基础”部分所述事项的重要性，我们无法获取充分、适当的审计证据以作为对合并及公司财务报表发表审计意见的基础。

二、形成无法表示意见的基础

1. 涉及存货的事项

我们在对昆明机床公司存货执行监盘程序时，发现公司存货账实不符问题。公司获知此问题后，即开展对2013年至2016年存货问题的自查。基于截至本审计报告日昆明机床公司对2013年至2016年存货自查结果，如财务报表附注四、27所述，昆明机床公司对与存货相关项目的前期会计差错在2016年度财务报表中进行了更正及披露。

截至审计报告日，根据昆明机床公司提供的自查数据，各年期末账外存货结存情况为：2013年年末账外存货结存金额1.28亿元；2014年年末账外存货结存金额1.76亿元；2015年年末账外存货结存金额1.22亿元；2016年年末账外存货结存金额6 366万元。

我们对昆明机床公司提供的上述存货自查结果执行进一步审计程序，但由于昆明机床公司尚未提供更正后2013年及之后年度期末产成品结存与原财务列报差异事项的完整证据，且昆明机床公司尚未提供账外存货收发存资料或其他可靠的替代性证据，我们无法取得充分、适当的审计证据，证明账外存货流转及与此相关的经济业务的存在和完整性及金额的可靠性，从而无法确定存货更正数据的准确性及对2016年度财务报表的影响。

2. 涉及销售收入的事项

我们在对昆明机床公司执行审计程序时，发现销售收入存在虚计及跨期确认的问题，公司获知此问题后，即开展对2013年至2016年销售收入问题的自查。基于截至本审计报告日昆明机床公司对2013年至2016年销售收入自查结果，如财务报表附注四、27所述，昆明机床公司对与收入相关项目的前期会计差错在2016年度财务报表中进行了更正及披露。

我们对昆明机床公司提供的与收入问题自查更正相关的往来款项追加包括函证在内的核实程序，以及对收入跨期问题追加实施截止测试程序。截至审计报告日，2016年年末回函不符应收账款1 237万元，未回函应收账款2 588万元；回函不符预收账款3 956万元，未回函预收账款4 363万元。我们无法取得充分、适当的替代证据，证明更正后应收账款和预收账款的真实性及准确性，从而无法确定应收账款和预收账款更正数据对2016年度财务报表的影响。

3. 与重要子公司相关的事项

昆明机床公司子公司西安交大赛尔机泵成套设备有限责任公司（以下简称“西安赛尔公司”），截至2016年12月31日合并资产总额为2.28亿元，净资产为–3 494万元，2016年度合并销售收入为249万元，净利润为–6 847万元。

我们在执行审计工作时，发现西安赛尔公司2016年账面记录以银行承兑汇票从第三方非金融机构取得借款662万元，以现金方式存入西安赛尔公司银行账户，部分所附凭据存在票据到期日等信息被涂改的痕迹。

我们在执行审计工作时，发现孙公司长沙赛尔透平机械有限公司（以下简称“长沙赛尔公司”）私设多个财务账套。

针对上述问题，昆明机床公司成立专门小组对西安赛尔公司及长沙赛尔公司进行核查。

但截至审计报告日，我们尚未获取昆明机床公司对于两家公司上述问题的核查结果，也无法执行进一步审计程序，无法合理判断两家公司存在的问题对昆明机床公司合并财务报表的影响。

4. 中国证监会立案调查事项

昆明机床公司于2017年3月22日收到中国证监会《调查通知书》（云证调查字2017004号），因公司涉嫌信息披露违反证券法律法规，根据《中华人民共和国证券法》的有关规定，决定对公司立案调查。由于该立案调查尚未有最终结论，我们无法判断立案调查结果对昆明机床公司财务报表的影响程度。

三、管理层和治理层对财务报表的责任

昆明机床公司管理层（以下简称管理层）负责按照企业会计准则的规定编制财务报表，使其实现公允反映，并设计、执行和维护必要的内部控制，以使财务报表不存在由于舞弊或错误导致的重大错报。

在编制财务报表时，管理层负责评估昆明机床公司的持续经营能力，披露与持续经营相关的事项，并运用持续经营假设，除非管理层计划清算昆明机床公司、停止营运或别无其他现实的选择。

治理层负责监督昆明机床公司的财务报告过程。

四、注册会计师对财务报表审计的责任

我们的责任是按照中国注册会计师审计准则的规定，对昆明机床公司的合并及公司财务报表执行审计工作，以出具审计报告。但由于"形成无法表示意见的基础"部分所述的事项，我们无法获取充分、适当的审计证据以作为发表审计意见的基础。

按照中国注册会计师职业道德守则，我们独立于昆明机床公司，并履行了职业道德方面的其他责任。

瑞华会计师事务所（特殊普通合伙）　　中国注册会计师（项目合伙人）：

中国注册会计师：

中国 · 北京

2017年4月24日

资料来源：瑞华会计师事务所. *ST昆机：审计报告［EB/OL］.［2017-04-24].http://stock.jrj.com.cn/share，disc，2017-04-25，600806，0000000000000hxpo0.shtml.

第三节　在审计报告中增加强调事项段和其他事项段（第1503号）

一、概述

（一）本准则制定与修订背景

本准则制定的目的是规范注册会计师在审计报告中增加强调事项段和其他事项段，以提供必要的补充信息。特别是新增的《中国注册会计师审计准则第1504号——在审计报告中沟通关键审计事项》、《中国注册会计师审计准则第1521号——注册会计师对其他信息的责任》和《中国注册会计师审计准则第1324号——持续经营》等准则的重大修订对强调事项段和其他事项段的影响极大。

（二）本准则2010年修订内容

《中国注册会计师审计准则第1503号——在审计报告中增加强调事项段和其他事项段》在按照新体例进行改写的基础上作出了实质性的修订。与2006年版《中国注册会计师审计准则第1502号——非标准审计报告》第二章“审计报告的强调事项段”相比，在具体规定方面有以下四个方面的重大变化：

（1）审计报告披露的内容有所扩展。2006年版准则规定审计报告中只能增加强调事项段。2010年版准则规定还可以增加其他事项段，通过传递必要的补充信息的方式提醒财务报表使用者关注。

（2）规定了判断补充信息是否必要的标准，即已在财务报表中列报，且对使用者理解财务报表至关重要的事项；或未在财务报表中列报，但与使用者理解审计工作、注册会计师的责任或审计报告相关的事项。

（3）扩大了增加强调事项段的范围。2006年版准则规定，只有在以下两种情形下可以增加强调事项段，一是存在可能导致对持续经营能力产生重大疑虑的事项或情况，二是对财务报表产生重大影响的不确定事项（持续经营问题除外）。2006年版准则强调，除这两种情形以及其他审计准则规定的增加强调事项段的情形之外，注册会计师不应增加其他强调事项段或任何解释性段落，以免财务报表使用者产生误解。其规定如果某事项对使用者理解财务报表至关重要，虽然该事项已在财务报表中列报，只要注册会计师认为该事项对于使用者理解财务报表至关重要，就应当在审计报告中增加强调事项段。前提是注册会计师已经获取充分、适当的审计证据，证明该事项在财务报表中不存在重大错报。

（4）规定了在审计报告中增加其他事项段的条件，即对于未在财务报表中列报，但根据判断对使用者理解审计工作、注册会计师的责任或审计报告相关，且未被法律法规所禁止的事项，如果认为有必要沟通，注册会计师应当在审计报告中增加其他事项段。

（三）本准则2016年修订内容

《中国注册会计师审计准则第1503号——在审计报告中增加强调事项段和其他事项段》在按照新体例进行改写的基础上作出了实质性的修订。与2010年修订相比，基于第1501号准则的修订而作出相应的修订。主要有以下四个方面的重大变化：

1.明确强调事项段和关键审计事项之间的关系

（1）关键审计事项是当期财务报表审计中最为重要的事项，侧重“审计过程中注册会计师给予过重点关注”。

（2）强调事项侧重对财务报表使用者理解财务报表至关重要。某一事项可能未被确定为关键审计事项，但注册会计师认为其对财务报表使用者理解财务报表至关重要，应该将该事项包含在审计报告的强调事项段中。

（3）符合关键审计事项标准的，不得在强调事项段中表述。对确定为关键审计事项的事项不能再确认为强调事项段；强调事项段的使用不能代替对某项关键审计事项的描述。

2.明确了对同时符合关键审计事项与强调事项标准的事项的处理

为披露审计工作中的重点、难点等审计项目的个性化信息的要求，对同时符合关键审计事项与强调事项标准的事项，应在关键审计事项部分表述，可通过位置顺序或文字表述突出其相对重要性。

3.明确其他事项段与审计报告其他要素之间的关系

在审计报告中增加其他事项段的前提条件是：

（1）未被法律法规禁止；

（2）当第1504号准则适用时，该事项未被确定为在审计报告中沟通的关键审计事项。

如果某事项不符合关键审计事项的规定，而执业人员认为有必要沟通根据职业判断认为与财务报表使用者理解审计工作、注册会计师的责任或审计报告相关的事项，则应当增加其他事项段。

（1）对确定为关键审计事项的事项不能再确认为其他事项段；

（2）某一事项可能未被确定为关键审计事项，但注册会计师认为其与财务报表使用者理解审计工作、注册会计师的责任或审计报告相关，可以对该事项使用其他事项段。

4.强调事项段适用的范围变窄

在强调事项段中不再涉及持续经营，强调事项段不能替代“与持续经营相关的重大不确定性”段落，即当可能导致对被审计单位持续经营能力产生重大疑虑的事项或情况存在重大不确定性时，应按照第1324号准则的要求增加“与持续经营相关的重大不确定性”段落，而非增加强调事项段。如果被审计单位持续经营存在重大不确定性，不再在强调事项段中强调，而是单设段落重点披露。

（四）本准则2019年修订内容

本准则本次只进行了相关的文字性修订，如将“列报或披露”改为“列报”等。

（五）本准则学习中注意事项

（1）财政部于2016年12月发布了修订后的《中国注册会计师审计准则第1503号——在审计报告中增加强调事项段和其他事项段》，即第1504号准则施行后，继续保留有关强调事项段的规定，其原因是：

①强调事项段不同于关键审计事项。强调事项段用于提及已在财务报表中恰当列报且根据注册会计师的职业判断认为对财务报表使用者理解财务报表至关重要的事项。关键审计事项是注册会计师根据职业判断认为对本期财务报表审计最为重要的事项，选自注册会计师与治理层沟通过的事项。从强调事项段和关键审计事项的定义来看，他们的侧重点有所不同，前者侧重于对财务报表使用者理解财务报表至关重要，后者侧重于注册会计师认为对本期财务报表审计最为重要。

②对于非上市实体财务报表的审计，第1504号准则不要求注册会计师在审计报告中沟通关键审计事项，因此，有必要继续保留有关强调事项段的规定。

（2）强调事项段的使用不能替代发表非无保留意见，也不能替代对某项关键审计事项的描述。审计报告增加强调事项段的前提条件是：①按照第1502号准则的规定，该事项不会导致注册会计师发表非无保留意见；②当第1504号准则适用时，该事项为未被确定为在审计报告中沟通的关键审计事项。

(3) 强调事项是已在财务报表中恰当列报的事项，而其他事项是未在财务报表中列报的事项。注册会计师在实务中应分清两者的区别，恰当使用强调事项段和其他事项段。

(4) 需要注意的是，其他事项段的内容明确反映了未被要求在财务报表中列报的其他事项。其他事项段不包括法律法规或其他执业准则（如中国注册会计师职业道德守则中与信息保密相关的规定）禁止注册会计师提供的信息。其他事项段也不包括要求管理层提供的信息。如果在审计报告中包含其他事项段，注册会计师应当将该段落作为单独的一部分，并使用“其他事项”或其他适当标题。

(5) 注意结合第1503号准则附录1和附录2列示的其他审计准则进行学习，第1503号准则附录1和附录2列示的其他审计准则，对在审计报告中增加强调事项段和其他事项段提出具体要求。在这些情况下，第1503号准则对强调事项段和其他事项段的格式和放置位置的要求同样适用。

二、框架结构简介

本准则共4章13条另加2则附录，其框架结构见表1503-1。

表1503-1　框架结构

章	名称	节	条	主要内容
第一章	总则	—	1~5	本准则制定的目的、两类补充信息及与第1324号、第1502号、第1504号、第1521号、第1601号准则的关系
第二章	定义	—	6、7	相关基本概念
第三章	目标	—	8	注册会计师的目标
第四章	要求	1~3	9~13	对强调事项段、其他事项段及与治理层沟通的要求
附录1	—	—	—	其他审计准则对强调事项段的具体要求
附录2	—	—	—	其他审计准则对其他事项段的具体要求

三、重点难点解析

（一）强调事项段、其他事项段与审计报告各段落的关系

(1) 强调事项段是指审计报告中含有的一个段落，该段落提及已在财务报表中恰当列报的事项，根据注册会计师的职业判断，该事项对财务报表使用者理解财务报表至关重要。

(2) 其他事项段是指审计报告中含有的一个段落，该段落提及未在财务报表中列报的事项，根据注册会计师的职业判断，该事项与财务报表使用者理解审计工作、注册会计师的责任或审计报告相关。

(3) 注册会计师的目标是在对财务报表形成审计意见后，如果根据职业判断认为有必要在审计报告中增加强调事项段或其他事项段，通过明确提供补充信息的方式，提醒财务报表使用者关注下列事项：①尽管已在财务报表中恰当列报，但对财务报表使用者理解财

务报表至关重要的事项；②未在财务报表中列报，但与财务报表使用者理解审计工作、注册会计师的责任或审计报告相关的其他事项。

（4）其他事项段、强调事项段、关键审计事项对财务报表使用的影响程度（由低到高）如图1503-1所示。

图1503-1 其他事项段、强调事项段、关键审计事项对财务报表使用的影响程度

（5）关键审计事项是当期财务报表审计中最为重要的事项，侧重“审计过程中注册会计师给予过重点关注”；强调事项侧重于对财务报表使用者理解财务报表至关重要。符合关键审计事项标准的，不得在强调事项段中表述。

（6）对同时符合关键审计事项与强调事项标准的事项的处理。在关键审计事项部分表述；可通过位置或表述突出其相对重要性。

（7）在强调事项段中不再涉及持续经营。持续经营存在重大不确定性，不再在强调事项段中强调，而是单设段落。

（8）仍然强调的事项。有些事项符合强调事项的标准，但不符合关键审计事项的标准（例如期后事项）。对非上市公司的审计，没有强制要求在审计报告中增加关键审计事项部分。

（9）强调事项段的位置。强调事项段在审计报告中的位置取决于拟沟通信息的性质和该信息对信息使用者的相对重要程度。强调事项如与适用的编制基础有关，可紧跟“发表意见的基础”部分；如审计报告中还包括“关键审计事项”部分，强调事项段可紧接其前或其后，取决于注册会计师对强调事项段中所列信息的相对重要程度的判断；为进一步与关键审计事项部分中的事项相区别，可在强调事项后进一步增加子标题，如强调事项——期后事项。

（10）强调事项与关键审计事项的关系。

关键审计事项与强调事项应该怎么区分？审计报告，既可能有关键审计事项，又可能增加强调事项段，到底哪些事项应该放在关键审计事项里，哪些事项放在强调事项里，这个问题可能会引起很多的困惑。下面我们把这两个概念放在一起来比较一下。

①区别。所站的角度不同。关键审计事项：注册会计师审计的角度；强调事项：独立于注册会计师审计而存在。

②联系。可能是同一事项，放在关键审计事项中披露。

把这两个概念放在一起进行比较，我们就会发现，这两者所站的角度不同。关键审计事项是站在注册会计师审计的角度来探讨的，注册会计师与治理层沟通了哪些事项，在审计过程中重点关注了哪些事项，自己认为哪些事项对本期审计最为重要，这都是站在注册会计师审计的角度来说的。可以说，因为注册会计师执行了审计工作，才有了关键审计事项。而强调事项，是独立于注册会计师审计而存在的，已在财务报表中进行了恰当列报，并且对财务报表使用者理解财务报表至关重要，没有站在注册会计师的角度来说，注册会计师审不审计，都对使用者理解财务报表至关重要。举一个简单的例子，比如在财务报表日至审计报告日之间，被审计单位的生产设备发生了火灾，损失比较严重，被审计单位已经作为期后事项披露，符合会计准则的规定，这个事项可能对被审计单位的财务状况造成很大的影响，也就是说，对财务报表使用者理解财务报表至关重要，应该属于强调事项。但是这个事项在本期财务报表审计的过程中，却不是注册会计师重点关注过的事项，因此，它不应该算是关键审计事项。

这是它们的一个区别，当然，它们之间也是有联系的。有时候，这两者也可能是同一个事项。比如某个事项，对本期审计最为重要，同时，对财务报表使用者理解财务报表也至关重要，这种情况下，这个事项既是关键审计事项，又是强调事项。这种情况下怎么处理呢？可以放在关键审计事项中去说，而不再就这一事项增加强调事项段，但是在关键审计事项中，要说明这一事项对财务报表使用者理解财务报表来说至关重要。

在这里，我们可以看出第1503号准则对强调事项段修订的主要变化，就是强调事项段的范围与以前不同了，以前的强调事项，现在有一部分要放在关键审计事项中去交代，而另一部分，仍然在强调事项段中去交代。这是关键审计事项与强调事项的区别与联系，希望大家能够注意区分。

（二）审计报告中的强调事项段

1. 出具带强调事项段的审计意见的情形（见表1503-2）

表1503-2　　出具带强调事项段的审计意见的情形

序号	职业判断情形	准则或应用指南
1	异常诉讼或监管行动的未来结果具有不确定性（其结果依赖于未来行动或事项，不受被审计单位的直接控制，但对财务报表产生重大影响）	第1503号准则应用指南5
2	应用对报表有广泛影响的新会计准则（在允许的情况下）	
3	存在已经或持续对被审计单位财务状况产生重大影响的特大灾难	
4	期后事项： ①针对第二时段期后事项。审计报告日后至财务报表报出日前，管理层修改财务报表。在有关法律法规或适用的财务报告编制基础未禁止的情况下，如果管理层对财务报表的修改仅限于反映导致修改的期后事项的影响，被审计单位的董事会、管理层或类似机构也仅对有关修改进行批准，注册会计师可以仅针对有关修改将第1503号准则第九条和第十条所述的审计程序延伸至新的审计报告日。在这种情况下，注册会计师应当选用下列处理方式之一：……（二）出具新的或经修改的审计报告，在强调事项段或其他事项段中说明注册会计师对期后事项（第一时段）实施的审计程序仅限于财务报表相关附注所述的修改。 ②针对第三时段期后事项。在财务报表报出后，管理层修改财务报表。第十九条 注册会计师应当在新的或经修改的审计报告中增加强调事项段或其他事项段，提醒财务报表使用者关注财务报表附注中有关修改原财务报表的详细原因和注册会计师提供的原审计报告	第1503号准则应用指南5及第1332号准则第十五条第（二）项和第十九条
5	与财务报表一同列报的补充信息未审计。如果认为适用的财务报告编制基础未作要求的补充信息不构成已审计财务报表的必要组成部分，注册会计师应当评价这些补充信息的列报方式是否充分、清楚地使其与已审计财务报表相区分。如果未能充分、清楚地区分，注册会计师应当要求管理层改变未审计补充信息的列报方式。如果管理层拒绝改变，注册会计师应当指出未审计的补充信息，并在审计报告中说明这些补充信息未审计	第1501号准则第四十六条

续表

序号	职业判断情形	准则或应用指南
6	相关部门要求采用的财务报告编制基础不可接受。如果相关部门要求采用的财务报告编制基础不可接受，只有同时满足下列所有条件，注册会计师才能承接该项审计业务：（一）管理层同意在财务报表中作出额外披露，以避免财务报表产生误导；（二）在审计业务约定条款中明确，注册会计师按照《中国注册会计师审计准则第1503号——在审计报告中增加强调事项段和其他事项段》的规定，在审计报告中增加强调事项段，以提醒使用者关注额外披露；注册会计师在对财务报表发表的审计意见中不使用“财务报表在所有重大方面按照［适用的财务报告编制基础］编制，公允反映了……”等措辞，除非法律法规另有规定	第1111号准则第十九条
7	财务报表按照特殊目的编制基础编制。注册会计师对特殊目的财务报表出具的审计报告应当增加强调事项段，以提醒审计报告使用者关注财务报表按照特殊目的编制基础编制，因此，财务报表可能不适用于其他目的	第1601号准则第十五条
8	对于没有在财务报表中确认的会计估计，注册会计师评价的重点是会计估计是否在实质上已满足适用的财务报告编制基础规定的确认标准。即使某一项会计估计没有得到确认，且注册会计师认为这种处理是恰当的，可能仍然有必要在财务报表附注中披露具体情况。注册会计师也可能认为有必要在审计报告中增加强调事项段，以提醒财务报表使用者关注重大不确定性的存在。《中国注册会计师审计准则第1503号——在审计报告中增加强调事项段和其他事项段》及其应用指南作出了与强调事项段相关的规定，并提供了相应指引	第1321号准则应用指南114
9	如果存在错报的上期财务报表尚未更正，并且没有重新出具审计报告，但对应数据已在本期财务报表中得到适当重述或恰当披露，注册会计师可以在审计报告中增加强调事项段，以描述这一情况，并提及详细描述该事项的相关披露在财务报表中的位置	第1511号准则应用指南6
10	如果在具体情况下运用持续经营假设是不适当的，管理层可能被要求或自愿选择按照其他会计基础（如清算基础）编制财务报表。 注册会计师可以对财务报表进行审计，前提是注册会计师确定其他会计基础在具体情况下是可接受的编制基础。如果财务报表对其采用的会计基础已作出充分披露，注册会计师可以对这些财务报表发表无保留意见，但可能认为按照《中国注册会计师审计准则第1503号——在审计报告中增加强调事项段和其他事项段》的规定在审计报告中增加强调事项段是适当或必要的，以提醒财务报表使用者注意其他会计基础及其使用理由	第1324号准则应用指南27

2. 如果在审计报告中增加强调事项段，注册会计师应当采取的措施

（1）将强调事项段作为单独的一部分置于审计报告中，并使用包含“强调事项”这一术语的适当标题。

（2）明确提及被强调事项以及相关披露的位置，以便能够在财务报表中找到对该事项的详细描述。强调事项段应当仅提及已在财务报表中列报的信息。

（3）指出审计意见没有因该强调事项而改变。

3.防止滥用强调事项段

强调事项段的过多使用会降低注册会计师沟通所强调事项的有效性。此外，与财务报表中的列报相比，在强调事项段中包括过多的信息，可能隐含着这些事项未被恰当列报。因此，第1503号准则规定将强调事项段的使用限制在财务报表已列报的事项上。

在审计报告中增加强调事项段不影响审计意见。增加强调事项段不能代替下列情形：

（1）根据审计业务的具体情况，按照《中国注册会计师审计准则第1502号——在审计报告中发表非无保留意见》的规定发表非无保留意见；

（2）适用的财务报告编制基础要求管理层在财务报表中作出的披露，或为实现公允列报所需的其他披露；

（3）按照《中国注册会计师审计准则第1324号——持续经营》的规定，当可能导致对被审计单位持续经营能力产生重大疑虑的事项或情况存在重大不确定性时作出的报告。

【应用分析1503-1】A和B两位注册会计师分别作为申根会计师事务所审计项目合伙人和项目负责人，在审计ABC公司20×1年度财务报表时的背景信息如下：

（1）是对非上市实体整套财务报表进行审计。该审计不属于集团审计（即不适用《中国注册会计师审计准则第1401号——对集团财务报表审计的特殊考虑》）。

（2）ABC公司管理层按照企业会计准则编制财务报表。

（3）审计业务约定条款体现了《中国注册会计师审计准则第1111号——就审计业务约定条款达成一致意见》中关于管理层对财务报表责任的描述。

（4）由于偏离企业会计准则的规定导致发表保留意见。具体情况为：ABC公司20×1年12月31日资产负债表中以公允价值计量且其变动计入当期损益的金融资产的列示金额为×元。ABC公司管理层根据成本对以公允价值计量且其变动计入当期损益的金融资产进行计量。

（5）适用的相关职业道德要求为中国注册会计师职业道德守则。

（6）基于获取的审计证据，根据《中国注册会计师审计准则第1324号——持续经营》，注册会计师认为可能导致对被审计单位持续经营能力产生重大疑虑的事项或情况不存在重大不确定性。

（7）在财务报表日至审计报告日之间，被审计单位的生产设备发生了火灾，被审计单位已将其作为期后事项披露。根据注册会计师的判断，该事项对财务报表使用者理解财务报表至关重要，但在本期财务报表审计中不是重点关注过的事项。

（8）注册会计师未被要求，并且也决定不沟通关键审计事项。

（9）注册会计师在审计报告日前未获取任何其他信息。

（10）负责监督财务报表的人员与负责编制财务报表的人员不同。

（11）除财务报表审计外，注册会计师还承担法律法规要求的其他报告责任，且注册会计师决定在审计报告中履行其他报告责任。

要求：根据以上资料，撰写“保留意见”和“强调事项”段落，其他段落可省略。

> **审计报告**
>
> ABC股份有限公司全体股东：
>
> （一）保留意见
>
> 我们审计了ABC股份有限公司（以下简称ABC公司）财务报表，包括20×1年12月31日的资产负债表，20×1年度的利润表、现金流量表、股东权益变动表以及相关财务报表附注。
>
> 我们认为，除“形成保留意见的基础”部分所述事项产生的影响外，后附的财务报表在所有重大方面按照企业会计准则的规定编制，公允反映了ABC公司20×1年12月31日的财务状况以及20×1年度的经营成果和现金流量。
>
> （二）形成保留意见的基础
>
> ABC公司20×1年12月31日资产负债表中以公允价值计量且其变动计入当期损益的金融资产的列示金额为×元。ABC公司管理层（以下简称管理层）根据成本对以公允价值计量且其变动计入当期损益的金融资产进行计量，而没有根据公允价值进行计量，这不符合企业会计准则的规定。ABC公司的会计记录显示，如果管理层以公允价值来计量以公允价值计量且其变动计入当期损益的金融资产，ABC公司20×1年度利润表中公允价值变动损益将减少×元，20×1年12月31日资产负债表中以公允价值计量且其变动计入当期损益的金融资产列示金额将减少×元。相应地，所得税、净利润和股东权益将分别减少×元、×元和×元。
>
> ……
>
> （三）强调事项——火灾的影响
>
> 我们提醒财务报表使用者关注，财务报表附注×描述了火灾对ABC公司的生产设备造成的影响。本段内容不影响已发表的审计意见。
>
> （四）管理层和治理层对财务报表的责任（略）
>
> （五）注册会计师对财务报表审计的责任（略）
>
> ……

（三）审计报告中的其他事项段

1.在审计报告中增加其他事项段

如果认为有必要沟通虽然未在财务报表中列报，但根据职业判断认为与财务报表使用者理解审计工作、注册会计师的责任或审计报告相关的事项，在同时满足下列条件时，注册会计师应当在审计报告中增加其他事项段：

（1）未被法律法规禁止。

（2）当《中国注册会计师审计准则第1504号——在审计报告中沟通关键审计事项》适用时，该事项未被确定为在审计报告中沟通的关键审计事项。

2. 出具带其他事项段审计意见的情形（见表1503-3）

表1503-3　　　　　出具带其他事项段审计意见的情形

序号	职业判断情形	准则或应用指南
1	与使用者理解审计工作相关的情形： ①《中国注册会计师审计准则第1151号——与治理层的沟通》要求注册会计师就计划的审计范围和时间安排与治理层进行沟通，包括沟通注册会计师识别的特别风险。尽管与特别风险相关的事项可能被确定为关键审计事项，根据《中国注册会计师审计准则第1504号——在审计报告中沟通关键审计事项》对关键审计事项的定义，其他与计划及范围相关的事项（例如，计划的审计范围或审计中对重要性的运用）不太可能构成关键审计事项。然而，法律法规可能要求注册会计师在审计报告中沟通与计划及范围相关的事项，或者注册会计师可能认为有必要在其他事项段中沟通这些事项。 ②在少数情况下，即使由于管理层对审计范围施加的限制导致无法获取充分、适当的审计证据可能产生的影响具有广泛性，注册会计师也不能解除业务约定。在这种情况下，注册会计师可能认为有必要在审计报告中包含其他事项段，解释为何不能解除业务约定	第1503号准则应用指南9及10
2	与使用者理解注册会计师的责任或审计报告相关的情形：法律法规或得到广泛认可的惯例可能要求或允许注册会计师详细说明某些事项，以进一步解释注册会计师在财务报表审计中的责任或审计报告。当其他事项部分包含多个事项，并且根据注册会计师的职业判断，这些事项与财务报表使用者理解审计工作、注册会计师的责任或审计报告相关时，对每个事项使用不同的子标题可能是有帮助的	第1503号准则应用指南11
3	对两套或两套以上财务报表出具审计报告的情形：被审计单位可能按照通用目的编制基础（如×国财务报告编制基础）编制一套财务报表，且按照另一个通用目的编制基础（如国际财务报告准则）编制另一套财务报表，并委托注册会计师同时对两套财务报表出具审计报告。如果注册会计师已确定两套财务报表的编制基础在各自情形下是可接受的，可以在审计报告中增加其他事项段，说明该被审计单位根据另一个通用目的编制基础编制了另一套财务报表以及注册会计师对这些财务报表出具了审计报告	第1503号准则应用指南13
4	限制审计报告分发和使用的情形：为特定目的编制的财务报表可能按照通用目的编制基础编制，因为财务报表预期使用者已确定这种通用目的财务报表能够满足他们对财务信息的需求。由于审计报告旨在提供给特定使用者，注册会计师可能认为在这种情况下需要增加其他事项段，说明审计报告只是提供给财务报表预期使用者，不应被分发给其他机构或人员或者被其他机构或人员使用	第1503号准则应用指南14

续表

序号	职业判断情形	准则或应用指南
5	期后事项： ①针对第二时段期后事项。审计报告日后至财务报表报出日前，管理层修改财务报表。在有关法律法规或适用的财务报告编制基础未禁止的情况下，如果管理层对财务报表的修改仅限于反映导致修改的期后事项的影响，被审计单位的董事会、管理层或类似机构也仅对有关修改进行批准，注册会计师可以仅针对有关修改将本准则第九条和第十条所述的审计程序延伸至新的审计报告日。在这种情况下，注册会计师应当选用下列处理方式之一：……（二）出具新的或经修改的审计报告，在强调事项段或其他事项段中说明注册会计师对期后事项（第一时段）实施的审计程序仅限于财务报表相关附注所述的修改。 ②针对第三时段期后事项。在财务报表报出后，管理层修改财务报表。 第十九条　注册会计师应当在新的或经修改的审计报告中增加强调事项段或其他事项段，提醒财务报表使用者关注财务报表附注中有关修改原财务报表的详细原因和注册会计师提供的原审计报告	第 1332 号准则第十五条第（二）项和第十九条
6	如果上期财务报表已由前任注册会计师审计，注册会计师在审计报告中可以提及前任注册会计师对对应数据出具的审计报告。 当注册会计师决定提及时，应当在审计报告的其他事项段中说明：①上期财务报表已由前任注册会计师审计；②前任注册会计师发表的意见的类型（如果是非无保留意见，还应当说明发表非无保留意见的理由）；③前任注册会计师出具的审计报告的日期	第 1511 号准则第十六条
7	如果上期财务报表未经审计，注册会计师应当在审计报告的其他事项段中说明对应数据未经审计。但这种说明并不减轻注册会计师获取充分、适当的审计证据，以确定期初余额不含有对本期财务报表产生重大影响的错报的责任	第 1511 号准则第十七条
8	当因本期审计而对上期财务报表发表审计意见时，如果对上期财务报表发表的意见与以前发表的意见不同，注册会计师应当按照《中国注册会计师审计准则第1503号——在审计报告中增加强调事项段和其他事项段》的规定，在其他事项段中披露导致不同意见的实质性原因	第 1511 号准则第十九条
9	如果上期财务报表已由前任注册会计师审计，除非前任注册会计师对上期财务报表出具的审计报告与财务报表一同对外提供，注册会计师除对本期财务报表发表意见外，还应当在其他事项段中说明： ①上期财务报表已由前任注册会计师审计； ②前任注册会计师发表的意见的类型（如果是非无保留意见，还应当说明发表非无保留意见的理由）； ③前任注册会计师出具审计报告的日期	第 1511 号准则第二十条
10	如果上期财务报表未经审计，注册会计师应当在其他事项段中说明比较财务报表未经审计。但这种说明并不减轻注册会计师获取充分、适当的审计证据，以确定期初余额不含有对本期财务报表产生重大影响的错报的责任	第 1511 号准则第二十二条

必须指出：第1503号准则应用指南强调，增加其他事项段不涉及以下两种情形：

（1）除审计准则规定的责任外，注册会计师还有其他报告责任（参见《中国注册会计师审计准则第1501号——对财务报表形成审计意见和出具审计报告》第三十六条至第三十八条）；

（2）注册会计师可能被要求实施额外的规定程序并予以报告，或对特定事项发表意见。

【应用分析1503-2】审计报告中的其他事项。

> 审计报告
>
> ABC股份有限公司全体股东：
>
> ……
>
> （三）其他事项
>
> 2016年12月31日的资产负债表，2016年度的利润表、现金流量表和所有者权益变动表以及财务报表附注由其他会计师事务所审计，并于2017年4月5日发表了无保留意见。
>
> ……

第四节 在审计报告中沟通关键审计事项（第1504号）

一、概述

（一）本准则制定与修订背景

2008年全球爆发金融危机，国际上对于提高审计质量、提升审计报告信息含量的呼声日趋高涨。

2014年欧盟出台了新的审计指令，在对公众利益实体的监管要求中明确提出审计师须出具更具"信息量"的审计报告；美国的审计准则制定机构也正在进行相关改革。

一方面，2015年年初，国际审计与鉴证准则理事会发布了新制定（修订）的审计报告系列准则，其中最大的变化是要求审计师在为上市公司财务报表出具的审计报告中，就关键审计事项进行沟通，目的是大力加强审计报告对投资者和其他财务报告使用者的效用，为其决策提供更多有用信息。经济全球化要求我们顺应这一发展潮流。另一方面，我国资本市场的改革和注册制的推行，将进一步要求提升审计质量，提高审计报告的决策有用性。然而，目前审计报告的相关性和决策有用性较差，高度标准化的报告形式体现不出审计工作的价值，对审计报告进行改革已是大势所趋。此次准则的修订，旨在以审计报告为突破口，提升审计的质量和透明度。新的国际审计报告准则体系如图1504-1所示。

2016年12月23日，为了提高审计报告的信息含量，满足资本市场改革与发展对高质量会计信息的需求，保持我国审计准则与国际准则的持续全面趋同，财政部发布了《中国注册会计师审计准则第1504号——在审计报告中沟通关键审计事项》等12项中国注册会计师审计准则（财会〔2016〕24号，以下简称"新审计报告准则"）。新审计报告准则生效实施后，财政部的财会〔2010〕21号文件中涉及的有关11项准则同时废止。

《中国注册会计师审计准则第1504号——在审计报告中沟通关键审计事项》是在借鉴

《国际审计准则第701号——关键审计事项》的基础上新制定的准则。

准则明确要求注册会计师在上市实体审计报告中增加关键审计事项部分，定义了关键审计事项并规定了审计关键事项的决策框架，规范注册会计师如何确定关键审计事项以及就关键审计事项与治理层沟通、对在审计报告中描述关键审计事项作出规范、在审计工作底稿中记录关键审计事项。

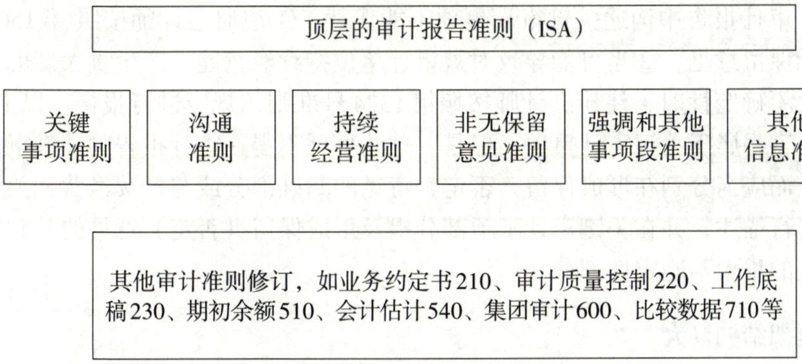

图1504-1 新的国际审计报告准则体系

（二）本准则2010年修订内容

不适用。

（三）本准则2016年修订内容

不适用。

（四）本准则2019年修订内容

本准则本次未修订，其应用指南只是将“列报或披露”改为“列报”等。

（五）本准则学习中注意事项

（1）对于A+H股公司供内地使用的审计报告，应于2017年1月1日起执行本批准则；对于A+H股公司供境外使用的审计报告，如果选择按照中国注册会计师审计准则出具审计报告，应于2017年1月1日起执行本批准则；对于H股公司的财务报表审计业务，如果选择按照中国注册会计师审计准则出具审计报告，应于2017年1月1日起执行本批准则。

（2）对于股票在沪深交易所交易的上市公司（即主板公司、中小板公司、创业板公司，包括除A+H股公司以外其他在境内外同时上市的公司）、首次公开发行股票的申请企业（IPO公司），其财务报表审计业务，应于2018年1月1日起执行本批准则。

（3）对于股票在全国中小企业股份转让系统公开转让的非上市公众公司（新三板公司）中的创新层挂牌公司、面向公众投资者公开发行债券的公司，应视同上市公司，其财务报表审计业务，应于2018年1月1日起执行本批准则。

（4）对于其他实体的财务报表审计业务，暂不要求执行本批准则中仅针对上市实体审计业务的规定；对于本批准则中的其他规定，应于2018年1月1日起执行。允许和鼓励提前执行本批准则。

（5）第1501号准则、第1151号准则、第1521号准则的部分条款对上市实体的审计业务作出了额外的强制要求，包括披露项目合伙人姓名、与治理层沟通独立性、在审计报告日前不能获取所有其他信息的特殊考虑等。

（6）如果注册会计师确定某事项为关键审计事项，同时该事项对财务报表使用者理解财务报表至关重要，即亦符合强调事项段的标准，在这种情况下，注册会计师应当在审计报告的“关键审计事项”部分描述该事项，不得对该事项使用强调事项段。如果注册会计师确定某事项为关键审计事项，同时还确定存在其他的对财务报表使用者理解财务报表至关重要的事项，在这种情况下，注册会计师需要在审计报告“关键审计事项”部分和“强调事项”部分分别进行描述。

（7）在审计报告中沟通关键审计事项不能代替：①注册会计师按照第1502号准则规定发表非无保留意见；②当可能导致对被审计单位持续经营能力产生重大疑虑的事项或情况存在重大不确定性时，注册会计师按照第1324号准则的规定进行报告。以上两种情况，就其性质而言都属于关键审计事项。但是，这些事项不得在审计报告的关键审计事项部分进行描述，而应当分别在形成保留（否定）意见的基础部分或与持续经营相关的重大不确定性部分进行描述，并在关键审计事项部分提及形成保留（否定）意见的基础部分或与持续经营相关的重大不确定性部分。

二、框架结构简介

本准则共4章18条，其框架结构见表1504-1。

表1504-1　框架结构

章	名称	节	条	主要内容
第一章	总则	—	1~6	本准则制定的目的、适用范围及与第1502号、第1324号准则的关系
第二章	定义	—	7	解释本准则中包含的术语
第三章	目标	—	8	界定执行本准则应实现的目标
第四章	要求	1~4	9~18	规定注册会计师为实现准则目标应遵守的要求，即注册会计师在相关业务环境下应当实施的所有必要程序

三、重点难点解析

（一）关键审计事项的性质

注册会计师在对上市实体整套通用目的的财务报表进行审计时，应当在审计报告中沟通关键审计事项，或者注册会计师决定或委托方要求或法律法规要求可能在审计报告中沟通关键审计事项的。关键审计事项，英文为Key Audit Matter，简称KAM，是指注册会计师根据职业判断认为对本期财务报表审计最为重要的事项。

注册会计师的目标是，确定关键审计事项，并在对财务报表形成审计意见后，以在审计报告中描述关键审计事项的方式沟通这些事项。注册会计师应当从与治理层沟通过的事项中确定在执行审计工作时重点关注过的事项。在审计报告的关键审计事项部分逐项描述关键审计事项时，注册会计师应当分别索引至财务报表的相关披露（如有），并同时说明下列内容：

（1）该事项被认定为审计中最为重要的事项之一，因而被确定为关键审计事项的原因；

（2）该事项在审计中是如何应对的。

关键审计事项从注册会计师已与治理层沟通过的事项中选取。在审计报告中沟通关键审计事项以注册会计师已就财务报表整体形成审计意见为背景。在审计报告中沟通关键审计事项不能代替下列事项：

一是管理层按照适用的财务报告编制基础在财务报表中作出的披露，或为使财务报表实现公允反映而作出的披露。因为这些披露属于管理层的责任，而关键审计事项属于注册会计师的责任，会计责任和审计责任要明确区分。

二是注册会计师按照第1502号准则的规定，根据审计业务的具体情况发表非无保留意见。这里涉及两个概念：一个是关键审计事项；一个是导致发表非无保留意见的事项。导致发表非无保留意见的事项是不是关键审计事项？其实严格来说，如果要抠关键审计事项定义的话，应该说一个事项既然能够导致注册会计师发表非无保留意见，那么肯定与治理层沟通过，肯定在审计过程中重点关注过，而且肯定也是对本期审计来说非常重要的事项，应该也符合关键审计事项的定义。也就是说，导致发表非无保留意见的事项也属于关键审计事项。但是这一段说的是什么意思呢？它是说导致发表非无保留意见的事项，虽然是关键审计事项，但是你不能把它放在审计报告的关键审计事项部分去披露，而是要放在形成非无保留意见的基础部分去披露，如果你把它放在关键审计事项部分去披露，一定得是不影响审计意见的事项。这两个概念大家要注意区分。

三是关键审计事项不能代替当可能导致对被审计单位持续经营能力产生重大疑虑的事项或情况存在重大不确定性时，注册会计师按照第1324号准则的规定进行报告。这一条跟上一条是相似的，导致对持续经营产生重大疑虑的事项，也有可能属于关键审计事项，但这些事项要放在与持续经营相关的重大不确定性部分，而不是关键审计事项部分去披露。

然后又说在审计报告中沟通关键审计事项也不应视为注册会计师就单一事项单独发表意见。就是说披露关键审计事项，不是就这个事项发表审计意见，而且关键审计事项不影响已发表的审计意见。大家要特别注意，在审计报告的关键审计事项部分披露的关键审计事项，一定得是不影响审计意见的事项才行。

（二）关键审计事项的作用

（1）旨在通过提高已执行审计工作的透明度，增加审计报告的沟通价值，从而提高审计报告的决策相关性和有用性。

（2）能够为财务报表使用者提供额外的信息，以帮助其了解注册会计师根据职业判断认为对当期财务报表审计最为重要的事项。

（3）帮助财务报表预期使用者了解被审计单位，以及已审计财务报表中涉及重大管理层判断的领域。

（4）沟通关键审计事项，还能够为财务报表预期使用者就与被审计单位、已审计财务报表或已执行审计工作相关的事项进一步与管理层和治理层沟通提供基础。

（5）有助于加强注册会计师与治理层进行沟通，同时还可能提高管理层与治理层对审计报告中提及的财务报表披露的关注程度。

（三）确定关键审计事项的决策框架

《中国注册会计师审计准则第1151号——与治理层的沟通》要求注册会计师与被审计单位治理层沟通审计中发现的事项，包括注册会计师对被审计单位会计实务（包括会计政策、会计估计和财务报表披露）重大方面的质量的看法，审计工作中遇到的重大困难，已与管理层讨论或需要书面沟通的审计中出现的重大事项等。由于与治理层或其下属委员会的沟通通常构成注册会计师与被审计单位内部最高层级的沟通，且这些事项通常对注册会计师获取充分、适当的审计证据或对财务报表形成审计意见构成挑战，影响注册会计师的总体审计策略以及对这些事项分配的审计资源和审计工作力度，或需要进行会计师事务所内部或外部的咨询，也是质量控制复核人员在复核时需要考虑的事项，因而这些事项也是财务报表使用者特别感兴趣的领域。但是，除导致注册会计师对财务报表发表非无保留意见的事项外，这些事项虽较多与财务报表中披露的事项相关，却并没有体现在注册会计师出具的审计报告中。基于通过提高已执行审计工作的透明度增加审计报告的沟通价值的宗旨，第1504号准则要求注册会计师从与治理层沟通过的事项中选取对本期财务报表审计最为重要的事项，即关键审计事项，并在审计报告中与财务报表使用者沟通这些事项。

根据关键审计事项的定义，注册会计师在确定关键审计事项时，需要遵循“三层剥笋法”决策框架（如图1504-2和图1504-3所示）。

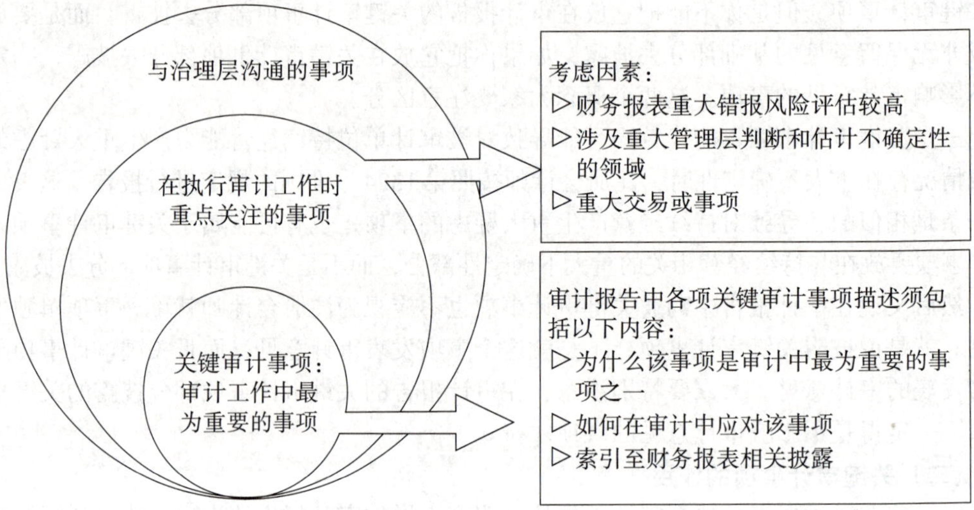

图1504-2　关键审计事项“三层剥笋法”决策框架（1）

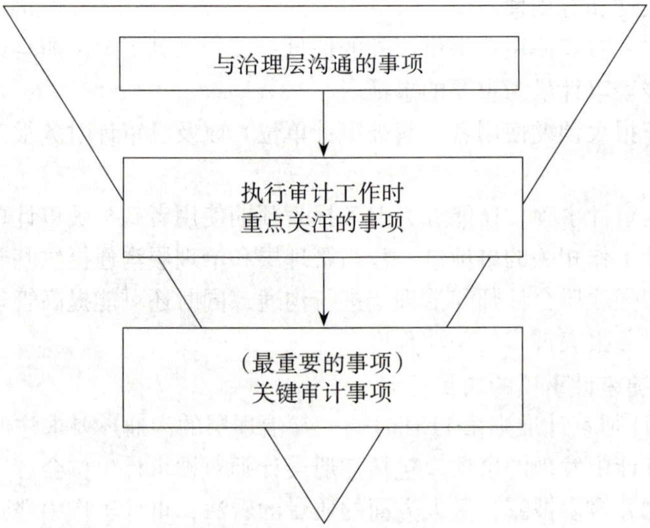

图1504-3　关键审计事项“三层剥笋法”决策框架（2）

1.起点——与治理层沟通的事项

以“与治理层沟通的事项”为起点，选择关键审计事项。《中国注册会计师审计准则第1151号——与治理层的沟通》第十五至十八条要求：注册会计师与被审计单位治理层沟通审计过程中的重大发现，包括注册会计师对被审计单位的重要会计政策、会计估计和财务报表披露等会计实务的看法，在审计过程中遇到的重大困难，已与治理层讨论或需要书面沟通的重大事项等，以便治理层履行其监督财务报告过程的职责。对财务报表和审计报告使用者信息需求的调查结果表明，他们对这些事项感兴趣，并且呼吁增加这些沟通的透明度。因此，首先应从与治理层沟通的事项中选取关键审计事项。与治理层沟通的事项如图1504-4所示。

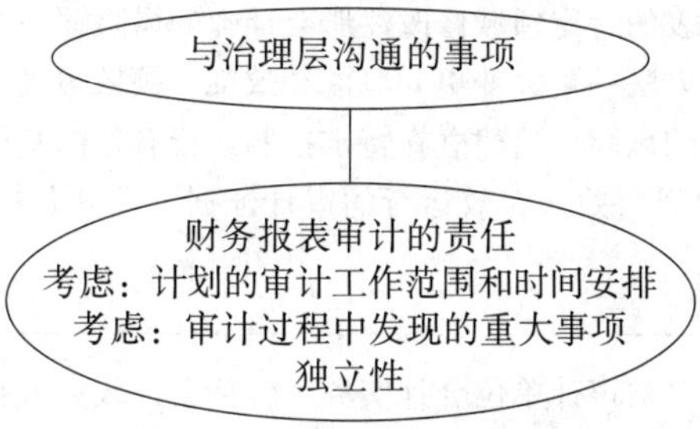

图1504-4 与治理层沟通的事项

2.重点（中间点）——重点关注过的事项

从“与治理层沟通的事项”中选出“在执行审计工作时重点关注过的事项”。

（1）重点关注的概念。风险导向审计，注重识别和评估财务报表重大错报风险，设计和实施应对这些风险的审计程序，获取充分、适当的审计证据，以作为形成审计意见的基础。

（2）对于特定账户余额、交易类别或披露，评估的认定层次重大错报风险越高，在计划和实施审计程序并评价审计程序的结果时通常涉及的判断就越多。

（3）在设计进一步审计程序时，注册会计师评估的风险越高，就需要获取越有说服力的审计证据。

（4）当由于评估的风险较高而需要获取更具说服力的审计证据时，注册会计师可能需要增加所需审计证据的数量，或者获取更具相关性或可靠性的审计证据，如更注重从第三方获取审计证据或从多个独立渠道获取互相印证的审计证据。

（5）对注册会计师获取充分、适当的审计证据或对财务报表形成审计意见构成挑战的事项可能与注册会计师确定关键审计事项尤其相关。

（6）注册会计师重点关注过的领域通常与财务报表中复杂、重大的管理层判断领域相关，因而通常涉及困难或复杂的注册会计师职业判断。相应地，重点关注过的事项通常影响注册会计师的总体审计策略以及对这些事项分配的审计资源和审计工作力度。这些影响可能包括高级审计人员参与审计业务的程度，或者注册会计师的专家或在会计、审计的特殊领域具有专长的人员（包括会计师事务所聘请或雇用的人员）对这些领域的参与等。

（7）注册会计师在确定哪些事项属于重点关注过的事项时，需要特别考虑“三大领域”的因素（见表1504-2）。

表 1504-2　　注册会计师需要特别考虑“三大领域”的因素及其他因素

考虑因素	说明
评估的重大错报风险较高的领域或识别出的特别风险	(1) 例如，重大管理层判断领域、重大非常规交易。 (2) 并非所有特别风险都属于重点关注领域，例如，《中国注册会计师审计准则第1141号——财务报表审计中与舞弊相关的责任》要求注册会计师在识别和评估由于舞弊导致的重大错报风险时，应当基于收入确认存在舞弊的假定，评价哪些类型的收入、收入交易或认定导致舞弊风险，并将这种由于舞弊导致的重大错报风险确认为特别风险。这些风险是否需要重点关注，需要注册会计师视其性质而定，作出具体分析，不能一概而论。如果这些风险不需要重点关注，注册会计师在确定关键审计事项时可能不必加以考虑。 (3) 针对财务报表的特定领域修改注册会计师的风险评估结果并重新评价计划实施的审计程序（即审计方法的重大变更）可能导致某一领域被确定为需要重点关注的领域。例如，注册会计师的风险评估建立在特定控制运行有效的基础上，而注册会计师获取了相关控制在审计期间内并未有效运行的审计证据，尤其是在评估的重大错报风险较高的领域
与财务报表中涉及重大管理层判断的领域相关的重大审计判断	(1) 注册会计师对被审计单位会计实务（包括会计政策、会计估计和财务报表披露）重大方面的质量的看法，通常涉及关键的会计估计和相关披露，可能属于重点关注领域。 (2) 具有高度估计不确定性的会计估计，高度依赖管理层判断，通常是财务报表中最为复杂的领域，并且可能同时需要管理层的专家和注册会计师的专家的参与，可能属于重点关注领域。 (3) 对财务报表具有重大影响的会计政策（以及这些政策的重大变更）对理解财务报表特别相关，可能属于重点关注领域，尤其是当被审计单位的实务与同行业其他实体不一致时
当期重大交易或事项对审计的影响	(1) 对财务报表或审计工作具有重大影响的事项或交易可能属于重点关注领域，并可能被识别为特别风险。例如，在审计过程中的各个阶段，注册会计师可能已与管理层和治理层就重大关联方交易或超出被审计单位正常经营过程之外的重大交易，或在其他方面显得异常的交易对财务报表的影响进行了大量讨论。管理层可能已就这些交易的确认、计量、列报作出困难或复杂的判断，这些判断可能已对注册会计师的总体审计策略产生重大影响。 (2) 经济、会计、法规、行业或其他方面的重大变化可能影响管理层的假设或判断，也可能影响注册会计师的总体审计方法，并导致某一事项需要重点关注
其他因素	(1) 对注册会计师获取充分、适当的审计证据或对财务报表形成审计意见构成挑战的事项。 (2) 影响注册会计师的总体审计策略以及分配的审计资源和审计工作力度的事项。 (3) 审计工作中遇到的重大困难，如关联方交易、集团审计受到的限制。 (4) 注册会计师可能已就某一重大技术事项向会计师事务所内部或外部其他人员进行咨询，可能表明该事项构成关键审计事项

3.关键点（终点）——最为重要的事项

从“在执行审计工作时重点关注过的事项”中筛选出最为重要的事项，这个最为重要的事项，就是关键审计事项。既然是最为重要的事项，就要体现出这个“最”字来，也就是说，关键审计事项不能太多，如果什么事情都当作关键审计事项来披露，那就体现不出关键两个字了。怎么筛选出最为重要的事项呢？应用指南建议从三个方面进行考虑：一是事项本身的重要程度；二是就该事项与治理层沟通的性质和范围；第三，其他方面的因素。

（1）考虑事项本身的重要程度。在考虑事项本身的重要程度时，不仅要考虑定量的因素，还要考虑定性的因素。例如事项的性质、事项涉及的金额、事项可能产生的影响等。另外，由于关键审计事项是为了给报表使用者提供与决策更为相关的信息，所以还要考虑到预期使用者对什么样的信息感兴趣，他们越感兴趣的事项，越有可能成为关键审计事项。

（2）考虑与治理层沟通的性质和范围。这个也比较好理解，因为与治理层沟通的性质和范围，通常能够表明哪些事项对审计来说最为重要。一般来说，事项越困难越复杂，注册会计师与治理层之间的沟通就可能越深入、越频繁或者越充分，这些事项越有可能涉及重大的不确定性，需要注册会计师或被审计单位作出重大职业判断，所以这种事项的重要程度相对来说会比较高。

除了上述两个方面的因素外，应用指南中还列出了以下七个方面的考虑因素：

（1）该事项对预期使用者理解财务报表整体的重要程度。很显然，关键审计事项就是披露给预期使用者看的，重要程度越高，越有可能作为关键审计事项来披露。

（2）与该事项相关的会计政策的性质或者与同行业其他实体相比，管理层在选择适当的会计政策时涉及的复杂程度或主观程度。一般来说，越复杂、越主观，说明这个会计处理的难度越大，则越有可能成为关键审计事项。

（3）从定性和定量方面考虑，与该事项相关的由于舞弊或错误导致的已更正错报和累积未更正错报的性质和重要程度。显然，性质越严重，重要程度越高，越有可能成为关键审计事项。

（4）为应对该事项所需要付出的审计努力的性质和程度，包括为应对该事项而实施审计程序或评价这些审计程序的结果在多大程度上需要特殊的知识或技能，还有就该事项在项目组之外进行咨询的性质。一般来说，所需要付出的审计努力越多，证明这个事项的审计难度越大，这个事项越可能成为关键审计事项。

（5）在实施审计程序、评价实施审计程序的结果、获取相关和可靠的审计证据以作为发表审计意见的基础时，注册会计师遇到的困难的性质和严重程度，尤其是当注册会计师的判断变得更加主观时。很显然，就是困难越大越严重，这个事项越可能成为关键审计事项。

（6）识别出的与该事项相关的控制缺陷的严重程度，控制缺陷越严重，越可能成为关键审计事项。

（7）该事项是否涉及多项可区分但又相互关联的审计考虑。比如说，一项长期合同的收入确认、未决诉讼或其他或有事项等方面，可能需要重点关注，并且可能影响到其他会计估计，这种事项就更可能被确定为关键审计事项。

在确定某一与治理层沟通过的事项的相对重要程度以及该事项是否构成关键审计事项时，图1504-5所示的“三大领域和七个方面”考量也可能是相关的。

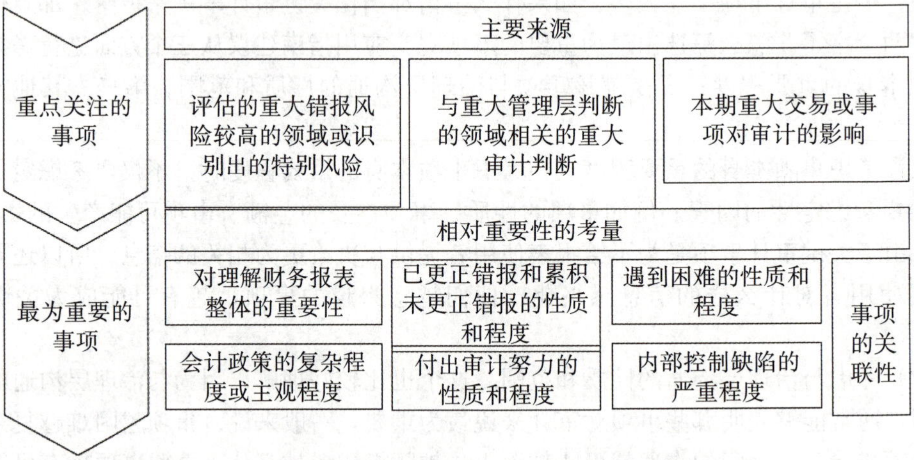

图1504-5　判断关键审计事项的"三大领域和七个方面"考量

4.比较财务报表中最为重要的审计事项

在比较财务报表中，即使已审计财务报表包含比较财务信息，也就是审计意见涉及财务报表的每个期间，注册会计师确定的关键审计事项也仅限于审计本期财务报表最为重要的事项，不涉及上期财务报表。

5.注册会计师确定关键审计事项的数量要求

注册会计师确定的关键审计事项的数量，受被审计单位的规模和复杂程度、业务和经营环境的性质，以及审计业务的具体事实和情况等因素的影响，需要注册会计师作出重大职业判断。在作出判断时，注册会计师需要以被审计单位和审计工作为背景，综合考虑该事项对预期使用者理解财务报表整体的重要程度、与该事项相关的会计政策的复杂程度或主观程度、为应对该事项需要付出的审计努力的性质和程度等多项因素。因此，第1504号准则并未对注册会计师应确定的关键审计事项的数量作出规定。"最为重要的事项"并不意味着只有一项。从需要重点关注的事项中，确定哪些事项以及多少事项对本期财务报表审计最为重要属于职业判断问题。"最为重要的事项"并不意味着只有一项。需要在审计报告中包含的关键审计事项的数量可能受被审计单位规模和复杂程度、业务和经营环境的性质，以及审计业务具体事实和情况的影响。总体来说，最初确定为关键审计事项的事项越多，注册会计师越需要重新考虑每一事项是否符合关键审计事项的定义，对关键审计事项作冗长的列举可能与这些事项是审计中最为重要的事项这一概念相抵触，但需要注意的是：

（1）基于通过提高已执行审计工作的透明度增加审计报告的沟通价值这一宗旨，在对上市实体整套通用目的财务报表进行审计时，注册会计师确定不存在任何一项需要在审计报告中沟通的关键审计事项，这种情况可能是极为罕见的。

（2）第1504号准则将关键审计事项定义为对本期财务报表审计最为重要的事项。基于"最为重要"这一考虑，注册会计师不宜确定太多的关键审计事项。如果对关键审计事项进行冗长的列举，将与其定义相抵触，财务报表使用者亦无法判断哪些事项"最为重要"。当然，这并不意味着关键审计事项只有一项。

【应用分析1504-1】关键审计事项“三层剥笋法”示例，如图1504-6所示。

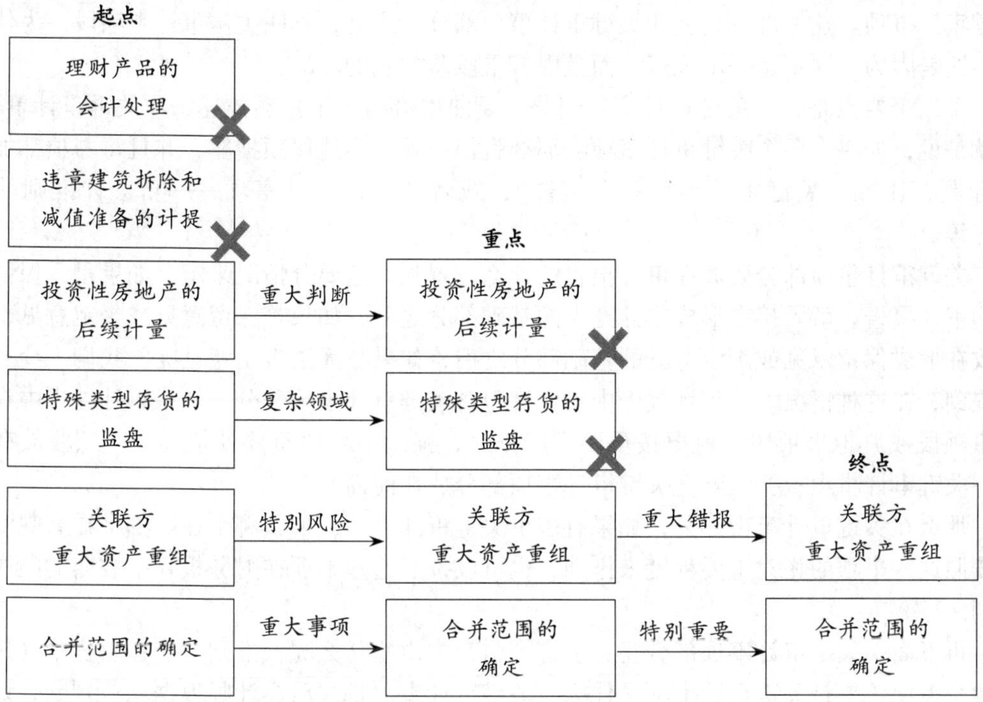

图1504-6　关键审计事项“三层剥笋法”示例

6.确定关键审计事项的注意事项

在确定关键审计事项的时候，有三个方面需要提请大家注意：

（1）注册会计师对关键审计事项的确定需要基于审计结果或整个审计过程中获取的审计证据。也就是说，关键审计事项的确定，需要综合考虑整个审计过程。

（2）关键审计事项仅限于对本期财务报表审计最为重要的事项。言外之意，就是对当前期间审计最为重要的事项，如果对本期的审计来说并不是最为重要的事项，那就不用作为本期的关键审计事项。对于这个本期应该怎么理解？一般情况下，本期就是指正在审计的这个会计年度，但是对于IPO审计来说，我们知道，IPO审计是审三年又一期的，那本期是指的最近一期呢？还是三年又一期都算本期呢？因为三年又一期都属于本次审计的范围，所以在这种情况下，本期的概念应该是三年又一期。只要是跟这三年又一期相关的事项都可能确定为关键审计事项。

（3）虽然关键审计事项仅限于对本期财务报表审计最为重要的事项，但并不代表注册会计师就不用再考虑以前年度确定的关键审计事项了。因为有些事项，去年是关键审计事项，今年还可能是关键审计事项，所以注册会计师可能需要考虑上期财务报表审计的关键审计事项对本期财务报表审计而言，是否仍为关键审计事项。

（四）在审计报告中沟通关键审计事项

前面我们介绍的是如何确定关键审计事项。在确定了关键审计事项之后，下一个问题，就是要在审计报告中披露关键审计事项，在披露的时候，准则又有哪些规定呢？

第一个要点是，关键审计事项要在审计报告中披露出来，而且要在专门的部分披露。

也就是说，要在审计报告中单设一部分，以关键审计事项为标题，这一部分专门用来披露关键审计事项。这一部分，就叫关键审计事项部分，注意，不叫关键审计事项段，为什么呢？这是因为，这不是一个段落，而是由若干段落构成的。

第二个要点是，在关键审计事项部分，要使用恰当的子标题描述每项关键审计事项。也就是说，如果有多个关键审计事项，那么就得一项一项地逐项披露，并且每一项都加一个标题，比如“关键审计事项——商誉”，或者“关键审计事项——新会计准则的影响”等。

关键审计事项部分要放在审计报告的什么位置呢？这要分情况来定，如果是无保留意见的审计报告，就紧接在形成审计意见的基础部分之后，如果是保留意见或否定意见，就要放在形成保留意见或否定意见的基础部分之后，如果是无法表示意见呢？我们一会儿还要提到，在这种情况下，审计报告中不允许包含关键审计事项部分。如果审计报告中有强调事项段或其他事项段，就要按重要程度排序，强调事项段重要就把强调事项段放在前面，关键审计事项重要，就把关键审计事项部分放在前面。

那么在关键审计事项部分，如果有多个关键审计事项，那么哪个在前哪个在后呢？可以按照这些事项的相对重要程度来排列，也可以按照这些事项在财务报表中披露的顺序来排列。

再下面，关键审计事项部分要有引言。引言中说些什么呢？准则要求在引言中同时说明两个事项：一是关键审计事项是什么，关键审计事项是注册会计师根据职业判断，认为对本期财务报表审计最为重要的事项；二是要说明关键审计事项的处理是以对财务报表整体进行审计为背景的，注册会计师对财务报表整体形成审计意见，而不对关键审计事项单独发表意见。如果财务报表列报了比较财务信息，那么在引言中还要提醒报表使用者所描述的关键审计事项仅与当期财务报表审计相关这一事实。大家可以看到，引言部分主要是为了帮助预期使用者理解关键审计事项而设的。

下一个需要关注的方面，是要将关键审计事项索引至财务报表的相关披露。也就是说，如果关键审计事项与财务报表中的某项披露相关，那么就应该在它们之间建立一个索引。比如说，使用“如财务报表附注×所述”等这样的措辞。

针对每项关键审计事项，注册会计师还要同时说明下列事项：第一个是该事项为什么被认为是本期财务报表审计中最为重要的事项之一，从而被确定为关键审计事项；第二个是对于该事项注册会计师在审计中是如何应对的。比如说，注册会计师需要交代一下，注册会计师为什么觉得这个事项最为重要，注册会计师针对这个事项实施了哪些审计程序、收集了哪些审计证据、得出了什么审计结论等。具体内容如下：

1.在审计报告中单设关键审计事项部分

为达到突出关键审计事项的目的，注册会计师应当在审计报告中单设一部分，以“关键审计事项”为标题，并在该部分使用恰当的子标题逐项描述关键审计事项。关键审计事项框架如图1504-7所示。

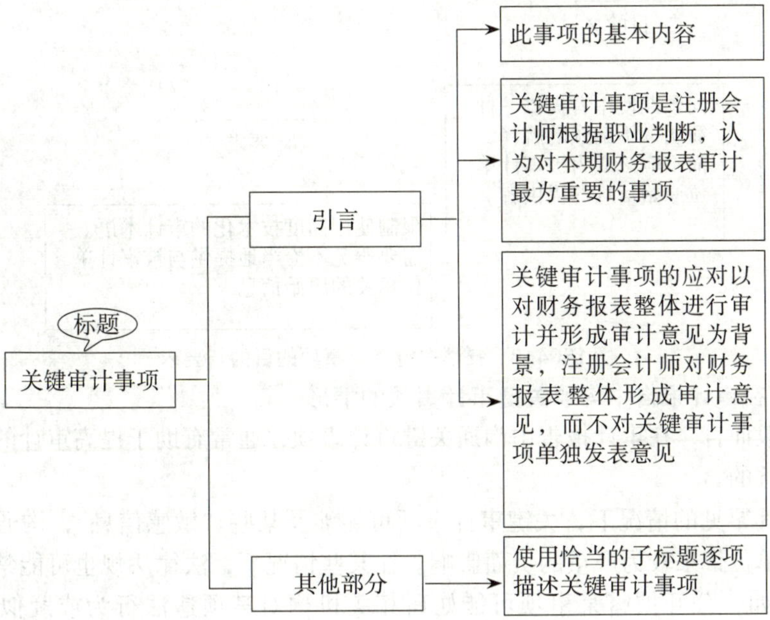

图 1504-7 关键审计事项框架

2. 描述单一关键审计事项

为帮助财务报表使用者了解注册会计师确定的关键审计事项，注册会计师应当在审计报告中逐项描述每一关键审计事项，并同时说明以下内容：

（1）该事项被认定为审计中最为重要的事项之一因而被确定为关键审计事项的原因。

（2）在审计中如何应对该事项。注册会计师可以描述以下内容：①审计应对措施或审计方法中，与该事项最为相关或对评估的重大错报风险最有针对性的方面；②对已实施审计程序的简要描述；③实施审计程序的结果；④对该事项的主要看法。

3. 描述关键审计事项的职业判断

需要特别强调的是，对某项关键审计事项的描述是否充分属于职业判断问题。

描述关键审计事项的注意点：

（1）考虑包含的信息与预期使用者的相关性，包含的信息一定是其最关心的，提高审计报告的相关性和决策的有用性。

（2）如有可能，应索引到该事项在财务报表中已作的披露或列报，其不是注册会计师的原创，这些信息是从注册会计师的审计工作底稿中选出来的，不是评估或讨论出来的，避免不恰当地提供与被审计单位相关的原始信息。

（3）提供与被审计单位相关的个性信息，避免通用的或标准化的套话，限制使用高度技术化的审计学术语言，应当使用通俗语言。

（4）不能暗示此事项在形成审计意见时尚未得到满意解决。

（5）不能包含或暗示对单独财务报表项目表示独立的意见。

描述关键审计事项的目的与要求如图 1504-8 所示。

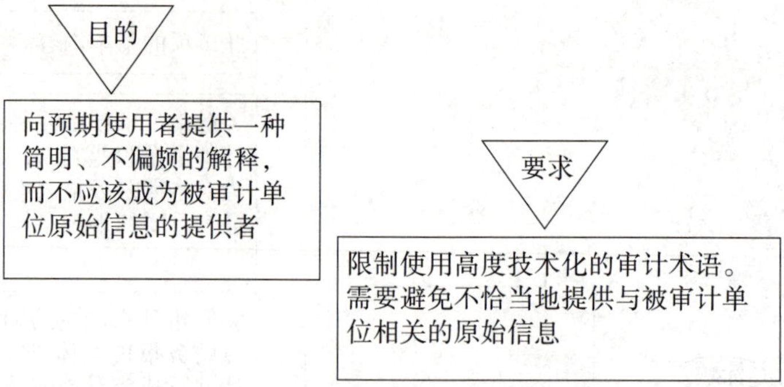

图1504-8 描述关键审计事项的目的与要求

（五）不在审计报告中沟通关键审计事项的情形

（1）一般而言，在审计报告中沟通关键审计事项，通常有助于提高审计的透明度，是符合公众利益的。

（2）极其罕见的情况下，关键审计事项可能涉及某些“敏感信息”，沟通这些信息可能为被审计单位带来较为严重的负面影响。在某些情况下，法律法规也可能禁止公开披露某事项。例如，公开披露某事项可能妨碍相关机构对某项违法行为或疑似违法行为的调查。

（3）除非法律法规禁止公开披露某事项，或者在极其罕见的情况下，如果合理预期在审计报告中沟通某事项造成的负面后果超过产生的公众利益方面的益处，注册会计师确定不应在审计报告中沟通该事项，否则注册会计师应当在审计报告中逐项描述关键审计事项。

不在审计报告中沟通关键审计事项的情形如图1504-9所示。

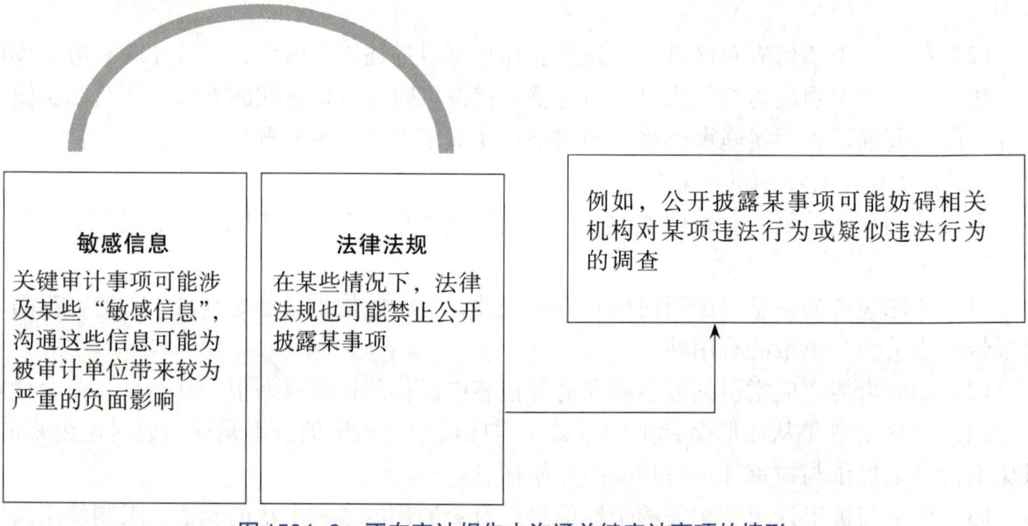

图1504-9 不在审计报告中沟通关键审计事项的情形

（六）就关键审计事项与治理层沟通

围绕关键审计事项，注册会计师要与治理层沟通哪些内容？准则要求必须沟通的，有两个方面：如果有关键审计事项的话，要沟通注册会计师确定的关键审计事项；如果没有关键审计事项的话，要告诉治理层，根据被审计单位和审计业务的具体情况，注册会计师确定不存在需要在审计报告中沟通的关键审计事项。治理层在监督财务报告过程中担当重要角色。就关键审计事项与治理层沟通，能够使治理层了解注册会计师就关键审计事项作出的审计决策的基础以及这些事项将如何在审计报告中作出描述，也能够使治理层考虑鉴于这些事项将在审计报告中沟通，作出新的披露或提高披露质量是否有用。因此，注册会计师就如图1504-10所示方面与治理层沟通。

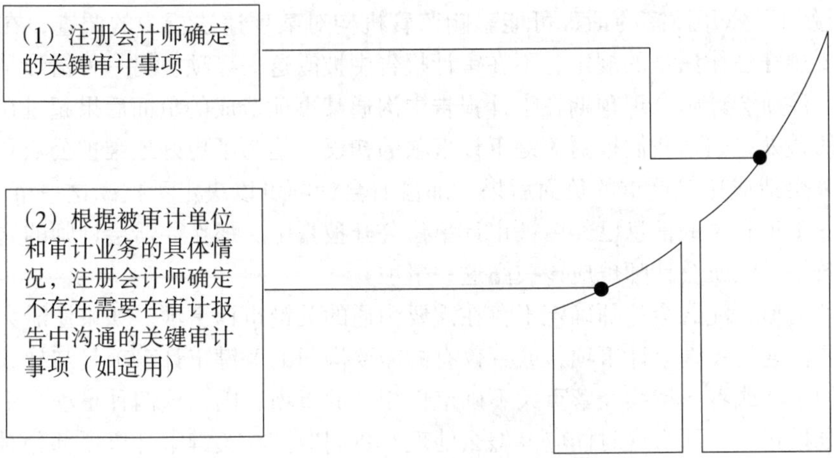

图1504-10 就关键审计事项与治理层沟通的内容

（七）关键审计事项的其他特殊情形

关于关键审计事项，我们还需要关注一些特殊的情形：

第一种情形，导致发表非无保留意见的事项。前面已经探讨过，如果一件事项导致注册会计师发表非无保留意见，那么注册会计师肯定就这个事项与治理层沟通过，而且在审计过程中重点关注过，所以这种事项从理论上来说，也属于关键审计事项。但是，这种事项不能放在审计报告的关键审计事项部分来披露，而是应该放在形成非无保留意见的基础部分来披露。但是，因为这类事项也属于关键审计事项，所以我们要在关键审计事项部分提及一下，怎么提及呢？比如“除了形成非无保留意见的基础部分所描述的事项外，我们确定下列事项是需要在审计报告中沟通的关键审计事项”或者“除了形成非无保留意见的基础部分所描述的事项外，我们认为不存在其他需要在审计报告中沟通的关键审计事项”等诸如此类的措辞。

第二种情形，是导致对被审计单位持续经营能力产生重大疑虑的事项或情况存在重大不确定性。这种情形与上面的情形类似，也符合关键审计事项的定义，但不得在关键审计事项部分进行描述，而要放在与持续经营有关的重大不确定性部分，同样，我们也要在关键审计事项部分提及。

第三种情形，是注册会计师在审计报告中发表无法表示意见。在这种情况下，一般不允许在审计报告中增加关键审计事项部分，除非法律法规另有规定。这个地方，就是第1502号准则，在审计报告中发表非无保留意见时涉及修订的地方，也就是增加了在无法表示意见的审计报告中不允许沟通关键审计事项的规定。为什么发表无法表示意见就不能沟通关键审计事项呢？应用指南中说，对财务报表整体发表无法表示意见，就是为了防止预期使用者不恰当地依赖财务报表，但是，除了导致发表无法表示意见的事项外，沟通任何其他关键审计事项，可能会暗示财务报表整体在这些事项方面比实际情况更为可信，也可能与对财务报表整体发表无法表示意见不一致。

第四种情形，是对披露关键审计事项的豁免。如果法律法规禁止公开披露某事项，或在极少数情形下，注册会计师合理预期在审计报告中沟通某事项造成的负面后果超过在公众利益方面产生的益处，注册会计师就可以豁免披露。豁免的情况有两种：一种情形是，注册会计师认为某一事项是关键审计事项，但法律法规禁止注册会计师公开披露这一事项，比如说如果公开披露的话，可能影响监管机构对某项违法行为的调查，在这种情况下，当然要遵守法律法规的规定，不在审计报告中披露这一事项。另一种情形是，在极少数情况下，注册会计师合理预期在审计报告中沟通某事项造成的负面后果超过在公众利益方面产生的益处，因为我们披露关键审计事项的初衷，是为了更好地维护公众利益，但如果披露出来会造成比较严重的负面后果，那注册会计师可以决定不披露这一事项。但是，如果与这一事项有关的信息已经由被审计单位公开披露了，那么注册会计师的这一豁免也就失去了效果，注册会计师也应该披露这一事项。

第五种情形，注册会计师确定不存在需要沟通的关键审计事项。如果注册会计师确定不存在需要沟通的关键审计事项，或者仅有的需要沟通的关键审计事项是与导致非无保留意见相关的事项或者与持续经营重大不确定性相关的事项，因为这两种事项是不在关键审计事项部分披露的，那么这时候应该怎么处理？我们应该在关键审计事项部分对此进行说明。比如，我们确定不存在需要沟通的关键审计事项，或者除形成非无保留意见的基础部分或与持续经营相关的重大不确定性部分所述事项外，我们确定不存在其他需要在审计报告中沟通的关键审计事项。

其他特殊情形的应对措施的归纳见表1504-3。

表1504-3　其他特殊情形的应对措施

情形	应对措施
（1）导致非无保留意见的事项	不得在审计报告的关键审计事项部分描述； 在关键审计事项部分提及形成非无保留意见的基础部分
（2）导致对被审计单位持续经营能力产生重大疑虑的事项或情况存在重大不确定性	不得在审计报告的关键审计事项部分描述； 在关键审计事项部分提及与持续经营有关的重大不确定性部分
（3）注册会计师在审计报告中发表无法表示意见	除非法律法规要求，否则审计报告中不得含有“关键审计事项”部分
（4）法律法规禁止公开披露某事项，或在极少数情形下，注册会计师合理预期在审计报告中沟通某事项造成的负面后果超过在公众利益方面产生的益处	可以不在审计报告中沟通该事项
（5）注册会计师确定不存在需要沟通的关键审计事项	应当在“关键审计事项”部分说明该事实

（八）审计工作底稿中的记录

根据第1131号准则对工作底稿的原则性规定，注册会计师编制的审计工作底稿，应当使得未曾接触该项审计工作的有经验的专业人士清楚了解重大职业判断。具体到关键审计事项，就是要清楚了解与关键审计事项有关的重大职业判断。

准则规定了三项必须在工作底稿中记录的重大职业判断内容：

（1）记录关键审计事项的筛选过程。确定关键审计事项有三个步骤：治理层沟通的事项、重点关注过的事项、最为重要的事项。所以工作底稿中要记录注册会计师确定的在执行审计工作时重点关注过的事项，以及针对每一事项，是否将其确定为关键审计事项及其理由。

（2）如果不存在需要在审计报告中沟通的关键审计事项，或仅有的需要沟通的关键审计事项是与非无保留意见或与持续经营重大不确定性有关的事项，那么就要记录这一事实以及理由。

（3）如果注册会计师确定不在审计报告中披露某项关键审计事项，也要记录这一事项及其理由。

另外，准则并不要求注册会计师记录其他与治理层沟通过的事项不构成重点关注过的事项的原因。也就是说，从第一个步骤到第二个步骤中，没有被筛选出来的那些事项，不用去记录为什么没有被筛选出来的原因。

【应用分析1504-2】关键审计事项实例①。

审计报告

瑞华审字〔2017〕37030002号

山东晨鸣纸业集团股份有限公司全体股东：

一、审计意见

我们审计了山东晨鸣纸业集团股份有限公司（以下简称“晨鸣纸业公司”）的财务报表，包括2016年12月31日合并及公司的资产负债表，2016年度合并及公司的利润表、合并及公司的现金流量表和合并及公司的股东权益变动表以及财务报表附注。

我们认为，后附的财务报表在所有重大方面按照企业会计准则的规定编制，公允反映了晨鸣纸业公司2016年12月31日合并及公司的财务状况以及2016年度合并及公司的经营成果和现金流量。

二、形成审计意见的基础

……

三、关键审计事项

关键审计事项是根据我们的职业判断，认为对本期财务报表审计最为重要的事项。这些事项的应对以对财务报表整体进行审计并形成审计意见为背景，我们不对这些事项单独发表意见。

（一）以公允价值计价的消耗性生物资产

1. 事项描述

截至2016年12月31日，晨鸣纸业公司合并财务报表附注所示以公允价值计价的消耗性生物资产余额12 600.27万元，属于晨鸣纸业公司的特殊资产，且金额较大，为此我们确定消耗性生物资产的计量为关键审计事项。

根据晨鸣纸业公司的会计政策，消耗性生物资产在形成蓄积量以前按照成本进行初始计量，形成蓄积量以后按公允价值计量，公允价值变动计入当期损益。由于晨鸣纸业公司的消耗性生物资产没有活跃的市场可参考价格，所以晨鸣纸业公司采用估值技术确定已形成蓄积量的消耗性生物资产（下称“该类生物资产”）的公允价值（详见附注七、6“存货”所述）。

① http://stock.jrj.com.cn/share，000488.shtml.

2. 审计应对

针对该类生物资产的公允价值计量问题，我们实施的审计程序主要包括：我们对晨鸣纸业公司与确定该类生物资产相关的控制进行了评估；对该类生物资产的估值方法进行了了解和评价，并与估值专家讨论了估值方法的具体运用；对在估值过程中运用的估值参数和折现率进行了考虑和评价。

（二）与可抵扣亏损相关的递延所得税资产

1. 事项描述

截至2016年12月31日，晨鸣纸业公司合并资产负债表中列示了49 745.78万元的递延所得税资产。其中26 026.37万元递延所得税资产与可抵扣亏损相关。在确认与可抵扣亏损相关的递延所得税资产时，晨鸣纸业公司管理层在很有可能有足够的应纳税利润来抵扣亏损的限度内，就所有未利用的税务亏损确认递延所得税资产。这需要晨鸣纸业公司管理层运用大量的判断来估计未来应纳税利润发生的时间和金额，结合纳税筹划策略，以决定应确认的递延所得税资产的金额。评估递延所得税资产能否在未来期间得以实现需要管理层作出重大判断，并且管理层的估计和假设具有不确定性。

2. 审计应对

在审计相关税务事项时，我们的审计团队包含了税务专家。在税务专家的支持下，我们实施的审计程序主要包括：我们对晨鸣纸业公司与税务事项相关的内部控制的设计与执行进行了评估；我们获取了与可抵扣亏损相关的所得税汇算清缴资料，并在税务专家协助下复核了可抵扣亏损金额；我们获取了经管理层批准的相关子公司未来期间的财务预测，评估其编制是否符合行业总体趋势及各子公司自身情况，是否考虑了特殊情况的影响，并对其可实现性进行了评估；我们复核了递延所得税资产的确认是否以未来期间很可能取得用来抵扣可抵扣亏损的应纳税所得额为限。

（三）固定资产减值准备计提

1. 事项描述

截至2016年12月31日，晨鸣纸业合并附注列示固定资产减值准备19 482.32万元，在计提固定资产减值准备时，晨鸣纸业考虑固定资产处置时的市场价值及快速变现因素，并聘请专家对固定资产运用估值技术核定固定资产的减值。

2. 审计应对

在审计固定资产减值准备的过程中，我们实地勘察了相关固定资产，取得了相关资产资料，评估了晨鸣纸业公司的估值方法，并与估值专家讨论了估值方法运用的适当性。

基于获取的审计证据，我们得出审计结论，管理层对固定资产减值准备的计提是合理的，相关信息在财务报表附注七、13“固定资产”及附注七、21“资产减值准备明细”中所作出的披露是适当的。

四、其他信息

晨鸣纸业公司管理层对其他信息负责。其他信息包括年度报告中除财务报表和本审计报告以外的信息。

我们对财务报表发表的审计意见不涵盖其他信息，我们也不对其他信息发表任何形式的鉴证结论。

结合我们对财务报表的审计，我们的责任是阅读其他信息，在此过程中，考虑其他信息是否与财务报表或我们在审计过程中了解到的情况存在重大不一致或者似乎存在重大错报。

基于我们已经针对审计报告日前获取的其他信息执行的工作，如果我们确定该其他信息存在重大错报，我们应当报告该事实。在这方面，我们无任何事项需要报告。

五、管理层和治理层对财务报表的责任

……

六、注册会计师对财务报表审计的责任

……

从与治理层沟通过的事项中，我们确定哪些事项对本期财务报表审计最为重要，因而构成关键审计事项。我们在审计报告中描述这些事项，除非法律法规禁止公开披露这些事项，或在极少数情形下，如果合理预期在审计报告中沟通某事项造成的负面后果超过在公众利益方面产生的益处，我们确定不应在审计报告中沟通该事项。

瑞华会计师事务所（特殊普通合伙）　　中国注册会计师（项目合伙人）：赵艳美

中国注册会计师：王宗佩

中国·北京　　二〇一七年二月十七日

第五节　比较信息：对应数据和比较财务报表（第1511号）

一、概述

（一）本准则制定与修订背景

从目前会计实务看，对比较数据有两类不同的列报要求：

（1）按照会计准则和相关会计制度的规定，财务报表除提供本期财务信息之外，还需要提供涉及一个或多个以前期间的比较信息，以帮助财务报表使用者判断被审计单位在一定时期内财务状况和经营成果的变化趋势。因此，在本期财务报表中列示前期对应数，作为本期财务报表的组成部分，注册会计师在审计报告中仅提及本期财务报表。注册会计师受托对本期财务报表进行审计，就需要对包括比较数据在内的本期财务报表整体承担相应的审计责任。因此，注册会计师需要根据审计准则和职业判断对比较数据实施恰当的审计程序，合理设计审计程序的性质、时间安排和范围并有效执行，获取充分、适当的审计证据，以合理保证比较数据不存在对本期财务报表产生重大影响的错报，在所有重大方面符合适用的会计准则和相关会计制度的规定。

为更好地满足财务报表使用者进行趋势分析的需要，企业会计准则明确规定，当期财务报表至少应当包括所有列报项目上一可比会计期间的比较数据；我国《企业会计制度》规定，资产负债表应填列年初数和期末数，利润表应填列本期实际发生数和上年同期累计实际发生数。这说明，一份完整的财务报表由若干会计期间的财务信息构成，缺少了比较数据，财务报表就失去了完整性。

（2）按照有关部门的需求，为了与本期财务报表进行比较，列报以前期间的财务报表，不构成本期财务报表的组成部分。

本准则的制定是为了规范注册会计师在财务报表审计中与比较信息相关的责任。

（二）本准则2010年修订内容

《中国注册会计师审计准则第1511号——比较信息：对应数据和比较财务报表》主要是对2006年版《中国注册会计师审计准则第1511号——比较数据》按照新体例进行改写，并未作出实质性修订。

与2006年版准则相比，在具体规定方面有以下四个方面的变化：

（1）增加了针对审计意见提及的所有财务报表期间获取书面声明的规定，并要求对于更正上期财务报表中影响比较数据的重大错报的任何重述，须获取特定书面声明。

（2）明确了相应情形应发表的意见类型，即如果注册会计师已经获取了上期财务报表存在重大错报的审计证据，而以前针对该财务报表发表了无保留意见，且本期财务报表中的比较数据未经恰当重述或未作适当披露，注册会计师应当在针对本期财务报表出具的审计报告中，对比较数据发表保留意见或否定意见。

（3）删除了2006年版准则中可选择执行的相关条款。2006年版准则规定，如果导致对上期财务报表发表非无保留意见的事项已解决，但对本期仍很重要，注册会计师可在审计报告中增加强调事项段提及这一情况；当上期财务报表存在重大错报，而以前未就该重大错报出具非无保留意见的审计报告时，如果上期财务报表未经更正，也未重新出具审计报告，但比较数据已在本期财务报表中恰当重述和充分披露，注册会计师可以在审计报告中增加强调事项段，说明这一情况。将这一规定予以删除。

（4）明确了如果上期财务报表未经审计，注册会计师应当在审计报告的其他事项段中予以说明。

（三）本准则2016年修订内容

本准则本次未修订。

（四）本准则2019年修订内容

本准则本次修订只是将“列报或披露”改为“列报”的文字性修订。

（五）本准则学习中注意事项

注意适用范围：当上期财务报表已由前任注册会计师审计或未经审计时，《中国注册会计师审计准则第1331号——首次审计业务涉及的期初余额》对期初余额的相关规定同样适用。

二、框架结构简介

本准则共5章23条，其框架结构见表1511-1。

表1511-1　　框架结构

章	名称	节	条	主要内容
第一章	总则	—	1~4	本准则制定的目的、适用范围及与第1331号准则的关系
第二章	定义	—	5~8	解释本准则中包含的术语
第三章	目标	—	9	界定执行本准则应实现的目标
第四章	要求	1~3	10~22	规定注册会计师为实现准则目标应遵守的要求，即注册会计师在相关业务环境下应当实施的所有必要程序
第五章	附则	—	23	本准则施行时间

三、重点难点解析

（一）比较信息含义及相关概念（见表1511-2）

表1511-2 比较信息含义及相关概念

含义	比较信息，是指包含于财务报表中的、符合适用的财务报告编制基础的、与一个或多个以前期间相关的金额和披露	
包括	对应数据	比较财务报表
概念	指作为本期财务报表组成部分的上期金额和相关披露，这些金额和披露只能和与本期相关的金额和披露（称为“本期数据”）联系起来阅读	指为了与本期财务报表相比较而包含的上期金额和相关披露
详细程度	详细程度主要取决于其与本期数据的相关程度	与本期财务报表包含信息的详细程度相似
审计报告	审计意见仅提及本期	如果上期金额和相关披露已经审计，则将在审计意见中提及列报的财务报表所属的各期

当比较信息包括一期以上的金额和相关披露时，本准则所称“上期”应理解为“以前数期”。

1.比较信息会计列报要求

（1）按照会计准则和相关会计制度的规定，财务报表除提供本期财务信息之外，还需要提供涉及一个或多个以前期间的比较信息，以帮助财务报表使用者判断被审计单位在一定时期内财务状况和经营成果的变化趋势。一份完整的财务报表由若干会计期间的财务信息构成，缺少了比较数据，财务报表就失去了完整性。

（2）按照有关部门的需求，为了与本期财务报表进行比较，列报以前期间的财务报表，不构成本期财务报表的组成部分。

2.特征（见表1511-3）

表1511-3 特征

特征	内容
是本期财务报表的组成部分	《企业会计制度》规定，资产负债表应填列年初数和期末数，利润表应填列本期累计实际发生数和上年同期累计实际发生数
包括上期对应数和相关披露	（1）上期对应数。报表中列示的与本期数对应的上期数，以及在附注中列示的报表项目上期数的明细资料等。 （2）相关披露。附注中的文字描述或说明
应与本期相关的金额和披露联系起来阅读	比较信息本身并不构成独立的财务报表，本期相关的金额和披露（本期数据）和比较信息 起才能构成完整的财务报表

（二）审计目标

注册会计师的审计目标是：

（1）获取充分、适当的审计证据，确定在财务报表中包含的比较信息是否在所有重大方面按照适用的财务报告编制基础有关比较信息的要求进行列报。

（2）按照注册会计师的报告责任出具审计报告。

（三）审计程序

1.确定财务报表中是否包括适用的财务报告编制基础要求的比较信息

注册会计师应当确定财务报表中是否包括适用的财务报告编制基础要求的比较信息，以及比较信息是否得到恰当分类。

基于上述目的，注册会计师应当评价：

（1）比较信息是否与上期财务报表列报的金额和相关披露一致，如果必要，比较信息是否已经重述。

在比较信息与上期财务报表列报的金额和相关披露不一致时，注册会计师检查的内容通常包括：

①出现不一致是否因会计准则和会计制度变化引起，或是否符合法律法规的规定；

②金额是否作出适当调整，包括报表项目的重新分类和归集，以及附注中前期对应数的调整等；

③是否已在附注中充分披露对比较信息作出调整的原因和性质，以及比较信息中受影响的项目名称和更正金额；

④如果发现对比较信息的调整缺乏合理依据，应当提请管理层对比较信息作出更正，并视更正情况出具恰当意见类型的审计报告。

（2）在比较信息中反映的会计政策是否与本期采用的会计政策一致，如果会计政策已发生变更，这些变更是否得到恰当处理并得到充分列报与披露。

当被审计单位变更会计政策时，注册会计师检查的内容通常包括：

①会计政策变更是否符合会计准则和会计制度的规定；

②会计政策变更是否经过被审计单位有权限机构的批准；

③会计政策变更的会计处理是否恰当，如是否对比较信息进行了适当的调整；

④会计政策变更，包括会计政策变更的性质、内容和原因，比较信息中受影响的项目名称和调整金额，无法进行追溯调整的事实和原因，是否已充分披露。

2.追加必要的审计程序

在实施本期审计时，如果注意到比较信息可能存在重大错报，注册会计师应当根据实际情况追加必要的审计程序，获取充分、适当的审计证据，以确定是否存在重大错报。

（1）本期财务报表中的比较信息出现重大错报的情形通常包括：

①上期财务报表存在重大错报。

A.上期财务报表存在重大错报，该财务报表虽经审计，但注册会计师因未发现而未在针对上期财务报表出具的审计报告中对该事项发表非无保留意见，本期财务报表中的比较信息未作更正。

B. 上期财务报表存在重大错报，该财务报表未经注册会计师审计，比较信息未作更正。

②上期财务报表不存在重大错报。

A. 上期财务报表不存在重大错报，但比较信息与上期财务报表存在重大不一致，由此导致重大错报。

B. 上期财务报表不存在重大错报，但在某些特殊情形下，比较信息未按照会计准则和相关会计制度的要求适当调整和列报。

（2）注意到比较信息可能存在重大错报时的审计程序。

①在实施本期审计时，如果注意到比较信息可能存在重大错报，注册会计师应当根据实际情况追加必要的审计程序，获取充分、适当的审计证据，以确定是否存在重大错报。

②当注意到影响上期财务报表的重大错报，而以前未就该重大错报出具非无保留意见的审计报告时，注册会计师应当考虑是否需要修改上期财务报表，并与管理层讨论，同时根据具体情况采取适当措施：

A. 如果上期财务报表未经更正，也未重新出具审计报告，且比较信息未经恰当重述和充分披露，注册会计师应当对本期财务报表出具非无保留意见的审计报告，说明比较信息对本期财务报表的影响；

B. 如果上期财务报表已经更正，并已重新出具审计报告，注册会计师应当获取充分、适当的审计证据，以确定比较信息与更正的财务报表是否一致。

3. 获取书面声明

注册会计师应当按照《中国注册会计师审计准则第 1341 号——书面声明》的规定，获取与审计意见中提及的所有期间相关的书面声明。对于管理层作出的更正上期财务报表中影响比较信息的重大错报的任何重述，注册会计师还应当获取特定书面声明。

（1）在比较财务报表的情形下，由于管理层需要再次确认其以前作出的与上期相关的书面声明仍然适当，注册会计师需要要求管理层提供与审计意见所提及的所有期间相关的书面声明。

（2）在对应数据的情形下，由于审计意见针对包括对应数据的本期财务报表，注册会计师需要要求管理层仅就本期财务报表提供书面声明。

然而，对上期财务报表中影响比较信息的重大错报进行更正而作出的任何重述，注册会计师需要要求管理层提供特别书面声明。

（四）审计报告

1. 对应数据

对应数据对审计报告的影响见表 1511–4。

2. 比较财务报表

比较财务报表对审计报告的影响见表 1511–5。

表 1511-4　　对应数据对审计报告的影响

情形描述	审计报告的处理
总体要求	当财务报表中列报对应数据时，除第 1511 号准则第十四条、第十五条和第十七条描述的情形外，审计意见不应提及对应数据。由于审计意见是针对包括比较信息在内的本期财务报表整体发表的，注册会计师通常无须在审计报告中特别提及比较信息
上期导致非无保留意见的事项仍未解决	如果未解决事项对本期数据的影响或可能的影响是重大的，注册会计师应当在导致非无保留意见事项段中同时提及本期数据和对应数据
	如果未解决事项对本期数据的影响或可能的影响不重大，注册会计师应当说明，由于未解决事项对本期数据和对应数据之间可比性的影响或可能的影响，因此发表了非无保留意见
上期财务报表存在重大错报	如果注册会计师已经获取上期财务报表存在重大错报的审计证据，以前对该财务报表发表了无保留意见，且对应数据未经适当重述或恰当披露，注册会计师应当就包括在财务报表中的对应数据，在审计报告中对本期财务报表发表保留意见或否定意见
	若存在错报的上期财务报表尚未更正，并且没有重新出具审计报告，但对应数据已在本期财务报表中得到适当重述或恰当披露，注册会计师可以在审计报告中增加强调事项段，以描述这一情况，并提及详细描述该事项的相关披露在财务报表中的位置
上期财务报表已由前任注册会计师审计	如果上期财务报表已由前任注册会计师审计，注册会计师在审计报告中可以提及前任注册会计师对对应数据出具的审计报告
上期财务报表未经审计	注册会计师应当在审计报告的其他事项段中说明对应数据未经审计。但这种说明并不减轻注册会计师获取充分、适当的审计证据，以确定期初余额不含有对本期财务报表产生重大影响的错报的责任

表 1511-5　　比较财务报表对审计报告的影响

情形描述	审计报告的处理
总体要求	当列报比较财务报表时，审计意见应当提及列报财务报表所属的各期，以及发表的审计意见涵盖的各期
对上期财务报表发表的意见与以前发表的意见不同	当因本期审计而对上期财务报表发表审计意见时，如果对上期财务报表发表的意见与以前发表的意见不同，注册会计师应当按照《中国注册会计师审计准则第 1503 号——在审计报告中增加强调事项段和其他事项段》的规定，在其他事项段中披露导致不同意见的实质性原因
认为存在影响上期财务报表的重大错报，且前任出具了无保留意见	如果上期财务报表已经更正，且前任注册会计师同意对更正后的上期财务报表出具新的审计报告，注册会计师应当仅对本期财务报表出具审计报告
	前任注册会计师可能无法或不愿对上期财务报表重新出具审计报告。注册会计师可以在审计报告中增加其他事项段，指出前任注册会计师对更正前的上期财务报表出具了报告
上期财务报表已由前任注册会计师审计	如果上期财务报表已由前任注册会计师审计，除非前任注册会计师对上期财务报表出具的审计报告与财务报表一同对外提供，注册会计师除对本期财务报表发表意见外，还应当在其他事项段中说明： （1）上期财务报表已由前任注册会计师审计； （2）前任注册会计师发表的意见的类型（如果是非无保留意见，还应当说明理由）； （3）前任注册会计师出具的审计报告的日期
上期财务报表未经审计	如果上期财务报表未经审计，注册会计师应当在其他事项段中说明比较财务报表未经审计。但这种说明并不减轻注册会计师获取充分、适当的审计证据，以确定期初余额不含有对本期财务报表产生重大影响的错报的责任

（五）有关比较财务报表的审计报告示例

【应用分析1511-1】

审计报告

ABC股份有限公司全体股东：

1.对财务报表出具的审计报告

（一）保留意见

我们审计了ABC股份有限公司（以下简称“ABC公司”）财务报表，包括20×1年12月31日和20×0年12月31日的资产负债表，20×1年度和20×0年度的利润表、现金流量表、股东权益变动表以及相关财务报表附注。

我们认为，除“形成保留意见的基础”部分所述事项产生的影响外，后附的财务报表在所有重大方面按照企业会计准则的规定编制，公允反映了ABC公司20×1年12月31日和20×0年12月31日的财务状况以及20×1年度和20×0年度的经营成果和现金流量。

（二）形成保留意见的基础

如财务报表附注×所述，ABC公司未按照企业会计准则的规定对房屋建筑物和机器设备计提折旧。如果按照房屋建筑物5％和机器设备20％的年折旧率计提折旧，20×1年度和20×0年度的当年亏损将分别增加×元和×元，20×1年年末和20×0年年末的房屋建筑物和机器设备的净值将因累计折旧而分别减少×元和×元，并且20×1年年末和20×0年年末的累计亏损将分别增加×元和×元。

我们按照中国注册会计师审计准则的规定执行了审计工作。审计报告的“注册会计师对财务报表审计的责任”部分进一步阐述了我们在这些准则下的责任。按照中国注册会计师职业道德守则，我们独立于ABC公司，并履行了职业道德方面的其他责任。我们相信，我们获取的审计证据是充分、适当的，为发表保留意见提供了基础。

（三）管理层和治理层对财务报表的责任

[按照《中国注册会计师审计准则第1501号——对财务报表形成审计意见和出具审计报告》的规定报告]

（四）注册会计师对财务报表审计的责任

[按照《中国注册会计师审计准则第1501号——对财务报表形成审计意见和出具审计报告》的规定报告]

2.按照相关法律法规的要求报告的事项

[按照《中国注册会计师审计准则第1501号——对财务报表形成审计意见和出具审计报告》的规定报告]

……

第六节　注册会计师对其他信息的责任（第1521号）

一、概述

（一）本准则制定与修订背景

近年来，企业的年报中包含的信息的内容和细节越来越多，尤其是对定性信息和叙述性信息的描述，例如，企业的经营模式、经营风险和不确定性等。

这些信息对信息预期使用者分析和理解财务报表中的复杂领域越来越重要，得到信息预期使用者越来越多的重视。

其他信息的范围从含有已审计财务报表的文件中的信息（原准则）扩展到随同已审计财务报表一同发布的文件，例如管理层报告、公司治理声明或内部控制和风险评估声明等。

在英国，2010年6月，ICAEW发布的《银行审计：从危机中汲取的教训》认为："审计师对年报中其他信息的责任不清楚!"为了在注册会计师考虑其他信息方面，促进全球审计实务的一致性，以改进审计质量。本准则重新规范了注册会计师对被审计单位年度报告中包含的除财务报表和审计报告之外的其他信息的责任，无论其他信息是财务信息还是非财务信息。

（二）本准则2010年修订内容

《中国注册会计师审计准则第1521号——注册会计师对含有已审计财务报表的文件中的其他信息的责任》主要是对2006年版准则按照新体例进行改写，并未作出实质性修订。

与2006年版准则相比，在具体规定方面有以下三个方面的变化：

（1）明确了注册会计师对其他信息的责任，即在审计业务没有提出单独要求的情况下，审计意见不涵盖其他信息，注册会计师没有专门责任确定其他信息是否得到适当陈述。

（2）对"不一致"和"对事实的错报"作出了界定，明确了"重大不一致"和"对事实的重大错报"的影响；还解释了"含有已审计财务报表的文件"的含义，提高了准则的可操作性。

（3）在对重大不一致和对事实的重大错报作出规定时，分别从审计报告日前获取的其他信息和审计报告日后获取的其他信息两方面进行了规范。

（三）本准则2016年修订内容

第1521号准则对2010年准则作了实质性的重大修订，本质上是一项全新的准则。修订涉及的主要内容如下：

（1）修订准则名称。第1521号准则名称由"注册会计师对含有已审计财务报表的文件中的其他信息的责任"改为"注册会计师对其他信息的责任"，更加简洁明了。

（2）修订了其他信息的定义、新增了年度报告及其他信息的错报的定义，明确了准则的适用范围。第1521号准则将其他信息的范围限定为被审计单位的年度报告，并通过对年度报告的定义进一步明确其他信息的内容。明确第1521号准则不适用于：①财务信息初步公告；②证券发行文件，包括招股说明书（这些责任，法律法规另有规定）。

（3）在不改变审计范围的前提下，以符合成本效益的方式，强化了注册会计师对其他信息的责任，增加注册会计师对"其他信息"审计资源的配置和投入，提高了审计的价值。增加了注册会计师获取其他信息的程序和工作力度，修订了注册会计师阅读并考虑其他信息的工作要求。旧准则只要求注册会计师阅读其他信息，判断其是否存在重大不一致；新准则提出了更加具体的要求，要求选取其他信息中的一些金额和项目与财务报表中相关金额和项目进行比对。同时比对的范围也扩大了，不仅要与财务报表中的信息比对，还要与审计过程中了解到的情况进行比对。

（4）在审计报告中单独增加“其他信息”段，增加了要求注册会计师在审计报告中说明他们对其他信息的责任及所实施工作的结果，以改进审计报告的透明度；要求注册会计师在审计报告中增设一个单独的部分，以“其他信息”为标题，对与其他信息相关的内容进行报告。

（5）严格对其他信息相关审计工作底稿要求。旧准则没有工作底稿要求，新准则要求得很细。第1521号准则要求形成的审计工作底稿包括按照第1521号准则的规定所实施的审计程序以及按照第1521号准则执行工作所针对的其他信息的最终版本。

（6）应对的措施更加具体，增加了注册会计师就似乎存在重大不一致或其他信息似乎存在重大错报时的应对程序及注册会计师对被审计单位及其环境的了解需要更新时的应对程序。

（四）本准则2019年修订内容

本准则本次未修订。

（五）本准则学习中注意事项

（1）第1521号准则对原准则作出了重大的实质性修订，事实上可以视为一项全新的准则。

（2）要注意注册会计师对其他信息的责任：不对其他信息进行鉴证；不要求注册会计师对其他信息提供一定程度的保证；不要求注册会计师获取超过形成财务报表审计意见所需要的审计证据。管理层或治理层对年度报告的编制负责。

（3）本准则不适用于：①财务信息初步公告；②证券发行文件，包括招股说明书。

（4）本准则对注册会计师遵循职业道德守则具有特别的附带作用，即要求注册会计师不应当在明知的情况下与以下信息发生关联：含有严重虚假或误导性的陈述；含有缺少充分依据的陈述或信息；存在遗漏或含糊其词的信息，且这种遗漏或含糊其词会产生误导。

二、框架结构简介

本准则共4章25条，其主要框架结构见表1521-1。

表1521-1 框架结构简介

章	名称	节	条	主要内容
第一章	总则	—	1~9	本准则制定的目的、适用范围
第二章	定义	—	10~12	解释本准则中包含的术语
第三章	目标	—	13	界定执行本准则应实现的目标
第四章	要求	1~7	14~25	规定注册会计师为实现准则目标应遵守的要求，即注册会计师在相关业务环境下应当实施的所有必要程序

三、重点难点解析

（一）相关基本概念及特征

注册会计师为什么要考虑其他信息？虽然注册会计师对财务报表发表的审计意见不涵盖其他信息，但是注册会计师应当阅读和考虑其他信息，如果其他信息与财务报表或者与注册会计师在审计中了解到的情况存在重大不一致，可能表明财务报表或其他信息存在重大错报，两者均会损害财务报表和审计报告的可信性。此类重大错报也可能不恰当地影响审计报告使用者的经济决策。《中国注册会计师审计准则第1521号——注册会计师对其他信息的责任》规范了注册会计师对被审计单位年度报告中包含的除财务报表和审计报告之外的其他信息的责任。对本准则学习涉及的相关基本概念及特征的归纳见表1521-2。

表1521-2　　相关基本概念及特征

名称	概念	特征
年度报告	是指管理层或治理层根据法律法规的规定或惯例，一般以年度为基础编制的、旨在向所有者（或类似的利益相关方）提供实体经营情况和财务业绩及财务状况（财务业绩及财务状况反映于财务报表）信息的一个文件或系列文件组合。一份年度报告包含或随附财务报表和审计报告，通常包括实体的发展，未来前景、风险和不确定事项，治理层声明，以及治理事项的报告等信息	(1) 法律法规或惯例可能对年度报告的内容和名称作出界定。 (2) 年度报告通常以年度为基础编制。然而，当所审计财务报表涵盖的期间短于一年或者超过一年时，年度报告也可以涵盖与财务报表相同的期间。 (3) 在某些情况下，被审计单位的年度报告可能是一个单独的文件，并冠以"年度报告"或其他标题。在其他情况下，法律法规或惯例可能要求被审计单位通过单个文件或两个以上（含两个）服务于相同目的的文件组合，向所有者（或类似的利益相关方）报告被审计单位经营情况和财务报表列报的经营成果及财务状况信息（即年度报告）。(这些报告的例子参见表1521-3) (4) 年度报告可能以纸质的形式提供给使用者，也可能以电子形式(包括载于被审计单位网站的形式）提供给使用者。一份文件（或者系列文件组合）无论以何种方式提供给使用者，均可能符合年度报告的定义。 (5) 年度报告从性质、目的和内容方面与其他报告不同，例如为满足特定利益相关者团体的信息需求而编制的报告，或为满足特定监管报告目标（即使该报告应当予以公开）而编制的报告。有些报告如作为独立的文件发布，通常不是组成年度报告的系列文件的一部分（根据法律法规或惯例)，因此，不属于本准则范围内的其他信息（这些报告的例子参见表1521-3）
其他信息	是指在被审计单位年度报告中包含的除财务报表和审计报告以外的财务信息和非财务信息	(1) 其他信息中，某些金额或其他项目旨在与财务报表中的金额或其他项目相一致，或者对其进行概括，或者为其提供更详细的信息；针对某些金额或其他项目，注册会计师在审计中已经了解到一些情况。(可能包括在其他信息中的金额和其他项目的例子参见表1521-4) (2) 适用的财务报告编制基础可能要求作出特定披露，但是允许这些披露在财务报表之外。由于这类披露是适用的财务报告编制基础所要求的，它们属于财务报表的组成部分，不构成其他信息。 (3) 可扩展商业报告语言（XBRL）标记不构成本准则界定的其他信息。 (4) 在审计报告日，被审计单位正在考虑起草可能作为被审计单位年度报告的一部分的某文件（例如，自愿提供给利益相关者的报告)，而管理层无法向注册会计师确认这类文件的目的或时间。如果注册会计师无法确定这类文件的目的或时间，就本准则而言，它不构成其他信息

续表

名称	概念	特征
其他信息的错报	是指对其他信息作出不正确陈述或其他信息具有误导性，包括遗漏或掩饰对恰当理解其他信息披露的事项必要的信息	(1) 当其他信息中披露了某特定事项时，其他信息可能遗漏或掩饰对恰当理解该事项必要的信息。例如，其他信息声称说明了管理层使用的关键业绩指标，那么遗漏某项管理层使用的关键业绩指标可能表明其他信息未经正确陈述或具有误导性。 (2) 如果适用于其他信息的框架中包括关于重要性概念的讨论，该框架可以为注册会计师在本准则下关于重要性的判断提供参考。然而在很多情况下，可能不存在适用的框架，对应用于其他信息的重要性概念进行讨论。在这些情况下，以下特征向注册会计师提供了确定其他信息的错报是否重大的参考框架：①重要性是结合财务报表使用者整体共同的财务信息需求而考虑的。其他信息的使用者预计与财务报表使用者相同，因为预期这类使用者通过阅读其他信息以增加对财务报表的背景情况的了解。②对重要性的判断需要考虑错报的特定情形，考虑使用者是否会被未更正的错报所影响。并非所有错报均会影响使用者的经济决策。③对重要性的判断包括定性和定量两方面的考虑。因此，这类判断可以考虑在被审计单位年度报告的背景下，其他信息所针对项目的性质和规模

（二）对是否属于年度报告范围内的其他信息的职业判断

注册会计师对是否属于年度报告范围内的其他信息的职业判断，见表1521-3。

表1521-3　　是否属于年度报告范围内的其他信息的职业判断

类型	内容
属于年度报告范围内的其他信息	(1) 董事会报告； (2) 公司董事会、监事会及董事、监事、高级管理人员保证年度报告内容的真实、准确、完整，不存在虚假记载、误导性陈述或重大遗漏，并承担个别和连带法律责任的声明； (3) 公司治理情况说明； (4) 内部控制自我评价报告
不属于年度报告范围内的其他信息	(1) 单独的行业或监管报告（如资本充足率报告），如可能由银行、保险和养老金行业编制的报告； (2) 公司社会责任报告； (3) 可持续发展报告； (4) 多元化和平等机会报告； (5) 产品责任报告； (6) 劳工做法和工作条件报告

【应用分析1521-1】上市公司年度报告的构成。

《公开发行证券的公司信息披露内容与格式准则第2号——年度报告的内容与格式》（2016年修订）

- 重要提示、目录和释义
- 公司简介和主要财务指标
- 公司业务概要

- 经营情况讨论与分析
- 重要事项
- 股份变动及股东情况
- 优先股相关情况
- 董事、监事、高级管理人员和员工情况
- 公司治理
- 公司债券相关情况
- 财务报告
- 备查文件目录

【应用分析1521-2】其他信息中可能包含的金额或其他项目的举例见表1521-4。

表1521-4　其他信息中可能包含的金额或其他项目的举例（此列表并非穷尽所有情况）

内容	示例
其他信息中可能包含的金额	（1）关键财务业绩摘要中的项目，如净利润、每股收益、股利、销售收入及其他业务收入，以及采购和运营费用等。 （2）选定的经营数据，如主要经营领域持续经营活动产生的收益，或按地域分部或产品线划分的销售收入。 （3）特殊项目，如资产处置、诉讼准备金、资产减值、纳税调整、环境治理准备金、改制和重组费用。 （4）流动性和资本来源信息，如现金、现金等价物和有价证券、股利，以及债务、融资租赁。 （5）分部或分支的资本性支出。 （6）涉及资产负债表表外安排的金额和财务影响。 （7）涉及担保、合同义务、法律或环境诉讼和其他或有事项的金额。 （8）财务指标或比率，如毛利率、平均资本回报率、平均股东权益回报率、流动比率、利息保障倍数和债务比率。有些可能直接与财务报表钩稽
其他信息中可能包含的其他项目	（1）对关键会计估计及相关假设的解释。 （2）对关联方的识别，以及对关联方交易的描述。 （3）对被审计单位管理商品、外汇或利率风险的政策或方法的阐述，如使用远期合约、利率掉期或其他金融工具。 （4）对资产负债表表外安排的性质的描述。 （5）对担保、赔偿、合同义务、诉讼或环境责任案件和其他或有事项的描述，包括管理层对被审计单位相关风险的定性评估。 （6）对法律或监管要求变化的描述，如新的税收或环境法规，这些新的税收或环境法规已对被审计单位的业务或财务状况产生重大影响，或将对被审计单位的未来财务前景产生重大影响。 （7）管理层关于已在本期生效或将在下期生效的新财务报告准则对被审计单位财务业绩、财务状况和现金流量产生的影响的定性评估。 （8）对业务环境和前景的一般描述。 （9）战略概述。 （10）主要商品或原材料的市场价格走势描述。 （11）供求情况和监管环境的地区间对比。 （12）对影响被审计单位在特定领域盈利能力的特定因素的解释

（三）审计目标

第1521号准则第十三条规定，注册会计师的目标是，在已经阅读其他信息的情况下：

（1）考虑其他信息与财务报表之间是否存在重大不一致；

（2）考虑其他信息与注册会计师在审计中了解到的情况之间是否存在重大不一致；

（3）当注册会计师识别出此类重大不一致似乎存在时，或者注册会计师知悉其他信息似乎存在重大错报时，予以恰当应对；

（4）根据本准则的规定进行报告。

（四）获取其他信息

获取其他信息的执行程序和时间要求见表1521-5。

表1521-5　获取其他信息的执行程序和时间要求

序号	执行程序	时间
1	通过与管理层讨论，确定哪些文件组成年度报告，以及被审计单位计划公布这些文件的方式和时间安排	计划审计工作。审计业务约定书可以提及与管理层就注册会计师及时获取，并在可能的情况下在审计报告日前获取其他信息达成的一致意见
2	就及时获取组成年度报告的文件的最终版本与管理层作出适当安排	审计报告日前。如果不可能在审计报告日前获取，需尽早获取，且无论如何要早于被审计单位发布这些信息
3	如果组成年度报告的部分或全部文件在审计报告日后才能取得，要求管理层提供书面声明，声明上述文件的最终版本将在可获取时并且在被审计单位公布前提供给注册会计师，以使注册会计师可以完成准则要求的程序	审计报告日后。如果其他信息在审计报告日后获取，注册会计师可以与管理层或治理层沟通可能产生的影响
注意：注册会计师对其他信息的责任与获取日期无关，无论在审计报告日之前还是之后获取其他信息，注册会计师对其他信息的责任均适用（除适用的报告责任外）		

（五）阅读并考虑其他信息

注册会计师应当阅读其他信息。注册会计师如何阅读并考虑其他信息参见表1521-6。

表1521-6　阅读并考虑其他信息

序号	类型	含义	示例	要求
1	财报类	其他信息中，有部分内容（金额或其他项目）与财务报表中的金额或其他项目相一致，或对其进行概括，或为其提供更详细的信息	（1）包含了从财务报表摘录的表格、图表或图形。 （2）对财务报表中列示的余额或账户提供进一步的细节披露，例如“20×1年度的收入，由来自产品X的××万元和来自产品Y的××万元组成”。 （3）对财务结果的描述，例如，“20×1年度研究和开发费用合计数是××万元”	（1）在阅读时，注册会计师应当考虑这些其他信息和财务报表之间是否存在重大不一致。作为考虑的基础，注册会计师应当将这类其他信息中选取的金额或其他项目与财务报表中的相应金额或其他项目进行比较，以评价其一致性。 （2）不需要对其他信息中的所有金额或其他项目进行评价。 （3）基于对其他信息性质的考虑，在评价其他信息中所选择的金额和其他项目与财务报表是否一致时，还需要评价与财务报表相比其列报的方式（如相关）

续表

序号	类型	含义	示例	要求
2	情况类	其他信息中的有些金额或其他项目，注册会计师在审计财务报表过程中，已经针对其了解到一些情况	(1) 与注册会计师在审计中了解到的情况相关的金额或项目。可能包括：对产量的披露，或者按地理区域汇总产量的表格；对“公司本年度新推出产品X和产品Y”的声明；对被审计单位主要经营地点的概括，例如“被审计单位的主要经营中心在X国，同时在Y国和Z国也有经营场所”。 (2) 被审计单位及其环境：相关的行业状况、法律和监管环境及其他外部因素；被审计单位的性质；被审计单位会计政策的选择和运用；被审计单位的目标和战略；对被审计单位财务业绩的衡量和评价；被审计单位的内部控制。 (3) 从性质上讲具有预测性的事项。可能包括：当评价管理层执行无形资产或商誉减值测试使用的假设时，或者当评价管理层对被审计单位持续经营能力的评估时，注册会计师考虑过的业务前景和未来现金流量	(1) 在阅读时，注册会计师应当考虑其与注册会计师在审计中了解到的情况是否存在重大不一致。 (2) 注册会计师可以重点关注其他信息中重要的事项，该事项足够重要以至于与其相关的其他信息的错报可能是重大的
3	其他类	其他信息中，除以上两部分内容外，还有部分与财务报表或注册会计师在审计中了解到的情况不相关	(1) 对与财务报表不相关的事项的讨论。 (2) 也可能在范围上超出注册会计师在审计中了解到的情况。如对被审计单位温室气体排放情况的陈述	(1) 保持职业怀疑。阅读其他信息时，注册会计师应当对与财务报表或注册会计师在审计中了解到的情况不相关的其他信息中似乎存在重大错报的迹象保持警觉。 (2) 遵守职业道德。注册会计师不得在明知的情况下与以下其他信息发生关联：含有严重虚假或误导性的陈述；含有缺少充分依据的陈述或信息；存在遗漏或含糊其词的信息，且这种遗漏或含糊其词会使其他信息产生误导。 (3) 识别重大错报。①其他信息与阅读其他信息的项目组成员的一般性了解（除审计过程中了解到的情况之外）之间的差异，使注册会计师相信其他信息似乎存在重大错报；②其他信息内部不一致，使注册会计师相信其他信息似乎存在重大错报

（六）当似乎存在重大不一致或其他信息似乎存在重大错报时的应对

如果注册会计师识别出似乎存在重大不一致，或者知悉其他信息似乎存在重大错报，注册会计师应当与管理层讨论该事项，必要时，实施其他程序以确定（如图1521-1所示）。

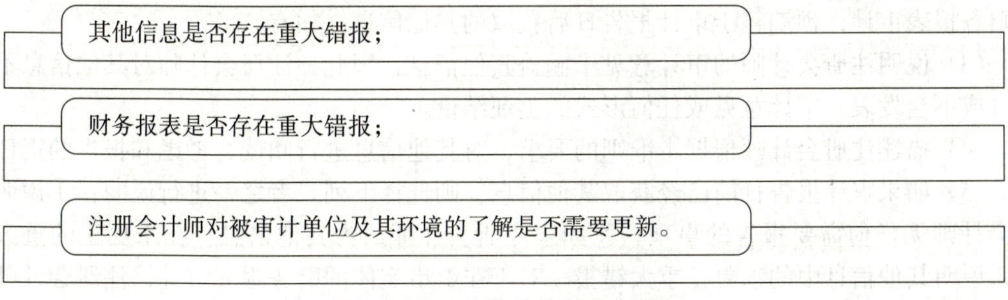

图1521-1 实施其他程序的确定

应对措施见表1521-7。

表1521-7 应对措施简表

<table>
<tr><th>存在重大错报</th><th>是否已更正</th><th>发现时间</th><th colspan="2">应对措施</th></tr>
<tr><td rowspan="4">其他信息</td><td>是</td><td>—</td><td colspan="2">确定更正已经完成</td></tr>
<tr><td>否</td><td>审计报告日前</td><td colspan="2">（1）考虑对审计报告的影响，并就注册会计师计划如何在审计报告中处理重大错报与治理层进行沟通；
（2）在相关法律法规允许的情况下，解除业务约定</td></tr>
<tr><td rowspan="2">否</td><td rowspan="2">审计报告日后</td><td colspan="2">（1）其他信息得以更正根据具体情形实施必要程序</td></tr>
<tr><td>（2）与治理层沟通后其他信息未得到更正</td><td>①向管理层提供一份新的或修改后的审计报告，其中指出其他信息的重大错报；
②提醒审计报告使用者关注其他信息的重大错报；
③与监管机构或相关职业团体沟通未更正的重大错报；
④考虑对持续承接业务的影响</td></tr>
<tr><td>财务报表或对被审计单位及其环境的了解需要更新</td><td>—</td><td>—</td><td colspan="2">（1）修改注册会计师对风险的评估；
（2）评估错报；
（3）考虑关于期后事项的责任</td></tr>
</table>

（七）报告

1.其他信息段落

如果在审计报告日存在下列两种情况之一，审计报告应当包括一个单独部分（如图1521-2所示）。

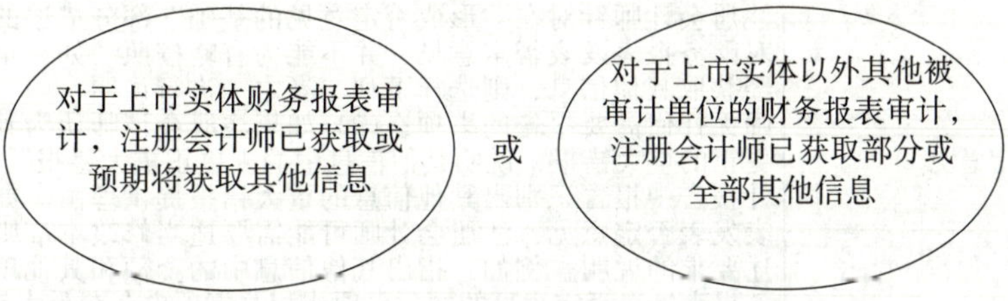

图1521-2 以“其他信息”为标题报告

审计报告包含的其他信息部分应当包括：

（1）管理层对其他信息负责的说明。

（2）指明：①注册会计师于审计报告日前已获取的其他信息（如有）；②对于上市实体财务报表审计，预期将于审计报告日后获取的其他信息（如有）。

（3）说明注册会计师的审计意见未涵盖其他信息，因此，注册会计师对其他信息不发表（或不会发表）审计意见或任何形式的鉴证结论。

（4）描述注册会计师根据本准则的要求，对其他信息进行阅读、考虑和报告的责任。

（5）如果审计报告日前已经获取其他信息，则选择下列二者之一进行说明：①说明注册会计师无任何需要报告的事项；②如果注册会计师认为其他信息存在未更正的重大错报，说明其他信息中的未更正重大错报。对于非上市实体的财务报表审计，注册会计师可能认为在审计报告中指明预期将在审计报告日后获取的其他信息可能是适当的，以针对这些其他信息（注册会计师对其负有本准则规定的相关责任）提供额外的透明度。在某些情况下，例如，当管理层能够向注册会计师声明这类其他信息将在审计报告日后发布时，注册会计师可能认为如此处理是恰当的。

2. 当对财务报表发表保留意见或否定意见时对报告的影响

如果导致注册会计师发表非无保留意见的事项未被包含在其他信息中或其他信息未针对该事项，同时该事项不影响其他信息的任何部分，对财务报表发表保留意见或否定意见可能不会对“如果审计报告日前已经获取其他信息，则选择下列二者之一进行说明：（1）说明注册会计师无任何需要报告的事项；（2）如果注册会计师认为其他信息存在未更正的重大错报，说明其他信息中的未更正重大错报”要求的说明产生影响。在其他情形下，可能对此类报告产生影响，见表1521-8。

表1521-8　　当对财务报表发表保留意见或否定意见时对报告的影响

情形	意见类型	考虑其他信息
当对财务报表发表保留意见或否定意见时对报告的影响	财务报表重大错报导致的保留意见	在审计意见是保留意见的情况下，可能需要考虑其他信息是否因导致对财务报表发表保留意见的同一事项或相关事项也存在重大错报
	范围受到限制导致的保留意见	如果关于财务报表的重要项目存在范围限制，注册会计师将不能对该事项获取充分、适当的审计证据。在这些情况下，注册会计师可能无法确定，与该事项相关的、其他信息的金额和其他项目是否导致其他信息的重大错报。因此，注册会计师可能需要修改“如果审计报告日前已经获取其他信息，则选择下列二者之一进行说明：（1）说明注册会计师无任何需要报告的事项；（2）如果注册会计师认为其他信息存在未更正的重大错报，说明其他信息中的未更正重大错报”要求的说明，提及注册会计师无法考虑管理层在其他信息中对该事项的描述：针对该事项，注册会计师已经对财务报表发表了保留意见，如“形成保留意见的基础”部分所述。然而，注册会计师被要求报告已识别的、任何其他未更正的其他信息的重大错报
	否定意见	注册会计师针对在“形成否定意见的基础”部分描述的某特定事项已对财务报表发表否定意见，并不能为省略按照“如果审计报告日前已经获取其他信息，则选择下列二者之一进行说明：（1）说明注册会计师无任何需要报告的事项；（2）如果注册会计师认为其他信息存在未更正的重大错报，说明其他信息中的未更正重大错报”第（2）点在审计报告中报告识别出其他信息的重大错报提供理由。如果已对财务报表发表否定意见，注册会计师可能需要适当修改本准则第二十三条上述要求的说明，例如，指出其他信息中的金额和其他项目因导致对财务报表发表否定意见的同一事项或相关事项也存在重大错报

必须指出：当注册会计师对财务报表发表无法表示意见时，提供审计的进一步详细情况，包括其他信息部分，可能会使财务报表整体的无法表示意见显得逊色。因此，在这些情况下，根据《中国注册会计师审计准则第1502号——在审计报告中发表非无保留意见》的规定，审计报告不包括针对本准则报告要求的部分。

【应用分析1521-3】注册会计师认为审计报告日后获取的其他信息存在重大错报。山东省药用玻璃股份有限公司简称为山东药玻；股票代码为600529；更正内容为关键管理人员薪酬更正。

山东省药用玻璃股份有限公司
2016年年报更正公告

本公司董事会及全体董事保证公告内容不存在任何虚假记载、误导性陈述或者重大遗漏，并对其内容的真实性、准确性和完整性承担个别及连带责任。

公司于2017年5月25日刊登在上海证券交易所网站（www.see.com.cn）上的《山东药玻2016年年报》第十一节“财务报告”第十二项“关联方及管理交易”中第5.7条的“关键管理人员报酬”，因工作人员失误，误将单位“元”表述为“万元”。

更正内容

关键管理人员报酬　　　　单位：元

项目	本期发生额	上期发生额
关键管理人员报酬	8 007 659.88	3 277 022.64

《山东药玻2016年年报》的其他内容不变，由此给投资者带来的不便，公司深表歉意，敬请广大投资者谅解。

特此公告

山东省药用玻璃股份有限公司董事会

2017年4月25日

资料来源：山东省药用玻璃股份有限公司.山东药玻：2016年年报更正公告［EB/OL］.［2017-04-26］. http：//stock.jrj.com.cn/share，disc，2017-04-26，600529，0000000000000hy2pz.shtml.

【应用分析1521-4】2016年度，信永中和会计师事务所对山东墨龙石油机械股份有限公司进行了财务审计并发表了如下审计报告。第四部分为强调事项段，第六部分为其他事项段。

审计报告

XYZH/2017JNA30130

山东墨龙石油机械股份有限公司全体股东：

一、审计意见

我们审计了山东墨龙石油机械股份有限公司（以下简称山东墨龙或公司）财务报表，包括2016年12月31日的合并及母公司资产负债表，2016年度的合并及母公司利润表、合并及母公司现金流量表、合并及母公司股东权益变动表，以及相关财务报表附注。

我们认为，后附的财务报表在所有重大方面按照企业会计准则的规定编制，公允反映了山东墨龙2016年12月31日的合并及母公司财务状况以及2016年度的合并及母公司经营成果和现金流量。

二、形成审计意见的基础

……

三、与持续经营相关的重大不确定性

我们提醒财务报表使用者关注，如财务报表附注三、2所述，山东墨龙合并财务报表2016年亏损65 070.57万元，且于2016年12月31日，山东墨龙流动负债高于流动资产总额158 348.65万元。这些事项表明存在可能导致对山东墨龙持续经营能力产生重大疑虑的重大不确定性。该事项不影响已发表的审计意见。

四、强调事项

我们提醒财务报表使用者关注，如财务报表附注十五、4所述，中国证券监督管理委员会对山东墨龙、控股股东和公司总经理立案调查，截至本报告出具日，调查尚未结束，未来结果存在不确定性。本段内容不影响已发表的审计意见。

五、关键审计事项

关键审计事项是我们根据职业判断，认为对本期财务报表审计最为重要的事项。这些事项的应对以对财务报表整体进行审计并形成审计意见为背景，我们不对这些事项单独发表意见。除“与持续经营相关的重大不确定性”部分所描述的事项外，我们确定下列事项是需要在审计报告中沟通的关键审计事项。

1. 存货减值

关键审计事项	审计中的应对
截至2016年12月31日，如山东墨龙合并财务报表附注四、32（2）/六、8及六、49所述，山东墨龙存货余额85 515.67万元，存货跌价准备余额8 642.25万元，账面价值较高；而2016年度山东墨龙对存货计提跌价准备6 041.72万元，存货跌价准备的增加对财务报表影响较为重大。为此我们将存货的跌价准备列为关键审计事项	我们执行的主要审计程序： —我们执行存货的监盘程序，检查存货的数量及状况等； —我们取得山东墨龙的存货的年末库龄清单，对库龄较长的存货进行分析性复核； —我们检查以前年度计提的存货跌价本期的变化情况； —我们查询本年度原材料价格变动情况，了解2016年度原材料价格的走势，我们检查分析管理层考虑这些因素对山东墨龙存货可能产生存货跌价的风险； —我们取得山东墨龙存货的跌价准备计算表，执行存货减值测试程序，检查分析可变现净值的合理性，评估存货跌价准备计提的准确性

2.应收账款减值

关键审计事项	审计中的应对
截至2016年12月31日，如山东墨龙合并财务报表附注四、32（1）/六、3及六、49所述，山东墨龙应收账款余额38 145.68万元，坏账准备余额7 730.81万元，账面价值较高；而2016年度山东墨龙对应收账款计提坏账准备5 509.89万元，应收账款减值的增加对财务报表影响较为重大。因应收账款不能按期收回或无法收回而发生坏账对财务报表影响较为重大，为此我们将应收账款减值列为关键审计事项	我们执行的主要审计程序： —我们审阅山东墨龙应收账款坏账准备计提的审批流程，检查所采用的坏账准备计提会计政策的合理性； —我们分析比较山东墨龙本年及以前年度的应收账款坏账准备的合理性及一致性； —我们分析山东墨龙主要客户本年度往来情况，并执行应收账款减值测试程序，结合管理层对应收款项本期及期后回款评价，了解可能存在的回收风险，分析检查管理层对应收账款坏账准备计提的合理性； —我们获取山东墨龙坏账准备计提表，分析检查关键假设及数据的合理性，及管理层坏账计提金额的准确性

3.固定资产减值

关键审计事项	审计中的应对
截至2016年12月31日，如山东墨龙合并财务报表附注四、32（3）/六、13及六、49所述，山东墨龙合并财务报表中固定资产账面价值为人民币30.67亿元。山东墨龙连续两年亏损，且产品市场竞争激烈，产品价格下降较大，若山东墨龙管理层于年末判断资产存在可能发生减值的迹象，管理层将进行减值测试。固定资产的减值测试很大程度上依赖于管理层所作出的判断与估计，这些估计受到对未来市场以及对经济环境判断的影响，采用不同的估计和假设会对评估的固定资产的减值产生很大的影响。2016年度山东墨龙管理层根据外部估值专家的评估结果对固定资产计提减值6 081.00万元，为此我们将固定资产减值列为关键审计事项	我们执行的主要审计程序： —我们对重要固定资产进行抽盘，检查固定资产的状况及本年度使用情况等； —我们分析管理层于年末判断固定资产是否存在可能发生减值的迹象的判断，对该资产所属资产组的认定和进行固定资产减值测试时采用的关键假设的合理性； —我们检查管理层评估的固定资产可回收金额是否与管理层的预算以及公司长期战略发展规划相符，是否与行业发展及经济环境形势相一致； —我们与公司聘请的外部评估专家讨论，分析管理层采用的估值方法是否适当； —我们检查管理层对固定资产与固定资产减值相关的披露

4. 商誉减值

关键审计事项	审计中的应对
截至2016年12月31日，如山东墨龙合并财务报表附注四、32（3）/六、17及六、49所述，山东墨龙合并财务报表中商誉账面净值为人民币2 668.34万元。根据中国会计准则，山东墨龙每年需要对商誉进行减值测试。2016年度山东墨龙管理层根据外部估值专家的评估结果对商誉计提减值4 180万元，对财务报表影响重大，因管理层商誉减值测试的评估过程复杂，需要高度的判断，其所基于的假设，受到预期未来市场和经济环境，尤其是国内外的未来市场和经济环境的影响而有可能有所改变，为此我们将商誉减值列为关键审计事项	我们执行的主要审计程序： —我们分析管理层对山东墨龙商誉所属资产组的认定和进行商誉减值测试时采用的关键假设和方法，检查相关的假设和方法的合理性； —我们与公司管理层及外部评估专家讨论，了解减值测试结果最为敏感的假设并进行分析，分析检查管理层采用的假设的恰当性及相关披露是否适当

六、其他信息

山东墨龙管理层（以下简称管理层）对其他信息负责。其他信息包括山东墨龙2016年年度报告中涵盖的信息，但不包括财务报表和我们的审计报告。

我们对财务报表发表的审计意见不涵盖其他信息，我们也不对其他信息发表任何形式的鉴证结论。

结合我们对财务报表的审计，我们的责任是阅读其他信息，在此过程中，考虑其他信息是否与财务报表或我们在审计过程中了解到的情况存在重大不一致或者似乎存在重大错报。

基于我们已执行的工作，如果我们确定其他信息存在重大错报，我们应当报告该事项。在这方面，我们无任何事项需要报告。

七、管理层和治理层对财务报表的责任

……

八、注册会计师对财务报表审计的责任

……

信永中和会计师事务所（特殊普通合伙）　　中国注册会计师（项目合伙人）：×××

中国注册会计师：×××

中国·北京　　二〇一七年三月三十日

资料来源：信永中和会计师事务所.山东墨龙：2016年年度审计报告［EB/OL］.［2017-04-06］. http：//stock.jrj.com.cn/share，disc，2017-04-06，002490，0000000000000hs2eh.shtml.

第八章

审计准则——特殊领域

第一节　对按照特殊目的编制基础编制的财务报表审计的特殊考虑（第1601号）

一、概述

（一）本准则制定与修订背景

我国十分重视规范特殊目的审计业务，1999年2月4日，财政部制定和颁布了《独立审计实务公告——特殊目的业务审计报告公告》，并于1999年7月1日开始实施。准则实施以来，对规范注册会计师执行特殊目的审计业务起到了良好的作用。2006年2月15日，财政部对原有的实务公告进行了修订。修订后，《独立审计实务公告——特殊目的业务审计报告公告》更名为《中国注册会计师审计准则第1601号——对特殊目的的审计业务出具审计报告》。修订后对原实务公告的某些内容进行了调整，表述更加清晰，具有一定程度的操作性。但是，经过多年的实施，已不适用于我国现有审计实务中出现的一些新兴的亟待解决的特殊目的财务报表问题。因此，需要加以研究，完善相关审计准则，严格审计要求，加强对注册会计师的指导。

因此，修订审计准则时，我们着眼于扩大审计准则适应性，以使审计准则能够适用于审计不同的会计主体，即采用同一套审计准则，不但能够审计按照我国企业会计准则编制的财务报表，而且能够审计按照其他国家或地区会计准则编制的财务报表；不但能够审计企业财务报表，而且能够审计公共部门实体财务报表；不但能够审计通用目的财务报表，而且能够审计特殊目的的财务报表。

目前，我国注册会计师审计业务范围日益扩大，从传统的企业财务报表审计，延伸到医院、高校等非营利组织财务报表审计。受托从事公共部门实体审计业务的注册会计师，可能需要同时遵守与公共部门实体审计相关的法律法规或相关部门要求，而这些要求涵盖的范围可能比现行审计准则的规定更为广泛。修订后的审计准则增加了对公共部门实体审计的特殊考虑，为注册会计师如何考虑这些要求提供了切实指导。

本准则的制定是为了规范注册会计师对按照特殊目的编制基础编制的财务报表审计的特殊考虑。

2016年12月23日，财政部印发《中国注册会计师审计准则第1504号——在审计报告中沟通关键审计事项》等12项审计准则（财会〔2016〕24号），以下统称新审计报告准则，已于2018年1月1日起全面实施。新审计报告准则有效提高了审计质量和审计报告的信息含量，有助于维护公众利益。

新审计报告准则主要适用于整套通用目的财务报表审计业务。而对于其他一些审计业务，如对特殊目的财务报表进行审计的业务、对单一财务报表和财务报表特定要素进行审计的业务、对简要财务报表进行审计的业务，也需要按照审计报告改革的理念对相关审计准则作出修订，以提高此类业务审计报告的信息含量和决策相关性。

国际审计与鉴证准则理事会（IAASB）近年来对相关国际审计准则进行了修订，为保持与国际准则的持续全面趋同，中国注册会计师协会借鉴国际准则的新成果对我国的相关准则予以修订。2019年1月23日，中国注册会计师协会发布《中国注册会计师审计准则第1601号——对按照特殊目的编制基础编制的财务报表审计的特殊考虑》《中国注册会计师审计准则第1603号——对单一财务报表和财务报表特定要素审计的特殊考虑》《中国注册会计师审计准则第1604号——对简要财务报表出具报告的业务》三项审计准则及其应用指南修订文本的征求意见稿，公开征求意见。。

（二）本准则2010年修订内容

在本准则本次的修订中，将2006年版《中国注册会计师审计准则第1601号——对特殊目的审计业务出具审计报告》拆分为三个准则，即《中国注册会计师审计准则第1601号——对按照特殊目的框架编制的财务报表审计的特殊考虑》、《中国注册会计师审计准则第1603号——对单一财务报表和财务报表的特定要素、账户或项目审计时的特殊考虑》和《中国注册会计师审计准则第1604号——对简要财务报表出具报告的业务》。其中，《中国注册会计师审计准则第1601号——对按照特殊目的框架编制的财务报表审计的特殊考虑》主要对应2006年版准则第三章，《中国注册会计师审计准则第1603号——对单一财务报表和财务报表的特定要素、账户或项目审计时的特殊考虑》主要对应2006年版准则第四章，《中国注册会计师审计准则第1604号——对简要财务报表出具报告的业务》主要对应2006年版准则第六章。

《中国注册会计师审计准则第1601号——对按照特殊目的框架编制的财务报表审计的特殊考虑》在按照新体例进行改写的基础上作出了实质性修订。与2006年版《中国注册会计师审计准则第1601号——对特殊目的审计业务出具审计报告》第三章相比，在具体规定上有以下三个方面的重大变化：

（1）指出了除2006年版准则提及的计税基础、收付实现制基础和监管机构的报告要求外，特殊目的框架还包括合同条款。

（2）增加了"特殊目的财务报表""特殊目的框架"的定义。

（3）分"承接业务时的考虑"、"计划和执行审计工作时的考虑"和"形成审计意见和出具报告时的考虑"三个方面分别作出了详细规定。

在"承接业务时的考虑"部分，规定了注册会计师应当确定被审计单位编制财务报表时运用的财务报告编制框架的可接受性，并了解财务报表编制目的、预期使用者以及管理层为确定财务报告编制框架是否适用于具体情况所采取的措施等三个方面。

在"计划和执行审计工作时的考虑"部分，规定了注册会计师应当确定在运用与审计相关的准则时，是否需要根据业务的具体情况作出特殊考虑；此外，还针对财务报表按照合同条款编制的情况下，注册会计师应当了解的方面作出了规定。

在“形成审计意见和出具报告时的考虑”部分，明确了注册会计师在这一阶段应当遵守的审计准则、需要评价的方面、审计报告内容以及需要增加强调事项段的情形。

（三）本准则2016年修订内容

本准则本次未修订。

（四）本准则2019年修订内容

本准则及其应用指南本次的修订内容主要有：

一是修订了特殊目的财务报表的定义，强调特殊目的财务报表包括相关披露；

二是修订了特殊目的财务报表审计报告中各要素的排列顺序，增强报告的可读性；

三是按照审计报告改革的理念，明确规定了特殊目的财务报表审计报告中对关键审计事项、与持续经营相关的重大不确定性、其他信息、项目合伙人姓名等项目的披露要求；

四是相应修订了特殊目的财务报表审计报告的参考格式。

（五）本准则学习中注意事项

1.注意适用范围

第1101号至第1521号准则适用于所有财务报表审计，本准则规范注册会计师运用这些审计准则对按照特殊目的编制基础编制的财务报表进行审计时的特殊考虑。

2.注意与第1603号准则结合学习

本准则是针对按照特殊目的编制基础编制的整套财务报表审计制定的。《中国注册会计师审计准则第1603号——对单一财务报表和财务报表特定要素审计的特殊考虑》规范注册会计师对单一财务报表，财务报表的特定要素、账户或项目审计相关的特殊考虑。

3.注意与其他准则的关系

本准则并不超越其他审计准则的要求，也未涵盖注册会计师在执行特殊目的财务报表审计业务时需要根据业务的具体情况作出的所有特殊考虑。

二、框架结构简介

本准则共5章16条，其框架结构见表1601-1。

表1601-1 框架结构

章	名称	节	条	主要内容
第一章	总则	—	1~4	本准则制定的目的、适用范围及与第1101号至第1521号准则、第1603号准则的关系
第二章	定义	—	5~7	解释本准则中包含的术语
第三章	目标	—	8	界定执行本准则应实现的目标
第四章	要求	1~3	9~15	规定注册会计师为实现准则目标应遵守的要求，即注册会计师在相关业务环境下应当实施的所有必要程序
第五章	附则	—	16	本准则施行时间

三、重点难点解析

（一）通用目的编制基础与特殊目的编制基础

“财务报告编制基础”在审计准则中是一个基础性概念。不同的财务报告编制基础对编制财务报表的要求不同，相应地，审计准则对注册会计师审计时需要考虑的事项、实施的程序以及发表审计意见的形式等方面的要求也存在一些差异。适用的财务报告编制基础有两类：一是指法律法规要求采用的财务报告编制基础；二是管理层和治理层（如适用）在编制财务报表时，就被审计单位性质和财务报表目标而言，采用的可接受的财务报告编制基础。

在注册会计师从事的审计业务中，除了通用目的财务报表审计外，还包括特殊目的审计。所谓特殊目的审计业务是指注册会计师接受委托，对按特殊基础编制的财务报表、财务报表的组成部分、合同的遵守情况以及简要财务报表进行审计并出具审计报告的业务。

通用目的财务报表审计与特殊目的审计虽然同属鉴证业务，两者在审计业务的程序、范围、时间、证据、审计工作底稿等方面有相似之处，但特殊目的审计有其特殊性，表现在：

1.区别

适用的财务报告编制基础分为通用目的编制基础和特殊目的编制基础。两者的区别见表1601-2。

表1601-2　　通用目的编制基础和特殊目的编制基础的区别

类别	编制基础	目的	内容
通用目的	（1）法律法规要求采用的； （2）管理层和治理层（如适用）采用的可接受	旨在满足广大财务报表使用者共同的财务信息需求的财务报告编制基础	（1）会计准则； （2）会计制度
特殊目的	（1）公允列报编制基础； （2）遵循性编制基础	用以满足财务报表特定使用者对财务信息需求的财务报告编制基础	（1）计税核算基础； （2）监管机构的报告要求； （3）合同的约定； （4）现金收入和支出核算基础

2.联系

通用目的编制基础和特殊目的编制基础都需要对财务报表是否按照适用的财务报告编制基础编制发表审计意见。但是对于特殊目的审计，注册会计师还需要作出许多特殊考虑。会计主体类型不同，采用的财务报告编制基础可能不同。同一会计主体，为了满足不同财务报表使用者的财务信息需求，采用的财务报告编制基础也可能不同。

3.公允列报编制基础

公允列报编制基础，是指要求管理层和治理层（如适用）遵循其规定并包含下列内容之一的财务报告编制基础：

（1）明确或隐含地认可，为了实现财务报表的公允列报，管理层和治理层（如适用）可能有必要提供除了编制基础具体要求之外的其他披露；

（2）明确地认可，为了实现财务报表的公允列报，在极其特殊的情况下，管理层和治理层（如适用）可能有必要偏离编制基础的某项要求。

4.遵循性编制基础

遵循性编制基础，是指要求管理层和治理层（如适用）遵循其规定的财务报告编制基础，但不包含前款第（1）项或第（2）项中的任何一项内容。

5.财务报表

第1601号准则所称财务报表，财务报表是指整套特殊目的财务报表，强调包括相关披露。披露包括按照适用的财务报告编制基础要求、明确允许或通过其他形式允许作出的解释性或描述性信息，这些信息在财务报表表内或附注中反映，或通过交叉索引予以提及。

企业对外提供的财务信息是多种多样的。除了通常按企业会计准则和相关会计制度编制通用目的的财务报表外，还可能按企业会计准则和相关会计制度以外的其他基础（以下简称“特殊基础”）编制财务报表。特殊基础是指除企业会计准则和相关会计制度以外的其他基础。按照企业会计准则和相关会计制度编制的财务报表，是为了满足一般使用者的共同信息需求；而按照特殊基础编制的财务报表，是为了满足特定使用者的财务信息需求。这些特定使用者的信息需求决定了适用的财务报告框架。特殊基础通常包括下列基础：

（1）计税基础。计税基础即按照国家税法的规定编制财务报表。由于税法明确规定了收入、费用的确认和计量标准，且与企业会计准则和相关会计制度的规定存在差异，因而按计税基础编制的财务报表与按企业会计准则和相关会计制度编制的财务报表存在差异。例如，企业发生的业务招待费，在日常会计核算中均可据实计入“管理费用”，抵扣会计利润，但在进行企业所得税申报时，则应按照所得税法规定的列支标准扣除，抵扣应税利润。

按照计税基础编制的财务报表通常用于企业向税务部门进行纳税申报，其特定使用者为被审计单位管理层和税务部门。

（2）监管机构的报告要求。监管机构可能对企业报送的财务报表提出特殊要求。按监管机构的报告要求编制的财务报表通常提供给特定的监管部门，以便于他们对企业进行某方面监管的需要，其特定使用者为被审计单位管理层和相应的监管机构。

（3）合同约定条款。注册会计师可能应委托人的要求对合同的遵守情况出具审计报告。常见的合同遵守情况包括：

①贷款合同遵守情况。通常情况下，贷款人为保障其权益，要求借款人提供抵押、担保或其他保证，如确保资产负债率不高于某一百分比、流动比率不低于某一百分比、确保用于抵押的资产的安全完整、在贷款未偿还完毕之前利润分配率不得高于某一百分比等。

②专利技术转让协议遵守情况。在专利技术转让协议中，可能要求专利技术使用人按照该专利技术生产或销售产品的数量或收入的一定比例支付专利技术使用费，或者双方按照一定比例分享该专利技术所生产产品实现的利润或毛利等，专利技术使用人有义务按照该专利技术转让协议的规定进行核算，并向专利技术所有人支付使用费或利润。商标使用权转让协议遵守情况也类似。

在上述这些合同或协议中，签约双方可能约定：客户不仅应当提交经注册会计师审计的财务报表，还应当聘请注册会计师对其遵守合同中约定的有关财务与会计事项的情况进行审计，并根据审计意见评价客户遵守合同的情况。

（4）现金收入和支出核算基础。被审计单位为债权人编制的反映现金流信息的现金收入和支出核算基础。

（二）审计目标

注册会计师的目标是，在运用审计准则执行特殊目的财务报表审计时，恰当处理与下列方面相关的特殊考虑：

（1）业务的承接；

（2）业务的计划和执行；

（3）对财务报表形成审计意见并出具审计报告。

审计目标流程如图1601-1所示。

图1601-1　审计目标流程

（三）特殊目的审计的特殊考虑

对于特殊目的的审计，注册会计师还需要作出许多特殊考虑。具体要求见表1601-3。

（四）注册会计师仅对其母公司财务报表执行审计业务时的特别考虑

如果被审计单位根据《企业会计准则》的规定，编制了合并财务报表，出于特殊目的，注册会计师仅对其母公司财务报表执行审计业务时应特别考虑。

第1501号准则第三条规定：本准则建立在注册会计师执行整套通用目的财务报表审计业务的基础上，适用于整套通用目的的财务报表审计。《中国注册会计师审计准则第1601号——对按照特殊目的编制基础编制的财务报表审计的特殊考虑》（以下简称“第1601号准则”）规定了注册会计师对按照特殊目的编制基础编制的财务报表审计的特殊考虑。当某一审计业务适用第1601号准则时，第1501号准则同样适用于该审计业务。

根据《企业会计准则第33号——合并财务报表》的规定，除了母公司是投资性主体，且不存在为其投资活动提供相关服务的子公司时可以豁免编制合并报表的情况外，母公司应当编制合并财务报表。因此，被审计单位根据我国《企业会计准则》需要合并报表时，“整套通用目的财务报表”应当同时包括母公司个别报表和合并报表，不能仅编制母公司报表。

在此情形下，仅编制母公司财务报表属于按照特殊目的编制基础编制的财务报表，注册会计师对母公司财务报表执行审计业务时应适用第1601号准则。一方面，注册会计师应提请被审计单位在财务报表中恰当提及或说明适用的财务报告编制基础，如在附注中说明财务报表的编制基础仅基于母公司实际发生的交易和事项；另一方面，在审计报告中说明财务报表的编制目的，并增加强调事项段，以提醒审计报告使用者关注财务报表按照特殊目的编制。

此外，值得一提的是，第1501号准则应用指南后附的合并财务报表审计报告引自国际审计准则。由于国际财务报告准则允许豁免编制单独财务报表，因此对于仅报出合并财务报表这种情形，在国际会计准则中也是属于通用目的的。第1501号准则应用指南后附的合并财务报表审计报告示范并不适用于按照我国企业会计准则编制的通用目的财务报表的审计。

表 1601-3　　特殊目的审计特殊考虑

特殊考虑	要求
(1) 业务承接时的考虑	(1) 确定财务报告编制基础的可接受性。注册会计师应当按照《中国注册会计师审计准则第1111号——就审计业务约定条款达成一致意见》的规定，确定管理层编制财务报表时采用的财务报告编制基础的可接受性。 (2) 了解相关内容。在特殊目的财务报表审计中，注册会计师应当了解下列方面：①财务报表的编制目的；②财务报表预期使用者；③管理层为确定财务报告编制基础在具体情况下的可接受性所采取的措施
(2) 计划和执行审计工作时的考虑	(1) 遵守与审计相关的所有审计准则。注册会计师应当按照《中国注册会计师审计准则第1101号——注册会计师的总体目标和审计工作的基本要求》的规定，遵守与审计相关的所有审计准则。 (2) 根据业务的具体情况作出特殊考虑。在计划和执行特殊目的财务报表审计工作时，注册会计师应当确定在运用这些审计准则时是否需要根据业务的具体情况作出特殊考虑。 (3) 了解被审计单位会计政策选择和运用的情况。注册会计师应当按照《中国注册会计师审计准则第1211号——通过了解被审计单位及其环境识别和评估重大错报风险》的规定，了解被审计单位会计政策选择和运用的情况。 (4) 了解管理层对合同作出的所有重要解释。在财务报表按照合同条款编制的情况下，注册会计师应当了解被审计单位管理层在编制财务报表时对合同作出的所有重要解释。如果采用其他合理解释将导致财务报表中列报的信息产生重大差异，则管理层对合同作出的解释就是重要的
(3) 形成审计意见和出具报告时的考虑	(1) 按规定出具报告。当对特殊目的财务报表形成审计意见并出具报告时，注册会计师应当遵守《中国注册会计师审计准则第1501号——对财务报表形成审计意见和出具审计报告》的规定。 (2) 评价财务报表是否恰当提及或说明适用的财务报告编制基础。注册会计师应当按照《中国注册会计师审计准则第1501号——对财务报表形成审计意见和出具审计报告》的规定，评价财务报表是否恰当提及或说明适用的财务报告编制基础。 (3) 评价财务报表是否恰当说明对财务报表编制所依据的合同作出的所有重要解释。在财务报表按照合同条款编制的情况下，注册会计师应当评价财务报表是否恰当说明对财务报表编制所依据的合同作出的所有重要解释。 (4) 确定审计报告的格式和内容。《中国注册会计师审计准则第1501号——对财务报表形成审计意见和出具审计报告》规定了审计报告的格式和内容。 在特殊目的财务报表审计的情况下，审计报告的内容还应当包括： ①说明财务报表的编制目的，并在必要时说明财务报表预期使用者，或者提及含有这些信息的特殊目的财务报表附注； ②如果管理层在编制特殊目的财务报表时可以选择财务报告编制基础，在说明管理层对财务报表的责任时，提及管理层负责确定适用的财务报告编制基础在具体情况下的可接受性。 (5) 注册会计师对特殊目的财务报表出具的审计报告应当增加强调事项段，以提醒审计报告使用者关注财务报表按照特殊目的编制基础编制，因此，财务报表可能不适用于其他目的。注册会计师应当将强调事项段置于适当的标题下

（五）注册会计师与治理层的沟通

根据《中国注册会计师审计准则第 1151 号——与治理层的沟通》的相关规定，在某些情况下，治理层全部成员参与管理被审计单位，此时需要对如何运用沟通的要求进行调整，以反映这一情况。

如果被审计单位也编制了整套通用目的财务报表，负责监督特殊目的财务报表编制的人员可能与负责监督通用目的财务报表编制的人员不同。

（六）关注其他审计准则中的报告要求

在对特殊目的财务报表形成审计意见并出具审计报告时，应当遵守《中国注册会计师审计准则第 1501 号——对财务报表形成审计意见和出具审计报告》的规定以及其他审计准则中的报告要求。

（七）持续经营

特殊目的财务报表可以按照（或不按照）与持续经营假设相关的财务报告编制基础编制。审计报告对管理层与持续经营相关的责任所作的描述，可能需要根据编制特殊目的财务报表时使用的财务报告编制基础，进行必要的调整。审计报告对注册会计师责任所作的描述，也可能需要根据如何在业务具体情况下运用《中国注册会计师审计准则第 1324 号——持续经营》，进行必要的调整。

（八）对关键审计事项的报告要求

对于特殊目的财务报表审计，《中国注册会计师审计准则第 1504 号——在审计报告中沟通关键审计事项》仅适用于法律法规要求或注册会计师决定在对特殊目的财务报表出具的审计报告中沟通关键审计事项的情形。如果在对特殊目的财务报表出具的审计报告中沟通关键审计事项，《中国注册会计师审计准则第 1504 号——在审计报告中沟通关键审计事项》整体都适用。

（九）对其他信息的责任

包含或随附特殊目的财务报表的报告就是《中国注册会计师审计准则第 1521 号——注册会计师对其他信息的责任》中所指的年度报告。如果注册会计师确定被审计单位拟发布此报告，《中国注册会计师审计准则第 1521 号——注册会计师对其他信息的责任》的规定适用于特殊目的财务报表审计。

（十）对项目合伙人的报告要求

《中国注册会计师审计准则第 1501 号——对财务报表形成审计意见和出具审计报告》要求注册会计师在审计报告中注明项目合伙人的规定也适用于上市实体特殊目的财务报表审计。在对非上市实体特殊目的财务报表出具审计报告时，法律法规可能要求或注册会计师决定在审计报告中注明项目合伙人。

（十一）提及可能增加其他事项段和强调事项段的情形

注册会计师可能认为在对特殊目的财务报表出具的审计报告中增加其他事项段，提及对整套通用目的财务报表出具的审计报告或报告的相关事项是适当的。征求意见稿指出，特殊目的财务报表可能用于预期目的之外的其他用途，为避免误解，注册会计师可增加强调事项段，将其作为单独的一部分置于审计报告中，并使用包含“强调事项”这一术语的适当标题提醒审计报告使用者关注财务报表按照特殊目的编制基础编制，因此财务报表可能不适用于其他目的。

【应用分析1601-1】**审计报告示例**[①]。

审计报告

德师报（审）字（19）第S00023号

网宿科技股份有限公司董事会：

一、审计意见

我们审计了厦门秦淮科技有限公司（以下简称“厦门秦淮”）的财务报表，包括2018年9月30日及2017年12月31日的合并资产负债表，2018年1月1日至9月30日期间及2017年度的合并利润表、合并现金流量表和合并所有者权益变动表以及相关财务报表附注。

我们认为，后附的财务报表在所有重大方面按照财务报表附注二所述的编制基础编制。

二、形成审计意见的基础

我们按照中国注册会计师审计准则的规定执行了审计工作。审计报告的“注册会计师对财务报表审计的责任”部分进一步阐述了我们在这些准则下的责任。按照中国注册会计师职业道德守则，我们独立于厦门秦淮，并履行了职业道德方面的其他责任。我们相信，我们获取的审计证据是充分、适当的，为发表审计意见提供了基础。

三、强调事项——编制基础以及对分发和使用的限制

我们提醒财务报表使用者关注财务报表附注二对编制基础的说明。厦门秦淮的财务报表仅为网宿科技股份有限公司处置厦门秦淮股权事宜而编制，因此财务报表可能不适用于其他用途。我们的报告仅用于上述目的。未经本所书面同意，不得用于其他任何目的。本段内容不影响已发表的审计意见。

四、管理层和治理层对财务报表的责任

厦门秦淮管理层负责按照财务报表附注二所述编制基础编制财务报表（包括确定在具体情况下按照财务报表对附注二所述编制基础编制财务报表的可接受性），并设计、执行和维护必要的内部控制，以使财务报表不存在由于舞弊或错误导致的重大错报。

在编制财务报表时，管理层负责评估厦门秦淮的持续经营能力，披露与持续经营相关的事项（如适用），并运用持续经营假设，除非管理层计划清算厦门秦淮、终止运营或别无其他现实的选择。

治理层负责监督厦门秦淮的财务报告过程。

五、注册会计师对财务报表审计的责任

我们的目标是对财务报表整体是否不存在由于舞弊或错误导致的重大错报获取合理保证，并出具包含审计意见的审计报告。合理保证是高水平的保证，但并不能保证按照审计准则执行的审计在某一重大错报存在时总能发现。错报可能由于舞弊或错误导致，如果合理预期错报单独或汇总起来可能影响财务报表使用者依据财务报表作出的经济决策，则通常认为错报是重大的。

① http://stock.jrj.com.cn/share，disc，2019-01-22，300017，0000000000000nkw8m.shtml.

在按照审计准则执行审计工作的过程中，我们运用职业判断，并保持职业怀疑。同时，我们也执行以下工作：

（1）识别和评估由于舞弊或错误导致的财务报表重大错报风险，设计和实施审计程序以应对这些风险，并获取充分、适当的审计证据，作为发表审计意见的基础。由于舞弊可能涉及串通、伪造、故意遗漏、虚假陈述或凌驾于内部控制之上，未能发现由于舞弊导致的重大错报的风险高于未能发现由于错误导致的重大错报的风险。

（2）了解与审计相关的内部控制，以设计恰当的审计程序，但目的并非对内部控制的有效性发表意见。

（3）评价管理层选用会计政策的恰当性和作出会计估计及相关披露的合理性。

（4）对管理层使用持续经营假设的恰当性得出结论。同时，根据获取的审计证据，就可能导致对厦门秦淮持续经营能力产生重大疑虑的事项或情况是否存在重大不确定性得出结论。如果我们得出结论认为存在重大不确定性，审计准则要求我们在审计报告中提请报表使用者注意财务报表中的相关披露；如果披露不充分，我们应当发表非无保留意见。我们的结论基于截至审计报告日可获得的信息。然而，未来的事项或情况可能导致厦门秦淮不能持续经营。

（5）评价财务报表的总体列报（包括披露）、结构和内容，并评价财务报表是否公允反映相关交易和事项。

（6）就厦门秦淮中实体或业务活动的财务信息获取充分、适当的审计证据，以对财务报表发表审计意见。我们负责指导、监督和执行集团审计，并对审计意见承担全部责任。

我们与治理层就计划的审计范围、时间安排和重大审计发现等事项进行沟通，包括沟通我们在审计中识别出的值得关注的内部控制缺陷。

德勤华永会计师事务所（特殊普通合伙）　　中国注册会计师（项目合伙人）：茆广勤

中国注册会计师：曹国珍

中国·上海　　2019年1月20日

第二节　验资（第1602号）

一、概述

（一）本准则制定与修订背景

因2005年10月27日第十届全国人大常委会第十八次会议通过的新《公司法》，已经于2006年1月1日起正式实施。2005年12月18日《国务院关于修改〈中华人民共和国公司登记管理条例〉的决定》，对原《公司登记管理条例》也做了较大幅度的修改。2013年12月《公司法》修改后，公司注册资本登记制度发生了较大的改变，由注册资本实缴登记制改为注册资本认缴登记制，并取消了原《公司法》对股东出资的一些强制性要求，如首次出资比例、货币出资比例等。股东实际缴纳出资的义务主要由股东在相关合同及公司章程中进行约定，公司实收资本不再是公司的登记事项，公司登记时不需要提交验资报告。2014年1月1日前，凡设立企业或变更登记，都要办理法定的验资手续。

需要注意的是，仍有一部分公司并不适用上述变化，如采用募集方式设立的股份有限公司等27类企业。注册会计师需要了解公司注册资本登记制度的变化及其适用范围，在执行财务报表审计时，考虑这些变化对审计计划和进一步审计程序的影响。如对于执行注册资本认缴登记制的被审计单位，强化对实收资本存在认定的细节测试；再如，在股东未按约定出资的情况下，按照《中国注册会计师审计准则第1311号——对存货、诉讼和索赔、分部信息等特定项目获取审计证据的具体考虑》的相关规定，注意识别涉及被审计单位的可能导致重大错报风险的诉讼和索赔事项并考虑适当的应对措施等。

基于验资准则的重要法律依据发生了重大变化，同时也为了适应新审计准则体系的建立，中注协在2006年2月15日对验资准则进行了较大幅度的修订。

根据《公司法》等法律法规对公司注册资本及实收资本方面规定的调整及对验资业务的新要求，新验资准则对验资定义、审验范围、审验方法、审验程序、验资报告等内容进行了相应的修改。以满足工商管理部门对企业注册资本登记管理和注册会计师执行验资业务的需要。

为了适应新审计准则体系，验资准则对遵守职业道德规范、业务约定书、与委托人沟通、利用专家工作、获取出资者和被审验单位声明、验资工作底稿、验资报告等方面，根据相关审计准则的要求做了适当修改和补充。

我国对于审计准则的国际趋同不等同于简单地将国际准则照搬过来，我国制定准则的总体思路是，基于与国际准则全面趋同，考虑中国实际情况，加入一些在中国国情下所必需的特定要求，在考虑中国的环境的基础上，我们特别出台了验资准则，验资是中国非常有特色的事项。

验资是注册会计师的法定业务，与审计相比，它既是一项相对简单的业务，也是一项风险很大的业务。同时，也是一项相对稳定的业务，其格式、内容没有太多的变化。

为了规范注册会计师执行验资业务，明确工作要求，制定本准则。

（二）本准则2010年修订内容

本准则本次未修订。

（三）本准则2016年修订内容

本准则本次未修订。

（四）本准则2019年修订内容

本准则本次未修订。

（五）本准则学习中注意事项

注意本准则与其他审计准则的关系。注册会计师在执行验资业务时，应当将本准则与相关审计准则结合使用。

注册会计师在执行验资业务时不应孤立地使用本准则，而应当将本准则与相关审计准则结合使用。例如，注册会计师除了遵守本准则的要求外，还应当遵守就审计业务约定条款达成一致意见、历史财务信息审计的质量控制、审计工作底稿、计划审计工作、审计证据、函证、期后事项、书面声明、利用专家的工作等审计准则的相关规定。其他相关审计准则的一般原则和要求与本准则不一致的，以本准则为准。

另外，要结合国务院关于印发注册资本登记制度改革方案的通知（国发〔2014〕7

号）来学习。

二、框架结构简介

本准则共5章36条，其框架结构见表1602-1。

表1602-1　框架结构

章	名称	节	条	主要内容
第一章	总则	—	1~6	主要说明准则的制定目的、准则与其他审计准则的关系、验资的含义、验资类型及设立验资和变更验资的含义、被审验单位的含义、出资者和被审验单位的责任、注册会计师的责任，并对注册会计师执行验资业务的职业道德提出要求
第二章	业务约定书	—	7~9	主要说明注册会计师接受委托前应当了解被审验单位基本情况、评估验资风险、与委托人应当沟通的事项和业务约定书的内容及其签订要求
第三章	计划、程序与记录	—	10~20	主要说明验资计划的编制、审验范围、审验程序和审验方法以及审验记录，明确了审验内容及应关注的事项
第四章	验资报告	—	21~34	主要说明验资报告要素，验资报告的内容、用途和使用责任，以及拒绝出具验资报告的情形
第五章	附则	—	35、36	本准则适用范围和施行时间

三、重点难点解析

（一）含义

验资是指注册会计师依法接受委托，对被审验单位注册资本的实收情况或注册资本及实收资本的变更情况进行审验，并出具验资报告。

（二）注册资本、实收资本

1.注册资本

注册资本是指被审验单位在公司登记机关依法登记的全体出资者的出资额。

（1）有限责任公司的注册资本为在公司登记机关依法登记的全体股东认缴的出资额；

（2）采取发起设立方式设立的股份有限公司，其注册资本为在公司登记机关依法登记的全体发起人认购的股本总额；

（3）采取募集设立方式设立的股份有限公司，其注册资本为在公司登记机关依法登记的实收股本总额。

2.实收资本

实收资本是被审验单位全体股东或者发起人实际交付并经公司登记机关依法登记的出资额或者股本总额。

3.验资截止日

验资截止日是指注册会计师所验证的注册资本实收情况或注册资本及实收资本变更情

况的截止日期，是注册会计师审验结论成立的一个特定时点。

（三）验资类型

1.设立验资

注册会计师对被审验单位申请设立登记时的注册资本实收情况进行的审验。

通常，有以下两种情况：

（1）在被审验单位向公司登记机关申请设立登记时全体股东的一次性全部出资和分次出资的首次出资情况；

（2）公司新设合并、分立，或企业改制时以部分资产进行重组设立新的公司，新设立的公司向公司登记机关申请设立登记。

2.变更验资

注册会计师对被审验单位申请变更登记时的注册资本及实收资本的变更情况进行的审验。

变更验资的情况主要包括：

（1）被审验单位出资者（包括原出资者和新出资者）新投入资本、增加注册资本及实收资本；

（2）分次出资的非首次出资，增加实收资本，但注册资本不变；

（3）符合规定的出资者将其对被审验单位的债权转为股权；

（4）被审验单位以资本公积、盈余公积、未分配利润转增注册资本及实收资本；

（5）被审验单位因吸收合并增加注册资本及实收资本；

（6）被审验单位因派生分立、注销股份或依法收购股东的股权等减少注册资本及实收资本；

（7）被审验单位整体改制，包括由非公司制企业改为公司制企业、有限责任公司变更为股份有限公司时，以净资产折合实收资本。

3.不需验资

公司因出资者、出资比例等发生变化，注册资本及实收资本金额不变，需要按照有关规定向公司登记机关申请办理变更登记，但不需要进行变更验资。

（四）责任

（1）出资者和被审验单位的责任。按照法律法规以及协议、合同、章程的要求出资，提供真实、合法、完整的验资资料，保护资产的安全、完整，是出资者和被审验单位的责任。

（2）注册会计师的责任。对被审验单位注册资本的实收情况或注册资本及实收资本的变更情况进行审验，出具验资报告，是注册会计师的责任。

（3）注册会计师的责任不能减轻出资者和被审验单位的责任。

（4）获取明细表有助于分清被审验单位和注册会计师各自的责任。①注册会计师应向被审验单位获取注册资本实收情况明细表或注册资本、实收资本变更情况明细表；②注册会计师在验资过程中获取的由被审验单位签署的注册资本实收情况明细表或注册资本、实收资本变更情况明细表，是被审验单位出资者出资情况的总括反映，经被审验单位签署确认后，代表了被审验单位对其出资者出资情况的认定，也是被审验单位的一种书面声明，是注册会计师应获取的重要证据之一。

（5）验资流程（如图1602-1所示）。

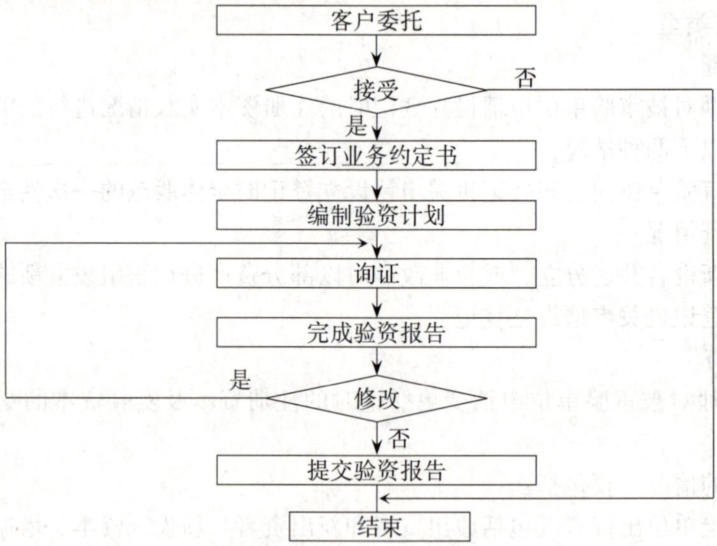

图1602-1 验资流程

（五）审验范围

1.设立验资

设立验资的审验范围一般限于与被审验单位注册资本实收情况有关的事项，包括出资者、出资币种、出资金额、出资时间、出资方式和出资比例等。

2.变更验资

变更验资的审验范围一般限于与被审验单位注册资本及实收资本增减变动情况有关的事项。

（1）增资。审验范围包括与增资相关的出资者、出资币种、出资金额、出资时间、出资方式、出资比例和相关会计处理，以及增资后的出资者、出资金额和出资比例等。

（2）减资。审验范围包括与减资相关的减资者、减资币种、减资金额、减资时间、减资方式、债务清偿或债务担保情况、相关会计处理，以及减资后的出资者、出资金额和出资比例等。

（六）审验程序

1.审验方法及要求

对于出资者投入的资本及其相关的资产、负债，注册会计师应分别采用下列方法进行审验：

（1）货币出资。应在检查被审验单位开户银行出具的收款凭证、对账单及银行询证函回函等的基础上，审验出资者的实际出资金额，并关注全体股东的货币出资额占注册资本的比例是否符合法定要求。对于股份有限公司向社会公开募集的股本，还应检查证券公司承销协议、募股清单和股票发行费用清单等。其流程如图1602-2所示。

（2）实物出资。应观察、检查实物，审验其权属转移情况，并按照国家有关规定在资产评估的基础上审验其价值。如果被审验单位是外商投资企业，注册会计师应按照国家有关外商投资企业的规定，审验实物出资的价值。

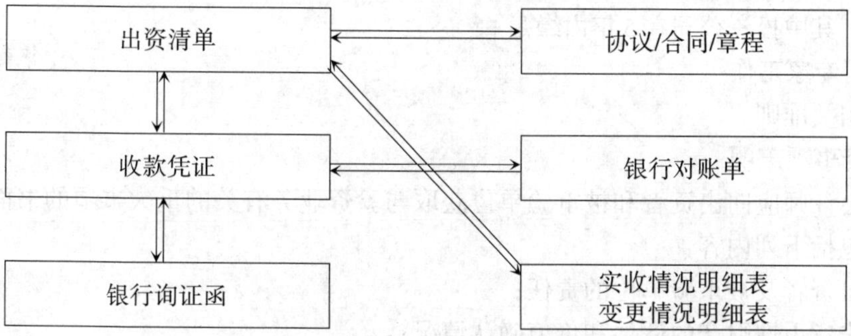

图1602-2　货币出资审验流程

（3）无形资产出资。应审验其权属转移情况，并按照国家有关规定在资产评估的基础上审验其价值。如果被审验单位是外商投资企业，注册会计师应按照国家有关外商投资企业的规定，审验无形资产出资的价值。

（4）净资产或留存收益出资。以净资产折合实收资本的，或以资本公积、盈余公积、未分配利润转增注册资本及实收资本的，应在审计的基础上按照国家有关规定审验其价值。

（5）其他财产出资。以货币、实物、知识产权、土地使用权以外的其他财产出资的，应审验出资是否符合国家有关规定。

（6）外商投资企业出资。外方出资者以上述第（1）项至第（5）项所述方式出资的，注册会计师还应关注其是否符合国家外汇管理的有关规定，向企业注册地的外汇管理部门发出外方出资情况询证函，并根据外方出资者的出资方式附送银行询证函回函、资本项目外汇业务核准件及进口货物报关单等文件的复印件，以询证上述文件内容的真实性、合规性。

2.对非货币性财产作价出资的审验要求

对于出资者以实物、知识产权和土地使用权等非货币性财产作价出资的，注册会计师应在出资者依法办理财产权转移手续后予以审验。

3.首次验资

对于设立验资，如果出资者分次缴纳注册资本，注册会计师应关注全体出资者的首次出资额和出资比例是否符合国家有关规定。这里需要关注两种情形：一是关注有限责任公司全体股东的首次出资额是否不低于公司注册资本的20%，且不低于法定的注册资本最低限额。二是关注发起设立的股份有限公司全体发起人的首次出资额是否不低于公司注册资本的20%。

4.变更验资

对于变更验资，应关注被审验单位以前的注册资本实收情况，并关注出资者是否按照规定的期限缴纳注册资本。

关注被审验单位以前的注册资本实收情况，注册会计师主要查阅前期验资报告；关注前期出资的非货币性财产是否办理财产权转移手续；关注被审验单位与其关联方的有关往来款项有无明显异常情况；查阅近期财务报表和审计报告，关注被审验单位是否存在由于严重亏损而导致增资前的净资产小于实收资本的情况。关注出资者是否按照规定的期限缴纳注册资本，主要是关注出资者首次出资后，其余部分是否由出资者自公司成立之日起2

年内缴足，其中投资公司在5年内缴足。

5.利用专家工作

参见相关准则。

6.验资事项声明

注册会计师应向出资者和被审验单位获取与验资业务有关的重大事项的书面声明。

通常包括下列内容：

（1）出资者及被审验单位的责任；

（2）非货币性财产的评估和价值确认情况；

（3）出资者对出资财产在出资前拥有的权利，是否未设定担保及已办理财产权转移手续；

（4）净资产折合实收资本情况及相关手续办理情况；

（5）验资报告的使用；

（6）其他对验资产生重大影响的事项。

（七）验资工作底稿

（1）注册会计师应对验资过程及结果进行记录，形成验资工作底稿。

（2）验资工作底稿的分类：①综合类；②业务类；③备查类。

（八）验资报告

在验资过程的最后阶段，注册会计师要以审验过程中收集的审验证据为基础，形成审验意见，出具验资报告。验资报告是注册会计师对被审验单位注册资本的实收情况或注册资本及实收资本的变更情况进行审验后表达审验意见的书面文件。其包括下列九要素，见表1602-2。

表1602-2　验资报告要素

要素	内容
（1）标题	验资报告
（2）收件人	按照业务约定书的要求致送验资报告的对象，一般是指验资业务的委托人；验资报告应载明收件人的全称；拟设立的公司，收件人通常是公司登记机关预先核准的名称并加“（筹）”
（3）范围段	说明审验范围、出资者和被审验单位的责任、注册会计师的责任、审验依据和已实施的主要审验程序等
（4）意见段	说明已审验的被审验单位注册资本的实收情况或注册资本及实收资本的变更情况
（5）说明段	说明验资报告的用途、使用责任及注册会计师认为应说明的其他重要事项
（6）附件	包括已审验的注册资本实收情况明细表或注册资本、实收资本变更情况明细表和验资事项说明等
（7）注册会计师的签名和盖章	由两名注册会计师签名并盖章
（8）事务所的名称、地址及盖章	载明事务所的名称和地址，并加盖事务所公章
（9）报告日期	注册会计师完成审验工作的日期

（九）拒绝出具验资报告并解除业务约定的情形

注册会计师在审验过程中，遇有下列情形之一时，应拒绝出具验资报告并解除业务约定：

（1）被审验单位或出资者不提供真实、合法、完整的验资资料的；

（2）被审验单位或出资者对注册会计师应实施的审验程序不予合作，甚至阻挠审验的；

（3）被审验单位或出资者坚持要求注册会计师作不实证明的。

例如，遇有下列情形之一时，注册会计师应拒绝出具验资报告并解除业务约定：

（1）出资者投入的实物、知识产权、土地使用权等资产的价值难以确定；

（2）被审验单位及其出资者不按国家有关规定对出资的实物、知识产权、土地使用权等非货币性财产进行资产评估或价值鉴定、办理有关财产权转移手续；

（3）被审验单位减少注册资本或合并、分立时，不按国家有关规定进行公告、债务清偿或提供债务担保；

（4）外汇管理部门在外方出资情况询证函回函中注明附送文件存在虚假、违规等情况；

（5）出资者以法律法规禁止的劳务、信用、自然人姓名、商誉、特许经营权或者设定担保的财产等作价出资；

（6）首次出资额和出资比例不符合国家有关规定；

（7）全体股东的货币出资比例不符合国家有关法律法规规定。

【应用分析1602-1】南京新百验资报告。

江苏苏亚金诚会计师事务所（特殊普通合伙）

苏亚验〔2017〕5号

验资报告

南京新街口百货商店股份有限公司全体股东：

我们接受委托，审验了南京新街口百货商店股份有限公司（以下简称“贵公司”）截至2017年1月20日的新增注册资本及实收资本（股本）情况。按照法律法规以及协议、章程的要求出资，提供真实、合法、完整的验资资料，保护资产的安全、完整是全体股东及贵公司的责任。我们的责任是对贵公司新增注册资本及实收资本情况发表审验意见。我们的审验是依据《中国注册会计师审计准则第1602号——验资》进行的。在审验过程中，我们结合贵公司的实际情况，实施了检查等必要的审验程序。

贵公司原注册资本为人民币828 016 327.00元，实收资本（股本）为人民币828 016 327.00元。根据贵公司2016年8月31日召开的2016年第四次临时股东大会决议，并经中国证券监督管理委员会《关于核准南京新街口百货商店股份有限公司向广州金鹏集团有限公司等发行股份购买资产并募集配套资金的批复》（证监许可〔2017〕79号）核准，贵公司申请增加注册资本人民币273 293 916.00元，其中：向广州金鹏集团有限公司发行12 773 470股股份、向常州三胞元康投资合伙企业（有限合伙）发行4 257 823股股份、向三胞集团有限公司发行11 192 208股股份、向常州三胞明塔投资合伙企业（有限合伙）发行9 242 342股股份、向上海赛领辅仁股权投资基金合伙企业（有限合伙）发行7 033 468股股份、向成都力鼎银科股权投资基金中心（有限合伙）发行4 688 978股股份、向农银无锡股权投资基金企业（有限合伙）发行2 344 488股股份、向上海赛领并购投资基金合伙企业（有限合伙）发行2 344 488股股份、向东吴创业投资有限公司发行1 172 244股股份、向上海衡丹创业投资中心（有限合伙）发行1 172 244股股份、向银丰生物工程集团有限公司发行96 722 192股股份、向新余创立恒远投资管理有限公司发行72 541 644股股份、向王伟发行9 672 219股股份、向王山发行2 418 054股股份、向沈柏均发行2 418 054股股份购买相关资产，变更后的注册资本为1 101 310 243.00元。经我们审验，截至2017年1月20日，贵公司收到广州金鹏集团有限公司、常州三胞元康投资合伙企业（有限合伙）、三胞集团有限公司、常州三胞明塔投资合伙企业（有限合伙）、上海赛领辅仁股权投资基金合伙企业（有限合伙）、成都力鼎银科股权投资基金中心（有限合伙）、农银无锡股权投资基金企业（有限合伙）、上海赛领并购投资基金合伙企业（有限合伙）、东吴创业投资有限公司、上海衡丹创业投资中心（有限合伙）、银丰生物工程集团有限公司、新余创立恒远投资管理有限公司、王伟、王山、沈柏均缴纳的新增注册资本（股本）合计人民币贰亿柒仟叁佰贰拾玖万叁仟玖佰壹拾陆元整。各股东均为股权出资。

同时我们注意到，贵公司本次增资前的注册资本人民币828 016 327.00元，实收资本（股本）人民币828 016 327.00元已经致同会计师事务所（特殊普通合伙）出具的致同验字〔2015〕第320ZA0022号验资报告验证。截至2017年1月20日，贵公司变更后的累计注册资本为人民币1 101 310 243.00元，实收资本（股本）为人民币1 101 310 243.00元。

本验资报告供贵公司申请注册资本及实收资本（股本）变更登记及据以向全体股东签发出资证明时使用，不应将其视为是对贵公司验资报告日后资本保全、偿债能力和持续经营能力等的保证。因使用不当造成的后果，与执行本验资业务的注册会计师及会计师事务所无关。

附件：1.新增注册资本实收情况明细表

2.注册资本及股本变更前后对照表

3.验资事项说明

江苏苏亚金诚会计师事务所（特殊普通合伙）　　中国注册会计师（项目合伙人）：

中国注册会计师：

中国·南京　　二〇一七年二月四日

资料来源：江苏苏亚金诚会计师事务所．南京新百：验资报告［EB/OL］．［2017-02-04］．http：//stock.jrj.com.cn/share，disc，2017-02-11，600682，0000000000000hf16q.shtml.

第三节　对单一财务报表和财务报表特定要素审计的特殊考虑（第1603号）

一、概述

（一）本准则制定与修订背景

参见第1601号准则。本准则的制定是为了规范注册会计师对单一财务报表和财务报表特定要素审计时的特殊考虑。

（二）本准则2010年修订内容

《中国注册会计师审计准则第1603号——对单一财务报表和财务报表特定要素审计的特殊考虑》在按照新体例进行改写的基础上作出了实质性的修订。与2006年版《中国注册会计师审计准则第1601号——对特殊目的审计业务出具审计报告》第四章相比，在具体规定上有以下四个方面的重大变化：

（1）扩大了准则的范围。2006年版准则第四章主要规范对财务报表组成部分出具审计报告，而2010年版准则重点规范对单一财务报表和财务报表特定要素、账户或项目审计时的特殊考虑，包括承接业务时、计划和执行审计工作时以及形成审计意见和出具报告时的特殊考虑。

（2）明确了第1101号至第1521号准则适用于财务报表审计，注册会计师对单一财务报表和财务报表的特定要素、账户或项目进行审计时可以视具体情况参照这些准则的相关规定。

（3）增加了“财务报表要素”“单一财务报表或财务报表特定要素”的定义。

（4）分“承接业务时的考虑”、“计划和执行审计工作时的考虑”和“形成审计意见和出具报告时的考虑”三个方面分别作出了详细规定。

在“承接业务时的考虑”部分，规定，注册会计师应当确定被审计单位编制财务报表时运用的财务报告编制框架的可接受性，并考虑审计意见的预期格式是否适合具体情况。

在“计划和执行审计工作时的考虑”部分，规定了注册会计师在这一阶段应当遵守与审计工作相关的所有审计准则。

在“形成审计意见和出具报告时的考虑”部分，为避免使用者误认为对单一财务报表或财务报表特定要素出具的审计报告与整套财务报表相关，2006年版准则要求注册会计师不应将整套财务报表附于审计报告后，除此之外，还规定如果对整套财务报表出具非无保留意见的审计报告或者出具包含强调事项段或其他事项段的审计报告，要求注册会计师确定这些情况对单一财务报表或财务报表特定要素出具的审计报告的影响。

（三）本准则2016年修订内容

本准则本次未修订。

（四）本准则2019年修订内容

本准则及其应用指南本次的修订内容主要有：

一是修订了单一财务报表或财务报表特定要素的定义，强调单一财务报表或财务报表特定要素应当包括相关披露；

二是修订了单一财务报表和财务报表特定要素审计报告中各要素的排列顺序，增强报告的可读性；

三是按照审计报告改革的理念，明确规定了在对单一财务报表和财务报表特定要素的审计报告中披露关键审计事项、与持续经营相关的重大不确定性、其他信息、项目合伙人姓名等项目的要求；

四是相应修订了单一财务报表和财务报表特定要素审计报告的参考格式。

（五）本准则学习中注意事项

（1）注意结合第1101号至第1521号准则进行学习。第1101号至第1521号准则适用于所有财务报表审计。当执行其他历史财务信息（包括单一财务报表和财务报表特定要素）审计业务时，注册会计师可以根据具体情况遵守这些准则的相关规定，以满足此类业务的要求。

（2）注意结合第1601号准则进行学习。单一财务报表和财务报表特定要素可能按照通用目的编制基础或按照特殊目的编制基础编制。如果按照特殊目的编制基础编制，《中国注册会计师审计准则第1601号——对按照特殊目的编制基础编制的财务报表审计的特殊考虑》也适用于对单一财务报表和财务报表特定要素的审计。

二、框架结构简介

本准则共5章20条，其框架结构见表1603-1。

表1603-1 框架结构

章	名称	节	条	主要内容
第一章	总则	—	1~5	本准则制定的目的、适用范围及与第1101号至第1521号准则、第1601号准则的关系
第二章	定义	—	6、7	解释本准则中包含的术语
第三章	目标	—	8	界定执行本准则应实现的目标
第四章	要求	1~3	9~19	规定注册会计师为实现准则目标应遵守的要求，即注册会计师在相关业务环境下应当实施的所有必要程序
第五章	附则	—	20	本准则施行时间

三、重点难点解析

（一）财务报表特定要素含义与适用范围

1.含义

财务报表特定要素（即特定要素），是指财务报表特定的要素、账户或项目。财务报表特定要素、账户或项目的示例如下：

（1）应收账款、坏账准备、存货、个人退休金计划的应计收益负债、可辨认无形资产的记录价值、保险组合中的“已发生但未报告”索赔的负债，包括相关附注；

（2）个人退休金计划的外部管理的资产和收益明细表，包括相关附注；

（3）有形资产净值明细表，包括相关附注；

（4）与租赁财产相关的支出明细表，包括解释性附注；

（5）利润分享或员工奖金明细表，包括解释性附注。

单一财务报表或财务报表特定要素包括相关披露。相关披露通常包含与单一财务报表或财务报表特定要素相关的解释性或其他描述性信息。披露包括按照适用的财务报告编制基础要求、明确允许或通过其他形式允许作出的解释性或描述性信息，这些信息在财务报表表内或附注中反映，或通过交叉索引予以提及。

2.适用范围

（1）《中国注册会计师审计准则第1101号——注册会计师的总体目标和审计工作的基本要求》定义的“历史财务信息”，是指以财务术语表述的某一特定实体的信息。这些信息主要来自特定实体的会计系统，反映了过去一段时间内发生的经济事项，或者过去某一时点的经济状况或情况。

（2）《中国注册会计师审计准则第1101号——注册会计师的总体目标和审计工作的基本要求》定义的“财务报表”，是指依据某一财务报告编制基础对被审计单位历史财务信息作出的结构性表述，包括披露，旨在反映某一时点的经济资源或义务，或者某一时期的经济资源或义务的变化。“财务报表”通常是指根据适用的财务报告编制基础的规定确定的整套财务报表，有时也指单一财务报表。

披露包括适用的财务报告编制基础要求、明确允许或通过其他形式允许作出的解释性或描述性信息。披露是财务报表不可分割的组成部分，在财务报表表内或附注中反映，或通过交叉索引予以提及。单一财务报表或财务报表特定要素包括相关披露。

（3）审计准则适用于注册会计师执行财务报表审计业务。当执行其他历史财务信息审计业务（如单一财务报表和财务报表特定要素的审计）时，注册会计师可以根据具体情况遵守适用的相关审计准则，以满足此类业务的要求。

（4）注册会计师执行除历史财务信息审计以外的合理保证业务，需要遵守《中国注册会计师其他鉴证业务准则第3101号——历史财务信息审计或审阅以外的鉴证业务》的规定。

可见，单一财务报表和财务报表特定要素可能按照通用目的编制基础或按照特殊目的编制基础编制。如果按照特殊目的编制基础编制，《中国注册会计师审计准则第1601号——对按照特殊目的编制基础编制的财务报表审计的特殊考虑》也适用于对单一财务报表和财务报表特定要素的审计。

本准则不适用于组成部分注册会计师应集团项目组的要求，基于集团财务报表审计目的，对组成部分财务信息执行工作并出具报告的情况。

（二）审计目标

注册会计师的目标是，在运用审计准则执行单一财务报表和财务报表特定要素的审计时，恰当处理与下列方面相关的特殊考虑：

（1）业务的承接；

（2）业务的计划和执行；

（3）对单一财务报表和财务报表特定要素形成审计意见并出具审计报告。

（三）要求

对于执行单一财务报表和财务报表特定要素的审计，注册会计师还需要作出许多特殊考虑。具体要求见表1603-2。

表1603-2　　对于执行单一财务报表和财务报表特定要素审计的特殊考虑

特殊考虑	要求
（1）业务承接时的考虑	（1）《中国注册会计师审计准则第1101号——注册会计师的总体目标和审计工作的基本要求》规定注册会计师应当遵守与审计工作相关的所有审计准则，在单一财务报表或财务报表特定要素审计中，无论注册会计师是否同时接受委托审计整套财务报表，该要求仍然适用。如果没有同时接受委托审计整套财务报表，注册会计师应当确定按照审计准则对单一财务报表或财务报表特定要素进行审计是否可行。 （2）确定财务报告编制基础的可接受性。《中国注册会计师审计准则第1111号——就审计业务约定条款达成一致意见》要求注册会计师确定管理层在编制财务报表时采用的财务报告编制基础的可接受性。 在单一财务报表或财务报表特定要素审计中，前款提及的要求包括确定采用财务报告编制基础是否能够提供充分的披露或列报，以使财务报表预期使用者能够理解单一财务报表或财务报表特定要素所传递的信息，以及重大交易和事项对单一财务报表或财务报表特定要素所传递的信息的影响。 （3）确定出具审计报告的预期形式。《中国注册会计师审计准则第1111号——就审计业务约定条款达成一致意见》要求审计业务约定条款包括注册会计师拟出具审计报告的预期形式。 在单一财务报表或财务报表特定要素审计中，注册会计师应当考虑审计意见的预期形式是否适合具体情况
（2）计划和执行审计工作时的考虑	遵守与审计工作相关的所有审计准则。《中国注册会计师审计准则第1101号——注册会计师的总体目标和审计工作的基本要求》指出，审计准则适用于注册会计师执行财务报表审计业务。当执行其他历史财务信息审计业务时，注册会计师可以根据具体情况遵守适用的相关审计准则，以满足此类业务的要求。 在计划和执行单一财务报表或财务报表特定要素的审计工作时，注册会计师应当根据业务的具体情况，遵守与审计工作相关的所有审计准则
（3）对单一财务报表和财务报表特定要素形成审计意见并出具审计报告的考虑	（1）遵守第1501号准则的相关规定。当对单一财务报表或财务报表特定要素形成审计意见和出具审计报告时，注册会计师应当根据业务的具体情况，遵守《中国注册会计师审计准则第1501号——对财务报表形成审计意见和出具审计报告》的相关规定。 （2）针对每项业务分别发表审计意见。如果接受业务委托对单一财务报表或财务报表特定要素出具审计报告，并同时接受业务委托对整套财务报表进行审计，注册会计师应当针对每项业务分别发表审计意见。 （3）与整套财务报表区分公布。已审计的单一财务报表或财务报表特定要素可能连同已审计的整套财务报表一同公布。如果注册会计师认为管理层对单一财务报表或财务报表特定要素的列报，与整套财务报表没有作出清楚的区分，注册会计师应当要求管理层纠正这种情况。 除遵守本准则第十七条和第十八条的规定外，注册会计师还应当将对单一财务报表或财务报表特定要素发表的审计意见与对整套财务报表发表的审计意见予以区分。

续表

特殊考虑	要求
(3) 对单一财务报表和财务报表特定要素形成审计意见并出具审计报告的考虑	只有认为管理层进行了清楚的区分，注册会计师才应当对单一财务报表或财务报表特定要素发表审计意见，并出具审计报告。 (4) 非无保留意见的影响。如果对整套财务报表出具非无保留意见的审计报告，或出具包含强调事项段或其他事项段的审计报告，注册会计师应当确定对单一财务报表或财务报表特定要素出具的审计报告可能因此受到的影响。 相应地，如果认为适当，注册会计师应当对单一财务报表或财务报表特定要素出具非无保留意见的审计报告，或者出具包含强调事项段或其他事项段的审计报告。 (5) 整套报表否定或无法表示意见的特殊考虑。如果认为有必要对整套财务报表整体发表否定意见或无法表示意见，按照《中国注册会计师审计准则第1502号——在审计报告中发表非无保留意见》的规定，注册会计师不应在同一审计报告中对构成整套财务报表组成部分的单一财务报表或财务报表特定要素发表无保留意见。这是因为，在同一审计报告中包含的无保留意见，将与对整套财务报表整体发表的否定意见或无法表示意见相矛盾。 (6) 如果注册会计师认为有必要对整套财务报表整体发表否定意见或无法表示意见，但又对该整套财务报表中的特定要素单独审计，只有在同时满足下列条件时，注册会计师才可以认为对特定要素发表无保留意见是适当的：①法律法规并未禁止注册会计师对该特定要素发表无保留意见；②注册会计师对特定要素出具的无保留意见审计报告，并不与包含否定意见或无法表示意见的审计报告一同公布；③特定要素并不构成整套财务报表的主要部分。 (7) 不应对整套财务报表中的单一财务报表发表无保留意见。如果已对整套财务报表整体发表否定意见或无法表示意见，注册会计师不应对整套财务报表中的单一财务报表发表无保留意见。 即使注册会计师对单一财务报表出具的审计报告并不与包含否定意见或无法表示意见的审计报告一同公布，注册会计师也不应对整套财务报表中的单一财务报表发表无保留意见。这是因为单一财务报表被视为构成整套财务报表整体的主要部分

（四）注册会计师与治理层的沟通

根据《中国注册会计师审计准则第1151号——与治理层的沟通》的相关规定，征求意见稿修订了注册会计师与治理层沟通的相关内容。在某些情况下，治理层全部成员参与管理被审计单位，此时需要对如何运用沟通的要求进行调整，以反映这一情况。如果被审计单位也编制了整套财务报表，负责监督单一财务报表或财务报表特定要素编制的人员可能与负责监督整套财务报表编制的人员不同。

（五）注册会计师关注其他审计准则中的报告要求

在对单一财务报表或财务报表特定要素形成审计意见和出具审计报告时，注册会计师应当根据业务的具体情况，遵守《中国注册会计师审计准则第1501号——对财务报表形成审计意见和出具审计报告》及《中国注册会计师审计准则第1601号——对按照特殊目的编制基础编制的财务报表审计的特殊考虑》（如适用）的相关规定，以及其他审计准则中的报告要求。

（六）持续经营

审计报告对管理层与持续经营相关的责任所作的描述，可能需要根据编制单一财务报表或财务报表特定要素时运用的财务报告编制基础，进行必要的调整。审计报告对注册会计师责任所作的描述，也可能需要根据如何在业务具体情况下运用《中国注册会计师审计准则第 1324 号——持续经营》，进行必要的调整。

（七）对关键审计事项的报告要求

对于单一财务报表或财务报表特定要素审计，《中国注册会计师审计准则第 1504 号——在审计报告中沟通关键审计事项》仅适用于法律法规要求或注册会计师决定在对单一财务报表或财务报表特定要素出具的审计报告中沟通关键审计事项的情形。如果在对单一财务报表或财务报表特定要素出具的审计报告中沟通关键审计事项，《中国注册会计师审计准则第 1504 号——在审计报告中沟通关键审计事项》整体都适用。

（八）对其他信息的责任

年度报告，是指包含或随附单一财务报表或财务报表特定要素的报告。如果注册会计师确定被审计单位拟发布此年度报告，《中国注册会计师审计准则第 1521 号——注册会计师对其他信息的责任》的规定适用。

（九）对项目合伙人的报告要求

《中国注册会计师审计准则第 1501 号——对财务报表形成审计意见和出具审计报告》要求注册会计师在审计报告中注明项目合伙人的规定，也适用于上市实体单一财务报表或财务报表特定要素审计。当对非上市实体单一财务报表或财务报表特定要素出具审计报告时，法律法规可能要求或注册会计师决定在审计报告中注明项目合伙人。

（十）注册会计师考虑对整套财务报表出具的审计报告中包括的特定事项对单一财务报表或财务报表特定要素审计以及出具的审计报告可能产生的影响（如有）的要求

准则指出，如果对整套财务报表出具的审计报告包括下列事项，注册会计师应当考虑这些事项对单一财务报表或财务报表特定要素审计以及出具的审计报告可能产生的影响（如有）：

（1）按照《中国注册会计师审计准则第 1502 号——在审计报告中发表非无保留意见》的规定发表非无保留意见；

（2）按照《中国注册会计师审计准则第 1503 号——在审计报告中增加强调事项段和其他事项段》的规定增加强调事项段或其他事项段；

（3）按照《中国注册会计师审计准则第 1324 号——持续经营》的规定增加“与持续经营相关的重大不确定性”部分；

（4）按照《中国注册会计师审计准则第 1504 号——在审计报告中沟通关键审计事项》的规定沟通关键审计事项；

（5）按照《中国注册会计师审计准则第 1521 号——注册会计师对其他信息的责任》的规定描述未更正的其他信息重大错报。

影响注册会计师考虑的相关因素包括：

（1）对整套财务报表出具的审计报告中描述的事项的性质，以及该事项与单一财务报表或财务报表特定要素中描述的事项的相关程度；

（2）对整套财务报表出具的审计报告中描述的事项的广泛性；

（3）适用的财务报告编制基础之间的差异的性质和范围；

（4）整套财务报表涵盖的期间或日期与单一财务报表或财务报表特定要素覆盖的期间或日期之间的差异的程度；

（5）距离对整套财务报表签署审计报告日期的时间。

在对整套财务报表出具的审计报告中沟通关键审计事项可能对单一财务报表或财务报表特定要素审计产生影响。“关键审计事项”部分包括的有关如何在整套财务报表审计过程中应对这些事项的信息，可能有助于注册会计师确定在关键审计事项与单一财务报表或财务报表特定要素审计相关时如何应对这些事项。

（十一）审计报告参考格式

根据新审计报告准则以及本准则的规定，对单一财务报表和财务报表特定要素出具的审计报告的参考格式与通用目的的审计报告格式相似。

【应用分析1603-1】湘潭电化：湘潭市污水处理有限责任公司审计报告[1]。

审 计 报 告

天健审〔2016〕2-60号

湘潭电化科技股份有限公司全体股东：

我们审计了后附的湘潭市污水处理有限责任公司（以下简称湘潭污水处理公司）的土地使用权账面价值与市场公允价值对比明细表（以下简称明细表），该明细表已由湘潭污水处理公司管理层按照监管机构的财务报告规定编制以满足监管要求。

一、管理层的责任

湘潭污水处理公司管理层负责按照监管机构的财务报告规定编制明细表以满足监管要求，并负责设计、执行和维护必要的内部控制，以使明细表不存在由于舞弊或错误而导致的重大错报。

二、注册会计师的责任

我们的责任是在实施审计工作的基础上对明细表发表审计意见。我们按照中国注册会计师审计准则的规定执行了审计工作。中国注册会计师审计准则要求我们遵守中国注册会计师职业道德守则，计划和执行审计工作以对明细表是否不存在重大错报获取合理保证。

审计工作涉及实施审计程序，以获取有关明细表金额和披露的审计证据。选择的审计程序取决于注册会计师的判断，包括对由于舞弊或错误导致的明细表重大错报风险的评估。在进行风险评估时，注册会计师考虑与明细表编制相关的内部控制，以设计恰当的审计程序，但目的并非对内部控制的有效性发表意见。审计工作还包括评价管理层选用会计政策的恰当性和作出会计估计的合理性，以及评价明细表的总体列报。

我们相信，我们获取的审计证据是充分、适当的，为发表审计意见提供了基础。

三、审计意见

我们认为，湘潭污水处理公司编制的土地使用权账面价值与市场公允价值对比明细表中的财务信息在所有重大方面按照监管机构的财务报告规定编制以满足监管要求。

① http://stock.jrj.com.cn/share，disc，2016-03-10，002125，0000000000000ehj53.shtml.

> 四、编制基础和对分发的限制
>
> 我们提醒财务报表使用者关注明细表附注中对编制基础的说明。明细表是湘潭污水处理公司为满足监管机构确定湘潭电化科技股份有限公司（简称湘潭电化）是否能够获得振湘国有资产经营投资有限公司补偿承诺款的要求而编制的。因此，明细表可能不适用于其他用途。本报告仅供监管机构确定湘潭电化是否能够获得振湘国有资产经营投资有限公司补偿承诺款的要求使用，且不得分发给除湘潭电化、湘潭污水处理公司和相关监管机构以外的机构和人员。本段内容不影响已发表的审计意见。
>
> 天健会计师事务所（特殊普通合伙）　　中国注册会计师（项目合伙人）：李剑
>
> 中国注册会计师：赵娇
>
> 中国·杭州　　二〇一六年三月九日

第四节　对简要财务报表出具报告的业务（第1604号）

一、概述

（一）本准则制定与修订背景

参见第1601号准则。为了规范注册会计师对简要财务报表出具报告的责任，制定本准则。

（二）本准则2010年修订内容

《中国注册会计师审计准则第1604号——对简要财务报表出具报告的业务》在按照新体例进行改写的基础上作出了实质性的修订。与2006年版《中国注册会计师审计准则第1601号——对特殊目的的审计业务出具审计报告》第六章相比，在具体规定上有以下六个方面的重大变化：

（1）明确了简要财务报表的编制来源。

（2）增加了对“运用的标准”、“已审计财务报表”和“简要财务报表”的定义。

（3）规定了注册会计师在业务承接阶段需要实施的程序。

（4）详细规定了为形成审计意见需要执行的审计程序。

（5）明确了发表审计意见的格式，并对简要财务报表审计报告的要素作出了具体说明。

（6）还分别针对 “工作的时间安排和对已审计财务报表出具的审计报告日后期后事项”、“对审计报告分发或使用的限制或者提醒阅读者关注会计基础”、“比较数据”、“与简要财务报表一同列报的未审计的补充信息”、“含有简要财务报表的文件中的其他信息”和“与注册会计师相关联”等方面作出了规定。

（三）本准则2016年修订内容

本准则本次未修订。

（四）本准则2019年修订内容

本准则及其应用指南本次的修订内容主要有：

一是规定了注册会计师对“含有简要财务报表的文件中的信息”应负的责任，明确了该信息的范围，以及如何在对简要财务报表出具的报告中披露这一信息；

二是修订了对简要财务报表出具的报告中各要素的排列顺序，增强报告的可读性；

三是增加了当整套财务报表审计报告中披露了关键审计事项、与持续经营相关的重大不确定性等项目时，注册会计师针对依据该整套财务报表编制的简要财务报表出具报告时应如何处理的规定；

四是相应修订了对简要财务报表出具的报告的参考格式。

（五）本准则学习中注意事项

因简要财务报表来源于由同一注册会计师按照审计准则的规定审计的财务报表，所以要结合“同一财务报表”的审计来学习本准则。

二、框架结构简介

本准则共5章38条，其框架结构见表1604–1。

表1604–1 框架结构

章	名称	节	条	主要内容
第一章	总则	—	1、2	本准则范围
第二章	定义	—	3~5	解释本准则中包含的术语
第三章	目标	—	6	界定执行本准则应实现的目标
第四章	要求	1~10	7~37	规定注册会计师为实现准则目标应遵守的要求，即注册会计师在相关业务环境下应当实施的所有必要程序、报告
第五章	附则	—	38	本准则施行时间

三、重点难点解析

（一）相关基本概念

由于企业提供的整套财务报表可能过于复杂，为了满足某些财务报表使用者对被审计单位财务状况和经营成果主要情况的了解，被审计单位可能依据年度已审计财务报表编制一份简要财务报表。简要财务报表应当冠以适当的标题，以指明其所依据的已审计财务报表。如“根据以20×9年12月31日为会计期间截止日的已审计财务报表编制的简要财务报表”“简要资产负债表”“简要利润表”“简要现金流量表”等。注册会计师可能应委托人要求对被审计单位依据已审计财务报表编制的简要财务报表发表审计意见。

（1）简要财务报表，是指来源于财务报表但详细程度低于财务报表的历史财务信息。简要财务报表对被审计单位某一特定日期的经济资源或义务或者某一会计期间的经济资源或义务变化情况提供了与财务报表一致的结构性表述。简要财务报表来源于由同一注册会计师按照审计准则的规定审计的财务报表。

（2）已审计财务报表，是指注册会计师按照审计准则的规定审计的财务报表，是简要财务报表的编制来源。

（3）“含有简要财务报表的文件中的信息”，可能涉及年度报告的其他信息中包含的部分或全部事项，也可能不涉及年度报告的其他信息中包含的事项。为区别年度报告中包含的“其他信息”，也称“含有简要财务报表的文件中的信息”为“信息”。

注册会计师对该信息的责任。当识别出含有简要财务报表及审计报告的文件中的信息与简要财务报表存在重大不一致时，在与管理层讨论的基础上，如果确定该信息需要修改且管理层拒绝作出必要的修改，注册会计师应当在此情况下采取适当的措施，包括考虑其对简要财务报表出具报告的影响。

（4）采用的标准，是指管理层在编制简要财务报表时采用的标准。

（二）审计目标

对简要财务报表进行审计在业务承接、审计程序和审计报告等方面有其特殊性，准则针对简要财务报表审计具有特殊性的方面进行了规范。注册会计师的目标是：

（1）确定承接对简要财务报表出具报告的业务是否适当；

（2）如果承接该项业务，在评价根据审计证据得出的结论的基础上对简要财务报表形成审计意见，并通过书面报告的形式清楚地表达审计意见，说明其形成基础。

（三）业务的承接

1.承接条件

只有当注册会计师已接受业务委托按照审计准则的规定执行财务报表审计，并且财务报表构成简要财务报表的来源时，才可以按照本准则的规定承接对简要财务报表出具报告的业务。如未对简要财务报表所依据的财务报表整体发表审计意见，则不应对简要财务报表出具审计报告。这是因为，注册会计师只有对简要财务报表所依据的财务报表整体进行了审计，才能获得充分了解，以承担对简要财务报表的责任。如未对简要财务报表所依据的财务报表整体发表审计意见，则不应对简要财务报表出具审计报告。所以准则规定，只有对简要财务报表所依据的财务报表整体发表了审计意见，注册会计师才可对简要财务报表出具审计报告。

2.承接对简要财务报表出具报告的业务之前的工作

在承接对简要财务报表出具报告的业务之前，注册会计师应当：

（1）确定采用的标准是否可接受。采用的标准，是指管理层在编制简要财务报表时采用的标准。

（2）就管理层认可并理解其责任与管理层达成一致意见。管理层的责任是：

①按照采用的标准编制简要财务报表；

②使简要财务报表的预期使用者能够比较方便地获取已审计财务报表（如果法律法规规定，已审计财务报表无须提供给简要财务报表的预期使用者，并且为编制简要财务报表制定了标准，在简要财务报表中说明法律法规的相关规定）；

③在含有简要财务报表并指明注册会计师已对其出具报告的所有文件中，包括注册会计师对简要财务报表出具的审计报告。

（3）与管理层就拟对简要财务报表发表意见的形式达成一致意见。

3.影响承接的情形

（1）不能承接。如果认为管理层采用的标准不可接受或未能按照本准则的规定就管理层认可并理解其责任与管理层达成一致意见，注册会计师不应承接对简要财务报表出具报告的业务，除非法律法规另有规定。

（2）法律法规要求承接。如果法律法规要求注册会计师承接该业务，由于业务的执行不符合本准则的规定，注册会计师对简要财务报表出具的审计报告不应指出已按照本准则的规定执行了该业务。注册会计师应当在业务约定条款中适当提及这一情况。注册会计师还应当确定这一情况对作为简要财务报表来源的财务报表审计业务可能产生的影响。

（四）程序的性质

简要财务报表的审计程序有其特殊性。为了对简要财务报表发表审计意见，注册会计师应当实施下列程序及其可能认为必要的其他程序，作为对简要财务报表形成审计意见的基础：

（1）评价简要财务报表是否充分披露其简化的性质，并指出作为其来源的已审计财务报表。

（2）当简要财务报表未与已审计财务报表附在一起时：评价简要财务报表是否清楚地说明已审计财务报表的获取渠道；如果法律法规规定已审计财务报表无须提供给简要财务报表的预期使用者，并且为编制简要财务报表制定了标准，评价简要财务报表是否清楚地说明了相关法律法规。

（3）评价简要财务报表是否充分披露了采用的标准。

（4）将简要财务报表与已审计财务报表中的相关信息进行比较，以确定两者是否一致，或能否依据已审计财务报表中的相关信息重新计算得出简要财务报表。

（5）评价简要财务报表是否按照采用的标准编制。

（6）根据简要财务报表的目的，评价简要财务报表是否包含必要的信息，并在适当的层次进行了汇总，以使其在具体情况下不产生误导。

（7）评价简要财务报表的预期使用者能否比较方便地获取已审计财务报表，除非法律法规规定已审计财务报表无须提供给简要财务报表的预期使用者，并且为编制简要财务报表制定了标准。

（五）对简要财务报表出具的审计报告

对简要财务报表出具的审计报告应当包括下列要素，见表1604-2。

表1604-2 简要财务报表审计报告要素

专业术语	含义	具体要求
（1）标题	“对简要财务报表出具的审计报告”	统一名称
（2）收件人	致送审计报告的对象，一般是指审计业务的委托人	（1）审计报告应当按照审计业务约定条款的要求载明收件人。 （2）如果对简要财务报表出具的审计报告的收件人不同于已审计财务报表的审计报告的收件人，注册会计师应当评价使用不同收件人名称的适当性。 （3）审计报告应当载明收件人的全称。通常，简要财务报表审计报告的收件人与其所依据的财务报表审计报告的收件人相同

续表

专业术语	含义	具体要求
（3）意见	用于描述审计意见	意见部分应当包括下列方面： （1）指出注册会计师出具报告所针对的简要财务报表，包括每张简要财务报表的名称。 （2）指出已审计财务报表。 如果对已审计财务报表不是发表否定意见或无法表示意见，意见部分应当清楚地表达对简要财务报表的意见。 如果对已审计财务报表出具的审计报告包含保留意见、强调事项段或其他事项段、与持续经营相关的重大不确定性部分、关键审计事项部分或对其他信息中未更正重大错报的说明，并且注册会计师确信，简要财务报表按照采用的标准在所有重大方面与已审计财务报表保持一致或公允概括了已审计财务报表，则对简要财务报表出具的报告除包括本准则第十八条规定的要素外，还应当在“已审计财务报表及其审计报告”部分： ①说明对已审计财务报表出具的审计报告包含保留意见、强调事项段或其他事项段、与持续经营相关的重大不确定性部分、关键审计事项部分或对其他信息中未更正重大错报的说明； ②描述对已审计财务报表形成保留意见的基础，以及由此对简要财务报表的影响；描述对已审计财务报表出具的审计报告中的强调事项段、其他事项段或与持续经营相关的重大不确定性部分所涉及的事项，以及由此对简要财务报表的影响（如有）；描述其他信息中未更正重大错报，以及由此对在含有简要财务报表及其报告的文件中包含的信息的影响（如有）。 如果对已审计财务报表发表了否定意见或无法表示意见，对简要财务报表出具的报告除包括本准则第十八条规定的要素之外，还应当： ①在“已审计财务报表及其审计报告”部分说明对已审计财务报表发表了否定意见或无法表示意见； ②在“已审计财务报表及其审计报告”部分描述形成否定意见或无法表示意见的基础； ③在拒绝发表意见部分说明由于对已审计财务报表发表否定意见或无法表示意见，因此，对简要财务报表发表意见是不适当的。 如果简要财务报表没有按照采用的标准在所有重大方面与已审计财务报表保持一致或公允概括已审计财务报表，而管理层又不同意作出必要的修改，注册会计师应当对简要财务报表发表否定意见
（4）简要财务报表部分	简要财务报表部分	简要财务报表部分应当指出简要财务报表未包含编制已审计财务报表时所采用的财务报告编制基础要求披露的全部事项，因此，对简要财务报表及其报告的阅读不能替代对已审计财务报表及其审计报告的阅读

续表

专业术语	含义	具体要求
（5）已审计财务报表及其审计报告部分	将描述已审计财务报表及其审计报告的信息单列出来	如果对已审计财务报表出具的审计报告包含与持续经营相关的重大不确定性部分、关键审计事项部分或对其他信息中未更正重大错报的说明，并且注册会计师确信，简要财务报表按照采用的标准在所有重大方面与已审计财务报表保持一致或公允概括了已审计财务报表，则对简要财务报表出具的报告还应当在“已审计财务报表及其审计报告”部分： （1）说明对已审计财务报表出具的审计报告包含与持续经营相关的重大不确定性部分、关键审计事项部分或对其他信息中未更正重大错报的说明； （2）描述对已审计财务报表出具的审计报告中的强调事项段、其他事项段或与持续经营相关的重大不确定性部分所涉及的事项，以及由此对简要财务报表的影响（如有）；描述其他信息中未更正重大错报，以及由此对在含有简要财务报表及其报告的文件中包含的信息的影响（如有）。此处要求的说明和描述，旨在提请使用者关注这些事项，而不能代替对已审计财务报表出具的审计报告的阅读。准则要求的描述旨在使使用者了解事项的性质，不需要完全重复对已审计财务报表出具的审计报告中的相应内容
（6）管理层对简要财务报表的责任段	用于描述管理层对简要财务报表的责任段落	管理层对简要财务报表的责任部分应当说明，按照采用的标准编制简要财务报表是管理层的责任
（7）注册会计师的责任段	用于描述注册会计师责任的段落	注册会计师的责任部分应当说明，注册会计师的责任是在实施本准则规定的程序的基础上，对简要财务报表是否在所有重大方面与已审计财务报表保持了一致（或公允概括了已审计财务报表）发表意见
（8）注册会计师的签名和盖章	应由注册会计师签名并盖章	按《财政部关于注册会计师在审计报告上签名盖章有关问题的通知》（财会〔2001〕1035号）的规定执行
（9）事务所的名称、地址、盖章	应载明事务所的名称和地址，并加盖事务所公章	注册会计师在审计报告中载明事务所地址时，标明事务所所在的城市即可
（10）报告日期	注明报告日期	对简要财务报表出具报告的日期不应早于下列日期： （1）注册会计师已获取充分、适当的证据并在此基础上形成意见的日期，这些证据包括简要财务报表已编制完成以及法律法规规定的被审计单位董事会、管理层或类似机构已经认可其对简要财务报表负责； （2）已审计财务报表的审计报告日

（六）对报告分发或使用的限制或提醒阅读者关注编制基础

如果对已审计财务报表出具的审计报告存在分发或使用的限制，或对已审计财务报表出具的审计报告提醒财务报表使用者关注已审计财务报表按照特殊目的编制基础编制，注册会计师应当在对简要财务报表出具的报告中包含相同的限制或提醒说明。

（七）与简要财务报表一同列报的未审计的补充信息

注册会计师应当评价与简要财务报表一同列报的未审计补充信息是否清楚地与简要财务报表予以区分。如果认为被审计单位未清楚地将未审计的补充信息与简要财务报表予以区分，注册会计师应当要求管理层改变对未审计的补充信息的列报方式。如果管理层拒绝改变，注册会计师应当在对简要财务报表出具的报告中说明本报告未涵盖该补充信息。

（八）与注册会计师相关联

(1) 如果注意到被审计单位计划在含有简要财务报表的文件中说明注册会计师已对简要财务报表出具报告，但被审计单位并未计划在文件中包含该报告，注册会计师应当要求管理层将该报告包含在文件中。

如果管理层拒绝，注册会计师应当确定并采取其他适当的措施，以防止管理层在文件中将注册会计师与简要财务报表不适当地相关联。

(2) 注册会计师可能接受委托对被审计单位的财务报表出具报告，但未接受委托对简要财务报表出具报告。在这种情况下，如果注意到被审计单位计划在含有简要财务报表的文件中作出说明，包括提及注册会计师和简要财务报表来源于已审计财务报表，注册会计师应当确信：

①仅在提及已审计财务报表的审计报告时，提及注册会计师；

②作出的说明不会导致简要财务报表的使用者产生注册会计师已对简要财务报表出具报告的误解。

如果注册会计师不能确信前款第①项或第②项所述事项，可以选择的方法包括：注册会计师应当要求管理层修改作出的说明以符合前款的规定，或在文件中不提及注册会计师；被审计单位可以委托注册会计师对简要财务报表出具报告，并将相关报告包含在文件中。

当采取前款第①项方法时，如果管理层不修改作出的说明，拒绝删除提及注册会计师的表述，或者当采取前款第②项方法时，管理层拒绝在含有简要财务报表的文件中包含对简要财务报表出具的审计报告，注册会计师应当告知管理层不同意提及注册会计师，并确定和采取其他适当措施，以防止管理层不恰当地提及注册会计师。

【应用分析1604-1】背景信息如下：

(1) 对已审计财务报表发表了无保留意见；

(2) 存在编制简要财务报表采用的既定标准；

(3) 对简要财务报表出具审计报告的日期晚于对构成简要财务报表来源的财务报表出具审计报告的日期。

解析：

对简要财务报表出具的审计报告

［恰当的收件人］

后附的ABC公司简要财务报表包括20×1年12月31日简要资产负债表，20×1年度的简要利润表、简要股东权益变动表和简要现金流量表以及相关附注。ABC公司简要财务报表来源于ABC公司20×1年度已审计的财务报表。我们已在20×2年2月14日签署的审计报告中对构成简要财务报表来源的财务报表发表了无保留意见，这些财务报表和简要财务报表没有反映审计报告日（20×2年2月14日）后发生事项的影响。

简要财务报表没有包含［描述ABC公司在编制已审计财务报表时所采用的财务报告编制基础］要求的所有披露，因此，对简要财务报表的阅读不能替代对ABC公司已审计财务报表的阅读。

1. 管理层对简要财务报表的责任

管理层负责按照［描述既定的标准］编制来源于已审计财务报表的简要财务报表。

2. 注册会计师的责任

我们的责任是在实施审计程序的基础上对简要财务报表发表审计意见。我们按照《中国注册会计师审计准则第1604号——对简要财务报表出具报告的业务》的规定执行了审计工作。

3. 审计意见

我们认为，来源于ABC公司20×1年度已审计财务报表的简要财务报表已经按照［描述既定的标准］编制，在所有重大方面与已审计财务报表保持了一致（或公允概括了已审计财务报表）。

××会计师事务所（特殊普通合伙）　　中国注册会计师（项目合伙人）：×××
（盖章）　　（签名并盖章）
中国注册会计师：×××
（签名并盖章）

中国 · ××市　　二〇×二年×月×日

第五节　商业银行财务报表审计（第1611号）

一、概述

（一）本准则制定与修订背景

金融业是注册会计师行业的高端服务领域，加强行业服务金融业发展的能力建设，关系到我国经济金融信息的安全保障，关系到金融行业的风险管理和对投资者的保护，也关系到行业国际竞争力的提升和社会审计强国目标的实现。我国商业银行（以下简称“银行”）财务报表审计始于20世纪90年代初，沿海对外开放城市及经济特区的中国人民银行省、市分行要求所在地的外资金融机构报送的年度财务报表必须经中国注册会计师审计。1994年国务院批准的《中华人民共和国外资金融机构管理条例》规定，外资金融机构必须聘请中国注册会计师进行审计。从2000年起，根据中国证监会的规定，上市银行除接受监管当局的审计外，还“应聘请有商业银行审计经验的、具有执行证券期货相关业务资格的会计师事务所，按中国独立审计准则对其依据中国会计和信息披露准则与制度编制的法定财务报告进行审计”。2000年，中注协为了规范我国注册会计师对银行的审计，按照WTO服务贸易总协定的要求，参照国际审计准则的标准，完成了《独立审计实务公告第7号——商业银行会计报表审计》和《独立审计实务公告第8号——银行间函证程序》，并报经财政部批准于2001年7月开始实施。各商业银行从20世纪90年代中期起，开始聘请注册会计师对其财务报告进行审计。实务公告对规范注册会计师执行银行财务报表审计业务，明确工作要求，保证执业质量，发挥了积极的作用。2001年11月中国人民银行发布的《商业银行表外业务风险管理指引》、2004年2月中国银行业监督管理委员会（以下简称银监会）发布的《商业银行资本充足率管理办法》和2005年3月银监会发布《关于加大防范操作风险工作力度的通知》等法规都对注册会计师商业银行财务报表审计提出了新的要求。

从总体情况来看，当前我国银行财务报表审计工作已经展开，但还存在以下主要问题：

（1）审计不规范。注册会计师对银行业务不够了解，对银行的审计计划、审计程序没有突出银行的特点，审计报告披露内容不全面。

（2）中国注册会计师对上市银行审计与国外会计师审计存在很大差异。

（3）年度会计报表审计与特殊目的审计定义混淆，责任不清。银行监管当局认为会计师事务所是社会中介机构，注册会计师是查账的专业人士，银行监管当局是政府执法机关，注册会计师对银行财务报表审计应满足银行监管当局的要求，对银行监管当局负责；银行股东和社会也对注册会计师寄予过高的期望。

近几年来，对四大国有商业银行的审计表明，商业银行面临的风险主要表现在：

（1）国有商业银行不良资产比例仍然较高，这是我国商业银行风险的首要特征。四大国有银行不良贷款在剥离了1.4万亿元后，不良贷款比率按五级分类口径仍较高，已超过20%（发达国家平均为2%），风险隐患较大。这些不良资产的形成原因十分复杂，而银行稀释和消化不良贷款的能力目前还比较弱。当前部分行业投资过热已成为经济发展中的突出矛盾，一些银行对过度投资、重复建设盲目贷款，如果不切实加以解决，可能产生大量的不良贷款。减少新增不良资产，加大存量不良资产处置力度，化解银行风险任务艰巨。

（2）资本充足率离巴塞尔协议规定（8%）还有一定差距，距国际先进银行（30%）有很大距离，面临一定的财务风险。

（3）国有商业银行的盈利能力低，资本利润率、资产利润率和人均利润率仍大大低于国际平均水平。

（4）金融违法违规行为屡禁不止，金融案件时有发生，有的触目惊心，而金融企业的防范机制和内部管理水平却跟不上。一些银行急于扩张业务和抢占市场份额，往往忽略风险和成本，不能正确处理业务创新与风险管理的关系，致使一些新的金融业务往往是金融犯罪分子窥视的焦点。

（5）银行风险出现新转化：信贷资金被大量用于财政性支出，财政风险向银行风险转化；房地产、城市基础设施等贷款周期长、规模大、增长快，信贷的分散风险向集中风险转化；有些地方因资金链条断裂而形成房地产贷款巨大风险，抵债资产逐年增加，虚假按揭、重复抵押骗取银行贷款，信贷的即期风险向其他资产的远期风险转化。商业银行存在的问题，实质上是金融体制和机制不健全，没有建立现代金融制度，没有真正摆脱行政机构色彩，公司治理结构存在严重缺陷，经营机制还没有根本转换，内部控制薄弱，缺乏有效的自我约束机制。

随着财政部、中国人民银行共同发文允许注册会计师介入国有独资商业银行的年度报表审计工作，注册会计师对国有独资银行的年度报表审计工作逐步展开。对于注册会计师而言，国有商业银行是一个全新的领域，为了更好地发挥中介机构的经济鉴证与监督作用，注册会计师需要针对国有独资商业银行的特有情况在审计过程中审慎地执行《审计准则》及《金融企业会计制度》等相关法律、法规的相关规定。但是国有独资商业银行机构庞大、人员众多。面对大量的经济业务，注册会计师有限的人员和时间如何保障审计质量，提高审计效率，这需要注册会计师在执业过程中不断摸索与总结。

商业银行会计报表审计具有特殊性，不仅关系到国家金融秩序的稳定，而且关系到社会公众利益和投资者利益。注册会计师如何为维护国家金融秩序服务，规范注册会计师执行商业银行财务报表审计业务，是本准则所要解决的问题。

（二）本准则2010年修订内容

本准则本次未修订。

（三）本准则2016年修订内容

本准则本次未修订。

（四）本准则2019年修订内容

本准则本次未修订。

（五）本准则学习中注意事项

（1）虽然本准则暂不修订，但2014年12月31日，中注协发布《中国注册会计师协会关于印发〈商业银行审计指引〉的通知》（会协〔2014〕77号），同时，《中华人民共和国商业银行法》（2015修正）的修订，商业银行经济环境已发生变化，商业银行经营风险、经营网点和跨业经营的特征、金融产品创新、计算机信息系统、舞弊和监管等对审计业务带来了新的挑战。所以，在运用本准则时应注意结合明晰化后的各项审计准则和会协〔2014〕77号进行学习。《商业银行审计指引》按照风险导向审计理念，根据对财务报表和内部控制进行整合审计的要求，针对商业银行在审计计划的编制、审计方向的确定、审计资源的调配、风险的评估与应对、内部控制的了解与测试、重点业务流程的进一步审计程序、审计报告等方面的特殊性，对审计工作的各个重要环节作出了全面细致的指导。整合审计流程如图1611-1所示。

（2）要结合上市实体的商业银行在整合审计中财务报表审计报告与内部控制审计报告存在的诸多矛盾方面进行学习，如图1611-2所示。

（3）注册会计师在商业银行审计中对合规性的考虑，应当遵照执行《中国注册会计师审计准则第1142号——财务报表审计中对法律法规的考虑》。

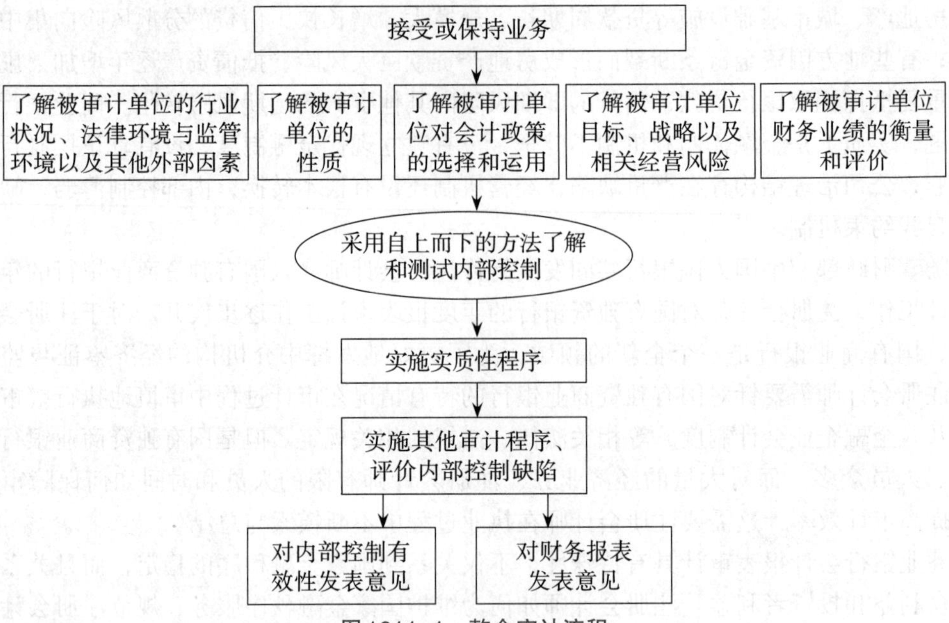

图1611-1 整合审计流程

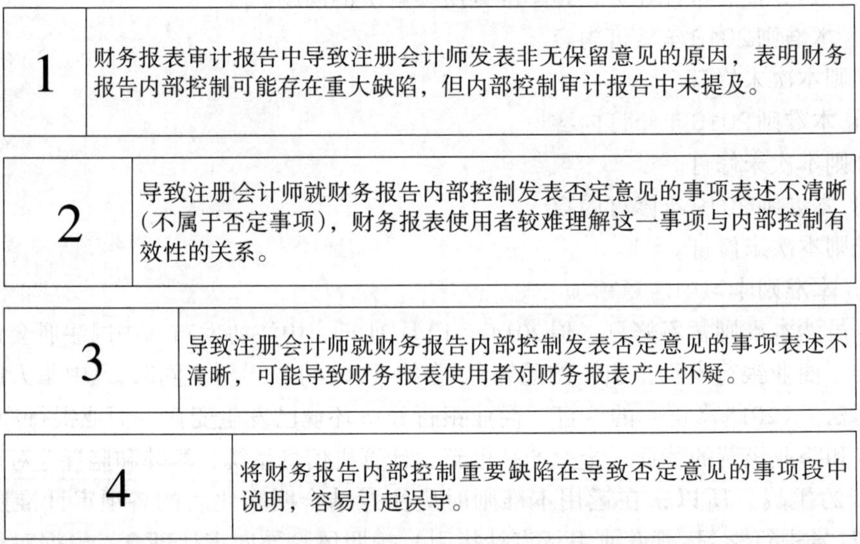

图1611-2 财务报表审计报告与内部控制审计报告的矛盾

二、框架结构简介

本准则共7章56条，其框架结构见表1611-1。

三、重点难点解析

商业银行，是指依照《中华人民共和国公司法》和《中华人民共和国商业银行法》设立的从事吸收公众存款、发放贷款、办理结算等业务的企业法人。按照银监会的统计口径，目前我国商业银行主要分为：大型商业银行、全国性股份制商业银行、邮政储蓄银行、城市商业银行、农村商业银行、外资银行和村镇银行等。

表1611-1 框架结构

章	名称	节	条	性质
第一章	总则	—	1~6	明确了本准则的制定目的、商业银行的含义、主要特征和主要风险
第二章	接受业务委托	—	7~9	主要说明注册会计师在接受业务委托时应当考虑的主要因素
第三章	计划审计工作	—	10~24	主要说明注册会计师如何计划审计工作，包括了解商业银行及其环境和制定总体审计策略时应当考虑的主要事项
第四章	了解和测试内部控制	—	25~37	明确了商业银行内部控制的目标和要素，以及注册会计师如何了解和测试内部控制
第五章	实质性程序	—	38~52	明确了注册会计师如何设计和实施实质性程序
第六章	审计报告	—	53~55	明确了注册会计师发表审计意见的一般要求与考虑商业银行会计处理和报告的特殊规定，以及确定是否需要向银行监管机构告知重大事项
第七章	附则	—	56	本准则施行时间

商业银行财务报表包括资产负债表、利润表、现金流量表、所有者权益变动表以及财务报表附注。财务报表附注是对在财务报表中列示项目的进一步说明，以及对未能在这些报表中列示的项目的说明等。附注由若干附表和对有关项目的文字性说明组成。

（一）商业银行的特点

（1）大型商业银行分支机构众多，网点分布广，跨地区、跨业经营，体量庞大。这决定了审计需要动用很多的资源，属于大兵团作战，计划组织协调审计工作难度大。

（2）业务创新多，在运用会计准则方面涉及复杂的判断和估计。例如，贷款损失准备的计提，衍生金融工具的确认、计量和列报，产品和服务持续创新而会计准则可能滞后等。

（3）大型商业银行经营对内部控制依赖程度高，存在很多仅通过实质性程序无法应对的风险，撇开内部控制进行财务报表审计的传统取证方式不可行。会计师事务所需要熟练掌握并运用内部控制了解和测试的方法，采用综合性方案以应对财务报表重大错报风险。

（4）大型商业银行经营中广泛运用信息技术并处理海量数据，对内部控制、数据存储和读取方式等产生一系列的影响。传统的基于纸质数据存储介质的审计方法和手段也不再适用。因此，会计师事务所需要具备信息技术一般控制与应用控制测试的能力，创新信息技术环境下的审计方法，并需要专门的信息技术审计团队参与审计。

（5）经营面临诸多风险，风险可能迅速积聚和爆发并导致严重后果。商业银行表面上经营的是货币，实质上经营的是风险。经营风险与财务报表重大错报风险存在固有的联系，如果注册会计师不能正确识别、评估和应对重大错报风险，则经营风险可能会转化为审计风险。

（6）高负债经营，与公众利益密切相关，监管要求严。商业银行经营失败不仅会直接损害广大存款人及其他债权人和股东的利益，还可能危及金融体系的稳定，甚至可能导致经济危机。正是如此，决定了商业银行面临着严格的金融监管，如资本充足率、存贷比例等。对审计而言，这意味着商业银行审计对审计风险控制提出了更高的要求，还需要处理好与金融监管机构之间的互动关系，考虑监管法规要求对审计的影响。

（7）舞弊风险高。商业银行管理层和员工日常接触的是“钱”，具有舞弊的机会。同时，监管指标达标及经营业绩考核的压力，增加了商业银行管理层进行财务报表舞弊的动机。这对注册会计师识别、评估和应对舞弊导致的重大错报风险带来挑战。

正是大型商业银行的以上特点，决定了商业银行审计属于高端审计业务，一方面审计的难度大、投入多、对高端审计人才要求高，审计过程中需要掌握和运用复杂的会计、审计、职业道德准则；另一方面，审计收费高。与一般企业审计相比，大型商业银行经营活动具有特殊性，其审计面临诸多挑战，从而构成高端审计业务。

（二）审计目标

注册会计师执行商业银行财务报表审计的总体目标是：

（1）对财务报表整体是否不存在由于舞弊或错误导致的重大错报获取合理保证，使得注册会计师能够对被审计银行财务报表是否在所有重大方面按照适用的财务报告编制基础编制发表审计意见；

（2）按照审计准则的规定，根据审计结果对财务报表出具审计报告，并与管理层和治理层沟通。

（三）风险导向审计流程

商业银行审计也以财务报表重大错报风险的识别、评估和应对作为主线，以审计风险控制为导向。其审计计划部分与企业审计相似，必须运用《中国注册会计师审计准则第1211号——通过了解被审计单位及其环境识别和评估重大错报风险》，识别和评估商业银行财务报表重大错报风险，并特别注重经营风险与重大错报风险之间的固有联系。在对具体业务流程内部控制的了解和测试中，从识别业务流程中的错报风险入手，做到导向明确。

商业银行财务报表审计目标的实现与审计过程密切相关。审计过程，是指审计工作从开始到结束的整个过程，见表1611-2。

（四）商业银行的主要风险

1.商业银行的主要业务

按照《中华人民共和国商业银行法》的规定，商业银行可以经营下列部分或者全部业务：吸收公众存款；发放短期、中期和长期贷款；办理国内外结算；办理票据承兑与贴现；发行金融债券；代理发行、代理兑付、承销政府债券；买卖政府债券、金融债券；从事同业拆借；买卖、代理买卖外汇；从事银行卡业务；提供信用证服务及担保；代理收付款项及代理保险业务；提供保管箱服务；经国务院银行业监督管理机构批准的其他业务。

每家商业银行具体的经营范围由商业银行章程规定，报银监会批准。商业银行经中国人民银行批准，可以经营结汇、售汇业务。商业银行的上述业务通常可以归为以下四个类别：信贷业务、资金业务、现金与柜台业务和中间业务。

2.商业银行风险

商业银行就是专门从事风险管理的机构。自商业银行产生，风险就与之相伴、形影不离。随着银行业务的不断发展和市场竞争的加剧，银行业风险也呈现出复杂多变的特征。金融是现代经济的核心，银行业则是金融业的重要组成部分，随着人们对金融风险的重视

表1611-2 商业银行财务报表审计过程

审计过程	主要工作	参照准则
接受业务委托	（1）初步了解商业银行的基本情况； （2）评价自身独立性； （3）评价专业胜任能力； （4）初步评估审计风险； （5）确定是否接受业务委托	第1211号准则
审计计划	（1）初步业务活动； （2）审计策略； （3）报告目标、审计时间安排和沟通； （4）审计工作方向； （5）审计资源调配； （6）风险评估与应对	第1201号准则
识别、了解并测试被审计银行的内部控制	（1）自上而下的方法； （2）识别和了解企业层面内部控制； （3）了解和测试信息系统控制； （4）识别和了解业务层面内部控制	第1211号准则、第1231号准则、第1152号准则、第1251号准则
业务流程审计	（1）信贷业务流程审计； （2）资金业务流程审计； （3）现金及柜台业务流程审计； （4）中间业务流程审计； （5）财务报告流程审计	第1211号准则、第1231号准则、第1152号准则
审计报告阶段	（1）形成审计意见的基础； （2）审计报告； （3）对其他信息的责任及审计档案整理	第1501号准则、第1502号准则、第1503号准则、第1504号准则、第1324号准则

和认识的加深，国际银行风险的内涵和理念不断深化，水平也在不断提高。中国是处于转型过程中的发展中国家，外部经济环境较为复杂，银行业发展还很不成熟，风险的表现形式更为特殊，这对注册会计师提出了更高的要求。根据风险导向审计理论，审计工作应从分析风险入手，在全面了解被审计商业银行基本情况的基础上，充分关注商业银行的特殊风险，确认影响实现审计目标的风险因素，即通过测试和评估商业银行重大错报风险，根据风险基础审计策略模型和一定的可接受审计风险水平，确定实质性检查所需达到的检查风险水平，然后针对这些风险因素存在的状况和程度采取相应审计对策，确定和实施规范的审计程序，确保审计能够发现业务经营活动中的重大违法违规问题及风险隐患。表1611-3分别列示了商业银行在经营管理过程中面临的主要风险。

商业银行的上述主要特征和面临的主要风险，对注册会计师实施风险评估程序以及设计和实施进一步审计程序具有十分重要的影响。因此，注册会计师在执行商业银行审计业务时，应当保持应有的职业谨慎，需要全面了解和评估被审计银行所面临的各类风险。

表1611-3　　商业银行在经营管理过程中面临的主要风险

种类	内容及对银行的要求
信用风险	信用风险是指客户或交易对手在到期时不能全额清偿债务而给商业银行带来的风险。信用风险是商业银行所面临的最主要风险。信用风险不仅来自于表内信贷资产，也来自于债券投资、存拆放款项、表外业务等业务领域的多个方面。商业银行需要建立信用风险管理体系，识别和评估所面临的信用风险，按照会计准则要求针对信用风险状况计提相应的资产减值损失或预计负债，并根据监管要求计提相应的监管储备和信用风险监管资本。商业银行还需要在财务报表中披露所采用的信用风险管理手段以及所面临的信用风险状况的定性和定量信息
市场风险	市场风险是指由于利率、汇率、股票价格或某些与商业银行债权债务相关的商品市场价格等变动而给商业银行带来的风险。广义来讲，市场风险包括利率风险（含银行账户利率风险）、汇率风险、股票价格风险和商品价格风险。 银行账户利率风险是指利率水平、期限结构等要素变动导致银行账户整体收益和经济价值遭受或有损失的风险，包括重新定价风险、基差风险、收益率曲线风险和期权性风险等。银行账户是指商业银行表内外所有未划入交易账户的金融工具，即商业银行为非交易目的和为套期保值而持有，表内外所有未划入交易账户的业务合约。市场风险是商业银行的交易账户面临的最主要风险，同时也广泛存在于银行账户中。 商业银行需要建立市场风险管理体系，按照会计准则要求计量市场风险并用于会计计量和财务报表披露，并根据监管要求计提市场风险监管资本。商业银行还需要在财务报表中披露所采用的市场风险管理手段以及所面临的市场风险状况的定性和定量信息
流动性风险	流动性风险是指商业银行未能偿付债务或满足存款人提取存款或借款人融资需求而导致信誉损失、经济损失甚至因挤兑而倒闭的风险。 流动性风险包括筹资流动性风险和与交易相关的流动性风险。筹资流动性风险与商业银行筹集必要的资金以偿还负债，满足现金、保证金和交易对手的担保要求以及满足资本赎回要求的能力有关。与交易相关的流动性风险是指在现行市场价格体系下，由于不存在交易意愿的市场“另一方”而无法完成某项交易的风险
操作风险	操作风险是指由于不充分或无效的内部控制和治理结构、人员和计算机信息系统等导致商业银行发生损失的可能性。商业银行最大的操作风险在于内部控制和内部治理机制的失效，这可能源于失误、欺诈、未能及时作出反应而导致的财务或其他方面的损失。操作风险的其他方面包括信息系统的重大失效或其他灾难性事件。 商业银行需要建立操作风险管理体系，评估和计量操作风险并根据监管要求计提操作风险监管资本
集中度风险	集中度风险是单个风险暴露或风险暴露组合可能给银行带来重大损失或导致银行风险状况发生实质性变化的风险。存在集中度风险的情形包括：交易对手或借款人集中风险；地区集中风险；行业集中风险；信用风险缓释工具集中风险；资产集中风险；表外项目集中风险；其他集中风险
声誉风险	声誉风险是指由于商业银行经营管理不善、违反法律法规等原因导致存款人、投资者和监管机构等对其失去信心的可能性。声誉风险可能导致商业银行面临信用评级下降、融资成本提高和市场价值剧烈下降等情况，甚至出现被挤兑乃至破产倒闭

续表

种类	内容及对银行的要求
战略风险	战略风险是商业银行经营策略不适当或外部经营环境变化而导致的风险。 商业银行需要建立与自身业务规模和产品复杂程度相适应的战略风险管理体系，并根据外部环境变化及时评估战略目标的合理性、兼容性和一致性
国家风险和转移风险	国家风险是指因为交易对手所在国家或地区的经济、政治和社会因素，以及客户或交易对手之外的各种因素所导致的外国客户或交易对手未能清偿债务而给商业银行带来的风险。 转移风险是指由于交易对手所在国家或地区实行外汇管制等原因而导致的交易对手或客户未能按期清偿外汇债务而给商业银行带来的风险。转移风险是国家风险的一个组成部分
利率风险	利率的波动可能对商业银行的资产或负债产生不利影响或者影响其利息现金流的风险。按照风险来源划分，利率风险可以分为重新定价风险（Repricing Risk）、收益曲线风险（Yield Curve Risk）、基准风险（Basis Risk）和期权性风险（Optionality Risk）
法律风险	由于不正确、不恰当的法律建议，有缺陷的法律文书以及现行法律法规不完善、不配套导致的商业银行发生损失的可能性

（五）商业银行的内部控制目标

1994年，美国COSO委员会在其《内部控制——整体性框架》中将内部控制的要素规定为控制环境、风险评估、控制活动、信息沟通和监督五个要素。商业银行内部控制也包括这五个要素。

本准则对商业银行的内部控制提出了严格的、具体的要求。首先，对商业银行内部控制目标提出了总体要求，包括对商业银行经营活动的授权要求，对商业银行会计系统的一般要求，以及对保护银行资产安全的要求。其次，对商业银行内部控制的有效性和应用计算机系统提出了具体要求。

由于商业银行的固有特征和面临的诸多风险，其内部控制的建立健全具有非常重要的作用，也成为各国银行监管机构的重要监管内容。例如，我国银行监管部门先后制定和发布了许多涉及商业银行内部控制的规范性文件，主要有《商业银行内部控制指引》和《商业银行内部控制评价试行办法》等。商业银行内部控制是商业银行为实现经营目标，通过制定和实施一系列制度、程序和方法，对风险进行事前防范、事中控制、事后监督和纠正的动态过程和机制。商业银行在经营业务方面的特性，使得注册会计师往往可能无法通过仅实施实质性程序将审计风险降低至可接受的低水平。因此，识别、了解并测试被审计银行内部控制是商业银行审计工作的重要组成部分。

另外，对于已上市的商业银行，执行内部控制审计也是法律法规的强制要求。注册会计师需要按照《中国注册会计师审计准则第1211号——通过了解被审计单位及其环境识别和评估重大错报风险》等相关审计准则和《企业内部控制审计指引》的有关规定，了解被审计银行的内部控制。银行的内部控制分为企业层面的内部控制和业务层面的内部控制。对于按照相关监管规定，没有法定内部控制审计报告要求的商业银行审计业务，如非上市商业银行的审计业务，注册会计师在进行识别、了解并测试内部控制时，可以参照执行。

第1611号准则第二十五条规定，注册会计师应当充分了解商业银行的相关内部控制，以确定有效的审计方案。此外，本准则第十六条也规定，商业银行具有的特征和面临的诸多风险，导致注册会计师通常需要依赖控制测试而不能完全依赖实质性程序。

本准则第二十六条指出了商业银行的相关内部控制应当实现的目标，见表1611-4。

表1611-4　商业银行的相关内部控制应当实现的目标

目标	内容	案例
授权	所有交易经管理层一般授权或特别授权方可执行	分级授权体系：四大国有商业银行，均为总分行制，其组织结构为总行——一级分行——二级分行——支行——营业部、分理处、储蓄所。其中，总行、一级分行为管理机构，二级分行为管理机构兼部分经营职能，支行为基本经营机构，营业部、分理处、储蓄所为具体业务的经办机构
会计系统	所有交易和事项以正确的金额，在恰当的会计期间及时记录于适当的账户，使编制的财务报表符合适用的会计准则和相关会计制度的规定	（1）全面性。全面性是指商业银行的会计核算应该核算和反映银行发生的一切交易和事项，不允许设账外账。 （2）客观性。客观性是指商业银行的会计核算必须以实际发生的交易及证明该交易发生的合法凭证为依据，如实反映财务状况和经营成果，做到内容真实、数字准确、资料可靠。 （3）及时性和配比原则。及时性和配比原则是指会计核算应当及时进行，不能跨期处理会计事项，营业收入和与其相对应的成本、费用应当相互配比，要求一个会计期间的各项收入和与其相关联的成本、费用，应当在同一会计期间内予以确认、计量。 （4）分类的正确性。分类的正确性是指处理会计事项应当记录于适当的账户。例如，发放贷款，应当在贷款科目中反映，不允许在其他科目中反映，也就是我们常说的不能乱用会计科目
资产的安全	只有经过管理层授权才能接触资产和记录	将记录的资产与实有资产定期核对，并在出现差异时采取适当的措施；只有管理当局授权的人员，才能保管、使用资产和记录这些资产的卡片、账簿。保护资产和记录安全的最重要措施就是采取实物防护措施
保护银行资产安全	恰当履行受托保管协议规定的职责	例如，银行应按协议保管好客户寄存的资产，由专门部门履行受托保管职责；将自有资产与受托保管资产适当分离；对受托保管资产作出适当的记录

（六）识别、了解并测试被审计银行的内部控制

注册会计师就如何识别、了解被审计银行的内部控制进行阐述，并对注册会计师如何选择测试的控制提供总体思路和方法的指引，不涉及具体控制测试的实施。其包括四个方面：

（1）自上而下的方法，即注册会计师对被审计银行内部控制进行识别和了解，选择拟测试控制的方法；

（2）识别和了解企业层面的内部控制；

（3）了解和测试信息系统控制；

（4）识别和了解业务层面的内部控制。

1. 自上而下的方法

注册会计师可以采用自上而下的方法对被审计银行内部控制进行识别和了解，并选择拟测试的控制。

自上而下的方法始于被审计银行的财务报表，从注册会计师对财务报告内部控制整体风险的了解开始，然后，将关注重点放在企业层面的控制上，并将工作逐渐下移至重大类别的交易、账户余额和披露及其相关认定。随后，确认其对被审计银行业务流程中风险的了解，并选择足以应对评估的每个相关认定的重大错报风险的控制进行测试。自上而下的方法如图1611-3所示。

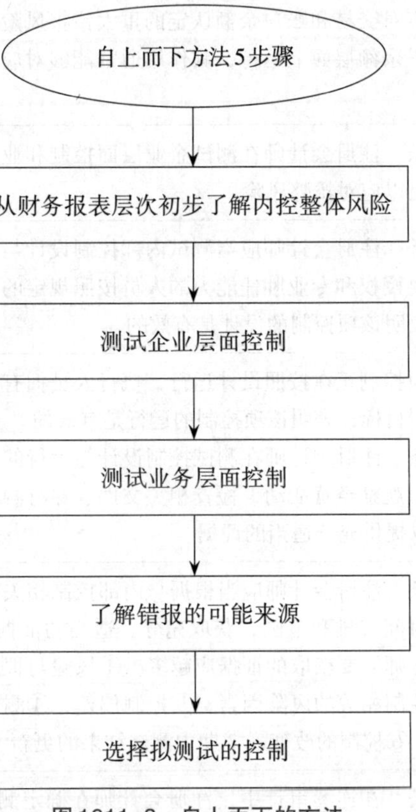

图1611-3　自上而下的方法

2. 具体内容和要求（见表1611-5）

表1611-5　具体内容和要求

内容	要求
（1）测试企业层面控制	《企业内部控制审计指引》（下同）第十一条　注册会计师测试企业层面控制，应当把握重要性原则，至少应当关注：（一）与内部环境相关的控制。（二）针对董事会、管理层凌驾于控制之上的风险而设计的控制。（三）企业的风险评估过程。（四）对内部信息传递和财务报告流程的控制。（五）对控制有效性的内部监督和自我评价。 商业银行企业层面控制可能还包括：集中化的处理和控制，监控经营成果的控制，针对重大经营控制以及风险管理实务而采取的政策

续表

内容	要求
（2）测试业务层面控制	第十二条　注册会计师测试业务层面控制，应当把握重要性原则，结合企业实际、企业内部控制各项应用指引的要求和企业层面控制的测试情况，重点对企业生产经营活动中的重要业务与事项的控制进行测试。注册会计师应当关注信息系统对内部控制及风险评估的影响。 被审计银行业务层面的内部控制即业务流程、应用系统或交易层面的控制。业务流程、应用系统或交易层面的控制主要针对交易的生成、记录、处理和报告等环节，为应对交易和账户余额认定的重大错报风险而设计，通常在业务流程内的交易或账户余额层面上运行，其作用通常能够对应到具体某类交易和账户余额的具体认定
（3）评价内部控制	第十三条　注册会计师在测试企业层面控制和业务层面控制时，应当评价内部控制是否足以应对舞弊风险
（4）测试控制设计的有效性	第十四条　注册会计师应当测试内部控制设计与运行的有效性。如果某项控制由拥有必要授权和专业胜任能力的人员按照规定的程序与要求执行，能够实现控制目标，表明该项控制的设计是有效的
（5）测试控制运行的有效性	如果某项控制正在按照设计运行，执行人员拥有必要授权和专业胜任能力，能够实现控制目标，表明该项控制的运行是有效的。 第十六条　注册会计师在测试控制设计与运行的有效性时，应当综合运用询问适当人员、观察经营活动、检查相关文件、穿行测试和重新执行等方法。询问本身并不足以提供充分适当的证据
（6）风险与拟获取证据的关系	第十五条　注册会计师应当根据与内部控制相关的风险，确定拟实施审计程序的性质、时间安排和范围，获取充分、适当的证据。与内部控制相关的风险越高，注册会计师需要获取的证据应越多。①风险与拟获取证据的关系；②影响审计中与某项控制相关的风险因素；③控制偏差；④测试控制有效性实施的程序；⑤测试时间；⑥控制的改变；⑦期中测试结果的更新
（7）连续审计时的特殊考虑	第十九条　在连续审计中，注册会计师在确定测试的性质、时间安排和范围时，应当考虑以前年度执行内部控制审计时了解的情况。①影响审计中与某项控制相关的风险因素；②自动化应用控制；③增强测试的不可预见性

（七）风险评估与应对

风险导向审计要求注册会计师以重大错报风险的识别、评估和应对作为审计工作主线，将审计资源投放在高风险领域，以提高审计效率和效果。在了解被审计银行的基础上，识别和评估财务报表层次和认定层次的重大错报风险，是财务报表审计和内部控制审计的共同起点。在整合审计中，注册会计师实施的风险评估程序同时服务于内部控制审计和财务报表审计，相关工作记录和成果可以由两种审计共享。

1.风险评估的目标

注册会计师实施风险评估相关工作的目标是，通过了解被审计银行及其环境识别和评估财务报表层次和认定层次的重大错报风险（无论该错报由于舞弊还是错误导致），从而为设计和实施针对评估的重大错报风险采取的应对措施提供基础。

风险评估是审计准则要求注册会计师必须实施的工作之一。在通过了解被审计银行及其环境识别和评估财务报表重大错报风险的过程中，注册会计师需要遵循《中国注册会计师审计准则第1211号——通过了解被审计单位及其环境识别和评估重大错报风险》及其应用指南和《中国注册会计师审计准则第1611号——商业银行财务报表审计》及其应用指南的相关要求。

2.风险评估程序

简而言之，风险评估程序是指注册会计师为了解被审计银行及其环境识别和评估重大错报风险而实施的审计程序。第1211号准则要求注册会计师实施的风险评估程序包括：

（1）询问管理层以及被审计银行内部其他人员；

（2）分析程序；

（3）观察和检查。

3.了解被审计银行及其环境

第1211号准则要求注册会计师从以下方面了解被审计银行及其环境，识别和评估重大错报风险：

（1）行业状况、法律环境和监管环境及其他外部因素；

（2）被审计银行的性质；

（3）被审计银行对会计政策的选择和运用；

（4）被审计银行的目标、战略以及可能导致重大错报风险的相关经营风险；

（5）对被审计银行财务业绩的衡量和评价；

（6）被审计银行的内部控制。

同时，按照《中国注册会计师审计准则第1324号——持续经营》的要求，在计划审计工作和实施风险评估程序时，注册会计师需要考虑是否存在可能导致对商业银行持续经营能力产生重大疑虑的事项或情况及相关的经营风险，评价管理层对持续经营能力作出的评估，并考虑已识别的事项或情况对重大错报风险评估的影响。

4.识别和评估重大错报风险

注册会计师需要在了解被审计银行及其环境的整个过程中，结合对财务报表中各类交易、账户余额和披露的考虑，识别和评估财务报表的重大错报风险，包括识别和评估财务报表层次和认定层次的重大错报风险，确定识别出的风险是否为特别风险和仅通过实质性程序无法应对的重大错报风险。

注册会计师对重大错报风险的识别和评估需贯穿审计的全过程，随着审计工作的开展和审计证据的获取，注册会计师可能对风险识别和评估的结果作出改变。注册会计师需要及时针对实际情况对风险评估的结果作出修正。

总体上，注册会计师识别和评估重大错报风险的过程包括：①通过了解被审计银行及其环境（包括与风险相关的控制）获取相关审计证据，识别可能表明被审计银行财务报表存在重大错报风险的事项和情况（风险因素）；②结合对拟测试的相关控制的考虑，将识别出的风险与认定层次可能发生错报的领域相联系；③结合对财务报表整体及其中各类交易、账户余额和披露的考虑，确定所识别的风险因素与财务报表整体相关，还是与特定交易、账户余额和披露的认定相关；④考虑发生错报的可能性（包括发生多项错报的可能性)，以及潜在错报的重大程度，形成对重大错报风险的估计。

（1）可能表明被审计银行财务报表存在重大错报风险的事项和情况。注册会计师通过实施风险评估程序所收集的信息，包括评价被审计银行内部控制的设计及其执行时获取的审计证据，可以作为支持风险评估结果的审计证据。注册会计师需要充分考虑这些审计证据，识别可能表明被审计银行财务报表存在重大错报风险的事项和情况。除第1211号准则及其应用指南和第1611号准则及其应用指南列示了可能表明被审计银行财务报表存在重大错报风险的事项和情况以外，其他可能表明被审计银行财务报表存在重大错报风险的事项和情况示例如下：

①银行监管的相关要求，比如被审计银行可能会为了规避某项监管指标的要求而导致财务报表数据发生错报的风险，或者由于监管指标要求较为复杂而导致发生计算错误的风险；

②复杂的信息技术应用，比如可能由于信贷业务系统与财务核算系统之间接口程序不完善致使财务数据与信贷业务数据不一致而导致的重大错报风险；

③会计计量中使用复杂的估值模型，比如由于模型使用不当或者重要参数选取不当，从而造成依据估值系统数据编报的财务报表存在重大错报风险；

④金融服务与产品的创新，比如可能存在资产负债表表内核算或表外核算划分不当，或者金融资产分类计量不当导致的财务报表重大错报；

⑤涉税事项的处理，比如对税务法规的理解与执行，与各地税务主管机关在各类应税事项的认定上存在的不同理解等，均可能导致对税务核算的估计判断存在不确定性或者因此导致错报风险；

⑥贷款减值准备的计提，比如可能存在模型参数的选择、贴现现金流的估计和其他假设不合理的情况；

⑦金融工具的公允价值计量，特别是对于那些分类为第三层次，其估值依赖不可观察输入值，涉及复杂、主观判断的公允价值计量；

⑧复杂的业务交易，公允价值和其他会计估计的大量运用对财务信息的披露提出了更高的要求，比如可能存在财务信息披露不准确、不完整的风险。

（2）将识别出的风险与财务报表错报的领域相联系。在风险评估过程中，注册会计师对各项风险因素的评价，其目的在于识别和评价这些风险因素单独或者共同对财务报表整体及各类交易、账户余额以及列报与披露各项认定产生的影响，以识别和评估财务报表的重大错报风险。如何将在了解被审计银行及其环境过程中获取的信息和证据与财务报表联系在一起，以确定这些因素是否会造成财务报表整体或者部分交易或账户的重大错报，分析和评价其造成重大错报的程度，是注册会计师识别和评估重大错报风险的关键。

（3）财务报表层次和认定层次的重大错报风险。注册会计师从两个层次识别和评估重大错报风险，包括财务报表层次和各类交易、账户余额和披露的认定层次。按照《中国注册会计师审计准则第1231号——针对评估的重大错报风险采取的应对措施》，针对财务报表层次的重大错报风险，注册会计师设计和实施总体应对措施；针对评估的认定层次重大错报风险，注册会计师设计和实施进一步审计程序，包括审计程序的性质、时间安排和范围。

（4）形成对重大错报风险的评估。针对已识别的重大错报风险，注册会计师考虑错报发生的可能性以及潜在错报的重大程度两个方面形成对重大错报风险的评估。在评估重大错报风险时，注册会计师面临重大职业判断，需要考虑审计准则、应用指南以及所在会计师事务所质量控制政策的相关要求。

5.针对评估的重大错报风险采取的应对措施

针对识别和评估的重大错报风险，注册会计师通过设计和实施恰当的应对措施，以获取充分、适当的审计证据。在此过程中，注册会计师需要遵循《中国注册会计师审计准则第1231号——针对评估的重大错报风险采取的应对措施》及其应用指南的规定。

由于商业银行对日常交易采用高度自动化处理，审计证据可能仅以电子形式存在，其充分性和适当性通常取决于自动化信息系统相关控制的有效性，注册会计师需要考虑仅通过实施实质性程序无法获取充分、适当的审计证据的可能性。在这种情况下，注册会计师需要考虑依赖的相关控制的有效性，并对其进行了解、评估和测试。因此，商业银行审计的总体审计方案通常采用综合性方案。由于商业银行财务报表数据间的关联较为广泛，在商业银行审计中也会大量使用实质性分析程序。

【应用分析1611-1】针对认定层次重大错报风险确定进一步审计程序示例。

《中国注册会计师审计准则第1231号——针对评估的重大错报风险采取的应对措施》要求注册会计师设计和实施的进一步审计程序应当体现认定层次重大错报风险识别和评估的结果。也就是说针对不同的认定层次重大错报风险识别和评估的结果，注册会计师设计和实施的进一步审计程序应该体现出差异化。举例说明见表1611-6。

表1611-6　设计和实施的进一步审计程序举例

项目	进一步审计程序
(1) 贷款减值损失准备	注册会计师了解被审计银行有关贷款减值损失准备计量的固有特征，并考虑被审计银行与贷款减值损失准备计提相关的内部控制，确定被审计银行贷款减值损失准备计提发生错报的可能性为“很可能”；同时潜在错报的重大程度为“重要”；确定被审计银行贷款减值损失准备计提存在重大错报风险且风险水平为“高”；选择采取综合性方案。先测试被审计银行与贷款减值损失准备计提相关的内部控制的运行有效性，随后再实施实质性程序。 在实施进一步审计程序的过程中，即使控制测试的结果表明被审计银行内部控制执行有效，注册会计师可能仍需要对贷款减值损失准备实施实质性分析程序，并针对性地实施与贷款减值损失准备相关的细节测试：选取部分个别测试的重大贷款样本，复核其现金流估计和折现率等关键参数的选取，包括检查相关支持性证据，并重新计算其结果是否准确；同时复核组合测试过程中所使用的模型、关键参数设置和取值等，并重新计算其结果是否准确
(2) 被审计银行存款业务	注册会计师通过了解被审计银行存款业务的特征及相关内部控制，识别和评估被审计银行存款的存在认定重大错报风险为“中”。注册会计师在设计进一步审计程序时，可能也会选择采取综合性方案：先测试被审计银行与存款存在认定相关的内部控制的运行有效性，随后再实施实质性程序。 在实施进一步审计程序的过程中，如果控制测试的结果表明被审计银行相关内部控制执行有效，注册会计师可能会对存款实施实质性分析程序。如果实质性分析程序的结果能够对存款的存在认定提供一定程度的信赖，则注册会计师可能仅对存款的存在认定实施有限的细节测试程序，比如仅选取少量存款样本，采用消极式函证等

续表

项目	进一步审计程序
（3）大型商业银行固定资产	注册会计师通过了解某大型商业银行固定资产的特征及相关内部控制，基于固定资产在资产总额中占比很小、上年度已经对固定资产进行过全面审计、本年几乎没有固定资产增减变动等事实，其识别和评估被审计银行固定资产的存在认定重大错报风险为“低”。注册会计师设计和实施的进一步审计程序，可能仅包括测试与固定资产存在认定相关的内部控制。如果控制测试的结果表明被审计银行相关内部控制执行有效，注册会计师可能不再实施实质性程序或者仅实施实质性分析程序

6.针对特别风险的特殊考虑

审计准则要求注册会计师针对特别风险，评价相关控制的设计情况，并确定其是否已经得到执行。注册会计师需要运用职业判断，确定识别出的风险中哪些是特别风险。在确定哪些风险是特别风险时，注册会计师需要在考虑识别出的控制对相关风险的抵销效果前，根据风险的性质、潜在错报的重要程度和发生的可能性，判断风险是否属于特别风险。注册会计师通常需要考虑：

（1）风险是否属于舞弊风险；

（2）风险是否与金融行业整体、财务报告编制基础或其他重大变化有关；

（3）相关交易的复杂程度；

（4）风险是否涉及重大的关联方交易；

（5）财务信息计量结果受主观判断的影响程度，比如公允价值计量、减值准备估计等计量结果具有高度不确定性的领域；

（6）风险是否涉及异常或超出正常经营过程的重大交易。

由于与重大非常规交易或判断事项相关的风险很少受到日常控制的约束，管理层可能采取其他措施应对此类风险，注册会计师需要了解被审计银行是否针对该特别风险设计和实施了控制。例如，作出会计估计所依据的假设是否由管理层或专家进行复核，是否建立作出会计估计的内部程序，重大会计估计结果是否经适当机构批准等。如果管理层未能实施控制以恰当应对特别风险，注册会计师应当认为内部控制存在重大缺陷，并考虑其对风险评估的影响。在此情况下，注册会计师需要就此类事项与治理层沟通。

（八）舞弊风险的评估和应对

舞弊是指被审计银行的管理层、治理层、员工或第三方使用欺骗手段获取不当或非法利益的故意行为。舞弊是一个宽泛的法律概念，但注册会计师关注的是导致财务报表发生重大错报的舞弊。与财务报表审计相关的故意错报，包括编制虚假财务报告导致的错报和侵占资产导致的错报。管理层可能通过以下方式编制虚假财务报告：

（1）对编制财务报表所依据的会计记录或支持性文件进行操纵、弄虚作假（包括伪造）或篡改；

（2）在财务报表中错误表达或故意漏记事项、交易或其他重要信息；

（3）故意错误使用与金额、分类、列报或披露相关的会计原则。

编制虚假财务报告方式的示例包括：编造虚假合同作为中间业务收入入账的支持性文件以提高利润水平；为规避监管故意将表内业务进行表外账务处理；贷款五级分类时故意

使用与准则不符的标准以操纵准备金水平。

侵占资产方式的示例包括：伪造、编造或虚开票证，采取票据、信用证、银行卡等欺诈手段，骗取银行或客户资金；冒名贷款、自批自贷、假按揭贷款、高利转贷、违法向关系人发放贷款等。

侵占资产通常伴随着虚假或误导性的记录或文件，其目的是隐瞒资产丢失或未经适当授权而被抵押的事实。

舞弊风险的评估和应对，注册会计师应当遵照执行《中国注册会计师审计准则第1141号——财务报表审计中与舞弊相关的责任》及其应用指南的规定。

（九）对银行经营合规性的考虑

1.合规、合规风险与合规管理

合规对商业银行的经营存在重大影响。按照银监会《商业银行合规风险管理指引》的规定：合规，是指使商业银行的经营活动与法律、规则和准则相一致。其中，法律、规则和准则，是指适用于银行业经营活动的法律、行政法规、部门规章及其他规范性文件、经营规则、自律性组织的行业准则、行为守则和职业操守。合规风险，是指商业银行因没有遵循法律、规则和准则可能遭受法律制裁、监管处罚、重大财务损失和声誉损失的风险。商业银行应通过建立健全合规风险管理框架，实现对合规风险的有效识别和管理，促进全面风险管理体系建设，确保依法合规经营。商业银行董事会对商业银行经营活动的合规性承担最终责任。

2.注册会计师在商业银行审计中对合规性的考虑

除非专门接受委托，注册会计师通常无须对银行的合规性发表审计意见。应当遵照执行《中国注册会计师审计准则第1142号——财务报表审计中对法律法规的考虑》。在实施商业银行审计的过程中，注册会计师对银行合规性的考虑，主要服务于对财务报表和内部控制发表审计意见的总体目标，重点关注与审计相关的合规性。主要审计程序见表1611-7。

表1611-7　主要审计程序

审计程序	对与审计相关的合规性的考虑
（1）了解被审计银行的合规风险管理体系	了解商业银行的合规风险管理体系与其经营范围、组织结构和业务规模，一般主要包括以下基本要素：①合规文化和高层基调；②合规政策；③合规管理部门的组织结构和资源；④合规风险管理计划；⑤合规风险识别和管理流程；⑥合规培训与教育制度
（2）将与银行财务报告直接相关的监管要求纳入审计范围	在商业银行业务经营涉及的法律、规则和准则中，有些会同时涉及与财务报告直接相关的内容，注册会计师需要将这些法律、规则和准则的相关要求纳入审计范围。比如《中国银监会关于完善银行理财业务组织管理体系有关事项的通知》要求商业银行专设理财业务经营部，并作为独立的利润主体，建立单独的会计核算、统计分析和风险调整后的绩效考评体系。理财业务经营部同时要对每项银行理财产品分别单独建立明细账，单独核算，并应覆盖表内外的所有理财产品。注册会计师在对被审计银行理财产品实施审计时，需考虑该行政法规对被审计银行财务报告和内部控制的影响，并将有关合规性的控制设计、执行以及财务报告结果纳入审计范围

续表

审计程序	对与审计相关的合规性的考虑
(3) 在风险评估过程中合理运用监管指标要求	鉴于合规对于商业银行业务经营的重大影响，满足监管指标的要求是大多数商业银行业务经营中考虑的重要因素之一。了解、熟悉并掌握商业银行的监管指标要求，结合对财务报表的分析结果，可以帮助注册会计师识别和评估重大错报风险。比如，如果按照被审计银行未审计财务报表计算的存贷比非常接近监管指标的上限要求，可能意味着存款的存在认定、贷款的完整性认定存在较高的重大错报风险
(4) 考虑合规性对银行持续经营能力的影响	某些法律、法规和规则对商业银行是否能够持续运营存在重要影响，违反其规定可能导致商业银行停业，注册会计师在复核被审计银行的持续经营能力评价结果时，通常需要考虑被审计银行合规性的影响

必须指出，商业银行信贷、资金、现金及柜台、中间业务、财务报告流程审计及审计报告阶段的审计均应当遵照执行相关审计准则的要求，在此不再赘述。

【应用分析1611-2】 商业银行财务报表风险指引（见表1611-8）。

表1611-8 商业银行财务报表风险指引

重大错报风险	财务报表认定	控制示例	测试程序示例
现金存在被挪用或不法占用	存在	柜台每日日终编制现金盘点表，由主管人员复核。银行对发生的现金业务及时计入总账及分类账，于月末复核	(1) 取得现金盘点表与总账进行核对。(2) 核对库存现金日记账与总账的金额是否相符，检查非记账本位币库存现金的折算汇率及折算金额是否正确。(3) 监盘库存现金
账簿里记录了尚未收到的现金款	存在	每日，计入总账的收到的现金款项将由会计人员与银行收据或者是库存现金进行核对。核对不一致的款项均会被调查和解决。银行对账单定期与总账进行核对，有差异需进行调查并解决，编制银行存款余额调节表，对所有调节项目进行解释，并附支持性文件。银行存款余额调节表均需由上级人员进行复核	(1) 选取现金账户（包括存放同业账户、中央银行账户及与清算机构的现金结算账户），并获取这些账户与总分类账的余额调节表。(2) 编制（或按户编制）账户的标准询证函。(3) 对于获得的余额调节表，执行以下步骤：①选取一些增加余额的调节项目。检查相关的会计记录、期后或当期银行对账单、银行贷记通知单或者其他证据。确定所选项目适当地包括在增加余额调节项目当中。②选出一些在期后的银行对账单中已经付款的项目，银行借记通知单以及其他可能成为银行存款余额调节表中的余额调减项目。检查所选项目的支持文件，以确定这些项目适当地被包括或排除在余额调节表中的余额调减项目中。③复核从交易对手收到的对账单在测试日后前__天的余额，并挑选表面上看来应在测试日之前被记录的重大金额。确保这些金额在银行存款余额调节表及总账中被适当地处理
已记录在总账的库存现金或存放同业款项与库存现金日记账或者银行对账单不一致	存在、权利和义务、完整性、计价和分摊	银行对账单定期与总账进行核对，有差异需进行调查并解决，编制银行存款余额调节表，对所有调节项目进行解释，并附支持性文件。银行存款余额调节表均需由上级人员进行复核。财务人员将会对可疑的现金或者存放同业账户进行分析，若发现任何错误或者不符需要调整的情况，准备调整分录，并附支持性文件，由上级人员复核后，方可进行调整，计入账内	

续表

重大错报风险	财务报表认定	控制示例	测试程序示例
现金存在于银行账户内，却未记录在总账内。或银行账户内发生的交易，在总账内却未记录	完整性	财务人员每日将当日的银行账户的变动情况与总账进行核对，管理人员复核记录的底稿和库存现金或银行存款的余额，对于任何不正常的变动应进行及时调查并解决。银行对账单定期与总账进行核对，有差异需进行调查并解决，编制银行存款余额调节表，对所有调节项目进行解释，并附支持性文件。银行存款余额调节表均需由上级人员进行复核	
并非所有的银行账户均在总账内记录		新账户的开立必须经过管理层的指示和批准。当审批和开立新的银行账户后，财务人员根据相关的批准文件在总账内设立该明细账户，并且编制相关的会计分录。管理人员将复核相关的新账户的开立以及会计分录，包括支持性的文件。管理层将根据经验对存在的和已经销户的账户进行复核，以保证总账记录与实际相同。任何不寻常的和被忽略的账户，均需要进行及时调查和解决	
负债支付的记录的金额与实际支付的金额不一致，如对于某些负债，银行自动扣款，或者部分负债已经支付，但银行却未记录	存在、权利和义务	银行对账单定期与总账进行核对，有差异需进行调查并解决，编制银行存款余额调节表，对所有调节项目进行解释，并附支持性文件。银行存款余额调节表均需由上级人员进行复核。财务人员定期将负债记录与总账进行核对，管理人员将复核该核对过程	

续表

重大错报风险	财务报表认定	控制示例	测试程序示例
现金、存放中央银行款项、存放同业款项的外币项目在折算时使用的汇率是否正确	计价和分摊	管理人员复核由财务人员编制的由外币项目折算成报告货币的相关折算过程，以及使用的汇率的支持性文件	(1) 确定外币余额（包括现金及以外币计价的银行账户）被适当地转换成适用的报告货币且被记入正确的余额之中。(2) 查看用于转换余额的汇率和独立的汇率是否相符，并测试兑换计算。(3) 确定该余额转换对收入/支出的影响已遵循当地的会计准则被记入适当的利润表账户。(4) 确定对外币现金余额的转账和使用是否有重大外汇交易控制或其他限制，这些限制是否已充分披露
银行记录的现金及存放款项是受限制的款项	分类和可理解性	管理人员复核期末现金、存放央行款项、存放同业款项中受限制的款项，并在报表中进行披露，如存放中央银行存款准备金，存放同业款项用于质押等	确保所有余额及金额均遵循相关的会计公告、惯例和法规被正确地列报
法定存款准备金的计缴是否准确。存款准备金按中国人民银行的有关规定缴存	计价和分摊	财务人员每旬末以及每月末按照存款准备金的计缴要求计算存款准备金，编制存款准备金计算表，并由管理人员进行复核。复核后，进行资金的划转	取得计算存款准备金的计算表以及计缴凭证，重新计算存款准备金的余额计缴是否正确，是否符合中国人民银行的相关规定。编制存放中央银行的函证，并列明存款准备金的余额，确认存款准备金的余额是否真实、准确
指定生息资产的计缴是否准确。根据《中华人民共和国外资银行管理条例》第四章第四十四条的规定，分行将总行投入分行之营运资金30%的款项作为外汇指定生息资产，存放到中资商业银行（仅针对外资银行）		自分行成立时，即将营运资金的30%的款项存入中资商业银行，在报表上归入存放同业款项。该指定生息资产在分行营运资金不变时，保持不变，若营运资金有所增减，将重新计算，并由管理层进行复核，方可存入银行	重新计算指定生息资产的余额是否准确，并对该余额编制询证函，询证余额是否准确，与总账一致

资料来源：佚名．商业银行财务报表风险指引［EB/OL］．［2019-10-24］．http：//cicpa.wkinfo.com.cn/search/showSmartChartList#.

第六节　银行间函证程序（第1612号）

一、概述

（一）本准则制定与修订背景

亚洲金融危机后，各国银行监管机构都在研究如何加强对商业银行的监管，以防范和化解金融风险，维护金融秩序，同时也认识到注册会计师审计在银行监管框架中处于非常重要的地位，为此，2006年中注协修订了《中国注册会计师审计准则第1612号——银行间函证程序》。注册会计师在对商业银行会计报表进行审计时，向有关银行函证交易或余额是印证商业银行会计记录所载事项和相关信息的一个重要的审计程序。

修订的第1611号准则和1612号准则，使注册会计师维护国家金融秩序有了更充分的依据。本准则适用于注册会计师执行股份制商业银行（包括上市商业银行）、城市商业银行、外资商业银行、中外合资商业银行、外国商业银行分行会计报表审计业务。作为注册会计师寄发询证函对象的确认银行，可以是中央银行、政策性银行、商业银行，也可以是其他金融机构，如证券公司、信托投资公司和基金管理公司等。

制定本准则的目的是规范注册会计师在商业银行会计报表审计中实施银行间函证程序，提高函证程序的效率和效果。

（二）本准则2010年修订内容

本准则本次未修订。

（三）本准则2016年修订内容

本准则本次未修订。

（四）本准则2019年修订内容

本准则本次未修订。

（五）本准则学习中注意事项

虽然本准则暂不修订，但2014年12月31日，中注协发布《中国注册会计师协会关于印发〈商业银行审计指引〉的通知》（会协〔2014〕77号），同时，商业银行经济环境已发生变化，商业银行经营风险、经营网点和跨业经营的特征、金融产品创新、计算机信息系统、舞弊和监管等对审计业务带来了新的挑战。所以，在运用本准则时应注意结合明晰化后的各项审计准则和会协〔2014〕77号进行学习。

另外，要结合自2016年10月1日起施行的财政部、银监会《关于做好企业的银行存款借款及往来款项函证工作的通知》（财会〔2016〕13号）来学习。

二、框架结构简介

本准则共5章14条，其框架结构见表1612-1。

表1612-1 框架结构

章	名称	节	条	主要内容
第一章	总则	—	1~3	主要说明了本准则的制定目的、银行间函证程序的含义和总体要求
第二章	询证函的编制与寄发	—	4~8	主要说明了注册会计师如何选择确认银行和函证方式、询证函的编制方法和寄发
第三章	函证的内容	—	9、10	主要说明注册会计师如何确定询证函的内容
第四章	回函的评价	—	11~13	主要说明了注册会计师在评价回函时应当考虑的主要因素和实施替代程序
第五章	附则	—	14	本准则施行时间

三、重点难点解析

（一）概述

银行间函证程序是指注册会计师为了获取影响商业银行财务报表或相关披露认定的项目的信息，以商业银行的名义向确认银行寄发询证函，获取和评价审计证据的过程。注册会计师在对商业银行财务报表进行审计时，经常要对一些出现在财务报表和附注中的重要项目和其他信息如存款、贷款、同业往来、资金拆借、衍生交易和担保及承诺等进行函证，这既涉及银行间函证，也涉及对非银行客户的函证。

本准则适用于注册会计师在商业银行财务报表审计中实施银行间函证程序，作为《中国注册会计师审计准则第1611号——商业银行财务报表审计》的配套项目，其所规范的内容只限于注册会计师实施银行间函证程序应当遵循的一些基本原则和必要程序。

由于银行间函证程序是一个完整的过程，包括选择确认银行、确定询证函的主要内容、编制和寄发询证函以及回函的评价。此外，在实施银行间函证程序时，注册会计师还可能要面临许多与语言、专有名词、一致性表述和函证事项所涵盖的范围等相关的困难。注册会计师应当保持职业谨慎，控制好上述几个环节，提高函证结果的可靠性。所以，在实施银行间函证程序时，注册会计师应当保持应有的关注，对函证全过程进行控制。注册会计师实施银行与非银行金融机构间的函证程序时可参照本准则执行，但本准则不适用于商业银行与其他银行间为确认每天发生的日常商业活动而设计的例行程序。

银行间函证的范围包括同一国家的不同银行之间、不同国家的不同银行之间、商业银行与其他金融机构之间的函证。通过银行间函证程序获取审计证据十分重要，因为其直接源于独立的第三方，因此相对于仅从商业银行记录中获取的审计证据具有更强的可靠性。

本准则规范的内容包括函证程序的设计、函证内容的确定和函证结果的评价。函证通常包括积极式函证和消极式函证，为了增加银行间函证程序的可靠性，保证执业质量，本准则将函证方式确定为积极式函证，即不论被函证银行的记录是否与函证的信息相符，均要求被函证银行回函。

（二）本准则涉及的相关专业术语（见表1612-2）

表1612-2 相关专业术语

术语	含义
确认银行	指接收商业银行的询证函并被请求回函的银行
活期存款账户	指商业银行为核算活期存款而设立的账户
定期存款账户	指商业银行为核算定期存款而设立的账户
贷款账户	指商业银行为核算贷款而设立的账户
贷款额度	指商业银行同意在一个特定期间向相关银行提供资金的最大数额
授信或备用额度	指商业银行向其同业所订立的信用额度，银行可在该限额内，随时向同业取得远期汇票承兑等各种信用的授予
抵销权	指相互抵销债务的一种权利；或指一个账户金额和另一个账户金额相互抵销的权利
抵押权	指债务人或者第三人通过向债权人提供一定的财物，但不转移对该财物的占有而担保债务履行；当债务人不履行债务时，债权人有权将债务人或者第三人提供抵押的财产以折价、变卖或者拍卖的方式进行处分，并从处分抵押物的价款中优先清偿债权的权利
质押权	指债务人或者第三人将其自有的动产或者其他权利凭证交债权人占有，以该动产或者权利作为债权担保，当债务人不履行债务时，债权人可以将该动产或者权利折价，或者以拍卖、变卖该动产或权利所得的价款优先受偿的权利
担保	指法律为确保特定债权人利益的实现而特别规定的以债务人的特定财产或第三人的信用或特定财产保障债务人履行债务，债权人实现债权的民事行为
承诺	指商业银行与相关银行之间达成的一种具有法律约束力的正式契约
承兑	指远期汇票的付款人明确表示接受出票人的指示，承担付款义务的行为
背书	指在票据背面或者粘单上记载有关事项并签章的票据行为
回购和返售协议	指在出售者和购买者之间达成的一项协议，即在符合适当条件的情况下，出售者（或购买者）将购买回（或返售）票据、证券或有效期期满的财产
期权	指在未来某时期行使按协议价格买卖某金融工具的权利而非义务的合同
远期外汇合约	指一种衍生证券。它是一个在确定的将来时间按确定的价格购买或出售某种外币的协议。通常是在两个金融机构之间或金融机构与其客户之间签署该合约
合约	指双方签订的具有法律效力的合同或协议
或有负债	指过去的交易或事项形成的潜在义务，其存在须通过未来不确定事项的发生或不发生予以证实；或过去的交易或事项形成的现时义务，履行该义务不是很可能导致经济利益流出企业或该义务的金额不能可靠地计量。例如担保、承诺和承兑等资产负债表表外项目

（三）银行间函证程序决策图（图1612-1所示）

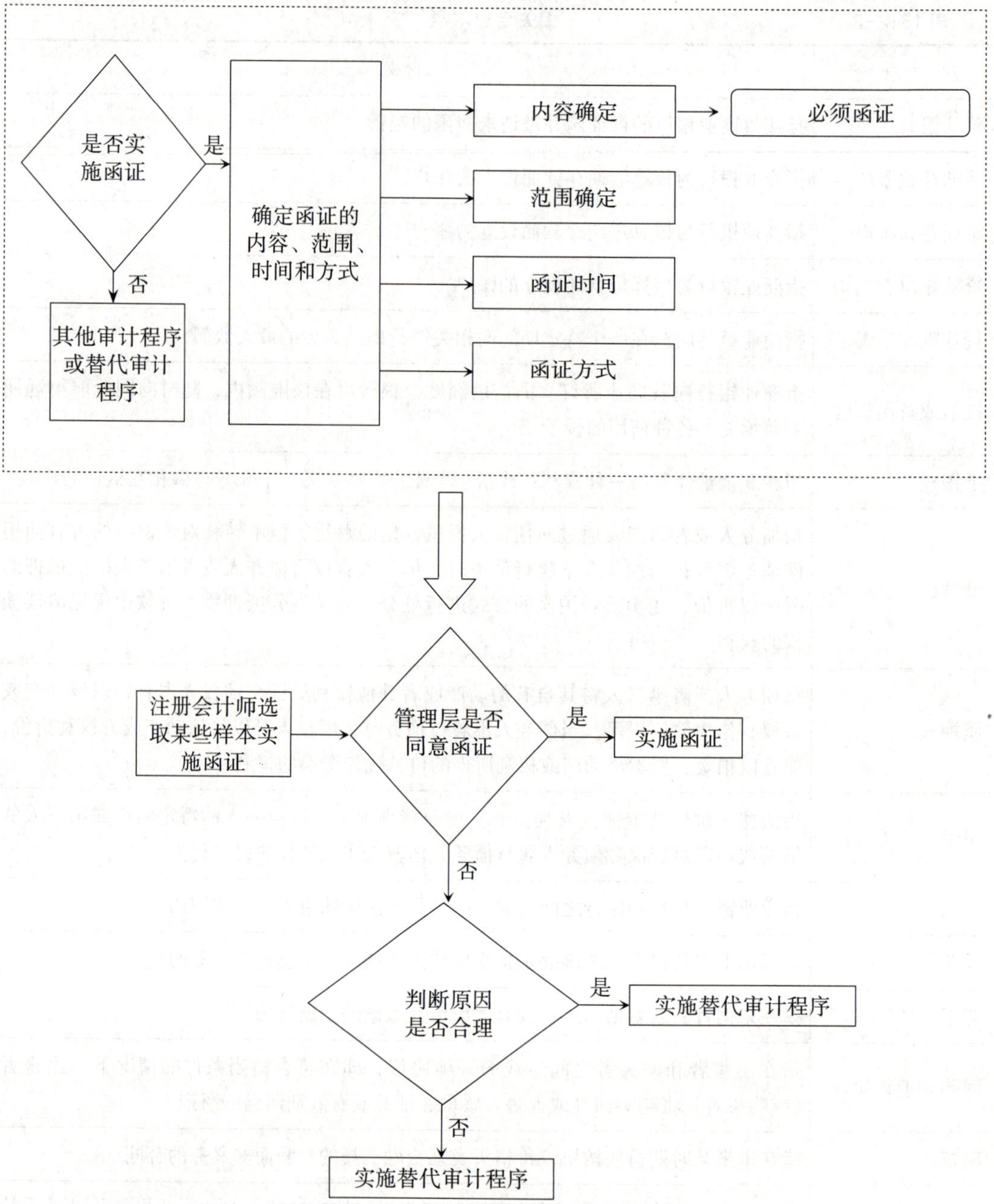

图1612-1 银行间函证程序决策图

（四）函证的控制图示

在函证实施过程中具体的控制程序主要集中于询证函的发出及收回环节，主要包括的控制程序要点如图1612-2所示。

（五）函证的主要内容

注册会计师应当根据函证目的及商业银行财务信息系统等情况确定函证的内容。注册会计师函证的内容主要包括：

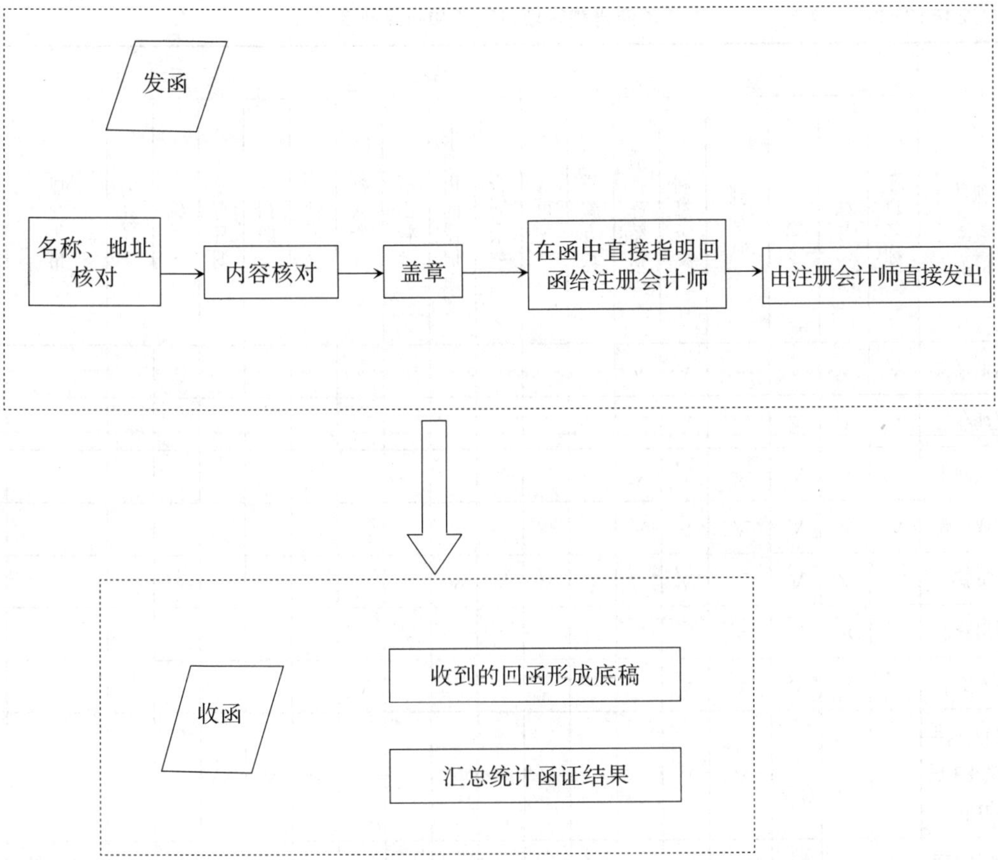

图1612-2　函证的控制

（1）商业银行与确认银行之间的存款、贷款和同业往来等账户（包括零余额的往来账户和在函证日之前十二个月内注销的往来账户）的余额及到期日、利息条款、未使用的授信额度、抵销权、抵押权和质押权等详细情况。询证函应当载明账户摘要、账号和币种等有关信息。

（2）商业银行与确认银行之间因担保、承诺和承兑等资产负债表表外业务产生的或有负债。询证函应当载明或有负债的性质、币种和金额等有关信息。

（3）资产回购和返售协议以及未履约期权。询证函应当载明协议标的、签订日、到期日和达成交易的条件等有关信息。

（4）与远期外汇合约和其他未履行合约有关的信息。询证函应当载明每项合约的编号、交易日、到期日、成交价格、币种和金额等有关信息。

（5）确认银行代为保管的有价证券等项目。询证函应当载明项目摘要和权属等有关信息。

除上述内容外，注册会计师应当考虑对同一确认银行的相关账户和其他信息同时进行函证，以保证完整性，并提高审计效率。具体内容见表1612-3。

表 1612-3　　询证函应当载明项目摘要和权属有关信息

项目	内容																		
	账户名称	账号	余额	到期日	利息条款	质押冻结情况	贷款方式	币种	合同余额	未使用的授信额度	拆出资金	拆入资金	性质	标的	签订日期	编号	交易日	成交价格	交割日
活期存款	√	√	√		√	√													
定期存款	√	√	√	√	√	√													
存放同业	√	√	√	√	√	√													
同业存放	√	√	√	√	√	√													
贷款		√	√	√	√		√	√	√	√									
拆出资金	√	√	√	√	√						√								
拆入资金	√	√	√	√	√							√							
回购及返售协议及未履约期权			√ 金额	√	√			√					√	√	√				
远期外汇及未履行合约			√ 金额	√				√					√			√	√	√	
其他合约				√				√					√			√	√	√ 协议价	√
代保管有价证券和其他项目	项目	权属	期限	数量/金额															
其他事项	如未使用授信额度和抵销权等																		

第七节　与银行监管机构的关系（第1613号）

一、概述

（一）本准则制定与修订背景

随着全球化和资本的跨国流动，客观上要求各国的独立审计准则与国际审计准则接轨。近年来，世界银行及其他国际组织力促国际会计师联合会更加关注公共利益问题，以代表国际职业界扮演监管角色，国际会计师联合会对此给予积极的回应。我国在银行监管方面也与国际趋同。本准则是在借鉴《国际审计实务公告第1004号——银行监管机构与注册会计师的关系》的基础上起草的，但删除了其中“银行监管机构的责任”一章的内容。

商业银行是从事吸收社会公众存款、发放贷款、办理结算等业务的企业，主要有以下特征：经营大量货币性资产；从事的交易种类繁多、次数频繁、金额巨大；分支机构众多、分布区域广；存在大量不涉及资金流动的资产负债表表外业务；高负债经营，债权人众多，与社会公众利益密切。商业银行存在着很高的经营风险，受到银行监管法规的严格约束和政府有关部门的严格监管。因此，国际审计与鉴证准则委员会非常重视商业银行的审计，先后出台了《国际审计实务公告第1000号——银行间函证程序》《国际审计实务公告第1010号——银行财务报表的审计》，并且与巴塞尔银行监管委员会联合起草了《国际审计实务公告第1004号——银行监管机构与注册会计师的关系》。

我国在2001年施行了《独立审计实务公告第7号——商业银行会计报表审计》和《独立审计实务公告第8号——银行间函证程序》，对规范注册会计师执行商业银行财务报表审计起到了很好的作用。但当时尚没有针对注册会计师如何处理与银行监管机构的关系进行规范。为加强注册会计师与银行监管机构之间的相互理解及合作，提高审计工作的有效性，区分各方责任，2006年2月15日中注协拟定了本准则。

（二）本准则2010年修订内容

本准则本次未修订。

（三）本准则2016年修订内容

本准则本次未修订。

（四）本准则2019年修订内容

本准则本次未修订。

（五）本准则学习中注意事项

由于本准则暂不修订，但银行监管环境已发生变化，要根据新准则的变化研究完善监管要求和监管手段。所以，在运用本准则时应注意结合《中国银监会关于印发〈商业银行并表管理与监管指引〉的通知》（银监发〔2014〕54号）来学习。

二、框架结构简介

本准则共6章37条，其框架结构见表1613-1。

三、重点难点解析

（一）概述

注册会计师审计监督和银行监管都是国家金融监管体系的组成部分，其基本目标是高度一致的，即维护银行业的安全稳定和竞争高效，建立及时、准确、真实、有用的信息披露系统，向公众提供公开、全面、实用的信息，保护客户的合法权益，防范金融风险，保证国家金融法规政策的执行，监督国家宏观调控和改革措施的落实，依法维护金融市场公开、公平、有序的竞争秩序。政府审计对任何政府行为都将行使其经济监督职能，这几乎是一种趋势，即使是在市场经济高度发达的美国也是如此。

在不同国家，外部注册会计师在银行业监管中扮演了不同角色，从与监管几乎没有联系到与监管者保持非常紧密的合作。在许多领域，银行监管者与银行外部审计人员的工作是彼此促进的。监管者与外部审计人员之间的关系应基于《银行监管者和银行的外部注册

表1613-1　　框架结构

章	名称	节	条	主要内容
第一章	总则	—	1、2	明确了本准则的制定目的和适用范围
第二章	商业银行治理层和管理层的责任	—	3~9	明确了商业银行治理层和管理层在商业银行经营管理中的责任，以及与商业银行财务报表审计相关的责任
第三章	注册会计师的责任	—	10~22	明确了注册会计师对商业银行财务报表审计的责任，财务报表审计实施的主要程序和遵循的基本原则
第四章	注册会计师与银行监管机构的关系	—	23~29	主要说明注册会计师与银行监管机构共同关心的事项、注册会计师与银行监管机构间的沟通以及注册会计师出具专项报告的有关内容
第五章	协助完成特定监管任务时的补充要求	—	30~36	主要说明注册会计师协助银行监管机构完成特定监管任务时的补充要求，包括另行签订业务约定书、接受委托时需要注意的问题以及注册会计师的保密责任
第六章	附则	—	37	本准则施行时间

会计师之间的关系》这一文件描述的标准。委员会在这份文件中建议，法律应当保证外部注册会计师不因为善意、依法地向监管当局透露信息承担责任。其可能采用法律规定的形式，或采取银行及其管理层、外部注册会计师和监管当局之间达成协议的方式。建立一种合法的渠道使监管当局能够向外部注册会计师披露其关注的信息也很重要，因为这可能有助于外部注册会计师理解监管者关注的问题，并影响其审计工作或其他的报告责任。

银行完善的内部控制必须有效且能够得到独立评价内部控制体系的外部注册会计师的支持。银行监管者要求有效的政策和惯例应得到遵守，管理层要对外部注册会计师发现的内部控制薄弱环节采取恰当的改正措施。监管者、内部审计师和外部注册会计师的合作将提高监管的有效性。

根据我国的现行规定，上市银行的财务报告需同时接受境内、境外会计师事务所审计，他们在审计方面有很多丰富的经验。内部审计在接受其监督的同时，应积极加强与其的交流、合作，学习其先进的审计观念及方法，促进自身的发展。

商业银行是金融体系的主体，其稳健运营关系到金融稳定、经济发展和对社会公众利益的保护。根据《中华人民共和国银行业监督管理法》的规定，国务院银行业监督管理机构负责对全国银行业金融机构及其业务活动的监督管理工作。国务院银行业监督管理机构对经其批准在境外设立的金融机构及其在境外的业务活动实施监督管理。中国银行业监督管理委员会是我国银行监管机构，根据授权，统一监督管理银行、金融资产管理公司、信托投资公司以及其他存款类金融机构，维护银行业的合法、稳健运行。中国银行业监督管理委员会（以下简称“银监会”）自2003年4月28日起正式履行职责。其主要职责包括：制定有关银行业金融机构监管的规章制度和办法；审批银行业金融机构及分支机构的设立、变更、终止及其业务范围；对银行业金融机构实行现场和非现场监管，依法对违法违规行为进行查处；审查银行业金融机构高级管理人员任职资格；负责统一编制全国银行数据、报表，并按照国家有关规定予以公布；会同有关部门提出存款类金融机构紧急风险处置意见和建议；负责国有重点银行业金融机构监事会的日常管理工作；承办国务院交办的其他事项。国务院银行业监督管理机构根据履行职责的需要设立派出机构。国务院银行业监督管理机构对派出机构实行统一领导和管理。国务院银行业监督管理机构的派出机构在国务院银行业监督管理机构的授权范围内，履行监督管理职责。

银行监管机构的监管和注册会计师的审计在维系银行体系的稳健运营方面发挥着重要作用。虽然银行监管机构与注册会计师的目标、工作程序和方法等方面有很大差异，但两者在一定程度上可以相互合作，共同促进商业银行的稳健运营。一方面，银行监管机构可借助注册会计师对商业银行财务报表出具的审计报告，判断商业银行财务报表的可靠程度，并作为监管信息的一个重要来源；另一方面，注册会计师也可以将银行监管机构出具的监管报告作为审计证据，支持对商业银行财务报表发表的审计意见。此外，随着我国银行上市步伐的加快，会计师事务所在银行审计领域中发挥着越来越重要的作用。银行监管机构还可借助注册会计师的专业技能为其履行监管职责提供技术支持。因此，加强双方之间的理解、沟通和合作对履行各自的职责十分重要。

为了明确在商业银行财务报表审计中商业银行治理层、管理层的责任和注册会计师的责任，促进注册会计师与银行监管机构之间的理解与合作，提高审计的有效性，制定本准则。

除了执行商业银行财务报表审计外，注册会计师还可能接受银行监管机构的委托从事某项专项审计业务。因此，本准则适用于注册会计师执行商业银行财务报表审计业务，并适用于接受银行监管机构委托执行专项业务。

注册会计师审计与银行监管均是我国经济监督体系的组成部分。在经济监督体系中，注册会计师审计与银行监管既相互联系又各自独立、各司其职，泾渭分明地在不同领域实施经济监督。它们各有特点，相互不可替代，不存在主导和从属关系。银监会的成立和《银行业监督管理法》的颁布体现了我国深化金融监管体制改革，以防范和化解日益加大的金融风险的决心，是银行监管走向依法监管、专业监管的重要标志。西方国家的经验告诉我们，银行监管是一个复杂的系统工程，仅仅依靠监管当局的力量是难以取得令人满意的监管效果的，必须借助社会力量的监督来提高监管的有效性。其中充分利用注册会计师审计来加强监管已经被许多国家证明是一种行之有效的模式。我国当前的银行监管体系已包括注册会计师审计，随着外资银行的进入以及未来一段时间四大国有银行的股份制改造和整体上市，我国的银行业将进入一个产权多元化的时代，银行所有权和经营权出现明显分离，也会出现所有者和经营者之间的委托-代理问题。银行的所有者出于监督管理的需要，广大存款人出于保护存款安全的需要，监管当局出于维护金融秩序的需要，均要求增加银行机构运作和财务的透明度，准确及时地向社会披露银行的经营状况，通过市场的约束力量来制约和纠正商业银行的行为。这种信息公开化的压力，或者说解决银行内部与外部之间存在的信息不对称的要求，促使“因受托责任的发生而发生，又因受托责任的发展而发展”的注册会计师参与金融监管成为一种必然的制度安排。注册会计师与银行监管机构对许多事项关注的角度可能存在差异，但可以相互补充。

（二）注册会计师与银行监管机构共同关心的事项（见表1613-2）

表1613-2 注册会计师与银行监管机构共同关心的事项

注册会计师	银行监管机构
出具审计报告，应当评价管理层在编制财务报表时采用持续经营假设的合理性	保持系统的稳定性，促进各商业银行安全、稳健运行，以保证存款人的利益，依据财务报表评价商业银行经营状况和业绩，监控其现在和未来的生存能力
评价内部控制，以确定在计划和实施审计工作时对内部控制的信赖程度	商业银行是否存在健全的内部控制，以作为商业银行安全经营和审慎管理的基础
了解并评价与审计相关的内部控制的目的是更好地识别潜在错报的类型、考虑导致重大错报风险的因素、实施风险评估程序，并设计和实施进一步审计程序的性质、时间安排和范围，以将审计风险降至可接受的低水平	保护广大存款人和社会公众的利益，内部控制范围可能更加广泛，而不局限于与财务报表相关，可能涉及商业银行经营的各个环节和各个层次
是否具有充分和可靠的会计记录，以使其编制的财务报表不存在重大错报	是否依据一贯的会计政策，保持充分的会计记录，并按规定定期公布财务报表

（三）注册会计师与银行监管机构间的沟通

银行监管机构通过现场检查和非现场检查对商业银行的经营管理活动进行监管。银行监管机构的非现场监管包括审查商业银行定期提交的财务报告及其他报告。本准则第二十四条规定，如果银行监管机构在监管活动中使用已审计财务报表，注册会计师应当考虑以适当的方式提请商业银行管理层说明下列事项：

（1）商业银行编制财务报表的首要目的并非满足监管的需要；

（2）注册会计师依据审计准则实施审计工作旨在对财务报表整体不存在重大错报获取合理保证；

（3）商业银行在编制财务报表时，按照会计准则和相关会计制度的规定，需要在判断的基础上选择并运用会计政策；

（4）财务报表中包含的信息建立在管理层判断和估计的基础上；

（5）商业银行的财务状况可能受财务报表期后事项的影响；

（6）银行监管机构与注册会计师评价和测试内部控制的目的可能不同，银行监管机构不应假定注册会计师为审计目标而作出的有关内部控制的评价能够充分满足监管目的；

（7）注册会计师考虑的内部控制和会计政策可能不同于商业银行为银行监管机构提供信息时依据的内部控制和会计政策。

商业银行管理层就上述事项向银行监管机构作出的说明，一方面，有助于银行监管机构合理利用已审计财务报表，正确理解已审计财务报表的内容，充分考虑已审计财务报表的局限性。另一方面，也在一定程度上降低了注册会计师的执业风险。

注册会计师对在执行商业银行财务报表审计时知悉的商业银行的情况，负有保密的责任。在与银行监管机构沟通时，注册会计师与商业银行正常的业务关系应当受到保护。为避免误解，基于履行保密责任的需要，注册会计师与银行监管机构进行必要联系时，通常需要事先告知商业银行管理层或请其到场，以便管理层了解注册会计师与银行监管机构沟通的内容。

此外，如果需要沟通的事项涉及商业银行违反法规行为、治理层或管理层重大舞弊等事项，注册会计师应当考虑征询法律意见，以及时采取适当措施。

注册会计师与银行监管机构间的沟通具体情况见表1613-3。

表1613-3 注册会计师与银行监管机构间的沟通具体情况

监管情形	事项	注册会计师的沟通
出具了监管报告	注册会计师了解商业银行及其环境	通常会要求商业银行提供监管报告
没有出具监管报告		（1）通常会与管理层或治理层沟通有关情况。 （2）或者利用与银行监管机构沟通的机会与之沟通有关监管检查的情况
需要银行监管机构采取紧急措施	（1）显示商业银行未能满足某项银行许可要求的信息。 （2）商业银行决策机构内部发生严重冲突或关键职能部门经理突然离职。 （3）显示商业银行可能严重违反法律法规、银行章程、规章或行业规范的信息。 （4）注册会计师拟辞聘或被解聘。 （5）银行经营风险的重大不利变化及影响未来经营的潜在风险	（1）如果法律法规要求直接与银行监管机构沟通，注册会计师应当及时就这些事项与银行监管机构沟通。 （2）如果法律法规没有要求直接与银行监管机构沟通，注册会计师应当提请管理层或治理层与银行监管机构沟通。 （3）如果管理层或治理层没有及时与银行监管机构沟通，注册会计师应当征询法律意见，考虑是否有必要直接与银行监管机构沟通。 （4）在5个事项中，对于第（1）项和第（3）项，提请银行监管机构注意是因为商业银行明显违背了法律法规或规章制度，包括银行监管机构制定的行业标准；对于第（2）项和第（5）项，是因为这些情况有可能影响商业银行未来的正常经营；对于第（4）项，是提请银行监管机构关注更换注册会计师可能造成的影响以及更换的理由是否正当

（四）专项报告及补充要求

注册会计师可以根据银行监管机构的委托，就商业银行的下列事项出具专项报告，以协助银行监管机构履行监管职能：

（1）是否满足许可条件；

（2）保持会计记录和其他记录的信息系统是否适当，内部控制是否有效；

（3）为银行监管机构编制的报告所使用的方法是否适当，这些报告中包含的诸如资产负债率及其他审慎指标的信息是否准确；

（4）是否根据银行监管机构规定的标准建立恰当的组织机构；

（5）是否遵守相关法律法规；

（6）是否采用恰当的会计政策。

必须注意的是，对于专项业务委托，注册会计师需要与银行监管机构或商业银行充分讨论有关业务范围、报告目标等问题，在出具专项报告时，还应当考虑协助完成特定监管任务时的补充要求（见表1613-4）。

表1613-4　　考虑协助完成特定监管任务时的补充要求

补充要求	具体内容
另行签订业务约定书	参照《中国注册会计师审计准则第1111号——就审计业务约定条款达成一致意见》
注册会计师不承担任何监管责任	向银行监管机构提供完整、准确的信息是商业银行管理层的责任，注册会计师的责任是就该信息或特定程序的实施出具报告。注册会计师不承担任何监管责任，而是通过提供报告使银行监管机构更有效地对商业银行的状况作出判断
接受委托时应注意的事项	(1) 保护注册会计师与商业银行的正常关系。 (2) 考虑是否产生利益冲突。利益冲突可能包括但不限于以下情形：注册会计师执行商业银行财务报表审计业务；注册会计师执行该商业银行竞争对手的财务报表审计业务。 (3) 在接受银行监管机构的任务前，注册会计师应当考虑是否产生利益冲突。如果产生利益冲突，注册会计师应在工作开始前予以解决，解决方法通常是获得商业银行管理层的批准
提请银行监管机构明确监管要求	(1) 提请银行监管机构以书面形式对监管要求作出详细、清楚的说明，并尽量详细描述对银行经营状况的评价标准，以便对商业银行是否符合监管要求出具报告。 (2) 应当与银行监管机构就重要性及其运用达成一致的理解
强化职业道德	(1) 应当考虑是否具有必要的素质和专业胜任能力。 (2) 注册会计师的保密责任

第八节　财务报表审计中对环境事项的考虑（第1631号）

一、概述

（一）本准则制定与修订背景

人类社会不断发展带来社会物质和精神文明前所未有的丰富与繁荣。与此同时，也带来了日益严重的环境破坏，危及可持续发展。有鉴于此，20世纪60年代有识之士发出保护环境的强烈呼吁，一些国家和世界组织开始寻求对策并采取行动。联合国在三十年中召开了三次全球环境保护会议并组织许多国家签订共同协议，对整治环境危害取得重要成效。

本准则是在借鉴《国际审计实务公告第1010号——财务报表审计中对环境事项的考虑》的基础上起草的。

《国际审计实务公告第1010号——财务报表审计中对环境事项的考虑》第四十五条规定，注册会计师考虑环境事项时，可利用环境审计的工作，我国目前所进行的环境审计，主要由政府审计部门进行，审计的内容也主要限于与财政拨款相关的环境资金的投入和支出方面，且政府审计报告并非全部对社会公开，因此，注册会计师很难取得环境审计报告，并且对由政府审计部门进行的环境审计工作进行评价较为困难，尤其是对环境审计人员的专业胜任能力、职业谨慎态度等的评价。

近年来，我国经济在持续快速发展的同时，环境与发展的矛盾也日益突出。由于环境治理滞后于经济发展，产业结构不合理，能源资源消耗比较高等问题，环境保护已成为我国社会经济发展中的一个薄弱环节。企业作为社会经济活动的主体，如果片面追求短期经济利益而忽视对环境的保护，将对社会稳定、经济持续发展产生不可估量的影响。例如，2005年11月13日，中国石油天然气股份有限公司吉林石化分公司双苯厂发生爆炸，造成了我国多年来最为严重的松花江水体污染。随着社会公众环境保护意识的提高和政府环境保护法规的日趋完善，环境事项对企业生产经营的影响越来越重要。如果企业在生产经营活动中破坏了环境，将发生巨大的费用，承受巨大的负债和或有负债，对财务状况和经营成果产生严重影响，甚至终止经营或破产清算。注册会计师在对企业财务报表进行审计时，如果未对影响财务报表的重大环境事项加以适当考虑，可能将承担巨大的审计风险。鉴于环境事项对企业经营活动非常重要，同时对财务报表产生巨大影响，注册会计师在审计时需要加以考虑。因此，2006年2月15日中注协拟定了本准则。

本准则规范了注册会计师在了解被审计单位及其环境并评估重大错报风险时，针对环境事项应采取的程序，以及针对评估的因环境事项导致的重大错报风险实施的程序。

（二）本准则2010年修订内容

本准则本次未修订。

（三）本准则2016年修订内容

本准则本次未修订。

（四）本准则2019年修订内容

本准则本次未修订。

（五）本准则学习中注意事项

虽然本准则暂不修订，但从未来趋势看，我国是最大的发展中国家，人口众多、资源不足、生态环境脆弱，正处于工业化、城镇化快速发展的历史阶段，随着经济总量不断扩大和人口继续增加，污染物产生量还会增多，保护环境的压力进一步加大。面对严峻的环境形势和艰巨的环保任务，注册会计师应积极参与并大力推进生态文明建设，为探索出一条代价小、效益好、排放低、可持续的环境优化经济发展的中国环境保护新道路提出有益的建议。因此，在运用本准则时应注意结合中国环境保护的特点和明晰化后的各项审计准则来学习。

二、框架结构简介

本准则共5章40条，其框架结构见表1631-1。

三、重点难点解析

（一）相关专业术语

目前，我国尚未就环境事项的确认、列报和披露出台专门的会计准则，企业在财务报表附注中就环境事项披露程度和方式亦无统一的规范，然而，现有的其他会计准则的一般规定也可以适用于对环境事项的确认、计量和列报，如《企业会计准则——基本准则》

表1631-1 框架结构

章	名称	节	条	主要内容
第一章	总则	—	1~7	主要说明本准则的制定目的和适用范围、环境事项的含义、影响财务报表的环境事项、被审计单位管理层的责任和注册会计师的责任
第二章	实施风险评估程序时对环境事项的考虑	1~4	8~25	主要说明注册会计师在实施风险评估程序时应当了解环境保护要求和问题、与环境事项相关的内部控制和法律法规及其遵守情况，并利用风险评估程序收集的信息，识别和评估由于环境事项导致的财务报表层次和各类交易、账户余额、列报认定层次的重大错报风险
第三章	针对评估的重大错报风险实施审计程序时对环境事项的考虑	—	26~37	主要说明注册会计师针对评估的由环境事项导致的重大错报风险，如何确定总体应对措施，并设计和实施进一步审计程序
第四章	出具审计报告时对环境事项的考虑	—	38、39	主要说明注册会计师应当如何根据不同情形就环境事项的审计结果出具审计报告
第五章	附则	—	40	本准则施行时间

《企业会计准则第13号——或有事项》中对负债、预计负债以及或有负债的定义，确认条件和披露要求均适用于对环境事项的确认、计量和列报。

关于上市公司就环境事项的披露，可以参阅中国证券监督管理委员会发布的相关信息披露规定。

根据国家环保总局统计资料显示，我国的环境管理体系认证工作起步于1996年。目前已有15家认证机构得到了中国环境管理体系认证机构认可委员会的认可，共认证企业263家，其中，高端电子及通信设备制造业的认证数量最多，占认证总数的71%，机械行业占7%，其他行业如化学原料及化学品、非金属制品、煤炭、社会福利等行业所占比例均在5%以下，且认证企业多集中在经济较为发达的沿海地区。

以上数据表明，我国企业对于环境保护的理念仍较为薄弱，未将可持续性环境管理的理念纳入企业总体的战略规划中，环境管理大都是由零星的、旨在控制和防止污染的项目构成。对于环境事项，大多数企业并未建立相应的内部控制。上述现状，对于注册会计师了解被审计单位及其环境并评估因环境事项可能产生的财务报表重大错报风险带来较大难度。

截至目前，虽然我国已经制定了六部环境保护法律、十三部与环境相关的资源保护法律，以及其他环境标准，基本建立了环境保护法律监督体系。但在实际执行中，并未得到很好的贯彻执行，有法不依、执法不严、违法不究的情况屡有发生，个别地方出于地方保护主义，对企业违反环保法律、法规，造成严重环境后果的行为听之任之。上述情况造成注册会计师关注环境事项时难度较大。

一方面，由于受到环境事项影响的财务报表项目与环境知识、环境法规有密切的联系，要求注册会计师应对环境知识和环境法规有一定的了解。虽然注册会计师可以利用专家的工作，但仍应对利用专家工作的结果负责。另一方面，由于与环境事项相关的报表项目往往涉及会计估计和非常规交易，通常被评估为重大风险，因此，对注册会计师的专业胜任能力和经验的要求都很高，审计风险较大。

随着社会公众环境保护意识的提高和环境保护法规的日趋完善，环境事项对企业生产经营的影响越来越重大，对企业污染防治的要求已经成为我国环境保护工作的重点，作为主要污染者的企业对此承担的责任日益加大。

在本准则中，为了理解与行文的方便，准则针对"环境事项"给出了明确的定义，以避免与《中国注册会计师审计准则第1211号——通过了解被审计单位及其环境识别和评估重大错报风险》中所提及的"环境""控制环境"等概念混淆，并将本准则第二章标题定为"实施风险评估程序时对环境事项的考虑"。由于《国际审计实务公告第1010号——财务报表审计中对环境事项的考虑》涉及的《国际审计实务公告第310号——了解被审计单位情况》《国际审计准则第400号——风险评估与内部控制》已被废止，相应地，本准则也删除了相关内容。为了保证本准则的完整性，本准则借鉴《中国注册会计师审计准则第1211号——通过了解被审计单位及其环境识别和评估重大错报风险》。

鉴于环境事项对企业经营活动非常重要，同时对财务报表可能产生重大影响，注册会计师在审计时需要加以考虑，制定本准则的目的，就是用以规范注册会计师在财务报表审计中对被审计单位环境事项的考虑。如果注册会计师接受委托，执行与环境事项相关的特殊目的审计业务或其他鉴证业务，应当按照《中国注册会计师审计准则第1601号——对按照特殊目的编制基础编制的财务报表审计的特殊考虑》《中国注册会计师其他鉴证业务准则第3101号——历史财务信息审计或审阅以外的鉴证业务》的要求执行，如果其中涉及利用环境专家的工作、研究评价与环境事项相关的内部控制等，可以参照本准则。

对具体审计业务而言，注册会计师拥有的环境事项知识程度通常不如管理层或环境专家。但注册会计师应当具备足够的环境事项知识，以识别和了解与环境事项相关的，可能对财务报表及其审计产生重大影响的交易、事项和惯例。

相关专业术语见表1631-2。

表1631-2 相关专业术语

术语	含义
环境事项	（1）被审计单位按照有关环境保护的法律法规（以下简称环境法律法规）或合同要求，或自愿为预防、减轻或弥补对环境造成的破坏，或为保护可再生资源和不可再生资源而采取的措施； （2）因违反环境法律法规可能导致的后果； （3）环境的破坏对他人或自然资源造成的后果； （4）法律法规规定的代偿责任，包括由原使用者（或所有者）造成的环境破坏引起的责任
义务事项	指形成法定义务或推定义务的事项，这些法定义务或推定义务使主体别无其他现实的选择，只能履行义务
法定义务	指因以下任意一项而产生的义务： （1）合同（通过其明确的或隐含的条款）； （2）法规； （3）其他司法解释

续表

术语	含义
推定义务	指因主体的行为而产生的义务，需要同时满足下列要求： (1) 由于以往实务中的习惯做法、公开的政策或相当明确的当前声明，主体已向其他各方表明它将承担特定的责任； (2) 从结果看，主体使其他各方形成了对主体将履行特定责任的合理预期
环境质量标准	即在一定时间和空间内，对各种环境介质（大气、水、土壤等）中，有害物质所规定的允许含量与要求。它是确认环境是否已被污染的依据
污染物排放标准	是为实现环境质量标准，根据经济和环境条件，对排出的污染物或有害因素所作的控制规定。它是确认排污行为是否合法的依据
环境基础标准	是对制定环境标准的有关名称、符号、原则、应用指南等作出的统一规定，是制定其他环境标准的基础
环境方法标准	它是为环境保护工作中的试验、分析、抽样、统计、计算方法等而制定的标准，是环境纠纷中确认各方面所出示的证据是否合法的依据
环境样品标准	是用来标定仪器、验证测量方法具有确定性能的物质所制定的标准，它是实现其他标准的基本物质条件

（二）环境法律法规

我国现已颁布了多部环境保护法律，多部与环境相关的资源保护法律以及多项环境标准，基本形成了我国环境保护的法律监督体系。相关环境法律法规见表1631-3。

表1631-3　　相关环境法律法规

名称	内容
宪法	即宪法中有关环境保护的规范。我国宪法第九条第二款、第十条第五款、第二十二条第二款和第二十六条，均对保护环境、防治污染作出了规定
法律	即由全国人大以及全国人大常委会制定的有关环境保护的规范性文件。包括《环境保护法》《森林法》《渔业法》《水法》《矿产资源法》《水污染防治法》《大气污染防治法》等
行政法规和规章	行政法规是由国务院制定或颁布的调整环境关系的规范性文件，如《水土保持工作条例》《森林法实施细则》《噪声污染防治条例》等。行政规章是由国务院下属主管部门制定或颁布的规范性文件，如《环境保护标准管理办法》《水污染物排放许可证管理办法》《土地复垦规定》等
地方性环境法规和规章	即由县以上地方人民代表大会、人民政府制定或颁布的有关环境方面的规范性文件
国际公约中的环境保护规范	我国先后加入了一批保护资源和环境的一般性国际公约、协定和议定书。主要有《国际捕鲸公约》《联合国海洋公约》《生物多样性公约》《气候变化框架公约》《保护臭氧层维也纳公约》《国际热带木材协定》等。这是衡量和评价我国在环境保护方面，履行国际公约和议定书情况的依据

（三）影响财务报表的环境事项

影响财务报表的环境事项见表1631-4。

表1631-4　　影响财务报表的环境事项

项目	示例
因环境法律法规的实施导致资产减值，需要计提资产减值准备	被审计单位从事化工农药生产，其生产过程中产生的工业废水直接排入河流，从而造成水体污染。管理层知悉国家近期发布了一项新的工业废水排放标准，对于达不到该排放标准的生产线，国家将强制予以关闭。由于技术原因无法对原有生产线进行改造，因而管理层决定购置新的生产设备，同时对原有生产线全额计提资产减值准备
因没有遵守环境法律法规，需要计提补救、赔偿或诉讼费用，或支付罚款等	由于没有遵守环境法律法规，超过国家规定的标准排放工业废水，致使沿江水域发生严重污染，被审计单位被当地环保部门处以罚款，并向沿江渔民和渔业养殖户赔偿经济损失
某些被审计单位，如石油、天然气开采企业，化工厂或废弃物管理公司，因其核心业务而随之带来的环境保护义务	根据国家环境法律法规的要求，被审计单位因其核心业务应承担环境保护义务，例如，核电站应对核废料的处置承担环境保护义务，确认应计入固定资产原价的弃置费用和相应的预计负债
被审计单位自愿承担的环境保护推定义务	石油工业企业已经造成了对土地的污染，而其所在经营地区尚无环境方面的立法。但是，企业已广泛公开地声明其将对造成的环境污染进行整治
被审计单位需要在财务报表附注中披露的与环境事项相关的或有负债	从事石油化工业务，由于在资产负债表日无法预知环境可能受到污染的程度以及实施整治的时间和范围，因此管理层没有估计这些将来可能发生的费用数额并确认预计负债。但基于未来的环保法规可能引致的环保方面的负债，被审计单位在财务报表附注中披露了该项或有负债形成的原因、经济利益流出不确定性的事实以及无法预计产生的财务影响的原因
在特殊情况下，违反环境法律法规可能对被审计单位的持续经营产生影响，并由此影响财务报表的编制基础	因违反环境法律法规而被当地政府处以较大金额的罚款，并被责令停产。由于被审计单位在资产负债表日仍没有恢复生产，虽然公司已经披露了拟采取的改善措施，但注册会计师仍认为其持续经营能力存在重大不确定性

必须指出，不是所有环境事项都会影响财务报表，注册会计师应当考虑可能导致财务报表重大错报风险的环境事项。

（四）管理层的责任和注册会计师的责任（见表1631-5）

表1631-5　　管理层的责任和注册会计师的责任

管理层的责任	注册会计师的责任
(1) 对环境事项的恰当确认、计量和列报(包括披露，下同)； (2) 设计和执行内部控制，以有序、有效地开展业务活动（包括环境方面的活动）； (3) 保证经营活动符合环境法律法规要求，防止或发现并纠正违反环境法律法规行为	(1) 应当考虑可能导致财务报表重大错报风险的环境事项； (2) 注册会计师对财务报表的审计，并非专为发现被审计单位可能违反环境法律法规的行为，所实施的审计程序也不足以就被审计单位环境法律法规的遵守情况，或与环境事项相关的内部控制的有效性得出结论

（五）实施风险评估程序时对环境事项的考虑（见表1631-6）

表1631-6　　实施风险评估程序时对环境事项的考虑

项目	内容
了解环境保护要求和问题	(1) 所处行业存在的重大环境风险，包括已有的和潜在的风险； (2) 所处行业通常面临的环境保护问题； (3) 适用于被审计单位的环境法律法规； (4) 被审计单位的产品或生产过程中使用的原材料、技术、工艺及设备等是否属于法律法规强制要求淘汰或行业自愿淘汰之列； (5) 监管机构采取的行动或发布的报告是否对被审计单位及其财务报表可能产生重大影响； (6) 被审计单位为预防、减轻或弥补对环境造成的破坏，或为保护可再生资源和不可再生资源拟采取的措施； (7) 被审计单位因环境事项遭受处罚和诉讼的记录及原因； (8) 是否存在与遵守环境法律法规相关的未决诉讼； (9) 所投保险是否涵盖环境风险
关注存在重大环境风险的特殊行业	某些行业因性质特殊存在重大环境风险，如石油天然气、化工、制药、冶金、采矿、造纸、制革、印染和公用事业等行业，注册会计师应当特别关注被审计单位存在因环境事项导致负债和或有负债的可能性
了解内部控制	(1) 控制环境； (2) 风险评估过程； (3) 信息系统与沟通； (4) 控制活动； (5) 对控制的监督
考虑与环境事项相关的法律法规	注册会计师应当按照《中国注册会计师审计准则第1142号——财务报表审计中对法律法规的考虑》的规定，保持职业怀疑态度，充分考虑可能导致财务报表发生重大错报的违反环境法律法规行为
评估重大错报风险	(1) 注册会计师应当重点关注下列与财务报表层次相关的环境风险：①遵守环境法律法规或执行合同的成本；②违反环境法律法规的风险；③顾客对环境事项的具体要求以及对被审计单位环境保护行为作出的反应可能产生的影响。 (2) 注册会计师应当重点关注下列与各类交易、账户余额、列报认定层次相关的环境风险：①账户余额依据与环境事项相关的会计估计的复杂程度；②账户余额受与环境事项相关的异常或非常规交易的影响程度

（六）针对评估的重大错报风险实施审计程序时对环境事项的考虑

注册会计师应当针对评估的环境事项导致的财务报表层次重大错报风险确定总体应对措施，并针对评估的环境事项导致的认定层次重大错报风险设计和实施进一步审计程序。针对评估的重大错报风险实施审计程序时对环境事项的考虑见表1631-7。

表1631-7　　针对评估的重大错报风险实施审计程序时对环境事项的考虑

实质性程序	职业判断	需要特别关注的情形
（1）询问管理层和负责环境事项的关键管理人员，包括询问被审计单位商业保险是否涵盖环境事项； （2）检查与环境事项相关的文件或记录； （3）利用环境专家的工作； （4）利用环境审计的工作； （5）利用内部审计的工作； （6）执行分析程序； （7）检查与环境事项相关的财务报表项目； （8）检查被审计单位因环境事项作出的会计估计； （9）检查财务报表列报的适当性； （10）获取管理层关于环境事项的书面声明	（1）环境问题从发生到被识别通常经历较长的时间； （2）由于会计估计建立在假设的基础上，假设的数量和性质可能导致会计估计不存在既定的模式，或会计估计在很大的区间内似乎都是合理的； （3）环境法律法规不断变化，对其解释可能面临困难或不明确； （4）除法定义务或合同义务引起的负债外，还可能存在其他情况产生的负债	（1）环境专家或内部审计人员出具的报告中显示有重大环境问题； （2）被审计单位与监管机构的往来函件或监管机构发布的报告中提及存在违反环境法律法规行为； （3）在生态环境恢复的公开记录或规划中列有被审计单位的名称； （4）媒体评论涉及被审计单位的重大环境问题； （5）律师函中对环境事项的评价意见； （6）有证据表明被审计单位购买与环境事项相关的商品或服务，相对于常规业务活动而言属于异常交易； （7）因违反环境法律法规导致诉讼费用、环境咨询费用或罚金增加或异常

（七）环境事项审计结果对审计报告的影响

注册会计师在判断不确定事项对审计报告的影响时，应当重点考虑管理层对不确定事项的评价及披露程度。如果认为环境事项对财务报表的影响具有重大不确定性或相关披露不充分，或根据职业判断认为环境事项可能导致持续经营假设不再合理，注册会计师应当按照《中国注册会计师审计准则第1502号——在审计报告中发表非无保留意见》和《中国注册会计师审计准则第1324号——持续经营》的规定，出具恰当的审计报告。

管理层对不确定性的评估及其在财务报表中披露的充分程度是确定其对审计报告影响的关键因素，注册会计师可以得出因环境事项导致的重大不确定性或未适当披露的结论，甚至可能存在持续经营假设不再合理的情况。具体影响见表1631-8。

必须注意的是，《中国注册会计师审计准则第1521号——注册会计师对其他信息的责任》要求注册会计师阅读其他信息，以识别其他信息与已审计财务报表存在的重大不一致。注册会计师应当阅读含有已审计财务报表的文件中的其他信息所涉及的环境事项，以识别其是否与已审计财务报表存在重大不一致。例如，管理层在其变更募集资金使用用途的公告中披露，由于现有生产设备排污标准达不到国家规定的环保要求，计划变更募集资金用途，购置新型的机器设备，该项变更已经股东大会批准并于近期内实施，而在已审计

表1631-8　　环境事项审计结果对审计报告的影响

情形	影响
因环境事项导致的重大不确定性（已在财务报表附注中进行了充分披露）	应当考虑增加强调事项段
未充分披露环境事项对财务报表的影响	应当出具保留意见审计报告
持续经营假设不再合理（已作出充分披露）	应当出具无保留意见+强调事项段的审计报告
运用的持续经营假设是适当的（未披露或是披露不充分）	应当出具保留意见或否定意见的审计报告
因环境事项导致被审计单位将不能持续经营，财务报表仍按持续经营假设编制	应当出具否定意见的审计报告

财务报表中，管理层并未对现有设备可能出现的减值作出估计，注册会计师通过阅读该信息，应考虑以前获取的审计证据是否适当，并确认企业是否需要提请被审计单位修改已审计财务报表。

【应用分析1631-1】某从事化工行业的被审计单位对环境造成了污染，按照以前年度的法律法规，被审计单位只需要对污染进行清理，而随着国家对环境保护越来越重视，按照现行法律法规，该被审计单位不但需要对污染进行清理，还可能需要对受此影响的居民进行赔偿，此时管理层在作出会计估计时还需要考虑相关赔偿义务的影响。

注册会计师在考虑管理层作出会计估计变更的原因和依据时，应当判断管理层是否存在滥用会计估计变更的情况，如管理层未严格区分会计估计变更、会计政策变更和前期差错更正，试图通过滥用会计估计变更调节利润。

第九节　衍生金融工具的审计（第1632号）

一、概述

（一）本准则制定与修订背景

2006年，财政部发布了《企业会计准则第22号——金融工具确认和计量》、《企业会计准则第23号——金融资产转移》和《企业会计准则第24号——套期保值》等金融工具相关会计准则。

2008年国际金融危机发生后，金融工具会计问题凸显，国际会计准则理事会对金融工具国际财务报告准则进行了较大幅度的修订，并于2014年7月发布了《国际财务报告准则第9号——金融工具》，拟于2018年1月1日起生效。

按照《中国企业会计准则与国际财务报告准则持续趋同路线图》（财会〔2010〕10号）的要求，我国借鉴《国际财务报告准则第9号——金融工具》并结合我国实际情况和需要，修订了金融工具相关会计准则。

为切实解决我国企业相关会计实务问题、实现我国企业会计准则与国际财务报告准则的持续全面趋同，财政部于2017年4月至5月先后发布了修订完成的四项金融工具相关准则:《企业会计准则第22号——金融工具确认和计量（修订）》（财会〔2017〕7号)、《企业会计准则第23号——金融资产转移（修订）》（财会〔2017〕8号)、《企业会计准则第24号——套期会计（修订）》（财会〔2017〕9号）和《企业会计准则第37号——金融工具列报（修订）》（财会〔2017〕14号)。四项金融工具相关准则的生效日期均为：在境内外同时上市的企业以及在境外上市并采用国际财务报告准则或企业会计准则编制财务报告的企业，自2018年1月1日起施行；其他境内上市企业自2019年1月1日起施行；执行企业会计准则的非上市企业自2021年1月1日起施行。同时，鼓励企业提前执行。

随着全球经济一体化和金融创新的快速发展，衍生金融工具种类越来越多，除了标准的衍生金融工具外，场外的非标准化衍生金融工具合约可以就时间、金额、杠杆比率、价格、风险级别等参数进行设计，以满足客户充分保值避险的需要，其创新具有很高的灵活性；同时衍生金融工具构造的复杂性以及运作的高杠杆性，给衍生金融工具的审计带来了巨大的挑战，具有较高的审计风险。但是，在审计过程中，审计人员常常对衍生金融工具审计所面临的风险认识不足，存在审计程序不到位的问题。

本准则适用于注册会计师在财务报表审计中，对被审计单位作为最终使用者持有的衍生金融工具的审计。注册会计师在执行本准则过程中应当结合其他相关审计准则综合考虑，并充分利用审计工作其他方面的成果。

（二）本准则2010年修订内容

本准则本次未修订。

（三）本准则2016年修订内容

本准则本次未修订。

（四）本准则2019年修订内容

本准则本次未修订。

（五）本准则学习中注意事项

由于本准则暂不修订，但历经长时间研究酝酿之后，全面趋同国际会计准则IFRS 9的中国会计准则（China Accounting Standards，CAS）新金融工具会计准则系列《企业会计准则第22号——金融工具确认和计量》、《企业会计准则第23号——金融资产转移》和《企业会计准则第24号——套期会计》，终于在2017年4月7日由财政部正式发布。应当结合新会计准则来学习。

另外要结合福建省注册会计师协会2016年12月27日发布的《审计案例分析第14号——衍生金融工具审计》来学习。

二、框架结构简介

本准则共12章66条，其框架结构见表1632-1。

三、重点难点解析

本次金融工具相关会计准则的修订，涉及内容较多，主要包括以下几个方面：

（1）金融资产分类由现行“四分类”改为“三分类”；

（2）金融资产减值会计由“已发生损失法”改为“预期损失法”；

（3）套期会计更加如实地反映企业的风险管理活动；

表1632-1　　　　　　框架结构

章	名称	节	条	主要内容
第一章	总则	—	1~3	明确了本准则的制定目的、适用范围和最终使用者的含义
第二章	衍生金融工具及活动	—	4~7	主要说明衍生金融工具的含义、品种和类别、被审计单位从事衍生活动的主要目的以及衍生金融工具的主要风险特征等内容
第三章	管理层和治理层的责任	—	8~10	主要说明在针对与衍生金融工具相关的财务报表认定设计和实施审计程序时，被审计单位管理层和治理层承担的责任
第四章	注册会计师的责任	—	11~14	主要说明在针对与衍生金融工具相关的财务报表认定设计和实施审计程序时，注册会计师应当承担的责任
第五章	了解可能影响衍生活动及其审计的因素	—	15~23	主要说明注册会计师应当了解的可能影响衍生活动及其审计的因素
第六章	了解内部控制	1~4	24~40	主要说明注册会计师如何从控制环境、控制活动、内部审计和服务机构等四个方面了解可能影响衍生活动及其审计的主要因素
第七章	控制测试	—	41~44	主要说明在针对与衍生金融工具相关的财务报表认定实施审计程序时，注册会计师如何在评估重大错报风险的基础上实施控制测试
第八章	实质性程序	1~6	45~59	主要说明注册会计师如何在评估与衍生金融工具相关的重大错报风险的基础上，实施实质性程序
第九章	对套期活动的额外考虑	—	60、61	主要说明注册会计师在针对与衍生金融工具相关的财务报表认定实施审计程序时，如何对套期活动进行额外考虑
第十章	管理层声明	—	62、63	主要说明被审计单位管理层关于衍生金融工具声明的主要内容
第十一章	与管理层和治理层的沟通	—	64、65	主要说明注册会计师如何就与衍生金融工具审计相关的事项与被审计单位管理层和治理层进行沟通
第十二章	附则	—	66	明确了本准则施行日期

（4）简化嵌入衍生工具的会计处理；

（5）调整非交易性权益工具投资的会计处理；

（6）进一步明确金融资产转移的判断原则及其会计处理；

（7）增加套期会计中期权时间价值的会计处理方法；

（8）增加套期会计中信用风险敞口的公允价值选择权。

（一）衍生金融工具的特点

金融衍生工具又称金融衍生产品，是与基础金融产品相对应的一个概念，指建立在基础产品或基础变量之上，其价格取决于基础金融产品价格（或数值）变动的派生金融产品。所谓衍生金融工具，是指同时具备下列特征，并形成一个单位的金融资产及其他单位的金融负债或权益工具的合同：

（1）其价值随特定利率、金融工具价格、商品价格、汇率、价格指数、费率指数、信用等级、信用指数或其他类似变量的变动而变动；变量为非金融变量的，该变量与合同的任何一方不存在特定关系。

（2）不要求初始净投资，或与对市场情况变化有类似反应的其他类型合同相比，要求很少的初始净投资。

（3）在未来某一日期结算。

衍生金融工具包括金融远期合同、金融期货合同、金融互换或期权，以及具有金融远期合同、金融期货合同、金融互换和期权中一种或一种以上特征的工具。

衍生金融工具属于衍生工具（Derivatives）的一种。衍生工具还包括某些同时满足上述三个特征的合同。这些合同一般称为衍生商品工具（Derivative Commodity Instruments），主要包括商品期货（Commodity Futures）、商品远期（Commodity Forwards）和商品互换（Commodity Swaps）以及商品期权（Commodity Options）等。

衍生金融工具，是以货币、债券、股票等基本金融工具为基础而创新出来的金融工具，它以另一些金融工具的存在为前提，以这些金融工具为买卖对象，价格也由这些金融工具决定。具体而言，衍生金融工具包括远期、期货、互换或期权合约，以及具有相似特征的其他金融工具。衍生金融工具具有以下几个特点：

1.高风险性

衍生金融工具本身是为规避金融价格波动风险而产生的，运作得当的衍生金融工具可以降低基础工具的风险。但衍生金融工具也存在风险，巴塞尔银行监管委员会在《衍生金融工具管理指南》中指出，衍生金融工具具有信贷风险、市场风险、流动性风险、操作风险和法律风险。更重要的是，衍生金融工具具有以小博大的杠杆性，交易时只需交付少量保证金即可签订大额合约或互换不同的金融工具，一旦运作不当，便可能给企业带来巨大损失。

2.衍生金融工具的时态性是未来的

衍生金融工具是交易双方通过对利率、汇率、股价等因素变动趋势的预测，约定在未来某一时间按一定条件进行交易或选择是否交易的合约。与传统的即期交易相比，衍生金融工具交易均为将要在未来某个时间完成的交易，即其时间属性是未来的。从合约的签订到履行，金融工具的价格将可能发生剧烈的变动。

3.表外反映性

与传统金融工具相比，有些衍生金融工具不符合传统会计确认和计量的标准，因此在现行的财务报表中无法反映，只能作为表外项目列示，这就给审计带来了一定的难度。此外，衍生金融工具还具有高度技术性、复杂性等特点，这些决定了衍生金融工具审计与一般财务报表审计相比具有一定的特殊性，同时也加大了审计的风险。

（二）相关专业术语（见表1632-2）

表1632-2 相关专业术语

术语	含义
最终使用者	是指为了达到套期、资产负债管理或投机目的，通过交易所或经纪商进行金融交易的单位。最终使用者可以是工商企业、政府机构、机构投资者和包括商业银行在内的各类金融机构以及其他机构。除金融机构外，非金融企业也是衍生市场的重要参与者，因为衍生活动往往与生产经营息息相关。强调最终使用者的意义在于：与衍生金融工具发行和交易相关的会计系统和内部控制问题，可能不同于与衍生金融工具使用相关的会计系统和内部控制问题
名义金额（Notional Amounts）	衍生金融工具通常具有固定或者可确定的名义金额。名义金额通常与一定数量的货币、股份、蒲式耳、磅或其他单位挂钩。衍生金融工具的结算取决于名义金额和标的
支付条款（Payment Provisions）	当标的以特定方式变化时支付固定或可确定的金额
金融远期合同	是指双方为了购买和销售特定数量的金融工具，以合同签订时商定的特定价格在未来特定日期交割和结算的合同。金融远期合同一般包括远期外汇合同和远期利率合同
金融期货合同	是指在交易所交易的、约定在未来特定日期或期间按照特定的价格或收益率（Yield）买卖或交付特定金融工具的合同。根据标的不同，金融期货合同可以划分为利率期货、外汇期货和股票指数期货等
金融互换	是指双方同意在未来一段期间交换现金流的合同
看涨期权或买入期权（Call Option）	看涨期权的持有者有权在某一确定日期或期间以确定的价格购买标的资产
看跌期权或卖出期权（Put Option）	看跌期权的持有者有权在某一确定日期或期间以确定的价格卖出标的资产
套期者（Hedger）	其根本目标在于通过管理当前或预期的、与经营和财务状况相关的风险来降低损失风险和未来结果的波动性
投机者（Speculator）	与套期者从事衍生交易的目的不同，投机者主动利用资产、负债或未来交易等公允价值或现金流量的变动，并通过建立衍生金融工具多头或空头在预期市场变化中追逐利润
套利者（Arbitrager）	套利者通过同时签订买卖实质上相同的金融工具合约来试图锁定无风险利润
会计错配	是指当企业以不同的会计确认方法和计量属性，对在经济上相关的资产和负债进行确认或计量而产生利得或损失时，可能导致的会计确认和计量上的不一致

续表

术语	含义
衍生工具	是指属于本准则范围并同时具备下列特征的金融工具或其他合同： (1) 其价值随特定利率、金融工具价格、商品价格、汇率、价格指数、费率指数、信用等级、信用指数或其他类似变量的变动而变动，变量为非金融变量的，该变量不应与合同的任何一方存在特定关系。 (2) 不要求初始净投资，或者与对市场因素变化预期有类似反应的其他类似合同相比，要求较少的初始净投资。 (3) 在未来某一日期结算。常见的衍生金融工具包括远期合同、期货合同、互换合同或期权合同等
金融工具	是指形成一方的金融资产并形成其他方的金融负债或权益工具的合同
金融资产	是指企业持有的现金、其他方的权益工具以及符合下列条件之一的资产： (1) 从其他方收取现金或其他金融资产的合同权利。 (2) 在潜在有利条件下，与其他方交换金融资产或金融负债的合同权利。 (3) 将来须用或可用企业自身权益工具进行结算的非衍生工具合同，且企业根据该合同将收到可变数量的自身权益工具。 (4) 将来须用或可用企业自身权益工具进行结算的衍生工具合同，但以固定数量的自身权益工具交换固定金额的现金或其他金融资产的衍生工具合同除外。其中，企业自身权益工具不包括应当按照《企业会计准则第37号——金融工具列报》分类为权益工具的可回售工具或发行方仅在清算时才有义务向另一方按比例交付其净资产的金融工具，也不包括本身就要求在未来收取或交付企业自身权益工具的合同
金融负债	是指企业符合下列条件之一的负债： (1) 向其他方交付现金或其他金融资产的合同义务。 (2) 在潜在不利条件下，与其他方交换金融资产或金融负债的合同义务。 (3) 将来须用或可用企业自身权益工具进行结算的非衍生工具合同，且企业根据该合同将交付可变数量的自身权益工具。 (4) 将来须用或可用企业自身权益工具进行结算的衍生工具合同，但以固定数量的自身权益工具交换固定金额的现金或其他金融资产的衍生工具合同除外。企业对全部现有同类别非衍生自身权益工具的持有方同比例发行配股权、期权或认股权证，使之有权按比例以固定金额的任何货币换取固定数量的该企业自身权益工具的，该类配股权、期权或认股权证应当分类为权益工具。其中，企业自身权益工具不包括应当按照《企业会计准则第37号——金融工具列报》分类为权益工具的可回售工具或发行方仅在清算时才有义务向另一方按比例交付其净资产的金融工具，也不包括本身就要求在未来收取或交付企业自身权益工具的合同

（三）了解可能影响衍生活动及其审计的因素

可能影响衍生活动及其审计的因素见表1632-3。

表1632-3　　可能影响衍生活动及其审计的因素

因素	内容
经济环境	(1) 经济活动的总体水平； (2) 利率（包括利率的期限结构）和融资的可获得性； (3) 通货膨胀和币值调整； (4) 汇率和外汇管制； (5) 与被审计单位使用的衍生金融工具相关的市场特征，包括该市场的流动性和波动性
行业状况	(1) 价格风险； (2) 市场和竞争； (3) 生产经营的季节性和周期性； (4) 经营业务的扩张或衰退； (5) 外币交易、折算或经济风险
被审计单位相关情况	(1) 管理层、治理层的知识和经验； (2) 及时和可靠的管理信息的可获得性； (3) 利用衍生金融工具的目标
主要财务风险	(1) 市场风险； (2) 信用风险； (3) 结算风险； (4) 偿债风险； (5) 法律风险
与衍生金融工具认定相关的错报风险	(1) 衍生活动的经济和业务目的； (2) 衍生金融工具的复杂性； (3) 交易是否产生了涉及现金交换的衍生金融工具； (4) 被审计单位在衍生金融工具方面的经验； (5) 衍生金融工具是否嵌入在一项协议中； (6) 外部因素是否影响认定； (7) 衍生金融工具是在国内交易所交易还是跨国交易
持续经营	按照《中国注册会计师审计准则第1324号——持续经营》的规定，考虑被审计单位持续经营假设的合理性
会计处理方法	包括是否将衍生金融工具指定为套期工具并采用套期会计，以及套期关系是否高度有效
会计信息	会计信息系统的设计、变更及运行
内部控制	(1) 了解控制环境及其变化； (2) 控制活动； (3) 内部审计； (4) 服务机构

（四）衍生金融工具表内核算的审计

1.了解衍生金融工具是否纳入表内核算

某些被审计单位仍然将衍生金融工具作为表外项目反映，而没有按金融工具相关会计准则的规范，对衍生金融工具的交易及时进行会计处理，将衍生金融工具纳入表内核算，这无助于如实反映企业的金融工具交易，也不便于投资者更好地了解企业的财务状况和经营成果。

2.诊断衍生金融工具的高风险对企业财务状况有多大的影响

衍生金融工具具有构造的复杂性以及运作的高杠杆性，并且其交易是在将来某一时刻履行或完成，这种交易的时间差会涉及很多风险，主要财务风险包括市场风险、信用风险、结算风险、偿债风险、法律风险等，这些风险导致企业的经营风险增加，相应增加了审计风险。

3.审查衍生金融工具的列报是否恰当

许多衍生金融工具最初只表现为具备相应特征并形成一个单位的金融资产及其他单位的金融负债或权益工具的合同，一般不要求初始净投资，或与对市场情况变化有类似反应的其他类型合同相比，要求很少的初始净投资。例如，银行机构与企业签订一份外汇期权的合约，约定以企业一定期间的活期存款金额为对价，由于企业没有支付初始价款，在账面上没有反映交易的金额；衍生金融工具由于合同的特性，许多企业将其作为内部资料保存，具有隐蔽性，如果被审计单位没有按会计准则的要求进行确认、计量和列报，也没有主动提供给审计人员，容易导致审计人员未能识别出被审计单位财务报告存在的重大错报或漏报，而发表了不恰当的审计意见。

（五）对衍生金融工具业务内部控制的了解与测试

由于衍生金融工具以合同存在的特点，审计人员对企业衍生金融工具业务的内部控制的了解与测试显得更为重要，更依赖于内部控制的有效性以评估衍生金融工具重大错报的风险；在涉及衍生金融工具业务的企业中，内部控制稍有疏漏，就会给人以可乘之机，也可能会使企业在短时间内遭受很大的损失，因此，一个完善的内部控制环境至关重要，其对于从事衍生金融工具业务的被审计单位更加重要。审计人员在了解相关内部控制后，应当根据《中国注册会计师审计准则第1632号——衍生金融工具的审计》的要求，确定是否执行相关的控制测试。审计人员在实施控制测试时，应当选取适当规模的交易样本，考虑实施下列程序：询问被审计单位与衍生金融工具交易有关的人员；阅读治理层的会议纪要，以获取被审计单位定期复核衍生活动和套期有效性并遵守既定政策的证据；观察被审计单位衍生金融工具交易及内部控制运行情况；将衍生交易（包括已结算的衍生交易）与被审计单位政策相比较，以确定这些政策是否得到遵守；并重点就如下事项进行测试和评价：

（1）交易是否依据被审计单位政策中的特定授权执行；

（2）买入前是否进行相关投资政策要求的敏感性分析；

（3）交易是否获得了从事相关交易的批准以及是否仅使用了经授权的经纪商或交易对方；

（4）向管理层询问衍生金融工具及相关交易是否得到及时监控和报告，并阅读相关支持文件；

（5）已记录的衍生金融工具的买入交易是否正确，包括衍生金融工具的分类、价格以及相关分录；

（6）是否及时调查和解决调节的差异，是否由监督人员复核和批准调节事项；

（7）与未记录交易相关的控制是否合理有效，包括检查被审计单位的第三方确认函，及对确认函中例外事项的处理；

（8）与数据安全和备份相关的控制是否合理有效，并考虑被审计单位对电子化记录场所进行年度检查和维护的程序。

（六）函证

注意向衍生金融工具的持有者或交易对方函证重要的合同条款。《中国注册会计师审计准则第1632号——衍生金融工具的审计》第五十二条："对衍生金融工具权利和义务认定实施的实质性程序通常包括：（一）向衍生金融工具的持有者或交易对方函证重要的条款，"这要求审计人员在进行衍生金融工具实质性程序时，考虑执行函证的程序。而在实际审计工作中，许多审计人员并没有执行函证的程序，在向银行机构函证银行存款、银行借款时，没有询证衍生金融工具的存在及重要条款的内容。

（七）书面声明

注意要求管理层提供关于衍生金融工具声明书。鉴于金融衍生工具交易本身具有高度风险性，一旦发生损失，对企业的生产经营往往产生严重的影响，因而审计人员面临的审计风险较高，极易导致审计失败。因此，审计人员应考虑要求企业管理层出具有关衍生金融工具的声明书，或者向被审计单位负责衍生活动的人员获取关于衍生活动的声明。声明书通常应包括以下内容：

（1）持有衍生金融工具的目的；

（2）关于衍生金融工具的财务报表认定，包括已记录所有的衍生交易、已识别所有的嵌入衍生金融工具、估值模型已采用合理的假设和方法；

（3）所有的交易是否按照正常公平交易条件和公允市价进行；

（4）衍生交易的条款；

（5）是否存在与衍生金融工具相关的附属协议；

（6）是否订立签出期权；

（7）是否符合适用的会计准则和相关会计制度有关套期的记录要求；

（8）衍生金融工具交易名称、时间、性质、交易条件、持有目的、计价方法、在报表中的列示和披露方法；

（9）管理层对衍生金融工具的风险分析和风险管理策略。

（八）审计衍生金融工具的会计处理和披露

注意区分衍生金融工具的存在形式，关注管理层是否进行了恰当的会计处理和披露：

（1）衍生金融工具通常是独立存在的，但也可能嵌入到非衍生金融工具或其他合同中。嵌入衍生工具，是指嵌入到非衍生工具（即主合同）中，使混合工具的全部或部分现金流量随特定利率、金融工具价格、商品价格、汇率、价格指数、费率指数、信用等级、信用指数或其他类似变量的变动而变动的衍生工具，如企业持有的可转换公司债券等。在混合工具中，嵌入衍生工具通常以具体合同条款体现。例如，甲公司签订了按通胀率调整租金的5年期租赁合同。根据该合同，第1年的租金先约定，从第2年开始，租金按前1年的一般物价指数调整。此例中，主合同是租赁合同，嵌入衍生工具体现为一般物价指数调整条款。

（2）附在主合同上的衍生工具，如果可以与主合同分开，并能够单独转让，则不能作为嵌入衍生工具，而应作为一项独立存在的衍生工具处理。例如，某贷款合同可能附有一项相关的利率互换。如该互换能够单独转让，那么该互换是一项独立存在的衍生工具，而不是嵌入衍生工具。

（3）对于采用套期会计的套期工具，应审核其指定的套期关系是否高度有效；对于某些衍生金融工具交易在风险管理的状况下，虽对风险提供有效的经济套期，但因不符合运用套期会计的条件，该衍生金融工具的公允价值变动应计入当期损益。

（4）嵌入衍生工具应尽可能使其与单独存在的衍生工具采用一致的会计原则进行处理。金融工具确认和计量准则规定，单独存在的衍生工具，通常应采用公允价值进行初始计量和后续计量。但是，主合同（非衍生工具）可能因为划分的类别不同（如划分为持有至到期投资、贷款和应收款项等），不会采用公允价值进行后续计量。因此，如果混合工具没有整体指定为以公允价值计量且其变动计入当期损益的金融资产或金融负债，则应当考虑能否将其从混合工具中分拆出来（具体的会计处理流程如图1632-1所示）。

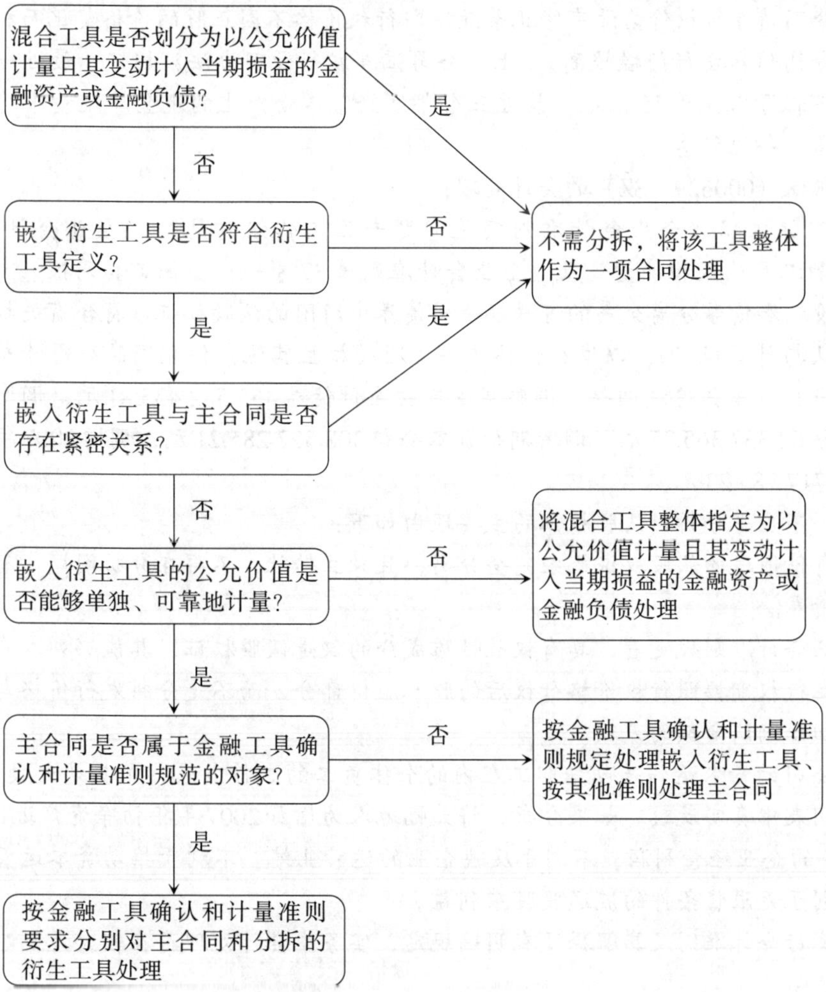

图1632-1　流程图

【应用分析1632-1】

资料：2006年11月27日，攀钢钒钛（000629，SZ）根据中国证监会发行字（2006）129号文核准，在深圳证券交易所发行32亿元人民币分离交易的可转换公司债券，期限6年，年利率1.6%，并向持债人附送8亿份（每张债券25份认股权证）有效期为2年、初始行权价为39.5元/股的认股权证，债券与权证于2006年12月12日正式上市交易。认股权证持有人在权证存续期内有两次行权的机会，第一次有权在权证上市之日起第12个月的前十个交易日内行权，第二次有权在权证存续期最后十个交易日内行权。此次发行的可转债由四川省农行、攀钢钒钛共同提供全额不可撤销的连带责任保证，其中四川省农行提供金额为25亿元的不可撤销连带责任保证；攀钢钒钛提供金额为7亿元的不可撤销连带责任保证。

- 可分离交易的可转换债券属于复合金融工具，是中国资本市场的创新金融产品。

可分离交易的可转换债券在形式上是债券与认股权证的组合，并向发债人提供二次股权融资机会。鉴于可分离债隐含认股权价值，票面利率一般低于市场利率（折价发行）。

- 可分离债权证存续期不得高于24个月，一般是欧式期权。
- 可分离债券行权价格没有修正条款，即行权价格不因正股的价格变化而相应调整。
- 可分离债券发行门槛较高。《上市公司证券发行管理办法》规定，最近一期经审计的净资产不低于人民币15亿元，最近三个年度经营活动产生的现金净流量平均不少于本次发行债券一年的利息。

攀钢钒钛（000629，SZ）的会计处理：

攀钢钒钛根据《企业会计准则实施问题专家工作组意见》、《企业会计准则第22号——金融工具确认和计量》及《企业会计准则第37号——金融工具列报》，将2006年发行的认股权和债券分离交易的可转换公司债券中所附的认股权证（符合有关权益工具定义及其确认与计量规定），以发行价格减去不附股权且其他条件相同的公司债券公允价值后的净额进行计量并追溯调整。调整减少期初应付债券455 582 435.81元，调增期初递延所得税负债68 337 365.37元，调增期初资本公积308 527 285.21元，调增2007年年初未分配利润78 717 785.23元。

解析：不应当分拆出认股权证的主要理由如下：

（1）负债附送的认股权证已经完全分离，且独立转让，不存在分拆问题，有别于一般的可转换债券。

（2）从会计准则规定看，具有权益性质成分的仅是认股权证，其能够列入资本公积的部分仅是在行权期按照行权价格行权后的股本溢价部分，而不是分拆发行价格与负债（应付债券）初始确认金额的差额。

（3）公司的资本运作是包括职工在内的全体员工的工作成果，尤其是大股东的功劳，应当在利润表中真实反映。如果分拆，将大幅地人为增加2007年年初净资产近8亿元，减少未来6年的企业经营利润，不利于反映企业的运营业绩，不利于推动资本运营和期权激励，也不利于无限售条件的流通股股东利益。

（4）现行会计准则及其解释没有明确规定，实务中会计处理存在较大差别。

第十节 电子商务对财务报表审计的影响（第1633号）

一、概述

（一）本准则制定与修订背景

近年来，我国电子商务随着计算机公共网络（如互联网）的发展而迅速发展起来，并出现了一批专门提供电子商务平台的公司（常被称为“.com公司”）。一些传统行业的企业通过互联网络平台拓展其业务，发展新的业务模式。

电子商务与网络经营使企业的经营观念、组织结构、管理模式、交易授权等都发生了巨大变化，同时交易中的支付方法也开始转向电子化。电子商务这种与传统商业截然不同的商务操作和管理模式，已经远远超出了传统审计所能涉及的领域。

随着互联网不断地渗入到我们生活的方方面面，电子商务得到了空前的发展，并逐渐成为新型的主流商务形式。作为全新的网络化商务手段，电子商务具有传统商贸形式无可比拟的优越性，但同时也对基于传统商贸基础上的传统审计工作提出了挑战。

鉴于上述原因，为了规范注册会计师在财务报表审计中对被审计单位电子商务的考虑，明确注册会计师在电子商务环境下的审计应对措施，为注册会计师在电子商务环境下应用相关审计准则提供具体应用指南，在参考《国际审计实务公告第1013号——电子商务：对财务报表审计的影响》的基础上，制定本准则。需要指明的是，其中所涉及的企业同时包括上述两种类型，即专门的电子商务公司（.com公司）和利用电子商务平台拓展其业务的从事传统产业的公司。

（二）本准则2010年修订内容

本准则本次未修订。

（三）本准则2016年修订内容

本准则本次未修订。

（四）本准则2019年修订内容

本准则本次未修订。

（五）本准则学习中注意事项

由于本准则暂不修订，在目前阶段，电子商务的发展对审计的影响主要体现为因业务环境，业务模式的变化而导致的经营风险以及内部控制各组成要素的变化。针对这一特点，该准则根据审计风险准则的理念，以电子商务的相关业务了解、风险识别和内部控制考虑与测试内容为主，对于实质性程序涉及较少。主要适用于针对被审计单位利用公共网络（例如互联网）从事商务活动的情况，但是具体应用指南有相当部分也适用于实体使用非公共网络（如内部局域网等专用网络）的情况。同时，虽然准则中的很多内容对那些主要从事电子商务活动而组建的企业的财务报表审计是有用的，但是，准则并不能就此类企业进行审计时可能遇到的所有审计问题建立指引并提供指导，例如，这类企业存货的盘点和应收款项的函证等审计程序，应由其他审计准则予以规范。所以，在运用本准则时应注意结合明晰化后的各项审计准则来学习。

二、框架结构简介

本准则共7章34条，其框架结构见表1633-1。

表1633-1　　框架结构

章	名称	节	条	主要内容
第一章	总则	—	1~5	明确本准则的制定目的，适用范围，电子商务的定义，以及注册会计师在财务报表审计中关注电子商务的目的
第二章	知识和技能的要求	—	6、7	明确规定参与涉及电子商务审计项目的注册会计师应当具备适当的信息技术和电子商务知识，并在必要时考虑利用专家的工作
第三章	对被审计单位电子商务的了解	1~5	8~15	主要从被审计单位的业务活动和所处行业、电子商务战略、开展电子商务的程度和外包安排四个方面规范了注册会计师应当如何考虑电子商务导致的被审计单位经营环境的变化，以及识别的对财务报表产生影响的电子商务风险
第四章	识别风险	—	16~21	说明如何识别与电子商务有关的经营风险和相关法律法规事项，以及被审计单位应对这些风险的安全基础架构和相关控制
第五章	对内部控制的考虑	1~4	22~31	阐述注册会计师对与电子商务相关的安全性控制、交易完备性控制和流程整合的考虑和测试
第六章	电子记录对审计证据的影响	—	32、33	要求注册会计师应当考虑被审计单位目前实施的信息安全政策和安全控制措施是否足以防止未经授权修改会计系统、会计记录或向会计系统提供数据的系统，以及如何评价电子证据的充分性和适当性
第七章	附则	—	34	本准则施行时间

三、重点难点解析

所谓电子商务（EC）就是以电子化为手段，借助网络技术、通信技术进行商品购买、销售或交换产品、提供服务和信息的经济活动。一方面它让商业信息能够更有效地在企业之间传送，另一方面，也使商业物资从厂商到消费者的流通环节更为直接和迅速，节约产品展示的空间场所，大大节约销售成本。正是凭借网络技术信息传送速度快、成本低的优势，最大限度地节约了交易成本，所以刚一出现，就在很短时间内得到了迅猛的发展。

电子商务的发展不仅对企业的商务运营模式产生了很大的影响，而且也对企业的会计系统、内部控制以及注册会计师审计产生了重要的影响。现阶段，电子商务的发展对审计的影响主要体现为因业务环境、业务模式的变化而导致的经营风险以及内部控制各组成要素的变化。在电子商务环境下，由于交易模式和管理模式的变化，财务信息和经济业务信息实现了电子化和无纸化；交易过程自动化程度高；交易数据在内部控制和安全性保障缺失下易被篡改、破坏和丢失。这需要注册会计师重视了解电子商务的相关业务、识别其重大错报风险和针对其实施内部控制测试。

注册会计师按照本准则的规定对电子商务进行考虑，旨在对财务报表形成审计意见，而非对电子商务系统或活动本身提出鉴证结论或咨询意见。

在财务报表审计中，注册会计师对被审计单位电子商务系统及其相关内部控制的研究和评价仅限于其与财务报表编制和注册会计师所实施的审计工作有关的部分，服务于财务报表审计的总体目标。其目的是确定注册会计师所需实施的财务报表审计程序的性质、时间安排及范围，而不是对电子商务系统及其内部控制的全面、专门的审核，并不是专为发现电子商务系统及其内部控制的缺陷、欺诈及舞弊而进行的。因此，注册会计师仅根据其在财务报表审计中所获取的关于被审计单位电子商务系统及其相关内部控制的审计证据，通常尚不足以对电子商务系统或活动本身提出鉴证结论或咨询意见。

（一）相关专业术语

专业胜任能力是对注册会计师职业道德的一项基本要求。被审计单位开展电子商务以后，由于审计线索、内部控制、审计内容、审计方法与技术等随之改变，对注册会计师的知识和技能提出了更高的要求。不懂得信息技术和电子商务知识的注册会计师，可能会因为审计线索的改变而无法跟踪审计，因为不懂得电子商务的特点和风险而不能审查和评价其内部控制，因为不会使用计算机和网络系统而无法对电子商务活动进行审计。因此，要使审计工作顺利开展，注册会计师不仅要精通会计、审计、税务等知识，而且要掌握一定的计算机、网络、通信等电子商务知识与技能。尽管注册会计师不需要掌握这些系统的复杂操作细节，但是应该了解关键技术如何改变商业模式，以及对注册会计师工作的影响。只有掌握必要的电子商务技术知识，才有可能辨认新技术下的信息风险并作出反应。在该准则中涉及了大量的IT等相关术语，为便于注册会计师了解相关内容，对一些专业术语解释如下：

1.电子商务

电子商务，是指利用互联网等公共网络从事的商品购买和销售、劳务接受和提供等交易活动。

顾名思义，“电子商务”包括电子方式和商务活动两个方面。电子是手段，商务是目的。它通过简单、快捷、低成本的电子通信方式（而不是以传统的物理交换或直接物理接触方式）进行商品和服务的买卖及资金的转账，将信息流、业务流、物资流、资金流完美结合，与传统贸易相比具有高效率、整合性及全球性的特点。从技术范畴看，电子商务是一种多技术的集合体，包括交换数据（如电子数据交换、电子邮件）、获得数据（共享数据库、电子公告牌）以及自动捕获数据（条形码）技术等。

“电子商务”一词的英文通常有两种写法，即“e-commerce”和“e-business”。e-commerce通常仅指交易活动（譬如货物、劳务的购买和销售），即狭义概念上的电子商务；e-business则指所有的业务活动，包括交易性的和非交易性的，譬如顾客关系与沟通等，即广义概念上的电子商务。本准则所指的电子商务更偏重于其作为“交易活动”的含义，也就是狭义的概念。

各国政府、学者、企业界人士根据自己所处的地位和对电子商务参与的角度和程度的不同，给出了许多不同的定义。电子商务模式如图1633-1所示。

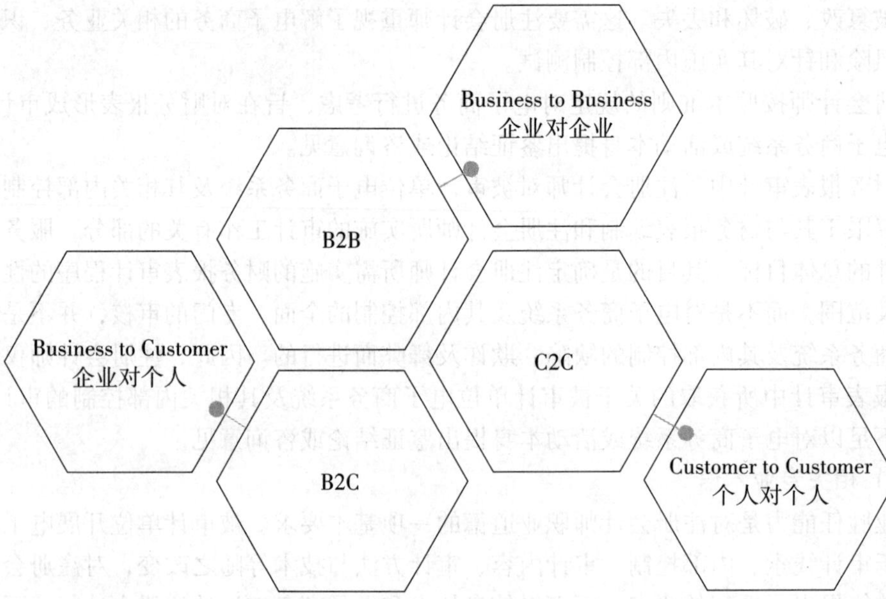

图1633-1　电子商务模式

2.最佳实务规则

对于某一个法律、法规、规章尚无明文规定的领域，由该领域的参与者约定俗成并获得一致公认的最佳做法和惯例。电子商务虽然近几年在世界范围内发展很快，但是与传统商务模式相比毕竟属于新兴领域，很多方面尚未完全定型和发展成熟，法律法规监管的“空白点”也比较多。在此情况下，开展电子商务的被审计单位对于本领域内约定俗成的最佳实务规则的信守，可以在最大程度上降低因操作流程和业务规则不恰当而引发的经营风险，因而特别重要。

3.网络签章程序

电子签章是指依附或包含于数据电文，与其逻辑相关，用以辨识及确认数据电文签署人身份及数据电文真实完整，并向外界表现数据电文与签署人之间联结的安全要件，实现方式有计算机口令、非对称密钥加密、生物识别技术等多种。一般来说，电子签章应满足以下三个条件：

(1) 签名者事后不能否认自己签名的事实；

(2) 任何其他人均不能伪造该签名；

(3) 如果当事人双方对关于签名的真伪发生争执，能够由公正的第三方仲裁者，通过验证签名来确认其真伪。

为了确保电子签名的可靠性，《中华人民共和国电子签名法》规定了以下判定电子签名可靠性的基本条件：

(1) 电子签名制作数据用于电子签名时，属于电子签名人专有。

(2) 签署时电子签名制作数据仅由电子签名人控制。

(3) 签署后对电子签名的任何改动能够被发现。

(4) 签署后对数据电文内容和形式的任何改动能够被发现。同时，该法规定电子签名人应当妥善保管电子签名制作数据。依法设立的电子认证服务提供者可对电子签名提供第三方认证服务。

4.应用服务提供商

应用服务提供商（Application Service Provider，ASP），是指通过互联网为商业、个人提供配置、租赁和管理应用解决方案服务的专业化服务公司。其是随着外包趋势、软件应用服务和相关业务的发展而逐渐形成的。ASP根据客户的需求，构建应用系统运行平台，并租入各种不同行业应用的软件系统，为各类经济组织提供应用服务。ASP是ISP应用服务的进一步深化，也是向各个专业领域的细化。

ASP具有三大特点：

（1）ASP向用户提供的服务应用系统本身的所有权属ASP，用户租用服务之后对应用系统拥有使用权；

（2）应用系统被集中放置在ASP的IDC（Internet数据服务中心）中，具有充足的带宽、电力和空间保证以及具有专业质量的系统维护服务；

（3）ASP定期向用户收取服务费。

5.呼叫中心

呼叫中心（Call Center，又称客户服务中心）起源于发达国家对服务质量的需求，其主旨是通过电话、传真等形式为客户提供迅速、准确的咨询信息以及业务受理和投诉等服务，通过程控交换机的智能呼叫分配、计算机电话集成、自动应答系统等高效的手段和有经验的人工座席，最大限度地提高客户的满意度，同时自然也使企业与客户的关系更加紧密，是提高企业竞争力的重要手段。随着近年来通信和计算机技术的发展和融合，呼叫中心被赋予了新的内容：分布式技术的引入使人工座席代表不必再集中于一个地方工作；自动语音应答设备的出现不仅在很大程度上替代了人工座席代表的工作，而且使呼叫中心能24小时不间断运行；Internet和通信方式的革命更使呼叫中心不仅能处理电话，还能处理传真、电子函件、Web访问，甚至是基于Internet的电话和视频会议。因此，现在的呼叫中心已远远超出了过去的定义范围，成为以信息技术为核心，通过多种现代通信手段为客户提供交互式服务的组织。

6.互联网服务提供商

ISP（Internet Server Provider，Internet服务提供商）就是为用户提供Internet接入和（或）Internet信息服务的公司和机构。前者又称为IAP（Internet Access Provider，Internet接入提供商），后者又称为ICP（Internet Content Provider，Internet内容提供商）。由于接驳国际互联网需要租用国际信道，其成本对于一般用户来说是无法承担的。Internet接入提供商作为提供接驳服务的中介，需投入大量资金建立中转站，租用国际信道和大量的当地电话线，购置一系列计算机设备，通过集中使用，分散压力的方式，向本地用户提供接驳服务。从某种意义上讲，IAP是全世界数以亿计用户通往Internet的必经之路。Internet内容提供商在Internet上发布综合的或专门的信息，并通过收取广告费和用户注册使用费来获得盈利。

7.数据服务公司

数据服务公司又称为数据托管公司，依托电信运营商的网络平台，为企业提供业务、财务等方面数据的托管服务，使企业可以更专注于业务的拓展与开发，同时节省企业运作成本。其主要优势在于：

（1）节省企业的信息技术基础设施建设费用。企业无须建立自己的中心电脑机房以放置核心路由器和服务器等，也不用担心由于搬迁而造成的资源再建设费用。

（2）节省企业的人力资源，即可以以更精简的技术人员配置完成用户企业的网络需求，从而降低了对用户企业自身信息技术资源和能力的要求。

8.防火墙

防火墙（Firewall）是指设置在不同网络（如可信任的企业内部网和不可信的公共网）或网络安全域之间的一系列部件的组合。它可通过监测、限制、更改跨越防火墙的数据流，尽可能地对外部屏蔽网络内部的信息、结构和运行状况，以此来实现网络的安全保护。

9.病毒防护软件

计算机病毒是指编制或者在计算机程序中插入的破坏计算机功能或者毁坏数据，影响计算机使用，并能自我复制的一组计算机指令或者程序代码，就像生物病毒一样，计算机病毒有独特的复制能力。计算机病毒可以很快地蔓延，又常常难以根除。它们能把自身附着在各种类型的文件上。当文件被复制或从一个用户传送到另一个用户时，它们就随同文件一起蔓延开来。病毒防护软件又称杀毒软件，专门用于保护系统，使其免受来自恶意软件和病毒的威胁。

10.加密技术（Cryptography）

由于数据在传输过程中有可能遭到侵犯者的窃听而失去保密信息，因此加密技术是电子商务最为常用的保密安全措施。数据加密的基本过程就是对原来为明文的文件或数据按某种算法进行处理，使其成为不可读的一段代码，通常称为“密文”，使其只能在输入相应的密钥之后才能显示出本来内容，通过这样的途径来达到保护数据不被非法人员窃取、阅读的目的。该过程的逆过程为解密，即将该编码信息转化为其原来数据的过程。

加密技术通常分为两大类：“对称式”和“非对称式”。对称式加密就是加密和解密使用同一个密钥，通常称之为“Session Key ”。这种加密技术目前被广泛采用，如美国政府所采用的DES加密标准就是一种典型的“对称式”加密法，它的Session Key长度为56Bits。非对称式加密就是加密和解密所使用的不是同一个密钥，通常有两个密钥，称为“公钥”和“私钥”，它们两个必需配对使用，否则不能打开加密文件。这里的“公钥”是指可以对外公布的，“私钥”则不能，只能由持有人一个人知道。对称式的加密方法如果是在网络上传输加密文件就很难把密钥告诉对方，不管用什么方法都有可能被别人窃听到。而非对称式的加密方法有两个密钥，且其中的“公钥”是可以公开的，也就不怕别人知道，收件人解密时只要用自己的私钥即可，这样就很好地避免了密钥的传输安全性问题。

11.验证输入

验证输入，即通过事先设定的合理性校验条件（如数据类型、金额等数字的取值范围等），拒绝接受不符合该校验条件的输入。例如，规定金额必须为数值型数据，如果用户在金额字段中输入文字，系统应拒绝接受并予以提示；规定某一金额的取值范围在0～10 000之间，如果用户输入了负数，或者大于10 000的数字，系统也应拒绝接受。对于较为复杂的输入内容，为了尽最大可能防范输入差错，常使用冗余校验的方法对输入正确性进行自动的合理性检查。

12.洗钱

洗钱是指将毒品犯罪、黑社会性质的组织犯罪、恐怖活动犯罪、走私犯罪或者其他犯罪的违法所得及产生的收益，通过各种手段掩饰、隐瞒其来源和性质，使其在形式上合法化的行为。

为了帮助注册会计师理解新技术问题，美国注册会计师协会首席技术工作小组每年都要公布十大技术问题、技术应用及新技术排行榜。读者可以到美国注册会计师协会的网站上获得，及时关注最新的技术问题。

（二）与电子商务相关的法律法规事项及注册会计师的考虑

电子商务发展的基础环境问题，尤其是电子商务的法律环境，随着电子商务在国内的快速发展，越来越引起人们的关注：一方面，电子商务的各个环节与问题都直接影响着相关法律法规的制定；另一方面，法律环境的每一个细节与措施也都左右着电子商务的前程。在这种需求下，从1990年9月通过的《著作权法》首次将“计算机软件”列入了著作权的保护范围算起，中国拉开了为IT业、网络业、电子商务立法的序幕，随后，《计算机软件保护条例》《计算机信息系统安全保护条例》《计算机信息网络国际联网出入口信道管理办法》《中国公用计算机互联网国际联网管理办法》《中华人民共和国计算机信息网络国际联网管理暂行规定》《中国互联网络域名注册暂行管理办法》《中国互联网络域名注册暂行管理办法实施细则》《计算机信息网络国际联网安全保护管理办法》《计算机信息系统集成资质管理办法》《计算机信息网络国际联网保密管理规定》《关于严厉打击利用计算机技术制作、贩卖、传播淫秽物品违法犯罪活动的通知》《电子出版物管理规定》《互联网电子公告服务管理规定》《关于审理涉及计算机网络著作权纠纷案件适用法律若干问题的解释》《中华人民共和国电信条例》《信息网络传播权保护条例》《中华人民共和国电子签名法》《互联网信息服务管理办法》《国务院办公厅关于加快电子签名法发展的若干意见》《电子认证服务密码管理办法》《互联网电子邮件服务管理办法》《电子支付指引（第一号）》《关于净化网络游戏软件的工作方案》等一大批法律、法规、规章、司法解释相继出台。对于特定行业，例如网上银行、互联网出版、卷烟网上交易、网络传播视听节目、互联网文化产品、互联网药品信息和药品交易服务、互联网新闻信息服务、互联网电子邮件服务等也制定了相关的电子商务管理法规。

注册会计师在审计时，应当考虑被审计单位是否已恰当处理与电子商务环境密切相关的法律法规问题（见表1633-2）。

《中国注册会计师审计准则第1142号——财务报表审计中对法律法规的考虑》规定：在设计和实施审计程序以及评价和报告审计结果时，注册会计师应当充分关注被审计单位违反法规行为可能对财务报表产生重大影响。同时还要求：在计划审计工作时，注册会计师应当总体了解适用于被审计单位及其所处行业的法律法规，以及被审计单位如何遵守这些法律法规；在获得总体了解时，注册会计师应当特别关注某些法律法规可能导致对被审计单位经营活动产生重要影响的经营风险，即违反法律法规可能导致被审计单位停业或对其持续经营产生重大影响。根据被审计单位所处的特定环境，该总体了解可能会涉及与其电子商务活动相关的特定法律法规事项。

虽然不能期望通过审计发现所有的违反法规行为，但是《中国注册会计师审计准则第1142号——财务报表审计中对法律法规的考虑》仍然要求注册会计师在前述总体了解的

表 1633-2　与电子商务环境密切相关的法律法规问题

项目	内容
隐私权保护	核心是确保用户网上注册信息和其他个人信息的私密性，未经用户同意或者法律法规特别要求，不得泄露给第三方
对特定行业的管制	我国已经针对一些特定行业（如网上银行、互联网出版等）的网上交易制定了专门的规章和规范性文件。对于从事这些特定行业的电子商务活动的被审计单位，注册会计师应当关注其对相关监管规章和规范性文件的遵守情况
合同的强制执行效力	仅以电子形式存在的合同，必须符合《中华人民共和国电子签名法》对数据电文和电子签名有效性条件的各项规定才具有法律效力
特殊交易或事项的合法性	对于交易各方均处于同一国家或地区的电子商务活动，必须符合所在国家或地区的法律法规的规定；对于跨国或者跨地区的电子商务活动，应确保同时符合所有交易各方所在国家或地区的相关法律法规
反洗钱	对于网上银行等通过互联网从事金融业务的企业，需要关注和及时报告大额和可疑的交易。同时，从事其他电子商务交易的企业，也要防范他人利用与本企业的交易或者本企业所提供的交易平台进行洗钱的可能性，依法履行法律法规规定的报告义务
知识产权保护	我国《信息网络传播权保护条例》中对信息网络上的著作权和其他知识产权的保护专门作出规范。被审计单位在从事电子商务时，应注意避免侵犯（包括非故意地侵犯）他人所拥有的知识产权

基础上实施进一步审计程序，以有助于识别被审计单位在编制财务报表时应当考虑的违反法规行为。如果根据注册会计师的判断，某一法律法规事项可能导致财务报表产生重大错报，或对注册会计师所实施的程序或所出具的审计报告产生重大影响，则注册会计师就需要考虑管理层对此问题所作的反应。

由于与电子商务相关的法律法规事项的重要性和复杂性，在某些情况下，当考虑由被审计单位的电子商务活动所产生的法律法规事项时，注册会计师可能需要征询在电子商务方面具有特殊专长的律师的咨询意见。

（三）电子商务的特点及其对重大错报风险的影响

电子商务在很多情况下是通过以互联网为代表的公共网络实现的。互联网具有可共同操作和共同使用的特点，该特点意味着任何一台连入互联网的计算机都可以与其他任何一台连入互联网的计算机通信。互联网作为一个公共网络，与那些只允许经过授权的单位或个人访问的私人网络是不同的。使用公共网络导致了特殊的风险，对此企业需加以应对。如果被审计单位在增加其通过互联网完成的业务活动的同时没有对这些风险加以适当关注，则可能影响注册会计师对风险的评估。

电子商务所导致的不同于传统网络应用的新的风险因素主要包括以下几个方面：

（1）数据高度集中于电子商务系统，易导致机密的数据被拷贝，甚至可能被非法篡改而不留下任何痕迹。

（2）如果在电子商务系统设计时考虑不周，电子商务系统可能不合理。

（3）电子商务系统主要以磁盘、磁带、光盘等存储介质作为信息载体，记录于这些存储介质上的信息是肉眼不可见的，必须借助于计算机，才能以人可以理解的形式表现出来；利用磁性介质难以实现诸如签字、盖章等这些使信息证据化的操作，必须使用专用的电子签名、电子印鉴等形式才能实现。

（4）电子商务系统处理错误具有重复性和连续性。

（5）电子商务系统中许多不相容职责相对集中，加大了舞弊的风险。

（6）系统设计时可能没有考虑到审计工作的需要，没有留下充分的审计线索。

（7）计算机病毒和“黑客”的入侵对电子商务系统的故意破坏。

上述因素都可能使财务报表出现重大错报的风险增大。

（四）对被审计单位电子商务的了解

开展电子商务后，电子商务的发展可能对被审计单位的传统经营环境产生重大影响。因此，注册会计师应当考虑电子商务导致的被审计单位经营环境的变化，以及识别出对财务报表产生影响的电子商务风险。

对被审计单位电子商务的了解见表1633-3。

表1633-3 对被审计单位电子商务的了解

需要了解的项目	具体内容
业务活动及所处行业	（1）电子商务可能是对传统业务活动的补充，也可能是新的业务类型，后者相对于前者对被审计单位财务报表的风险影响更大。 （2）电子商务不具备货物和服务等实体贸易所具有的清晰、固定的运送路线这一传统特征，导致缺乏有形的、清晰可见的审计线索，从而增加了获取审计证据的难度，增大了审计风险。 （3）某些行业运用电子商务的程度较高，可能增大对财务报表产生影响的经营风险
电子商务战略	（1）在整合电子商务与总体经营战略的过程中，治理层的参与程度。在这一过程中，治理层的参与程度越高，表明其对这一过程的控制越强，通常控制也就越有效。 （2）被审计单位开展电子商务的目的，是为新业务提供支持，还是提高现有业务的效率，抑或为现有业务开辟新的市场。如果开展电子商务是为了提高现有业务的效率或者为现有业务开辟新的市场，所提供的还是传统的货物或劳务，只有部分业务环节通过电子商务手段实现，电子商务仅仅是其拓展传统业务的一种手段，本身并不是目的，因此，电子商务战略通常不会对企业整体经营战略产生根本性的影响；如果开展电子商务是为了给新的数字产品销售等业务提供支持，且新业务占被审计单位全部业务量的比重很大，则电子商务的开展将在很大程度上改变被审计单位的业务模式和总体经营战略，并可能直接导致新的经营风险和财务报表重大错报风险。 （3）被审计单位的收入来源及正在发生的变化。 （4）管理层对电子商务如何影响盈利状况和财务需求的评价。 （5）管理层对风险的态度及其对风险总体状况可能产生的影响。管理层对于与电子商务相关的风险的态度主要取决于其风险偏好、对电子商务业务的熟悉程度和对风险的掌控能力等因素。如果管理层可以接受甚至偏好较高的风险水平，则财务报表重大错报风险的水平可能会相应上升，相应增加了注册会计师的执业风险；如果管理层偏好较低的风险水平，则需要采取较为严格的经营风险控制措施，相应地，财务报表重大错报风险的水平也可能较低。 （6）管理层在多大程度上识别出电子商务战略所描述的机遇和风险，或者管理层仅在机遇和风险出现时才临时制定应对措施。对电子商务机遇与风险的应对与处理体现了管理层是否具有前瞻性的眼光，有无全局性、通盘性的战略考虑。 （7）管理层对执行相关最佳实务规则或者网络签章程序的信守程度。保持信守，则可以在最大程度上降低因操作流程和业务规则不恰当而引发的经营风险

续表

需要了解的项目	具体内容
开展电子商务的程度	(1) 仅提供关于被审计单位及其活动的信息，供投资者、顾客、供应商、资金提供者和员工等访问。因不涉及交易，该类电子商务活动对被审计单位经营风险的影响最小。 (2) 通过互联网处理交易，方便已有的顾客。交易对象是原先在网下发展的顾客，被审计单位对其信用状况较为了解，不涉及身份认证和信用度评价等问题，交易的信用风险一般较低。 (3) 通过在互联网上提供信息和处理交易，开拓新市场和发展新客户。此类业务模式下，所交易的仍然是传统产品，但是市场开拓工作通过网络完成，交易双方可能未在网下进行过沟通和交流，因此，对客户的身份认证和信用风险评估是以此类方式承接客户的重要考虑因素。 (4) 访问应用服务提供商。注册会计师需要根据该业务的特点，了解被审计单位业务运行对应用服务提供商的依赖程度，并参考《中国注册会计师审计准则第1241号——对被审计单位使用服务机构的考虑》的规定，考虑其对被审计单位经营风险的影响以及被审计单位的应对措施。 (5) 创立一种全新的经营模式。在此种业务模式下，客户和产品以及运营方式都是全新的，注册会计师应该考虑新出现的风险以及被审计单位的应对措施
外包安排	(1) 被审计单位使用服务机构的情形：①提供电子商务运作所需的全部或部分信息技术支持；②与电子商务相关的其他工作，包括订单履行、商品交付、呼叫中心运转，以及某些会计工作等。 (2) 注册会计师应按照《中国注册会计师审计准则第1241号——对被审计单位使用服务机构的考虑》的规定，考虑被审计单位的外包安排及相关风险的应对措施，以确定对审计的影响

（五）识别被审计单位与电子商务相关的经营风险（见表1633-4）

表1633-4　识别被审计单位与电子商务相关的经营风险

被审计单位可能面临的各种与电子商务相关的经营风险	识别电子商务中可能导致经营风险的事项、交易和惯例	考虑被审计单位的风险应对措施
(1) 无法保证交易的完备性。电子商务特定风险的存在，导致电子商务环境下保证交易完备性的难度较传统业务模式下更大。尤其在缺少充分的审计轨迹（无论是纸质还是电子形式）时，该风险的影响将更大。 (2) 电子商务安全风险。其包括顾客、员工和其他人士通过未经授权的访问实施舞弊的可能性，以及病毒攻击等。 (3) 运用不恰当的会计政策。电子商务的运用可能导致运用不恰当的会计政策，包括收入确认、网站开发成本等支出的处理、与产品质量保证相关的预计负债的确认、外币折算等问题。 (4) 未能遵守税法和其他法律法规。被审计单位应当注意防范与电子商务相关的税务风险，尤其在通过互联网开展跨国或跨地区电子商务交易时更容易出现此类情况。 (5) 无法保证仅以电子形式存在的合同具有约束力。在审计中应当关注仅以电子形式存在的重要合同的法律效力问题，必要时应当咨询信息技术专家和熟悉电子商务相关法律事务的律师。 (6) 过度依赖电子商务。过度依赖电子商务的企业（例如全部交易均通过电子商务形式实现的企业），其经营风险总体水平往往较高。 (7) 系统和基础架构失效或崩溃。一旦出现相应情况，将会对电子商务活动的正常进行产生不利影响	注册会计师应当利用对被审计单位及其环境的了解，识别电子商务中可能导致经营风险的事项、交易和惯例。 注册会计师应当考虑哪些经营风险可能导致财务报表出现重大错报，或对注册会计师应实施的审计程序或所出具的审计报告有重大影响	被审计单位是否运用适当的安全基础架构和相关控制，应对电子商务中出现的某些经营风险。 这些安全基础架构和相关控制一般包括旨在实现下列目的的措施： (1) 验证顾客和供应商的身份； (2) 确保交易的完备性； (3) 就交易条款（包括交货、信用条款、争议解决程序等）达成一致，其中可能涉及对交易和程序的执行情况留下线索，以确保交易的一方事后不能否认曾经就特定条款达成协议； (4) 获得顾客的付款，或确保对顾客授信的安全性； (5) 建立信息保密机制，订立信息保护协议

（六）对内部控制的考虑

1.考虑被审计单位与电子商务相关的内部控制设计

注册会计师应当按照《中国注册会计师审计准则第1211号——通过了解被审计单位及其环境识别和评估重大错报风险》和《中国注册会计师审计准则第1231号——针对评估的重大错报风险采取的应对措施》的规定，考虑被审计单位在电子商务中运用的与审计相关的内部控制。

根据《中国注册会计师审计准则第1211号——通过了解被审计单位及其环境识别和评估重大错报风险》的有关规定，内部控制是被审计单位为了合理保证财务报告的可靠性、经营的效率和效果以及对法律法规的遵守，由治理层、管理层和其他人员设计和执行的政策和程序。其中，与审计相关的控制包括被审计单位为实现财务报告可靠性目标设计和实施的控制。注册会计师应当运用职业判断，考虑一项控制单独或连同其他控制是否与评估重大错报风险以及针对评估的风险设计和实施进一步审计程序有关。

在电子商务环境下，内部控制的一个重要特点是基于信息技术的自动化控制所占比重较大，很多关键的控制功能是通过内置于支持电子商务的信息系统中的应用控制实现的。同时，网络环境也对内部控制的完备性和可靠性提出了更高的要求，尤其需要通过内部控制保证数据和系统的安全性与交易的完备性。电子商务环境下内部控制的复杂程度与信息技术系统的复杂程度直接相关，电子商务系统与其他信息技术系统的一体化程度越高，控制也就越复杂。

信息技术通常可以在某些方面提高被审计单位内部控制的效率和效果，但是也会使内部控制产生特定风险。因此，注册会计师应当充分考虑电子商务环境下内部控制的特点，关注被审计单位内部控制的设计是否完善（尤其是其中人工成分和自动化成分的划分是否恰当），是否得到一贯执行，以及运行是否稳定、可靠。

2.考虑实施控制测试

在某些情况下，仅依靠实施实质性程序不足以将审计风险降至可接受的低水平，注册会计师应当实施控制测试，并考虑使用计算机辅助审计技术。这些情况主要包括：

（1）电子商务系统高度自动化；

（2）交易量过大；

（3）未保留包含审计轨迹的电子证据。

在上述情况下，单纯依靠实质性程序无法取得充分、适当的审计证据，特别是基于自动化处理的系统，必须考虑实施控制测试，以确认自动化信息处理系统相关控制的有效性。对于自动化控制的测试，注册会计师通常需要使用和测试人工控制不同的方法，例如，可以用计算机辅助审计技术来测试自动化控制或数据，以及用信息技术产生的报告来测试信息技术一般控制的运行效果，如程序变化控制和接触控制。

通过计算机辅助审计技术进行控制测试和实质性程序一般有三种测试策略：测试数据法、平行模拟法和嵌入审计模型法。注册会计师在审计时可以使用其中的一种或者结合起来使用。通常，数据测试法用于控制测试和交易的实质性程序，平行模拟法用于实质性程序，如重新计算交易金额和加总账户余额的主文件明细记录。在实质性程序时，嵌入审计模型法通常用于识别异常交易。

3.注册会计师需要重点考虑的控制

注册会计师应当考虑内部控制中与审计特别相关的下列方面：

（1）在快速变化的电子商务环境中保持控制程序的完备性。电子商务属于新兴领域，作为其基础的信息技术更是在飞速发展，从事电子商务的被审计单位需要根据信息技术的发展情况及时进行系统升级和相应的流程调整。在信息技术系统升级和流程调整过程中，必然需要对控制程序进行相应的更新和优化，使之与新的系统和流程相适应、相衔接。此时如何保持控制程序的完备性，避免出现控制漏洞，是被审计单位和注册会计师都需要关注的重要问题。

（2）确保能够访问相关记录，以满足被审计单位和注册会计师审计的需要。注册会计师应当重点考虑与电子商务相关的安全性控制、交易完备性控制和流程整合。

（七）电子记录对审计证据的影响

在开展电子商务的情况下，被审计单位的相关会计记录越来越多地采用电子数据的形式，注册会计师必须考虑电子记录对搜集充分、适当审计证据的影响。

电子记录本身所具有的数据易消失性、非安全性、易改动性、易出错性和对电子计算机系统设备的依赖性等特点，使得电子记录的安全保管和维护有一定的难度，从而使电子记录容易失去其真实性和证据性。首先，电子记录数据以计算机数据存储于磁盘、磁带或光盘等介质上，是无形物，一旦操作不当，则可能损害甚至抹掉电子记录。其次，传统的纸质文件的安全只受当事人保护程度和自然损耗的限制，而电子记录还有可能因计算机病毒等计算机及其网络特有的灾难而失去效力，更容易泄密或受损，其载体也易于受损。再次，电子记录不像传统纸质文件那样具有稳定性，改动后容易留下痕迹，它是通过键盘、扫描仪等工具输入，又存于磁盘等介质上，改动、伪造数据不留痕迹。最后，由于各种原因（既有人为原因，如操作失误；也有环境和技术方面的原因，如计算机故障、供电不稳等），电子记录也易出错，从而影响电子记录的真实性和安全性。

所以，注册会计师应当考虑被审计单位实施的信息安全政策和安全控制措施，是否足以防止未经授权修改会计系统或会计记录，或修改向会计系统提供数据的系统。

在考虑电子证据的充分性和适当性时，注册会计师可能需要测试自动化控制（如记录完备性检查、电子日戳、数字签章和版本控制），并根据对这些控制的评价结论，考虑是否需要实施追加的审计程序，比如向第三方函证交易细节或账户余额。其中，对于自动化控制的测试，注册会计师应当按照《中国注册会计师审计准则第1231号——针对评估的重大错报风险采取的应对措施》的规定计划和实施适当的控制测试程序；如需要向第三方函证，可按照《中国注册会计师审计准则第1312号——函证》的有关规定处理。

（八）信息技术与电子商务

信息技术对电子商务影响很大。在信息技术环境下，人工控制的基本原理与方式在信息环境下并不会发生实质性的改变，注册会计师仍需要按照标准执行相关的审计程序，而对于自动控制，就需要从信息技术一般控制审计、信息技术应用控制审计以及公司层面信息技术控制审计三方面进行考虑。信息技术中自动控制如图1633-2所示。

1.信息技术一般控制

（1）信息技术一般控制的含义。信息技术一般控制，是指为了保证信息系统的安全，对整个信息系统以及外部各种环境要素实施的、对所有的应用或控制模块具有普遍影响的

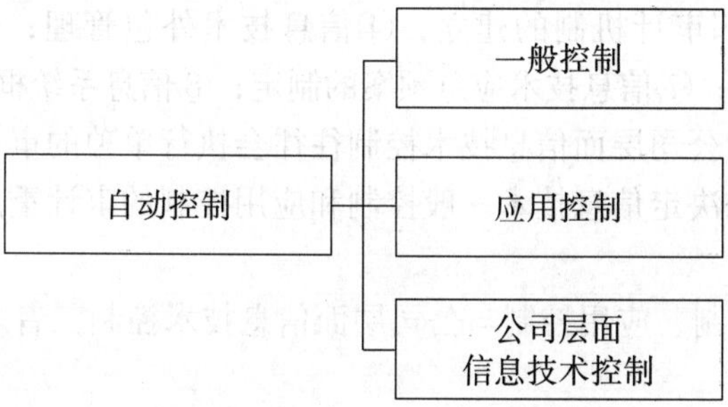

图1633-2 信息技术中自动控制

控制措施。①为保证信息系统安全，对整个信息系统及外部各种环境要素实施的、对所有应用或控制模块有普遍影响的控制；②通常会影响部分或全部财务报表认定。信息技术一般控制，是设计在计算机应用系统中的、有助于达到信息处理目标的控制。

（2）信息技术一般控制的环节。信息技术一般控制包括以下四个方面（见表1633-5）。

表1633-5 信息技术一般控制的内容

内容	目标	要素
程序开发	确保系统的开发、配置和实施能够实现管理层的应用控制目标	①对开发和实施活动的管理；②项目启动、分析和设计；③对程序开发实施过程的控制软件包的选择；④测试和质量确保；⑤数据迁移；⑥程序实施；⑦记录和培训；⑧职责分离
程序变更	确保对程序和相关基础组件的变更是经过请求、授权执行、测试和实施的，以达到管理层的应用控制目标	①对维护活动的管理；②对变更请求的规范、授权与跟踪；③测试和质量确保；④程序实施；⑤记录和培训；⑥职责分离
程序和数据访问	确保分配的访问程序和数据的权限是经过用户身份认证并经过授权的	程序和数据访问的子组件一般包括：安全活动管理、安全管理、数据安全、操作系统安全、网络安全和物理安全
计算机运行	确保生产系统根据管理层的控制目标完整准确地运行，确保运行问题被完整准确地识别并解决，以维护财务数据的完整性	计算机运行活动的总体管理、批调度和批处理、实时处理、备份和问题管理以及灾难恢复

2.信息技术中的应用控制

（1）信息技术应用控制的含义。信息技术应用控制一般要经过输入、处理及输出等环节。

（2）应用控制的内容。关注要点：①系统自动生成报告；②系统配置和科目映射；③接口控制；④访问和权限。

（3）对注册会计师的要求。需要关注的要素包括完整性、准确性、存在和发生等。

3.公司层面信息技术控制（重点）

（1）公司层面信息技术控制。除信息技术一般控制和应用控制外，目前国内外企业的管理层也越来越重视公司层面的信息技术控制管理。

（2）常见公司层面的信息技术控制：①信息技术规划的制定；②信息技术年度计划的

制订；③信息技术内部审计机制的建立；④信息技术外包管理；⑤信息技术预算管理；⑥信息安全和风险管理；⑦信息技术应急预案的制定；⑧信息系统框架和信息技术复杂性。

目前审计机构针对公司层面信息技术控制往往会执行单独的审计，以评估企业信息技术的整体控制环境，来决定信息技术一般控制和应用控制的审计重点、风险等级、审计测试方法等。

4.信息技术一般控制、应用控制与公司层面信息技术控制三者之间的关系

（1）总体关系。

①公司层面信息技术控制是公司信息技术整体控制环境，决定了信息技术一般控制和信息技术应用控制的风险基调；

②信息技术一般控制是基础，信息技术一般控制的有效与否会直接关系到信息技术应用控制的有效性是否能够被信任。

信息技术一般控制与财务报表认定、业务流程及其他控制的关系如图1633-3所示。

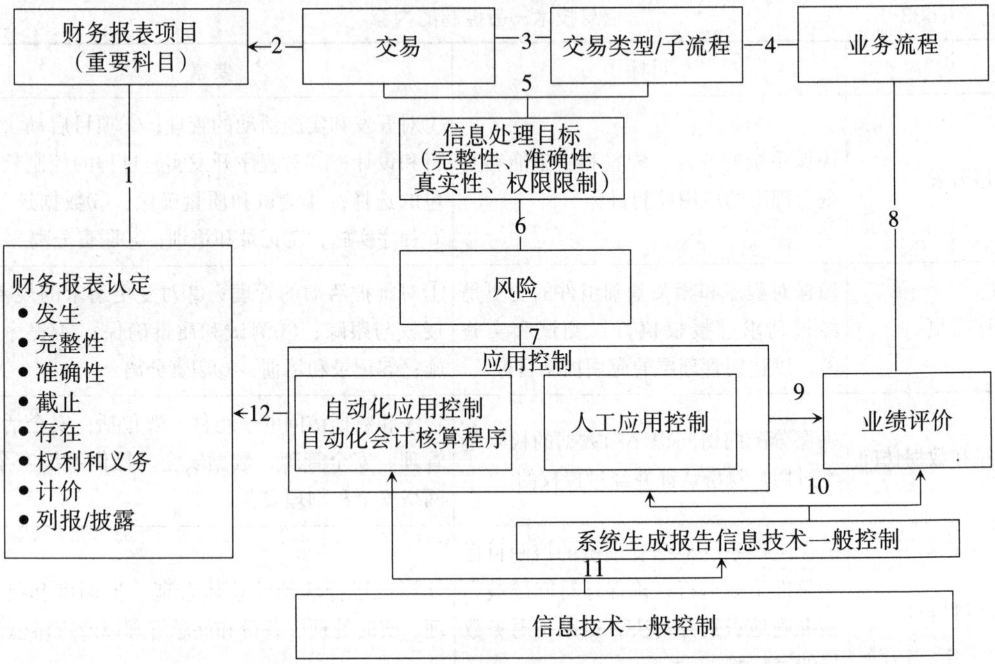

图1633-3 信息技术一般控制与财务报表认定、业务流程及其他控制的关系

（2）公司层面信息技术控制代表了公司信息技术整体控制环境（管理层的）。

①公司层面信息技术控制要素（重点）。公司层面信息技术控制情况代表了该公司信息技术控制的整体环境，包括该公司对于信息技术的重视程度和依赖程度、信息技术复杂程度、对于外部信息技术资源的使用和管理情况、信息技术风险偏好等。

②公司层面信息技术控制影响信息技术一般控制和信息技术应用控制。公司层面信息技术控制要素会影响该公司的信息技术一般控制和信息技术应用控制的部署和落实。例如，如果某公司使用了较多的信息技术外部资源和服务，则可能会相应地提高外部用户管理和外联接口失效的风险，因此需要更多地关注信息技术一般控制领域内的用户管理类控制，特别是外部用户管理机制，以及信息技术应用控制的外部系统接口管理机制等。

（3）对注册会计师的要求。注册会计师需要了解与审计相关的信息技术一般控制和应

用控制。注册会计师需要了解公司的信息技术整体控制环境（重点）。根据目前信息技术审计的业内最佳实践，注册会计师在执行信息技术一般控制和信息技术应用控制审计之前，会首先执行配套的公司层面信息技术控制审计，以了解公司的信息技术整体控制环境，并基于此识别出信息技术一般控制和信息技术应用控制的主要风险点以及审计重点。

（4）信息技术一般控制的缺陷影响信息技术应用控制。

①编辑检查功能的信息技术一般控制的缺陷。如果在带有关键的编辑检查功能的应用系统所依赖的计算机环境中发现了信息技术一般控制的缺陷，注册会计师可能就不能信赖上述编辑检查功能按设计发挥作用。例如，程序变更控制缺陷可能导致未授权人员对检查录入数据字段格式的编程逻辑进行修改，以至于系统接受不准确的录入数据。

②安全和访问权限信息技术一般控制的缺陷。与安全和访问权限相关的控制缺陷可能导致数据录入不恰当地绕过合理性检查，而该合理性检查原本应能使系统拒绝处理金额超过最大容差范围的支付操作。

第九章

审阅准则——财务报表审阅（第2101号）

第一节 概述

一、本准则制定与修订背景

当前，注册会计师的业务范围不断扩大，开拓了许多新的鉴证业务。国内注册会计师执行的财务报表审阅业务主要包括：对首次公开发行股票（即IPO）公司备考报表和资产剥离的审阅，对IPO申报材料中的非经常性损益明细表、原始财务报表和申报财务报表之间差异调节表的审阅，对同时在境内外上市的公司的境内外会计准则差异调节表的审阅等。

财务报表审阅业务作为注册会计师执行的鉴证业务的一种类型，其鉴证对象和所依据的会计标准与历史财务报表审计业务差异不大，但注册会计师应执行的鉴证程序、所提供的保证程度以及相应承担的责任与风险，却与历史财务报表审计业务存在较明显的差异。鉴于以上原因，为了规范注册会计师执行财务报表审阅业务，明确执业责任，特制定本准则。

二、本准则2010年修订内容

本准则本次未修订。

三、本准则2016年修订内容

本准则本次未修订。

四、本准则2019年修订内容

本准则本次未修订。

五、本准则学习中注意事项

由于本准则暂不修订，但审计环境已发生变化，所以，在运用本准则时应注意结合明晰化后的各项审计准则来学习。

第二节 框架结构简介

本准则共7章31条，其框架结构见表2101-1。

表2101-1 框架结构

章	名称	节	条	主要内容
第一章	总则	—	1~6	明确了本准则的制定目的、审阅业务的目标、注册会计师执行审阅业务应具备的职业道德要求，以及管理层和注册会计师双方的责任
第二章	审阅范围和保证程度	—	7、8	明确了"审阅范围"的含义，以及注册会计师执行审阅业务所提供的保证程度
第三章	业务约定书	—	9、10	明确了财务报表审阅业务约定书的主要内容
第四章	审阅计划	—	11、12	规范注册会计师计划审阅工作，以有效执行审阅业务
第五章	审阅程序和审阅证据	—	13~19	主要规范注册会计师在确定审阅程序的性质、时间和范围时应考虑的主要因素，以及在审阅业务中应执行的主要程序
第六章	结论和报告	—	20~30	主要规范形成审阅结论和出具审阅报告应遵循的基本原则，审阅报告的要素，以及审阅意见的类型
第七章	附则	—	31	本准则施行时间

第三节 重点难点解析

财务报表审阅是注册会计师对财务报表执行的一类重要的鉴证业务。财务报表审阅，是指注册会计师接受委托，主要通过实施以询问和分析程序为主的审阅程序，获取充分、适当的证据，对财务报表提供有限保证。审阅提供的保证程度低于审计，适用于被审阅单位或者财务信息的其他使用者不需要审计、但又对信息质量有一定要求的情况。

财务报表审阅的目标，是注册会计师在实施审阅程序的基础上，说明是否注意到某些事项，使其相信财务报表没有按照适用的会计准则和相关会计制度的规定编制，未能在所有重大方面公允反映被审阅单位的财务状况、经营成果和现金流量。如发现有违反规定的重要事项，应当说明这些事项对财务报表的影响，并形成保留的或否定的结论；如审阅范围受到局部限制，注册会计师应予以说明，并形成保留的结论；如果审阅范围受到严重限制，应指明对财务报表不提供任何程度的保证。

在财务报表审阅业务中，要求注册会计师将审阅风险降至该业务环境下可接受的水平（高于财务报表审计中可接受的低水平），对审阅后的财务报表提供低于高水平的保证（即有限保证），在审阅报告中对财务报表采用消极方式提出结论。本准则属于《中国注册会计师鉴证业务基本准则》之下的具体准则。基本准则对本准则起到统御的作用，是本准则的制定依据。在执行审阅业务的过程中，如果遇到本准则未做规定的问题，应当参照基本准则作出适当的处理。

一、审计与审阅的比较

审计与审阅业务都属于鉴证业务。审计业务和审阅业务的对象都是历史财务信息，两者在职业道德规范、计划、业务约定书和保持职业怀疑态度等方面均应遵循《中国注册会计师鉴证业务基本准则》及其他相关准则。因此，审计准则中的很多内容也可以作为审阅业务的参考（其重点难点也不例外）：

（1）注册会计师在与被审阅单位签订业务约定书时，可以借鉴《中国注册会计师审计准则第1111号——就审计业务约定条款达成一致意见》的规定。

（2）《中国注册会计师审计准则第1201号——计划审计工作》中的一些要求，如开展初步业务活动，制定总体审计策略，在总体审计策略基础上制订具体审计计划，审计实施过程中对计划的修改、指导、监督与复核，工作记录，与治理层和管理层的沟通，首次接受委托时的补充考虑等，对注册会计师制订审阅业务的计划有较大的借鉴意义。

（3）《中国注册会计师审计准则第1211号——通过了解被审计单位及其环境识别和评估重大错报风险》有助于指导注册会计师在审阅业务中如何了解被审阅单位及其环境。当然，审阅业务对了解被审阅单位及其环境的范围、深度等要求要比审计业务低。

（4）本准则要求在考虑重要性水平时，注册会计师应当采用与执行财务报表审计业务相同的标准，具体可以参照《中国注册会计师审计准则第1221号——计划和执行审计工作时的重要性》的有关规定。

（5）《中国注册会计师审计准则第1313号——分析程序》对审阅业务中分析程序的执行有较大的指导意义。

业务目标的差异是审计业务与审阅业务之间最根本的差异。另外，审计范围和审阅范围存在的差异，导致注册会计师提供的保证程度以及相应承担的责任与风险有所差异。但是，审阅业务中执行的很多程序与审计业务中执行的程序是类似的，如了解被审阅单位的业务及其环境、对重要性的考虑、询问和分析程序的具体执行等。其他差异，如对所使用的程序与方法等，都是从业务目标的差异派生出来的，相应导致注册会计师在这些业务中承担的责任不同。审计与审阅的区别见表2101-2。

表2101-2　　　　审计与审阅的区别

区别	审计	审阅
目标	注册会计师通过执行审计工作，对财务报表的下列方面发表审计意见： （1）财务报表是否按照适用的会计准则和相关会计制度的规定编制； （2）财务报表是否在所有重大方面公允反映被审计单位的财务状况、经营成果和现金流量	注册会计师在实施审阅程序的基础上，说明是否注意到某些事项，使其相信财务报表没有按照适用的会计准则和相关会计制度的规定编制，未能在所有重大方面公允反映被审阅单位的财务状况、经营成果和现金流量

续表

区别	审计	审阅
范围	为实现财务报表审计目标，注册会计师根据审计准则和职业判断实施的恰当的审计程序的总和	为实现财务报表审阅目标，注册会计师根据本准则和职业判断实施的恰当的审阅程序的总和。根据本准则确定执行财务报表审阅业务所要求的程序。必要时，还应当考虑业务约定条款的要求
业务性质	合理保证	有限保证
执业标准	注册会计师审计准则	本准则
程序	检查记录或文件、检查有形资产、观察、询问、函证、重新计算、重新执行、分析程序等	以询问和分析程序为主，只有当有理由相信所审阅的财务报表可能存在重大错报时才需要追加其他程序
保证程度	以积极方式提供合理保证	以消极方式提供有限保证
结论	无保留意见、保留意见、无法表示意见、否定意见4种，其中无保留意见和保留意见可以增加强调事项段	类似于审计意见的类型，包括无保留、保留、否定、无法提供任何程度的保证4种
注册会计师责任	最大	中等
风险	比审阅低	比审计高

二、审阅程序

审阅程序具体内容见表2101-3。

表2101-3　审阅程序具体内容

主要程序	具体程序	备注
(1) 询问	(1) 了解被审阅单位及其环境； (2) 询问被审阅单位采用的会计准则和相关会计制度、行业惯例； (3) 询问被审阅单位对交易和事项的确认、计量、记录和报告的程序； (4) 询问财务报表中所有重要的认定； (5) 询问股东会、董事会以及其他类似机构决定采取的可能对财务报表产生影响的措施； (6) 阅读财务报表，以考虑是否遵循指明的编制基础； (7) 获取其他注册会计师对被审阅单位组成部分财务报表出具的审计报告或审阅报告； (8) 针对期后事项的询问程序	注册会计师应当向负责财务会计事项的人员询问下列事项： (1) 所有交易是否均已记录； (2) 财务报表是否按照指明的编制基础编制； (3) 被审阅单位业务活动、会计政策和行业惯例的变化； (4) 在实施前述审阅业务中通常应执行的各项程序时所发现的问题

续表

主要程序	具体程序	备注
(2) 分析程序	(1) 将被审阅的财务报表与以前期间可比信息相比较； (2) 将被审阅的财务报表的实际财务状况、经营成果和现金流量与被审阅单位的预期结果或者注册会计师的预期数据相比较； (3) 将被审阅的财务报表与被审阅单位所处行业或同行业中规模相近的其他单位的可比信息相比较； (4) 审阅可预测的财务关系，即根据被审阅单位及其所处行业的特点，或者根据过去为被审阅单位及其所处行业内的其他企业提供服务获取的经验，确定被审阅的财务报表内部各项目之间预期应当存在的、与一定的历史趋势和模式相吻合的关系，分析这些关系是否确实存在于被审阅的财务报表中	参阅《中国注册会计师审计准则第1313号——分析程序》。如果发现了异常的波动，或者原先预计将出现的变化实际并未出现，或者相信某些异常项目可能表明存在对财务报表具有重大影响的事项，则应就此询问有关人员，并寻求合理的、有说服力的解释。必要时，应当实施追加的或进一步审阅程序

三、审阅结论

在实施审阅程序后，注册会计师通常可以获取大量审阅证据。对于这些审阅证据，注册会计师应当运用职业判断进行分析和评价，在此基础上形成审阅结论，按业务约定书约定的时间出具审阅报告。审阅报告应当清楚地表达有限保证的结论。注册会计师应当复核和评价根据审阅证据得出的结论，以此作为表达有限保证的基础。

根据已实施的工作，注册会计师应当评估在审阅过程中获知的信息是否表明财务报表没有按照适用的会计准则和相关会计制度的规定编制，未能在所有重大方面公允反映被审阅单位的财务状况、经营成果和现金流量。审阅结论见表2101-4。

表2101-4　　审阅结论

条件或段落	无保留结论	保留结论	否定结论	无法提供任何保证
出具条件	同时满足： (1) 注册会计师没有发现任何事项使其相信财务报表没有按照适用的会计准则和相关会计制度的规定编制，未能在所有重大方面公允反映被审阅单位的财务状况、经营成果和现金流量； (2) 注册会计师已经按照本准则的规定计划和实施审阅工作，在审阅过程中未受到限制	(1) 注册会计师注意到某些事项使其相信财务报表没有按照适用的会计准则和相关会计制度的规定编制，未能在所有重大方面公允反映被审阅单位的财务状况、经营成果和现金流量。这些事项虽然影响重大，但其影响尚未达到"非常重大和广泛"的程度，尚不足以导致注册会计师提出否定结论。 (2) 注册会计师的审阅存在重大的范围限制。该范围限制虽然影响重大，但其影响尚未达到"非常重大和广泛"的程度，尚不足以导致注册会计师无法提供任何保证	如果注册会计师注意到某些事项使其相信财务报表没有按照适用的会计准则和相关会计制度的规定编制，未能在所有重大方面公允反映被审阅单位的财务状况、经营成果和现金流量，且这些事项对财务报表的影响非常重大和广泛，以至于注册会计师认为仅提出保留结论不足以揭示财务报表的误导性或错报的严重程度	如果存在重大的范围限制，且该范围限制的影响非常重大和广泛，以至于注册会计师认为不能提供任何程度的保证时，注册会计师不应提供任何保证

续表

条件或段落	无保留结论	保留结论	否定结论	无法提供任何保证
引言段	我们审阅了后附的ABC股份有限公司（以下简称ABC公司）财务报表，包括20×7年12月31日的资产负债表，20×7年度的利润表、股东权益变动表和现金流量表以及财务报表附注。这些财务报表的编制是ABC公司管理层的责任，我们的责任是在实施审阅工作的基础上对这些财务报表出具审阅报告			我们接受委托，对后附的ABC股份有限公司（以下简称ABC公司）财务报表（包括20×7年12月31日的资产负债表，20×7年度的利润表、股东权益变动表和现金流量表以及财务报表附注）进行审阅。这些财务报表的编制是ABC公司管理层的责任
范围段	我们按照《中国注册会计师审阅准则第2101号——财务报表审阅》的规定执行了审阅业务。该准则要求我们计划和实施审阅工作，以对财务报表是否不存在重大错报获取有限保证。审阅主要限于询问公司有关人员和对财务数据实施分析程序，提供的保证程度低于审计。我们没有实施审计，因而不发表审计意见			无
说明段	无	ABC公司管理层告知我们，存货以高于可变现净值的成本计价。由ABC公司管理层编制并经过我们审阅的计算表显示，如果根据企业会计准则规定的成本与可变现净值孰低法计价，存货的账面价值将减少×元，净利润和股东权益将减少×元	如财务报表附注×所述，ABC公司在编制财务报表时未将各子公司纳入合并范围，且对这些子公司的长期股权投资以成本法核算。根据企业会计准则的规定，ABC公司应当对子公司的长期股权投资采用权益法核算，并将子公司纳入合并范围	为了审阅的需要，我们向ABC公司管理层及有关人员就若干重大事项进行了询问，但ABC公司管理层及有关人员拒绝对我们的询问作出回答。我们的审阅范围受到了严重限制，我们无法确定该事项对ABC公司财务报表整体合法性的影响程度
结论段	根据我们的审阅，我们没有注意到任何事项使我们相信财务报表没有按照企业会计准则和《××会计制度》的规定编制，未能在所有重大方面公允反映被审阅单位的财务状况、经营成果和现金流量	根据我们的审阅，除了上述存货价值高估所造成的影响外，我们没有注意到任何事项使我们相信财务报表没有按照适用的会计准则和相关会计制度的规定编制，未能在所有重大方面公允反映被审阅单位的财务状况、经营成果和现金流量	根据我们的审阅，由于受到前段所述事项的重大影响，财务报表未能按照企业会计准则和《××会计制度》的规定编制	由于受到前段所述事项的重大影响，我们无法对财务报表提供任何保证

【应用分析2101-1】上海电气：2016年度备考合并财务报表及审阅报告。

pwc

普华永道

审阅报告

普华永道中天阅字（2017）第001号

上海电气集团股份有限公司全体股东：

我们审阅了后附的上海电气集团股份有限公司（以下简称贵公司）按照备考合并财务报表附注二所述的编制基础编制的备考合并财务报表，包括2016年12月31日的备考合并资产负债表、2016年度的备考合并利润表及备考合并财务报表附注。按照备考合并财务报表附注二所述的编制基础编制备考合并财务报表是贵公司管理层的责任，我们的责任是在实施审阅工作的基础上对备考合并财务报表出具审阅报告。

我们按照《中国注册会计师审阅准则第2101号——财务报表审阅》的规定执行了审阅业务。该准则要求我们计划和实施审阅工作，以对备考合并财务报表是否不存在重大错报获取有限保证。审阅主要限于询问公司有关人员和对财务数据实施分析程序，提供的保证程度低于审计。我们没有实施审计，因而不发表审计意见。

根据我们的审阅，我们没有注意到任何事项使我们相信上述备考合并财务报表没有在所有重大方面按照备考合并财务报表附注二所述的编制基础编制。

我们提醒备考合并财务报表的使用者关注备考合并财务报表附注二对编制基础的说明。本报告仅供上海电气集团股份有限公司为后附备考合并财务报表附注一所述重组交易之目的向中国证券监督管理委员会报送文件时使用，不适用于任何其他目的。本段内容不影响已发表的审阅意见。

普华永道中天会计师事务所(特殊普通合伙)

中国·上海市

2017年3月17日

中国注册会计师 王笑

中国注册会计师 郑嘉彦

资料来源：http：//stock.jrj.com.cn/share，disc，2017-03-18，601727，0000000000000hn6er.shtml.

第十章

其他鉴证业务准则

第一节　历史财务信息审计或审阅以外的鉴证业务（第3101号）

一、概述

（一）本准则制定与修订背景

注册会计师的业务范围经历了由法定审计业务向其他领域拓展的过程（如图3101-1所示）。从国内外有关注册会计师的法律看，法定审计业务是注册会计师的核心业务。例如，在美国，有关注册会计师的立法始于1896年的纽约州，到了20世纪20年代中期，各州都已制定了相应的注册会计师法。尽管各州出台的注册会计师法有所不同，但有一个共同点，即授予注册会计师从事法定审计业务的特许权。除注册会计师外，其他组织和人士不得承办法定审计业务。1993年10月出台的《中华人民共和国注册会计师法》，同样规定了注册会计师的法定审计业务范围。随着经济的发展和社会的需求，注册会计师及时调整了专业服务的性质、范围和领域。

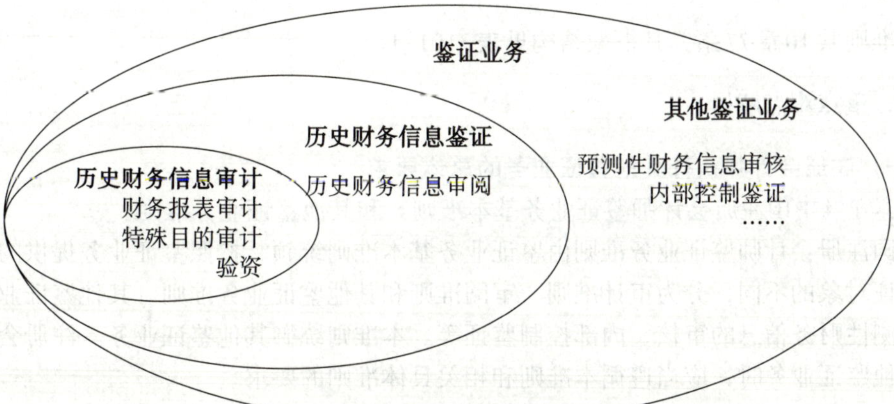

图3101-1　注册会计师业务范围拓展的过程

由于注册会计师具有良好的职业形象和较强的专业能力，这使得其日益成为政府部门和社会公众信赖的专业人士。在许多国家和地区，注册会计师除了承办传统审计业务，还承办其他鉴证业务，以增强信息使用者对所鉴证信息的信赖程度。同时，面对全球化、多元化和竞争激烈的会计市场，注册会计师实现审计业务收入的持续增长已非易事，必须不断地开拓新的市场和业务。从目前情况看，无论是在国外，还是在我国，注册会计师承办的业务范围已经十分广泛。

为达到与国际审计准则的趋同，我国鉴证准则体系设计为两个层次：第一个层次为鉴证业务基本准则，第二个层次为审计准则、审阅准则和其他鉴证业务准则。其中，审计准则用于规范注册会计师执行历史财务信息（主要是财务报表）审计业务，要求注册会计师综合使用审计方法，对财务报表获取合理程度的保证；审阅准则用于注册会计师执行历史财务信息审阅业务，要求注册会计师主要使用询问和分析程序，对财务报表获取有限程度的保证；其他鉴证业务准则用于规范注册会计师执行历史财务信息审计和审阅以外的其他鉴证业务。

注册会计师如何承接或保持其他鉴证业务，如何计划与执行其他鉴证业务，如何评估鉴证对象的适当性，如何评估重要性和鉴证业务风险，在收集和评价证据时如何利用专家的工作，如何记录其他鉴证业务工作过程和结果，如何编制鉴证报告等等，对这些问题的明确规范是本准则的核心内容。

（二）本准则2010年修订内容

本准则本次未修订。

（三）本准则2016年修订内容

本准则本次未修订。

（四）本准则2019年修订内容

本准则本次未修订。

（五）本准则学习中注意事项

由于本准则暂未修订，但审计环境已发生变化，注册会计师的业务范围不断拓展，所以，在运用本准则时应注意结合明晰化后的各项审计准则来学习。

二、框架结构简介

本准则共10章77条，其框架结构见表3101-1。

三、重点难点解析

（一）注册会计师执行其他鉴证业务的总体要求

1.遵守《中国注册会计师鉴证业务基本准则》和其他鉴证业务准则

中国注册会计师鉴证业务准则由鉴证业务基本准则统领，按照鉴证业务提供的保证程度和鉴证对象的不同，分为审计准则、审阅准则和其他鉴证业务准则。其他鉴证业务主要包括预测性财务信息的审核、内部控制鉴证等。本准则统御其他鉴证业务。注册会计师在执行其他鉴证业务时，应当遵循本准则和相关具体准则的要求。

2.遵守职业道德规范

《中国注册会计师职业道德基本准则》和《中国注册会计师职业道德规范指导意见》要求注册会计师在执行鉴证业务时，恪守独立、客观、公正的原则，保持专业胜任能力和应有的关注，并对执业过程中获知的信息保密。

3.遵守质量控制准则

财政部已发布两个质量控制准则，即《质量控制准则第5101号——会计师事务所对执行财务报表审计和审阅、其他鉴证和相关服务业务实施的质量控制》和《中国注册会计

表3101-1　　　　　　　　框架结构

章	名称	节	条	主要内容
第一章	总则	—	1~4	明确了本准则的制定目的、适用范围和总体要求，以及其他鉴证业务的保证程度
第二章	承接与保持业务	—	5~10	主要说明注册会计师在承接与保持其他鉴证业务以及业务变更时应当遵循的基本要求
第三章	计划与执行业务	1~4	11~26	主要说明注册会计师计划和执行其他鉴证业务的总体要求，包括评价鉴证对象和标准适当性，以及对重要性和鉴证业务风险的考虑
第四章	利用专家的工作	—	27~32	主要说明注册会计师利用专家工作时的基本要求，以及注册会计师对专家工作的了解和评价
第五章	获取证据	1、2	33~44	主要说明注册会计师获取证据的总体要求，以及与责任方声明相关的事项
第六章	考虑期后事项	—	45、46	主要说明注册会计师在执行其他鉴证业务时对期后事项的考虑
第七章	形成工作记录	—	47~49	主要说明注册会计师在形成工作记录时应当注意的事项，包括记录重大事项、编制和保存工作底稿
第八章	编制鉴证报告	1~3	50~74	主要说明注册会计师编制其他鉴证业务鉴证报告的相关要求，包括编制鉴证报告的总体要求、鉴证报告的主要内容，以及保留结论、否定结论和无法提出结论的适用情形
第九章	其他报告责任	—	75、76	主要说明注册会计师对其他报告责任的考虑
第十章	附则	—	77	规定了本准则的施行日期

师审计准则第1121号——对财务报表审计实施的质量控制》。前者从会计师事务所层面上进行规范，适用于包括其他鉴证业务在内的各项业务；后者从执行审计项目的负责人层面上进行规范，仅适用于历史财务信息审计业务。

（二）其他鉴证业务的目标

其他鉴证业务的保证程度分为合理保证和有限保证。

1.合理保证的其他鉴证业务的目标

合理保证的其他鉴证业务的目标是注册会计师将鉴证业务风险降至该业务环境下可接受的低水平，以此作为以积极方式提出结论的基础。例如，注册会计师将内部控制鉴证作为合理保证的其他鉴证业务予以承接。在该业务中，要求注册会计师将鉴证业务风险降至可接受的低水平，对鉴证后的内部控制的有效性提供高水平保证（合理保证），在鉴证报告中以积极方式提出结论。

2.有限保证的其他鉴证业务的目标

有限保证的其他鉴证业务的目标是注册会计师将鉴证业务风险降至该业务环境下可接受的水平，以此作为以消极方式提出结论的基础。例如，在预测性财务信息审核业务中，要求注册会计师将鉴证业务风险降至可接受的水平，对鉴证后的管理层采用的假设的合理性提供低于高水平的保证（有限保证），在鉴证报告中以消极方式提出结论。

提示 有限保证的其他鉴证业务的风险水平高于合理保证的其他鉴证业务的风险水平。

（三）其他鉴证业务的要素

其他鉴证业务旨在增进鉴证对象信息的可信性。注册会计师通过收集充分、适当的证据来评价某个对象是否在所有重大方面符合适当的标准，提出鉴证结论，从而提高该鉴证对象信息对预期使用者的有用性。其他鉴证业务包括以下五个要素：

1.三方关系

其他鉴证业务的三方关系为注册会计师、责任方和预期使用者。其中，责任方与预期使用者可能是同一方，也可能不是同一方。

2.其他鉴证对象

其他鉴证业务目前主要有预测性财务信息审核、内部控制鉴证。

3.标准

注册会计师应当评估用于评价或计量鉴证对象的标准的适当性，适当的标准应当具备下列所有特征：相关性、完整性、可靠性、中立性和可理解性。

4.证据

注册会计师应当以职业怀疑态度计划和执行鉴证业务，获取有关鉴证对象信息是否不存在重大错报的充分、适当的证据。

5.其他鉴证报告

注册会计师应当以书面报告形式提出鉴证结论，鉴证报告应当清晰表述注册会计师对鉴证对象信息提出的结论。其他鉴证业务的鉴证报告可以分为短式报告和长式报告。长式报告除包括基本内容外，还包括对业务约定条款的详细说明、在特定方面发现的问题以及提出的相关建议。

（四）承接与保持其他鉴证业务的条件

只有符合下列所有条件，会计师事务所才能承接或保持其他鉴证业务。

1.鉴证对象由预期使用者和注册会计师以外的第三方负责

鉴证业务涉及三方关系人：注册会计师、责任方和预期使用者。在其他鉴证业务中，应当存在除责任方之外的其他预期使用者。如果某项业务不存在除责任方之外的其他预期使用者，但在其他所有方面符合本准则的要求，注册会计师和责任方可以协商运用本准则的原则。在这种情况下，注册会计师应当在鉴证报告中注明该报告仅供责任方使用。

2.在初步了解业务环境的基础上，未发现不符合职业道德规范和《中国注册会计师鉴证业务基本准则》要求的情况

《中国注册会计师鉴证业务基本准则》要求注册会计师拟承接的业务必须具备以下五个特征：

（1）鉴证对象适当；

（2）使用的标准适当且预期使用者能够获取该标准；

（3）注册会计师能够获取充分、适当的证据以支持其结论；

（4）注册会计师的结论以书面报告形式表述，且表述形式与所提供的保证程度相适应；

（5）该业务具有合理的目的。

如果鉴证业务的工作范围受到重大限制，或委托人试图将注册会计师的名字和鉴证对象不适当地联系在一起，则该业务可能不具有合理的目的。

3.确信执行其他鉴证业务的人员在整体上具备必要的专业胜任能力

注册会计师可能需要针对各种鉴证对象执行其他鉴证业务。某些鉴证对象所要求的专业知识和技能可能会超出注册会计师通常的能力范围，此时，注册会计师可以考虑利用专家的工作。但会计师事务所如果打算承接或者保持该项业务，应当确保执行业务的项目组（包括专家）在整体上具备必要的专业胜任能力。

（五）无法获取责任方声明的考虑

注册会计师应当向责任方获取书面声明，以明确责任方对鉴证对象的责任。在其他鉴证业务中，责任方声明对于承接与保持业务具有重要意义。责任方声明应当以书面形式出具，载明责任方对鉴证对象的具体责任，避免相关各方因责任界定不清而引发分歧。

如果无法获取责任方的书面声明，注册会计师应当考虑：

1.承接业务是否适当，法律法规或合同是否明确了相关责任

注册会计师可以考虑获取其他支持以明确责任方责任，也可以考虑放弃该项业务。如果法律法规或业务约定书中明确了责任方的责任，那么注册会计师承接该项业务就有据可循，可以考虑承接该项业务。

2.如果承接业务，那么是否在鉴证报告中披露该情况

无法获取责任方声明，可能是因为委托人与责任方不是同一方，责任方拒绝配合注册会计师的工作。在这种情况下，鉴证业务风险将大大提高，注册会计师应当考虑是否在鉴证报告中披露该情况。

（六）其他鉴证业务的计划工作

1.计划工作的作用和内容

（1）计划工作的作用。注册会计师应当计划其他鉴证业务工作，以有效执行其他鉴证业务。充分的计划不仅有助于注册会计师适当关注业务的重要领域，及时发现潜在问题并适当组织和管理业务；也有助于注册会计师向项目组成员委派工作，并对他们的工作进行指导、监督和复核。此外，当利用专家工作时，计划工作还有助于协调项目组其他成员和专家的工作。

（2）计划工作的内容。计划工作包括总体策略和具体计划。其中：总体策略包括确定其他鉴证业务的范围、重点、时间安排和实施；具体计划包括拟执行的证据收集程序的性质、时间安排和范围，以及选择这些程序的理由。

2.计划工作时应当考虑的主要因素

注册会计师在计划其他鉴证业务工作时应当考虑下列主要因素：

（1）业务约定条款；

（2）鉴证对象特征和既定标准；

（3）其他鉴证业务的实施过程和可能的证据来源；

（4）对被鉴证单位及其环境的了解，包括对鉴证对象信息可能存在重大错报风险的了解；

（5）确定预期使用者及其需要，考虑重要性以及鉴证业务风险要素；

（6）对参与业务的人员及其技能的要求，包括专家参与的性质和范围。

3.计划工作的持续性

由于未预期事项、业务情况变化或获取的证据等因素，注册会计师可能需要在业务实施过程中修订总体策略和具体计划，进而修改计划实施的进一步程序的性质、时间安排和范围。

4.保持职业怀疑态度

在计划和执行其他鉴证业务时，注册会计师应当保持职业怀疑态度，以识别可能导致鉴证对象信息发生重大错报的情况。

5.识别和评估重大错报风险

注册会计师应当了解鉴证对象和其他业务环境事项，以足够识别和评估鉴证对象信息发生重大错报的风险，并设计和实施进一步的证据收集程序。

6.计划和执行业务时涉及的职业判断

注册会计师在计划和执行其他鉴证业务时，需要了解鉴证对象和其他业务环境事项。对鉴证对象和其他业务环境事项的了解可以为注册会计师在下列关键环节作出职业判断提供重要基础：

（1）考虑鉴证对象特征；

（2）评估标准的适当性；

（3）确定需要特殊考虑的领域，比如显示存在舞弊的迹象、需要特殊技能或利用专家工作的领域；

（4）确定重要性水平，评价其数量的持续适当性，并考虑其性质因素；

（5）实施分析程序时确定期望值；

（6）设计和实施进一步的证据收集程序，以将鉴证业务风险降至适当水平；

（7）评价证据，包括评价责任方口头声明和书面声明的合理性。

注册会计师应当运用职业判断，确定需要了解鉴证对象及其他业务环境事项的程度，并考虑这种了解是否足以评估鉴证对象信息发生重大错报的风险。

（七）利用专家的工作

注册会计师在执行其他鉴证业务时，由于某些其他鉴证业务的鉴证对象和相关标准，可能需要运用特殊知识和技能，这些知识和技能往往超出了注册会计师的专业胜任能力。注册会计师应当考虑利用专家的工作。

1.利用专家工作的领域

（1）对特定资产的估价；

（2）对资产的数量和实物状况的测定；

（3）需用特殊技术或方法的金额测算；

（4）未完成合同中已完成和未完成工作的计量；

（5）涉及法律法规和合同的法律意见。

2.利用专家工作的基本要求

（1）考虑专业胜任能力。当利用专家的工作收集和评价证据时，注册会计师与专家作为一个整体，应当具备与鉴证对象和标准相关的足够的专业知识和技能。

（2）应有的关注。在执行其他鉴证业务时，尽管并不要求专家在所有方面与注册会计师具备同样的专业知识和技能，但注册会计师应当确定专家已充分了解其他鉴证业务准则，以使专家能够按照具体业务目标开展工作。

（3）实施质量控制程序。注册会计师应当实施质量控制程序，明确执行其他鉴证业务人员的责任，包括专家的工作责任，以确保其遵守其他鉴证业务准则。

（4）充分参与鉴证业务，了解专家的工作。注册会计师应当充分参与其他鉴证业务和了解专家所承担的工作，对鉴证对象信息形成的结论承担责任。

3.评价专家的工作

注册会计师应当获取充分、适当的证据，确定专家的工作是否符合其他鉴证业务的目标。

（1）专家的专业胜任能力，包括专家的经验和客观性；

（2）专家使用的假设、方法和原始数据的合理性；

（3）专家发现的问题和得出结论的合理性及重要性。

（八）其他鉴证业务的鉴证报告

1.编制鉴证报告的总体要求

（1）注册会计师应当判断是否已获取充分、适当的证据，以支持鉴证结论；

（2）考虑所有与鉴证对象信息相关的证据；

（3）注册会计师应当以书面报告形式提出鉴证结论。

2.鉴证报告的类型

其他鉴证业务鉴证报告有短式报告和长式报告。

（1）短式报告：基本内容。

（2）长式报告：除包括基本内容外，还包括对业务约定条款的详细说明、使用的标准、在特定方面发现的问题，以及提出的相关建议。

3.鉴证报告的基本内容

其他鉴证业务鉴证报告的基本内容包括：

（1）标题；

（2）收件人；

（3）对鉴证对象信息（适当时也包括鉴证对象）的界定与描述；

（4）使用的标准；

（5）适当时，对按照标准评价或计量鉴证对象存在的所有重大固有限制的说明；

（6）必要时，对报告使用者和使用目的的限定；

（7）责任方的界定，以及对责任方和注册会计师各自责任的说明；

（8）按照其他鉴证业务准则的规定执行业务的说明；

（9）工作概述；

（10）鉴证结论；

（11）注册会计师的签名及盖章；

（12）会计师事务所的名称、地址及盖章；

（13）报告日期。

4.其他鉴证结论的说明

注册会计师应当在其他鉴证报告中清楚地说明鉴证结论。当其他鉴证对象信息由多个方面组成时，注册会计师可就每个方面分别提出结论：

（1）如果针对某方面执行的是合理保证的证据收集程序，那么注册会计师应当以积极方式提出相关结论；

（2）如果针对另一方面执行的是有限保证的证据收集程序，那么注册会计师应当以消极方式提出相关结论。

5.合理保证和有限保证的其他鉴证业务的鉴证结论的表达方式

（1）在合理保证的其他鉴证业务中，注册会计师应当以积极方式提出结论；

（2）在有限保证的其他鉴证业务中，注册会计师应当以消极方式提出结论。

6.增加的其他信息或解释

注册会计师在鉴证报告中增加不会影响鉴证结论的其他信息或解释，主要包括：

（1）注册会计师和其他参加具体业务的人员的资格和经验；

（2）重要性水平；

（3）在该业务的特定方面发现的问题及相关建议。

7.不应当提出无保留结论的情况或事项

如果存在下列事项，且判断该事项的影响重大或可能重大，则注册会计师不应当提出无保留结论：

（1）由于工作范围受到业务环境、责任方或委托人的限制，不能获取必要的证据将鉴证业务风险降至适当水平。

（2）如果结论提及责任方认定，且该认定未在所有重大方面作出公允表达；如果结论直接提及鉴证对象及标准，且鉴证对象信息存在重大错报。

（3）在承接业务后，如果发现标准或鉴证对象不适当，可能误导预期使用者，或造成工作范围受到限制。

【应用分析3101-1】上海电气集团股份有限公司2016年度内部控制审计报告。

pwc

普华永道

内部控制审计报告

普华永道中天特审字（2017）第0851号

上海电气集团股份有限公司全体股东：

按照《企业内部控制审计指引》及中国注册会计师执业准则的相关要求，我们审计了上海电气集团股份有限公司（以下简称“上海电气”）2016年12月31日的财务报告内部控制的有效性。

一、企业对内部控制的责任

按照《企业内部控制基本规范》《企业内部控制应用指引》《企业内部控制评价指引》的规定，建立健全和有效实施内部控制，并评价其有效性是上海电气董事会的责任。

二、注册会计师的责任

我们的责任是在实施审计工作的基础上，对财务报告内部控制的有效性发表审计意见，并对注意到的非财务报告内部控制的重大缺陷进行披露。

三、内部控制的固有局限性

内部控制具有固有局限性，存在不能防止和发现错报的可能性。此外，由于情况的变化可能导致内部控制变得不恰当，或对控制政策和程序遵循的程度降低，根据内部控制审计结果推测未来内部控制的有效性具有一定风险。

四、财务报告内部控制审计意见

我们认为，上海电气于2016年12月31日按照《企业内部控制基本规范》和相关规定在所有重大方面保持了有效的财务报告内部控制。

注册会计师　王　笑

普华永道中天会计师事务所(特殊普通合伙)

中国·上海市

2017年3月17日

注册会计师　郑嘉彦

资料来源：http: //stock.jrj.com.cn/share，disc，2017-03-18，601727，0000000000000hn6ea.shtml

第二节　预测性财务信息的审核（第3111号）

一、概述

（一）本准则制定与修订背景

预测性财务信息的公开披露能使投资者和债权人了解上市公司未来的生产经营状况，并据此作出合理有效的投资决策，从而防范和化解投资风险。从20世纪40年代起，美国证券和会计界就对预测性财务信息的披露进行了专门的研究，经过半个多世纪的发展，其间经历了由禁止发布到鼓励但非强制性披露的政策演变过程，现已形成一个较完备的信息披露体系。

目前，我国对预测性财务信息的有关规定主要散见于以下行政法规：中国证监会和原证券委发布的部门规章和解释性文件中，有1993年国务院发布的《股票发行与交易管理暂行条例》；1996年12月26日中国证监会发布的《关于股票发行工作若干规定的通知》；1999年3月26日发布的《关于境外上市公司进一步做好信息披露工作的若干意见》；2000年6月15日发布的《公开发行股票公司信息披露的内容与格式准则第三号〈中期报告的内容与格式〉》；2001年3月中国证监会发布的《公开发行证券公司信息披露内容与格式准则第9号——首次公开发行股票申请文件》《招股说明书的内容与格式》《上市公司新股发行管理办法》等。

从以上规定来看，目前我国上市公司必须在招股说明书和上市公告书中披露税后利润总额、每股盈利、市盈率等盈利预测信息，这显然属于强制性披露。至于公司上市后在年度报告中是否披露盈利预测信息，则取决于其自愿。而对于盈利预测信息，根据证监会规定，凡公司在招股说明书、上市公告书和年度报告中披露的盈利预测信息，必须经过具有从事证券业务资格的注册会计师审查并出具报告，这说明我国对盈利预测信息实行强制审核制度。仔细分析上述法律法规，我们不难发现，我国对于预测性财务信息披露的规定主要集中于盈利预测。虽然对盈利预测有所规定，但有关规定也是散见于各行政法规、规章和中国证监会的有关解释中，法律层级和位阶较低，规定较为零乱，且各规定的内容不尽一致，已有的规定也往往只适用于某一种特殊的情况，缺乏系统性规定。对于发行人进行盈利预测应符合的要求，立法虽有规定，但该规定并不完善且仅仅是针对招股说明书。对于发行人未履行相关要求应承担的法律责任的直接规定较少，有关民事责任的规定也不具体。此外，我国还未建立起美国证券法上的安全港制度与预先警示原则。

2001年3月15日中国证监会发布《公开发行证券的公司信息披露内容与格式准则第1号——招股说明书》，将强制披露IPO盈利预测改为自愿披露。在强制性披露政策下，1093家公司（1990—2001年）中有97.32%的公司披露了盈利预测信息（张雁翎、申爱涛，2004），而在改为自愿披露后（2001—2003年），披露盈利预测公司的比例逐年下降，分别为71.43%、28.79%和7.58%。

近年来，我国证券市场不断发展，上市公司迅速增多，上市公司对外发布的盈利预测信息也越来越成为广大投资者极为关心的投资信息。作为企业盈利预测资料的审核者，注册会计师应做好哪些工作，对企业所发布的盈利预测信息应承担怎样的责任，也随之成为政府管理部门、广大投资者十分关注的问题。

预测性财务信息反映了企业管理层对未来的预期，具有历史财务信息所不能替代的作用，对于很多方面的决策都具有重要意义。预测性财务信息的使用者包括企业的管理层、现有的或潜在的投资者、债权人、政府机构乃至社会公众。为了提高预测性财务信息的可信赖程度，相关法律法规对于预测性财务信息的编制和披露作出了规定，且一般均要求向社会公众披露的预测性财务信息应当经过注册会计师的鉴证；同时，对于非法定性质的预测性财务信息，其使用者往往也要求信息的编制者或提供者聘请注册会计师对其进行鉴证。

预测性财务信息审核作为一种其他鉴证业务，其鉴证对象的预测性特征是将其与其他各类鉴证业务（如历史财务信息的审计和审阅等）区分开来的最重要的标志。这一特征将对按照标准对鉴证对象进行评价或计量的准确性，以及证据的说服力产生影响。相应地，也就影响到鉴证业务的目标和所实施的鉴证程序的性质、时间安排和范围。

为规范注册会计师执行预测性财务信息审核业务，保证审核质量，明确审核责任，特制定本准则。

（二）本准则2010年修订内容

本准则本次未修订。

（三）本准则2016年修订内容

本准则本次未修订。

（四）本准则2019年修订内容

本准则本次未修订。

（五）本准则学习中注意事项

由于本准则未修订，但审计环境已发生变化，注册会计师的业务范围不断拓展，所以，在运用本准则时应注意结合明晰化后各项审计准则来学习。

二、框架结构简介

本准则共9章30条，其框架结构见表3111-1。

表3111-1　　框架结构

章	名称	节	条	主要内容
第一章	总则	—	1~4	明确了本准则的制定目的、相关概念、审核业务的目标，以及管理层和注册会计师各自的责任
第二章	保证程度	—	5、6	规范了注册会计师对预测性财务信息发表意见时应遵循的基本原则
第三章	接受业务委托	—	7~9	规范了注册会计师在承接预测性财务信息审核业务前应考虑的问题，以及业务约定书的主要内容
第四章	了解被审核单位情况	—	10~12	规范了注册会计师了解被审核单位的情况、熟悉被审核单位编制预测性财务信息的过程，考虑被审核单位编制预测性财务信息时依赖历史财务信息的程度是否合理，以及历史财务信息本身的可靠性对审核工作的影响
第五章	涵盖期间	—	13、14	规范了注册会计师如何考虑预测性财务信息涵盖期间的合理性
第六章	审核程序	—	15~22	规范了注册会计师在确定审核程序的性质、时间安排和范围时应考虑的主要因素，需要执行的审核程序，以及需向管理层获取书面声明的事项
第七章	列报	—	23	规范了注册会计师评价预测性财务信息的列报时应予考虑的主要因素
第八章	审核报告	—	24~29	规范了审核报告的内容和审核意见的类型
第九章	附则	—	30	规定了本准则施行日期

三、重点难点解析

盈利预测信息的披露是保证资本市场健康发展的制度安排，是证券市场有效运行的客观基础。目前上市公司盈利预测披露意愿减弱只是暂时的现象，随着市场的成熟、法制环境的改善、公司对自愿披露的接受程度，以及公众形象意识的不断提高，并经过多次博弈之后，上市公司自愿披露盈利预测的积极性是会得到提高的。

预测性财务信息，是指被审核单位依据对未来可能发生的事项或采取的行动的假设而编制的财务信息。

预测性财务信息可能包括财务报表整体（包含资产负债表、利润表、股东权益变动表和现金流量表以及财务报表附注在内的一套完整的财务报表）或财务报表的一项或多项要素（如其中的某一张财务报表，或者某一张财务报表中的一个或者多个项目等）。对于那些以一套完整的财务报表形式出现的预测性财务信息，通常称为预测性财务报表。在列报预测性财务报表时，一般需要在附注中提供编制该预测性财务报表所依据的重要假设和会计政策。

预测性财务信息所涵盖的期间可以有一部分是历史期间（如在2017年4月编制2017年全年的预测性财务报表，其中的1～3月份数据是已实现数），但不能全部是历史期间，必须至少有一部分属于未来期间。

由于预测性财务信息所涉及的是截至目前尚未发生的事项，因此不可避免地带有高度的主观性，并且在编制过程中需要大量的判断。这是预测性财务信息的一项重要质量特征。

（一）相关专业术语（见表3111-2）

表3111-2 相关专业术语

术语	含义
最佳估计假设	是指截至编制预测性财务信息日，管理层对预期未来将会发生的事项和将要采取的行动作出的假设
推测性假设	是指管理层对未来事项和采取的行动作出的假设，该事项或行动在未来未必发生。例如：企业尚处于营业初期，未来经营状况的不确定性较大；管理层正在考虑进行重大的业务转型，而该转型的效果尚有较大的不确定性等
预测	是指管理层在最佳估计假设的基础上编制的预测性财务信息
规划	是指管理层基于推测性假设，或同时基于推测性假设和最佳估计假设编制的预测性财务信息
盈利预测	是一种最典型的预测，是指被审核单位（如证券发行人）的管理层在对未来经营业绩所作的最佳估计的基础上编制的预测性财务信息
有限保证	有限保证的其他鉴证业务的目标是注册会计师将鉴证业务风险降至该业务环境下可接受的水平，以此作为以消极方式提出结论的基础。要求注册会计师将鉴证业务风险降至可接受的水平，对鉴证后管理层采用假设的合理性提供低于高水平的保证，在审核报告中以消极方式提出结论
合理保证	合理保证的其他鉴证业务的目标是注册会计师将鉴证业务风险降至该业务环境下可接受的低水平，以此作为以积极方式提出结论的基础。要求注册会计师将鉴证业务风险降至可接受的水平，对鉴证后管理层对预测性财务信息的编制与假设的一致性以及是否按照适用的会计准则和相关会计制度的规定进行列报提供合理保证

（二）管理层的责任与注册会计师的责任（见表3111-3）

表3111-3 管理层的责任与注册会计师的责任

项目	管理层的责任	注册会计师的责任
区别	（1）负责编制预测性财务信息。 （2）包括识别和披露预测性财务信息依据的假设	（1）应当遵守相关的职业道德规范，恪守独立、客观、公正的原则，保持专业胜任能力和应有的关注，并对执业过程中获知的信息保密。 （2）接受委托对预测性财务信息实施审核并出具报告，可增强该信息的可信赖程度。 （3）在执行预测性财务信息审核业务时，注册会计师应当就下列事项获取充分、适当的证据：①管理层编制预测性财务信息所依据的最佳估计假设并非不合理；在依据推测性假设的情况下，推测性假设与信息的编制目的是相适应的。②预测性财务信息是在假设的基础上恰当编制的。③预测性财务信息已恰当列报，所有重大假设已充分披露，包括说明采用的是推测性假设还是最佳估计假设。④预测性财务信息的编制基础与历史财务报表一致，并选用了恰当的会计政策
联系	管理层无法对预测性财务信息的未来可实现程度作出保证	（1）不包括对预测性财务信息的结果能否实现发表意见，但需要对管理层采用假设是否合理发表有限保证的审核意见，对预测性财务信息是否依据这些假设恰当编制并按照适用的会计准则和相关会计制度的规定进行列报发表合理保证的审核意见。 （2）应当通过业务约定书、管理层声明等形式提请被审核单位管理层确认应由他们承担的责任，并且在所出具的预测性财务信息审核报告中对被审核单位管理层和注册会计师各自的责任作出清晰的界定，借以提示预测性财务信息的使用者

（三）接受业务委托（见表3111-4）

表3111-4 接受业务委托

情形	要求	示例
承接预测性财务信息审核业务前应当考虑的因素	（1）信息的预定用途	（1）作为被审核单位内部管理的工具，如为评价一项拟议中的资本性支出提供参考； （2）按照证券发行相关信息披露规范的要求，在招股说明书、募集说明书中向潜在投资者提供关于发行人未来发展前景的信息； （3）在年报和其他定期报告中向股东、监管机构和其他方面提供信息； （4）向债权人提供信息，如申请贷款时向银行提供未来现金流量的预测
	（2）信息是广为分发还是有限分发	（1）在广为分发的情形下（如为了公开发行证券而公告盈利预测信息），通常需要被审核单位提供预测； （2）在有限分发的情形下（如为申请贷款而向银行提供现金流量预测，以及限于企业内部使用的预测性财务信息），可能在某些情况下提供预测，而在另一些情况下提供规划
	（3）假设的性质，即假设是最佳估计假设，还是推测性假设	在多数情况下，一项预测性财务信息会同时以多项假设作为其基础，其中可能有部分假设属于最佳估计假设，部分属于推测性假设。在以多项假设作为基础的情况下，各项假设之间很可能并不是互相独立的，而是存在某种联系

续表

情形	要求	示例
承接预测性财务信息审核业务前应当考虑的因素	(4) 信息中包含的要素	预测性财务信息是一整套财务报表、部分财务报表还是财务报表中的若干项目，或是其他财务信息等
	(5) 信息涵盖的期间	随着涵盖时间的延长，假设的主观性将会增加，审核风险也会相应增加
不适合承接业务的情形	注册会计师在承接业务时，或者在业务的执行过程中，如果发现假设明显不切实际，或认为预测性财务信息并不适合预定用途，应当拒绝接受业务委托，或解除业务约定	(1) 注册会计师也可以提请委托人或者管理层对上述事项作出修正。在委托人或者管理层作出修正后，如果注册会计师感到满意，可以接受业务委托或者继续执行业务。 (2) 在已签订业务约定书的情况下解除业务约定，由于可能涉及违约责任等法律问题，注册会计师在决定解除业务约定之前，应当咨询律师的意见
承接业务	签订业务约定书	业务约定书中除了明确注册会计师在承接业务时应予考虑的上述各项因素之外，还应当对被审核单位管理层的责任作出说明和约定。管理层的责任包括对预测性财务信息及其所依据的假设负责、向注册会计师提供形成该假设时所依据的所有相关信息和原始数据、按时足额支付审核费用等

（四）了解被审核单位的情况

注册会计师应当充分了解被审核单位情况，以评价管理层是否识别出编制预测性财务信息所要求的全部重要假设。具体内容见表3111-5。

表3111-5 了解被审核单位情况

情况	目的	方法	示例
了解管理层是否识别出编制预测性财务信息所要求的全部重要假设	(1) 被审核单位是否已识别出对预测性财务信息可能产生重大影响的所有主要因素； (2) 为其中每一项主要因素在该预测性财务信息涵盖期间内的变化情况均建立了相应的假设； (3) 所识别出的假设对于该预测性财务信息而言是否具有相关性	(1) 询问被审核单位的管理层； (2) 从承办与被审核单位处于同一行业的其他企业的类似业务中获得经验； (3) 向熟悉被审核单位所处行业的人士进行咨询； (4) 阅读行业出版物、证券分析师撰写的行业分析报告、期刊或其他资料； (5) 分析以前期间的历史财务数据等	在盈利预测审核业务中了解被审核单位的基本情况时，需要重点了解的事项包括： (1) 能否获得开展经营活动所需的资源； (2) 被审核单位提供的产品或劳务的销售状况和市场状况； (3) 与被审核单位所处行业有关的特定风险因素； (4) 有关被审核单位过去的经营业绩的情况，或与被审核单位具有可比性的其他企业的过去经营业绩的情况

续表

情况	目的	方法	示例
了解编制过程	熟悉编制过程	考虑下列事项： （1）与编制预测性财务信息相关的内部控制，以及负责编制预测性财务信息人员的专业技能和经验； （2）支持管理层作出假设的文件的性质； （3）运用统计、数学方法及计算机辅助技术的程度； （4）形成和运用假设时使用的方法； （5）以前期间编制预测性财务信息的准确性，及其与实际情况出现重大差异的原因	略
了解编制预测性财务信息时对历史财务信息的依赖	（1）依赖历史财务信息的程度是否合理； （2）编制基础是否一致； （3）历史财务信息本身的可靠性	考虑管理层假设合理性的历史基准	（1）如果被审核单位尚处于营业初期（或筹建期），或者被审核单位的主要产品是目前市场前景尚不明朗的新产品，则注册会计师应当考虑各项相关的事实及其对预测性财务信息审核的影响； （2）如果对上期历史财务信息出具了非标准审计报告或非标准审阅报告，注册会计师应当考虑各项相关的事实及其对预测性财务信息审核的影响

（五）涵盖期间

注册会计师考虑预测性财务信息涵盖期间的原因，以及从哪些方面进行考虑。涵盖期间的长短可能影响到注册会计师所需获取的用以支持假设的证据的数量和对这些证据的可靠程度的要求。

随着涵盖期间的延长，假设的主观性将会增加，管理层作出最佳估计假设的能力将会削弱，预测性财务信息与最终实际情况不符的可能性也就越大。因此，预测性财务信息涵盖的期间不应超过管理层可以作出合理假设的期间。注册会计师对预测性财务信息涵盖的期间是否合理的判断因素见表3111-6。

（六）审核程序

注册会计师实施审核程序的目标是获取充分、适当的审核证据，出具审核报告，增强被审核信息的可信赖程度。注册会计师应当通过确定和实施恰当的审核程序实现这一目标。

表3111-6　涵盖的期间是否合理的判断因素

涵盖的期间是否合理的判断因素	示 例
经营周期	如果企业接了一项重大订单，则该订单的预计生产周期可能就是预测性财务信息所涵盖的期间的最合适长度
假设的可靠程度	如果企业的房屋，其主要业务就是收取租金，签订的租约都是长期合同，那么将预测性财务信息的涵盖期间设定为一个较长的期间也是合理的
使用者的需求	编制预测性财务信息如果是用于向银行申请贷款，则向银行提交的现金流量预测的涵盖期间应当就是申请的贷款期间，以向银行证明被审核单位在贷款期内可以获取足以用于偿付全部贷款本息的净现金流量

在确定审核程序的性质、时间安排和范围时，注册会计师应当考虑下列因素：

（1）重大错报的可能性；

（2）以前期间执行业务所了解的情况；

（3）管理层编制预测性财务信息的能力；

（4）预测性财务信息受管理层判断影响的程度；

（5）基础数据的恰当性和可靠性。

审核程序见表3111-7。

表3111-7　审核程序

程序	目标
评估最佳估计假设	评估支持管理层作出最佳估计假设的证据的来源和可靠性
评估推测性假设	确定这些假设的所有重要影响是否已得到考虑
检查数据计算准确性和内在一致性	确定预测性财务信息是否依据管理层确定的假设恰当编制
关注敏感领域	判断对于预测性财务信息的影响
审计或者审阅包含本期部分历史信息	确定对历史信息需要实施的程序的范围
获取管理层书面声明	（1）预测性财务信息的预定用途； （2）管理层作出的重大假设的完整性； （3）管理层认可其应承担的对预测性财务信息的责任
评价预测性财务信息的列报（包括披露）	（1）预测性财务信息的列报是否提供有用信息且不会产生误导。 （2）预测性财务信息的附注中是否清楚地披露会计政策。 （3）预测性财务信息的附注中是否充分披露所依据的假设，是否明确区分最佳估计假设和推测性假设；对于涉及重大事项且具有高度不确定性的假设，是否已充分披露该不确定性以及由此导致的预测结果的敏感性。 （4）预测性财务信息的编制日期是否得以披露，管理层是否确认截至该日期，编制该预测性财务信息所依据的各项假设仍然适当。 （5）当预测性财务信息的结果以区间表示时，是否已清楚说明在该区间内选取若干点的基础，该区间的选择是否不带偏见或不产生误导。 （6）从最近历史财务信息披露以来，会计政策是否发生变更、变更的原因及其对预测性财务信息的影响

（七）审核报告的内容

注册会计师对预测性财务信息出具的审核报告应当包括的内容见表3111-8。

表3111-8　　对预测性财务信息出具的审核报告内容

要素	内容
标题	审核报告
收件人	一般即为审核业务约定书中的委托人，也可能是审核业务约定书中指明的其他致送对象。审核报告应当载明收件人的全称
指出所审核的预测性财务信息	对所审核的预测性财务信息的界定与描述
提及审核预测性财务信息时依据的准则	本准则
说明管理层对预测性财务信息负责	包括编制该信息所依据的假设
适当时，提及预测性财务信息的使用目的和分发限制	指明被审核的预测性财务信息仅限于已经明确识别的特定主体使用，或者仅限用于在业务约定书中明确的用途
以消极方式说明假设是否为预测性财务信息提供合理基础	我们没有注意到任何事项使我们认为这些假设没有为预测提供合理基础
审计意见	对预测性财务信息是否依据假设恰当编制，并按照适用的会计准则和相关会计制度的规定进行列报发表意见
对预测性财务信息的可实现程度作出适当警示	表明注册会计师不对该预测性财务信息未来的可实现程度作出保证
注册会计师的签名及盖章	
会计师事务所的名称、地址及盖章	
报告日期	报告日期应为完成审核工作的日期。对于须经管理层签署方可具有法律效力的预测性财务信息，报告日期不能早于被审核单位管理层批准和签署该预测性财务信息的日期
对信息使用者的警示	在意见段后增列： （1）由于预期事项通常并非如预期那样发生，并且变动可能重大，实际结果可能与预测性财务信息存在差异；同样，当预测性财务信息以区间形式表述时，对实际结果是否处于该区间内不提供任何保证。 （2）在审核规划的情况下，编制预测性财务信息是为了特定目的（列明具体目的）。在编制过程中运用了一整套假设，包括有关未来事项和管理层行动的推测性假设，而这些事项和行动预期在未来未必发生。因此，提醒信息使用者注意，预测性财务信息不得用于该特定目的以外的其他目的

（八）审核报告的意见类型

1. 审核报告意见类型的出具条件

我们根据《中国注册会计师审计准则第1501号——对财务报表形成审计意见和出具审计报告》和《中国注册会计师审计准则第1502号——在审计报告中发表非无保留意见》，对预测性财务信息审核报告意见类型的出具条件归纳见表3111-9。

表3111-9　　预测性财务信息审核报告意见类型的出具条件

无保留意见	保留意见或解除业务约定	否定意见或解除业务约定	无法表示意见或解除业务约定
满足以下三个方面的条件： （1）所获取的审核证据足以支持发表无保留意见； （2）审核范围没有受到限制； （3）不存在应当调整或披露而被审核单位未予调整或披露的重要事项	（1）如果认为预测性财务信息的列报不恰当； （2）如果推测性假设与编制预测性财务信息的目的不相适应，或者有理由相信这些假设明显不切合实际，如果管理层拒绝进行修正	（1）如果认为预测性财务信息的列报不恰当； （2）在预测性财务信息属于预测的情况下，如果认为一项或者多项重大假设不能为依据最佳估计假设编制的预测性财务信息提供合理基础； （3）在预测性财务信息属于规划的情况下，通常并不能验证推测性假设是否为规划提供一个合理的基础，但注册会计师应当考虑除推测性假设以外的其他重要假设是否能在推测性假设成立的前提下为规划提供合理的基础。在给定的推测性假设下，如果认为一项或者多项重大假设不能为依据推测性假设编制的预测性财务信息提供合理基础； （4）如果推测性假设与编制预测性财务信息的目的不相适应，或者有理由相信这些假设明显不切合实际，如果管理层拒绝进行修正	如果审核范围受到限制，导致无法实施必要的审核程序。注册会计师的审核范围受到限制可能是由于以下两方面的原因： （1）客户所施加的限制，导致一项或多项必要的审核程序无法实施； （2）外部环境因素所导致的限制，如难以获取适当的支持性证据以评价假设的合理性

2.不同基础条件下专业术语的运用（见表3111-10）

表3111-10　　不同基础条件下专业术语的运用

报告类型		无保留意见	保留意见	否定意见	无法表示意见
以预测为基础	说明段（预测性财务信息为一个区间时的无保留意见审核报告）	如预测性财务信息附注“编制所依据的重要假设”部分所述，贵公司管理层预测20××年度的销售收入额将在××元和××元之间，而没有对20××年度的销售收入额作出一个单点估计。该预测区间是基于贵公司管理层关于贵公司的产品市场占有率处于A%和B%之间的估计而得出的。相应地，本报告后附的20××年度预测财务报表也反映了当贵公司产品的预期市场占有率处于该区间内时，贵公司20××年12月31日的预期财务状况以及20××年度的预期经营成果和现金流量。但是，我们对于贵公司产品20××年度的实际市场占有率是否处于A%和B%之间不提供任何保证	根据《企业会计准则第18号——所得税》的有关规定，贵公司应当披露所得税费用（或收益）与会计利润的关系，但贵公司在该预测中对此未予披露	如该预测的附注“本预测所依据的重要假设的说明”部分所示，贵公司对该预测期间内的销售收入额的预测所依据的重要假设之一是在该预测期间内，相关政府部门向贵公司的订货量能够继续维持目前的水平。但是，贵公司目前与相关政府部门之间的供货合同将在20××年5月期满，截至目前尚未签订新的供货合同，也并未就签订新的购货合同进行接洽。并且，相关政府部门已就采购目前由贵公司供应的货物的相关事宜，与另一家公司签订了合同	如该预测的附注“本预测所依据的重要假设的说明”部分所示，该预测所示的预测期内预计净利润中包含来自按照权益法核算的被投资单位XYZ公司的投资收益，即按照贵公司在XYZ公司中所持有的股权比例计算的在XYZ公司预测期内的净利润中所享有的份额。该项来自XYZ公司的投资收益占该预测所示的预测期内贵公司净利润的比例为60%。由于XYZ公司并未编制和提供该期间内的盈利预测，因此我们无法获取该项假设的充分、适当的支持性证据
以预测为基础	意见段	根据我们对支持这些假设的证据的审核，我们没有注意到任何事项使我们认为这些假设没有为预测提供合理基础。而且，我们认为，该预测是在这些假设的基础上恰当编制的，并按照××编制基础的规定进行了列报	……另外，除了前段所述的贵公司未在该预测中披露所得税费用（或收益）与会计利润的关系外，该预测是在……	由于前段所述事项的重大影响，我们认为这些假设没有为预测提供合理基础。并且，该预测的列报不符合××编制基础的规定	由于我们未能对前段所述的假设，以及与之相关的其他假设实施审核程序，我们无法对这些假设是否为预测提供合理基础，以及该预测的编制和列报是否符合××编制基础的规定发表意见

续表

报告类型		无保留意见	保留意见	否定意见	无法表示意见
以规划为基础	说明段	贵公司编制规划是为了××目的。由于贵公司尚处于营业初期，在编制规划时运用了一整套假设，包括有关未来事项和管理层行动的推测性假设，而这些事项和行动预期在未来未必发生。因此，我们提醒信息使用者注意，该规划不得用于××目的以外的其他目的			
	意见段	根据我们对支持这些假设的证据的审核，在推测性假设（列明推测性假设）成立的前提下，我们没有注意到任何事项使我们认为这些假设没有为规划提供合理基础。我们认为，该规划是在这些假设的基础上恰当编制的，并按照××编制基础的规定进行了列报			
	强调事项段	即使在推测性假设中所涉及的事项发生，但由于预期事项通常并非如预期那样发生，并且变动可能重大，因此实际结果仍然可能与预测性财务信息存在差异			

【应用分析3111-1】预测性财务信息审核报告。

盈利预测审核报告

安永华明（2016）专家第61243319_H09号

深圳市赤湾房地产开发有限公司董事会：

我们审核了后附的深圳市赤湾房地产开发有限公司2016年度、2017年度及2018年度的盈利预测报告。我们的审核依据是《中国注册会计师其他鉴证业务准则第3111号——预测性财务信息的审核》。深圳市赤湾房地产开发有限公司管理层对上述盈利预测报告及其所依据的各项假设负责。这些假设已在上述盈利预测报告附注的盈利预测基础和基本假设中披露。

根据我们对支持这些假设的证据的审核，我们没有注意到任何事项使我们认为这些假设没有为上述盈利预测报告提供合理基础。而且，我们认为，上述盈利预测报告是在这些假设基础上恰当编制的，并按照上述盈利预测报告中所述的编制基础进行了列报。

由于预期事项通常并非如预期那样发生，并且变动可能重大，实际结果可能与上述盈利预测报告存在差异。

本报告仅供深圳市南山房地产开发有限公司向深圳市赤湾房地产开发有限公司增资事宜之用；未经本所书面同意，不得作其他用途使用。

安永华明会计师事务所（特殊普通合伙）深圳分所　中国注册会计师（项目合伙人）：谢　枫

中国注册会计师：陈叻治

中国　深圳　　2016年5月20日

深圳市赤湾房地产开发有限公司盈利预测表见表3111-11。

表3111-11 深圳市赤湾房地产开发有限公司盈利预测表

2016—2018年度 单位：人民币元

项目	附注六	2016年度			2017年度	2018年度
		1~4月 已审实现数	5~12月 预测数	1~12月 预测数	1~12月 预测数合计	1~12月 预测数
营业收入	1	—	—	—	2 775 747 726.40	273 014 178.36
减：营业成本	2	—	—	—	1 277 628 304.68	125 553 750.69
（营业）税金及附加	3	—	—	—	406 673 950.73	51 403 228.57
销售费用	4	12 223 116.73	37 723 958.96	49 947 075.69	15 440 124.31	—
管理费用	5	755 724.83	6 906 942.89	7 662 667.72	7 525 032.28	2 000 000.00
财务费用		（28 558.81）	—	（28 558.81）	—	—
营业利润（亏损）		（12 950 282.75）	（44 630 901.85）	（57 581 184.60）	1 068 480 314.40	94 057 199.10
加：营业外收入		15 500.00	—	15 500.00	—	—
利润（或亏损）总额		（12 934 782.75）	（44 630 901.85）	（57 565 684.60）	1 068 480 314.40	94 057 199.10
减：所得税费用	6	（3 672 192.47）	（11 168 740.17）	（14 840 932.64）	267 120 078.60	23 514 299.78
净利润（或亏损）及综合收益（或亏损）总额		（9 262 590.28）	（33 462 161.68）	（42 724 751.96）	801 360 235.80	70 542 899.32

载于第3页至第20页的附注为本盈利预测表的组成部分。

第2页至第20页的盈利预测表由以下人士签署：

法定代表人：陈洪 主管会计工作负责人：成仲毅 会计机构负责人：成仲毅

资料来源：http：//stock.jrj.com.cn/share，disc，2016-05-24，002314，0000000000000f761a.shtml.

第三篇　相关服务准则

第十一章

对财务信息执行商定程序（第4101号）

第一节　概述

一、本准则制定与修订背景

随着审计业务的拓展，注册会计师会接受客户的委托开展除传统审计业务以外的其他业务，这些业务的发展无疑使注册会计师执业范围得到扩大。例如，在某些国家，客户会要求注册会计师按照事先约定的程序对某一网站的点击次数进行报告；在小姐选美中对竞选的程序和环节等内容进行鉴证。在国外，商定程序业务自20世纪80年代就开始大量出现：银行要求其贷款客户委托注册会计师检查其自身执行贷款协议情况；软件供应商可能会同软件使用者签订合同，依据其使用软件取得收入提取一定比例的使用费，这时软件供应商会委托注册会计师依据合同来确定软件使用者取得的收入。在国内，注册会计师会依据政府部门（如外汇管理局和财政部门）对企业进行检查的要求出具专项报告，如外汇年检情况等。这些新业务都要求注册会计师执行过程中由审计准则来指导，否则便会造成没有审核依据的混乱局面。

近年来，我国注册会计师承办商定程序业务的范围日益扩大，为满足注册会计师执业的需要，适应国际准则的变化，2002年3月财政部发布了《独立审计实务公告第9号——对财务信息执行商定程序》。原独立审计准则框架未对相关服务准则进行单独分类，有关商定程序业务的准则只能作为独立审计实务公告进行规范，不利于注册会计师区分各类不同性质的业务，因此2006年2月15日对原准则进行必要的修改与完善。制定本准则是为了规范注册会计师对财务信息执行商定程序业务，明确执业责任。

二、本准则2010年修订内容

本准则本次未修订。

三、本准则2016年修订内容

本准则本次未修订。

四、本准则2019年修订内容

本准则本次未修订。

五、本准则学习中注意事项

由于本准则未修订，但审计环境已发生变化，注册会计师的业务范围不断拓展，所以，在运用本准则时应注意结合明晰化后各项审计准则来学习。

第二节 框架结构简介

本准则共5章18条，其框架结构见表4101-1。

表4101-1 框架结构

章	名称	节	条	主要内容
第一章	总则	—	1~7	明确了制定本准则的目的，对财务信息执行商定程序的目标、特定主体的含义，以及注册会计师执行商定程序业务的总体要求
第二章	业务约定书	—	8~10	规范了注册会计师在接受商定程序业务委托时与特定主体的沟通，以及业务约定书的主要内容
第三章	计划、程序与记录	—	11~14	规范了商定程序的性质（类型），计划、实施和记录商定程序业务的基本要求
第四章	报告	—	15~17	规范了商定程序业务报告的基本内容
第五章	附则	—	18	本准则施行时间

第三节 重点难点解析

一、商定程序业务的特点

对财务信息执行商定程序的目标，是注册会计师对特定财务数据、单一财务报表或整套财务报表等财务信息执行与特定主体商定的具有审计性质的程序，并就执行的商定程序及其结果出具报告。

（一）特定主体含义

特定主体，是指委托人和业务约定书中指明的报告致送对象。委托人是委托注册会计师执行商定程序业务并与会计师事务所签订执行商定程序业务约定书的一方，是注册会计师报告的致送对象。例如，为了鉴证贷款人执行贷款协议的情况，银行会要求贷款人聘请注册会计师检查协议执行的结果。在通常情况下，贷款人就是委托人，而银行便是业务约定书中指明的报告致送对象。委托人与被执行商定程序的主体可能是同一主体，也可能不是同一主体。

商定程序业务报告的致送对象除了委托人之外，可能还有其他人。例如，企业为满足其债权人的需要，委托注册会计师对该企业的有关财务信息执行商定程序，报告致送对象不仅包括企业，而且还包括企业的多个债权人。需要注意的是，除委托人之外的其他报告致送对象仅指业务约定书中所指明的报告致送对象。

（二）商定程序业务的特点

商定程序业务的特点可从以下几个方面加以理解：

（1）注册会计师只有接受委托才能去执行商定程序业务。商定程序业务不是一项注册会计师的法定业务，同时意味着其他主体也可接受委托人的委托执行商定程序业务。

（2）注册会计师执行的程序是与特定主体协商确定的。注册会计师执行商定程序业务的前提是与有关方（特定主体）协商需要执行哪些程序，以达到某一特定的目的。与审计业务的明显差别是，审计中执行的程序是由注册会计师按照审计准则的要求选择和决定的，为达到审计目的，注册会计师可以使用各种审计程序。商定程序业务则不同，执行哪些程序不由注册会计师自主决定，而是要与特定主体进行协商确定。

（3）执行商定程序的对象是财务信息。财务信息涉及的范围很广，通常包括特定财务数据、单一财务报表或整套财务报表等。特定财务数据通常包括财务报表特定项目、特定账户或特定账户的特定内容，如银行存款、应付账款、应收账款、分部收入和利润以及财务报表要素等。特定财务数据可能直接出现在财务报表或其附注中，也可能是通过分析、累计、汇总等计算间接得出的，还可能直接取自会计记录。但是，如果注册会计师具备专业胜任能力，且存在合理的判断标准，可参照本准则对非财务信息执行商定程序业务。

（4）注册会计师就执行的商定程序及其结果出具报告。这也是商定程序业务与审计业务的一个重要区别。审计报告是对财务报表发表审计意见。而商定程序业务报告只报告所执行的商定程序及发现的事实和结果，并不提出鉴证结论。报告使用者自行对注册会计师执行的商定程序及其结果作出评价，并根据注册会计师的工作得出自己的结论。

（5）商定程序业务报告仅限于参与协商确定程序的特定主体使用，以避免不了解商定程序的人对报告产生误解。这是因为注册会计师所执行的商定程序是与特定主体协商确定的，而其他人由于不了解为什么要执行这些程序，可能会对注册会计师报告的结果产生误解。

二、审计业务与商定程序业务的区别

审计业务与商定程序业务的区别见表4101-2。

表4101-2 审计业务与商定程序业务的区别

业务类型 区别	审计	商定程序
委托目的	根据有关法律法规的规定进行的	根据特定主体的特定要求进行的
目标	注册会计师通过执行审计工作，对财务报表的下列方面发表审计意见： （1）财务报表是否按照适用的会计准则和相关会计制度的规定编制； （2）财务报表是否在所有重大方面公允反映被审计单位的财务状况、经营成果和现金流量	注册会计师对特定财务数据、单一财务报表或整套财务报表等财务信息执行与特定主体商定的具有审计性质的程序，并就执行的商定程序及其结果出具报告

续表

区别＼业务类型	审计	商定程序
独立性	作为鉴证业务，注册会计师在执行审计、审阅业务时必须具有形式上和实质上的独立性	不对商定程序业务提出独立性要求，但如果业务约定书或委托目的对注册会计师的独立性提出要求，注册会计师应当从其规定。如果注册会计师不具有独立性，应当在商定程序业务报告中说明这一事实
业务性质	鉴证业务	相关服务（非鉴证业务）
执业标准	中国注册会计师相关的审计准则	本准则
程序	审计程序的实施范围较广，程度较深，种类较多，包括检查记录或文件、检查有形资产、观察、询问、函证、重新计算、重新执行、分析程序等	视执行商定程序的对象和委托目的而定，可能使用询问和分析，重新计算、比较和其他核对方法，观察，检查，函证等5种方法中的全部或者一部分
证据数量	大量的	取决于商定的结果
保证程度	以积极方式提供合理保证	不提供任何保证
结论	审计报告是对财务报表发表审计意见。无保留意见、保留意见、无法表示意见、否定意见4种，其中无保留意见和保留意见可以加强调事项段	只要求在报告中客观反映说明执行商定程序的结果，包括详细说明发现的错误和例外事项，不要求提出鉴证结论
报告格式	简式、标准、公布目的	详式、非公布目的
报告分发	普遍，报告的使用不受限制	限制，供特定主体使用
注册会计师责任	最大	较小
风险	较大	较小

三、商定程序运用的恰当性

执行商定程序业务与执行审计业务一样也应编制工作计划。注册会计师可以参照相关审计准则的要求，对工作作出合理安排，以有效执行商定程序。注册会计师执行的商定程序与审计程序基本相同。但需要注意的是，实际执行商定程序业务时，可能仅执行上述程序中的一种或几种或某种程序中的一部分，究竟执行哪些程序取决于注册会计师与特定主体商定的结果。另外，由于商定程序具有灵活性，注册会计师可执行的程序也不一定限于上述5种程序，可能会因特定主体的特殊需要执行上述程序以外的其他程序。

注册会计师只有按照业务约定书的要求，全部完成商定程序后，才能就执行商定程序的结果出具报告。如果应该执行的程序没有执行或执行得不充分，报告的结果就缺少合理的依据。虽然注册会计师执行商定程序的性质、时间安排和范围取决于与特定主体商定的结果，但在与特定主体协商时，注册会计师不应同意执行过于主观并可能因此产生多种理解的程序。

证据是支持注册会计师报告的基础。注册会计师只有通过执行商定的程序，获取适当的证据，才能据以得出恰当的工作结果。但是，注册会计师不需要为了获取额外的证据，在委托范围之外执行额外的程序。恰当的程序和不恰当的程序举例见表4101-3。

表4101-3　　恰当的程序和不恰当的程序举例

程序的类型	恰当的程序	不恰当的程序
（1）询问和分析 （2）重新计算、比较和其他核对方法 （3）观察 （4）检查 （5）函证	（1）在商定相关的参数后，进行抽样； （2）检查能证明某些交易的文件或检查交易的详细情况； （3）向第三方函证特定信息； （4）将文件、清单或分析的结果与特定的实际情况相比较； （5）就他人进行的工作（如内审人员的工作）执行特定程序； （6）进行计算	（1）只查阅某一财务报表认定或某特定信息就据以出具报告； （2）只查阅他人的工作结果就据以出具报告，或者将他人的工作结果直接作为自己的工作结果进行报告； （3）解释注册会计师专业知识范围以外的信息

请注意　当执行商定程序受到客观条件的限制时，注册会计师应征得特定主体的同意来修改程序。如果得不到特定主体的同意（如程序是监管机构规定的，不能修改），注册会计师应在报告中说明执行程序所受到的限制，或者解除业务约定。

四、商定程序业务报告的基本要求

（一）在报告中详细说明业务目的和执行的商定程序

商定程序业务报告应当详细说明业务的目的和商定的程序，以便使用者了解所执行工作的性质和范围。这要求注册会计师在其报告中具体说明所执行的业务的目的，并详细列示所执行的具体程序。例如，在对应收账款明细表执行商定程序的报告中应说明："……本业务的目的仅是协助贵公司评价Y公司应收账款的正确性。"现将执行的程序及得出的结果报告如下："……取得Y公司编制的20××年12月31日的应收账款明细表，验算合计数，并与总分类账核对是否相符。"

（二）恰当报告得出的结果

在实施了商定的程序，取得适当的证据后，注册会计师应当以获取的证据为依据，恰当地报告执行程序得出的结果。

（1）注册会计师应当仅报告对特定财务信息执行商定程序的结果及发现的问题，而不应对该财务信息发表意见或者提供可信性保证。

（2）注册会计师应当报告其执行程序所发现的一切问题。必须注意的是，执行商定程序业务一般不使用重要性原则，除非与特定主体商定了重要性水平的范围。如果运用了重要性原则，注册会计师应当在报告中说明所商定的重要性水平。

（3）注册会计师应当避免在报告中使用模棱两可、含糊其词的词语。表4101-4是描述执行商定程序得出的结果的恰当和不恰当的举例。

表4101-4　　描述执行商定程序得出的结果的恰当和不恰当的举例

商定程序	恰当	不恰当
在某一时点的发运单中找出未预先编号并登记入账的情况，查看随后一个月的发运单是否已预先编号并登记入账	除了以下情况，发运单均已预先编号并登记入账：（列出例外的情况）	执行该程序并未发现任何情况
将应付账款账龄分析表中“超过3年”一栏所列的发票金额，与未付款的发票金额、日期相比较，判断金额是否相符、是否存在缺乏偿债能力或利用应付账款隐瞒利润	所有应付账款的发票与账龄分析表中“超过3年”一栏所列金额相符，并且这些应付款项不存在缺乏偿债能力或利用应付账款隐瞒利润	未付款发票的金额与账龄分析表中“超过3年”一栏所列金额大致相符，对于这些应付款项是否存在缺乏偿债能力或利用应付账款隐瞒利润，没有发现任何值得注意的情况

五、商定程序业务报告的基本内容

表4101-5中的16项要素构成了商定程序业务报告的基本内容，注册会计师编制报告时应当予以充分关注。

表4101-5　　商定程序业务报告的基本内容

序号	要素	备注
1	标题	与审计报告、验资报告不同，本准则并未要求商定程序业务的报告必须统一标题。这是因为商定程序业务的委托目的多种多样，报告的标题也不宜强求统一，而应是灵活多样。注册会计师在出具商定程序业务报告时，可以根据实际需要自行确定报告的标题。如：对××执行商定程序的报告、××专项调查报告等
2	收件人	应当是特定主体，一般是委托人，也可以包括业务约定书中指明的其他的报告致送对象。如：××公司
3	说明执行商定程序的财务信息	我们接受委托，对Y公司20××年12月31日的应收账款明细表执行了与贵公司商定的程序
4	说明执行的商定程序是与特定主体协商确定的	这些程序经贵公司同意，其充分性和适当性由贵公司负责
5	说明已按照本准则的规定和业务约定书的要求执行了商定程序	我们的责任是按照《中国注册会计师相关服务准则第4101号——对财务信息执行商定程序》和业务约定书的要求执行商定程序，并报告执行程序的结果
6	当注册会计师不具有独立性时，说明这一事实	
7	说明执行商定程序的目的	本业务的目的仅是协助贵公司评价Y公司应收账款的正确性
8	列出所执行的具体程序	一、执行的程序 1.取得Y公司编制的20××年12月31日的应收账款明细表，验算合计数，并与总分类账核对是否相符

续表

序号	要素	备注
9	说明执行商定程序的结果，包括详细说明发现的错误和例外事项	二、执行程序的结果 1.执行第1项程序，我们发现应收账款明细表合计数正确，并与总分类账核对相符
10	说明所执行的商定程序并不构成审计或审阅，注册会计师不提出鉴证结论	上述已执行的商定程序并不构成审计或审阅，因此我们不对上述应收账款明细表发表审计或审阅意见
11	说明如果执行商定程序以外的程序，或执行审计或审阅，注册会计师可能得出其他应报告的结果	如果执行商定程序以外的程序，或执行审计或审阅，我们可能得出其他应报告的结果
12	说明报告仅限于特定主体使用	本报告仅供贵公司用于第一段所述目的，不应用于其他目的及分发给其他单位或个人
13	在适用的情况下，说明报告仅与执行商定程序的特定财务数据有关，不得扩展到财务报表整体	本报告仅与上述特定财务数据有关，不应将其扩大到Y公司财务报表整体
14	注册会计师的签名和盖章	主任会计师和项目合伙人签章
15	会计师事务所的名称、地址及盖章	参见审计报告
16	报告日期	注册会计师完成商定程序的日期

【应用分析4101-1】注册会计师执行商定程序的报告。

注册会计师执行商定程序的报告

天健审〔2014〕816号

浙江苏泊尔股份有限公司：

我们接受委托，对浙江苏泊尔股份有限公司（以下简称贵公司）按特定的区域（即贵公司及境内子公司内销）和按照企业会计准则的规定编制的2013年度区域内销收入及区域内销营业利润，执行了与贵公司商定的程序。这些程序经贵公司同意，其充分性和适当性由贵公司负责。我们的责任是按照《中国注册会计师相关服务准则第4101号——对财务信息执行商定程序》和业务约定书的要求执行商定程序，并报告执行程序的结果。本业务的目的仅是协助贵公司了解贵公司在前述特定编制基础下，贵公司2013年度区域内销收入及区域内销营业利润。

现将执行的程序及其结果报告如下：

一、执行的程序

复核贵公司根据前述特定编制基础编制的2013年度区域内销收入及区域内销营业利

润，抽查会计凭证、会计账簿及其他会计资料，以合理确信贵公司编制的前述2013年度区域内销收入及区域内销营业利润是否符合前述特定编制基础。

二、执行程序的结果

经复核贵公司根据前述特定编制基础，抽查会计凭证、会计账簿及其他会计资料，我们认为，后附的贵公司编制的2013年度区域内销收入及区域内销营业利润符合前述特定编制基础，在所有重大方面公允反映了贵公司在前述特定编制基础下的2013年度区域内销收入及区域内销营业利润。

上述已执行的商定程序并不构成审计或审阅，因此我们不对上述2013年度区域内销收入及区域内销营业利润发表审计或审阅意见。如果执行商定程序以外的程序，或执行审计或审阅，我们可能得出其他应报告的结果。

本报告仅供贵公司用于本报告第一段所述目的，不应用于其他目的或分发给其他单位或个人。本报告仅与前述特定编制基础有关，不应将其扩大到贵公司实际情况下的财务报表整体。

附件：2013年度区域内销收入及区域内销营业利润（见表4101-6）。

天健会计师事务所（特殊普通合伙）　　　　中国注册会计师：×××

中国·杭州　　　　中国注册会计师：×××

二〇一四年三月二十五日

附件：

表4101-6　　　　2013年度区域内销收入及区域内销营业利润

项目	期间	金额（万元）	备注
区域内销收入	2013年度	538 868.18	公司及境内子公司内销作为计算范围
区域内销营业利润	2013年度	41 532.04	

资料来源：http：//pdf.dfcfw.com/pdf/H2_AN201403260005321525_1.pdf.

第十二章

代编财务信息（第4111号）

第一节　概述

一、本准则制定与修订背景

本准则是在借鉴《国际相关服务准则第4410号——代编业务》基础上制定的。我国中小企业发展迅速，数量激增。一些中小企业出于成本效益的考虑，或一时难以找到合适的会计人才，往往委托会计师事务所代编财务报表。

目前，代编财务信息的业务在我国十分普遍。比如，某些外商投资企业除了按照我国企业会计准则和相关会计制度编制财务报表外，可能还需要按照母公司适用的财务报告框架编制财务报表。基于这一要求，外商投资企业可能委托注册会计师根据其已有的会计记录和确定的财务报告框架（如国际财务报告框架或外国投资者所在国的财务报告框架），编制一套完整的符合母公司要求的财务报表。再比如，小企业客户在编制了符合《小企业会计准则》的财务报表后，需要编制一份符合企业会计准则的财务报表，以评估转换会计准则的可能影响，其可能委托注册会计师根据企业已有的会计记录，按照企业会计准则，编制一套符合其需求的财务报表。

与此类似的代编业务还有：按收付实现制编制的财务报表；按监管部门要求编制的财务报表；按企业签订的合同条款编制的财务报表；某次市场营销活动的费用表；某项投资活动的收益表；代编预测性财务信息等。

从目前开展代编业务的机构看，除会计师事务所外，还有其他一些中介机构。由于各类机构素质参差不齐，在一定程度上影响了代编业务的声誉，误导了信息使用者。为了规范注册会计师执行代编财务信息业务，保证执业质量，明确注册会计师的责任，保护投资者的利益和注册会计师的合法权益，特制定本准则。

二、本准则2010年修订内容

本准则本次未修订。

三、本准则2016年修订内容

本准则本次未修订。

四、本准则2019年修订内容

本准则本次未修订。

五、本准则学习中注意事项

由于本准则未修订，但审计环境已发生变化，注册会计师的业务范围不断拓展，所以，在运用本准则时应注意结合明晰化后的各项审计准则来学习。

第二节 框架结构简介

本准则共5章20条，其框架结构见表4111-1。

表4111-1 框架结构

章	名称	节	条	主要内容
第一章	总则	—	1~5	明确了本准则的制定目的、代编业务的目标、注册会计师执行代编业务应遵循的职业道德要求和必须出具代编报告的情形
第二章	业务约定书	—	6、7	明确了接受客户委托前的工作及代编业务约定书的内容
第三章	计划、程序与记录	—	8~16	明确了代编业务计划、代编业务程序、重大错报及其处理以及工作记录
第四章	代编业务报告	—	17~19	规范了注册会计师在执行代编财务信息业务时应当编制业务报告的情形，以及代编业务报告的格式和内容
第五章	附则	—	20	本准则施行时间

第三节 重点难点解析

随着客户对注册会计师服务需求不断发生变化，注册会计师的业务范围也在不断拓展，其中就包括代编满足客户需求的财务信息。为了规范包括代编财务报表在内的代理记账业务，加强代理记账机构的管理，财政部于2006年3月1日起实施了《代理记账管理办法》。鉴于注册会计师执行代编财务报表业务日益增多，为了更好地贯彻落实《代理记账管理办法》，规范注册会计师代编业务，中国注册会计师协会拟定了本准则。

本准则是对注册会计师代编财务信息业务提出的一般要求，内容包括业务约定书，计划、程序与记录，代编业务报告等。关于代编财务信息采用的会计基础，本准则立足于注册会计师运用会计专业知识和技能为客户提供编制财务信息的服务。编制基础既可以是法定的，也可以是非法定的。法定的编制基础可以是适用的会计准则和相关会计制度，也可以是政府监管部门颁布的、特殊的财务信息要求。非法定的编制基础可能是客户治理层或管理层制定的考核要求和计算规则、金融机构制定的贷款条款等。如果注册会计师具备必要的专业知识和技能，也可以为客户提供代编非财务信息的服务。例如，根据客户提供某产品的经济技术统计信息和相关国家标准，为客户编制某产品的经济技术报表。注册会计师在执行代编非财务信息的业务时，除有特定要求者外，也应当参照本准则办理。

一、代编业务与商定程序的关系

代编业务的目标是注册会计师运用会计而非审计的专业知识和技能，代客户编制一套完整或非完整的财务报表，或代为收集、分类和汇总其他财务信息。

审计业务只能由注册会计师来完成，非注册会计师不得承办，属于注册会计师的法定业务；代编业务是服务性质的，所有具备条件的中介机构，甚至个人都可承办，属于注册会计师的非法定业务。

注册会计师执行的代编业务，就是注册会计师凭借其会计而非审计专门知识和实践经验，受托服务于委托人，代客户编制一套完整或非完整的财务报表，或代为收集、分类和汇总其他财务信息。注册会计师执行代编业务使用的程序并不旨在、也不能对财务信息提出任何鉴证结论。代编业务不是审计业务或审阅业务，不包含任何保证成分，因此不属于鉴证业务。

与商定程序一样，代编业务也是一种相关服务，它们之间的关系见表4111-2。

表4111-2　商定程序与代编业务的关系

关系＼业务类型	商定程序	代编业务
委托目的	根据特定主体的特定要求进行的	代编财务信息业务
业务关系人	涉及注册会计师、责任方（管理层）和预期使用者三方关系人	只涉及注册会计师和责任方（管理层）两方关系人
目标	注册会计师对特定财务数据、单一财务报表或整套财务报表等财务信息执行与特定主体商定的具有审计性质的程序，并就执行的商定程序及其结果出具报告	运用会计而非审计的专业知识和技能，代客户编制一套完整或非完整的财务报表，或代为收集、分类和汇总其他财务信息
独立性	不对商定程序业务提出独立性要求，但如果业务约定书或委托目的对注册会计师的独立性提出要求，注册会计师应当从其规定。如果注册会计师不具有独立性，应当在商定程序业务报告中说明这一事实	不对独立性提出要求，但如果不独立，应当在代编业务报告中说明这一事实
业务性质	相关服务（非鉴证业务）	业务承接前明确地向客户指明代编业务的性质，即代编业务既非审计也非审阅，代编业务的程序不用于、也无法用来对代编的财务信息提出任何鉴证结论。同时，客户也不能依赖注册会计师的代编服务来揭露可能存在的错误、舞弊及违反法律法规的行为，或者内部控制存在的薄弱环节

续表

业务类型 关系	商定程序	代编业务
执业标准	《中国注册会计师相关服务准则第4101号——对财务信息执行商定程序》	本准则
程序	视执行商定程序的对象和委托目的而定，可能使用询问和分析，重新计算、比较和其他核对方法，观察，检查，函证等5种方法中的全部或者一部分	(1) 应当了解客户的业务和经营情况，熟悉其所处行业的会计政策和惯例，以及与具体情况相适应的财务信息的形式和内容； (2) 应当了解客户业务交易的性质、会计记录的形式和财务信息的编制基础等相关信息； (3) 通常利用以前经验、查阅文件记录或询问客户的相关人员，获取对这些事项的了解； (4) 代编业务的程序不用于、也无法用来对代编的财务信息提出任何鉴证结论
证据数量	取决于商定的结果	未提出要求
保证程度	不对财务信息提供任何程度的保证	同商定程序
结论	只要求在报告中客观反映说明执行商定程序的结果，包括详细说明发现的错误和例外事项，不要求提出鉴证结论	如果注册会计师的姓名与代编财务信息相关联，需要出具代编业务报告，但在报告中不提出鉴证结论
报告格式	详式、非公布目的	简式
报告分发	限制，供特定主体使用	普遍或限制

二、代编业务与审计业务签约前工作的区别

无论是代编业务还是审计业务，在签约前注册会计师均应与客户就代编业务或审计业务约定条款达成一致意见，并签订业务约定书，以避免双方对业务的理解产生分歧。由于代编业务与审计业务性质的不同，签约前的工作有较大的区别（见表4111-3）。

表4111-3　　代编业务与审计业务签约前工作的区别

代编业务的签约前工作	审计业务的签约前工作
明确委托目的	明确审计业务的性质和范围
明确代编业务的性质	初步了解业务环境
明确客户责任	评价是否满足职业道德的要求
明确编制基础	商定审计收费
明确代编信息的预期用途、分发范围和代编业务报告	明确被审计单位应协助的工作

三、代编业务与就审计业务约定条款达成一致意见的区别

注册会计师与客户就沟通事项达成一致意见之后，应当签订业务约定书，以明确双方对委托事项的理解和达成的约定，保护双方的利益。业务约定书的格式可以是合同式，也可以是信函式。两种业务信函式业务约定书的格式有较大的区别（见表4111-4）。

表4111-4　　代编业务与就审计业务约定条款达成一致意见的区别

代编业务	审计业务
（1）业务的性质，包括说明拟执行的业务既非审计也非审阅，注册会计师不对代编的财务信息提出任何鉴证结论	（1）财务报表审计的目标
（4）说明客户管理层应当对提供给注册会计师的信息的真实性和完整性负责，以保证代编财务信息的真实性和完整性	（2）管理层对财务报表的责任
（3）客户提供的信息的性质	（3）管理层编制财务报表采用的会计准则和相关会计制度
	（4）审计范围，包括指明在执行财务报表审计业务时遵守的审计准则。审计范围是指为实现财务报表审计目标，注册会计师根据审计准则和职业判断实施的恰当的审计程序的总和
	（5）执行审计工作的安排，包括出具审计报告的时间要求
（5）说明代编财务信息的编制基础，并说明将在代编财务信息和出具的代编业务报告中对该编制基础以及任何重大背离予以披露	（6）审计报告格式和对审计结果的其他沟通形式
（2）说明不能依赖代编业务揭露可能存在的错误、舞弊以及违反法律法规行为	（7）由于测试的性质和审计的其他固有限制，以及内部控制的固有局限性，不可避免地存在着某些重大错报可能仍然未被发现的风险
	（8）管理层为注册会计师提供必要的工作条件和协助
（6）代编财务信息的预期用途和分发范围	（9）注册会计师不受限制地接触任何与审计有关的记录、文件和所需要的其他信息
	（10）管理层对其作出的与审计有关的声明予以书面确认
（7）如果注册会计师的姓名与代编的财务信息相联系，则说明注册会计师应当出具代编业务报告	（11）注册会计师对执业过程中获知的信息保密
（8）业务收费	（12）审计收费，包括收费的计算基础和收费安排
（9）违约责任	（13）违约责任
（10）解决争议的方法	（14）解决争议的方法
（11）签约双方法定代表人或其授权代表的签字盖章，以及签约双方加盖的公章	（15）签约双方法定代表人或其授权代表的签字盖章，以及签约双方加盖的公章
	（16）签约日期

四、代编业务报告

注册会计师在执行代编业务时，如果存在注册会计师不独立和注册会计师的名字与代编财务信息相联系的情形，就应当出具代编业务报告，向信息使用者说明这一情况。另外，在通常情况下，注册会计师是作为鉴证服务提供者出现在信息使用者面前的。因此，如果注册会计师的名字与某项财务信息发生联系，便可能会让人误解，以为注册会计师对代编的财务信息提供了某种程度的保证。一份措辞适当的代编业务报告，有助于说明注册会计师在代编业务中所扮演的角色，避免陷入不必要的责任纠纷。

请注意 为了避免信息使用者产生误解，以为经过注册会计师之手就有某种保证，注册会计师应当出具代编业务报告，说明执行的业务既非审计，也非审阅，不对代编的财务信息提出鉴证结论，注册会计师应当将代编业务报告与代编的财务信息一并提供给客户。同时，应当在代编财务信息的每页或一套完整财务报表的首页明确标示“未经审计或审阅”“与代编业务报告一并阅读”等字样。这可以让信息使用者知晓注册会计师提供的是会计专业知识和技能的服务，明确注册会计师在代编服务中不提出任何鉴证结论。

注册会计师出具的代编业务报告的基本内容见表4111-5。

表4111-5　注册会计师出具的代编业务报告的基本内容

要素	示例
标题	代编财务报表业务报告
收件人	略
说明注册会计师已按照本准则的规定执行代编业务	我们按照《中国注册会计师相关服务准则第4111号——代编财务信息》的规定
当注册会计师不具有独立性时，说明这一事实	
指出财务信息是在管理层提供信息的基础上代编的，并说明代编财务信息的名称、日期或涵盖的期间	在ABC公司管理层提供信息的基础上，代编了ABC公司20××年12月31日的资产负债表，20××年度的利润表、股东权益变动表和现金流量表以及财务报表附注
说明管理层对注册会计师代编的财务信息负责	管理层对这些财务报表负责
说明执行的业务既非审计，也非审阅，因此不对代编的财务信息提出鉴证结论	我们未对这些财务报表进行审计或审阅，因此不对其提出鉴证结论
必要时，应当增加一个段落，提醒注意代编财务信息对采用的编制基础的重大背离	我们提请注意，如财务报表附注××所述，管理层对融资租赁的机器设备未予资本化，该事项不符合企业会计准则和《××会计制度》的规定
注册会计师签名及盖章	中国注册会计师：×××（一人签字）
会计师事务所名称、地址及盖章	同审计报告
报告日期	同审计报告

五、代编业务报告对独立性的影响

代编业务报告对独立性的影响见表4111-6。

表4111-6 代编业务报告对独立性的影响

非鉴证业务	不影响独立性的情形	影响独立性的情形
代编业务报告（编制会计记录和财务报表）	沟通审计相关的事项；提供特定技术支持；向非公众利益实体的审计客户提供日常性和机械性的工作；向属于公众利益实体的审计客户的分支机构或关联实体提供日常性和机械性的工作，且提供服务的人员不是项目组的成员	除非出现紧急或极特殊的情况，会计师事务所不得向属于公众利益实体的审计客户提供的服务有：工资服务、编制所审计的财务报表、编制所审计财务报表依据的财务信息

【应用分析4111-1】上市公司甲公司是申根会计师事务所的常年审计客户，XYZ公司和申根会计师事务所属于同一网络事务所，丙公司是甲公司新收购的海外子公司，为甲公司不重要的子公司。丙公司聘请XYZ公司将其按国际财务报告准则编制的财务报表转化为按照中国企业会计准则编制的财务报表，并向甲公司递交，以供甲公司编制合并财务报表时使用。

分析：违反中国注册会计师职业道德守则。该服务承担审计客户的管理层职责，不属于日常性和机械性的工作，将因自我评价对独立性产生严重不利影响。

第四篇　质量控制准则

第十三章

会计师事务所对执行财务报表审计和审阅、其他鉴证和相关服务业务实施的质量控制（第5101号）

第一节 概述

一、本准则制定与修订背景

会计师事务所内部质量控制在行业质量控制体系中具有举足轻重的地位，审计质量控制是关系到会计师事务所履行其社会职责，创声誉、求生存、谋发展的大事。从反面来看，如果会计师事务所不惜放松审计质量，来追求短期经济利益，甘冒审计失败的风险，必将受到政府监管部门和行业自律部门的严厉制裁和社会公众的同声谴责，不仅要承担巨额的赔偿损失，而且还会丧失社会公信力。在这方面，国际和国内重大案件带来的惨痛教训，是非常深刻和令人震撼的。

注册会计师执行历史财务信息审计和审阅业务、其他鉴证业务及相关服务业务，不仅要遵守审计准则、审阅准则、其他鉴证业务准则以及相关服务准则，还要遵守职业道德规范。而会计师事务所质量控制准则是促使注册会计师遵守各类业务准则、保证执业质量、履行职业责任的重要规范。

会计师事务所服务于资本市场、服务于经济发展，要对整个市场中的经济信息进行监督鉴证，从某种意义上讲，会计师事务所的内部治理要比一般公司的治理更为重要。内部治理是会计师事务所执业风险防范和执业质量控制的机制保障，其科学性和有效性直接影响到会计师事务所的管理控制水平。如果没有科学完善的内部治理，机制不健全，管理不严格，就极易削弱会计师事务所的风险防范能力，造成执业质量的失控，市场秩序和公众利益的维护也就无从谈起。国内外一系列企业经营失败和审计失败的教训，都反映出会计师事务所内部治理的至关重要性。提高会计师事务所内部治理水平，是当前行业建设的重中之重。

目前，国内会计师事务所从事的业务日益多元化，面临的业务风险日益增加，而业务质量控制始终处于比较薄弱的地位，没有得到应有的重视。会计师事务所要一手抓风险和质量控制，一手抓发展机遇。会计师事务所在运用准则提高执业质量、提高风险控制能力方面，要有思路、有设计，有长远发展的打算。这样，在机会来临的时候，才能有足够的准备和能力抓住机遇。

为了规范会计师事务所建立并保持有关财务报表审计和审阅、其他鉴证和相关服务业务的质量控制制度，制定本准则。

二、本准则2010年修订内容

《质量控制准则第5101号——会计师事务所对执行财务报表审计和审阅、其他鉴证和相关服务业务实施的质量控制》主要是对2006年版《会计师事务所质量控制准则第5101号——业务质量控制》按照新体例进行的改写，并未作出实质性修订。

与2006年版准则相比，本准则主要有以下4个方面的变化：

（1）将2006年版准则中的质量控制制度七要素修改为六要素，即对业务质量承担的领导责任、相关职业道德要求、客户关系和具体业务的接受与保持、人力资源、业务执行、监控，将2006年版准则中的“业务工作底稿”要素并入“业务执行”要素。

（2）在2006年版准则“对所有上市公司财务报表审计，按照法律法规的规定定期轮换项目合伙人”的基础上，增加了对定期轮换项目质量控制复核人员以及受轮换要求约束的其他人员的规定。

（3）增加了“项目质量控制复核人员”“项目组”“检查”“监控”“上市实体”“网络事务所”“网络”“合伙人”“人员”“执业准则”“相关职业道德要求”“员工”“具有适当资格的外部人员”等定义，以“项目合伙人”替换“项目负责人”，更新了“项目质量控制复核”和“项目组”的定义。

（4）将2006年版准则中需要实施项目质量控制复核的“上市公司”扩大为“上市实体”，即发行股份、股票或债券的实体。还增加了与网络和网络事务所相关的规定。

三、本准则2016年修订内容

本准则本次未修订。

四、本准则2019年修订内容

本准则为适应《中国注册会计师审计准则第1411号——利用内部审计人员的工作》的规定，本次做了相关性修订，如第十五条增加：项目组成员不包括为审计项目组提供直接协助的被审计单位内部审计人员。

五、本准则学习中注意事项

（1）会计师事务所在使用本准则时，需要结合相关职业道德要求。

（2）应注意与《中国注册会计师审计准则第1121号——对财务报表审计实施的质量控制》结合学习。本准则适用于会计师事务所建立和保持业务质量控制制度，其他执业准则规定了会计师事务所人员对特定类型业务实施质量控制程序的责任，如《中国注册会计师审计准则第1121号——对财务报表审计实施的质量控制》规定了财务报表审计的质量控制程序。

（3）应注意与《中国注册会计师审计准则问题解答第9号——项目质量控制复核》结合学习。

第二节　框架结构简介

本准则共5章75条，其框架结构见表5101-1。

表5101-1　框架结构

章	名称	节	条	主要内容
第一章	总则	—	1~8	本准则制定的目的、适用范围及与第1121号审计准则的关系
第二章	定义	—	9~26	解释本准则中包含的术语
第三章	目标	—	27	界定执行本准则应实现的目标
第四章	要求	1~3	28~74	规定注册会计师为实现准则目标应遵守的要求，即注册会计师在相关业务环境下应当实施的所有必要程序
第五章	附则	—	75	本准则施行时间

第三节　重点难点解析

会计师事务所质量控制准则旨在规范会计师事务所的业务质量控制，明确会计师事务所及其人员的质量控制责任，适用于会计师事务所执行历史财务信息审计和审阅业务、其他鉴证业务及相关服务业务。本准则的许多重点难点与《中国注册会计师审计准则第1121号——对财务报表审计实施的质量控制》的要求相同，这里仅介绍其不同的主要重点内容。

一、全面业务控制

本准则适用于执行财务报表审计和审阅、其他鉴证和相关服务业务的所有会计师事务所。会计师事务所应当遵守本准则的所有要求，除非在某些情况下，本准则的某项要求与会计师事务所执行的财务报表审计和审阅、其他鉴证和相关服务业务不相关。要求会计师事务所对历史财务信息的审计和审阅业务、非历史财务信息的其他鉴证业务及相关服务业务等所有业务实行全面的质量控制。

二、双重控制目标

会计师事务所的质量控制目标与我国会计师事务所的组织形式有密切关系。我国会计师事务所的组织形式如图5101-1所示。

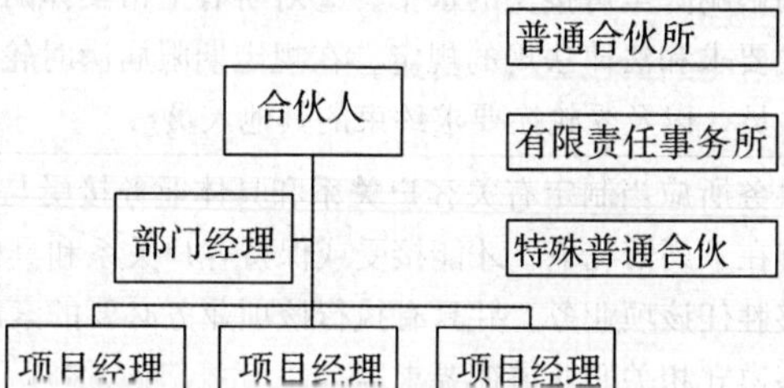

图5101-1　我国会计师事务所的组织形式

无论是何种组织形式的会计师事务所，均要达到双重控制目标——建立并保持质量控制制度，以合理保证：

（1）会计师事务所及其人员遵守执业准则和适用的法律法规的规定；

（2）会计师事务所和项目合伙人出具适合具体情况的报告。

三、责任追究制度

项目合伙人应当对会计师事务所分派的每项业务的总体质量负责，主任会计师对会计师事务所整个质量控制制度承担最终责任，从而为实行质量责任追究制度和分层（分事务所层和项目组层）控制制度打下基础。

项目组，是指执行某项业务的所有合伙人和员工，以及会计师事务所或网络事务所聘请的为该项业务实施程序的所有人员，但不包括会计师事务所或网络事务所聘请的外部专家，也不包括按照《中国注册会计师审计准则第1411号——利用内部审计人员的工作》的规定，为审计项目组提供直接协助的被审计单位内部审计人员。

四、系统控制理念

会计师事务所应当建立并保持质量控制制度。质量控制制度包括针对下列要素而制定的政策和程序（见表5101-2）。

表5101-2　质量控制政策和程序

质量控制要素	要求
（1）对业务质量承担的领导责任	（1）会计师事务所应当制定政策和程序，培育以质量为导向的内部文化。这些政策和程序应当要求会计师事务所主任会计师或同等职位的人员对质量控制制度承担最终责任。 （2）会计师事务所应当制定政策和程序，使受会计师事务所主任会计师或同等职位的人员委派负责质量控制制度运作的人员具有充分、适当的经验和能力以及必要的权限以履行其责任
（2）相关职业道德要求	（1）会计师事务所应当制定政策和程序，以合理保证会计师事务所及其人员和其他受独立性要求约束的人员（包括网络事务所的人员），保持相关职业道德要求规定的独立性。 （2）会计师事务所应当每年至少一次向所有需要按照相关职业道德要求保持独立性的人员获取其遵守独立性政策和程序的书面确认函。 （3）会计师事务所应当制定下列政策和程序：①明确标准，以确定长期委派同一名合伙人或高级员工执行某项鉴证业务时，是否需要采取防范措施，将因密切关系产生的不利影响降至可接受的水平；②对所有上市实体财务报表审计业务，按照相关职业道德要求和法律法规的规定，在规定期限届满时轮换项目合伙人、项目质量控制复核人员，以及受轮换要求约束的其他人员
（3）客户关系和具体业务的接受与保持	会计师事务所应当制定有关客户关系和具体业务接受与保持的政策和程序，以合理保证只有在下列情况下，才能接受或保持客户关系和具体业务： （1）能够胜任该项业务，并具有执行该项业务必要的素质、时间和资源； （2）能够遵守相关职业道德要求； （3）已考虑客户的诚信，没有信息表明客户缺乏诚信

续表

质量控制要素	要求
（4）人力资源	会计师事务所应当制定政策和程序，合理保证拥有足够的具有胜任能力和必要素质并承诺遵循职业道德基本原则的人员，以使： （1）会计师事务所按照执业准则和适用的法律法规的规定执行业务； （2）会计师事务所和项目合伙人能够出具适合具体情况的报告
（5）业务执行	会计师事务所应当制定政策和程序，以合理保证按照执业准则和适用的法律法规的规定执行业务，使会计师事务所和项目合伙人能够出具适合具体情况的报告。这些政策和程序应当包括： （1）与保持业务执行质量一致性相关的事项； （2）监督责任； （3）复核责任
（6）监控	会计师事务所应当制定监控政策和程序，以合理保证与质量控制制度相关的政策和程序具有相关性和适当性，并正在有效运行。监控过程应当包括： （1）持续考虑和评价会计师事务所质量控制制度，包括：①周期性地选取已完成的业务进行检查，周期最长不得超过3年；②在每个周期内，对每个项目合伙人，至少检查一项已完成的业务。 （2）要求委派一个或多个合伙人，或会计师事务所内部具有充分、适当的经验和权限的其他人员负责监控过程。 （3）要求执行业务或实施项目质量控制复核的人员不参与该项业务的检查工作

会计师事务所应当将质量控制政策和程序形成书面文件，并传达到全体人员。

五、质量文化建设

会计师事务所应当制定政策和程序，培育以质量为导向的内部文化。这些政策和程序应当明确主任会计师对质量控制制度承担最终责任，强调会计师事务所的领导层及其作出的示范对会计师事务所文化有重大影响，要求各级管理层通过清晰、一致及经常的行动示范和信息传达，向全体人员强调质量控制政策和程序以及实现质量控制目标的重要性。还特别强调会计师事务所领导层首先要树立质量至上的意识，合理确定管理责任以避免重商业利益、轻业务质量，主任会计师应当委派有胜任能力及必要权限的人员承担质量控制制度运作责任，建立以质量为导向的业绩评价、薪酬及晋升的政策和程序，并投入足够的资源制定、执行和记录质量控制制度。今后，质量文化将是会计师事务所质量控制环境建设的核心内容。

六、人力资源管理

会计师事务所应当制定人力资源政策和程序，合理保证拥有足够的、具有必要素质和专业胜任能力，并遵守职业道德规范的人员，以实现质量控制的目标；并规定人力资源政策和程序不仅要解决好招聘人员素质、专业胜任能力、职业发展和人员需求预测问题，还必须把人员作为社会人和经济人，切实解决好他们的业绩评价、晋升和薪酬问题。这充分尊重了人力资源是会计师事务所最重要资源、会计师事务所质量控制的关键是人事管理的行业特征，全面体现了“以人为本”的管理原则。今后，会计师事务所要从质量控制的高度认识人员业绩评价、晋升和薪酬问题的重要性，因为具体业务质量不是主任会计师等少数人干出来的，而是所有参与者共同努力形成的。

七、循环控制思想

要求计划业务工作时就应包括对指导、监督和复核工作的计划，业务执行中项目组控制和会计师事务所独立实施项目质量控制复核并举，会计师事务所对归档的工作底稿实行有效管控、实施有效的事后监控等，强调会计师事务所应当周期性地选取已完成的业务进行检查，周期最长不得超过3年。在每个周期内，应对每个项目合伙人的业务至少选取一项进行检查，从而形成一个良性循环控制圈。

八、分类控制方法

会计师事务所必须对所有上市实体财务报表审计实施项目质量控制复核，因为上市实体审计广泛涉及公众利益；还规定必须制定适当的标准，评价和确定上市实体财务报表审计以外的历史财务信息审计和审阅、其他鉴证业务及相关服务业务，是否需要实施项目质量控制复核。

对上市实体财务报表审计要复核八项内容，而对除此以外的其他业务实施项目质量控制复核时，可根据情况考虑复核其部分或全部事项。所谓项目质量控制复核，是指在报告日或报告日之前，项目质量控制复核人员对项目组作出的重大判断和在编制报告时得出的结论进行客观评价的过程。

复核是控制项目审计质量的重要手段。在审计实务中，存在复核制度设计不合理、执行流于形式的情况，未能发现审计中存在的重大问题，未将审计风险降低至可接受的较低水平。在会计监管工作中应高度重视审计项目复核相关问题，督促会计师事务所进一步提高复核质量。

会计师事务所应当结合自身组织架构特点和质量控制体系建设需要，强化分所在内的统一质量控制管理，制定包括复核在内的质量控制政策和程序，明确现场负责人、项目合伙人及项目质量控制复核人员等各级复核人员的复核重点、范围及复核责任。复核工作包括项目组内部复核和独立于项目组的项目质量控制复核。项目的总体质量由项目合伙人负责。

（一）项目组内部复核

项目组内部复核要点见表5101-3。

表5101-3　项目组内部复核要点

项目组	内部复核要点
复核人员	（1）通常情况下，由项目组内经验较多的人员复核经验较少的人员的工作； （2）对较为复杂、审计风险较高的领域，需要指派经验丰富的项目组成员复核，必要时可以由项目合伙人执行复核。例如，舞弊风险的评估与应对、重大会计估计及其他复杂的会计问题、审核会议记录和重大合同、关联方关系和交易、持续经营存在的问题等
复核范围	所有的审计工作底稿至少要经过一级复核

续表

项目组	内部复核要点	
复核时间	审计项目组内部复核贯穿审计全过程。例如，在审计计划阶段复核记录审计策略和审计计划的工作底稿，在审计执行阶段复核记录控制测试和实质性程序的工作底稿，在审计完成阶段复核记录重大事项、审计调整及未更正错报的工作底稿等	
项目合伙人复核	内容	（1）对关键领域的判断，尤其是执业过程中识别出的疑难问题或争议事项； （2）特别风险； （3）项目合伙人认为重要的其他领域
	要求	（1）不应委托他人复核； （2）项目合伙人无须复核所有审计工作底稿； （3）在审计报告日或审计报告日之前，项目合伙人应当通过复核审计工作底稿和与项目组讨论，确信已获取充分、适当的审计证据，支持得出的结论和拟出具的审计报告
	记录	项目合伙人应记录复核的范围和时间

（二）项目质量控制复核

项目质量控制复核要点见表5101-4。

表5101-4　项目质量控制复核要点

项目	项目质量控制复核要点
复核人员	安排经验丰富的注册会计师担任项目质量控制复核人员。例如，有一定执业经验的合伙人，或专门负责质量控制复核的注册会计师等
复核要求	项目质量控制复核人员应当客观地评价项目组作出的重大判断以及在编制审计报告时得出的结论
复核时间	（1）只有完成了项目质量控制复核，才能签署审计报告； （2）审计报告的日期不得早于注册会计师获取充分、适当的审计证据，并在此基础上对财务报表形成审计意见的日期
复核范围	（1）与项目合伙人讨论重大事项。 （2）复核财务报表和拟出具的审计报告。 （3）复核选取的与项目组作出的重大判断和得出的结论相关的审计工作底稿。 （4）评价在编制审计报告时得出的结论，并考虑拟出具审计报告的恰当性。 对于上市实体财务报表审计，项目质量控制复核人员在实施项目质量控制复核时，还应当考虑： （5）审计项目组就具体审计业务对会计师事务所独立性作出的评价。 （6）审计项目组是否已就涉及意见分歧的事项，或者其他疑难问题或争议事项进行适当咨询，以及咨询得出的结论。 （7）选取的用于复核的审计工作底稿，是否反映了审计项目组针对重大判断执行的工作，以及是否支持得出的结论

项日质量控制复核适用丁上市实体财务报表审计，以及会计师事务所确定需要实施项目质量控制复核的其他业务。项目质量控制复核并不减轻项目合伙人的责任。这种分类控

制方法较好地处理了会计师事务所成本和公众利益之间的矛盾。项目组内部复核与项目质量控制复核是不同的，区别见表5101-5。

表5101-5　　项目质量控制复核与项目组内部复核的区别

区别	项目组内部复核	项目质量控制复核
复核的主体不同	项目组内部进行的复核，包括项目合伙人实施的复核	会计师事务所挑选不参与该业务的人员，独立地对特定业务实施的复核
复核的对象不同	对每项业务都应当实施	会计师事务所只对特定业务独立实施
复核的要求不同	对每项业务实施复核的内容比较宽泛	会计师事务所对特定业务实施复核的重点，是客观评价下列内容： （1）项目组作出的重大判断； （2）在准备报告时形成的结论
独立性和客观性不同	通常低于后者	通常高于项目组内部复核。会计师事务所需要制定政策和程序，以保持项目质量控制复核人员的客观性。这些政策和程序要求项目质量控制复核人员符合下列规定： （1）如果可行，不由项目合伙人挑选； （2）在复核期间不以其他方式参与该业务； （3）不代替项目组进行决策； （4）不存在可能损害复核人员客观性的其他情形

九、业务工作底稿

1.工作底稿的归档期限

鉴证业务工作底稿的归档期限为业务报告日后60天内。

2.工作底稿的管理要求

（1）安全保管业务工作底稿并对业务工作底稿保密；

（2）保证业务工作底稿的完整性；

（3）便于使用和检索业务工作底稿；

（4）按照规定的期限保存业务工作底稿。

3.工作底稿的保密要求

根据相关职业道德的要求，除非客户已授权披露信息，或有法律义务或职业责任要求，会计师事务所人员有义务始终对业务工作底稿包含的信息予以保密。这些特定情况包括：

（1）取得客户的授权。会计师事务所及其人员对客户的信息负有保密的义务，如果未经客户的许可，除下述的第（2）、（3）两种情况外，不得泄露客户的信息给他人或利用客户信息谋取私利，否则将承担相应的法律后果。

（2）根据法律法规的规定，会计师事务所为法律诉讼准备文件或提供证据，以及向监管机构报告发现的违反法规行为。

（3）接受注册会计师协会和监管机构依法进行的质量检查。

4.工作底稿的完整性、使用与检索

无论业务工作底稿存在于纸质、电子还是其他介质上，会计师事务所都应当针对业务工作底稿设计和实施适当的控制，以实现下列目的：

（1）使业务工作底稿清晰地显示其生成、修改及复核的时间和人员；

（2）在业务的所有阶段，尤其是在项目组成员共享信息或通过互联网将信息传递给其他人员时，保护信息的完整性；

（3）防止未经授权改动业务工作底稿；

（4）仅允许项目组和其他经授权的人员为适当履行职责而接触业务工作底稿。

5.纸质记录经电子扫描的业务工作底稿的控制要求

对于原纸质记录经电子扫描后存入业务档案，会计师事务所应当实施适当的控制程序，以保证：

（1）生成与原纸质记录的形式和内容完全相同的扫描复制件，包括人工签名、交叉索引和有关注释；

（2）将扫描复制件，包括必要时对扫描复制件的索引和签字，归整到业务档案中；

（3）能够检索和打印扫描复制件。

会计师事务所应当保留已扫描的原纸质记录。

6.工作底稿的保存期限和所有权

业务工作底稿自业务报告日起至少应保存10年；业务工作底稿的所有权属于会计师事务所。

【应用分析5101-1】ABC会计师事务所接受委托，对甲公司2017年度财务报表进行审计，并委派申根注册会计师为项目合伙人。在接受委托后，申根注册会计师发现甲公司业务流程采用计算机信息系统控制，审计项目组成员均缺少这方面的专业技能。申根注册会计师了解到某软件公司张先生曾参与甲公司计算机信息系统的设计工作，因此聘请张先生加入审计项目组，测试该系统并出具测试报告。在审计过程中，申根注册会计师要求审计项目组成员相互复核所执行的工作，并在工作底稿的复核人员栏签字。在复核过程中，审计项目组成员之间在某个专业问题上存在分歧，申根注册会计师就此问题专门致函有关部门进行咨询，始终没有得到回复。考虑到该项业务的高风险性，在出具审计报告后，ABC会计师事务所专门指派未参与该项业务的经验丰富的注册会计师实施了项目质量控制复核。

要求：指出ABC会计师事务所（包括审计项目组）在业务质量控制方面存在的问题，并简要说明理由。

分析：ABC会计师事务所（包括审计项目组）在业务质量控制方面存在的问题及理由如下：

（1）没有制定承接业务质量控制的政策和程序。根据业务质量控制准则的要求，会计师事务所接受审计业务需要满足三个总体要求：客户是否诚信，是否具有执行业务必要的素质、专业胜任能力、时间和资源，以及是否能够遵守职业道德规范。ABC会计师事务所是在承接业务后才考虑专业胜任能力，发现其缺少计算机专家。

（2）项目组缺乏独立性。根据注册会计师职业道德规范和会计师事务所业务质量控制准则的要求，张先生是项目组成员，他曾参与甲公司计算机信息系统的设计工作，即为鉴证客户提供属于鉴证业务对象的数据或其他记录，项目组存在自我评价威胁而影响独立性。

（3）项目组内部复核人员安排不恰当。根据会计师事务所业务质量控制准则的要求，应当由项目组内经验较多的人员复核经验较少的人员执行的工作，而不是相互复核。

（4）在出具审计报告之前未处理好意见分歧。根据会计师事务所业务质量控制准则的要求，项目组与被咨询者之间存在未解决的意见分歧，项目合伙人只有在项目组内部、项目组以及项目合伙人与项目质量控制复核人员之间的意见分歧解决后才能出具报告。

（5）实施项目质量控制复核的时间不恰当。项目质量控制复核应当在出具报告前进行，并且是对项目组作出的重大判断和在准备报告时形成的结论作出的客观评价。

【应用分析5101-2】独立性声明。

索引号：AC-4

××会计师事务所（特殊普通合伙）

审计人员关于独立性的声明

我们按本所的指派，对________公司实施________年度财务报表的审计。按照《中国注册会计师职业道德守则》与《质量控制准则第5101号——会计师事务所对执行财务报表审计和审阅、其他鉴证和相关服务业务实施的质量控制》的规定，审计人员应当保持独立性。

我们在实施该公司财务报表审计前已充分进行了关于是否保持独立性的自我评估，并将有关可能损害独立性的事项予以了充分考虑。

我们在此声明，经自我评估后我们有理由认为，在实施上述审计业务时我们已保持了审计人员应有的独立性，将不会损害我们独立发表审计意见的立场。

我们在此声明书上的亲笔签字表明我们将切实遵循独立性原则与遵守监管机构关于注册会计师执行审计业务的独立性要求等相关规定。

审计人员签字：________　　日期：________

　　　　　　　________　　日期：________

　　　　　　　________　　日期：________

独立性声明书（项目组成员适用）。

独立性声明书　　索引号：1400－3

XYZ会计师事务所：

本人接受委派，对________公司________项目进行审计【审阅/其他鉴证业务及相关服务业务等专业服务（应指出具体的名称或内容）】，业务期间是________。按照《中国注册会计师职业道德守则》、XYZ会计师事务所的《职业道德守则》、《质量控制准则第5101号——会计师事务所对执行财务报表审计和审阅、其他鉴证和相关服务业务实施的质量控制》的有关规定，项目组成员应当保持独立性。

本人确认已经阅读并理解了上述规定中对独立性的要求，并确认已遵守XYZ会计师事务所《职业道德守则》规定的独立性政策和程序，对于客户及关联企业已保持并将继续保持独立。如果有任何情况的改变，本人将立即通知事务所。

项目组成员签名：

姓名	签字	日期

注：项目组成员包括所有将工作时间计入鉴证项目的专业人员。

主要参考文献及网站

［1］王生根. 审计实务：基于风险导向审计理念［M］. 北京：清华大学出版社，2010.

［2］王生根. 中国注册会计师执业准则重点难点解析［M］. 大连：大连出版社，2011.

［3］中国注册会计师协会. 审计［M］. 北京：中国财政经济出版社，2019.

［4］注册会计师行业法律法规库［EB/OL］.［2019-11-01］. http：//cicpa.wkinfo.com.cn.

［5］北京市注册会计师协会网站，http：//www.bicpa.org.cn/zyfwz/zyfw/zzyzd/index.html.

［6］福建省注册会计师协会网站，http：//cz. fjicpa. org. cn / news? class=FENGXIANTISHI.